中国近代
思想家文库

◎

邱涛编

宋恕卷

中国人民大学出版社
·北京·

《中国近代思想家文库》编纂委员会名单

主　任　　柳斌杰　纪宝成

副主任　　吴尚之　李宝中　李　潞

　　　　　王　然　贺耀敏　李永强

主　编　　戴　逸

副主编　　王俊义　耿云志

委　员　　王汝丰　刘志琴　　许纪霖　杨天石　杨宗元

　　　　　陈　铮　欧阳哲生　罗志田　夏晓虹　徐　莉

　　　　　黄兴涛　黄爱平　　蔡乐苏　熊月之

　　　　　（按姓氏笔画排序）

总　序

　　对于近代的理解，虽不见得所有人都是一致的，但总的说来，对于近代这个词所涵的基本意义，人们还是有共识的。一个国家、一个民族走入近代，就意味着以工业化为主导的经济取代了以地主经济、领主经济或自然经济为主导的中世纪的经济形态，也还意味着，它不再是孤立的或是封闭与半封闭的，而是以某种形式加入到世界总的发展进程。尤其重要的是，它以某种形式的民主制度取代君主专制或其他不同形式的专制制度。中国是个幅员广大、人口众多、历史悠久的多民族国家，由于长期历史发展是自成一体的，与外界的交往比较有限，其生产方式的代谢迟缓了一些。如果说，世界的近代是从 17 世纪开始的，那么中国的近代则是从 19 世纪中期才开始的。现在国内学界比较一致的认识，是把 1840 年到 1949 年视为中国的近代。

　　中国的近代起始的标志是 1840 年的鸦片战争。原来相对封闭的国门被拥有近代种种优势的英帝国以军舰、大炮再加上种种卑鄙的欺诈打开了。从此，中国不情愿地加入到世界秩序中，沦为半殖民地。原来独立的大一统的中央集权的君主专制国家，如今独立已经极大地被限制，大一统也逐渐残缺不全，中央集权因列强的侵夺也不完全名实相符了。后来因太平天国运动，地方军政势力崛起，形成内轻外重的形势，也使中央集权被弱化。经历第二次鸦片战争、中法战争、甲午战争、八国联军入侵的战争以及辛亥革命后的多次内外战争，直至日本全面侵略中国的战争，致使中国的经济、政治、教育、文化，都无法顺利走上近代发展的轨道。古今之间，新旧之间，中外之间，混杂、矛盾、冲突。总之，鸦片战争后的中国，既未能成为近代国家，更不能维持原有的统治秩序。而外患内忧咄咄逼人，人们都有某种程度"国将不国"的忧虑。

　　"天下兴亡，匹夫有责"，读书明理的士大夫，或今所谓知识分子，尤为敏感，在空前的危机与挑战面前，皆思有所献替。于是发生种种救亡图存的思想与主张。有的从所能见及的西方国家发展的经验中借鉴某些东西，形成自己的改革方案；有的从历史回忆中拾取某些智慧，形成某种民族复兴的设想；有的则力图把西方的和中国所固有的一些东西加以调和或结合，形成某种救亡图强的主张。这些方案、设想、主张，从世界上"最先进的"，到"最落后的"，几乎样样都有。就提出这些方案、设想、主张者的初衷而言，绝大多数都含着几分救国的意愿。其先进与落后，是否可行，能否成功，尽可充分讨论，但可不必过为诛心之论。显而易见，既然救国的问题最为紧迫，人们所心营目注者自然是种种与救国的方案直接相关的思想学说，而作为产生这些学说的更基础性的理论，及其他各种知识、思想，则关注者少。

围绕着救国、强国的大议题，知识精英们参考世界上种种思想学说，加以研究、选择，认为其中比较适用的思想学说，拿来向国人宣传，并赢得一部分人的认可。于是互相推引，互相激励，更加发挥，演而成潮。在近代中国，曾经得到比较广泛的传播的思想学说，或者够得上思潮的，主要有以下几种：

（一）进化论。近代西方思想较早被引介到中国，而又发生绝大影响的，要属进化论。中国人逐渐相信，进化是宇宙之铁则，不进化就必遭淘汰。以此思想警醒国人，颇曾有助于振作民族精神。但随后不久，社会达尔文主义伴随而来，不免发生一些负面的影响。人们对进化的了解，也存在某些片面性，有时把进化理解为一条简单的直线。辩证法思想帮助人们形成内容更丰富和更加符合实际的发展观念，减少或避免片面性的进化观念的某些负面影响。

（二）民族主义。中国古代的民族主义思想，其核心是"非我族类，其心必异"，所以最重"华夷之辨"。鸦片战争前后一段时期，中国人的民族思想，大体仍是如此。后来渐渐认识到"今之夷狄，非古之夷狄"，"西人治国有法度，不得以古旧之夷狄视之"。但当时中国正遭受西方列强的侵略和掠夺，追求民族独立是民族主义之第一义。20世纪初，中国知识精英开始有了"中华民族"的概念。于是，渐渐形成以建立近代民族国家为核心的近代民族主义。结束清朝君主专制，创立中华民国，是这一思想的初步实现。第一次世界大战爆发，中国加入"协约国"，第一次以主动的姿态参与世界事务，接着俄国十月革命爆发，这两件事对近代中国的发展历程造成绝大影响。同时也将中国人的民族主义提升到一个新的层次，即与国际主义（或世界主义）发生紧密联系。也可以说，中国人更加自觉地用世界的眼光来观察中国的问题。新生的中国共产党和改组后的国民党都是如此。民族主义成为中国的知识精英用来应对近代中国所面临的种种危机和种种挑战的一个重要的思想武器。

（三）社会主义。社会主义作为一种模糊的理想是早在古代就有的，而且不论东方和西方都曾有过。但作为近代思潮，它是于19世纪在批判近代资本主义的基础上产生的。起初仍带有空想的性质，直到马克思和恩格斯才创立起科学社会主义。20世纪初期，社会主义开始传入中国。当时的传播者不太了解科学社会主义与以往的社会主义学说的本质区别。有一部分人，明显地受到无政府主义的强烈影响，更远离科学社会主义。直到五四新文化运动兴起之后，中国人始较严格地引介、宣传科学社会主义。但有一段时间，无政府主义仍是一股很大的思想潮流。中国共产党的成立，从思想上说，是战胜无政府主义的结果。中国共产党把在中国实现社会主义乃至共产主义作为自己的奋斗目标。此后，社会主义者，多次同各种非科学社会主义思想的信仰者进行论争并不断克服种种非科学社会主义思想的影响。

（四）自由主义。自由主义也是从清末就被介绍到中国来，只是信从者一直寥寥。直到五四新文化运动兴起，具有欧美教育背景的知识精英的数量渐渐多起来，自由主义始渐渐形成一股思想潮流。自由主义强调个性解放、意志自由和自己承担责任，在政治上反对一切专制主义。在中国的社会条件下，自由主义缺乏社会基础。在政治激烈动荡的时候，自由主义者很难凝聚成一股有组织的力量；在稍稍平和的时候，他们往往更多沉浸在自己的专业中。所以，在中国近代史上，自由主义不曾有，也不可能有大的作为。

（五）激进主义与保守主义。处于转型期的社会，旧的东西尚未完全退出舞台，新的东西也还未能巩固地树立起来，新旧冲突往往要持续很长的时间，有时甚至达到很激烈的程度。凡助推新东西成长的，人们便视为进步的；凡帮助旧东西排斥新东西的，人们便视为保守的。其实，与保守主义对应的，应是进步主义；与顽固主义相对的则应是激进主义。不过在通常话语环境中人们不太严格加以区分。中国历史悠久，特别是君主专制制度持续两千余年，旧东西积累异常丰富，社会转型极其不易。而世界的发展却进步甚速。中国的一部分精英分子往往特别急切地想改造中国社会，总想找出最厉害的手段，选一条最捷近的路，以最快的速度实现全盘改造。这类思想、主张及其采取的行动，皆属激进主义。在中共党史上，它表现为"左"倾或极左的机会主义。从极端的激进主义到极端的顽固主义，中间有着各种程度的进步与保守的流派。社会的稳定，或社会和平改革的成功，都依赖有一个实力雄厚的中间力量。但因种种原因，中国社会的中间力量一直未能成长到足够的程度。进步主义与保守主义，以及激进主义与顽固主义，不断进行斗争，而实际所获进步不大。

（六）革命与和平改革。中国近代史上，革命运动与和平改革运动交替进行，有时又是平行发展。两者的宗旨都是为改变原有的君主专制制度而代之以某种形式的近代民主制度。有很长一个时期，有两种错误的观念，一是把革命理解为仅仅是指以暴力取得政权的行动，二是与此相关联，把暴力革命与和平改革对立起来，认为革命是推动历史进步的，而改革是维护旧有统治秩序的。这两种论调既无理论根据，也不合历史实际。凡是有助于改变君主专制制度的探索，无论暴力的或和平的改革都是应予肯定的。

中国近代揭幕之时，西方列强正在疯狂地侵略与掠夺殖民地和半殖民地，中国是它们互相争夺的最后一块、也是最大的资源地。而这时的中国，沿袭了两千年的君主专制制度已到了奄奄一息的末日，统治当局腐朽无能，对外不足以御侮，对内不足以言治，其统治的合法性和统治的能力均招致怀疑。革命运动与改革的呼声，以及自发的民变接连不断。国家、民族的命运真的到了千钧一发之际，危机极端紧迫。先觉分子救国之心切，每遇稍具新意义的思想学说便急不可待地学习引介。于是西方思想学说纷纷涌进中国，各阶层、各领域，凡能读书读报者，受其影响，各依其家庭、职业、教育之不同背景而选择自以为不错的一种，接受之，信仰之，传播之。于是西方几百年里相继风行的思想学说，在短时期内纷纷涌进中国。在清末最后的十几年里是这样，五四时期在较高的水准上重复出现这种情况。

这种情况直接造成两个重要的历史现象：一个是中国社会的实际代谢过程（亦即社会转型过程）相对迟缓，而思想的代谢过程却来得格外神速。另一个是在西方原是差不多三百年的历史中渐次出现的各种思想学说，集中在几年或十几年的时间里狂泻而来，人们不及深入研究、审慎抉择，便匆忙引介、传播，引介者、传播者、听闻者，都难免有些消化不良。其实，这种情况在清末，在五四时期，都已有人觉察。我们现在指出这些问题并非苛求前人，而是要引为教训。

同时我们也看到，中国近代思想无比的多样性与复杂性呈现出绚丽多彩的姿态，各种思想持续不断地展开论争，这又构成中国近代思想史的一个突出特点。有些论争为我们留下了非常丰富的思想资料，如兴洋务与反洋务之争，变法与反变法之争，革命与改良之争，共和与立宪之争，东西文化之争，文言与白话之争，新旧伦理之争，科学与人生观之争，中国社会性质的论争，社会史的论争，人权与约法之争，全盘西化与本位文化之争，民主与独裁之争，等等。这些争论都不同程度地关联着一直影响甚至困扰着中国人的几个核心问题，即所谓中西问题、古今问题与心物关系问题。

中国近代思想的光谱虽比较齐全，但各种思想的存在状态及其影响力是很不平衡的。有些思想信从者多，言论著作亦多，且略成系统；有些可能只有很少的人做过介绍或略加研究；有的还可能因种种原因，只存在私人载记中，当时未及面世。然这些思想，其中有很多并不因时间久远而失去其价值。因为就总的情况说，我们还没有完成社会的近代转型，所以先贤们对某些问题的思考，在今天对我们仍有参考借鉴的价值。我们编辑这套《中国近代思想家文库》，希望尽可能全面地、系统地整理出近代中国思想家的思想成果，一则借以保存这份珍贵遗产，再则为研究思想史提供方便，三则为有心于中国思想文化建设者提供参考借鉴的便利。

考虑到中国近代思想的上述诸特点，我们编辑本《文库》时，对于思想家不取太严格的界定，凡在某一学科、某一领域，有其独立思考、提出特别见解和主张者，都尽量收入。虽然其中有些主张与表述有时代和个人的局限，但为反映近代思想发展的轨迹，以供今人参考，我们亦保留其原貌。所以本《文库》实为"中国近代思想集成"。

本《文库》入选的思想家，主要是活跃在 1840 年至 1949 年之间的思想人物。但中共领袖人物，因有较为丰富的研究著述，本《文库》则未收入。

编辑如此规模的《文库》，对象范围的确定，材料的搜集，版本的比勘，体例的斟酌，在在皆非易事。限于我们的水平，容有瑕隙，敬请方家指正。

《中国近代思想家文库》编纂委员会

目　　录

导　言

宋恕（1862—1910），浙江温州平阳县人，近代中国著名的启蒙思想家。原名存礼，字燕生，后改名为恕，字平子，号六斋，晚年复改名衡。

宋恕出身于平阳一个士绅家庭，其家世代业儒。宋恕自幼聪颖，诵读诗书，过目成诵，幼年时被称为神童。八岁入塾发蒙，九岁即能为古今体文，谈论经史，常与宋元学者立异，颇有独到之见。十四岁，读《王阳明遗书》而深喜其"虽言出孔子，未敢以为是"之说，年十六为县诸生。① 旋受知于侍读学士孙锵鸣，深得锵鸣赏识，及长，招为婿。自此，宋恕师事晚清著名学者孙衣言、孙锵鸣兄弟，学问大有进益，并能近水楼台，得常从孙衣言之子、经学大师孙诒让问学，得天独厚的问学优势，使宋恕的学识更上层楼。

宋恕青少年时期，与乐清陈虬、瑞安陈介石结为莫逆之交，时相往还，畅游山水之间，吟诗作文，时人称之为"浙东三杰"。他还常与组织了求志社的布衣学者金晦、陈虬等切磋学问、讨论时务。② 对学问的孜孜以求，艺学之有所承，使宋恕既有乾嘉学派的学术根柢，又很早就接受了宋代永嘉学派经世致用之学、明清之际产生的早期启蒙思潮，并不断接触到鸦片战争以来面对西学东渐而出现的社会改革思想，以及对现实社会的不满，使他立志改革不合理的社会制度和政治制度。

宋恕二十五岁时，父亲宋宾家去世，弟宋存法争产夺权，家难迅即爆发。其恶弟宋存法在家族中专横、霸蛮，然在社会交际中，却表

---

① 《平阳县志》卷三十九，"人物志八"。
② 陈谧：《陈蛰庐先生传》，载《瓯风杂志》，1934 年第 11 期。

现出豪爽、懂礼之态，以致不了解宋恕家庭状况的当地官绅，对宋存法的认识、观感并不坏，而多不信宋恕的申讨，以致宋恕被迫离家远避后，仍无法惩治恶弟，甚至无法保护母亲和其他诸弟。在反抗恶弟迫害的痛苦历程中，宋恕认识到："士大夫之品评无据，远不如种田挑担人之有真是非。"

宋恕被迫离家后，常居于浙江温州瑞安，经济状况颇为窘迫，生活困苦，使他在实际生活中和心理上都能接近社会下层民众，能够了解并同情劳动人民的苦难处境，加上他接受佛学的慈悲之说，故产生了"著书专代世界苦人立言"的思想和行动。

1887—1888 年，宋恕随岳父孙锵鸣游历上海、南京，分别在上海龙门书院、南京钟山书院任教，后又到杭州。上海租界繁华的十里洋场，仍残留着太平天国战争破坏痕迹的江南城乡，刚刚过去的中法战争战胜求和的屈辱，处处给予宋恕强烈的刺激和震动，使他立下"欲扫西庭壮本朝"的志向，他开始走出传统儒学的藩篱，如饥似渴地学习西学，研究佛学，希望能找到解救中国社会危机、振兴中华的道路。①

1890 年，宋恕在他的老师、著名学者俞樾的介绍下，前往湖北武昌谒见湖广总督张之洞，申说变法维新主张，遭到冷遇，由此对张之洞颇有陈见，对其作为多有揭露。此后一段时间，宋恕游历湖北、南京、上海、山东等地，遍交海内名士，博览各种典籍和近译欧美著述，渐成一家之学。

1891 年，宋恕移住瑞安，开始酝酿《六字课斋卑议》（简称《六斋卑议》）的写作。1892 年 4 月，宋恕完成《六斋卑议》初稿。宋恕在此稿中提出"学校、议院、报馆"是国家富强的三大纲领，并强调指出"白种之国，独俄罗斯无议院，故俄最不治。黄种之国，独日本有议院，故日本最治"，主张中国走日本明治维新的道路。在经济体制改革方面，《六斋卑议》提出，中国要发展经济，政府得准民间集股开矿，改革货币，修建道路，严禁田赋浮勒，以振兴农业；裁撤厘金局，以振兴商业；劝集商股购买机器，以发展工业。他指出守旧者认西洋机器为"奇技淫巧"之谬，实际上"机器之学绝于愚民之世"，是科学文化发达的标志。宋恕还主张效法西欧国家，办工业、农业、商业学校，造就专门人才。他还认为汉字难学，提出汉语拼音的主张，即学习日本，制造出

---

① 《平阳县志》卷三十九，"人物志八"。

一种切音文字作为辅助。宋恕在汲取东西各国自强之道的经验基础上还提出，日本和西方强国之所以日强，在于它们允许"官民男女立会讲学"，其学会名称有天、地、哲、史、文、律、农、工、商、医等种类繁多，"学会最多者，其国最治；次多者，国次治；最少者，国最不治；无学会者，国不可问矣"。因此，他提出中国应创立各种学会，要求清政府"播告天下：许官民男女创立各种学会"，"学会兴，则君子道必日长，小人道必日消，而山泽盗匪之会自将解散于无形矣"。

针对程朱理学成为社会伦理行为规范，造成中国社会男尊女卑的纲常名教和种种惨剧，宋恕在《六斋卑议》专列《伦始章》、《救惨章》，反对重男轻女、包办婚姻："善男娶恶女，善女嫁恶男，终身受累，而女尤苦；即同为善类，而性情歧别，相处也不乐。"因此，他主张改革父母包办的婚姻制度，结婚除由亲生父母作主外，还需男女双方"亲填愿结"，实行自主，而且男女双方都应有离婚的自由权利，单是男人有离婚自由是不合理的，妇女在婚姻不合的情况下，也应有"去夫"的自由。宋恕对中国的童养媳和买卖婢妾深恶痛绝，他对童养媳、婢、娼牛马不如的生活深寄同情，称她们是"赤县极苦之民"，主张禁止童养媳，严惩逼良为娼的"荐男女"，严禁买婢，禁止缠足，"以救恒沙之惨"。

此稿成后，读过《六斋卑议（初稿）》的知名人士有赵诒琛、张士珩、李鸿章、俞樾、张謇、杨晨、王修植、黄绍箕、王万怀、王韬、张焕纶、梁启超、谭嗣同、章炳麟等人。俞樾、周观和王修植为其写《书后》，谭嗣同誉为"后王师"，梁启超将其列入《西学书目表》，但也有不少人认为此作"惊世骇俗"。

1892年，宋恕赴天津晋见直隶总督兼北洋大臣李鸿章，作为晋谒之礼，宋恕起草《上李中堂书》，并将自己撰写的重要论著《六斋卑议（初稿）》作为附件呈交李鸿章，提出以"三始说"为基础的维新变法政治纲领，希望李鸿章能"建大议，挽大局，除周后之弊，反秦前之治，塞东邻之笑，御西土之侮"，未能得到李鸿章的回应。虽然李鸿章没有令宋恕实现自己的改革主张，对宋恕也未加重用，但仍委任宋恕为天津水师学堂汉文教习委员，这已使宋恕对李鸿章心存感激。此后的议论，宋恕多厚李（鸿章）薄张（之洞）。

宋恕在担任天津水师学堂汉文教习委员期间，开始博览诸子百家，频有所悟、所得，遂从1894年12月开始撰写《六字课斋津谈》，并于1895年2月完稿。这是一部打通上下古今中外，出入经史子集的学术论纲，贯穿着与封建正统思想斗争的批判精神，充满着启蒙创见，抨击传统旧文化，揭露秦汉礼法和程朱理学的本质，论证变法维新的正当性和合理性。《六字课斋津谈》这本论著的写就，标志着宋恕从古文经学出发的托古改制思想体系的确立。宋恕在酝酿和写作《六字课斋津谈》的过程中，先后就该书与"汉后议论大忤"的核心思想，即"申《周学》、《孔问》之旨"，与张士珩（楚宝）、吕朝周（定子）、贵林（翰香）、钟天纬（鹤笙）、王修植（浣生）、杨晨（定夫）、张焕纶（经甫）、夏曾佑（穗卿）、宗源瀚（湘文）、王咏霓（子裳）、赵诒琛（颂南）、康有为（长素）、傅兰雅（兰雅）、花之安（之安）、李提摩太（李提）、陈黻宸（介石）、陈国桢（容舫）、陈虬（志三）、陈明（宗易）、金晦（邂斋）、黄绍第（叔颎）、王景羲（子祥）、苏梦龙（云卿）、孙诒钧（伯陶）、林庆衍（祈生）、孙诒泽（仲恺）等人交流思想，申述己见。

1894年甲午中日战争中，号称世界第七、亚洲第一的北洋海军全军覆没，中国在朝鲜和东北节节败退，屈辱求和，似乎证实了宋恕关于不变法图强的老朽中国难以战胜新兴的日本的一贯看法。然而，李鸿章的失势，也使宋恕难以在天津立足，他离津居沪，仍不时为李鸿章辩护。1895年，宋恕前往上海，协助其岳父孙锵鸣襄阅求志书院课卷，并任教于求志书院。在致姻亲、友好的信函中，宋恕斥责翁同龢等清流人士及其不明国情的主战议论，并极力为李鸿章辩护，使他在盛极一时的帝党—清流派的舆论中，很快陷于孤立，但也使他在反清流的人士中找到许多共鸣的契友。

《马关条约》的签订，使爱国志士义愤填膺，改革的呼声响应日众。为了挽救民族危亡，变法维新的暗流涌动，日趋高涨。卷入变法运动的维新派人士，尽管按照地域、出身条件、经学渊源和思想倾向等情况，而出现种种差异，但维新人士主要还是按照各自的依靠对象而错综复杂地聚集在一起，主要有这样几大轴心：一是以翁同龢等为依靠对象，如有张謇、康有为、梁启超、张荫桓、文廷式、谭嗣同、唐才常等；一是以张之洞等为依靠对象，如有康有为、梁启超、谭嗣同、唐才常、黄绍箕、汪康年等人；一是以李鸿章、王文韶等为依靠对象的，如严复、王修植、孙宝瑄、钟天纬、张焕纶、章炳麟、宋恕等。由此而产生了甲午戊戌时期不同改革路径的并存。

宋恕自许为中国的马丁·路德，要托孔子之古进行变法维新。他在给王修植的信札中主张"力攻大魔以明佛道"，"聚徒讲励以鼓仁勇"，

"联名通禀以尽己责","要求京外大臣力请奏恳变法"。随着李鸿章被闲置、置身朝局之外，王文韶暗中支持而不愿出面，宋恕侧居的这一派得不到有力大臣的支持，因此，他们在戊戌变法运动中没有成为主力，并与依靠翁同龢、张之洞的维新群体存在分歧。康有为在上海举办强学会，宋恕因康有为组织强学会是以张之洞、黄体芳这些清流出身的官僚为首，怀疑康有为继承清流衣钵，故深为不屑，加之宋恕主张以古文经学出发来托古改制，而不满康有为从今文经学出发，以遍伪群经的武断方式来奠定自己的变法理论基础，故拒绝加入上海强学会。而属于江浙维新派的章炳麟，无论在理念、学术流派还是组织系统上，同样与康有为一派产生严重对立，以致被排挤出《时务报》馆。不久，宋恕与章炳麟同编《经世报》，与《时务报》相抗衡，反映出维新派内部出现的严重分歧和裂痕。宋恕当时的理论锋芒集中于抨击叔孙通、董仲舒、韩愈和程颐等人的阳儒阴法思想，在讲学活动中，宋恕则极力宣扬中国自古的爱国、民主的固有传统和先进的西方资本主义文化，并在新的理论高度上改写并于 1897 年 6 月交印出版了《六斋卑议》（12 月由上海千顷堂活字排印印成书），主张向日本学习，全面论述中央官制和财政经济各方面的变革，人道主义思想大为激昂，提出解放妇女的主张，特别是删去"礼拜孔子"，要求仿效西国"君臣相接"的古礼，提出符合新形势的变法维新方案，为戊戌变法的迅猛发展，起到重要的推波助澜的积极作用。宋恕在变革中国的政治社会制度和学术上的真知灼见，曾经深刻地影响了当时周围的诸多学者。他的《六斋卑议》印本印行后，曾陆续赠给蔡元培、章梫、陈葆善以及沪杭名流、求是书院和养正书院学生许寿裳、黄群、马叙伦等多人，在社会上曾产生较大影响。

　　宋恕观察到当时变革进程中新兴的变革力量没有形成强大的合力，力量仍显薄弱，没有重臣的大力支持，变法必将夭折。当谭嗣同被荐举、征召入京任军机章京，与宋恕晤谈时，宋恕力劝谭嗣同不要北上，以免其祸。他与康有为无论在学术源流还是变革路径上均存重大分歧，但当康有为以旗手的姿态领导维新运动时，他便放弃经学流派上的门户之见，真诚地拥护康有为发起的维新变法，赞扬康有为、梁启超有"转移天下之人心风俗"的大功。当百日维新失败，六君子遇难后，宋恕悲痛万分，他对政变中遇难的六君子深表悼念，赋成《哭六烈士》诗，高度赞扬谭嗣同等人的英雄壮举。其中《哭谭嗣同》云：

悲哉秋气怨扬尘，命绝荆南第一人！① 空见文章嗣同甫②，长留名字配灵均。英魂岂忍③忘天下，壮士终期得海滨。遗恨沅湘④流不尽，何年兰芷荐芳春？

《哭杨锐、刘光第、林旭》云：

悲风⑤夜动钓龙台，三峡猿啼蜀客哀。独秀才华惊死去，双忠魂魄忍归来！⑥ 涛飞闽海怒难泄⑦，云暗⑧岷山惨不开。最痛贾生年弱冠⑨，一旬参政骨横苔！

《哭杨深秀》云：

三晋人荒二百年⑩，谁将肝胆壮山川⑪？十旬京邑⑫避骢马，一夕津桥泣杜鹃⑬。徒抱精诚填北海，更无匡复起南天。家风燕市椒山血⑭，万古长留气浩然！

《哭康广仁》云：

《春秋》师说久荒芜，岭表于今出巨儒。兄弟承恩宣室席，君臣同难素王书。⑮ 无衣孰为孤忠赋？此骨难求大侠储。⑯ 不反兵仇何日复？

---

① 原注："嗣同，楚人。"谭嗣同为湖南浏阳人，为戊戌变法时参与新政军机四卿，"戊戌六君子"之一。

② 原注："嗣同凤慕宋陈同甫，故自名嗣同。"

③ "岂忍"，孙宝瑄《忘山庐日记》（272～273页，上海，上海古籍出版社，1983）录作"何日"。

④ "沅湘"，孙宝瑄《忘山庐日记》录作"沅江"。

⑤ "悲风"，孙宝瑄《忘山庐日记》录作"秋风"。

⑥ 原注："锐、光第，皆蜀人。"杨锐为四川绵竹人，刘光第为四川富顺人，二人均为戊戌变法时参与新政军机四卿，"戊戌六君子"之一。

⑦ "难泄"，孙宝瑄《忘山庐日记》录作"难尽"。

⑧ "云暗"，孙宝瑄《忘山庐日记》录作"尘暗"。

⑨ 原注："六烈士中旭年最少，止二十三。"林旭为福建侯官人，为戊戌变法时参与新政军机四卿之一，"戊戌六君子"之一。

⑩ 原注："深秀，晋人。"杨深秀为山西闻喜人，"戊戌六君子"之一。

⑪ 上七字，孙宝瑄《忘山庐日记》录作"欲凭壮志挽山川"。

⑫ "十旬京邑"，孙宝瑄《忘山庐日记》录作"十年京国"。

⑬ "泣杜鹃"，孙宝瑄《忘山庐日记》录作"啼杜鹃"。

⑭ 明杨继盛劾严嵩，系狱三年，弃西市，临刑赋诗，天下传诵。

⑮ 原注："乃兄长素著《孔子改制考》，申两汉《春秋》师说，为京外贪虐大臣所切齿，上章请燬其书者以十计，天子不稍为动，反深嘉其通经，日夜与谋改制，卒至君臣同难。"

⑯ 原注："广仁死，京中交游虽多，然大狱方兴，莫敢收葬，官命投之大窖。"按康广仁名有溥，以字行。

扶桑西望痛奚如！①

宋恕对专制暴政甚为厌恶，对人民疾苦深表同情，对政治和社会改革极为支持，在戊戌维新时期，他积极投身改革潮流中。不过宋恕总体是言多于行之人，故戊戌变法失败对他的直接影响不大。变法失败后，宋恕也在总结失败的经验教训，如他在《寄怀梁卓如》诗中所言："自古救民须用武，岂闻琴瑟化豺狼！"他对戊戌政变后沉闷的社会现实多有揭露，如他在《束发篇·答章太炎诗》中所言："驱车且四顾，猛虎纷当路。妇哭一何苦，虎啸一何怒。"

1901 年，宋恕前往浙江杭州求是书院担任汉文总教习，介绍西学，传播新思想，书院许多学生因受他的影响和启发，而倾向于进步和改革。自戊戌之后，宋恕和章炳麟之间的分歧日益突出。早年，宋恕和章炳麟就因商鞅的历史评价和对张之洞的观感问题发生"大辩攻"，宋恕主张尊孔尊孟，章炳麟主张薄孔尊荀；宋恕切齿痛恨（商）鞅（李）斯，章炳麟极力为商鞅辩护。此后，宋恕仍坚持主张议会立宪，章炳麟转向排满革命。宋恕承认章炳麟是真正的爱国者，又不赞同章炳麟转向暴力革命之举，但为了章炳麟的安全，宋恕劝说章一月，"莫作稼轩词"。当以孙中山为首的革命派和以康有为为首的君主立宪派通过论战逐渐区分开来之际，章炳麟一纸震动中外的《驳康有为论革命书》，站在时代前列，而宋恕则看不到新生的力量和新的方向，逐步停滞下来。

1903 年，宋恕忧国伤时，东渡日本，探求救国真理。他前往日本东京，访问学术名流，在日本"觇风土，谘学术"，始终不渝地主张学习日本。次年，宋恕返国。

这一时期，宋恕的思想是非常矛盾的：他一方面反对排满反清，对留日学生的进步活动多有抵触，另一方面，宋恕又歌颂郑成功抗清，痛斥清初文字狱，赞扬全祖望所承传的浙东学派的优良传统。

1905 年，应山东巡抚杨士骧之聘，宋恕担任山东学务处议员兼秘书，后曾代办山东编译局坐办兼编审，致力于推进学校教育和社会教育事业，提出一系列颇具价值的创议，对山东文化教育事业的蓬勃发展做出历史贡献。因学务处总文案周拱藻把持学务处，又因杨士骧升署直隶总督离开山东，新任山东巡抚对他并无特别信任，加之身体状况不佳，

---

① 《忘山庐日记》中，"师说"作"经说"，"久荒芜"作"信非诬"，"表"作"海"，"孤忠赋"作"斯人咏"，"扶桑"二字空缺。

故宋恕屡辞议员职，并于 1909 年辞差，返回浙江平阳故乡，坚持学习日本语语法，尝试改革中国文字和语音。1910 年，宋恕病故，终年四十九岁。

宋恕的出身和生平事迹虽无显赫惊人之处，但其思想和学术却有很多独具特色之处。在程朱理学和陆王心学深入人心，尤其是理学仍作为官方意识形态和社会伦理规范之际，唯心论统治着哲学界的时候，宋恕却自称"弱冠以后，极端主张惟物论"，并宣称要与康有为、谭嗣同等的"惟心论"划清界限，为此，宋恕倡议创设神州哲学会。应当这样说，宋恕对中国古代学术文化遗产有合乎科学的批判继承态度，守正不守旧，求是求新而又不刻意求新，他曾替中国思想史上被打入异流的王充、王通、柳宗元、王安石、戴震等许多卓越的思想家翻案，如称赞王充是"盖周后明前一人而已"，是我国近代表彰王充唯物论思想的第一人。他多次表彰黄宗羲、顾炎武、颜元、王夫之、唐甄、包世臣、冯桂芬、郭嵩焘等明清进步思想家，坚定地贬斥董仲舒、韩愈、程颐、朱熹、李光地、曾国藩等维护程朱理学的思想控制、社会束缚，痛贬他们维护封建专制统治的言行。

宋恕一生著述不辍，为了彰显其唯物论思想，他要续《论衡》，要著《经通》和《子通》，要续《史通》和《文心雕龙》，甚至敢于"嗣素王"。在维新变法思想上，宋恕敢于公然提出"易服更制，一切从西"，在主张学习西方的态度上，宋恕的表现是很为激烈的。他提出崇儒抑法理论，附会原始儒家、孔孟思想作为维新变法的理论基础，实质上就是要发扬民主传统、反对专制统治。宋恕痛斥理学"率土地食人肉"，在维护被压迫妇女和少数民族利益方面，表现出一种真诚的态度，在抨击专制制度的思想基础、思想支柱的激烈程度上，在我国近代思想家中也是罕见的。宋恕在文学思想上，主张情与实，揭斥桐城派的"不情"实质；在教育思想上，宋恕主张间接教育和直接教育并重，主张"政为教之母"，反对"教为政之母"，都是比较特出的思想主张。其师俞樾称誉他有"绝后空前之识"，李鸿章惊异于他的"海内奇才"，孙宝瑄赞他为"旷世之大儒"，蔡元培肯定他有"哲学家的资格"，许寿裳断定他为"实一伟大革命学者"，虽然不免有过誉之处，但决非偶然。然而，宋恕这位在戊戌变法时期很有影响、十分值得重视的进步思想家，却一度是中国近代思想史上的失踪者，很长一段时间，在中国思想史上没有他的位置。那么，是什么原因导致宋恕长期以来竟然被人遗忘了呢？当然是历史发展的复杂性，思想史书写中的纷纭离合，当然还有宋恕的同乡好友蔡元培所说："可惜他们所著的书刊布的很少。"

在宋恕的著述中，其特出者如有《六斋卑议》、《六斋高议》①、《六字课斋津谈》、《浙学史》、《永嘉先辈学案》、《朝鲜大事记》、《辟中原人荒议》、《筹边三策》、《山左陈言录》等，宋恕及其著述所表现的才识，深得当时和后代学者的推崇。章太炎评价他："与人言学术，刚棱四注，谈者皆披靡。"② 宋恕文才出众，诗才尤为称雄，提倡晚清诗界革命的梁启超曾赋诗颂扬宋恕的文情诗才："东瓯布衣识绝伦，梨洲以后一天民。我非狂生生自云，诗成独泣问麒麟。"③ 宋恕自幼即长于诗赋，戊戌变法前后，在诸多维新派人物、名士心目中，宋恕"以诗雄"。孙宝瑄说，"先生尤长于诗，每成一章，哀感顽艳，国朝诸家中罕有其匹"，说明宋恕在诗词方面的成就和当时的社会影响力是很为突出的。从宋恕流传下来的550多首诗、12阕词来看，涉及面相当广泛，有的内容还相当重要，无论是在近代文学史上，还是在近代思想史上，均具有重要价值，其诗作大多标有确切的写作年月日，对于校正近代名人文集中写作时间不确之作，颇有独到价值，辑为《六斋遗诗集》。

本书主要选录的是作者宋恕1887年至1910年逝世前的著述，所选文稿分专著、杂著、函牍、日记四大类，每类按照内容及篇幅的不同进行分卷。除专著三种各有明确的发表、出版时间外，每类每卷均按照撰著完稿日期或发表年月次序编排。原则上不收诗词、译文。所收论著，既收录入选者生前很有影响的论著，也注重发掘其论著中思想深刻而不太为人所知的内容。

胡珠生先生整理的《宋恕集》（中华书局版）内容全面、丰富，点校精当，本选录本以此为底本，予以校勘、标点、分段。所收论著，以原貌为准，凡缺字或原件难以辨认者，用□标出。凡原文有误植、脱字或删节等情况者，出注加以说明。凡可确断为错字者或原底本确定为错字者，在改正字上加〔〕。凡原著用小圆圈以代文字者，仍以○代之。

所收论著，一律注明原始发表出处、发表日期与作者署名，手稿、

---

① 据刘绍宽《宋衡传》记载：宋恕博览中外群籍，自成一家之学，遂本其意著为书曰"高议"。其内容有申周学、重孔问、君道、吏道、子道、妇道等篇，似庄生至乐之说，每与人言，辄撄世怒，遂火其稿。故《六斋高议》一书没有留存下来。

② 章太炎：《太炎文录初编·文录二》，60页，上海，上海书店，1992。

③ 梁启超：《饮冰室合集·文集之四十五（下）》，13页，上海，中华书局，1936。

抄件注明收藏者或收藏单位，以卷首编者按或页下题注等方式注明。所收论著如版本前后变化较大的，在题注中说明版本源流与选择原由。奏折、书信的时间等的考证也在题注处说明。

所收论著，以时间为序。一般都以初刊时间为准，手稿则以写作时间为准。原作有明确著述时间者，按著述时间编次；难以判明著述时间者，按出版、刊载或函电收到时间编次；著述和刊载时间不明者，根据考订结果署明著述时间，并加题注说明。原署年月而日期未详之作，均置于同月著述之末；仅署年份而遽难考定月份、日期之作，均置于同年著述之末。

本选本对文字进行勘误与校正时出注。所收选文中的古代引文或译名，除与该引文原版有重大出入需加注明外，均按原文录入，以尽量保持原貌。出注的原则保持一致，注释格式统一。力求简洁明了，避免歧义。

本选本在文字录入方面，先后得到北京师范大学历史学院硕士研究生潘若天、关彬、徐凤，本科生张鲁、热孜瓦古丽·阿克木、李佳、梁颖、雷秋丹、董慧慧、卢洁香、刘颖、蒲露阳、宋丹宁、郝小雯、路增、李毓恒、刘卓昇、李皎乐、马海花、叶亚勤、杨兰、何进军、丁旭辉、余晓英、占剑飞、杜辉、拉吉、德吉曲珍、刘敏、莫云章、赵晓阳等同学的帮助，对他们的辛勤劳动深表感谢。

卷一 专著（上）

编者按：《六字课斋卑议（初稿）》（简称《六斋卑议（初稿）》），原草稿未见，仅见誊本。据《壬辰日记》，起草于正月初二（1892 年 1 月 31 日），三月（4 月）誊清，故完稿日期应定于 1892 年 4 月。该书原和《上李中堂书》同时起草，并作为后者附件呈交李鸿章，因此，它是作为变法维新纲领提出的。其得名在于"上者欲言而未敢，下者谐俗而羞言；兹所言者，皆不上不下，居策之中，视今日之政，则已为甚高，较西国之法，则犹未免卑，故命曰'卑议'"（《上李中堂书》），以与《高议》相对。至于"六字课"，即"心、身、古、今、缘、嗜"六字，系早年用以自我督促进步的六方面学习内容。读过此稿者有赵诒琦、张士珩、李鸿章、俞樾、张謇、杨晨、王修植、黄绍箕、王万怀、王韬、张焕纶、梁启超、谭嗣同、章炳麟等许多知名人士。俞樾、周观和王修植为写《书后》，谭嗣同誉为"后王师"，梁启超将其列入《西学书目表》；不少人认为"惊世骇俗"，甚至目为"东瓯之怪"；好心人则劝他"固而存之"。足见《六斋卑议》开风气之先是通过初稿形式表现出来的，有其特殊的历史意义。

六字课斋卑议（初稿）
（1892 年 4 月）

民 瘼 篇

患贫章第一

夫民为邦本，本固则邦无危象；食为民天，天足则民无离志；自古及今，未有十室九空而不酿乱、家给人乐而不成治者也。是以百姓不足，动有若之嗟；训农通商，致卫朝之富。欧洲诸国，深明斯理，故极力求富，而藏之于民。

今自互市以来，银漏日甚；农田水利之政，苟焉弗修；天地自然之藏，尚多未发。礼义生于富足，冻馁忘其廉耻，可为寒心者也！

盗贼章第二

昔惠人遗戒，明火烈之功；严尹任法，息犬吠之警；道德齐礼，其风渺矣；刑以止盗，又可弛欤！

夫为盗之乐，十倍良民：人积之于艰勤，彼夺之于俄倾；既无士商宦游驰逐之劳，又无农工手足胼胝之苦。自非有犯必惩，莫或漏网；中人以下，为贫所驱，谁不欣欣然而愿为哉！

今治盗之律，不为不严；捕盗之官，不为不多。然而首善之区，骄恣倍甚；郡县强窃，实繁有徒。或掠质勒赎，立破富人之产；或要路夺财，遽戕孤客之命；或白昼混迹通衢，袭取不备；或昏夜潜入密室，席卷所藏。官虽多而畏难苟安，律虽严而阳奉阴违。汛兵率患单弱，缉役恒受陋规。强七讳而三报，窃一擒而九纵。被强之家，即幸雪恨，而死者不可复生，寡者不可复有夫，独者不可复有子，孤者不可复有父母矣。被窃之家，即幸究追，而费于讼诉，得不偿失，或遂因此，生计荡然；斯可叹也！

至如山泽啸聚，潜立名号，哥老匪类，蔓延日广，涓涓不息，将成江河，杞人之忧，更有进矣！

水旱章第三

大小诸川，时常泛滥；高原燥区，又苦屡旱；迭相为虐，循环不休；哀鸿满地，良堪恻隐！

夫水旱之降，世以为天；然人事未修，岂宜委数。夫种树以润空气，理著于西书，凿井以引源泉，效彰于东国，并防旱之至术，化硗之良方。至如境内有浸，因而善用，则干流支陂，但能为益，而淹槁之灾，两可无虞。

忘所当尽，动即言天；但求暂安，计不及远；坐视父老幼孤频遭于惨亡，田园室庐恒惧于不保；斯乃仁人所流涕，志士所抚膺也！

昔尧有九年之水，汤有七年之旱，以今方古，未为甚烈；然情隔于代遥，痛深于目击。闺中邃远，谁上流民之图？公等慈悲，宁胜筹赈之举！深思永虑，更待何人！

讼师章第四

举贡生员，倚仗衣顶，教唆词讼，武断乡曲，平民畏之，号曰“讼师”。讼师之强有力者：声气广通，震慑州县，例案特熟，挟制院司，一喜一怒，万户股栗，生人死人，操其笔端，如斯之流，源源不绝；弱无力者：扬威数里，称雄九族，良懦被虐，厥痛均焉。

夫查拿若辈，法令孔严，猖獗至此，其故安在？盖由民鲜识字，士罕读律，清议无权，禠革不易。

夫趋荣远枯者，有生之恒情，悲贫慕富者，含识之公理。今韦布之士，谋食奇艰，一尺青毡，大费延誉，昼劬夕瘁，肘见踵决；犹或上阙甘旨，下困号啼；瓮牖绳枢，绝望高轩之过，贷钱假粟，动遭市人之辱。而彼为讼师者：或等列庠校，或属在同年；非有公卿之职，而门疑要显，非有黄白之术，而财足挥霍；居则燠馆凉台，适体于冬夏，出则狎客健仆，导随于前后；鲜衣怒马，亲戚让途，沈饮纵博，官绅满坐；积赀购仕，仕赀相长，朱轮高盖，照耀故乡，良田美宅，具足庸福；苟非上智，相形难堪。是以效尤者波靡，守初者星稀，巧取豪夺，各矜名家，诵诗习礼，竞用发冢。遂使田野之民，腹诽孔、孟，以为一戴儒冠，便不可近。玉石同讥，诚愤切于身受，恶聩于耳闻也。

地棍章第五

古称"十室之邑，必有忠信"，今则三家之村，必有地棍：或练习拳勇，动即殴人；或包藏祸心，专喜败事；或驱率赤贫，骚扰懦富；或依托势富，欺压弱贫；或阴结讼师，奉令承教；或显交胥役，揣瘦量肥，鱼肉善良，触目皆是。

夫耕夫织妇，获利甚微；辛勤一生，致富能几。稍有盈余，便愁虎视，食不甘味，寝不安席。一夫发难，厚贿乞哀；懦声播扬，外患纷起：今日输币，明日割地，楚歃未干，秦兵又至。不忍忿忿，背城决战：胥役讼师，每多助棍，败者十七，胜者十三；正使得胜，讼费不赀。而彼地棍，充其受惩，不过笞、系：笞不知愧，系即获释；既释之后，仍复来扰，终当贿和，以静门户。

至或彼系亲戚，或此乃孤寡，则胜败之数，尤与理违；弱贫被压，苦倍兹焉！

故今巧黠之子，莫不厌弃南庙，乐趣公门；本土不安，游惰日众，驱于地棍，亦一端欤！

衙役章第六

今州县之役，有明有暗，多者数千，少亦数百。此辈情性，本鲜良善；一来作役，濡染益非。朝得官票，侪偶相贺；暮宿村店，威焰便张。所至之家，奉若神明，酒食之外，索献规礼：若系大户，稍不敢逞；若系农贩，鸡犬一空。欲壑不满，即行殴毁；邻舍代哀，动遭株蔓。晋人祖父，以为故常；辱人母妻，亦复时有。

及至原、被到案，胜败既分：为笞为系，令出于官；掌笞掌系，权操于役。其笞也——胜家预贿，则计十肉飞；败家预贿，则呼千皮存。其系也——胜家预贿，则桎梏私加；败家预贿，则眠食不苦。

至于捕官之役，唆使窃徒，刑官之役，勒买刀数，尤事骇初闻，行远人类；君子于斯，欲痛哭焉。

夫教养之道，旷代失修，民生今日，为善实难。五亩之宅，良莠杂处；一日之内，悲乐悬殊；不平之端，何日蔑有。原其始意，皆欲讼官。继念：得直与否，尚未可知，衙役临提，先受骚扰；遂复隐忍不发，抑郁终身。或乃不愿生存，慷慨引决。老成家法，以守怯为宗；闾里格言，以勿讼为要；得闻于官，十乃一耳。匹夫匹妇，制于豪强，沉冤幽恨，充塞天地，衙役之为祸烈哉！

胥吏章第七

夫贵贱之品，以才德为衡；轻重之任，以贵贱为次；斯固用人之雅素，理国之经常。

今时所睹，大异是焉：

修撰、编检，其名甚贵，然尺寸之柄，不以相假。公署胥吏，其名甚贱，然威福之权，乃与之共。就其权重，莫如部办：舞文弄法，父子传家，曲出深入，黑白变色。司员多贫，每仰河润；润既及矣，势难持正。其廉公者，又多愚直，疏于例案，昧于情弊，欲驳不能，受欺不觉。尚书、侍郎，养尊成习，画诺惟命，不问何事。官反为吏，吏反为官，名实相戾，一至于此！

外省吏权，稍轻于部。然督、抚之吏，奴视镇、协；布、按之吏，踞见守、令；提学之吏，阴操黜陟；知县之吏，半握赋讼。凡诸公署，大抵若斯，并为一气，以乱政治。

夫优伶厮养，皆有传人；胥吏虽贱，尚非其比，宁无君子，出于其中；然众寡之数，殆悬绝矣！

在昔汉氏，郡县称朝，妙选乡望，以充曹职。儒吏合一，法良意美。盖嗜利之心，有生同患，欲遏其流，惟恃名念；是以古先哲王，用名范俗。夫苟任之，则宜贵之；既贱之矣，岂宜反任？彼之来充，固非为名，惟利是图，又焉足怪！

至若刑钱劣幕、不肖随丁，盘踞挟持，侵夺官柄，寻其为害，不减吏胥。幕友之名，非不贵矣，然而风气亦复卑下；其诸律科不开，赏罚不及，使之然欤？

浮征章第八

今之田赋，视古为轻。州县浮征，律有明禁；恤民之意，可谓甚厚。

然今州县，俸廉极薄，销用极繁；苟如律言，不能终日。故浮征之律，徒存其文；浮征之实，贤者不免；但贤者之浮，较有限制。而服官之子，中人为多：当其未仕，非不慕廉，笑骂贪酷，亦出真心；及身为之，逼于四应，环顾同列，莫不浮征；倍征浮也，数倍亦浮，人之爱钱，苦不知足；既难尊律，必专计利，计心一起，多多益善，由有计心，渐入贪境；由有贪心，渐入酷境，陷溺日深，殊不自觉。遂至追呼孤寡，频发雷火之签；勒折米银，不恤脂膏之竭；指正人为漕棍，视农户为奇货。僻远之地，愿朴之乡，敲骨剥肤，非可理度；但不鬻狱，便居清品。

夫今之州县，不可问矣！苟虐民之事，止于浮征，谓之为"清"，固亦近似；然清者若此，浊者奚如！赤子之苦，何其极欤！

厘盐章第九

厘捐之政，虽非得已，揆情度理，似尚可行。惟官、民气隔，匪伊朝夕；官多一事，则民增一病，事历年久，则病与年深。

自设厘局，已数十年，候补人员，日益拥挤。游食等辈，日益纷繁，视为利薮，如蚁附羶。无聊司事，讹索往来；不肖巡丁，患苦商旅；甚或家船载水，被投石于中流；村妇裹粮，遭夺囊于当路。遂使行道怨嗟，欲食创议者之肉，不法之徒，每借毁卡以鼓众；众怒若此，盖有所由。

至官盐一法，久弊不更，贩私之犯，桁杨相望，目之为"枭"，实多良民。盐官橐溢，高会于华堂；盐犯人微，榜掠于阶下；窃钩之诛，不平已甚。甚且径行击毙，诬称拒捕；妄指买私，立使破产；寻其病民，讵下厘卡？！

若夫内地之关，尤堪叹息者也！

相及章第十

古先哲王，制刑禁暴，父子兄弟，罪不相及。诚以尧、朱异性，周、管殊情，各事其事，岂皆同恶！

自公理渐晦，侠风大开，报仇相寻，盛于战国。世主惧之，计出网尽；秦汉之制，动辄三族。元元之苦，于斯极矣！

国朝定律，务从宽大；独相及之法，未尽削除。假有柳下之圣，必蒙盗跖连枝之戮；蔡仲之贤，终以郭邻遗种而锢；二百年来，抱恨岂鲜？

至边省大吏，奴视土司，处置不公，令其愤争，因争邀功，概行剿洗；斯乃无告之奇冤，相及之极弊，仁人君子所不忍闻者焉！

才 难 篇

塾课章第一

功令以四书文取士，固博古通今是期，清真雅正是尚。然民间塾课，十室九陋。五经束之高阁，子史悬为厉禁。一讲六比，体格方板，连上犯下，科条碎密。幼少锐气，既竭于兹，馀力他学，势难精实。秦坑之论，虽似过激，败坏人才，诚斯之由。

教官章第二

童生入学，进身始基。今之教官，所教何事？横索册费，罔恤破家。

教之贪酷，乃无遗义。月课不行，触怒详旷；品学不知，得钱报优。

夫进士、举贡，今之所谓正途也；而生员者，正途之所从出也；教官者，生员之坊表也。教官不可问，而生员不可问矣；生员不可问，而进士、举贡不可问矣；进士、举贡不可问，而天下之吏治不可问矣。

书院章第三

今自京师以至边僻治所，盖莫不有书院；课士之意，不为不盛。

然书院实益，全恃官师。今县令以上，既多不学；无聊署客，苟且阅课；所延院长，非以科名，则其亲故，无惭师职，百或一耳。

夫书院非尊爵之区，院长非馈贫之物；表既不端，景焉不曲！浮薄之子，负笈萃处，永昼朋博，长夜群饮；甚或围调妇女，夥扰市肆，习为故常，无复羞恶。其号称安分勤读者：穷年呕索，罕窥四部之篇第；终日呻吟，不出三科之程墨；虽多奚益，可为叹息者也！

试官章第四

提学试童生，糊其名；主考试生员、总裁试举人，糊其名而复易其书；试法可谓至公！然试卷富，而为提学、主考、总裁者势难遍阅；于是幕友、房官之权重矣。正使提学、主考、总裁得其人，而士屈于浅陋、贪污之幕房者多矣，又况鲜得其人乎！

夫以宣公之目力，犹假先容而始获韩退之；东坡之目力，犹迷五色而失之李方叔。然则糊、易之法，信乎示天下以公矣，而欲责有司以明，固难哉！

小楷章第五

殿试一甲，世以为至荣；修撰、编检之职，世以为至贵；然问其所以得之者，小楷也。苟小楷不工，虽有经天纬地之学，沈博绝丽之文，不能得焉。优拔贡生之朝考也，亦以是为等差。遂使京外风气，特重楷课，时文以外，莫或之先。疲心手于点划，掷光阴于临摹；器求精佳，或岁费中人之产；形尚滞固，并大失书家之意。奚所取而崇之若斯也！？

馆课章第六

翰林，史职也：馆中之课，宜以史论，今课诗赋，于义何取？昔如司马相如之赋，犹或讥其讽一劝百，扬子云之赋，犹自悔曰："壮夫不为"，况命以腐泛之题，专尚颂扬之巧乎！

盖汉末置鸿都之学，儒臣非之；唐、宋以声律取士，君子病之。今八股文之流失，殆甚于唐、宋之声律矣！幸致身青云，而复以声律无用之学督课之；无惑乎翰林起家者，往往任以兵刑而不解，委以钱谷而茫然也。

汉学章第七

乾嘉以来，汉学盛行，当时诸儒，信为卓绝，转相剽袭，遂成茅苇。稍辨篆籀，便诩通经；案有金石，即称知古；细刻大兴，<u>丛</u>书易购，拾唾欺愚，十殆八九！

夫精博之儒，源源不绝，考证之业，岂有穷期！然阳虎大弓，何关戎务；岐下石鼓，讵系民瘼！订"汉学师承"之记，不如编"皇朝经世"之文；校《三礼》字句之异同，不如究《六部则例》之得失。

士不逢时，无所寓意，以古自适，斯则宜矣。京朝大臣、州县重任，鄙弃政事，耽溺竹素；呼号盈耳，方审古音；倒悬在目，乃论百拜；亦独何心，能不动念？以此为"雅"，未之前闻！

宋学章第八

洛、闽之学，世目为宋，于今几绝，能学可钦。然"微管"之叹，发于宣尼，"利民而已"，诲于子思，不薄事功，此其明证。

程、朱不然，好为高论。夫精疲于虚，则虑疏于实，故治心之语，诚极渊微，而经世之谈，率多窒碍。习斋颜氏，援古深讥，虽或过当，良具特识。

近时文人，借重理学，名尊程、朱，实不相师，智者窥隐，可置勿论。

礼法之士，刻尚谨严：苦思封建，不披筹海之篇；结想井田，不讲劝农之术；正统、道统，劳无谓之争，近杂、近禅，驰不急之辩。民间切痛，反若忘怀，观行固优，征才无用，视彼汉学，莫能相胜，良可慨也！

言语章第九

昔周之季，诸子竞鸣，学有是非，文皆精妙，各抒心得，所谓"文质彬彬"者也。汉、唐作者，尚多如是。

宋、元以降，浮伪日滋：摹昌黎之词，例辟佛老；学彭泽之句，矫慕耕桑；质之不存，文类俳矣。千年积重，牛耳争持，丹素相非，迄无定论。骈散异制，同归诬民；"无题"入集，自命才人；谀墓之外，宁有余业！昔人比文章于郑卫，贱庶子之春华，非无故矣。

洋务章第十

趋时之子，竞谈洋务，高官厚禄，反手得之。然苏、张腾说，借为官媒，桑、孔理财，终挟市气。苟利吾身，遑恤其他，强夺民便，不顾邦本。岂无贤者，十乃一焉。

夫洋务于今日，至重也。西国之内治，至密也。良法美意，勿讲勿讨，皮毛影响，岂得为通？

甚至耳未闻周、汉、唐、宋之号，目不见光、声、化、电之书，以衣冠败类，求终南捷径；颇谐哀、比之音气，遽负通今；能言欧、美之土风，即称时杰。如斯人物，宁济艰难？

岁月章第十一

人之建立，气为之先。气之为物，有若潮汐：当其盛时，殆不可遏；及其既衰，欲振良难。故及锋而用，则懦者亦奋；过时而试，则奇者亦庸。

今京外各官，多苦需次，或数十年，不得升阶补缺。沦落之贤，何署蔑有？或蕴良、平之智而不得参一议，负颇、牧之能而不得乘一障，名登仕版，实同寒贱。慷慨抑郁，流涕叹息，朝朝览镜，夜夜抚剑，日月逝矣，岁不吾与。门房萧条，深以炎凉之态；室人交谪，疲以米盐之谋；冯唐易老，贾谊早衰，驱迈之气，何得不挫！既挫之后，乃始任之，循常守故，遂同碌碌；大言无实，世人交病，原其致此，情实可悲。

用违章第十二

人各有能，官贵量授。用当其才，则意开事举；用违其才，则纲弛目乱。故滕、薛大夫，不宜于公绰，汉家丞相，无取于绛侯。

昔在帝尧之代，益、稷并称。若使益教稼，则树谷之效未必如稷也；若使稷掌火，则烈泽之效未必如益也。及观仲尼之门，由、求齐誉。若使由为宰，则足民之效未必如求也；若使求治赋，则有勇之效未必如由也。

近世人才，每伤用违，精神弗出，功业弗彰，用之者之过欤！

更调章第十三

春秋之世，去古未远；尼父之圣，绝后空前；故三年有成，可以自信。世异春秋，圣非尼父，欲以仓卒，有所移易，其又焉能！是以久任边将，致戎亭之息警；增秩不徙，获吏治之日上。

今京朝部堂，忽刑忽礼；外省督抚，乍楚乍秦；下至州县，大率如斯。岂无豪英，意图兴革？旧案如山，未易遍阅；属官如海，未易周察；军民利病，未易灼见；水土美恶，未易洞悉；勉强引端，求行其素志；从容竟绪，难望于后人。

昔子产为郑，孔明治蜀，舆人之情，先怨后德。盖凡近之举，奏功可速；远大之谋，收效必淹，向使子产、孔明不久其职，则千载之下视同酷吏。

今官如传舍，仕多贾心；有创无继，适成弊政；与他人以口实，抱遗恨于毕生；是以才敏之士，惧来轸之不遵，自便之流，奉因循为至诀，更调频数之病，盖罔得而馨焉。

精力章第十四

亲民之官，莫如县令；苟天下县令，皆尽其职，则院、司、道府，坐观其成矣。然今之县令，非尽无才，而特出之治，寂寂希闻，其故何哉？冲要之区，冠盖多经；上官所驻，罪尤易触；往来如织，疲于迎送；监临如麻，劳于伺候；辨星而出，戴星而入，无聊酬应，纷繁已甚。

夫光阴不留，孰抱延晷之术；精力纵强，宁非有限之物；权侵于家丁，政委于署友，势固然矣。专城而居，较易为治；然赋税、词讼，责备于一身，农桑、学校，举难于咸尽，虽有贤者，得半而已。

昔在三代，侯国之大，不过百里；伯及子男，仅乃数十。今县令所治，较古侯国，或数倍之，耳目难周，案牍太繁，地广之病，亦一端欤！

山林章第十五

禄利之途，奔走豪杰，孤芳自赏，代不乏人。被褐怀玉，羞于求贾；饭蔬饮水，安于处贫。如斯之流，良宜搜采。

夫虚声纯盗，诚哉可轻；然抱道自尊，固有其辈。古先哲王，首隆隐逸，卑辞厚币，惟恐拒招；非但假其风节以励贪顽，固将用其谟猷以新治化。自蒲轮之典，久绝于林野；旷世之才，多老于岩穴；友麋鹿以毕生，与草木而同腐，弃置不收，可为叹惜！

昔尹①耕莘野，遭三聘而始出，说②筑傅岩，经图求而乃来。向使尹、说生于今世：游公卿之间，以为深耻；应有司之试，又所不屑；必将长为农夫，永作贱事。由古推今，安知必无？漫不加意，宁非缺憾！

变 通 篇

小学章第一

宜令儒臣撰《蒙师铎》、《小学必自》二书。《蒙师铎》宜寥寥数章，

---

① 尹指伊尹（一名挚）。
② 说指傅说。

极琐极要，不可入空阔语。① 《小学必自》宜采古今名人平正通达、切实明显语，及中外地图情形略说、西国各种新学大意。亦以简为妙，不得过三万字。颁行天下。

每县城各设延师公所一区。经费派捐，县贫者暂借神庙。着本县议院绅生《议院》别章公举品学兼优者；大县五人、中县三人、小县二人为师董。欲为蒙师者，无论土著、流寓，着向公所报名，候师董按期面试史论一首、律诗一首，文理谬者不取。取者分四等，榜之公所，差其脩额；欲延蒙师者着向公所指延。师董分别着购《蒙师铎》、《小学必自》二书。该师到馆后，如有显背《蒙师铎》中语，及不以《小学必自》教学徒确情，许该东告董逐师，公所摘出其名。如公所无名之人敢行私教十六岁以内子弟，倘有与该东及学徒口角相殴等情到官，但取凡判，不以师论。其品学特著，人所共知，不来报试者，师董径列其名。

大学章第二

各处书院师宜改由本处议院绅生公延，无论大绅、布衣听择，不归官延。

官师课题，改分经、史、西、律四门。经题出诸《十三经》及《内经》、《水经》；史题出诸周秦以后编年、纪传各史，及国朝掌故、外国记载；西题出诸近译西国天文、地理、光声化电各书；律题出诸《大清律例》、《洗冤录》、通商条约、万国公法。四门轮月课士，文体不拘骈、散。

举、贡、生童及有职衔者均许应课，统称院生。院师许用公文与督抚以下、州县以上相往来，不分尊卑，彼此俱称"照会"。

院生中如有四门连课八次上二名、三门连课十二次上二名、二门连课十八次上二名、一门连课二十四次上二名者，由院师开单照会督抚、学政：童生升作附生，一体乡试；附增生升作廪生；监生升作贡生。如系省城及口岸大书院，则贡、监、廪、增附均升作举人，一体会试；举人升作进士，一体殿试。有职衔者升半品，再登照会，依此递升。膏火奖赏，听各地自酌多寡之数，不通定。所谓连课几次上二名，皆专就师课起算。

西文章第三

今京师及通商大埠虽有教习西文之馆，而各处人士颇多愿学甚切而

---

① 参本书卷四《幼学师铎》。

为境所缚，其势万不能游学京师及通商大埠，又无力延师于远地，遂至废然者。

今宜令各督抚通饬属府知府：立即择董筹捐，于各府城建西文馆一区，内分英文、法文两斋，限二年内办竣；取各知府请验切结，即由各督抚委员查验。倘限满不具结申院，或以捐项难筹等假仁义语禀请缓办，即将该府记大过一次，摘顶留任，仍勒限催办；其已具结申院而验属虚诬者参革。

师徒之数，听各知府与本地人视捐项多寡而酌定之。延师自以西人为妙；惟西师脩价极昂，捐项不多者，可暂延华师。至荒僻瘴疠府分，西师、华师均不肯来者，着将延师钱项分给愿学人士自行游学。

每县创置西文生，归提学考取入学，一律应岁科考、乡试。目前无可考之县分多，先就有可考之县分示考；有可取则取，无则否，暂缓立额。既入学，欲应岁科考、乡试者，着认应经、史、西、律一门，与附生、武生一体补增、廪，充贡、举，不另分场榜。互见下《生员章》。

村学章第四

西国识字人多，中国识字人少，一切病根，大半在此。

今宜敕纂《康熙字典约编》一书，取切用者三四千字，每字下除音切外略注浅显数语，颁行各省，以课农民。

每保由保正谕众公择一人为保师。倘保内无其人，或有其人而不愿为保师，听向别保择延。每保择一公所为村学馆，或即设保师家。保师脩金，按户派捐。

民年六岁至十三岁，除绅衿、童生户及不在本保，或自延师者外，每岁定须到馆二百日，不者罚其家长。初入馆者，着先购《字典约编》习之；习毕，再习《小学必自》。十三岁以外者，到馆不到馆听便。乡正不时查访，倘有保师系保正私人，非真公择，不称其职者，将保正革职，谕众改择。《保甲》别章。

女学章第五

西国女人皆识字，中国则绝少。人之生也得母气居多，其幼也在母侧居多；故使女人皆读书明理，则人才、风俗必大有转机。

今宜每保设女学馆一区，公择识字女人为师，一切如村学法，惟到馆以百日为限。中国惑于"无才便是德"之谬说，女人不重识字，风气已数千年。穷乡僻壤，除绅宦大家外，往往数百千里求一粗通文字者而不可得。举创女学，若必求女师，势将十席九虚，宜暂行通融办理。果求女师不得，准归保师兼摄，或另延一男师；惟系男师之馆，不许十三岁以外女人到学。缠足之风，盛于近代，非但古时所无，实亦显背国制；残苦女人，莫此为甚！体残气伤，生子自弱，士夫奄奄，此实其源。今宜以变通之年为始，永禁缠足；敢私缠者，重惩家长。旧缠女人，年未满十六者悉勒解；十六以外者听便，不勒解。

生员章第六

文童姑照旧试《四书》文[①]、六韵诗，但禁试官命搭截题；武童姑照旧试弓箭刀石，但增洋枪；入学仍称附生；增置西文生一门，无定额；互见上《西文章》一体由提学考试入学。岁科考、乡试，照旧举行。惟三门入学生员并归一宗考试，附生不用《四书》文及诗，武生不用弓箭等，西文生亦不用西文，一律由各该生认应经、史、西、律一门，详见上《大学章》一体补增、廪，充贡、举。不能于该四门认应一门者，听其以一衿列学。宜除娼、优、隶、卒等家不准应试之例。

举贡章第七

乡试照旧举行三场，惟并三门生员，详见上《生员章》分经、史、西、律命题。详见上《大学章》四科取中之孰多孰寡，视应四科者之孰多孰寡，总数则依旧额。除糊名易书法。中式者之三场文字宜由监临悉行发刊印布，不许遗落一首。不中式者取主考、分校批尾刊布，亦不许遗落一批。除考差法；提学、主考改由四品以上京官及各省督、抚、布、按疏荐，与被荐多者。主考每省四人，分阅四科卷。有能兼阅者，不必满四。除调帘法；外帘仍调分校改由监临礼请通人。优拔贡除朝考外，改与举人一体会试。

进士章第八

会试总裁及分校亦宜改由疏荐、礼请，礼请归知贡举一如乡试；余亦悉依乡试新法。详见上《举贡章》榜后复试，用英、法文试译，洋枪试放，不能者停殿试一科。行此法以变通后五年为始。

殿试一甲三名改由四品以上京官各就新进士中疏荐所知，与被荐多者。二甲、三甲照旧分点，惟宜痛除崇尚小楷之积习，专以文理为差。

至授职旧法，尤不可不改：一甲第一名，宜以道员即选；第二、三名，宜以知府即选；二甲五十名，上十名以大县知县用，中二十名以中县知县用，下二十名以小县知县用；详见下《知县章》余列三甲，分以主

---

① 按王修植《致宋燕生书》（1894 年 11 月 17 日）云："童生就试，仍用《四书》文，亦非正本之道。"

事、内阁中书用。

翰林章第九

宜改翰林院大小职名为清华之虚衔，以宠赐京外各官之治行优异者，不设实员。所有该院列办事宜，概归内阁。以变通之年为始，进士分七等用；详见上《进士章》不复授修撰、编修及选庶吉士。其现居翰林者，照旧分别课散授，改内升外放，惟永罢考差。详见上《举贡章》馆课改用时务策、史论。京外大小冗员，均宜逐渐量裁。

知县章第十

审分各省县为大、中、小三等。定大县知县正五品，中县从五品，小县正六品。直隶厅州之大者升为府，小者降为县，与属县分属近府。散厅州概改为县，一城二三县者悉并为一。分天下为东、西、南、北、中五路；详见下《督抚章》知县必用本路人，但避本府。其在变通之前，南人以知县分发北路，东人以知县分发西路，如是等者，照旧任职候补。

凡县缺出，无论补署，均由院司先开合例人员，或十名、或五六七八名，照会、谕令该县议院绅、生指请补署。代理定归本县县丞。

除民间尽习官话县分外，所有土话与官话歧异县分，知县到任，着延方言师一人；由议院公举，每日从学土话二点钟，成而止。

除本管上司外，一切过境人员，无论大小文武，送迎之事一律归驿曹长，不许知县亲出。来拜者虽系尊戚，亦不许亲答拜；违者降为驿曹长，撤任候举。互见下《曹长章》。

每逢寅、午、戌年，着天下知县，无分实、署，各行疏陈本县利病，或言职外事，或荐山林隐逸，无疏者革职。

直隶散州既废，其知州分别改归知府、同知、知县班。同知升，与知府同品；县丞视本县知县低半品。

曹长章第十一

县胥之首，改为职官，名曰"曹长"。分户、农、礼、乐、工、商、兵、刑、驿、外十曹，各设长一，列品正八。驿曹长掌送往迎来，外曹长掌与外国人来往、议办交涉事宜；县分无外国人，不必设。由议院绅生公举本县举、贡、生员充补；供职有功，分别升用。在任候补，仍许应试。曹属听其长自择平民，如今胥吏，其举、贡、生员愿充者听。

曹长之俸及曹属工食，由议院就地酌筹。各县既设曹长，所有主簿、典史等职概裁；其人员除优升、劣革外，分别改武职，及以曹长、乡保正候举。

保甲章第十二

乡设一正，列品正八，乡之户数因地制其多寡，大约每县分乡多不过八。由本乡公举举、贡、生员充补。百家为保，保设一正，列品正九，由本保公举贤者充补；不拘举、贡、生员，本乡保无其人，听求之外乡保。十家为甲，甲设一首，由保正自择本甲平民；其举、贡、生员愿充者听。

曹长、乡保正皆许坐堂决事。民间争讼先控于保正，保长不受理，或判不公允，乃控于乡正；乡正不受、不公，乃控于曹长；曹长不受、不公，乃控于知县。

曹长、乡保正许议院察纠。曹长、乡正公文往来称"移"，于知县以上称"申"，于保正称"札"；保正于乡正以上称"申"；甲首于保正以上称"禀"；保正以上于甲首称"谕"。保正之俸及甲首工食由本乡保甲酌筹。

议院章第十三

每县置议院一区，略筹公费存院应用。令本县举户公举议绅、议生。先摘出游惰、无正业之户，其安分有正业之户名为"举户"，得举议绅生。大县议绅八名，议生十五名；中县议绅六名，议生十名；小县议绅四名、议生六名。有职衔者称议绅，无职衔者、举贡生员皆称议生。

县中一切事件，或先由知县照谕集议，或先由议绅生照禀知县。议绅生有所争于知县，不听，许通照、通禀大宪。若被控系小讼牵连，地方官径行摘出不问；即事情重大，亦不得遽行传提，须先令阖县绅衿查复：直之者过半，不问；曲之者过半，然后除其议绅生之名，依常传提、审究。议绅生不给薪水，令开报馆，卖新闻纸。目前无项建院者，听先置绅生，缓图建院。[①]

状师章第十四

西国官听民讼，许两造各请状师到堂，实为良法。盖险佞者理虽曲而往往言之动听，拙怯者理虽直而往往词不达意。问官非圣人，虽甚明察，能无误断。至边省僻县，土音殊异，乡愚供词，问官不解，率凭供房译通。供胥往往阴受贿嘱，变乱供词以误问官，其弊甚大。

今宜略效西法：今民不能自作呈状者，准请士人代作，于状上填明状师某；大小各官听讼，准本状师到堂助剖，不到者听，问官不得传

---

① 本章内容未见于印本。

提；曲直既判，曲者得何罪状，状师同罪。其虽不曾到堂，而代人作状满十件俱曲者，绅衿详革，枷号一月；无衣顶者杖一百，枷号一月。满五十件俱直者，知县榜其门，曰"义户"；一百件者，知府榜其门；三百件者，道员榜其门；五百件者，两司榜其门；一千件者，巡抚榜其门；二千件者，总督榜其门；三千件者，请旨旌之。旌榜后，犯代人作状满十件俱曲者，每十件削旌榜一级，削尽复犯，依常惩之。

惩罪章第十五

每县置惩罪所，男、女各一区。男所用男吏役，女所用女吏役。凡不孝不悌、酷姑戾媳、暴夫毒妻、后父后母虐非所生、讼棍地恶肆无忌惮，众所共指，如是等类者，着甲首以上递行禀申到县，查实分别提治，后责取悔过自新切结，释回交甲首严加管束。倘该释犯仍前不悛，难以管束，该甲首等即复递行禀申到县，查实判发惩罪所，或永锢，或数年、数十年；每日官给盐粥一顿、水一壶，督作苦工，严其程限；不完及苟且塞责者，许监率吏役任意鞭挞，但不得致死。每月朔日许亲人送钱米等物到所一晤，余日不许；向受该犯毒虐深者，许于朔日进所殴辱，以快积忿，但不得致死。[①] 有病许亲人延医诊治，在旁料理汤药。如无亲人照应，官不施医药，听其愈否。

县禄章第十六

裁知县俸廉，令议院清核历年钱粮、税契、杂项、陋规之入数，肥缺减旧三之一，瘠缺减旧四之一。大数准此，不必过泥。明以予之，正其名曰"县禄"。

民纳粮税及县禄，均以钱计枚起算。米纳折色县分，折价由议院议定。变通之后，知县有敢于县禄之外巧立名目浮征、勒折者，钱五百千、米五百石以内，革职，发惩罪所五年；即发该犯服官县分惩罪所过此数者，斩立决，家产悉充公。

劝植章第十七

西国最讲种植，以其益甚大也。今宜加道员职名三字，曰"某道劝植使"，以劝植为正责而兼及其余。

变通之始，各道先令属县议院会议应多植何树，复饬各县立办。道员以变通后五年为始，每年亲巡属县一次，沿官路点核树株，每十里以

---

① 原件有人眉批："此条却未可。"王修植亦云："惟惩罪、官博、特征诸议，似须再酌。"

一千株为至少之限，不满者，知县及农曹长均革职。倘有风折、水漂、盗烧或伐事情，须议院报上；其有一望蔚然、林木尤盛者，知县及农曹长均议叙；倘道员不勤不公，许议员径达督抚查劾。①

文武章第十八

文武分职，前明之失，我朝因而未改。武职久为世所轻，苟非行军之时，虽有才志，无可稍展，位至提、镇，犹被文员奴视，非所以鼓舞其精神也。

今纵未能尽去文武之名，宜改提、镇、协、参为文职，杂用文武出身人员；改提督官名为兵政使，游击以下姑仍为武职。

督抚章第十九

分天下为东、西、南、北、中五路，设总督五：东路辖山东、江苏、安徽、浙江、福建、台湾六省，西路辖山西、陕西、甘肃、新疆四省，南路辖江西、湖南、广东、广西、云南、贵州六省，北路辖直隶、奉天、吉林、黑龙江四省，中路辖河南、湖北、四川、西藏四省；各驻本路适中冲要之地，不与巡抚同城，旧缺概裁。其旧设总督无巡抚及旧有巡抚今以总督兼管者，悉改为巡抚缺；增巡抚缺四，罢奉、吉、黑龙江将军及驻藏大臣等改设。互见下《筹边章》。

巡抚理民政，提督理兵政，各专奏，不会同总督。藩、臬、镇、协以下，公事不申总督。总督取有威望者，坐镇一路，掌察抚、提之称职与否；每五年一巡辖省，注各抚、提考语入奏；非巡年亦许荐劾。藩、臬、镇、协以下，分归抚、提注考、荐劾。抚、提以下，除近在千里以内者外，不许离任远见新总督。总督每逢寅、午、戌年，各行特荐山林隐逸之士一名；荐不止一，听；非寅、午、戌年而荐，听；抚、提以下荐所知，听。无者，记大过一次。登荐者系某省人，发该省各县议院复奏；不与过半者，作罢论；与之过半者，天子仿古法，行特征②礼起之。不肯起者，钦赐"先生"、"处士"名号，得与京外极品官抗礼。所在知县，每月朔日亲拜其门，免其赋役，刊其著述。总督、抚、提相往来，仍用敌体礼。

正名章第二十

省、府、县之名皆应切附其境内山川，或古国号，或先哲姓字，或

---

① 本章内容未见于印本。
② 王修植不赞成特征议。

今时物产，使学者、官者察名而晓险要、明水利、慕圣贤、知物产；挈领提纲，由略考详，正名之益，殆不胜言。

今切附者甚少。姑以省言之：如吉林应改名长白，直隶应改河北，安徽应改上江，江苏应改下江，江西应改彭庐，湖北应改江汉，湖南应改衡湘，广西应改湘南，广东应改岭南，贵州应改黔中，云南应改滇中，福建应改闽中，甘肃应改陇西，新疆应改天山，台湾应删"福建"二字。新疆、台湾业已设省，今公文仍牵连"甘肃"、"福建"二字，甚无谓也。至各府、县之名，除奉天、顺天二府自应特异外，其余浮泛不切及承讹踵谬者，皆应改正。

宜令各处议院绅生以山川、古国、先哲、物产四法按核旧名，分别应仍、应改；其应改者，切附拟上，依改。姑以江浙言之：如江宁府，应改名钟山，安庆应改古皖，南昌应改彭南，苏州应改古吴，杭州应改宋都，江宁、上元二县名应并改为秦淮，吴、元和、长洲三县名应废吴、元而仍长，仁和、钱塘二县名应废仁而仍钱。互见上《知县章》。此条看似极纷繁，实乃极简便；看似无关政治，实乃大有关系。

译义章第二十一

东三省、新疆、内外蒙古等处地名、旗名、山水名，旧多译音不译义，阅者苦于难记；即能记亦绝无领悟之益，宜着各处通人悉行译出汉义。倘有难于译义，或译出而词不雅驯，于命名四法无当者，详见上《正名章》着改拟、依用。余诸流土地名、山水名，有于汉义无当者，一体办理。[①]

筹边章第二十二

东三省宜设巡抚一员，兼辖于北路总督；西藏宜改为省，设巡抚一员，兼辖于中路总督；依内地法，一律设府县。青海归西路总督辖；内外驻蒙古，归北路、西路总督遥辖；五岁一巡其境，便宜行事。互见上《督抚章》。[②]

贤馆章第二十三

各省城及通商大埠，宜置礼贤馆一区。司其事者名曰"察客"，由阖省议院公举本省人员充当；专取学识，不论阶品。

凡怀奇负异而不得志之士，许其到馆上书，自陈所长。察客先行阅书，如有可观，即行面试；属实，送该管督抚再行面试；将该贤两次试

---

① 本章内容未见于印本，但刊本《正名章》近之。

② 本章内容未见于印本。

卷并察客批尾刊印，发千里内属县议员绅生，令各以己意评点，填明"应取"、"不应取"字样，除路程外，限一月缴还。该督抚检各批尾，填"不应取"过半者，谢遣之；填"应取"过半者，分别疏荐于朝，礼延于幕，或转荐于枢垣、总督及封疆大臣。无论取与不取，均将两次试卷本、察客及各议绅生批尾概发属县议院，令其登诸日报。互见上《议院章》。

察客送贤督抚，每岁每署至多以五名为限；如无可送之人，不得滥送。倘本年送限已满，而复有人求试，仍许察客收试。属实，留馆候选，欲去听去，仍将试卷、批尾呈督抚刊印，发议院，批缴。倘卷优，而查系察客作弊，非出本人者，将察客革职。候试、候批者，亦令居贤馆。凡居馆者，饮食一切，由馆供给，不致空囊。同时居馆以十人为限。①

赐阶章第二十四

宜永停大小职衔暨贡、监生捐例。所有现在京外文职人员，无论何途出身、已未得缺得差，宜钦派大臣分行调集，面试史论五首、判五通。大臣宜依总裁主考法：由四品以上京官及各省督抚、布按疏荐，用被荐多者。其文理太不通者：系军功、洋务出身，改武职；系捐纳出身，以原品勒休；系场屋出身，革职。所有现在贡、监生非原系廪、增、附者，不准乡试；令以贡、监与文童一体应提学童试，一体取入学做附生。

永停捐例之后，惟采秦汉赐爵遗意：悬一品至九品大夫、郎等阶号，听民报捐，分别授封，而重其捐数。得之者衣顶荣身，不列仕籍，惟许本县举充议院绅；欲入仕者，除充议绅十年、依原阶改职外，余原系举贡、生员、平民，仍令与举贡、生员、平民一体从场屋、书院、乡官、贤馆等途出身。捐例既停，宜暂仿西国法，开局售票，以助要需。

工商章第二十五

宜仿西国劝工之法：令民有能殚精极巧、创造机器用物为中外向所未有而极便好者，许呈总署或各省督抚；试实，以异常劳绩保奖。一面给与执照，许三十年独专其利；三十年内如有仿造出售者，许该家指名禀官，即提仿造人及买主从重惩罚。其能造东西各国所已有而中国所未有之器物者，给十五年专利执照。

劝商之法：宜令民有能自备轮船、每岁开往西洋各国五次以上者，

① 本章内容未见于印本。

经五年，以寻常劳绩保奖。须令每次先于开行之日呈请本埠官验看，再于到彼之日呈请公使及领事验看。后依此递保。

市井坏风，莫甚于东倒西张以诈人财，宜严加整顿。

水利章第二十六

令民有能自备经费、仿东法或西法、开成自涌井五十口以上者，以寻常劳绩保奖；二百口以上者，以异常劳绩保奖。欲任开者，着呈请该省督抚批就官地试开，不成不问；成，则除保奖外，所开之井许其专卖水之利三十年，然后归官。不满五十口者，亦依此例，惟不保奖。其自就业地开成者，亦依官地例保奖。

凡官水道应开者，由官拟定深、广、长之大数，出示招民：自备经费任开，不成不问；成则酌行保奖。该水道给与收船、网等租三十年，惟不许私塞作田。

宜选通知古今、精于测算之士，给资游历，分纂《今水经》；务极详明，颁行天下，令学者无不熟于水道。水道熟而经济之宜思过半矣。

口外水名不雅驯者，宜悉行译义改定，以便诵记。互见上《译义章》。又江、河乃二水之名，今南北诸水多称某江某河，非但欠通，且病繁乱；宜悉行改称某水，双名者悉改单名，以归简晰：如吴淞江宜改称淞水，钱塘江宜改称浙水，余依此。

官烟章第二十七

鸦片目前难行禁绝，宜暂立官烟局。民欲开张烟馆者，令其到局计灯报捐，由局给帖开张。于帖内填明灯数，开张后按灯收月捐；敢有私增灯数，及月捐迟缴十日者，封馆入官；无帖私开者，除封馆入官外，发惩罪所三年。

现任、候选补京外文武各官，进士、举贡、生员，旗、绿、防营兵勇，不准吸烟。其成瘾在变通以前者，着声明愿戒，以一年为限，限满不能断瘾者，着自首：现任官勒休；候选补官永停选补；进士、举贡、生员，永停殿、会、乡试，朝、岁、科考；亦不许充议院绅生及书院师生；兵勇除名；均听与平民一体报捐明吸。若有瘾而不声明、限满而诡称已断，及私吸成瘾在变通以后者，查实，均行革尽，枷号一月，发惩罪所三年。犯上四条诸色人等，无论几年后能戒断者，准升官开复。至罢官至乡及捐阶者，捐阶详上《赐阶章》不禁吸；惟吸者不得充议绅及书院师生。

凡欲吸烟者，着到局计口报捐，由局给执照，准到烟馆或在家吸；

于执照内填明吸口姓名，不许余口私吸。给照后，按口收月捐。无执照私吸者，系平民，杖一百，枷号一月，发惩罪所三年；系乡绅，革为平民，家产均籍没；烟馆私纳无执照之人，封入官。

每县就本县较贫富，分户为九等；客户另编为九等。客户少者，不必分九。民来局欲领馆帖、吸照者，检册查户，以为捐数多寡之则。何等户开馆吸烟，应捐帖照月银几，先令议院议定，由户曹长注册，局事即以户曹长司之，临时检查甚便。先责取本人及甲首"并无父母妻子异言"等情切结，复行查实；然后收捐，给帖、照。

瘴疠极重县分，准外来之官、士、兵勇吸烟；移往非瘴重处，仍不准吸；土著仍依官烟法办理。

孤客无籍者，不准开馆；欲吸者，临时酌其捐数多寡。

官博章第二十八

每省城准五家于正、八两月开场聚博，号曰"官博家"。通商大埠亦准五家，府城三家，县城二家，乡一家。欲充者着先同甲首到户曹报捐，面具"并无父母妻子异言"等情切结，由曹长查实，依官烟检户法收捐，给帖准开。每逢正、八月，量收月捐；检博家博册，视其进数之多寡以为月捐之多寡。每逢准开月分，由户曹长派人分坐博家，登记进数，号曰"博册"。非正、八月私开者，许他人抢场夺钱。若事发到官，系绅、衿、兵、革；议院绅生、书院师生，不准充博家。系平民，杖一百，枷号一月，发惩罪所半年；无帖私开者，依此办理，惟发所三年。

民欲博者，依博家法：先同甲首到户曹，具结报捐；由曹长检户收捐，给执照，准入博家。无执照私入博家者，着该博家严拒；不肯去者即行送官，绅、衿、兵、革；平民，发惩罪所三年；有执照入私博家者，依此办理。非准开月分入官博家者，依官博家非准开月分私开例办理；官博家私纳无执照之人，依无帖私开例办理。烟馆、博家帖，三年一换；烟口、博徒照，每年一换；每次换给，均着依前数报捐，旧帖、照缴官。其不愿再开、再吸、博者，亦着于换给期声缴帖、照。

女闾章第二十九

《管子》"女闾"之设，大有深意；儒者非之，殆勿思也。盖天地之气不能有清而无浊，即世界男女不能有贞而无淫；天地之气清少而浊多，即世间男女贞少而淫多。化之未易遽化，诛之不可胜诛；惟有先行抑淫以扶贞、别淫以全贞之法，而后可冀淫之风渐衰、贞之风渐盛也。

今律严禁娼妓，然穷乡僻壤，无处无之，通都大邑，尤繁有徒。其故由于无明者则暗者必不能禁绝；既知必不能禁绝，遂相与置之；于是士大夫以娼门为胜地，而群相护持，是阳抑而阴扶也。

今若严申律令，必期禁绝，无论万万不能；即作能禁绝论，彼淫者之野心能遽化乎！不能遽化，则伤风乱伦之事必且益多，是贞者益难自全也。

今通商口岸及内地，向多妓寮之处。开寮者率皆恶棍、毒妪；倚门者大半贫苦良女，幼遭骗卖，陷落火坑，逼学善媚，强令应客，稍不如指，非法用刑。至南方所谓"半开门"者，多系父母逼其女、翁姑逼其媳、夫逼其妻、兄弟逼其姊妹，一切强恶尊长逼其卑幼、强恶卑幼逼其尊长为娼。民之无告，于斯为极，又忍坐视乎！

今宜于妓寮多处，设女闾局：令开寮者同甲首到局，计口报捐，由局员亲往验实；严谕该寮主："嗣后不许收买十四岁以内幼女入寮；十四岁以外妇女许收买，惟须先同甲首带本妇女到局，问取甘结，不许非法用刑；欲从良者，止许索还原价，不许浮勒分文。"当面责取切结，给帖开寮，按月计口收捐。局员不时密查，如有前项情弊，无论寮主是男是女，均杖一百，枷号三月，发惩罪所十年，封寮招开。

半开门娼家，亦令该家长带同本妇女到户曹出首报捐，由曹长问取本妇女甘结，给帖，许其为娼，按月收捐，禁止诸色人等索扰。无帖私开娼寮，及为半开门之家长者，无论男女，均杖一百，枷号三月，发惩罪所十年，封寮籍产，该妇女由官分别处置。

若系力不能制本妇女为娼之家长，着声官；查实无罪，该妇女由官送入娼寮。若娼寮主及半开门家长敢行威逼妇女到官，具为娼甘结，实非本妇女所甘者，杖一百，枷号三月，发惩罪所永锢，封寮籍产，该妇女由官分别处置。

其妇女自欲为娼，而制于家长者，许同甲首声官，由官送入娼寮，愿报捐领帖自居者听，不许家长及甲首阻挠。

凡欲游娼者，着同甲首到官，计日报捐，孤客，着同馆东、房铺东到官报捐。具"并无父母妻子异言"等情切结，由官收捐，给执照往游。无执照私游者，许该寮、该家中人杀死，无罪；若送官者，官、绅、衿、兵，俱革；平民，杖五十，枷号一月。如娼寮家私纳无执照之人，杖一百，枷号三月，发惩罪所三年。

凡帖、月照捐，均以贫富为多寡之数，依官烟检户法办理；帖，三年一换，依官烟、官博法；照，填明年月日，过限作废纸。

孤客无眷属者，不准开寮；欲游者，临时酌其捐数多寡。官烟、官博、女闾之捐既行，可以渐减关卡、盐之税、厘课；然足国之源则仍在乎留意商政、大兴矿学也。

婚嫁章第三十

男女年未十六，不许家长订婚；犯者，官、绅、衿、兵俱革，平民杖一百，毁其婚书，离其男女。民间有所谓"童养媳"者，往往被舅强污，被姑毒虐，处境之苦，耳不忍闻，尤宜悬为厉禁。

及年订婚，婚书须本男女亲填甘结；如本男女不能作字，许家长或亲戚代填，令本男女画押。无两边甘结，及有甘结而无押之婚书，倘涉讼呈官，以废纸论；该家长以诬指订婚论。若家长背行代填、代押，非真出本男女者，依未及年订婚例惩治，毁书离婚。

男女许自相择偶：己俩属意者，家长不得阻挠、另订；违者，许本男女状求保正、甲首反复开导。不听者，保正径为本男女主婚，勒令出婚嫁赀；不肯出者，依未及年订婚例惩治；系保正家事及保正力不能制者，归乡正办理；系乡正以上家事及曹长力不能制者，归知县自行办理。倘因阻挠、另订而致毙其女者，该家长依未及年订婚例惩治外，发惩罪所十年。若系叔伯为家长而致毙其侄女，兄弟为家长而致毙其姊妹者，无论官、绅、衿、兵、平民，均斩立决。凡阻挠致毙之事，须先经收过本男女状词者乃论。

至古人于妻有七出之礼，所定条目，实未皆协于情理之公。然自出礼废，而夫妇之伦始多苦矣！今宜改定三出礼；舅姑不合，出；夫不合，出；前妻男女不合，出；皆由夫作主。欲出妻者，备礼致词，送回母家，请其改适，不许下贬语。另设五去礼：其三与"三出"同，其二则一为妻妾不和，一为父母无子，归养，皆由妻妾作主。欲去者，向该舅姑、该夫礼辞而去。盖不设"五去礼"，则为妇女者，不幸而遇盗贼、灭伦之夫，惟有身与之俱死、名与之俱臭，斯乃数千年来第一惨政也；岂宜仍行于盛世哉！

凡欲出、欲去者，着本人先行状白保正；保正收状，即行判允；严谕该父母、该舅姑、该夫、该妻妾等，不许阻挠，一面着甲首到该家议给本妇出赀、去赀，监催速行。出、去之礼，该父母等敢有阻挠者，除分别革、杖外，均发惩罪所十年。

然近世妇人太偏重节，欲行此条，必须与"停旌"条并举；详见下《停旌章》令被出者、自去者易于改适，如馆师、署友、店夥然，适者不以为耻，娶者不以为贱；古人实有如此，故曾子、孟子皆以小故出妻；若如今之重节，则曾、孟之举，不情已极，稍有仁心者所不忍为，而况圣贤乎！然后可免轻生自尽之多耳。嫁女随奁，夸多斗靡，薄力勉为，往往力困，溺女之风，缘此而起。今宜令各县户、礼二曹长会同议院，就本县分户九等，限定其数，务从简省；敢逾限者，将该家长分别惩治。惟止限外件饰观之数，不限内件金玉、产业之数。

婢妾章第三十一

严禁买卖婢妾、勒写"不许女亲来往"之契券。改买卖之名为"永雇"，改买价之名为"永雇钱"。盖彼特不幸而为贫家之女，何忍贱而等诸动、植之物，辱而加以"买卖"之名，且责以兽道，而断其父母兄弟、天性之恩爱也！又往往遭主人、主母毒虐，欲去不能，惟有待死，可悲实甚！

今宜改行著令：自大臣至平民，所有婢妾，无分长幼，但未生子，及虽生子而子年未满十六，或不及十六而亡者，该家长应以雇工相待，该婢妾亦应以雇工自处，去留两便；谓不用"三出"、"五去"礼。有事涉官，以雇工论。至已生子而子年已满十六者，无分其子是男是女，公私文字均着改称"侧妻"，有事涉官，一切与"正妻"同等论。其夫有官而正妻得封者，侧妻亦行例封，惟降正妻一品。

停旌章第三十二

今俗：已字未嫁，夫亡不字者，称"贞女"；自尽者，称"烈女"。已嫁，夫亡不再适者，称"节妇"；自尽者，称"烈妇"；例得旌表。然此风盛于宋、元以后，实则用情太过，不合礼经；未嫁"贞"、"烈"，尤为无谓！盖其初，不过一二人情好特深，感激为此，等于士夫之侠行，虽非中庸，要自独绝。自儒者专以"贞"、"节"、"烈"责妇女，于是号称"贞者"、"节者"、"烈者"，多非其本心，而劫于名议，而为妇女者，人人有不聊生之势矣。

今南方大族，为之长者，往往逼死其族中夫亡无子之幼妇，以希冀仰邀旌表为一族荣。富贵之家，夫亡不适，久成铁例，闺房之流，岂尽贤圣？于是不能遏欲者，内则乱伦，外则通仆，溃决极于乖报，偶合反于异类，适则不适也，而人理或几乎灭矣！

夫真贞、真节、真烈者，感激情好，原不为名。若曰"彼虽不为名，而有国家者宜以名宠之"。则如今之纷纷开报，珠目难分，使鬼而有知，彼真者，必无乐乎大书、深刻于坊，而类聚群登于志矣！

今宜永停旌表夫亡守志贞女、节妇、夫亡自尽烈女、妇例，并除再适妇不行封赠例，以救妇女之穷，而复三代之治。若虑骤变骇俗，则可先停旌表贞烈女、烈妇例，除不封赠再适例；其节妇暂且照旧旌表。至民间女子有愿不嫁以永侍父母者，女妇拒强暴死者，自当以孝烈旌表。

勒分章第三十三

古者一夫授田百亩，余夫二十五亩。今西国子壮则必析其产，盖不使惰者病勤者、奢者病俭者、恶者病善者、强者病弱者，法至良，意至美也。

自汉后议论：以亲在别籍异财为薄，数世同居为厚。于是家庭之内，大抵恶强者惰且奢而乐，善弱者勤且俭而苦。老父寡母制于子妇，孤侄孀嫂制于伯叔，弱兄制于强弟，善弟制于恶兄。同居一门，苦乐天壤，率天下之人而趋恶强者，陋儒之罪也。

今宜令民男女已订婚嫁者，限三月内，着该家长具已行析产切结，并抄析产字据呈地方官存案；无产者，亦着呈家常物件析据，妻死续娶，而前妻有男女者，依此。

凡人家男正长死，无论亲子孙接管家务、伯叔兄弟代管家务，除接管者之子孙外，余人无论尊卑长幼，均着该接管、代管家长依此具结呈据。凡析据到官，无论如何析法，该地方官但行收阅存案，不许批行差查，违者革职。其有析产不公者，许本人或亲戚状求保正查判；逾限未呈析据者，由保正出票严催；系保正本家，由乡正票催；系乡正或曹长本家，由知县票催；三催不遵者，无论家长系官、绅、衿、兵、平民，除分别革、杖外，均发惩罪所五年，着该家另推家长。

除惨章第三十四

国朝初起东方，制刑宽简，大辟之外，惟有鞭笞。及世祖抚有中原，命大臣定律，当时议、纂诸臣，学识浅陋，未能仰体圣皇仁隐，因仍故明惨法，遂至斩之上有凌迟、斩之次有绞。凌迟——极刑，非唐虞、三代所有，岂宜行于盛世！绞之苦闻甚于斩，则名轻而实反重矣！

闻西国决犯有击脑、闭气诸法：击脑者，用电正对脑击，可以立毙；闭气者，闭之小室，令新养气不得入，可以渐毙，皆远异斩、绞之惨。

今宜除凌迟律，犯此者，改为斩决；除绞律，犯此者，改用西国击脑、闭气法决之；并除父母兄弟妻子连坐律，以仰体列圣仁慈之隐，继其未及改定之志，则三代后未有之仁政自我朝开之，亿万年不拔之基在是矣！

至今法审犯，必取其招供为凭，致问官动用非刑逼招，痛昏之下，何求不得，若已确知其情，又焉用招？宜除取招供法，无论轻重案件，但令问官详查细审，求情定罪；除笞、杖、枷及责掌嘴之件外，其余一切刑具及各衙门自制私刑，着悉行烧毁，示永永不复用。京外掌刑官及非掌刑官，敢有私藏旧刑具及私制新刑具者，斩立决。此亦除惨之一大端也。

重医章第三十五

医之为道，关系于民生甚巨。西国最重医，故治其术者日精，而民生其间，大受福利。中国则以医为小道，业此者，非市井粗识之无之徒，即学八股文而不成之辈，否则才士久困场屋，垂暮奄奄，迫于生计者也，又何怪术之不精，民生之无幸乎！

今除以黄帝《内经》列于经科中，正经试士外，宜令每县公举医师一人，本县无可举者，听举别人。每年甄别合县医生一次。甄别之法：就中、西医书中命题，令作论，或由该师拟一病问，令各行立案开方；锁门分号，限一日交卷，由该师阅定，分一、二、三等及不取，出榜示众。列等者，月课一次，如甄别法；笔资、舆马费依本年甄别所定之等差，其多寡，由各县户曹长会同议院就本县情形酌定，不许多勒。

又宜令精医而通西文之中人，或精医而通中文之西人遍译西国医书；又宜令通化学者用化分法遍行化验中土药物，得其真性。定著一书，命曰《本草求是经》，以救承讹踵谬之祸。凡关系医政者，户曹长司之。

礼拜章第三十六

西国七日一礼拜之法，最有深意：盖所以使民迁善远罪而不自知也。

今中国号称尊儒教，然各处孔庙荒草没庭，徒有一二无聊教官坐卧其中，即间有号能举职者，不过导诸生以科举之学，于世道人心毫无裨益。

今宜重教官之任，改用本县人，归议院绅生公举；依西国礼拜期，集诸生礼拜孔子，歌诗讲学。诸生除客游者外，在城者不许旷礼拜，在乡者分班轮到；农工商诸色人等欲随同诸生礼拜、歌讲者，听。

又宜劝民多创礼拜堂，奉孔子神主，按七期礼拜、歌讲，如官庙法。①

---

① 本章内容未见于印本。

乐教章第三十七

今之演戏，其铺写忠孝节义，感人最速，入人最深，盖即古乐教之遗也。惟无行文士每好虚构男女淫乱情事、作为传奇，伤风败俗，莫此为甚！

今宜令各县乐曹长各就本县旧演传奇本，选其大指不诡于正者，删改疵累，命曰《乐部官书》，撮举要领为目录，命曰《乐部官书目录》，刊印，发各保正收存、准演。欲演新传奇，须先将该本呈乐曹长核阅，登《官书》，乃得演。除优伶不准应试例。京外狎优恶习宜厉禁民欲掌戏班者，着先同叫甲首到乐曹，具"不敢私演淫戏"切结，由曹长给帖，并令买领《乐部官书》，准其掌班赴演；敢有私演《官书》所无之本者，该掌班与开演处甲首，每犯一本均杖一百，枷号一月；犯满十本者，发惩罪所三年；无帖私行掌班赴演者，该掌班与开演处甲首，犯一本即发惩罪所三年，仍先行杖、枷；其不演戏而卖唱者，依此办理。大概依此，不能过泥。

各处大小学，均令置备琴瑟、钟鼓等乐器，朝夕习之。小学目前无力全备者，听；但不准全不置，不准以俗乐器充数；置西国乐器者，听。

信 必 篇

执简章第一

法令忌繁贵简，简则易知易行。今六部官书浩如烟海，非穷老尽气于其中者不能熟悉，则非易知；无论官民，动即干例，则非易行。

令宜开局京师，博征天下通人，令与京官讨论《六部则例》，详加改定：其涉商、韩家意，不合周、孔者，酌行删削，其文须视旧省十之六，颁行各省，令试律科者诵习。其变通以前之例案，均作废纸，不许援引，则民易知而鲜犯，法易行而鲜碍矣。

徙木章第二

文告之不信于民也久矣，俗之痿痹不仁亦久矣。若不以整齐严肃、破格赏罚之举，新耳目而作精神，则将明阻暗挠于陋儒、阳奉阴违于俗吏，虽有变通之令而旋罢，虽有变通之名而无实矣。

昔孔子为政七日而诛少正卯，商君治秦，立徙木之信，刑傅黥师。商君治法，固不足道，而其信赏必罚，实为政者所当师，盖必如此，而后可以行令也。

今变通之始，宜择才识绝世之士，破格任以要职，钦赐令旗、令牌，许其便宜行事，略同军法；文武三品以下敢有阻挠者，径行牌拿处置；首先重惩三品以上辩言乱政者数员，以警其余；则天下晓然于我皇上意之所在，而莫不鼓舞矣！

又赦者，极不平之政也，大非圣朝所宜有！宜永除大赦之令，以示有犯者决无幸免焉。

自 叙

叙曰：

宋子生平阳。平阳于浙为极南鄙，自奇渥运谢，人荒五百载，东瓯之宋，多祖广平①；盖天水南渡，随徙而来，自徙至今，衰弱不振。

先君子②治农家兼儒家言，为邑诸生，独好程正叔氏、朱仲晦氏及近人陆稼书氏、罗罗山氏之学，行修于乡，阒然寡和，世莫得闻，抱怀早逝。

宋子之生，尊长梦燕，故小字燕生。生而多病，七龄之内，几死者数。三四龄时，甫识之无，尊长每赐饼饵，必请朱书"仁义礼智信"五字其上，否则愠辞。八龄入塾，未及一载，能背诵《易》、《诗》、《书》、《孝经》、《论语》、《孟子》及《小戴记》之《大学》、《中庸》篇、左丘明《春秋传》半部，明人所称之唐、宋八先生文数十首，初、盛、中、晚唐诗数百首，始学为律诗短句。九龄，始学为功令文，诵《春秋》左、公、毅氏《传》，举其是非谬于圣人者数十事。十龄，患目几废。自时以后至于弱冠，无岁无病，病又多危，计费光阴十分之七；然其间病余辄事披览。十一，诵屈子、贾子及鲍明远氏、江文通氏有韵之文如夙习；诵仲晦氏《纲目》，举其书法未合于情理之公者数大端。十二，赋《述怀》古体长句，自期周姜、齐侯、汉诸葛武乡侯；拟撰《诸葛讨曹檄》；著论责钱镠为唐疆臣，国亡降贼，大不忠，钱俶弃祖宗地，大不孝，苏子瞻氏反作"记"盛称其忠孝，违公是，大不可训。十三，诵《战国策》、《史记》，慕兵家、纵横家言，侠烈家行。十四，诵王伯安氏《遗书》，深喜其"反心不安，虽言出孔子，未敢以为是"之说。十五，赋《春燕篇》，即多自伤卑贱语矣。十六，诵《荀子》，颇然其性恶之

---

① 指唐宋璟，封广平郡公。
② 宋恕父名宾家。

说。十七，识同郡金遯斋先生，始知有所谓颜习斋氏、顾亭林氏之学。十八，游南宋故都，著论悲岳少保拘牵世义，不自取中原慰父老，徒死狱吏手。十九，识①外舅孙止庵先生、外伯舅勤西先生，始知有所谓姚惜抱氏、曾涤生氏之学。

然弱冠以前既困于病，及至弱冠，体稍强矣，然购书无力，僻处寡俦，又怫心之境月异日新，俯仰愁叹，恒思出世，自分于学，无所冀望。

丙戌遭戚②，手足无措，境益险隘，非人所堪，几死者数。天幸得脱，遂浪迹吴越间，往来海上；捐境广心，痛自振奋，所至即从友好假四部籍及欧罗巴洲诸书，穷闲暇披览之，勿辍舟车中。又所至即从仕者、游者、读者、兵者、工者、鬻者、耕者、蚕者、牧者、渔者、樵者、祝者、医者、相者、卜者、散者、杂者、仆者，访求民所患苦、士所争竞、风俗奢俭、钱币绌盈、贩运长短、制造窳精、形胜迁存、水利废兴、田野荒辟、户口衰盛、稻麦豆芋、茶果药蔬、棉桑麻葛、松杉竹芦、杂木烟草、油酒盐鱼、牛羊鸡豕、瓦石金珠、大小百物、凡民所须、郡邑豪侠、贤卿大夫、奇才剑客、隐逸文儒、衙蠹里残、缁黄博徒、劫窃教会、优伶女间、赋役税厘、浮勒追呼、斩绞军流、笞杖枷拘、节寿规上、冰炭敬都。既博学审问，慎思明辨，昏乎若迷，昭乎若觉，乃作而叹曰："悲哉！学亡于秦，问亡于汉。"以吏为师，群趋功令，鞅、斯之说，先入为主；儒墨落落，寡不敌众，浸淫秦义，遂乱其真，故曰"学亡于秦"。刘氏崇儒，实祧其术，章句博士，神存禄利，守一先生，闭拒异己，询于刍荛，其风渐微，故曰"问亡于汉"。学问之亡，极于赵宋：其思也有桎，其辨也无烛，思辨愈苦，情理愈晦，周孔之效绝，苍生之祸烈矣！于是发愤著《周学》、《孔问》二篇：《周学》者，明今所尚汉、唐、宋学，非周以前之学；《孔问》者，讥习士好问于尊贵，而孔子好问于贱幼，庙问、项师，其证也。既持与人谈，常触怒，然亦往往遇奇士，倾肺腑。累年与海内外学者尘埃暂聚，申《周学》、《孔问》之旨，共数十百万言，笔记为《六字课行斋谈录》若干卷。

宋子幼薄时文，长而负讥不能，愧而治之，数月，得西江、云间

---

① 按"识"字，宋绍祖《宋平子先生年谱》作"从"。
② 指该年冬，父宾家卒。

意，或悦之，以为二百年来健者也。然不悦于有司，亦有悦之，将擢之矣，阻于丧，阻于病。

宋子不握半筹，不取一介，不媚富人，不谀显宦。客游日窘，温温无所试，草万言书欲上天子而不可得，则愤极独入苾刍兰若①，茹素半载，览天竺经数十百种，颇解其义；与苾刍谈，又常触怒，则如愤不欲生。江南张经甫者，宋子以师友之间待之者也，从容谓宋子曰："君过矣，君过矣，君持周学，而怨今人不知乎！且君识高千古，而襟怀之狭，乃类屈平、贾谊、陈亮一流人，何也？"宋子初闻不悦，已而起自责，若无所容，乃务去牙角，和血气，勤省讼，戒非刺，然境益险隘。

曲园先生，今之孟、荀氏也，惜东野之穷，赋荐士之诗，乃以庚寅之秋得见荆湖大行台南皮张公。是时，浙西许公奉使西国，张公以闻，承辟为属。临行大病，遂至后期，于是境益险隘，莫可告语。

今又将之京南见合肥使相，阻冰留沪，主赵二南。赵，弱龄壮志，数叩经世要。因笔述四篇六十四章，凡数万言，命曰"卑议"，明其卑无高论也，非宋子曩昔所屑出诸口者也。行此非可以致上理也，虽然，果能行此，十载内外，其诸小康可几而臻欤！今借箸之谈汗牛充栋，然率皆兵家、纵横家言，或号称卫儒，实昧本术，抑又逊焉！孤愤之士，静观沈察，仁其同类，为谋乐安，不知有周，无论秦汉，岂与夫剽袭故纸、依草附木者争是非、较离合哉！兹议虽卑，然不参杂家，不谬儒术，尚堪自信。其《变通篇》，但陈当然，不发所以，取简卷帙；中有数章尤骇俗者，略申数语，别援旧闻，畅发鄙虑、为《卑议或问》若干卷，未暇清缮。

嗟乎！行年且三十矣，念昔十二龄赋《述怀》时，忽忽如昨，空谈帝王略，紫绶不挂身，岂胜忐慨！《诗》曰："风雨如晦，鸡鸣不已。"不敢不勉焉尔！

光绪辛卯冬，六字课斋主人宋存礼自叙于沪寓。

俞曲园师书后

尝读《后汉书·王符仲长统传》所载《潜夫论》、《昌言》诸篇，即叹诵不置，以为唐、宋以后无此作也。不图今日乃得之于宋子燕生。盖

---

① "苾刍"指僧，"兰若"指寺，合指僧寺，即杭州七宝寺。

燕生所为《卑议》，实《潜夫论》、《昌言》之流亚也。其意义闳深，而文气朴茂，异时史家采辑，登之国史，亦可谓"宁固根柢，革易时弊"者矣！惟《变通篇》三十七篇，鄙意以为宜缓出之：其造端闳大者，固未必即能见之施行；琐屑诸端，不知者且谓妨于政体。

　　窃谓君子之论，论其大纲而已，孔子"富之"、"教之"两言，千古不易。三代以上圣人治天下以此，即汉、唐以来，凡治天下亦以此。然何以富之？何以教之？则孔子不言也。一国有一国之富、教，不能通于他国；一时有一时之富、教，不能概于他时。至孟子屑屑然论之，即如"方里而井，井九百亩"，此或可施于七十里之滕耳，齐、梁大国，能用之乎？而况后世乎！《易》曰："穷则变，变则通。"不变固不能通，而变之实难，是以君子慎言之也。

　　燕生属序其端，余谢不敏，窃书其后云尔。曲园居士俞樾，光绪癸巳十有九年。

卷二 专著（中）

编者按：《六字课斋津谈》（简称《津谈》）是宋恕最重要的遗著。据《乙未日记》可知，此作著成于甲午年十二月，誊清于乙未年正月，得清稿二册，则完稿日期应定于1895年2月。但据《聚散类》提及"长素"和"李提"，而《乙未日记》记载：二月廿二（3月18日）"始识一六"（一六指康有为），闰五月二十二（7月14日）"始识李提摩太"，足见《聚散类》因续有补充而成书稍迟。早在戊子年（1880年），作者心中就孕育过该书的某些核心思想，而与"汉后议论大忤"。1892年在《卑议·自叙》中，他表明这一核心思想就是申《周学》、《孔问》之旨，并称之为《六字课行斋谈录》。两年后在《又致定夫书》（1894年8月16日）中，把这一思想概括为《高议》，而与《卑议》相对。因此，《津谈》实即《高议》和《六字课行斋谈录》的初步完成形式。此外，作者又曾以不同名称称呼该书及其各部分：所谓《续论衡》和《先哲鸣冤录》以及《卑议或问》等，均指该书；而《子通》、《续史通》、《续文心雕龙》、《宋氏论理学》、《译书正名论》、《六书最初谊》等，则是该书九流百氏类、史类和史家类、词章类、小学类以及关于名家言、关于译书各条的异名。全书上下古今中外，出入经史子集，贯穿着向专制正统思想作斗争的批判精神，充满着启蒙创见；但还相当简单，未加发挥，甚至夹杂着不少陈腐糟粕。该稿生前深藏尘箧，故未为世所知；此据温州市图书馆珍藏抄本录出，除《自叙》外，共十六类三百九十五章，内缺四十九章，残一章，聚散类四十八章全缺，几至无法判断其内容。现据温州市博物馆藏原剪存清稿残页补三章，参以笔记中另纸，可知应为和张士珩（楚宝）、吕朝周（定子）、贵林（翰香）、钟天纬（鹤笙）、王修植（浣生）、杨晨（定夫）、张焕纶（经甫）、夏曾佑（穗卿）、宗源瀚（湘文）、王咏霓（子裳）、赵诒琦（颂南）、康有为（长素）、傅兰雅（兰雅）、花之安（之安）、李提摩太（李提）、陈黻宸（介石）、陈国桢（容舫）、陈虬（志三）、陈明（宗易）、金晦（遯斋）、黄绍第（叔颂）、王景羲（子祥）、苏梦龙（云卿）、孙诒钧（伯陶）、林庆衍（祈生）、孙诒泽（仲恺）等许多人的交往关系。

六字课斋津谈
（1895 年 2 月）

自　叙

谈之兴也，其于夏、商乎！大道既隐，仁者乃否。山林风尘，无权则均。悲情怨气，发为空谈。

姬周之衰，谈录最盛。孔、孟诸子，太仓一粟。一粟幸存，可以母谷。奉置高阁，朽腐千龄。

汉后谈录，莫胜《论衡》。惜哉仲任，独学无友！洛闽谈家，以法乱儒。长夜中原，最所痛恨！

恕自幼好谈，理必古始。飘零江海，岁有谈录。然与昔人谈居十之八，与今人谈居十之二焉。客津三祀，疆场烽烟。神仙示兆，促回南州。旅馆萧条，删次日记。分类十六，题曰《津谈》。

光绪甲午季冬，六字课斋主人浙东宋恕自叙，时年三十有一①矣！

颂扬类第一

余每劝友人阅《圣武记》、《东华录》，盖恐学者不涉国朝之事，不知祖宗功德远过禹、汤、文、武，而与三皇五帝比隆也？　　　　　　　一

国朝家法不立太子，择贤嗣位，故能列圣相承，文治武功超越往古。前代名臣于立太子一事无不看得极重，可笑之至，然周后明前之议论，其类于立太子者多矣！　　　　　　　　　　　　　　　二

---

①　抄本误为三十有一，据《年谱》应为"三十有三"。

或问："国朝灭朱不灭李，其义安在？"曰："此先皇代天行道之赏罚也。朱明以宦官害忠良，峻刑法，虐百姓，得罪于天，不可不灭！李氏之主朝鲜也，中叶曾除惨刑，有惠于民，天之所怜，故但臣之而不灭也，此所谓代天行道之赏罚也。"　　　　　　　　　　　　三

阅邸钞，恭读上谕《严处太监辱骂职官》一道，喟然曰："前代宦官横行无忌，至于擅兴大狱，忤者立死；今则辱骂便予严处，士夫得逢盛世，何其幸欤！"　　　　　　　　　　　　　　　　四

国朝仁政，无论大小，均非汉、唐、宋、明所曾有。即如"官妓"一法，强良作贱，非人所为，而前代相沿不废，直至我先皇应运，始革去之。无量功德，信不胜纪矣！　　　　　　　　　五

或问："国朝功德何如姬周？"曰："周何足道！周封建同姓，世主其国，子孙生长深宫，威福擅作，灭伦虐下，无所不至，贤者百难得一，元元之祸烈矣！国朝旗、汉兼用，大公无私，乏长者宗戚投闲，有才者草茅立擢；四民乐业，无强族奴使之苦；万里承风，无诸侯争战之惨；功德胜周万倍矣！"　　　　　　　　　　　六

或问："国朝功德既如子言，与三皇五帝比隆矣，而子又好论俗弊，何也？"曰："周后明前中国之世界不可问矣！国朝虽列圣相承，教化周到，然民间习俗尚有沿明之陋者，士夫识议亦尚有沿明之陋者，食毛践土，报答敢忘！正宜极陈周后明前中国之弊，旁采泰西寸有所长之法，以备在位谋政诸公之节取也。"　　　　　　　　七

包慎伯每劝儒者读律，余虽痛恶法家之学，而亦不屏法家之书，盖与慎伯同意。

曩阅《驳案新编》，见乾隆前诗文重案极多，法司动拟极刑，每蒙列圣恩改从轻。尚记有一诸生，以作寿商人序有"创大业"三字被告，其所谓"大业"者，谓商业也，犹今文士所谓"潜心大业"谓文业也，乃法司竟拟以磔，蒙圣祖改轻为斩。戴名世以文集中有《与友书》谓"明季福、唐、桂年号宜存"被发，亦无他狂语，乃法司亦拟以磔，圣祖亦改轻为斩。有一名士以文集中有"呼明月而吸清风"一句，身后被告，高宗以诗人常语释之。此类甚多，使不读法家书，则何由知前此有司执法之严，与列圣旷荡之恩哉！　　　　　　　　　八

尊孔类第二

《论语》以习诵不鲜，实古今第一奇书。今人稍涉西事，便多轻此，

不知欧洲好处全在此书之中，特周后能读者希，大义为法家所乱，微言非俗儒所解，先师有灵，岂胜悲痛！　　　　　　　　　　　　　　　一

或问："古来奇士之最？"曰："孔子。"或骇然。余曰："孔子志趣、识议、举动之奇，具见子所习诵之《论语》、《五经》、《史记·世家》中，自习焉不觉耳！"　　　　　　　　　　　　　　　　　　二

或问："孔子行志何始？"曰："封建之祸烈矣，必自废封建始。"曰："更有始乎？"余不答。　　　　　　　　　　　　　　　　　三

世以屈文为哀怨之宗，不知孔文之哀怨实过于屈。余每诵《获麟歌》，泪即盈睫也！　　　　　　　　　　　　　　　　　　　四

或问："孔子生前知己之最？"曰："晏平仲、令尹子西。"或骇然。余曰："平仲、子西深知孔子必不肯奴仆于齐、楚，且亦不肯奴仆于周者也。夫楚为周敌，孔子乃南见楚昭，是不肯奴仆于周之明验也。不肯奴仆于周，其肯奴仆于齐、楚乎！平仲、子西，孔子之知己，而齐、楚之纯臣也，故力阻其君之假以土地、兵权。若二子者，虽不忠于天下，而固可谓忠于齐、楚者也。"　　　　　　　　　　　五

余谓学者案头不可一日无《论》、《孟》、《五经》，然不可一日有洛、闽经说；不可一日无《圆觉》、《楞严》，然不可一日有和尚语录。　　六

世多引《庄子》汉阴丈人之说以斥讲机器者，不知丈人之说当时即为孔子所讥；彼假修浑沌氏之术者也，识其一不知其二。讥之深矣！故余谓：孔子生今，必力主仿行机器之议！　　　　　　　　　　　　七

或问余："为人、为学、为文之宗旨有一言可以括乎？"曰："有之，即吾师所训之'恕'字也。"或曰："为人可以'恕'字为宗旨，为学、为文亦可以'恕'字为宗旨乎？"曰："如心为恕，读古今书必切按原文，思古今事必设身处地，绝不稍蹈周后明前陋习，此为学之恕也。著书专代世界苦人立言，穷至民情，无幽不显，数千年来偏私相承之论誓不附和，伤风败俗、导淫助虐之词誓不偶作，此为文之恕也。"　　八

或讥余恩怨分明，未能师佛之平等。余曰："以直报怨，以德报德，孔子之教也，亦即佛氏之教也。盖佛氏平等之说，聊以遣悲，非以立教，真正佛教乃非平等、非不平等者也。子未涉佛经耳。"　　　九

周后明前儒家之学渐行于欧罗巴洲，法家之学盛行于亚细亚洲，非但中国也，印度、波斯及诸小国皆受法家之祸。尝疑孔子生前已有"乘桴浮海"、弃绝此土之意，或身后神识渡海生西，不昧来因，仍创儒教，彼土众生罪业轻浅，遂得渐行其学欤！　　　　　　　　十

谈经类第三

经学以能由古训独窥孔思者为上；墨守汉说，鸿沟界宋者次之；若汉、宋兼采，便不足观。非谓宋说皆不通也，其通者不行，其盛行于世者皆不通。今之所谓汉、宋兼采者，皆喜采盛行之宋说，非能采及不行之宋说。如能采及不行之宋说，则无恶于汉、宋兼采矣。　　　　　一

余八岁始入塾，其岁冬间即读《左传》，而每援笔批驳左说于读本上，屡被塾师斥责。稍长视之，亦颇有中理者。盖余之说经一空依傍，自八岁已然矣。　　　　　二

孔子删《诗》始唐、虞，唐、虞以前未必无可录，而始唐、虞者，此孔子之微意所寄也。录《费誓》，尊乡邦也。齐、晋、宋、卫、陈、蔡、徐、楚诸国，文明莫不过秦，未必无可录，而独录《秦誓》者，此孔子之数学特精也，此亦孔子之微意所寄也。　　　　　三

《周礼》，先儒或谓未行。行与未行，余不敢决。纵使已行，不过王畿，则敢决也。观春秋时列国官名各异，无符《周礼》，便可知矣。　　四

三代时诸侯属天子，除新封子弟各国外，不过如朝鲜、安南之属我大清，官制、服制率皆仍旧，一切政法听其自主，所定者贡献之礼而已。　　五

《戴记》中古圣微言甚多，所恨者秦、汉间法家议论乱入亦甚多。　　六

春秋时诸侯鸟兽行者不可胜计，中国无异夷狄，其气早召汉世匈奴之祸矣。　　　　　七

《公》、《榖》之说有极古者，有极野者。最谬莫如"贤辄拒父"及"九世复仇"。古者父子兄弟罪不相及，仇其父而报其子，非古也，况九世、百世之上乎！此法家之议论乱入儒家者也。　　　　　八

秦之无道，不在废封建，废封建乃功德事也。然而非创于秦，亦非创于春秋、战国，亦非创于夏、商，盖自然渐废，无创之者也。

昔者禹会诸侯，玉帛万国；周武伐商，止有八百，其忠商者，亦止五十，郡县之局，早成八九。涂山会前，焉知无二万、三万国？渐废渐少，至禹时而止万国乎！　　　　　九

学者恒言三代前封建，三代后废封建为郡县。实则三代前即已封建与郡县并行，三行①后亦未尝不封建与郡县并行，如今之边省土司皆封

---

① 三行，应为"三代"。

建也，惟子弟、功臣有封建、有不封建耳。 十

元代疆宇之阔，几等今日之俄国。余尝考其封建、郡县之略，盖十分之七八封建子弟功臣，惟宋、金、夏之地郡县为治，大理之地亦封建矣。盖自古及今，五洲君长封建未有如元之广者也。 十一

土司即诸侯之别名也，改土归流即废封建为郡县之别名也。学者见"改土归流"四字则以为美，见"废封建为郡县"六字则以为恶，此所谓不识壁上"天"也：

昔者，吾乡有一农夫，强求识字而记性极钝，三年始毕周氏《千字文》，然止能识此千字于本书，不能识此千字于别处。一日，邻人指壁上"天"字问之，答以不识，邻人笑曰："《千字文》中开卷第一字何不识？"乃恍然曰："天乎天乎！吾识书中'天'，不识壁上'天'故也。"一乡传笑，以为新闻。

三代以降，赫赫名儒如汉、唐之郑、孔、昌黎，宋之欧、苏、程、朱等辈，皆不识壁上"天"者类也。 十二

日本前有二百六十诸侯，俄罗斯昔亦大封同姓，今悉改郡县。盖封建之势无有不趋于郡县者也，犹之君民共主之势无有不趋于民主者也。

十三

欧洲之德国，昔有诸侯三百，今亦尚有二十五，是亦封建与郡县并行也。 十四

井田，三代前亦非概行与永行，三代后亦未尝全不行，如今之新疆兵、民各屯，即井田也。宋儒欲俟大乱后复井田，其心以为井田可概行、可永行也；噫！愚至此乎！ 十五

徐偃王之德过于汤武远矣，而不能得志者，德太高，不与时称之故也。

凡得志之帝王卿相，其德皆与其时称。禹、汤、文、武，德与时称，故能得志。伯成子高、务光、夷、齐、偃王之流，德与时不称，故不能得志。孔、孟亦然。 十六

楚庄王不灭周，德似过周武矣，然未必果德过周武，或势殊周武也；其周武无所畏之殷藩，楚庄有所畏之齐、晋欤？ 十七

后世作周编年史，成、康后不当专编周年。盖［徐］①、楚、吴、越皆号为王，与周敌体，同在今中国之地，安可专编周年而不平编

---

① 抄本原作"齐"，梅冷生先生批注："当指徐偃王。"照改为"徐"。

〔徐〕、楚、吴、越之年乎！   十八

余观春秋时人物，除孔门外，学识殆以师旷为最奇。或问何所见？曰："见之对卫出君之问。"①   十九

女生为"姓"。人之生也，得母气居多，受母恩为重，故古人依母立姓；如黄帝母居姬水，因以姬为姓之类，盖上古之通例；故如姚、姒、姬、姜等字，皆从女旁。后世之姓依父不依母，非古也，姓之义晦于世久矣。   二十

王介甫谓"《春秋》为断烂朝报"，千古卓识！余尝谓"《周易》为古雅庙籤"，与介甫语无意成一巧对。

今神庙籤诗皆常人所作，文虽俚俗，然愚夫妇心诚求之，无有不验，殆亦今之《易》类欤！   二十一

《十三经》之名极野。《公》、《榖》、《左》，俱传也，不能以为三经；《礼记》、《尔雅》亦传也。   二十二

箕子王朝鲜，传序将千祀，世泽过周。然周末文学盛兴，而朝鲜未闻有著书立说者，何也？岂亡于兵火欤！   二十三

学者斥欧洲机器为奇技淫巧，此读书未按原文之失也。《秦誓》所谓"奇技淫巧"者，隋炀如意车之类也，下文不有"以悦妇人"四字乎？今欧洲之机器非悦妇人者也，利四民者也。前民利用之物，可等之于商纣所作之奇技淫巧乎！   二十四

张孝达劝人据汉学成书玩宋儒义理，余则劝人据汉儒训诂玩周儒义理。盖余以宋儒义理多本法家，大谬于周儒，而训诂亦多谬；汉儒义理或谬于周儒，而训诂则鲜谬。故平日说经，训诂必汉，义理必周。每独居叹息曰："使六字课斋经说得行，则唐、虞之盛可冀乎！孔、孟之志可慰乎！"   二十五

宋儒讥文中子为妄，不通已极！

夫经者常也，五常之德不绝于世，五经之文即不绝于世，孔子修我生以前之经，未来之经固以续修责望后贤者也！② 但当问仲淹之所续何

---

① 《春秋左传注疏》卷七"鲁襄公十四年"云："师旷侍于晋侯，晋侯曰：'卫人出其君，不亦甚乎？'对曰：'或者其君实甚！良君将赏善而刑淫，养民如子，盖之如天，容之如地，民奉其君，爱之如父母，仰之如日月，敬之如神明，畏之如雷霆，其可出乎！夫君，神之主也，民之望也，若困民之主，匮神乏祀，百姓绝望，社稷无主，将安用之？弗去何为！天生民而立之君，使司牧之，勿使失性……天之爱民甚矣，岂其使一人肆于民上，以从其淫，而弃天地之性？必不然矣！'"

② 从卷四《外舅夫子瑞安孙止庵先生八十寿诗序》可知宋恕原以续经者自任。

如，谓经不可续，续即为妄，则鞅、斯之议论也。　　　二十六

小学类第四

余分本义、译音二大宗论六书：以象形、指事、会意三门属本义，以形声、转注、假借三门属译音，自以为破数千年之障，而与人谈，罕有能解者。　　　　　　　　　　　　　　　　　　　　　　　一

余昔治小学，深思文字之源，忽悟形声一门之皆为译音，如长江之"江"字、黄河之"河"字，乃古圣王初略地至江滨、河滨间，闻其土人呼此水若工、若可音，遂依水加"工"、"可"，制为江、河字。推之凡水皆然，推之一切物名皆然，全无本义可考。后儒或推本义，皆野说也。　　　　　　　　　　　　　　　　　　　　　　　二

自来说转注者莫明最初之义。余昔尝深思，而悟转注之为译音。盖其初，或此处呼人年高为"考"，彼处呼人年高为"老"，古圣王特制"考"、"老"二字以记若"考"、若"老"之音。形相近，取便认者也；音相近，本相近也。如今广西人呼人若"盈"、江浙间有呼若"银"者、有呼若"能"者，考、老之类也。如依古圣王之法，当别制若"盈"、若"银"、若"能"之字以便民之认矣。　　　　　　　　　　　三

假借，亦译音也。如"为"字借作"行为"之"为"，因昔时有"为"字之国，无"行为"之名，及闻他国呼治事为"为"音若"为"，遂借"为"字以记其音，此假借最初之义也。　　　　　　　　　四

学者知"契丹"、"女真"、"蒙古"之为译音字，而不知古时秦、楚、吴、越，上至唐、虞、夏、商、周等国名莫非译音字也。

盖古时各国隔绝，皆先有音，后有字，其字国异。古圣王制定一种今字之祖，征服一国，即译其国名之音，书以制定之字，如今"暹罗"、"缅甸"之类，由中国人闻其国名之音若"暹罗"、若"缅甸"，遂书作"暹罗"、"缅甸"耳。盖古来朝名之非译音字者，惟金、元、明及我大清，今日外国名之非译音字者，惟安南、日本。余创此论，信者极少，恨不起古圣质之！　　　　　　　　　　　　　　　　五

非惟国名多译音字也，人名亦多译音字。盖或以此译彼，或本用土音："尧"、"舜"、"禹"、"汤"与"阿骨打"、"铁木真"一也。

盖唐、虞、夏、商之字原异于周。学者所据，周典最古，惟周室人名可以本字解，如"昌"、"发"、"旦"、"诵"是也。后世因尧、舜、

禹、汤之为圣也，遂强为之说曰：如何曰"尧"，如何曰"舜"，如何曰
"禹"、"汤"，实野说也。　　　　　　　　　　　　　　　　　　　六

西人谓世有文字始于亚洲之非尼西人。又谓巴比伦字最类中国字，
《易》之"乾"、"坤"乃巴比伦呼"天"、"地"土音，《尔雅》所载干支
别名亦然，疑中国之学传自巴比伦。

余谓：巴比伦字既类中国，文当亦类中国。恨不能识其字，读其
文，以考其学与中国异同也。　　　　　　　　　　　　　　　　七

中国殆未有深通欧洲文字者。余不识欧字，然昔尝询得英国字母之
音，见某君所著《英字指南》以 OU 字入杂音类，即知其不解反切。谓
识英字者曰："OU 字当以读若'恩'为正。"皆不解。

庚寅客鄂，与王子裳刺史谈及。刺史曾学德字，答余曰："德果读
若'恩'，君于音学深矣！"噫！非余之深，乃识英字者之太浅也。然余
于小学实有妙悟，故极思通地球各国文字，将来倘能如愿，于小学必更
有大悟境也。　　　　　　　　　　　　　　　　　　　　　　　八

史类第五

西人谓拉丁史多寓言，不易别其实事。余谓万国古书率多寓言，不
独拉丁史也。虽然，大千世界，如梦如幻，熟为寓言？孰为实事？实事
不妨作寓言观，寓言亦不妨作实事观矣。　　　　　　　　　　　一

亚历山德者，古时马其顿之雄主也。年甫二十，志一宇内，主盟
西国，穷兵东略，灭波斯，降印度，威名震世。西史载其一日捕一海
盗，斥之曰："汝何敢行劫人财？"盗曰："王何敢行劫人国？小人以
小众行小劫，大王以大众行大劫，小人与大王但有小、大之分耳！"
余按：庄子曰："窃钩者诛，窃国者侯。"千载传为名言，此盗舌锋逼
真漆园，大奇！　　　　　　　　　　　　　　　　　　　　　二

中国昔尝分为七，秦始皇合之；英国昔亦尝分为七，味塞王合之。
天作棋戏，布局乃有犯雷同者。　　　　　　　　　　　　　　三

或问："亚洲诸国自古常苦戎狄为患，中国前代尤甚，欧洲亦有之
乎？"余曰："有之。昔者罗马之戎狄有峨特、高卢诸族，希腊之戎狄有
铎利亚、向的士、列里热斯、伯拉斯日诸族，日耳曼之戎狄有诏顿、深
不尔、匈牙利诸族，英吉利之戎狄有加利敦、苏各的、比古的诸族，荷
兰之戎狄有巴达卧，普鲁士之戎狄有波路都西；或牲人，或掠地，或贵

人死，妻妾奴婢皆殉，而其中尤残虐者为匈牙利；寸断孩儿，啖肉饮血，方其强也，日帝岁纳币焉。"

或曰："今皆尚为患乎？"曰："久矣，或为名将所破灭，或为善士所诱化矣。"

曰："欧洲平戎之名将可得闻乎？"曰："不胜举也。其最著者：罗马将塞萨尔大破高卢，马黎约大破迢顿、深不尔，别里沙留大破峨特，日耳曼将刚拉德大破匈牙利是也。"   四

匈奴酋遏底辣曾攻陷欧洲七十城，恃其兵威，以待汉者待欧，要帝女，索岁币。罗马将耶抵亚奋击，大破之，遏底辣走死，欧洲遂无匈奴之患。耶抵亚之功不在李牧、卫青之下矣。   五

铁木真，帖木儿郎，先后侵扰欧洲，割据北土。及俄国重兴，而蒙人始尽被逐出境。今西士论人有五种，指黄色者为蒙古种；盖习闻蒙古之名，而不知蒙古之名起于金后，岂可以概目亚洲诸国之人乎？   六

汉人讥夜郎不知汉大。余按：罗马极盛，正当汉时，其大数倍于汉，而汉人不知，然则汉亦罗马之夜郎也。   七

罗马极盛时，都城门开三十七，人口四百万，礼拜堂伟丽者四百所；贵人第宅至有费一百四五十万金而成者，别墅林立，四时异处，以酒灌木，馔备三洲，中人之产皆数十万；文士辈出，歌咏太平，称曰"黄金时世"。按其时罗马主为屋大维，去今二千年，然则欧洲之富自古然矣。   八

泰西纪元前，亚洲之犹太，王宫悉以金银作之；巴比伦城高厚无比，中有飞园，称宇内七大工之一，然则亚洲古亦未尝不富也。惟按：宁禄营城时，去今已四千年矣。   九

西班牙主腓立第二，以今之荷兰、比利时两国地充嫁女装，自古嫁装之丰，此为最矣；罗马大礼拜堂经始落成，历年满百，费七千万，自古栋宇之美，此为最矣；希腊曾有名画一幅，卖黄金三万六千两，自古画值之昂，此为最矣。   十

自古发兵之多，未有如波斯主泽耳士，盖一发五百万；自古杀人之多，未有如蒙古主铁木真，盖所杀五百万；然泽卒败而铁卒盛，人事、天道，两不可测。   十一

东峨特主帖阿陀力之破据罗马也，文官仍用罗马人，服旧服；武官则用峨特人，可谓厚矣。峨特为欧洲戎狄，若帖阿陀力者，焉可以戎狄轻之哉！   十二

元人灭宋、金、夏及西方数十国，或仍郡县，或封子弟；独破俄罗斯则不灭之，而但臣之，虐百仁一，异哉！岂有数欤？　　　　　十三

昔者俄主安得罗欲废封建，弑于诸侯；近者日本废封建如反手；非必才有长短、势有强弱也，数也。　　　　　　　　　　　　十四

以本国帝王改本国服制者，古则中国有赵武灵、魏孝文，土耳其有马谋多第二，俄罗斯有彼得第一、加他邻第二；今则日本、暹罗之主也。

彼得第一曾变姓名游荷兰，入船局为木工；复游英、普诸国；归而大更制度，临终创法传贤，举动尤奇。　　　　　　　　　　十五

昔者英主亚弗勒每日定以四时听政、四时为学、四时休息，终身不倦，可谓有惜寸阴之风矣！宜能大开文明之化也。　　　　十六

近时岭南有二奇人：郑昭、吴元盛是也。郑昭王暹罗，吴元盛王婆罗。今婆罗之事未详，暹罗则久已更法图治，通使西洋大国，行敌体礼，可谓能自振矣。惟间于英、法，难展其略耳。　　　　十七

哥伦布初到美洲，土人见者以为神人乘大鸟自天降，盖以船为鸟、以帆为翼也。

余谓：万国古书所载奇而无理者不可胜举，殆多以船为鸟、以帆为翼类欤！　　　　　　　　　　　　　　　　　　　　十八

西人呼中国为“秦”，盖由于苻秦威震西域，无与嬴秦。薛京卿《出使日记》中谈及此，疑嬴秦未通西域，而忘苻秦曾抚西域，疏矣！　　　　　　　　　　　　　　　　　　　　　　　　十九

周后明前，君德之盛未有如苻秦世祖者。汉文帝、唐太宗皆有疵瑕，不能及也。魏孝文不革立子杀母之例，亦大累盛德焉！　　二十

自古才士适意，莫如王景略，以其得周后明前之第一贤君为君也。惜天限其年，未能平定江左，除乱贼晋，至使周后明前之第一贤君竟遭身弑国灭之祸，此殆关乎中国群黎之福命矣。　　　　　　　廿一

包慎伯目睹川楚教乱情形，言之极为沈痛。余读其《与友书》云："官兵淫、杀、掠而不焚，教匪焚、杀、掠而不淫，乡勇淫、杀、掠兼到；民间有白莲、青莲、红莲三教同源之目。"未尝不惨然泪落也！　　　　　　　　　　　　　　　　　　　　　　　　廿二

曾文正外玩雅士而内任酷吏：黄冕、裕麟之筹饷，鲍超、陈国瑞之统兵，古之所谓"民贼"，而文正之所深喜也。　　　　　　廿三

贺兰进明拥兵不救睢阳，曾文正拥兵不救吉安、杭州，情形何异！

乃一为世所唾骂，一为世所宗仰。苏季子曰："人生世上，势位富厚，盖可以忽乎哉？"苟不读史，岂知此语之沈痛也！　　　　　　　　廿四

或问闽人兰鹿洲、林文忠、沈文肃之经济，曰："皆阳儒阴法、酷吏之雄也。于孔孟之经济毫末未有所闻！"　　　　　　　　　　　　　廿五

宋后论史事者，率多不按原文，谬加扬抑，中理者十难得一，洛、蜀两党尤甚，流毒至今尚炽。

以余所闻，当世名士史谈，惟曲园先生明烛千古，别具通识，余子莫不深中洛、蜀之毒，良可慨也！　　　　　　　　　　　　　　廿六

论史不切按原文固谬，然即能切按原文，论之中理亦未可自信也，何也？以原文先多未可信也。

善乎国初顾处士景星之言曰："今夫里巷比邻、朝暮所习，一旦妇姑反颜，兄弟阋墙，其是非曲折，不得以隔垣之人断之；至于百里内外，亲戚控诉，信使往来，其情实益难得矣；至于千里内外，道路传闻，情实更难得矣；况千载以上陈编所著哉！"余观当世闻人，识符此君者独有曲园先生耳！　　　　　　　　　　　　　　　廿七

史家类第六

刘子元《史通》最有可观，然不合余意者十尚二三。余拟作《史通补正》，补其遗，正其非。又拟续《史通》，极论唐后诸史体例。然余于史例所见独殊，上自马、班，下至元、明，作者、论者，殆无一家浃心，虽子元亦勉取焉。此书如出，益恐招众怒矣！　　　　　一

紫阳《纲目》，号继《春秋》，其书法扬抑，平心按之，多不中理。余昔年甫十一，即能摘驳多条；长阅数过，不满滋甚。一言以蔽之曰："深中法家毒。"　　　　　　　　　　　　　　　　　　　二

晋承魏，为晋之人不敢不以吴、蜀为伪者，势也。宋承周，为宋之人不敢不以南唐、北汉诸国为伪者，亦势也。乃承祚作《志》，题曰"三国"，竟敢不伪吴、蜀，何其勇于抗势也！

盖汉后史家，题名之公未有能如承祚者也。视彼永叔作《史》，题曰"五代"，相去何其远哉！　　　　　　　　　　　　　　　　三

宋承周，周承汉，汉承晋，晋承唐；永叔畏势，伪诸国而尊四代可也。朱温非人，代名久为李氏所革，不尊朱温，无碍于宋，盖沙陀之李固自以继太原之李也；不知永叔何所取于非人之朱温，而必欲尊之，以

伪移檄讨贼之淮南、西川诸国！背谬至此，犹以《春秋》书法自命，其丧心病狂乎！　　　　　　　　　　　　　　　　　　　　四

　　帝魏伪蜀，帝蜀伪魏，皆非；惟宜并帝三国。

　　盖彼本并帝，吾亦惟宜并帝之；帝号非史家之所得夺也，扬抑则史家尸之；非惟史三国宜然也。　　　　　　　　　　　　五

　　史家立、夺帝号之例最不可通，盖以夺为抑，则以予为扬。杨广、朱温，非人也，然而不能谓之非帝也。

　　虽然，无夺帝号之例，则帝之不为扬；有夺帝号之例，则帝之便为扬。不帝朱温，可帝他氏；不帝杨广，又将谁帝？于是夺帝之例穷。不能不帝之，而又恶帝之，不得已目为闰统焉。庸人自扰，莫甚史家焉！　　　　　　　　　　　　　　　　　　　　　　　　　六

　　司马氏祖孙父子，或弑君，或弑母，乱贼之尤也。乱贼，人人得诛！刘、石诸氏①之兴，其正于司马氏也多矣！生晋之世，为晋之人，其不得不正司马而伪刘、石诸氏者，势也。后世史家，非司马氏世奴，不食司马氏之毛，不践司马氏之土，何为正司马而伪十六国乎?!　　七

　　班氏《九等人表》，可笑已极，孟坚不通至此，出人意外。　　八

　　洪北江《夏史》未见。余昔尝欲搜采旧记作《大理史》，以补史之应有未有者，犹北江志也。

　　然《夏史》尚可强作，《大理史》竟无可作。窃怪段氏称帝于唐中叶，至元始灭，祚长过唐、宋，何以无专史流传也?　　　　　　九

　　包慎伯讥魏默深《圣武记》不宜附入己之论著，甚是！　　　十

　　李次青《国朝先正事略》，分目极陋，阅之令人失笑。　　　十一

　　近人史部书，分目最可笑者无如唐镜海《学案小识》。　　　十二

　　近人撰外史，如《海国图志》、《瀛寰志略》、《四裔年表》等书，题名皆陋。将以尊内，适使外人笑我学者为井蛙，是反辱国矣。　　十三

　　日本冈本子博撰《万国史记》，冠日本于万国之上，自以至公，然其体例实未为得。

　　盖学者习史，外国不能不略，本国不可不详；若撰史者平列本国于外国，取齐篇帙，势不能详。今子博编次本国数千年事止盈一卷，限于平列之势也，非所以使习史者详本国也；盖本国之史即欲节略便习，固宜自为一编也。　　　　　　　　　　　　　　　　　　十四

---

　　① 指刘渊、石勒。

或问："子撰外史，体例、题名若何？"

曰："体例仍魏、徐氏①，而题曰'外国史略'，则名正言顺。"十五

欧洲数千年来惊天动地之名人不可胜数，余遍览中国、日本译史，慨慕实深。拟仿司马子长笔调，分心性、经济、文学、武功、辟邪、死义、觅地、开化、制器九门，作《欧洲名人传》，以赠友朋，使知廿四史外尚有如许人物。嗣念未识西字、猎西籍，仅据亚洲所译汉字西史论次其人，将来流传欧洲，必贻疏陋之诮，是以有待。未知海内有与我同志而能识西字者否也？十六

欧洲诸国，数百年来善政不可枚举，余拟用纪事本末体著《欧洲善政纪》，分教、养二大宗，再分子目。亦以未识西字、猎西籍，仅据亚洲译史，恐难详备，未敢动笔焉。十七

议论类第七

或问议论之美？余曰："平实而已！"

三代以上，名人议论皆极平极实；秦、汉至唐，渐不平实；宋后议论，益多有意求奇，空而不切，而平实之风几亡，苍生之祸益烈矣。

余自志学以来，力矫周后之弊，尤力矫宋后之弊，每发议论，必求其极平极实，而反以此得怪于世，此吴、越见冠带之理也。昔者，吴、越断发文身，忽有一人焉，束带加冠，众大怪之，斥为夷狄。盖习于文断之俗，而忘其祖神禹、太王之本不文断也。去周久远，世耳习于不平、不实之议论，忽有一人焉，矫以平实，众大怪之，斥为狂妄，宜也。一

人身有隔病，议论亦有隔病。

余细察今日议论，其病隔也，十分沈重矣。然非始于今日也，始于周衰而逐代沈重。且以今日言之，非惟男不知女之种种奇苦也。同为女矣，姑不知媳之苦，媳不知姑之苦；同为姑矣，同为媳矣，此姑不知彼姑之苦，此媳不知彼媳之苦；同为男矣，民之种种奇苦，官不知也；同为官矣，京官不知外官之苦，外官不知京官之苦，文武官亦两不知苦；同为京官矣，政府不知闲员之苦，闲员不知政府之苦；同为外官矣，督抚不知布按之苦，道府不知州县之苦；同为民矣，士不知商之苦，商不

---

① 指魏源《海国图志》、徐继畬《瀛寰志略》。

知农之苦；同为士矣，此县之士不知彼县之士之苦；同为此县之士矣，此家之士不知彼家之士之苦。彼此相讥，大半影响，隔病沈重，而天下之议论几于全不足信矣。

或曰："何方可治？"曰："'设身处地、实事求是'八字汤可治！"

曰："奈不肯服何？"曰："先令通服'识字、游历'四字汤，则自然肯服此八字汤者多矣。"

曰："奈不肯服四字汤？"曰："强之！" 二

宦官中大判贤否，前代士大夫不分黑白，一律贱视而丑诋之，宜激成其党之众怒也。

刀锯之余，何便可贱！司马子长之文章，田敬宣、张承业之忠义，非刀锯之余乎？不切指某有何恶，而一律丑诋，乃轻薄小人之声口也，岂宜出于士大夫乎！ 三

人身有清浊混之症，议论亦有清浊混之症；混症与隔症相因，惟其隔，是以混也。

余博观书史，窃悲周后议论，混症极重：如见外戚某人不贤，即混诋外戚；见异域某国无教，即混诋异域；见二氏之徒某某可诛，即混诋二氏；一切病此，不独于宦官然也。 四

余生平所闻当世名人议论，求其不病隔、病混者，几如塞北之梅，岭南之雪；即密友亦多未能全免，如通指某地、某家善不善之类是也。

惟余自问：千言万语绝不稍犯此二字焉；此则余之寸有所长也。 五

专就一人论善恶，不稍牵涉其父母、兄弟、妻子；专就一事论善恶，不稍牵涉其人之他事，斯为混字症去尽之候。

欲求不混，须先求不隔；欲求不隔，要在实事求是，不以想当然论人而已。 六

欧洲诸国所以治平者，议论无隔字症与混字症也。 七

西国每事论实论理，中国每事论名论例。名与例，昔之黠者所立以便己，而愚者相与死守之。周后明前之天下全误于此，可胜悲哉！ 八

洛、闽议论，隔、混二症尤重。其尤重中之尤重者，莫如"不听妇人言"及"妇人之性阴恶"二语。

夫妇人者，男人之对称也。混曰"不听妇人言"，则是劝人不听其母、其祖母之言也；混曰"妇人之性阴恶"，则以"阴恶"目其母、其祖母也；为此语者，孝安在乎？

或曲为之解曰："彼所谓妇人，乃专指妻妾。"夫人必先为妻妾而后

得为母、为祖母，岂有方其为妻妾则性皆阴恶，及其为母、为祖母则性皆变而良善之理乎？背谬极矣！
　　　　　　　　　　　　　　　　　　　　　　　　　　　九

　　宋后风气，以好骂为圣贤，谈子谈史，不按原文，信口大骂，便得高誉。

　　国朝名儒，虽多云"实事求是"，然真能实事求是者亦甚寥寥，其号称"实事求是"而仍蹈不按原文之陋者，十人尚七八焉！　　　　　十

　　友人言："造炮者必世世死于炮。"此理不谬。推之造猎具者，必世世为堕机之兽；造渔具者，必世世为入网之鱼；造立子杀母之法制者①，必世世为被杀之母后；造"饿死事小"之议论者②，必世世为饿死之寡妇矣。　　　　　　　　　　　　　　　　　十一

　　与客散步，观肩舆过，路甚不平，为肩者叹。客曰："西国以平路为要事，中国全不事此，何也？"余曰："不平之苦，平之乐，肩者莫不知，而舆中人莫知也。故肩者之议论必以平之为要事，舆中之议论必以平之为多事。舆中之议论胜，则永无平之日，肩者之议论胜，则顿有平之举。西国，肩者之议论胜，中国，舆中之议论胜。故或事此，或不事此也。"

　　岂惟路哉？一切事皆有肩者、舆中之二种议论矣。儒家，肩者党也，法家，舆中党也，其初如是。后世儒家之议论专抑肩者而党舆中，盖阳儒而阴法矣！　　　　　　　　　　　　　　　　　　十二

　　余辛卯岁著《六字课斋卑议》初稿十万言，惮缮，删为三万言。以所删为《卑议或问》六卷，申发《议》中《变通篇》三十七章之旨。或讥好辩，余曰："岂好辩哉？不得已也！"　　　　　　　十三

　　士大夫见余所著之《卑议》，多不以为然；使民间匹夫、匹妇皆识字而能看《卑议》，则四百兆人之中，当不止三百九十兆人泣数行下也。
　　　　　　　　　　　　　　　　　　　　　　　　　　　十四

　　余曾作《发恻论》③，分篇别章，凡数万言，极陈民间男女疾苦，几于无幽不显。以多归咎汉、宋诸儒，未敢写定问世。然时举论中一、二条语人，鲜有不恻然欲下泪者，乃益信《孟子》"恻隐皆有"之说。特中人以下，虽有此心而气味甚淡。苟无人焉发之，则淡者渐无，苟有

----

　　①　指汉武帝杀昭帝母钩弋赵健仔。
　　②　指程颐。
　　③　原著未见，但从《六斋卑议》的某些异同中可见作者曾据以修改初稿；此外，则散见《六斋津谈》中。

人焉发之，则淡者渐浓。泪乎，其恻隐之浓气所结成欤？ 　　　　十五

风俗类第八

中国之女穿耳，印度之女穿鼻。中女中有杰出者，语群女以不必穿耳，则大惊，以为天地间岂有不穿耳之女也。印女中有杰出者，语群女以不必穿鼻，则大惊，以为天地间岂有不穿鼻之女也。及至中之群女与印之群女遇，乃信天地间果有不穿耳、不穿鼻之女，而叹吾属之穿为多事也。

地球各国之旧俗，其类于穿耳、穿鼻者岂少哉！未与异俗人交通而能独悟其多事者鲜矣。夫穿耳、穿鼻，其多事而不苦者也。　　　　一

埃及古俗尊神猫犬。波斯攻埃，猫犬前焉，埃军见之，不敢施矢，遂以破埃。

余谓：埃及之猫犬，其小焉者也。中国三代以降，邪党与正党战，恒以秦汉礼法为猫犬，使正党军见之不敢施矢，遂以破灭正党。故秦汉礼法者，中国正党之猫犬也。昔者，魏忠贤前之，而周顺昌不敢举义旗清君侧矣；马士英前之，而史可法不敢废昏福、立贤潞矣；其为猫犬也大哉！　　　　二

中国之俗：男则妻妾、婢妓累千累百，甚至灭伦兽行，无损正人君子之名；女则一有所私，虽他德尽美，无解大诟；元、明后，至诟再适。亚洲西南诸国之俗，或有男止许一妻，女可兼数夫者。欧洲诸国之俗，则男限一妻，女亦限一夫，惟许改娶、改嫁。三方之俗，不同如是！

欧人初来中国，见男多置妾，则大惊，以为何无礼教如是，而不知中国虽圣男亦如是也。以舜之圣，而兼娶尧二女矣；以文、武之圣，而一后、三夫人、九嫔、二十七世妇、八十一御妻矣。

中人初之西南，见女兼数夫则大惊，以为何无礼教如是，而不知彼土虽圣女亦如是也。

一方有一方之俗，耳目拘于一方，不悟为一方之俗也，皆自以为天经地义焉。非特国也，一州一县亦皆别有其所谓天经地义而不通于外州县也。是皆非天经地义之公者也。民多游历，然后能渐悟天经地义之公，不必游历而能破俗障者，其惟圣人乎！

昔者，禹入裸国而裸，仲雍断发文身以临吴，盖裸不裸、文断不文

断，非天经地义之公者也。不淫乱、不残虐，则天经地义之公者也。故曰："大哉圣人！"　　　　　　　　　　　　　　　　　　　　　　三

非洲几内亚诸国，贵家祭祖，则必杀奴数千；苟有一家独不杀焉，则必群以为不孝，而不见容于其国矣。台湾番族，亲有重病，则必觅杀汉人以禳；苟有一子独不觅焉，则群以为不孝，而不见容于其族矣。

痛哉！俗之重力，足以压圣使碎也。非强民游历，虽有百圣，其能胜千愚乎？何况愚者亿兆，而圣者或乃得一乎！　　　　　　　　四

有二人焉，同为守陋俗之人。然其一为商，其一为农，则农之守陋必尤坚于商之守陋，以商之见闻必较广于农也。

有二人焉，同为守陋俗之人。然其一为男，其一为女，则女之守陋必尤坚于男之守陋，以男之见闻必较广于女也。

是故，民多游历则陋俗自失其权，民寡游历则陋俗长有其权。有志于移风易俗者，其必以劝民游历为先务乎！　　　　　　　　五

无论何处，城中之风俗必较村中之风俗为通，宦游家之风俗必较土居家之风俗为通。盖见闻较广，则风俗较通，愈广愈通，愈狭愈陋。愈狭愈陋，故深山之风俗有非名都人梦想所到者；愈广愈通，故欧洲之风俗有非东方人梦想所到者。　　　　　　　　　　　　　　　六

风俗愈陋，恶者愈乐；风俗愈通，善者愈乐。故恶者恒惧风俗之趋于通，必曲为"通不如陋"之说，托之义理以阻通力。而善者多为其所愚，亦群附和之，以为通不如陋，至死不悟。于是阻力盛而通力微，万古长夜，哀莫大于是矣！　　　　　　　　　　　　　　七

辱骂之风，不知始于何时、盛于何时？

语云："孔子家儿不识骂。"然则其时骂风殆已盛乎！前曾恭读《雍正上谕》，有"戒旗人好辱骂"一条，先皇之教孝深矣！

乃浇风难革：士农工商、贵贱老幼，口绝辱骂，千难得一；侵晨入市，薄暮而归，耳之所接，骂居十九，通都僻壤，无处不然。闻欧洲之民皆不识骂，风之相去，何其远哉！　　　　　　　　　　　　八

男之有妻，女之有夫，一也。男之有父母，女之有父母，亦一也。乃周后名义；男则以"私妻子，不顾父母之养"为大恶，女则以"内夫家，外父母家"为大善。然则惟男宜孝、女不宜孝矣！

夫孝者，男女所共之天经地义也，何以男宜孝、女不宜孝乎？余自幼深惑，长乃恍然：盖古王者立此名义以防六宫之心向母族耳。所谓"名义"也，非天经地义也。夫名义之与经义大背者，独此也哉！故名

义有权而世衰，经义有权而世盛，经义、名义，势不两立，悲哉！孰可
与谈乎?! 　　　　　　　　　　　　　　　　　　　　　　　　九

娶妾绝其母家，是强人不孝也。人之生子也，莫不望其孝，而于子
之母，则深恐其孝。心术至是，风俗至是，尚复成何世界哉！尚复谈何
伦常哉！ 　　　　　　　　　　　　　　　　　　　　　　　　十

《申报》载某闺秀《伤裹足》文，极陈骨折肉溃之苦，字字皆泪，
读之长叹。

余前著《卑议》，附"禁裹足"一条于《女学章》① 末，阅者鲜不
迂之。其故由阅者皆男子，男子皆未受裹足之苦。能设身处地而知女子
之苦，非所望于中人也。若使女子阅之，断无有不以为痛切者矣！

女子多不识字而老死乡里，非但终身未见有不裹足之女，且未闻有
不裹足之说，视裹足为世间女子之公法，宜其万不敢犯也。若使识字、
游历之风开，则虽官令裹足，犹将格也，况本为圣朝所禁者耶！ 　十一

乘马车于上海租界，以西式四轮之车行西式极平之路，不知世间有
乘车之苦，亦忘其乐也。及乘车于北方，以两轮拙重之车行不平多碍之
路，未半里而头、腰俱痛，然后叹乘西式之车、行西式之路之乐莫能
名也。

天下事非相形则苦乐麻木：欧洲之民所乘莫非四轮之车，所行莫非
极平之路，固习焉而忘其乐也；北方之民所乘莫非拙重之车，所行莫非
多碍之路，亦习焉而忘其苦也；而相形则觉其乐、恨其苦矣。是故民不
游历则愚，民多游历则智。夫乘车，其小焉者也。 　　　　　　十二

非洲诸土国，君主分据，专务掠奴。宫饰人骨，祀用人肉，大祭动
杀数千，殉葬生埋数十，残酷之风，不堪入耳。而马达加斯架岛主独能
慕欧族之文明，革相承之陋俗，行②封建，兴学校，变兵制，定律法，
释奴隶，步趋西国，井井有条，何地无豪杰乎！

非惟非洲有之也，虽阿塞亚尼亚洲亦有之。曩者不里尼西群岛以
人为牲，而三维斯岛女主甲虨玛那独信西教，创仁政，斯皆间气所钟
者钦！ 　　　　　　　　　　　　　　　　　　　　　　　　十三

"土无二王"，谓一土无二王之理也。乃希腊之士帕太国，古时竟兄
弟二王，行之九百年，其风俗出吾中国理外矣。 　　　　　　十四

---

① 见卷一《六字课斋卑议（初稿）》之"变通篇·女学章第五"。
② "行"字疑为"废"字之误。

欧洲归依基督教之国，皆一主一后，不置妃嫔，以为夫一妇一，人理之正，君民宜同也。土耳其则妃嫔数百，例不立后，以为君之尊无可与敌也。此其义在中国皆为创闻。　　　　　十五

薛叔耘京卿《出使四国日记》，盛称西国风俗之美，而昧其所以美之故，间发议论，悉落宋后。盖京卿本帖括之儒，粗涉时务，未闻经义，难以评五洲政教之得失矣！　　　　　十六

近世风俗，但有科第，而稍出色者，无论为法家、为兵家、为纵横家、为辞赋家，皆冒"大儒"之名。余尝曰："近世文集中，'大儒'二字宜一律改作'大科'二字。"　　　　　十七

或患名士多难辨其实。

余曰："子欲辨乎？吾教子辨：开口背诵《四库简明目录》者，勿与谈，世所谓'经学名士'也；开口背诵'轲死不得其传'者，勿与谈，世所谓'理学名士'也；开口背诵方、姚、梅、曾①私例者，勿与谈，世所谓'古文名士'也；开口背诵上海新闻报纸者，勿与谈，世所谓'洋务名士'也。四种名士开口，可辨以此四法，辨去此四种名士，而名实克副者出矣。"　　　　　十八

忆昔丁亥岁，见江南张经甫所著《救时刍言》中有六种"俗儒"之论，讥刺极为痛切。经甫与袁爽秋观察同出刘融斋之门，其学高于爽秋百倍，然当世人人知有袁爽秋，不能人人知有张经甫者，则以一媚世、一不媚世之故也。　　　　　十九

政要类第九

西国一切政治，所以有条不紊者，首得清单之学之力。清单之学绝于中国也久矣，其自周衰始乎？　　　　　一

欧洲如英、德等国，几于男女无不识字，至少如葡国，亦十人而得一。

大清今日人数约四百兆，文风盛衰，各处不同，有相去天壤者。余尝截多补寡，匀揣识字人数，大约男则每千人可得四、五，女则每十万人可得一、二耳。洪惟列圣相承，右文迈古，而民之识字者犹若此其少，岂非士大夫未能同心振作之过欤？！　　　　　二

---

① 指方苞、姚鼐、梅曾亮、曾国藩。

民多识字，大利于君子，而不大利于小人，盖愚则易虐，智则难虐。试观贪吏、讼棍之类，施虐于城，必不如施虐于乡之易，以城中识字者必多于乡也；施虐于商，必不如施虐于农之易，以商中识字者必多于农也；施虐于名县，必不如施虐于僻县之易，以名县中识字者必多于僻县也。故识字者多一分，则小人减一分之威，君子增一分之福；如男女无不识字，则贪吏、讼棍之类毫无所施其虐矣。　　　　三

士之好学者，无处无之。第一苦事是无钱购书，不得不自弃于鄙陋，极可悲也！

若能师欧洲法，每县各置藏书公所，备要籍，听纵观，则十年以后，博古通今者车载斗量矣。　　　　四

余尝谓："西国人造房，与天争地；中国人造房，与地争地。与天争地而不与地争地，故高楼耸空，自二、三层以至十余层，而街道甚阔；与地争地而不与天争地，故楼之一层者，北方已绝无仅有，楼之二层者，南方亦绝无仅有，而街道甚狭。"闻者皆以为名言。　　　　五

世谓"中国抑女，西国扶女"。非也！

中国未尝不扶女，但扶恶女而不扶善女；西国未尝不抑女，但抑恶女而不抑善女。何也？

中国善女之苦不可说、不可说，恶女之乐亦不可说、不可说。如妓主虐妓、婢主虐婢、恶姑虐媳、恶媳虐姑、母虐非所生女、女虐非生母等事，无处无之。计被诸虐至死者，每日数同恒沙，十之九有司不知，十之一知而不问，死者咸无雪耻之望，死之者咸无偿命之忧，是非扶恶女而不扶善女乎！

西国则禁绝买婢，妓皆自愿；姑媳母子，分居析财，合者仍有天伦之乐，不合者万无被虐之苦。诸恶女举无所施其恶，诸善女举得以遂其善，是非抑恶女而不抑善女乎！

岂惟女之扬抑相反如是哉，男之扬抑亦如是矣。　　　　六

父母之爱其男女也，虽一衣一器、一仆一婢，或必使自择焉。诚恐代为择之，未必适吾男女之意，致吾男女不乐也。

夫衣不适体，可以改制；器不适用，可以改置；仆婢不适行走，可以改雇、改买；然犹必使自择。夫妇为终身相依之人，苟两不适，永无生趣，视衣、器、仆婢何可同年语，乃至不使自择。致贤明之女每遭残虐之夫，仁孝之男恒得悍忍之妇，男或可离，女必惨死。即夫妇均善，而志趣或异，家道之苦亦难名言。耳闻目见，岂胜痛哭！

夫夫妇者，人伦之端也。故欲平两间之怨气，挽人伦之大坏，必由使民男女自相择偶始矣。　　　　　　　　　　　　　　　七

泰西君主之国，男女皆可嗣位，惟瑞典旧例，传男不传女，法国墨罗彬代之例亦然。

民主之国则未闻有举女者，将来人心益公，自必男女一体得举矣。　　　　　　　　　　　　　　　　　　　　　　八

昔者罗马一用车裂刑，西史讥其惨未尝有。衰周、秦汉之际，动辄车裂，虽立兼爱教如墨子者，其谈战守，仍用车裂三族诸法，悲哉！　九

或问欧洲德政之最大者？余曰："当以瑞士之废大辟刑，葡之禁巴西食人，俄之禁以人为牲①、释全国佃隶四千万人，英之禁印度殉葬、定重罪止缢、除刑审、用众证、出官钱二千万偿奴主、释全国黑奴七十万人，及英、美合力巡海，禁掠卖黑奴为最大。"　　　　　十

或问："海东曾废死刑二十五代，可谓至德乎？"

余曰："化行俗美，死刑莫犯，则诚至德！若犹未也，而废死刑，杀人不死，枉死反多。万里之外，千年之上，何由定其至德与否？成、康刑措四十余年，其至德欤？非至德欤？亦不能定。虽然，厚矣。姬氏祚过卜，宜矣。"　　　　　　　　　　　　　　十一

世谓"华盛顿创西国民主之局"，非也。

按：泰西纪元年②一千余年，迦南审官撒母耳谕众曰："有王不如无王。"此语实为泰西民主议论之祖。希腊之雅典开民主政，士帕太立民会，制均田法，均食法，法司得按律惩国王，前华盛顿一千七百余年。罗马盛时，忽君主，忽民主，屋大维定例：十年让位。前华盛顿一千七百余年。即美人叛英自主之议，亦倡于巴的力克显理，而非倡于华盛顿。特纵观西国英雄，如法之拿破仑，英之格朗亟，其初皆起于民主党，及功成名立，仍谋世袭，独华盛顿坚拒诸将奉为皇帝、世袭之请，异矣。　　　　　　　　　　　　　　　　　　　　　十二

宗教类第十

二千五百年前，波斯圣人苏罗斯的著书立教，其说最近孔氏，亦类释氏，故波斯尝极盛。自蒙古吞波斯与印度，以摩哈麦之教愚民，而苏

---

① 原文"牲"，应为"牲"。
② 原文"泰西纪元年"，有误，应为"泰西纪元前"。

罗氏、释氏之教隐，波、印乃长夜矣。自戎秦吞中国，以商鞅之教愚民，而孔氏之教隐，中国乃长夜矣。

夜波、印者，摩哈麦也；夜中国者，商鞅也。摩哈麦、商鞅，后先遥和，中国孔氏、波斯苏罗氏、印度释氏之徒皆不胜，何亚洲民不幸至此极也！

欧人欲以基督教拯亚民于水火。然余谓："中国但须申明孔氏教，波斯但须申明苏罗氏教，印度但须申明释氏教。苟能三教合力，以灭商鞅、摩哈麦之徒，则亚洲自可转衰为盛，岂必基督哉！" 一

自古焚书之惨，以沙兰生为最，西峨特次之，秦又次之。沙兰生焚埃及大书库藏书七十万卷，西峨特焚罗马书无遗，秦虽焚书，尚有遗者。埃及、罗马，皆为古时极富庶文明之国，似中国三代。自经焚书大劫，而三方俱化为黑暗世界矣！沙兰生，崇摩哈麦教者也。秦，崇商鞅教者也。西峨特，则欧洲之戎狄也。摩哈麦、商鞅之祸至此极乎！

今中国经我大清列圣奖儒学、译西书，通人辈出，日渐文明；埃及、罗马则已风气大开；否泰互根，《易》理有征矣。 二

阿伦格弑父自立，刑佛强国，魔炽觉弱，于斯极矣！微欧人，印度其长夜乎！ 三

今人多谓欧洲基督教创正于路惕，非也。

按：泰西纪元一千三百余年，英人味格力弗著书，首辟教皇谬妄，其徒约翰·包尔等和之。教皇虐杀其徒，剖味格力弗棺，焚尸弃灰，严禁其书。一千五百余年，法人甲尔文、瑞士人束盈黎、日耳曼人物塞尔、西得留等，皆著书辟教皇，多被虐杀。已而，日耳曼人路惕出，与友菲立·麦兰敦极力宣斥教皇倚势作威、纵淫虐杀、巧立名目以括民脂之罪，译拉丁经文为日耳曼语以开民愚蔽，百折不回，身死无悔，而教皇之权始渐衰。是则创立基督教者，味格力弗也。 四

凡欲别创一教者，无论其心公私，其才必大过人；然成不成，殆有数焉。

昔者，罗马主入黎淹、印度主蒙古人亚格芭尔，皆欲别创一教以齐民志而不成，惟摩哈麦成焉。岂非数欤！ 五

可兰教亦有良法美意可节取者，如断食、分财诸条是也。

盖方其入山学道、著书立教时，心未必不在救世。及后以自救故，创为战死生天之说，以诱麦地拿民使为己死。由是慾渐炽，理渐亡，杀机大动，初心尽弃，而可兰始祸世矣。 六

泰西弗拉克朗教以自鞭流血为课。原立教者之意，盖欲学者因己之痛知人之痛，发恻隐，行施济也。然未免太过矣。　　　　　　　七

地球教主皆男，惟日本神道教①乃垂仁时寿数百岁之皇女所创，其说与佛大同小异。

按垂仁时儒、佛二教俱未至东，菩萨示现，东西早相印矣。　　八

世谓孔为儒祖，老为道祖，释为佛祖。不知儒非创于孔，道非创于老，佛非创于释。　　　　　　　　　　　　　　　　　　　九

三教之名极野。盖佛乃天竺之道，道乃中国之佛，安有二。儒乃周末一教，周后几绝。后世二氏之徒概目娶妻生子者为儒教中人，而世之娶妻生子者亦无不以儒教中人自居，以儒为戏甚矣。　　　　十

"佛"乃译音，其义为觉，伊尹，商之先觉，是即商之佛也。孔、孟、老、庄、苏罗斯的、摩西、耶稣，莫非先觉，即莫非佛也。何独天竺有佛乎！　　　　　　　　　　　　　　　　　　　　　十一

"菩萨"之义为觉有情。万国圣贤皆于人中为先觉，而又于人中为极有情者也，莫非菩萨也。　　　　　　　　　　　　　十二

出家，服天竺道士服者，称释氏，大非！天竺道士本不去俗姓，如中国道士。去俗姓，野例也。去己之俗姓而从师之俗姓，尤为无谓。　　　　　　　　　　　　　　　　　　　　　　　　十三

出家人例不还家，大非佛教之旧。

盖佛教之出家也，本与儒者游学无异。学成即还，未成不还，非例与家诀。于何证之？于《宝积经》中证之。曰"还至本国，到父母所"是也。　　　　　　　　　　　　　　　　　　　　　十四

出家人永不蓄发，亦非佛教之旧。

盖佛教之剃发也，本止一次，以表诚心，剃后仍蓄。于何证之？于《宝积经》中证之。曰"律仪、住律仪，菩萨行精进时，于千岁中未曾起念'我欲剃发'"是也。　　　　　　　　　　　　　　　十五

俞曲园先生非但儒学超越百代，佛学亦超越百代。余曾见其题某寺一联云："不凡即是佛，有果莫非因。"止十字耳，而恒沙世界无量佛经之精理尽括于其中矣。　　　　　　　　　　　　　　　十六

余昔年曾遭九死一生之境，日夜望西涕泣，求救于观世音大士，蒙慈悲力，出死入生，遂设位礼奉。飘零江海，每逢山穷水尽之处，即蒙

---

① 神道教，原作"神道数"，误，校改。

慈济。己丑岁，曾制《大士位前联语》云："观属眼识，音属耳尘，识尘和合，世界建立，假识遣尘，尘空识灭，识灭世坏，不住独觉，是则名为大慈大悲菩萨摩诃萨。迷即染方，悟即净土，染净执著，轮转缘因。标净离染，染尽净亡，净亡轮绝，极乐现前，云何更问在此在彼，补陀阿弥陀。"① 十七

民间男女有约誓茹素、断淫者。士大夫概目为邪教，实则如今北方之在理，南方之先天、无为诸教，其初亦皆豪杰之士悯民无教而创立之，故亦颇能斟酌儒、道，井井有条。及后入者多而良莠杂，于是始有借以诈财、渔色者。谋反则决其无，邪术亦莫须有。

即昔时川楚之白莲教徒，亦何尝本有谋反之意，先由贪酷有司诬良虐逼，使不得不走险。复由疆臣大张其事，广发营兵，无论教内教外之民，一律加以淫、屠、焚、掠，以致教内教外俱反耳！ 十八

自西人传教以来，民、教相仇之案极多，平心论之，其故有二：一由地方官不知西人之可以理夺，而太畏之，不分是非，一律抑民，激成民之众怒。一由地方官不知西人之有贤有否，而概恶之，不分是非，一律抑教，激成教之众怒。

总之，官不读书，民不识字，长此昏昏，何事可办？岂独民、教相仇一端哉？！ 十九

"通明为圣"，古训也。周以前所称之"圣人"与周以后所称之"通人"，一也。谓周后无圣，不识"圣"字者也。惟周前负圣名者多出于公论，周后负通名者多出于私榜；周前所称之圣真圣，周后所称之通未必真通耳。 二十

无教者，禽兽之世界也；坚守旧教者，初开之世界也；好从新教者，文明之世界也。

文明之极，必复归于无数。何也？智者立教，愚者从焉。文明之极，人人皆智，人人自主，上帝犹不得主之也，况同类乎！ 二十一

九流百氏类第十一

孟子识议极奇而极正，其文亦冠绝古今；昌黎无孟之志与学，徒以骂佛、老摹拟骂杨、墨，其文亦文人之文，与孟子不可同年语。宋后习

---

① "摩诃萨"指大菩萨，"补陀"指观音，"阿弥陀"指西方极乐世界。

称孟、韩，大谬！
一

《管子》义兼道、儒、法三家，目为法家，汉后之谬。
二

《管子》曰："夫民别而听之则愚，合而听之则圣，虽有汤、武之德，复合为市人之言。"又曰："圣人之所以为圣人者，善分民也。"此真大学问、大经济人语。汉、宋诸儒，学问之陋在于不能合听市人之言，经济之疏在于不悟政先分民之理。欧洲今日盛治，根本具此二条。
三

小白乱其同气，上蒸及姑，鸟兽极矣！管子天下才，乃肯为之臣，是亦吾师见南子意也。

夫南子虽淫，固未若小白之乱，然子路犹不悦，宜孟子之轻管也。盖贤人与贤人见同，圣人与圣人心通，子路、孟子，贤人也。管子，原有圣人之目，惟圣人识圣人，故吾师深叹其仁，管子之知己独有吾师耳。以急欲稍苏苍生之故，不得已臣于鸟兽之小白，斯管子之隐悲长恨，莫可告语者也！
四

《墨子》谈守城诸篇，制刑残酷，不异商鞅。如其非真出于墨子，可也；如其真出于墨子，何以为墨子哉？真商鞅之徒耳！数千年来，辟墨者不此之辞，而群辟其兼爱之说，非余所解。
五

兼爱，即博爱也。宋儒闻人言兼爱，则斥为异端；闻人言博爱，则引为吾党。兼之与博，有何分别？非余所解。
六

近人多谓欧洲治宗墨子①，此似是而非之论也！

墨子尚俭，欧洲尚华；墨子非乐，欧洲兴乐②；墨子不废惨刑，欧洲至废大辟；何尝宗墨子哉！
七

薛叔耘言欧洲政似商君，此大谬也！

商君之书曰："王者刑九赏一，强国刑七赏三。"盖惟恐刑之不重；欧洲用刑极轻：英国之法，反首止缢；瑞士竟废大辟；是欧人惟恐刑之不轻，与商君重刑宗旨冰炭矣！

商君之书曰："民不贵学则愚，愚则无外交，无外交则勉农。"盖惟恐民之不愚；欧洲竞开学校，强民男女皆入小学，是欧人惟恐民之不智，与商君愚民宗旨又冰炭矣！

如此，何以言"政似商君"也？

---

① 杨晨1886年在《答宋燕生书》中云："耶稣著籍，从未博观，前询知者……近于释氏，而粤邹特夫、陈兰浦、黄公度诸家言出《墨子》，考之经篇，颇谓不谬。"足见此说甚盛。

② 此数语复见于1897年《墨白辨》一文，见本书卷四。

要之，赵宋后谈古子者，率多口耳相袭，不读原书；叔耘殆亦习闻商君变法，而未暇读其原书者欤。   八

《韩非子》不满儒、墨，亦不满申、商，后世习称"申韩"。屈非子矣！   九

《尸子·广泽篇》云："墨子贵兼，孔子贵公，皇子贵衷，田子贵均，列子贵虚，料子贵别。"今孔、墨之书存，而皇、田、列、料之书久亡，惜哉！其或有所见出于孔、墨之外者乎？

孙渊如讥《尸子》"以孔并五"为失言，此汉后经生之律例也。尸子，周人，岂能逆知汉后之律例而不敢犯？渊如号通子学，何乃尔耶！   十

韩昌黎谓《鹖冠子》杂黄老、刑名，近世列在杂家，非也。

鹖冠宗旨与黄老异，与刑名尤异，实儒者之杰、帝佐之才。其《王鈇篇》论泰上成鸠氏一族万八千岁之治，有"柱国""令尹"等官，盖假泰上以谈经济耳。   十一

《鹖冠子》云："汤、武放弑利其子，好义者以为无道，而好利者以为贤。"或疑："斥汤可也，何敢斥武？"余曰："鹖冠，楚人，楚既称王，周为邻国，邻国先王何不敢斥？非如孔子鲁人，鲁为周属，自不敢显言也。"   十二

张横渠注《尉缭子》，以其言于兵家为近正也。

余按：尉缭之言诚多近正，然其《重刑令篇》议制残冢、发墓、暴骨于市、男女公于官之法，君子所不忍闻；又《兵令篇》云："古之善用兵者，能杀士卒之半。"[①] 意在严束士卒，而语重害理矣！   十三

《关尹》全是佛理，且有译经常语，决为唐、宋通《内典》者所伪。   十四

贾谊纯乎法家，董仲舒认法作儒，佛家所谓"认贼作子"也。

盖汉氏师秦为治，儒者自幼至老，习闻法家之义，先入为主，众咻毕生，其不认贼作子者鲜矣！

唐、宋之韩、欧、程、朱，认贼作子尤甚！   十五

司马子长，文工学浅，然虽浅而不陋，胜贾、董辈多矣！   十六

刘子政，文章高绝，学则徒博而少心得，固不胜论次诸子之任。然以曾子固讥刺子政，则蜉蝣撼大树耳！   十七

---

① 语见《兵令下第二十四》，原文是："臣闻古之善用兵者，能杀卒之半……杀十一者，令行士卒。"

扬子云，乃文士中之有志者，其学甚浅，然于道家颇有所得，非韩退之所及。苏子瞻讥其以艰深文浅陋，浅则有之，陋则不至。然子瞻之浅更甚子云，以瞻讥云，妄矣！ 十八

王仲任之学识，非但汉四百载所无，盖周后明前一人而已。阅祀二千，无人表章，悲哉！然学识至此，其无人表章，宜也。 十九

仲任论物理，多开欧洲实学之先①，梦寐之世，何为而有仲任也？ 二十

《论衡》有《问孔》、《刺孟》二篇，纪文达斥为无忌惮。

余谓："有疑而问，弟子之常，过去之师与现在之师，一也。若以问过去师为无忌惮，则问于现在师亦为无忌惮乎？至不满孟子之儒，宋后颇多，不独仲任。禁刺孟者，宋后之功令也。仲壬，汉人，奈何以犯宋后功令斥之？鄙哉纪氏也！" 二十一

仲任《问孔》、《刺孟》诸条，颇多不必问而问、不应刺而刺者。仲任憾七十子不能极问，余亦憾仲任未能善问、善刺焉。

以仲任之为余所钦也，而犹有所憾，茫茫千载，谁在仲任之上者乎？ 二十二

《论衡》有《宣汉》、《恢国》、《验符》、《须颂》四篇，极陈汉德，不遗余力。仲任岂真以汉德为在百王之上哉？以是四篇护全书耳！志士苦心，志士知之，不知者以为谀矣！ 二十三

《论衡·乱龙篇》申董驳桓②，语多无理，与全书疾虚妄之旨大谬；又所引皆所曾辟，疑非仲任原文。 二十四

《潜夫论》义兼儒、法、道，后世列之儒家，非也。 二十五

《潜夫论》云："治病当得人参，反得支罗服，当得麦门冬，反得烝

---

① 宋恕在读《论衡》笔记中曾详细列举，如《物势篇》下云："按此篇所列十二辰禽，与今俗合。仲任驳五行之禽相贼，谓'皆由势之故，不关五行'，最为痛快。"《奇怪篇》下云："此篇辟尧高祖母感龙……之诬，最为有识。"《书虚篇》下云："此篇驳延陵呼披裘取金……子胥为涛，孔子葬，泗水却流……之谬，实事求是，痛快淋漓。"《道虚篇》下云："其大要谓性寿迟死则有之，服药轻身益气则有之，成仙则必无之事。于飞升、尸解、辟谷、食气、导引诸术，皆反复辟之，辟仙者当以此为观止矣！"《说日篇》下云："此篇……虽在今日观之尚多非实，而当汉时能扫除俗谬，臆度实理，其精到之识，多有与今日西说隐合者，惜其不生于今也。"《变动篇》下云："此篇大指谓'灾异之来，乃天动人，非人动天，天有寒温之气至，而人发起赏罚之心……'其理甚精。"《遭虎篇》下云："此篇驳'虎食人，谓功曹为奸所致'之谬……大有精理。"《商虫篇》下云："此篇驳'变复之家谓虫食穀为部吏贪侵渔所致'之说，痛快之至。"

② 董指董仲舒，桓指桓谭。

横麦。三代以下皆以支罗服、烝横麦合药。"余谓:"俗既久以支罗服为人参、以烝横麦为麦门冬,苟示以真人参、麦门冬,且群以为支罗服、烝横麦也,奈之何哉!?"

二十六

《申鉴》义兼儒、道,近世列之儒家,非也。

二十七

颍川①论性,驳孟、荀、公孙、扬四氏之说而取刘氏②,昌黎祖之,宋后儒者以三品为韩说,忘乃祖矣。

二十八

徐北海《中论》考伪、谴交二篇,痛讥名士,淋漓尽致。然岂惟汉时则然?永叔五代之史、仲晦六经之注、姬传八家之选、晓岚七略之说,如彼其陋,如彼其户诵也,奈之何哉!

"言金由贵家起,文粪自贱室出。"王子③所讥,周后一律,即周前亦未必不然。狷介之士,孤愤著书,求其学之盛行,难矣!

二十九

北海④论治,有极切语。如云:"民数者,庶事之所自出也。"又云:"夫赏罚者,不在于必重,而在于必行。必行,则虽不重而民戒;不行,则虽重而民怠"是也。

三十

纪文达称傅北地书⑤精理名言过《论衡》。余按:北地著书数十万言,宋后止存百一,亡者不可知,存者陈陈相因,绝无精理名言,与《论衡》不可同年语;且《仁论篇》全袭颍川之旧,纪评甚谬!

三十一

《刘孔昭书》⑥ 情极哀怨,词极秀雅,盖以志士而兼文人之长者也。

三十二

《颜氏家训》论通词雅,为"家训"中之最。

三十三

以文中子之圣,犹未能破史家正统之障,难哉!

三十四

《伸蒙子》⑦,伤心民瘼,文不如韩昌黎,而质过之。

三十五

《鹿门隐书》⑧,略有可采,无大过人之识。

三十六

唐代通人以柳柳州为最,宋代通人以王半山为最;柳州无限深情寄于《封建论》之"然而公天下之端自秦始"一句中,半山无限深情寄于《桃源诗》之"重华一去宁复得,天下纷纷经几秦"二句中,千载无人

---

① 按《申鉴》作者荀悦,东汉末颍川人。
② 指孟子、荀子、公孙尼子、扬雄和刘向。
③ 指王充,语见《论衡·自纪篇》。
④ 即上文《中论》作者徐幹,北海人。
⑤ 指晋北地人傅玄所著《傅子》。
⑥ 指北齐刘昼所著《刘子》。
⑦ 唐林慎思著。
⑧ 唐皮日休著。

领悟，余独窥其旨而悲之！　　　　　　　　　　　三十七

自古文人之故作奇语，而于理绝不可通者，以韩昌黎"轲之死不得其传焉"[①] 一句为最。将以力行仁义为传乎？则从周至唐，力行仁义者何可胜道！将以著书尊孔为传乎？则从周至唐，著书尊孔者何可胜道！将以经世特识为传乎？则孟子经世特识非韩所窥，何由知其不得其传？何可自以得其传！

然在昌黎特故作奇语，而未暇顾其理之绝不可通，文人之常，无足怪也。余所深怪者，宋后赫赫之儒，几莫不坚信此语为实，视孟子如天、如鬼，而罕有悟其理之绝不可通者也。

或曰："儒于宋、元、明，苟非不通之尤，焉得赫赫之名？彼赫赫之儒，皆不通之尤也。人为不通之尤，语信不通之最，亦常也，奚深怪欤？"余笑而不敢答。　　　三十八

余昔尝取佛经中之说可与欧罗巴洲新说相证者，为《印欧学证》二卷[②]，然亦有与欧说远异者，展转翻译，不能无误，未可以是轻佛经也。　　　　　　　　　　　　　　　　　三十九

佛说与欧说印证，最显者莫如无量日月、无量世界，及风轮持地轮、人身八万虫诸说。

旧解风轮，无理，可笑！及欧说东来，智者信空气周地球之理，而不知即佛所谓"风轮持地轮"也。　　　　　　四十

余于《内典》，海内有刊本者十九过目，最喜《宝积经》一百二十卷。[③] 精理名言，令人应接不暇，殆如山阴道上，千岩竞秀，万壑争流，非但佛学之总汇，抑亦文章之大观也。　　　四十一

《大般若经》六百卷[④]，为《内典》最大部。余昔尝披阅一过，窃以为重复可删者居十之九。　　　　　　　　　四十二

称出家人为"僧"，大不通。"僧"乃译音，义为"众"字，"苾刍僧"者，乞食士众也。若单举"僧"字，即单举"众"字也，"众"字有"出家"义乎？　　　　　　　　　　　　　四十三

"比丘"，亦译音也。儒者乃怒其比孔，可笑实甚！然古译多书"苾刍"，后乃书此二字，陋苾刍所为也。　　　　　　四十四

---

① 语见《原道》。

② 遗稿中未见该著，读佛经笔记亦未见发挥此内容的评论。

③ 《大宝积经》120卷，唐菩提流志编译，分49会。

④ 《大般若波罗蜜多经》600卷，唐玄奘译。

余于中国道家书，过目较天竺道家书为少。前闻楚北某山道藏全备，恨未有往读之缘！　　　　　　　　　　　　　　　　　四十五

希腊二千年前，心性之学最盛；有黑拉克理底者，以世界为悲场，见人即泣；有特母克理底者，以世界为戏场，见人即笑。

余谓：见人即泣者，佛书中之菩萨也；见人即笑者，佛书中之罗汉也。　　　　　　　　　　　　　　　　　　　　　　　四十六

希腊古时道家有比散卧拉斯者，谓人死魂或依禽兽，是即佛书所谓"堕畜生"也。轮转之理，四海圣人皆曾言之，今欧洲中智之士尚坚不信，上智之士则渐悟矣。　　　　　　　　　　　　　　　　四十七

罗马道家有坐柱上三十年如一日者。余按达摩面壁九年，较此未能得半。然"面壁"二字，工夫极难：能九年，即能三十年矣；能一年，即能九年矣；能一月，即能一年矣；能一日，即能一月矣。真能一日面壁，则坐柱上三十年如一日，何难哉！

余未见有真能一日面壁者也。盖必有之矣，余未之见耳。　四十八

雅典古时有索克拉的者，闭户沉思多年，一旦恍然有悟，遂为大贤，是乃西国之金谿、姚江①也。　　　　　　　　　　　四十九

泰西侠风最盛。罗马古时有不卢多者，以诺烈妇一律勒思报仇之故，至于出死力废国主，可谓大侠矣。

然中国明前之主，无人理者甚多，虽以朱温之白昼强乱大臣家，犹安然南面，泰西之主乃以太子一犯强乱民妇之故，遽遭愤废。为主于泰西者，何其难欤！　　　　　　　　　　　　　　　　　　五十

迦南古时术者以利亚，曾见某国王后画像，断其将来必为犬食，果验。

余谓：此君相术精妙入神，不可思议矣！惜其绪论不传，岂亡于兵火欤？抑别有悟境，难以教人欤？　　　　　　　　　　五十一

迦南古多能知未来者，犹太古有占梦奇验者，罗马古多精星卜学者，观西史所载，大略与中国术者同。惟罗马卜家有察动物脏腑以卜吉凶一派，则中国所无，未知欧洲今日尚有其人否也？　　五十二

海东后光明之世，近江人中江原笃信王阳明学，彼国称为近江圣人。余按近谿先生为阳明高弟，可称"王门隔海二近"。　五十三

日本灵、元之世，处士山鹿义矩著《圣教要录》，驳宋儒，时彼国

---

① 此姚江指王守仁。

方崇程、朱，获罪被锢。既而，物茂卿又远引孔、孟，力排程、朱，门人安藤焕图、太宰纯、服部元乔等和之，于是程、朱之说渐衰，未几而新井君美创开荷兰学矣。

山鹿遗书未见，见物氏书，议论绝似明季颜博野、黄姚江，豪杰隔海符识，所异者，物氏之学已行，而颜、黄二氏之学未行耳。　　五十四

西国医士谓：将来医学渐精，养生渐密，人人寿可二百岁。或疑之，余曰："岂但人可二百，精密无穷，人可二千、二万，亦无穷！"

或问"其至"。曰："其至与地同寿。"

或曰："地终死，人亦终死。"曰："医学渐精，非但能使人不死，且能使地不死。"　　五十五

西国养生新学家，推求上古人寿之故，由于专食木实，化验夭人之物莫甚于血肉，而五谷次之。因考近世西人寿至二、三百者，多不食血肉，于是创开辟血肉会；其志尤高者，又创辟五谷食木实会。

余按：辟血肉则合于佛律，辟五谷则合于仙律，惟佛家为来生辟血肉，新学家为今生辟血肉，仙家辟谷而食气，新学家辟谷而食实为不同耳。然轮转之说，西儒信者渐多，食气之会，将来亦必创开也。

五十六

妇人产子，性命呼吸，或死于产难，或死于产后之病，天地间第一惨事也。

近闻西国新法：于将产时，用药睡熟本妇，以刀剖腹出子，然后缝腹醒妇，母子十分平安，绝无后患。嗟乎！昔仓颉造字而鬼夜哭，今此法行于西国，而昔之死于产难与产后恒河沙数之鬼，其皆夜哭乎！

五十七

包慎伯自谓其学"善于导虚"，今按其书，良非妄语，然粗有门径，未造精微。

余生平为学，自许两言曰："因实以导虚，导虚以得实"，盖始终于实而中于虚者也。　　五十八

或讥余"好谈九流百氏之学，未能专讲经济"。余曰："子所谓经济家，殆古所谓'民贼'也。苟欲讲真儒之经济，其必自博通九流百氏始也。"　　五十九

亭林有经济之志而未有其识，定庵有经济之识而未有其志，梨洲、习斋、慎伯、筠仙有经济之志与识而未有其学。望溪，帖括村究，默深，战国策士，不足齿列。　　六十

曲园先生谓余所著《卑议》"可抗《潜夫论》、《昌言》，非梨洲《待访录》所能及"①。大师真识，旷绝千龄！余得见《待访录》，在《卑议》既成之后，取其宗旨，而不满其条目焉。　　　　　　　六十一

余年十九，见《颜氏学记》，大悦之。后学识日进，乃知习斋未窥洙泗微言②，但能洞烛汉、宋诸儒之病耳。然余之渐悟三代以上之学，实由先生启之也。　　　　　　　　　　　　　　　六十二

戴东原自言："一生著述之大，为《孟子字义疏证》，所以正人心也。"后之号宗戴学者，乃外此书而尊其考据小品③，东原有灵，能无痛恨！　　　　　　　　　　　　　　　　　　六十三

东原《绪言》亦有特识。要之，东原乃立言之士，远胜惠定宇辈，后人习称"惠、戴"，屈东原矣！　　　　　　　　六十四

余生平痛恶法家之学而深好名家之学，束发即然，年长尤甚。所见古今史志体例及官名、地名、书名、一切恒言之类，鲜有不心以为陋者。检近岁谈录，名家言殆居十之四五，因摘出别编，题曰《宋氏名家言》④。　　　　　　　　　　　　　　　　　六十五

目录为名家最大之学，然自刘氏父子⑤以来，竟无深当余意者，可悲矣！　　　　　　　　　　　　　　　　　　六十六

我朝名家之学，以章实斋为最，惜其独学无友，未能推至极精。余之生也，后实斋百年，而独学无友，更甚实斋，可叹！　六十七

实斋长于名家之学，而不得任名家之事。晓岚短于名家之学，而反得任名家之事。夫晓岚，其彼善于此者也。前代任名家之事而名家之学比晓岚尚远不及者多矣。真儒著书，欲求行世，难哉！　六十八

世称洛闽之学为理学，此名之大不正也。百氏之学皆有条理，何独儒家！儒家之学皆有条理，何独洛闽！古今无无理之学，别立理学之名，于理学之解且茫然矣。

---

① 语见 1893 年 7 月 28 日俞樾《致宋燕生书》。原文云："承示《卑议》一册，议论卓然，文气尤极朴茂，可与《昌言》、《潜夫论》抗衡，非王氏《黄书》，黄氏《明夷》所能比也。属为弁言，兄非元晏先生，不足为《三都》生色。窃书数语于后，未必有当尊意，不必存神。"

② 颜元主张严刑峻法，恢复"封建"，而宋恕认为孔子主张"天下为公"，主张废"封建"。

③ 指戴震私淑弟子阮元等人。

④ 未见别编的《宋氏名家言》，但《卑议（初稿）》之"正名"、"译义"等章稍有发挥。

⑤ 指刘向、刘歆父子。

张孝达制军开两湖书院，分经、史、理、文四学课士，其意甚盛，惜名未正。余曾致书极论，请改依刘宋时四学之名，分儒、玄、文、史，较为古雅。久未得覆。近托人询之，据称：制军言"别后未得来书"。乃知前书中失矣。　　　　　　　　　　　　　　　　　六十九

曲园师名家之学殆过实斋，而亦不得任名家之事。同门诸子名家之学以定海王浣生太史为最焉。　　　　　　　　　　　　　　　七十

余得见曲园师《诸子平议》甚早。当时假诸友人，未及细读。近岁风尘驰逐，行箧缺此，平日诸子随笔未知有偶合于吾师之《平议》否也。　　　　　　　　　　　　　　　　　　　　　　　七十一

古诸子书最不易读，乾、嘉闻人如纪、阮二文达[①]等，皆赏其糟粕，昧其菁华。且所赏之糟粕又多以赵宋后之见赏之，均未为能读。

当世如某公某公[②]，故以能读古子自矜，实则学识不出帖括，政事大近民贼，徒借科第富贵、门生故吏、种种扶助之力，盗名惊愚，去纪、阮尚远矣。　　　　　　　　　　　　　　　　　　　七十二

永嘉先辈子书，止有叶水心氏《习学记言》尚未过目，亦奇。

然尝读《水心文集》，学识实远胜紫阳、南轩、同甫、东莱诸君，则是书当有可观矣。　　　　　　　　　　　　　　　　　七十三

余曾编次平日论辨佛义及三玄义之说，题曰《宋氏道家言》[③]，亦颇汪洋自喜。然余于道家之学似尚不免落文字魔，未敢如名家、儒家言之自信焉。　　　　　　　　　　　　　　　　　　　　　七十四

余久拟著《子通》一书，极论周、秦诸子，下止于唐。饥驱多阻，又识与年改，将以觉斯民，握椠未敢苟。壬辰春，晤通州张季直孝廉，谈及子学，亦言有著《子通》之意，惟欲论至元明，与余殊耳。　　　　　　　　　　　　　　　　　　　　　　　七十五

华严道人尝砭余曰："《申鉴》言'存吾春'，今子之春几亡于书矣！无量日月，无量世界，其中莫不有人，即莫不有学、莫不有书，子所知也。子欲求通于书，无论古今中外之书，子不能尽读；就令子能尽读，而尽通其学，自无量世界视之，则子之学仍不过太仓之一粟也，有何味哉！吾愿子勿以有限之精神空销磨于故纸而忘身心性命切要之事也。"余悚然再拜，敬铭座右。然结习难除，奈何奈何！　　　　　七十六

---

① 纪昀和阮元均谥文达。

② 当指曾国藩和张之洞。

③ 未见该编及类似遗稿或笔记。

词章类第十二

余撰《国朝先辈文话举是》四卷①，采至百余家，而不及方、姚只字②。或讥疾之已甚，乃勉采数条。然余虽疾方、姚之庸妄，而与今之疾方、姚，尊徐、庾者尤不合焉。 一

永昼闭门，辑弱冠后七八年来论古今文之语为《六字课斋文话初编》③ 八卷，凡数万言。皆一空依傍，不拾唾余，而体例尤创。计分宗目五：曰散体，曰无韵骈体，曰有韵骈体，曰散体兼无韵骈体，曰散体兼有韵骈体。每宗目下细分支目，亦与前人所分大异：如经解为散体之一支目，楹联为无韵骈体之一支目，诗为有韵骈体之一支目，制义为散体兼无韵骈体之一支目，传奇为散体兼有韵骈体之一支目是也。

自怜孤识精论，深恐他日杂于黄茅白苇之中，拟约其言而雅之，题曰《续〈文心雕龙〉》焉。 二

或问余："词章之学谁启之？"曰："外舅孙止庵师、外伯舅逊学师启之也。" 三

止庵师评阅词章极精极通，清奇浓淡，无不能赏，海内诸大书院掌教，除曲园师外，莫克及焉。 四

逊学、止庵两师，圈点古子史及宋前总、别集之文极精。逊师所评之王渔洋《古诗选》，尤为精中之精，其眼光远出渔洋、晓岚、姬传、覃溪、伯言、涤生诸人之上。 五

逊师少学古文，虽从桐城入手，而中年以后，沈酣周、汉，神交迁、愈，深知方、姚之不古，特以少从入手，不肯公斥，此先辈之厚，不可及也。

忆昔尝谓余曰："姚姬传文，较我永嘉先辈陈、叶诸家④，仅有其好处十之二、三耳。"又尝谓余曰："周文殆无一语不工，学古文者，但须熟读周文。"又曰："学文不可不读佛经。"然则世或目先生古文为桐城派，殆浅之乎视先生矣。 六

---

① 见本书卷四。

② 方指方苞，姚指姚鼐，下文徐指徐陵，庾指庾信。

③ 未见该编；有关前人文话笔记尚存，但著者论文语除上开《文话举是》外未见其他系统资料。

④ 陈指陈傅良，叶指叶适。

戊子岁，曾以七言律句质逊师。师评云："才华富赡，寄托遥深，此少陵、义山遗响。再加学力，明七子不足道。"然其时诗境尚浅。

飘零百折，文章日进。客游罕归，归则困于危苦之境，郁郁无生趣。又吾师年逾八十，目花不能看字，以故戊子后诗文未质一首，常以为恨！　　　　　　　　　　　　　　　　　　　　　　　　　　　　　　七

三十寂寂，邓禹笑人。余乃不见笑于邓禹而见惜于邓禹，固生平一快意事。邓禹为谁？李合肥是也。

计飘零十载，得知己之最三焉：经济知己以合肥使相为最，文章知己以曲园先生为最，怀抱知己以陈介石孝廉为最。　　　　　　　　　　　八

国初彭躬庵①论文人之文与志士之文大异，至为痛切。其论志士之文，以为"嬉笑怒骂、痛哭流涕，无不有百折不挫之愚诚。虽立韩、欧、马、班于其前，肖之则赏，不肖则刑，要亦不能强其所不同以求必肖"。然哉然哉！　　　　　　　　　　　　　　　　　　　　九

赵秋谷论文谓："中有所得者不依倚于世，故能立异同。"余谓："凡学足名家者皆如是，不独文也。"　　　　　　　　　　　　　　　十

顾处士景星论文曰："凡物有质则滞于用，惟心之用不滞于质，如风如火。风有模乎？火有范乎？诗文者，心用之至神者也。以模、范言诗文，是犹模风而范火也。模风范火，以语天下之至神，吾不信也。"余按：此论极高，惜不令望溪、申耆辈闻之。　　　　　　　　　　十一

望溪、姬传论文，扬散抑骈。申耆、芸台论文，扬骈抑散，其不通一也。申耆学识极陋，全集殆无一首可观；芸台之文，更逊申耆。　十二

望溪、海峰、姬传、茗柯之文，识议句调，皆深中帖括毒。姬传小品，间有雅者，茗柯全集惟《七十家赋钞序》颇佳。　　　　　　十三

曾湘乡学识极陋，论文但解句调，作文亦但摹句调，句调之雅，固胜方、姚，然亦雅而未古，今人多推为北宋后第一，斯仲任所谓"金由贵家起"也。　　　　　　　　　　　　　　　　　　　　　　十四

近人论国朝古文有桐城派、阳湖派及不立宗派之分，大非！

余按：阳湖恽氏，曲高和寡，不成宗派；茗柯、祁孙，乃桐城派；江阴李氏，自为一种，两异恽、张，安有阳湖派乎？宗派可言成，不可言立，立者由己，成者由人，师之者多，则成宗派，师之者少，则不成

---

①　宋恕在《辛卯读书杂识》中称赞云："躬庵曾说史阁部举兵清君侧，与欧阳斌元同进言。史不能用，遂归。可谓奇士！其学亦宗姚江，而留心经济，不堕王门空狂流失。"

宗派，安有所谓"不立"者乎！然驳其论者乃谓"乾隆后古文家皆出于桐城"，则误学者更甚矣。要皆未按各家原集之过也！　　　　　十五

汪大绅谓："文须从自己胸中流出，盖天盖地去，不如是，不足以为文。"然哉然哉！　　　　　十六

国朝人论文之精、之通，无出包慎伯右者，其文亦极古雅，非貌为秦、汉、六朝者所能梦见。　　　　　十七

黄梨洲、钱竹汀、章实斋三氏论文俱通，惟梨洲诋李、何、王、李太过①；纪晓岚、侯朝宗尚有似通非通之病，颇多俗见未除；袁简斋近通而浅。　　　　　十八

洪北江论东汉文，最孔文举而薄蔡中郎，与余不谋而合。　　十九

北江论文薄青门，望溪论诗薄渔洋、归愚，有识；然北江之文能骈不能散，诗则袁简斋伯仲耳。　　　　　二十

北江谓："诗文之可传者有五：一曰性、二曰情、三曰气、四曰趣、五曰格。"此论甚谬！天下岂有无性、无情、无气而有趣之诗文乎？但宜分为趣、格二者而已。至其论趣又有天趣、生趣、别趣之分，亦强！
　　　　　二十一

李安溪必欲灭郑氏以图富贵，人不足论。然其论文颇有特识，能极称曹孟德《自叙令》、蔡文姬《悲愤诗》，尤难！　　　　　二十二

安溪曰："三百篇，独绝千古者不过数篇。"又曰："汉赋，汉之俗文。"甚是。　　　　　二十三

恽子居讥朱梅崖学昌黎：词甚古，意甚今。余谓："昌黎本如是，何乃讥学之者如是也。"　　　　　二十四

翁覃溪论诗颇多精语，识胜渔洋，惟尊杜太过，未能免俗。　二十五

覃溪讥杨诚斋为诗家之魔。余按：诚斋诗，俚俗处不可向迩，微妙处亦不可思议，殆诗家之大自在天魔乎！　　　　　二十六

曾涤生抑归扬方，余则以方远不如归。昔游武昌，晤张廉卿极论之，廉卿亦深以为然。　　　　　二十七

北地、信阳、沧溟、弇州实文家中之大豪杰，遵岩、震川辈恶其流弊而痛诋之，殆非公平之论。若恶摹古之流弊而诋本师，则子云、退之上至左、屈、庄、马皆宜在所诋矣。然遵岩、震川文章实有神境，当四子议论方炽之世而能不苟雷同，固亦大豪杰也，与内庸外妄之望溪、姬

① 指李梦阳、何景明、王世贞、李攀龙。

传不可同日语。

今人多薄王、归而尊方、姚，此势利之论也。方、姚，国朝人，子孙科第不绝，依附之可以广声气；又，曾湘乡以通侯使相主盟文坛，力尊方、姚，谁敢立异哉！ 二十八

遵岩、震川叙事极佳，逼真龙门；荆川谈文，高超处过二子，文则不逮；学识则三家均无足置论，震川稍优。 二十九

王姚江文，高逼周、秦，俯视汉、魏，非但唐、宋八家所不逮也。 三十

汉后别集之有体有用者决以陆宣公为最。 三十一

宣公之文，古于气味；昌黎之文，古于字句。古于字句者可以摹仿，古于气味者不可以摹仿，故韩成宗派而陆不成宗派。 三十二

宣公谏加尊号，昌黎请加尊号。人品之高卑，文品高卑之源也。 三十三

李太白，文为诗掩，然其飘飘有仙气则一，均非可以摹仿者，故均不成宗派。少陵之诗则可以摹仿，故成宗派。 三十四

昌黎诗雄秀绝伦，包慎伯讥其"怒张无意兴"，不允！ 三十五

昌黎最工四言祭文，后惟王介甫，归震川可亚。 三十六

唐代文家七李：以太白为最，遐叔、元宾次之，习之、卫公又次之，北海、义山，风斯下矣！ 三十七

余旧作七律，取法义山，及见樊川之作，如陈相之悦许行，尽弃其学而学焉。覃溪、北江、湘乡、融斋均极赏樊川，实获我心。 三十八

刘融斋名虽微，其所著《艺概》，论文颇多心得。 三十九

少陵以薛华长句与李白并称，后人无不知有李，无齿及薛，命也，似此者何限。 四十

柳州学识百倍昌黎，半山学识百倍东坡。即以文论，亦柳古于韩、王古于苏。

半山独学无友，识亦未精，遂至以新法祸苍生，使庸夫借口排斥帝佐之才，是大恨事！ 四十一

半山非但文冠宋代，古今体诗亦冠宋代，尤高于文。苏诗易为，王诗难为，故苏成宗派而王不成宗派。

凡学术、诗文，太高者必不成宗派，仲任之学，半山之学，阳明之文是也。 四十二

东坡诗虽逊荆公，然其七古佳者殊有天马行空气象，要其骈体词胜

散文多矣！　　　　　　　　　　　　　　　　　　　　　四十三

　　东坡散文以《代张方平谏用兵书》为最。要之，此公略晓民情，全昧古学。故切今之作或有可观，而论古之篇竟无一是也。　　　四十四

　　余昔年甫十一，读东坡《表忠观碑》，即著论深斥：以为"钱镠乃唐疆臣，国亡降贼，大不忠，乃反盛忠之，违公是，大不可训"。长洞苏学，乃知此公生平，不过依题作文，如今幕友、举子之作：题曰"表忠观"，自不得不曲说其忠，所谓"文人之文与志士之文异者"此也。

　　或曰："志士遇此题则如何措词？"曰："志士遇此题，虽以千金为寿，不作也！"　　　　　　　　　　　　　　　　　　　四十五

　　东坡绝无儒家之学，宜见轻于金陵洛党。其议论最背谬者，莫如请拒高丽求书。

　　余尝谓："使印度人用心皆如东坡，则我中国永不闻教宗律净之义矣。使欧罗巴人用心皆如东坡，则我中国永不闻光声化电之义矣。"朱仲晦讥其"早拾苏、张之绪余，晚醉佛、老之糟粕"，良非过诋！四十六

　　南渡后，君举、仲晦古诗俱佳，然均未及屏山。屏山《闻筝》诗，千秋杰作也。余时时讽之。　　　　　　　　　　　　　　四十七

　　北江谓："南宋诗、古文兼长，惟朱文公。"不允！仲晦文远逊君举、正则。正则文冠南宋，诗逊陈、朱。求兼长于南宋，舍君举其谁！
　　　　　　　　　　　　　　　　　　　　　　　　　　　　四十八

　　松雪、道园之诗，仙乎仙乎！放翁有佳句，无佳篇，彼哉彼哉！
　　　　　　　　　　　　　　　　　　　　　　　　　　　　四十九

　　覃溪及逊学师均极赏道园七古。余自见道园作，五体投地。刻意追逐，俄而尽得其妙，恨不起道园质之！　　　　　　　　　五十

　　恽子居文雄深雅健，汪容甫文清和芳馨，余欲兼二家之胜而有之。
　　　　　　　　　　　　　　　　　　　　　　　　　　　　五十一

　　湖南近日文家止三：曾涤生、吴南屏、王壬秋也，余不足齿。郭筠仙学识远胜三君，而文稍次。　　　　　　　　　　　　　五十二

　　曾涤生论文有太违公是者。如以薛湘时文为可配韩愈古文之类是也。薛文专弄玄机，毫无佳处。曾涤生徒以少学其文而得科第之故，遂悍然抹倒五百年多少名家而张之，亦太违公是矣！此涤生法家手段之流露也。　　　　　　　　　　　　　　　　　　　　　　五十三

　　余昔一见胡稚威时文，即惊叹为国朝各家之最。后睹别本刻有曲园师《序》，深喜持论之符。　　　　　　　　　　　　　五十四

曲园师诸体文皆神通广大，制义尤开前人未有境界，而自谓“格卑”，谦德弗可及矣！　　　　　　　　　　　　　　　　五十五

袁简斋时文殊有天马行空气象，散文虽不古，尚少依傍，论品实胜方、姚。其学亦较方、姚辈为稍知古，如据文王《琴操》以驳伊川赏昌黎“臣罪”、“当诛”二句之谬，极是极是！　　　　　　五十六

余己丑秋试被黜，榜后以闱作质曲园师，承师极赏。癸巳复黜，榜后以首艺质师，师评云：“仍以《潜夫论》、《昌言》笔墨来作时文，气味深厚，议论崇闳，借题发挥，切中时弊，读者舌挢而不能下矣，见摈固宜！”盖师曾书余所著《卑议》后，以为《潜夫论》、《昌言》之流亚，故云尔也。然次三艺及五经艺之奇，实皆过于首艺，时以病甫起，惮缮录，未质师焉。　　　　　　　　　　　　　　　　五十七

暇日删存立年以前古今体诗，题曰《六字课斋诗初编》①，录始丙戌，然颇有佳联，尚少气体浑成之作。其联之最佳者则《江行》绝句之“细雨斜风过严濑，水村山郭见桐庐”也。　　　五十八

丁亥集中《杂感》八首，颇为友人传诵。近觉不佳，删之，存其佳联二：一云“狐青裘暖将军贵，鸭绿江寒属国愁”；一云“青牛西去书难就，白鹿东来事已非”。　　　　　　　　　　五十九

检阅丁亥《秣陵集》七律，删半存半。五律则全存，其最佳者如《秦淮》云：“秦皇凿锺阜，王气妒干霄。岂谓亡三户，翻教媚六期。代兴至洪建，偏割陋陈萧。马阮无情甚，精灵泣暮潮。”《莫愁湖》云：“新秋雨洗出，湖光一曲清。佳人杳何代？词客爱其名。世间诸草木，荷柳最多情。银鞍向晚散，缓缓入西城。”《元武湖》云：“花行六七里，舟受两三人。炎景欲西下，湖容清绝尘。湘君何姓字？潞国有精神。自饱馨香奉，何劳荐白蘋。”《妙相庵》云：“十载洪杨炬，千年寺观芜。天留灵光殿，僧祀楚三闾。道俗略宾主，林亭开画图。平生爱蝉响，小憩意何如。”《灵谷寺》云：“梵宇壮难复，龙祠僧借居。我来日未午，颇忆六朝初。泡影几兴废，色空乍有无。一瓯功德水，齐愿涤尘拘。”诸首当时自谓“高雅绝伦，逼真盛唐名家”，今隔八年，诵之尚觉可喜，岂五律之境，至此已尽耶！　　　　　　　　　　　　　六十

《秣陵集》七律。起联如《翠微亭》云：“香火初秋清凉寺，江山一览翠微亭。”《鸡鸣寺》云：“山中十庙灰尘杳，门外万家屋瓦低。”《胜

----

①　著者诗词遗稿多册均缺题署：其中早期诗数册应即《初编》。但《江行》诗未见。

棋楼》云："谁把燕云浪弃捐，苍鹅从此竞飞天。"次联如《孝陵》云："空余锺阜龙蟠意，莫问长陵凤舞痕。"《诸葛祠》云："当年激怒紫髯奋，一战安排鼎足分。"《半山寺》云："新法不须论往事，雄文良可作吾师。"[1]《四忠祠》云："祠外殷宫牧周马，阶前瑶草吐琪花。"三联如《雨花台》云："何王石椁悲千载，暇日名泉试一杯。"结联如《胜棋楼》云："秋来湖上多歌妓，莫唱南朝《燕子笺》。"《半山寺》云："回首功名古难必，千春呜咽尚青溪。"皆有李唐名家遗响。

六十一

戊子集中七律。起联如："为君三曲奏伊凉，白璧青蝇古所伤。""求珠问玉各心情，何事先生见待轻。"次联如："那知徒爱曹王笔，不喜真瞻邴管容。""竟以西家比根矩，但闻北海有康成。"三联如："照心秦镜悬何处，混目隋珠泣数行。""河泗决流鱼大上，梧桐落叶凤相逢。"[2]"瓠决奈何薪不属，莋通终恐药难资。"[3]结联如："汉家博士矜多识，诏使征名欲对穷。""千金莫赠成都客，词赋何能动至尊。""嫁衣未就春光老，飞絮漫天不可收。"[4]"劝君细行长安陌，多恐深闺有太真。""时艰持节多闲暇，更出千金市越姝。""莫道州评等权度，由来世议逐炎凉。"[5]"欲采芙蓉寄相忆，江深风阔竟如何。""凉更漆室私长叹，促织声声劝弄机。""君王不遣求灵药，远志探怀赠与谁。"[6] 皆悲溢行间，一字一泪！

六十二

己丑集中始有佳古体，《钱塘怀古》十余首[7]，识者盛许其最得意者五首：一云："竹车门外潮声急，健儿五百当潮立。秋风助战叠雪楼，文种遁逃伍胥泣。天生钱氏迈群雄，汴水南流与浙通。君王自爱湖山乐，可怜空老罗江东！"一云："柴家小儿避殿出，赵家黄龙安且吉。李家挥泪钱家愁，匍匐奉上十四州。朝朝望君君不归，春燕来绕宫门飞。寿星石畔建保俶，保得君王寿食肉。"一云："朱仙镇上金牌满，燕南父老肝肠断。急迎母后情可原，自坏长城计何短。锺美堂前春欲阑，内侍传宣赐牡丹。牡丹本是洛中物，多恐君王不忍看。"一云："二月夭桃花灼灼，美人如花更绰约。怜爱春光卷罗幕，春光只恐胜艮岳。披香堂接

---

① 按"事"字后改为"迹"，"良"字后改为"自"。
② 宋恕诗词《咏史》八首。
③ 《秋兴》四首。
④ 《古意》四首。
⑤ 《咏史》。
⑥ 《秋兴》。
⑦ 现存八首，并易名为《虎林怀古》。

芙蓉阁，宋世方昌且为乐。吴歌楚舞为君作，摇荡春心无住著。天开图画未厌神，更筑宫中亭子新，亲题别是一家春。"一云："角端蹢躅号西方，灭国四十如屠羊。唇亡齿寒来告急，坐视犹非况助强。九世复仇说经误，乘危乐祸神所怒。严霜已压幽兰轩，悲风便起冬青树。"　　六十三

崔司勋《黄鹤楼》诗为唐代七律之冠。余昔游武昌，于七月十五夜登楼望月，作一诗云："人间何处有黄鹤，我欲乘之飞上天。古今月色有同异，江海风帆迷岁年。正平高才足可惜，太白奇气空自怜。解道营丹永别世，名心不断谁使然？"识者皆以为奇气横溢，欲压崔君。①　　六十四

余七律初学玉溪，近师老、小二杜②，亦颇喜拟东川，曾作一首《送人之美国》云："名邦开创百年余，文物衣冠自一区，杯酒从容传揖让，局棋辛苦悯征诛。琪花瑶草家家有，块雨条风岁岁无，便是西方安养国，不须更问化人居。"音节尚似。　　六十五

余近颇喜作杂言诗，检存稿，得发端最奇崛者三焉：一《题图》曰："秋风夜动，起诵《简兮篇》，思量青史，不知何故，泪落如流泉。西方美人在何许？盈盈一水，嗟哉水连土不连。"一《咏史》曰："苍梧云暗，重华野死。辛壬癸甲，儿啼呱呱，九州始姓姒。南巢牧野，放弑利其子，务光自沈，伯夷食粟耻。"一《咏史》曰："陋洛俗蜀，朋分文字，此疆彼界争未休。阴山健儿，仰天大笑，扬鞭鸣镝，竞射南幽州"是也。至中间轩然大波起者，以《说梦篇》为最，曰："昨宵梦登泰岱最高顶，正值日出东海照扶桑。瞥见扶桑之旁有大岛，周九千里、径三千里而长。自古及今，未辟洪荒。中有野人，如犬如羊。宝藏无数不知发，冲牛射斗溢辉光。大喜长啸，我欲居之水一方。下山募众，刻期治装。带甲百万，金粟连樯。一声清角天风起，须臾到彼岸，汗流野人走且僵"③，云云是也。　　六十六

检立年前文稿，删存十分之四为《六字课斋文初编》④　十五卷，计散体八卷，骈体四卷，古赋三卷，皆金骨绿髓，飘飘欲仙，高者可追左、屈、庄、马，次亦伯仲子建、叔夜、明远、文通诸子。世谓文限于运，谬哉谬哉！　　六十七

---

① 按王咏霓1890年10月1日《致宋燕生书》云："大作《黄鹤楼》诗，奇气横溢，捶碎昔人矣！"

② 指杜甫和杜牧。

③ 从《题图》至《说梦篇》四首，原稿均未见，仅见于此。

④ 著者早年文稿多册，但缺题署，故《初编》目录已难确考。

删存立年前制义为初编四卷，附试律一卷。制义皆识超姬前，语屏刘后，神光离合，乍阴乍阳。望溪、姬传、茗柯、涤生辈以时文为古文，余则以古文为时文；黄山谷谓陶诗"落笔九天上"，余之制义实皆副此五字；试律则自问不能过纪晓岚。　　　　　　　　　六十八

宋氏能文者：楚大夫外，赵宋二人、明一人，公序、子京、景濂三先生也。广平《梅赋》久忘，牧仲名浮于实，均未敢数。　　　六十九

古今志士，独学深思，别有伤心苦难，显说悲情怨气，寄之诗歌，荒怪其词，掩露其旨，一字一泪，哀我同胞。雕虫之徒，赏词昧旨，痛哉！　　　　　　　　　　　　　　　　　　　　七十

世有佳文，民之不幸也；世无佳文，民之幸也。何也？有怨气斯有佳文，无怨气斯无佳文矣！　　　　　　　　　　　　　七十一

选家类第十三

黄梨洲选《明文案》，以情至为主。其说曰："今古之情无尽，而一人之情有至、有不至，凡情之至者，其文未有不至者也。"此论甚允。自桐城诸家好言法以便己之不学，且以便己之不情，而天下之至文隐矣。　　　　　　　　　　　　　　　　　　　　一

或问："桐城诸家，谓之不学可也，谓之不情，何据？"

余曰："儒家与法家异者，一多情、一不情也。不情者必好言法。申、商，经济之法家也。方、姚，文章之法家也。夫魏晋以来，文高于方、姚者车载斗量，方、姚未必不知，乃悍然谓汉后唐前无文家，唐宋止八，明止一，而非我不能十之、十一之，是即不情之大者，不暇举其诬李刚主[①]、诋戴东原之不情也。"　　　　　　　　　　　二

包慎伯谓"八家虽明人所次，然无以易之"，此殆慎伯率尔之谈也。

余观唐文，古于欧、苏者不少。宋代如先大夫子京尚书，及李泰伯、陈同甫、陈君举、叶正则诸家，亦皆在欧、曾、三苏上，至伯仲欧、苏者尤多其人；若陆宣公之古于神理，虽昌黎且不逮矣，八家之目

---

① 方苞诬李塨事见《颜氏学记》卷四《恕谷传》。略云："桐城方侍郎苞与先生交厚。……后先生殁，方不俟其子孙之请，为作墓志。于先生德业一无所详，而惟载先生与崐绳及方论学同异，且谓先生因方言改其师法。又与人书，称'浙学之坏始黄梨洲氏，北学之坏则始于习斋'。故先生门人威县刘用可深非之，谓其'纯构虚辞，诬及死友'。今观先生遗书，知用可之言为然也。"

陋矣！　　　　　　　　　　　　　　　　　　　　　　三

　　前代总集如萧氏《文集》①、姚氏《文粹》② 等书，别择不谬，而体例皆陋。

　　国朝如王渔洋《古诗选》、姚姬传《古文辞类纂》、李申耆《骈体文钞》，行世最广，体例尤陋。　　　　　　　　　　　四

　　或问："王选古诗、姚选古文、李选骈文，体例之陋何在？"

　　余曰："其说详于《宋氏名家言·总集类》中，不暇细举。姑举其陋之最者以语子：夫五言俳于宋后，极于唐初，伯玉首先复古。古之云者，对俳而立。渔洋之选，题曰'古诗'，乃古如韩、杜，不得与选，而隋前俳家，录至数十，是于'古'字之义且茫然矣。姬传之纂，题曰'古文'，乃及赋而不及诗。夫赋者，古诗之流也，赋古于诗乎？诗古于赋乎？是于'古'字之义且茫然矣。申耆之钞，题曰'骈体'，乃入全无骈句之篇，是于'骈'字之义且茫然矣。"　　　五

　　纪晓岚讥笑真西山《文章正宗》，然其体例极为简雅，去取亦颇精当，实无俚俗之篇。晓岚盖恶西山讲学，而不阅其书，以想当然贬之耳！

　　凡晓岚品评，多犯想当然之病，号称实事求是者犹如此，帖括之毒可胜叹乎！　　　　　　　　　　　　　　　六

　　吴孟举《宋诗钞》，见赏晓岚，见讥覃溪。③ 覃识过晓。　　七

　　晓岚评点方虚谷《瀛奎律髓》，力攻方病，别择精通，有功于初学律者不浅！　　　　　　　　　　　　八

　　晓岚一切学问，惟诗最有心得。然解诗而不能诗，独能试律，所选《庚辰集》，无篇不美。　　　　　　　　　九

　　北江讥王兰泉《湖海诗传》④ 一以声调格律选诗，而不能随人之所长以为去取，此论甚是！　　　　　　　十

　　望溪所选"四书文"，固多佳篇；然前明中叶后，博通之士破障洛闽，采九流百氏之精，为陆离光怪之文者，被摈不少，良可恨惜！　十一

　　国朝人所选总集，彼善于此者，朱氏《明诗综》⑤、沈氏《唐诗别

---

① 南朝梁昭明太子萧统编选，原 30 卷，后李善注，扩为 60 卷。

② 北宋姚铉编，100 卷，又名《唐文粹》。

③ 翁方纲评语，宋恕曾引录于《国朝先辈文话举是》第六则。

④ 王昶《湖海诗传》46 卷，《湖海文传》75 卷。

⑤ 朱彝尊编，100 卷。

裁集》①、张氏《七十家赋钞》②、曾氏《经史百家杂钞》③、王氏《湖海文传》、彭氏《宋四六选》④ 也。张选《宋元别裁》太陋，沈选《国朝别裁》多牵世故。　　　　　　　　　　　　　　　　　　　　十二

茗柯《七十家赋钞》宜冠题"唐前"二字，不然，疑于唐后无赋家。夫唐后无赋家之论，非公论也。　　　　　　　　　　十三

陈氏《唐骈体文钞》⑤，去取不精，有意弃熟，尤非。　　十四

阮元《学海堂经解》，题曰"经解"矣，不宜收入段注《说文》等书；魏氏《经世文编》，题曰"经世"矣，不宜赘立学术宗目于首；又国朝诸政不全归六部，岂可专以六部为宗目？此皆体例之失。阮失已有人知，魏失未有人知，二书采择颇精，大有功于学者，而体例尚有憾，难矣！　　　　　　　　　　　　　　　　　　　十五

今世续姚氏《古文辞类纂》二家⑥，去取皆陋，议论尤皆私、谬，盖一醉帖括，一学纵横，皆本不知文，而又意在标榜依附者也。

某公续《皇清经解》⑦，采择无识，远愧仪征；某公锐欲与北人某公争盟主，实则一五十步、一百步耳。　　　　　　　　十六

坊行李氏《国朝文录》⑧、曾氏《国朝骈体正宗》⑨、吴氏《八家四六文钞》⑩、去取大谬，误人甚多！姚氏《国朝文录》亦陋⑪，视李为优。　　　　　　　　　　　　　　　　　　　　十七

李氏《骈体文钞》⑫，体例虽陋，而采择颇精，与明王氏《四六法海》⑬ 均便学者。　　　　　　　　　　　　　　　　十八

国朝佳文不少，而未有佳选本。豪杰之作，多为妄庸所摈，可悲实甚！

---

① 沈德潜编，30 卷。
② 张惠言，5 卷。
③ 曾国藩编，20 卷。
④ 彭元瑞、曹振镛合编，24 卷。
⑤ 陈均编，17 卷。
⑥ 《续古文辞类纂》：王先谦编，34 卷；黎庶昌编，28 卷。
⑦ 指王先谦《续经解》，一说 1315 卷，一说 1430 卷。
⑧ 李祖陶编，82 卷，《续录》66 卷。
⑨ 曾燠编，12 卷。
⑩ 吴鼒编，八家指吴锡麟、邵齐焘、王太岳、刘星炜、袁枚、洪亮吉、孙星衍和孔广森。
⑪ 姚椿编，100 卷。
⑫ 李兆洛，31 卷。
⑬ 王志坚编，12 卷。

余久欲秉公精选，成一洋洋巨编，慰无数呕心之魂魄。以别集虽多过目，绝少自备，从事有待焉。　　　　　　　　　　　　　　十九

曲园师论文极精，曾有《东瀛诗选》，其别择亦必极精，恨未得睹！
　　　　　　　　　　　　　　　　　　　　　　　　　　　　二十

仰止类第十四

学问至德清先生观止矣，经济至合肥使相观止矣，此海内外之公论，亦千万世之定论也。所惜者：德清老于空山，合肥掣于俗议，无由出其学问、展其经济，以振中国而服四邻耳。　　　　　　　　一

余昔未得见德清师及其书时，曾游西湖俞楼，颇疑壁间诸故人、门生赠献之词近谀。及既见其书、复见吾师，然后叹俞楼赠献之词不但非谀，而且未尽。乃于吾师庚寅七十生辰为文以寿，补扬其未尽焉。虽吾师谦不敢当，然自问实非谀也。

其文曰①：

倮虫三百六十，人为长；人品九，真为最；九品之说创于存礼，受于黄帝、王子②。

盖黄帝曰："上古有真人，中古有至人，其次有圣人，其次有贤人。"王仲任曰："儒生过俗人，通人胜儒生，文人逾通人，鸿儒超文人。"黄帝等四，王子析五，玩词核义，鸿宜次贤。礼生而好臧否人物，既冠之后，飘泊江海，恒持九品以衡世士：能说一经盖已甚寡，通人以上③抑更希焉。

若夫识目暝书，口强腹虚，弄麈伏猎，睹眴聆愫，时誉隆隆，不足称"通"。割周裂秦，汉呻魏吟，调舌徐、庾，效颦韩、柳，别集纷纷，不足称"文"。剽石杂玉，连篇结幅，夸愚号子，张表枵里，妄拟轲、雄，不足称"鸿"。神存组钱，语矫林泉，匿垢市直，茌内厉色，巧优渊、骞，不足称"贤"。缁黄藜藿，刻学解脱，定小慧粗，偏寂堕枯，宁离癫慢，隐着贪嗔，不足称"圣"、"至"、"真"。

---

①　寿文据原稿，着重点原有。
②　王子指东汉王充，语见《论衡·超奇篇》。
③　按王充云："故夫能说一经者为儒生，博览古今者为通人，采撷传书以上书奏记者为文人，能精思著文、连结篇章者为鸿儒。故儒生过俗人，通人胜儒生，文人逾通人，鸿儒超文人。"

乾嘉之际，信多雅硕。然通如钱竹汀纪晓岚，恨其未文。文如汪容甫恽子居，恨其未鸿。戴东原章实斋鸿矣①，真、至盖昧。彭尺木罗台山尚矣，儒、通稍后。至求了"真"之义，洞"至"之学，入"圣"之域，极"贤"之量，握"鸿"之业，兼"文"之长，践"通"之实，包"儒"之独者，乃反在今。夫世变未极，则大师不降，折衷有人，则群言得所。吾师曲园先生，其诸天降大师、折衷群言者欤！

盖西来心法，存要《金刚》。遐荒转译，颇或乱旧。先生劬思人尽，妙悟天纵。谛正今本，契符古觉，是谓了"真"之义。《参同》既作，道家繁兴。和于阴阳，非有他诡。先生斥排左惑，择取雅记。玉简金书，明其诂训，是谓洞"至"之学。吐词为经，举足为法。邠娄、兰陵，遗体罕嗣。先生备气四时，莫名一德。智者见智，仁者见仁，是谓入"圣"之域。卜夏交战，贡嘻原病，声色之诱，妨贤尤多。先生蔬布斋居，不改其乐，忮求绝仲，忠恕贯曾，是谓极"贤"之量。群经诸子，如日月星。齐东野语，为霾为雾。先生累积寒暑，馨竭竹素，平议悉定，阴晦全开，是谓擅"鸿"之业。后汉三君，著论特盛。寻其华藻，未若崔、班。先生碑版之价，重于中郎，诗歌之技，比于平子，是谓兼"文"之长。殷仲读书，不能半豹。妙笔庐陵，亦蒙兹讥。先生四部穷披，只字罔忽，北海逊博，昌黎形陋，是谓践"通"之实。刘政、扬云，抗志广览。章句之业，势谢丁、伏。先生精力有余，虫鱼弗略，考证细碎，惊折悴专，是谓包"儒"之独。盖《传》称"醴泉甘露，旷祀难逢，瑞凤祥麟，应期乃出"，哲人示见，大事因缘，天命作师，牖万世民。闲散厥躬，俾酬本誓，责至厚也。

盖昔仲尼，游说无成，教授洙、泗，祖述尧、舜，宪章文、武。仲淹献策不用，教授河、汾，续孔之经，讲姬之制。先生仕途早踬，教授吴、越。引仲尼之坠绪，迈仲淹之伟绩。区中之秀，海外之英，济济襟裾，争登门录。片言闻持，终身芳洁，所谓"功参舆盖，揆一后先"者欤！

先生于礼，属望殷拳，知类顾骥，恩均吹谷。昔太原未耀，见异于符君②，陇西尚稚，被赏于贺老③，千载之下，以为美谈。岂况先生望

---

① 《寿文》原稿"鸿矣"下注："东原《绪言》、实斋《通义》多心得语，古今杰著，故许以'鸿'。"后删。

② 太原指东汉郭太，符君指符融。

③ 陇西指唐李白，贺老指贺知章。

实倍莛符、贺，存礼单寒剧甚郭、李，自非照轶几庶，识蕴渊微，畴能抑嵩、华之高，嗟幽台柏，忘溟、渤之大，悦清沅、湘者哉！

顾念幼抱不朽之志，长困奇艰之境。良辰惘怅，孤愤郁盈。立年渐亲，弱龄空负。常恐遂为饥驱所误，尘网所牵，无以自别于凡庸，克副于奖借。所以晨鸡初鸣，则起坐待旦，秋风乍动，则长啸竟日者也。先生嗜欲殊谈，恚嗔希萌，处两间之和，从八风之理。故虽撰著充汗，而无伤神明，行年七十，而未改聪察。顺心协矩，玄之又玄，固将寿蔽天地，无有终时。何但形度百岁，动作不衰，书播四洲，永远莫废而已！

生日阻涯，奉觞阙焉。敬赋一诗，邮上侍者，诚惭善祷，庶贡鄙忱云尔！

吴山天下秀，浙江古来奇。三春瑶华发，八月雪涛飞。中有湛冥叟，道大强名非。清和酌胎展，纬经修孔、姬。山水有时改，颜容长不衰！
二

自古圣贤豪杰，每被无因之谤。余昔未见德清时，闻人言德清收门生例银二十四两。及得见之后，乃知非但无此例，且从不受束脩。未见合肥时，闻人言合肥侍妾数百。及得见之后，乃知妾不过一。向使终身不得见，亦不逢其亲炙之人，则疑以传疑，或登竹素，枉可雪哉！故青史事实全不足信。
三

余壬辰夏如津，上书合肥使相数千言。陈三始、一始之义[1]，附质所著《卑议》数万言。相公极口嘉许，引与深谈。悯凤失所，嗟麟何求。且逢人说项，以为洞悉民瘼，真通治术，此等奇材，生平希见。酸寒无状，人贱言非，乃辱知于名世，感极，泣数行下。旋承委充水师学堂汉文教习，作启数千言谢焉。

其文曰：

云间、日下，逊昔贤之才名。纻屦、布衣，辱元勋之容接。军府滥竽，愧感交集！

伏惟中堂阁下，以经天纬地之文，兼震古铄今之武，削平僭伪，谈笑而定神州，休养兵民，从容而镇畿甸。乃慨千年之病，文武歧趋。欲追三代之风，礼戎合教。遂开学舍，小试其端，将使行间大收其效。

自顷西方强国，文治武修，将尽知书，卒皆识字。豆分瓜剖，海错岸交。向戍之盟，固难专恃。徐盛之举，未免时闻。水师既重于列邦，

---

[1]　详见本书卷六《上李中堂书》（1892年5月30日）。

士林咸尊为上业。候风司火，各矜专长。觅岛穷洲，讵惮遐历。信前籍所未有，诚东土所不如。

属疆场屡争，鼓旗频对。坚瑕绝异，利钝悬殊。幸司马相中，契丹就约。令公责敌，回纥乞成。威慑德柔，献琛重译。镜清航乐，持节踵行。然而居康思危者，哲士之良规；转弱为雄者，重臣之忠志。虽玉帛互将，四邻方睦。而干戈相见，外患倘来。锥刀堕山，大言奚补。焦熬投石，实事堪虞！

乃招子弟于良家，聚之庠校。俾亲礼乐于遐日，闲厥心身。奄奄空疏，矫洛、闽之弊，循循博约，复洙泗之科。射之用既穷，移角艺于飞焰。御之术须扩，贵运轮于骇涛。减灶、曳柴，书诱善读。测沙、量渤，数勉精研。造乘破材，师从吴募。立话言教，条补管遗。画地为舟，必使与化。研笼纵舰，岂足称能。祁祁学生，进退中律。具雅歌投壶之气象，抱中流击楫之情怀。他时作帅，悉似祭遵。越境建功，孰非杨仆。

盖自节制仁义之旅，绝于周衰。狠残诡谲之夫，崇于秦盛。椎埋屠狗，宁存吊伐之衷。略邑克都，不胜焚掠之惨。当涂下溃决之令，行谊益轻。天水左摧陷之俦，甲胄咸耻。遂使佩剑之子，希睹仲由。用矛之劳，罕闻冉有。狼贪豨勇，安望识丁。渴饮饥餐，但熟呼癸。驻防则暴横所在，隐酿怨离。赴征则骚扰沿途，最工激变。或独仰屋而叹息，痛恨腐儒。谓宜改弦而更张，别求新法。窥柱国设堂之旨，固将推之寰区。惊名世出类之筹，允矣同符古圣！

存礼瓯骆贱宗，农圃先业。幼禀狂抱，易俗移风。长厉狷修，恶衣薄食。学近充、郭，广大高明。文兼昭、筠[1]，急怨怪怒。艰难险阻，等重耳之备尝。愚诈浮华，悲少正之皆是。弱龄已过，寂寂无称。立年渐臻，栖栖寡合。孤愤莫诉，良辰不欢。妙解陈编，岂落汉、宋之后。结想至治，乃在唐、虞之间。荀子议兵，取二三策。仲淹忧乱，草千万言。顷辱邾娄大师[2]驰过情之誉，荆州都督[3]赐促膝之谈。承飞电于京师，俾随节于绝域。游览七万里，蓄愿欣偿。卧病二十旬，征期又误。微躯屯蹇，乃至于斯。时局安危，未忍自外。

窃以民者邦之本，民乐则邦康。法者才之机，法良则才奋。自五洲

---

[1] 分别指王充、郭太、昭明太子和温庭筠。
[2] 指俞樾。
[3] 指张之洞。

通市，万国连盟。夏商以来，情势顿易。欧亚之接，说辩繁兴。抗疏上言，汗牛充栋。大抵习士泥旧，术昧于时宜。庸医偏标，虑疏于元气。楚固失矣，齐宁得之！罕有能别蕴苦衷，特具深识，择古今之善，持中西之平，撰成一篇，远彼二病，神契孔、孟，理超姒、姬。不度浅肤，妄次要略，条分则《易》篇数①，依《诗》声与泪俱。述"民瘼"、"才难"之故，卑无高论。拟"变通"、"信必"之方，御史即除。马生敢冀，褐衣乞召。孔公何人？举世风痹！② 抑郁谁语，寸心日皎，干冒自陈。过蒙上宰青眼之垂，甚怜贱子白衣之滞。拯其寒饿，荣之辟除。锡以生徒，命之教诲。秋水灌泽，涸鳞获苏。春晖被山，枯条有幸。九流百氏，颇信堂升。六术五权，或殊墙面。庶效驽钝之竭，勖群士以知方。尚祈谕训之殷，振微躯以有勇。生本南人，惭乏使船如马之技。门无汉将，妄希伏波横海之声。无任铭刻激切之至！③　　　　　　　四

　　使相才识、志趣、精神，皆万万不可及。每日未明即起，临《兰亭》数行，批公文数件，乃朝食。自辰至午，专接客属。午后专阅公文，戌、亥秉烛观书。除元朔、端阳、中秋、岁除四日休息外，无一日不如是。闻数十年如一日焉。

　　天津为南北要冲，每日求见之客，自京外官下至布衣者流，外至东西邻属各国官商、游士，其数不可胜计；直督、通商、海防、河盐管下署、营、堂、局文武属官之数，亦不可胜计；每日禀见及申详之多，亦不可胜计；年逾七十，掣肘万端，而尽瘁补救，不稍厌倦；门无阻滞之刺，案无淹留之牍，一一接谈，字字过目，其才志精神殆冠于五大洲上上人物，非但中国无二。

　　乃西人论五洲今日名相，首推德国俾思麦而次合肥，此殆皮论也。夫俾思麦之成就固伟，然其权视合肥何如？使合肥处俾思麦之地，无俗吏驳抑，无俗士攻谤，则其所成就岂止可与俾思麦争烈哉！　　　　　五

　　使相平日于民瘼最关心，亦最洞悉，非但官场中所无，抑且草茅中所罕。余每见时，若有地方官在坐，相公必向之切询民瘼，戒以"勿为白面盗贼"，情词悱恻，若疾痛之在身，真有三代大臣之风矣。　　　　六

　　使相节署中人莫不廉正持躬、谦恭接物，下至书吏、门丁皆受时雨之化，毫无炎凉习态，尤绝贿赂弊端。去岁，有某武员许吏千金，求为

---

① 指《卑议》四篇六十四章。

② 马生指唐马周、孔公指后汉孔融。

③ 《六斋无韵文集》刊此启，题为《谢李使相委充水师学堂教习笺》，有脱误。

谋缺，吏正色拒之曰："君虽新到，岂独未闻李中堂衙门数十年无受贿之吏丁乎？不但千金，虽万金我不要也。"嗟乎！使天下大小衙门吏丁皆如此，则民间又安有疾苦哉！

七

使相曾谓余曰："中国事事虚，西国事事实。"二语括尽一切政教学问矣！

八

北方风悍好斗，津城街狭人稠，万车接轸，争先恐后，尤易动殴。闻昔年斗案极多，自使相仿西法：设巡兵，轮班弹压，斗风始革，其有功于津民大矣！

九

北方道路不治，风则尘沙蔽天，目不可开，鼻或被塞；雨则泥淖苦人，深至陷裳、浅亦没履。使相仿西法：设工程局，创碎石路以便行者，功德无量。惜限于经费，仅成附郭，乏力推广，如余所处之水师学堂，离津城二十余里，尚有冬春苦风、夏秋苦雨之叹也。

十

（原缺第十一章）

聚散类第十五[1]

余丁亥、戊子两年随侍外舅孙止庵师于金陵之钟山、上海之龙门二书院，与内弟伯陶、忱叔日夜纵谈。伯陶好学异常，刻新分异，甫得优贡，即谢尘世，立岁未及，可悲实甚！检旧稿，见辛春祭此君文及挽联，泫然出涕。

祭文曰：遗文委箧，故衣设帷，物久人脆，君今安归？呱呱嗣稚，哀哀孱嫠，西河辍讲，大令停挥。人天苦乐，梦觉是非，空间邓郁，难及丁威。卒后，外舅母梦君骑鹤上天云："玉帝召掌画册。"然君素不习画。古藤

---

[1] 原《津谈》抄本此下注云："共四十八章，全缺。"现据温州市博物馆藏《津谈》清稿残笺录补三章（即三十、三十一、三十二），其余全文已难查补，但志 23 号笔记有两段文字，应为"聚散类"目录。第一段云："剑华砭诗十八、瑞士山水廿八、云卿廿七、容舫廿三、志三廿四，宗易廿五、遯斋廿三、黄叔廿六、长素十八、介石廿三、载甫廿三、颂南十五、定子二、鹤笙五、浣生六、翰香三、楚宝一、子裳十三、湘文十二、定夫七、辐轩十四、穗卿十二、经甫八、健中九、珊丽廿九、贵林十一、同门十、衍桐十二、剑华十七、龙门七、伯陶廿五、祁生廿五、兰雅十九、德利二十、之安廿一、李提廿二、子腾五、铁华十四、子祥三十、同郡会试三十二、仲恺三十三、水学四、简兮三十一、雪琴十二、华严道人十六。"共四十五目。其中如傅兰雅、花之安、李提摩太等为西教士，其他除少数人外均可考知。第二段云"龙、经、健、贵、同、穗、桐、雪、裳、筠、毕、辐、披、颂、铁、华、剑、楚、定、翰、水、叔、仲、志、宗、简、洪、珊、云、会、遯"，共三十一目，则为前文之简化。

无恙，将及花时，春禽自乐，纵横乱飞。君书室前有紫藤甚大。苕零何遽，蕙叹徒为，江南三月，碧草萋萋！丁亥与君同客金陵，有箕仙赠君诗，其首句为"兰苕之质"。①　　　　　　　　　　　　　　　　　　　　三十

　　同郡林祁生上舍，好学能文，明晓时务。生平喜《韩非子》，欲为之注，又欲编选国朝古文，皆未就而卒。曾入太学读书三年，两试京兆，竟不得举。检旧稿，见庚秋挽此君联，诵之悽然！联语曰："行芳若兰，业寒于水，江东独步，黄绢文章欲盖今。稍欣太学名高，国有林宗，能使三公尊士类。我行适楚，君归自燕，海上相逢，青衫意气宁衰昔？谁料季秋氛恶，天生同甫，空教《五论》落人间！"　　　　　　　　　　　　　　　　　　　　　　　　　三十一

　　内弟孙仲恺，性情高雅，最工书法，深得南宗意境。弱冠即好道，余曾题其《濯足万里流图》②云："积水茫茫不可极，青天一发燕南北。思量未是濯缨时，濯足沧溟计良得。楼船横海彼丈夫，妙年更慕列仙儒。想见临风动长啸，不知何处是蓬壶？"盖甚难之也。今春来津，接谈数月，识解益进焉。　　　　　　　　　　　　　　　　　三十二

津类第十六

　　……五人③，而天津一县竟得三分之二科名，可谓极盛。　　一
　　天津富室多好施济，风义可嘉。然亦由合肥坐镇，从不勒捐虐商，故能养富以活贫也。　　　　　　　　　　　　　　　　　　　　二
　　天津商务颇碍海冰。近闻西国有破冰船之制，若仿制用之，商务必大有起色，而贫民亦多数月生计，不至专仰施衣施粥，惠有难周，而或毙于冻馁也。　　　　　　　　　　　　　　　　　　　　　　　三
　　津城多火灾，欲便于救，莫如开自来水公司矣。　　　　　四
　　天津农民，夏月多裸全体，不蔽寸布，驱车郊原，如入裸国。窃怪幽燕开化甚早，何犹狉獉？或曰："盖起于石晋之割。"或曰："非也。北方农民太贫，无钱制衣，不得已狉獉耳。大江以北皆然，不独幽燕也。教养之道旷代失修，岂胜叹息！"　　　　　　　　　　　　五
　　天津俗例：女子新嫁，三日不许下炕，不许大便。犯者，舅姑、夫

---

①　祭文别见《六斋无韵文集》刊本。"兰苕"二字或作"苕华"。
②　宋恕此诗，有二字改动。
③　省略号处原缺。

婿以为不祥，怒骂立加，不能相容。以故女子将嫁，必先一年习减食以求寡便，减之又减，虽病不顾。然此事终难自主，又或感暑患泄，因而犯例致死者颇多，可悲实甚！闻此例不独行于天津。谁为萧何？岂非女子所生者乎？何为立此例以虐女也！　　　　　　　　　　六

卷三 专著（下）

编者按：《六字课斋卑议》印本，原系上海千顷堂活字排印本。据《丁酉日记》，该年六月交千顷堂代印《卑议》，以钞手太延而中止。直至十二月，始得印成。可见印本早在丁酉五月就已修改完毕，故完稿时间可确定为 1897 年 6 月。该次共印 200 份，封面有作者自署的"六斋卑议"大字。其内容经过修改，和初稿出入极大：卷首增《自叙印行缘起》，卷末增《广白》十条。在六十四章正文中，并写《婚嫁》、《女闾》、《婢妾》三章为《救惨章》，扩写《相及章》为《刑威》、《同仁》二章，修改了《自叙》，人道主义思想较前大为激昂。改写《塾课》、《宋学》、《汉学》、《执简》、《徙木》和《礼拜》等章，崇儒抑法思想较前大为鲜明。特别是删去"礼拜孔子"，要求仿效西国"君臣相接"的"古礼"，更是一大进步。增写《枢部》、《阁院》二章，把《督抚》、《知县》并写为《民政章》，把《生员》、《举贡》、《进士》并写为《取士章》，把《村学》、《女学》并写为《开化章》，改写了《工商》等章，增写了《泉币》、《道路》等章，全面论述中央官制和财政经济各方面的变革，从学习西方转为学习日本，变法维新思想也就较前大为充实。但是，删掉《议院章》，改《讼师》章名为《士妖》，改《地棍》章名为《庶莠》，改《浮征》章名为《赋税》，放弃了比较彻底的"共和之说"，放弃了具体生动的表现形式，则又显得退步。该本印行以后，曾陆续赠给蔡元培、章楶、陈葆善以及沪、杭名流和求是、养正等校学生许寿裳、黄群、马叙伦等多人，在社会上曾产生一定影响。宋氏逝世后，黄群据所赠印本重行排印，附录《留别杭州求是学院诸生诗》及刘绍宽《宋衡传》，并写《跋文》，此即常见的《敬乡楼丛书本》。

六字课斋卑议印本
（1897 年 6 月）

光绪癸巳十有九年俞曲园师书后①

自叙印行缘起

巨清光绪十有七年，宋恕著《卑议》四篇六十四章于亚细亚洲东海之滨，成，以质其师曲园先生。先生誉之，然戒曰："是宜缓出。"恕敬受戒，然渐闻于世，索观日众。

宋恕之友谓宋恕曰："今天子圣神，公卿大夫士莫不相与议兵刑、钱谷、学校、教化之事，子盍出子之议以备择焉？"宋恕谢曰："今天子圣神，公卿大夫士莫不能通兵刑、钱谷、学校、教化之事，安用宋氏《卑议》欤！"宋恕之友曰："虽然，其亦尽吾心焉。《诗》不云乎：'询于刍荛。'子之议宁不足比于刍荛欤？"于是，乃取旧稿，稍加改削，印行问世，而重为之叙曰：

宋恕年十九，受大儒颜习斋氏之书于外舅止庵先生。② 止庵先生兼治百氏，不专宗颜，宋恕亦兼治百氏，不专宗颜，然心以颜氏为接孔门卜子夏氏之传。弱冠后，见浙西李壬叔氏所序《德国学略》、扶桑冈本子博氏所撰《万国史记》及南楚郭筠仙氏、扶桑冈鹿门氏之绪论，悄然以悲，泣数行下，曰："嗟乎！素王之志今乃行于海外哉！今乃行于海外哉！"已而，又得见大儒黄黎洲氏之书③，且喜且泣曰："悲夫！言子

---

① 已见初稿，此处略。
② 指从孙锵鸣读《颜氏学记》。
③ 指《明夷待访录》。

游氏、孟子舆氏之传在此矣！"此"剥"之所以复，"否"之所以泰①，唐虞、三代之所以盛，而美、英、日本等国之所以四民乐业、日异月新者也。苟有权力者咸克以黄氏之说为体，以颜氏之说为用，则大同其几乎，岂但小康哉！

《卑议》之著，缘起具于前叙。上二篇二十五章指病，下二篇三十九章拟方。指病不及本，拟方多据乱，故自命曰"卑"。虽然，其诸不谬于儒术而不见斥于黄氏、颜氏之徒者欤！其诸可告无罪于言氏、卜氏、孟氏者欤！其诸陈于空山、吟于荒野，可使恒河沙数之冤魂沈魄感而夜哭，声连千里不能休者欤！

孟氏曰："人皆有不忍人之心，先王有不忍人之心，斯有不忍人之政。"《诗》曰："莫赤匪狐，莫黑匪乌。"今天子圣神，执政多仁，盖远于《北风》所讥，其有愿行不忍人之政者乎？其宁无取于斯议焉！

光绪二十有三年，去著书时七年，宋恕自叙印行缘起。

民 瘼 篇

患贫章第一②

夫民为邦本，本固则邦无危象；食为民天，天足则民无离志。自古及今，未有十室九空而不酿乱，家给人足而不成治者也。是以百姓不足，动有若之嗟；训农通商，致卫朝之富。海外望国，深明斯理，故极力求富而藏之于民，盖与法家富国之旨殊矣。法家富强之旨，与儒家富强之旨判若天渊。孟子最深于富强之学，商鞅亦深于富强之学，然而万无可通者，旨殊也。

咸、同以来，弊政滋甚：横征内困，互市外漏，农田水利之政，苟焉弗修，天地自然之藏，尚多未发。礼义生于富足，冻馁忘其廉耻。《诗》云："民之贪乱，宁为荼毒！"可为寒心者也。

盗贼章第二③

昔惠人遗戒，明火烈之功；严尹任法，息犬吠之警；道德齐礼，其风渺矣；刑以止盗，又可弛欤！

---

① "剥"、"否"，均《易经》卦名，与"复"、"泰"卦相反。
② 该章在初稿基础上有大增改。
③ 该章在第二段以下全行改写，和初稿大异。

　　夫为盗之乐，十倍良民，自非必惩，富犹易犯，何况贫驱，争趋奚怪！

　　今盗律非不严，捕官非不多也。然而首善之区，骄肆尤甚，中原庶族，十九业斯，黄河南北，跬步荆棘；大江之表，较为乐土，然劫窃之事亦无日无之。役有私例，仰赠阴护；官有同情，讳劫细窃；岂尽亡良，均非得已。被盗之户，苟乏奥援，讼必无幸，势使然矣！盖闻海外望国，道不拾遗，门不闭户，虽以异族子躯、深闺弱质，独行千里，无虞暴客，偶有盗案，登即破获。相去何远，抑有由欤！

　　《诗》云："流言以对，寇攘式内。"又云："式遏寇虐，憯不畏明。"能无望焉！

旱潦章第三①

　　大小诸川，时常泛滥；高原燥区，又苦屡旱；更相为虐，循环不休；哀鸿满地，良堪恻隐！

　　夫水旱之降，世以为天；然人事未修，岂宜委数。夫种树以润空气，理著于西书，凿井以引源泉，效彰于东国，皆防旱之至术，化硗之良方。至如境内有浸，因而善用，则干流支陂，但能为益，而淹槁之灾，两可无虞。

　　忘所当尽，动辄言天；但求暂安，计不及远；坐使父老幼孤频遭于惨亡，田园室庐恒惧于不保，斯乃仁人所流涕，志士所抚膺也！

　　昔尧有九年之水，汤有七年之旱，以今方古，未为甚烈，然情隔于代遥，痛深于目击。《诗》云："周余黎民，靡有孑遗。"先王词意，迫切若此！闺中邃远，谁上流民之图？公等慈悲，宁胜筹赈之举！永虑长策，更待何人？

士妖章第四②

　　号士者流，倚厥章服。舞弄刀笔，横暴邑里，庶民畏之，目为"讼师"。讼师之强有力者：声气广通，震慑守令，例案特熟，挟制院司。一喜一怒，万户股栗，生人死人，操其毫端；弱无力者：扬威数村，称雄九族，良懦被虐，厥痛均焉。

　　夫察拘文严，褫刑惩重，猖獗至此，其故安在？盖由庶鲜识字，士罕读律，乡议无权，官护可恃。

---

　①　该章末段稍有增文，大体沿用初稿，章名亦异。
　②　改动章名，末段有增改。

夫趋荣远枯者，有生之恒情，悲贫慕富者，含识之公理。今韦布之士，谋食奇艰，一尺青毡，大费延誉，昼劬夕悴，肘见踵决；犹多上阙甘旨，下窭号啼，瓮牖绳枢，绝望高轩之过，贷钱假粟，动遭市人之辱。而彼业讼师者：或等列庠校，或属在世年，非有公卿之职，而门疑要显，非有黄白之术，而财足挥霍；居则燠馆凉台，适体于冬夏，出则狎客健仆，导随于前后；鲜衣怒马，亲戚让途，沈饮纵博，衣冠满坐；积资购仕，仕资相长，轮盖耀宗，田宅利子；苟非上哲，相形难堪。是以效尤波靡，守节风微，巧取豪夺，各矜名家，诵诗习礼，竞用发家。遂使农贩之俦，腹诽孔、孟，以为一号为士，便不可近。《诗》云："士也罔极，二三其德。"玉石同讥，诚愤切于身受，恶聒于耳闻也。

庶荛章第五[①]

古称"十室之邑，必有忠信"，今则三家之村，必有地棍；或练习拳勇，动即殴人；或包藏祸心，专喜败事；或阴结讼师，奉令承教；或显交胥役，揣瘦量肥；或驱率悍贫，骚扰懦富；或依托势富，欺压弱贫；或群行郊野，截乱妇女；或私立规例，强派农商。鸟兽光化，灭理若斯，鱼肉善良，触目皆是。

夫耕夫织妇，获利甚微，小贩之艰，亦不可说：辛勤一生，致富能几？稍有盈余，便愁虎视，食不甘味，寝不安席，一夫发难，厚贿乞哀，懦声播扬，外患纷起：今日输币，明日割地，楚献未干，秦兵又至；不忍忿忿，背城一战，胥役讼师，每多助棍，败者十七，胜者十三，正使得胜，讼费浩繁；而彼地棍，充其受惩，不过笞系，笞不知愧，系即获释；既释之后，仍复来扰，终当贿和，以静门户。

至或彼系戚族，或此乃孤寡，则胜败之数，尤与情违，弱贫被压，苦倍兹焉！

今民鲜不思去乡井，慕趋公门；实业惮修，游惰日众，驱于地棍，亦一端欤！《诗》云："大风有隧，贪人败类。"又云："民之罔极，职凉善背。"谁之咎也?!

仆役章第六[②]

内仆外役，倚官作威，名则不齿，实则极乐。仆权倍主，役权侔仆，气慑本管，各署之常。芸芸四民，输其膏血，不义致富，或逾王

侯。姑论州县，门仆岁入，动数千金，多且万计，更名报捐，转瞬显仕。

明暗诸役，千百为群，此辈性行，本鲜良善，一来作役，濡染益非。朝得官票，侪偶相贺，暮宿村店，势焰便张。所至之家，奉若神明，酒食之外，索献钱币。若系绅户，稍不敢逞；若系农贩，鸡犬一空；欲壑不满，即行殴毁；邻舍代哀，必遭株蔓。詈人祖父，以为当然，辱人母妻，亦复时有。

及原、被到案，胜败既分，为笞为系，令出于官；掌笞掌系，权操于役：其笞也——胜家预贿，则计十肉飞；败家预贿，则呼千皮存。其系也——胜家预贿，则桎梏私加；败家预贿，则眠食不苦。至于捕官之役，翼庇盗徒，刑官之役，勒买刀数，尤骇初闻，岂胜痛哭！

夫教养之道，旷代失修，民生今日，为善实难。半亩之宅，良莠杂处；一门之内，苦乐悬殊；不平之端，何日蔑有。原其始意，皆欲讼官，继念：得直与否，尚未可知，衙役临提，先受骚扰；遂尔隐忍不发，抑郁终身。或乃不愿生存，含悲引决。老成家法，以守怯为宗；闾里格言，以勿讼为要；得闻于官，万不能一，闻而得直，百不能一。《诗》云："哀我填寡，宜岸宜狱。握粟出卜，自何能谷！"匹夫匹妇，制于强暴，乏财而讼，鲜不危躬，沈冤幽恨，充塞天地，衙役之为祸烈哉！

胥幕章第七[①]

夫贵贱之品，以才德为衡；轻重之任，以贵贱为次；斯固用人之雅素，理国之经常。

今时所睹，大异是焉：

修撰、编检，其名甚贵，然尺寸之柄，不以相假。各署胥吏，其名甚贱，然威福之权，乃与之共。就中权重，莫如部胥：舞文弄法，父子传家，曲出深入，黑白变色。司员多贫，每仰河润，润既及矣，势难持正。其廉公者，又多愚直，疏于例案，昧于情弊，欲驳不能，受欺不觉。七堂人杂，兼差政繁，画诺惟命，不知何事。官反为吏，吏反为官，名实相戾，一至于此！

外署吏权，稍轻于部。然督、抚之吏，奴视镇、协；布、按之吏，踞见守、令；提学之吏，阴操黜复；知县之吏，半握赋讼。无署无吏，

无吏无权，并为一气，毒遍赤县。

夫仆役等辈，皆有传人；胥吏虽贱，尚非其比，宁无君子，出于其中；然众寡之数，殆悬绝矣。

在昔汉氏，郡县称朝，妙选乡望，以充曹职，士吏合一，犹有古风。盖嗜利之心，有生同患，欲遏其流，惟恃名念，是以古先哲王，用名范俗。夫苟任之，则宜贵之，既贱之矣，岂宜反任？彼之来充，固非为名，惟利是图，又焉足怪！

至若刑钱劣幕，盘踞挟持，寻其殃民，或甚胥吏；望卑分尊，赏罚不及，苟弗改律，末如之何，律之弗改，虽贵吏名，亦恐无益。《诗》云："谁能执热，逝不以濯！"胥幕之热，生于法家，濯之濯之，其必以儒欤！

赋税章第八①

今京禄奇薄，专仰外赠；外官费繁，恃剥军民；剥民大宗，基于州县；州县四应，取诸赋税。

夫浮征、勒折，律有明禁，然为今州县，苟遵律言，不能终日。故浮勒之禁，徒存其文，浮勒之实，仁者不免。但仁者为之，较有限制，而服官之子，中人为多；当其未仕，非不慕廉，笑骂贪酷，亦出真心；及亲其境，公私交逼，环顾同侪，莫不浮勒；倍征浮也，数倍亦浮，倍折勒也，数倍亦勒，人之欲钱，苦不知足；既必破律，自专计利，计心一起，多多益善，由有计心，渐入贪境；由有贪心，渐入酷境，陷溺日深，殊不自觉。遂至纷提孤寡，频飞雷火之籤；大索契凭，不恤脂膏之竭；指正人为漕棍，视农户为奇货。僻左之地、愿朴之乡，赋税苦民，尤不可说，但狱不鬻，尚得清名。

夫今之州县，风莫下矣！苟苦民之事，止于赋税，目之为"清"，固亦近似，然清者若此，浊者奚如！《诗》云："为民不利，如云不克。"黔黎之苦，何其极欤！若夫京外旧关，掌税官吏，无殊劫盗，则更可悲者矣！

厘盐章第九②

相沿虐政，莫甚官盐；近创虐政，莫甚厘捐。

夫盐于民生，每饭必俱。质本极纯，而官杂之；味本极美，而官恶

---

① 本章较初稿有所增改，末段提出"掌税官吏，无殊劫盗"，更为初稿所未言。

② 本章名仍旧，内容大有增改，尤以末段为较突出。

之；价本极贱，而官贵之。仇彼私贩，号之曰"枭"，水陆置兵，专司截杀。盐官囊溢，誉满区中；盐犯人微，死者山积；又动指买私，牵连破产，使富苦勒派，贫苦淡食。吁！可悲矣！

厘捐之法，效从洪逆。数十年来，设卡日密，抽捐日重，去厘远矣，徒仍其名。总办、分委，得橄色喜；巡丁、司事，入局颜开；索贿横行，人理几绝；触怒勒罚，千百任倍；寸丝尺布，只鸡斗酒，苟无私献，亦不能过。至乃家船载水，投石中流；村妇裹粮，夺囊当路；倾赀毙命，轻若鸿毛。或弗能忍，聚众毁卡；徒受诛夷，随毁随设；计臣忧饷，岂暇恤民！

《诗》云："废为残贼，莫知其尤。"盐哉厘哉！稍有人心，莫不切齿！嗟彼创者、持者、加者：独何心欤？！彼方号曰"大儒"、号曰"良臣"，然则厘盐之虐，岂有穷期欤！抑岂独厘盐然欤？！昔汉代贤良，力争盐铁，宣公、温公，痛斥聚敛，儒哉儒哉！

刑威章第十①

古先哲王，制刑禁暴，父子兄弟，罪不相及；诚以尧、朱反性，周、管殊情，各事其事，同恶盖鲜。

自公理渐晦，高位多忧，刑以锄忌，非以禁暴；惧报亲仇，计出网尽；秦汉之制，动辄三族；元元之苦，蔑以加矣！

皇朝定律，大致沿明，相及之法，尚未削除；假有柳下之圣，必蒙盗跖连枝之戮；蔡仲之贤，终以郭邻遗种而锢；二百年来，抱恨何限！

若夫各署审案，恒用酷刑逼招，使被诬良民，求生不能，求死不得，必承乃已；既承之后，日磔、斩、绞，惟上所定。是以九州之内，无力之民，莫不日夜自危，常恐祸及。《诗》云："谓天盖高，不敢不局。谓地盖厚，不敢不蹐。"又云："战战兢兢，如履薄冰。"悲夫！使三代遗民至此极者，非鞅、斯也欤！

贤 隐 篇

塾课章第一②

孔、孟教旨，晦于秦后；然汉、唐诸儒，辛苦传经，微言大谊，多

---

① 本章改变章名，末段改写，并痛斥商鞅、李斯。
② 本章全力改写，痛斥程朱思想流毒和八股取士制度。

藉以存，厥功伟矣。

自洛闽师弟，以不学之躯，肆口标榜，张其谬说；奇渥以来，宗之取士；功令之文，必极腐陋，又极纤巧，乃为合格；禁引子史，禁涉时政，忌讳深重，法限严苛；于是民间塾课，专锢聪明，墨守是督，博览是戒。有好读古书者，父兄以为大戚，有稍讲世务者，庠序以为大怪；连上犯下，销磨锐气；细腰高髻，挫折英才。

少壮精力，既竭于兹；先入为主，神昏已久；通籍晚学，暇晷难得，自非上智，焉克有成？昔贤斥洛闽为洪猛，等八股于焚坑，夫岂过欤！

教官章第二[①]

童生入学，进身始基。今之教官，所教何事？横索册费，罔恤破家。教之贪酷，乃无遗义。优劣生员，匪文匪行，惟爱惟憎；屈膝道府，乞怜州县，无所不至；庶几称职，吾见罕矣！

夫进士、举贡，今之所谓正途也；而生员者，正途之所从出也；教官者，生员之坊表也；教官不可问，而生员不可问矣；生员不可问，而通国之政治不可问矣。

书院章第三[②]

今自京师以至县城，皆有书院以课功令文。大率朔官望师，贫士恃膏奖为生，课案操荣辱之柄，苟能实事求是，尚或有小补焉。

乃今县令以上，概多不学；无聊署客、候补僚属，苟且阅课；所延院师，非其亲故，即以陋例；师课公明，百难得一；官课公明，千难得一。

夫书院非尊爵之区，院师非赠好之物；表既不端，景焉不曲！浮薄之子，负笈萃处，永昼纵博，长夜群饮；甚或围调妇女，朋扰市肆，淫盗显行，无复羞恶。其号称攻苦者：终日呻吟，不出三科之墨；穷年塞杜，宁闻四部之名。哀哉书院：或以为自放之场，或以为自囚之狱，虽多奚益，可为太息者也！

科场章第四[③]

今京员十九奇贫，幸得试差，陋规不多，难补生计；若鬻科名，则数万之金，或可立致，少亦数千，虽畏弹劾，发觉甚稀。冒险图利，常人之情，倘差以贿得，则更所必至。

---

① 本章略有改动。
② 本章有增改。
③ 本章改动章名（原为"试官"），并行改写。

外省分房，例用知县，候补穷困，尤恃鬻荐。提学丰于陋规，最少鬻榜，鬻乃丛幕；复有非鬻，而以情赠。

乡、会试官，或惮阅卷，每募生员，诈充随丁，入内代阅。应募之人，皆极无耻，而操重权。其余场弊，无涉阅卷，又不胜举。

大小试场，卷多限促，掌试之官，虽一目十行，万难遍阅，纵极公明，失人犹多，况公明者，晨星落落。

数百年来，通人节士，遇合恒艰，势固然欤！

小楷章第五①

殿试一甲，世以为至荣；修撰、编检之职，世以为至贵；然问其所以得之者，小楷也。苟小楷不工，虽有经天纬地之学，沈博绝丽之文，不能得焉。优、拔贡生之朝考也，亦以是为等差。遂使京外风气，特重楷课，慕妍耻丑，举国若狂：疲心手于点划，掷光阴于临摹；器求精佳，或岁费中人之产；形尚滞俗，并大失书家之意。

此事无谓，最为浅显，诸公衮衮，想莫不知，徒以忌讳未开，论对必泛，千篇一律，无可甲乙，聊凭小楷，亦岂得已！类此者多，悉属病标，致病之本，尽于忌讳矣。

养望章第六②

编检，史职也。馆中之课，宜以史论，今课诗赋，于谊何取！昔如司马长卿之赋，犹或讥其讽一劝百，扬子云之赋，犹自悔曰"壮夫不为"，况命以腐泛之题，专尚颂扬之巧乎！

盖汉末置鸿都之学，儒臣非之；唐、宋以声律取士，君子病之。今八股为害，既甚声律；幸脱八股之系，复为声律所困。自非旷世逸才，有闻顿悟，更以何暇，细治实学，切究时务！养望之地，识议井蛙，偶出鸿、通，必被众谤，曷足怪乎！立法初意，固欲其愚，不然，夫岂不知声律之无用也。

洛闽章第七③

儒家宗旨，一言以蔽之，曰"抑强扶弱"；法家宗旨，一言以蔽之，曰"抑弱扶强"。

洛闽讲学，阳儒阴法：谈经则力攻故训；修史则大谬麟笔；诬贞诗为邪淫，丑诋夏《序》；恶《礼运》之圣论，敢摈游《传》；自谓接

---

① 本章有增改。

② 本章改动章名（原为"馆课"），并行改写。

③ 本章，初稿作"宋学章第八"，次序、章名、内容全改。

孟，实孟之贼！背此"闻诛一夫"之说，树彼"臣罪当诛"之谊；背此"殃民不容"之说，奉彼"虏使其民"之教；道统、帝统，日事忿争；上智、上仁，悉遭横贬。贪禄位而毁高隐，畏刑戮而毁孤直，惮读书而毁通人，短用武而毁良将。善均，而出于其党则极称之，出于非其党则深刺之；恶均，而出于其党则曲讳之，出于非其党则痛斥之，嫉妒阿私，但务尊己；强词拒辨，薄躬厚责。忠恕之风，于斯荡然！

末流虚侨益甚，诈伪益多，廉耻全亡，恻隐尽绝，而凭藉巍科，依倚贵势，谀颂程、朱，以媚当时，竟得号为理学之魁、儒林之特者，自元、明来，何可胜道！哀哉理学，乃薮逋逃！彼真理学，安得不灭迹埋名，空山夜哭，尚友两生，神交沮、溺也！

汉学章第八[①]

洛闽祸世，不在谈理，而在谈理之大远乎公；不在讲学，而在讲学之大远乎实。近时通人，救以汉学，实事求是，考据精详，寸积铢累，艰苦卓绝，有功古籍，良非浅鲜。然诸通人讥切洛闽，恶其谈理之不公，非恶其谈理也；恶其讲学之不实，非恶其讲学也。

及风气既成，华士趋名，于是渐多但治小学而不治经史、但阅序目而不阅原书之辈。此辈胸中，恒乏理解，乃始以谈理为厉禁、讲学为大诟，然犹藉曰"空谈不如实践，口讲不如躬行"，未敢公然逾闲荡检。

及老师益远，大谊益微，于是轻薄少年、纨绔子弟，或稍识篆刻，或家富旧椠，莫不依草附木，自号"汉学"；则且以实践为迂，以躬行为腐，以信厚为可笑，以淫盗为无伤，败群坏俗，声望反隆。及其闻政事，发论议，则又莫不影响疏舛，苛刻躁妄，深中洛闽之毒，无殊帖括之侪。

呜呼！若斯之论，而号曰"汉学"，夫岂创始通人梦想所及者欤！

文词章第九[②]

昔周之季，诸子竞鸣，学有是非，文皆精妙，各抒心得，所谓"文质彬彬"者也。汉、唐作者，尚多如是。

宋、元以降，浮伪日滋：慕昌黎之词，例辟佛老；学彭泽之句，阳

---

① 本章，初稿作"汉学章第七"，次序、内容全改。

② 本章改变章名（原名"言语"），末句略有改动，余同初稿。

慕耕桑；质之不存，文类俳矣。千年积重，牛耳争持，丹素相非，罕秉公论。骈散异制，同归诬民；"无题"入集，自命才人；谀墓之外，宁有余业！比文章于郑卫，贱庶子之春华，招侮有由，负斯文矣！

外务章第十[①]

趋时之子，竞谈外务，终南捷径，富贵反手。

夫外务，至难通也。能通外务，未必能兼通内务也。是以东邻师西：内务、外务，分省建官，分门取士。我则不然：自好之流，耻谈外务；谈者类多鄙夫，闻者惊若河汉，彼于外务，何曾稍通！委之外交，已为大误；矧使治内，固宜殃民！

夫右行文字，岂异仓造[②]，欧墨情形，远殊禹域；纵精识右行，不过如六书名家；笔追希腊，不过如愈、翱学古；无关经济，犹甚昭显。

况乃音气粗谐，文字极浅。生长赤县，而未知唐虞、三代之名；游历诸洲，而未解星地一物之理；蠢如鹿豕，残如虎狼，而执政者尊之过孔子，信之过邹衍，使得厚诬西人，肆行虐政，假公肥己，罄竭脂膏，咎有所归，彼宁足责欤！

岁月章第十一[③]

人之建立，气为之先。气之为物，有若潮汐：当其盛时，殆不可遏；及其既衰，欲振良难。故及锋而用，则懦者亦奋；过时而试，则奇者亦庸。

今京外汉员，多苦需次，或数十年，杳无差缺，沦落之贤，何处蔑有？或蕴管、孙之术而不得参一议，抱颇、牧之略而不得乘一障，名登仕籍，实均被褐。慷慨抑郁，流涕叹息，朝朝览镜，夜夜抚剑，日月逝矣，岁不吾与。门巷萧条，积感于苔草；室人交谪，疲虑于米盐；冯唐易老，贾谊早衰，驱迈之气，何能不挫！挫尽之后，乃始任之，债负督偿，儿孙掣肘，循常守陋，遂同碌碌；大言无实，贻诮庸夫，原其至此，可悲甚矣！

用违章第十二[④]

人各有能，短长不掩。用当其能，则意开事举，用违其能，则纲弛目乱。故滕、薛大夫，不宜于公绰，汉家丞相，无取于绛侯。

---

① 初稿章名作"洋务"，内容亦经改写。
② 右行文字，指自左向右拼写的外文。仓造，指传说中仓颉创造的方块汉字。
③ 本章末段稍有改动。
④ 本章仅改个别文字，余同初稿。

昔在帝尧之代，益、稷并称。假使益教稼，则树谷之效未必如稷也；假使稷掌火，则烈泽之效未必如益也。及观仲尼之门，由、求齐誉。假使由为宰，则足民之效未必如求也；假使求治赋，则知方之效未必如由也。

近世人材，每伤用违，精神弗出，功业弗彰，用违之过，亦一端欤！

传舍章第十三①

春秋之世，去古未远；尼父之圣，绝后空前；故三年有成，可以自信。世异春秋，圣非尼父，虽握全权，致治犹缓；矧乃牵制万状，稍展孔艰，欲以仓卒，有所移易，其又焉能！

今督抚布按，乍秦乍楚，岂无豪英，意图兴革？旧案如山，未易遍阅；属官如海，未易周察；军民利病，未易灼见；水土美恶，未易洞悉。至于州县，席暖尤稀，勉强引端，求行其素志；从容竟绪，难望于后人。

昔子产为郑，武乡治蜀，舆人之情，始怨终德。盖凡近之举，奏功可速；远大之谋，收效必淹。

今官如传舍，仕多贾心；有创莫继，反成弊政；与憎我以口实，抱遗恨于毕生；是以才敏之子，恒存自便，惧来轸之不遵，奉因循为至诀。

夫以今之牵制万状，稍展孔艰；虽使尼父久居一职，阻力太厚，宁遂厥图！然增秩不徙，犹或小补；更调频数，小补亦几绝望，可哀也已！

政本章第十四②

枢府大差，号为相职。然宰相之实，惟王足当，余旗、汉员，乃相之相。夫相之相，焉能行志！

六部书、侍，部各六人，又加管理，敌体互掣，纵擅大略，难展寸长；况多兼差，署所悬隔，昼夜驰走，何暇问政！

夫草茅贱族，循资平进，得至书、侍，年皆垂暮。正使无敌体之我掣，无兼差之驰走，精力已衰，犹必废弛；而况困之以纷掣，疲之以驰走；世家宗戚，左右指挥；坏道拙车，震伤脑智；其入直枢府者，又加

---

① 本章有所增删，章名亦改（原名"更调"）。

② 本章章名（原名"精力"）和内容全改。

风雪早朝、劳动拜跪之苦乎！

夫枢部者，政之根本。虽有贤圣，极其位分，不过长部参枢；局外之人，罕能设身处地，动援前代辅佐，以相责望，岂知定职初意，固非愿其兴除！

夫以发政言之，则根本在枢部，枢部今若此矣！以及民言之，则根本在州县，州县今何如哉？品卑压重，动即获咎；虽专城居，犹难施布；若夫冲要之区，冠盖多经，上官所驻，触怒尤易；往来如织，销暑于送迎；监临如麻，短气于伺候；无聊酬应，穷日不足；虽使言、宓作宰①，恭、宽绾绶②，亦岂能不权侵于仆役，政委于幕胥也！

山林章第十五③

禄利之途，奔竞举国；孤芳自赏，代不乏人。怀玉藏珠，耻于求贾；饭蔬饮水，安于处贫。如斯之流，良宜搜采。

夫虚声纯盗，诚哉可轻；然抱道不群，岂真无有！古先哲王，首崇隐逸，卑辞厚币，惟恐拒招；非但假其风节以励贪顽，固将用其谟猷以新治化。自蒲轮之典，久绝于中林；旷世之才，多老于空谷；友麋鹿以毕生，与草木而等腐，坐视同胞，伤心何极！

昔尹耕莘野，三聘始出；说筑傅岩，图求乃来。向使尹、说生于今世，宁屑简练揣摩，希场屋之遇；趑趄嗫嚅，游公卿之间耶！其亦长为农工而已！

变　通　篇

师范章第一④

宜征通人撰《蒙师铎》、《小学必自》二书。《蒙师铎》宜极简要，《小学必自》宜采古经传中平正显切语，及内外国界学、白种政治学、物理学之略，颁行天下。

每县城设延师公所一区，经费派捐，县贫者暂借神祠，由本县议院绅生《议院》别章⑤公举品学兼优者为师董。欲为蒙师者，无论流、土，

---

① 指孔子学生言偃（武城宰）、宓不齐（单父宰）。
② 指东汉鲁恭、刘宽。
③ 本章略有改动。
④ 本章章名原为“小学”，内容亦有删改。
⑤ 印本为“议报章”，已无议院组织形式；可参初稿“议院章第十三”（见本书卷一）。由此可知，“议报章”改写较晚于本章，而付印匆促，未暇整齐，以致尚存旧著章名。

均须报名公所，候董面试史论、时务论各一首。除不取外，取者等四，榜之公所，差其脩额，欲延蒙师者向所指延。师董分别着购《蒙师铎》、《小学必自》二书。该师到馆后，如有背《铎》中语，及不以《必自》教徒情事，由该东白董逐师，访实摘名。如公所无名之人私教十六岁以内子弟，倘有与东、徒争殴等情到官，但依凡判，不以师论。其品学特著、人所共知、不来报试者，师董径列其名。日本及欧美诸国皆有师范学校，兹略师其意。

四科章第二①

各处书院师宜改由本处议院绅生公延，无论大绅、布衣听择。

课题改分性理、古事理、今事理、物理四科：性理题出诸孔、孟、老、庄及印度、波斯、希腊、犹太诸先觉师徒经论；古事理题出诸内外史传；今事理题出诸现行律例、现上章奏及外国现行律例，年、季、旬、日各新闻纸；物理题出诸新译欧美人所著各种物理书。四科轮课，文任骈散；无论何人，均许应课。

院师许用公文与大小印委官相往来，彼此概称"照会"。院生中优者，由师开单照会督抚、提学：童生升作附生，贡、监、廪、增、附生均升作举人，举人升作进士，有职衔者升一实级，依衔改实；再登照会者递升。膏火奖赏，由各处自酌多寡之数。

"书院"二字于谊欠合，宜依日本称"学校"；各处旧学有名无实，宜改称"祠令署"，旧学职宜改称"祠令"，专司孔祠祭扫。

博文章第三②

亚洲文字，赤县、印度二种行最广；和文乃赤县文之别子，独行于日本一国；然近时日本学业大兴，译著之盛，为亚洲所未有，多用和文。欧洲文字，英、法二种行最广，英文尤广，远过赤县、印度二种。则居今之赤县而谋新民，必以多开和文、英法文学为要义矣。

今宜令各疆臣通饬所属守令：立即择董筹捐，于各城建和文或英、法文小学校一区，限二年内办竣；师徒之数听各议院绅生视捐项多寡酌定；延师或西、或东、或本国亦然。地太僻恶，无师肯来者，暂缓建校，给资愿学者游学。创置和、英、法文学，生员由提学招考取充，一体应岁科考、乡试。按：今欧洲诸国，平常士商往往兼通同洲异国文字。我与印度、波斯等国同洲，而今举国无识印、波等文之人；江浙极博金石家，所见仅及

---

① 本章章名原为"大学"，内容有大增改。

② 本章原名"西文"，内容改动较大：提出学习日本和文，并及其他。

同在亚洲东南隅而又同文同教之朝鲜、交趾、日本；而英、法金石家至有能读埃及、巴比伦之古碑者。此非赤县学士之性皆安陋恶博与欧人殊也，势之艰也，政之锢也。

开化章第四[①]

白种之国男女识字者，多乃过十之九，少亦几十之二。黄种之民识字者，日本最多，印度经英人弛平民及女子识字之禁后，识字者今亦得百之四。赤县秦前学校最盛，男女无不知书；秦后频遭惨劫，劫余之族，日以昏愚，计今识字者，男约百之一，女约四万得一，去印度尚远，况日本与白种乎！识字者之少若此，民之积困安有解期。

今宜取法日本，下教育令：令民男女六岁至十三岁皆须入学，不者罚其父母。每县乡、聚、连参《乡聚章》均置男、女校各一区，校费派捐于本县乡、聚、连，校师公举于本县乡、聚、连，课程酌集外国之长，读本专用赤县之字。按：今日本小学教法：先授和文，后授汉文。若师其意，江淮以南须创造切音文字多种，以便幼学。兹事体大，未敢议及。[②] 民生六岁入连校，连校中优者升入聚校，聚升乡，乡升县，如是递升，以至京校。依日本科举法：某学有成，给某学士、某学博士名号，女子一体给与。男、女满十三岁，愿出学者任便。创办时，本乡、聚、连无可举之师，暂许外延；女师难求，女校暂许延男师。人之生也，得母气居多；其幼也，在母侧居多；故女不可不学，尤甚于男。愚民之主，皆以绝女学为要义，故秦一统，汉继之，而赤县女学遂几绝，彼印度之禁女识字，其尤甚者耳！

学会章第五[③]

今日本及白种诸国，皆任官民男女立会讲学，学会因以繁兴，目别不可胜举；其大纲有天、地、人、哲、史、文、律、农、工、商、医之分。学会最多者，其国最治；次多者，国次治；最少者，国最不治；无学会者，国不可问矣！

今宜播告天下：许官民男女创立各种学会。学会兴，则君子道必日长，小人道必日消，而山泽盗匪之会自将解散于无形矣。

取士章第六[④]

学校既开，十年之后，人材蔚起，可以尽废旧取士法、专行新取士

---

① 本章改写，已越出初稿"村学"、"女学"二章范围。

② 倪海曙在《宋恕的〈六斋卑议〉》（见 1956 年第 4 期《拼音》）一文中，据此断定，《六斋卑议》是"最早的切音文献"，但系于 1891 年。

③ 本章为初稿所无。

④ 本章越出初稿"生员"、"举贡"、"进士"三章范围；除武科外，提及尽废旧取士法。

法。新取士法见《开化章》十年之内，势难尽废旧法，宜变之以渐。

生童院试、乡会试，均照旧举行，惟命题改分四科，《四科》别章任应其几；提学、主考改由本省京官疏荐，总裁改由各省督抚、布按疏荐，以登荐最多者充之；乡、会房校，改由总裁、主考自辟，无论何人，皆许登荐辟；乡会取中者之三场文字及落卷之总、主、房批，榜后由知贡举监临悉数即行发刊印布；批语背谬，许被摈者呈控查办；省殿试分甲，即按会榜名次：一甲以枢员用，二甲以大、中、小知县用，三甲以部曹、阁书用。优拔贡朝考，亦改命四科题，如会试、朝考取中者，亦称进士，一体分甲，摈者视同举人，一体会试。

武科改以《左传》、《孙子》题论为首场，德国陆师、英国水师、日本水陆师章程为次场，弓矢刀石为三场；武生、武举愿应文乡会试者听。

议报章第七①

学校、议院、报馆三端，为无量世界微尘国土转否成泰之公大纲领。

今宜诏求英、德、法、美、日本等国议院、报馆详细章程，征海内通人斟酌妥善，与学校同时举行。

三大纲领既举，则唐虞、三代之风渐将复见，英、德、法、美之盛渐将可希矣。白种之国，独俄罗斯无议院，故俄最不治。黄种之国，独日本有议院，故日本最治。然俄国虽无议院，尚有学校、报馆，不治则不治也，然而异乎黄种不治之国矣。

枢部章第八②

军机处宜改名总理处以副其实，设实缺大臣四员、参议三十员、主事百员，不兼别职差，以专其责。

六部：裁吏部；户部改理财部；礼部分为二，曰礼乐部、文学部；兵部分为二，曰陆军部、海军部；刑、工二部仍旧；增置医部；共为八部。

尚书、侍郎，名不副实，宜每部改设正卿二员、副卿四员；卿以下分上中下大夫、上中下士六级；部卿须由下士渐升，升降不出本部；惟可内改总理处、阁院参《阁院》别章，及外改总督以下。

吏部既裁，用人之权归总理处、八部卿、议院；大学士管部差

---

① 本章新增，在各章中最后改写，见"师范章"注。
② 本章新增。

宜裁。

阁院章第九①

内阁专备顾问，宜设实缺太师、傅、保各一员，大学士十员，学士五十员，中书百员。

宗人府宜改名宗务院，总理各国事务衙门宜改名交邻院，以副其实。此二院合理藩院、都察院称四院。

除此一阁、四院不属八部外，其余衙门、院、寺等悉行裁省，分属八部。所有卿、使、统领等缺悉改部大夫，卑秩悉改部士。如步军统领宜改为陆军部京城司捕上大夫，大理寺卿宜改为刑部司平上大夫，余依此。

华衔章第十②

宜改翰林院大小职名为清华之虚衔，以宠赐京外各官之治行优异者；不设实员，如今宫衔。今太子太师等职名，名为职而实则衔。所有该院例办诸事，改归内阁；院中大小现员，悉数量改枢部、阁院各职及外职。

民政章第十一③

行省之名，缘于京省，京省既无，"行"名安立?! 减"行"称"省"，于谊更非。今宜改"省"曰"部"，改"巡抚"曰"民政使"，总理全部民政，设四大司属焉。

四大司者：改布政使曰理财司，掌全部赋税及种种为民兴利之政；改按察使曰提刑司，掌全部讼狱及种种为民除弊之政；增设劝学司，掌全部学校及种种为民开智之政；增设交邻司，掌与外国人会议事件。

裁道员、同、通等缺；府及直隶厅州悉改曰"州"，州设一牧；散厅州悉改曰"县"，县设一令；州县均分大中小三等，牧令均由小缺递升中、大缺，牧必由令升授，牧令必用本部人。

总督改为差，不常设；遇某部有军务，暂设一员节制民政使及海陆军政使。

军政章第十二④

军政乃百政之一，今独号治军政者为武职，而治他政者皆号为文

---

①　本章新增。

②　初稿作"翰林章第九"，有删改。

③　本章在初稿"知县"、"督抚"二章基础上改写。

④　本章在初稿"文武章第十八"基础上大加发挥。

职，于谊固已欠通。且治军政之员如兵部堂司、各省督抚、兵备道等，亦号为文职；防营亦可以文员统带；而独号提督以下、外委以上——十等绿营员为武职，不以士大夫为之，尤不可解。

今宜先去文、武职之名，方可言治军政。提督等职名久为世所轻贱，不可仍用，宜改提督曰军政使。部有海军者，设陆、海军政使各一员；无者，但设陆军政使一员。总兵至外委，改为二等至九等陆、海军官。外部陆、海军政使以下，可与京部陆、海正卿以下互相升改。民政、军政使秩视部付、卿付，参将均改三等军官。学校既开，十年之后，非曾考取军学士出身者不得任京外军职。

九曹章第十三[①]

县设户、农、工、商、礼、乐、刑、驿、外九曹，曹设长一，驿曹掌送往迎来；外曹掌与外国人会议事件，县无外国人者可省。由本县议院公举县中贤者补授；曹属听其长自择；曹长可外升令、牧，内入枢部、阁院。既设曹长。所有县丞、簿、典等员概裁。

乡聚章第十四[②]

乡设一正，乡之户数因地制其多寡，每县分乡，多不过八。掌一乡劝善惩恶诸务，由本乡公举。百家为聚，聚设一正，掌一聚劝善惩恶诸务，由本聚公举。十家为连，连设一正，掌一连劝善惩恶诸务，由本连公举。如本乡、聚、连无可举之人，听求之外乡、聚、连。乡、聚、连正，可外升令、牧，内入枢部、阁院。九曹长属，乡、聚、连正，禄均从重。

听讼章第十五[③]

刑审逼招之法，起于秦汉酷吏，赤县惨政，以此为最。夫已得其情，又焉用招！未得其情，何忍刑逼！良懦之民，加以轻刑，犹必诬服，况酷刑乎！无益惩恶，徒便诬良，真可为痛苦流涕者也。

按白种各国皆无刑审法，听讼与众共之，大有三代之风。近者，日本亦禁刑审，师白种法：置公民同审，又置辩护士，令代原、被剖陈曲直，可谓勇于从善。

夫险佞者，理虽曲而言之动听；拙怯者，理虽直而词不达意；官非神人，势多误判，况又有官民语异、供胥鬻译之弊乎！故听讼之法不改，则怨气之平无期。

---

① 本章在初稿"曹长章第十一"基础上大加发挥。
② 本章略同初稿"保甲章第十三"，有增删。
③ 本章取初稿"除惨章第三十四"部分内容，大加发挥。

今宜诏除取招供例，烧弃刑审器具，示永永不复用；听讼师日本法：置公民辩护士，则怨气平而邦本固矣。学校既开，十年之后，听讼官必以律学士补授。

轻刑章第十六①

徐北海曰："夫赏罚者，不在重而在必行。必行则虽不重而民戒，不行则虽重而民怠。"诚哉是言也！昔唐虞别衣为刑，其轻至矣，而民乃鲜犯者，非必行之效欤！

今日本及白种诸国，咸务轻刑，以教民仁。或竟废死刑；或虽有死刑而死之之法——非闭绝养气使之渐死，即对脑枪击使之立死。等死也，而视磔、斩、绞之苦则相去天壤矣。夫人犯死罪，使之死可也；使之求死而不得，不可也。磔、斩、绞之刑，乃使之求死而不得之刑也，仁者所不忍闻，而何忍行之？是教民忍也！

夫日、英等国，刑如此其轻矣，然而犯者反甚少；我国刑如此其重矣，然而犯者反甚多；则非必行、不必行之异欤！将欲必行，必先轻刑；刑之不轻，行无可必，理势然也。

赤县俗坏已久，固难骤废死刑；然鞅、斯遗法，必不可用。今宜先除磔、斩、绞刑及连坐律，死刑改用闭气、枪击新法，大小案件概不牵累本犯祖孙、父子、叔侄、兄弟、夫妇等伦属；大改刑律，务使轻而必行，则北海所谓"民戒"者可致，而唐虞之风可渐几矣！

司捕章第十七②

将欲除暴安良，必以师西法、设巡捕为要务。

今宜创设司捕局，无论城市、村落，一体密布明、暗巡捕；京局之长曰司捕上大夫，属于刑部；部局之长曰中大夫，州局之长曰下大夫，县、乡、聚局之长曰上、中、下士；明捕贤者升暗捕，暗捕贤者升下士、列职官，如是递升至上大夫。

惩罪章第十八③

每县宜设男、女惩罪所各一区。男所用男吏役，女所用女吏役，以收囚本县种种恶男女，日夜督作苦工。工分极苦、次苦、又次苦，视罪轻重，囚限长短如之。向受虐害者，许入所鞭挞，以快积忿，但不得

---

① 本章取初稿"除惨章"部分内容，大加发挥。
② 本章新增。
③ 本章据初稿"惩罪章第十五"大加删削。

致死。

重禄章第十九①

将欲责廉，必先重禄。今大学士号正一品，而岁俸银仅一百八十两，殊骇听闻。外官虽有养廉，然无论何职，其万不能省之出数，必远过于俸廉之入数，况又常遇摊捐、欠发、减成之举乎。故生今之赤县，不仕则已，仕而不居实职则已；苟居实职，虽圣如周、孔，清如夷、齐，为京官亦不能不受外官之赠，为外官亦不能不剥削军民者，势也。今之所谓"陋规"，无一非由剥削军民而来。然二百余年，但有减收陋规之理学名臣，从无不收陋规之理学名臣。

白人东来，闻官恃陋规，深致鄙薄，此未考禄制之故也。假使英、美禄制一旦忽改同赤县，则英、美之官亦必人人恃陋规为生矣。不议重禄，空言责廉，犹不议改律，空言安良也。律不改，良何由安！禄不重，廉何由责！禄重然后可责官廉；官不收陋规，然后可办民政、军政。

今宜大加官禄，自五倍至百倍以上；如大学士岁禄竟须加至百倍以上，盖百倍原数尚止为银一万八千两也。督抚原数最丰，然亦须加至五倍。胥役之旧有工食而极微者，酌加；旧并极微而无之者，酌给；无论官禄、军饷、胥役工食，一体永绝摊捐、欠发、减成之举。今局差薪银虽各处不同，然其数总远过于职俸。故局员中洁身自好，薪银之外不收陋规者颇多。通商各埠，西官所设之巡捕多赤县人，其人皆本与署役同类，一充巡捕，则品行优于署役几若天壤，此岂非一则并极微之工食而无之，一则得甚丰之工食以为生之故耶，彼巡捕工食：丰者几三倍我大学士之岁俸，微者犹四倍我翰林院编修之岁俸。相形之下，诚可叹矣！

停捐章第二十②

今日本及德、美等国，几无不识字之军民；而赤县乃多不识字之官：其官而号为武者，固十之九不识字矣；乃至号为文者，亦复十之三不识字焉。此其故虽不尽由捐例之开，而捐例要为一大病源。

今宜永停大小职至贡监生捐例，其不识字之现官，概行罢任，别制爵名二十等以奖民之有孝弟诸至行、及富而乐善好施者。

泉币章第二十一③

金、银、铜，三品一也。铸铜圆而不铸金、银圆，吏之阻力大也。

---

① 本章据初稿"县禄章第十六"大加发挥。
② 据"赐阶章第二十四"重加改写。
③ 本章增写。

银块不如银圆之便，夫谁不知？然用银块，则所不便者民也；若改用银圆，则所不便者吏也。吏权之世与民权之世，事事冰炭，泉币特其一端。

今宜听民股开金类、非金类等矿，并立泉币公司，多铸金、银、铜圆，流通便民；吏税之，护之，察之；赋入禄出，悉改三品圆，朝市齐直，不复收发银块，以绝平折积弊。赤县宋以前铜圆及日本国宽永通宝，背有文字者，书刻皆极精雅，可法。

医药章第二十二①

赤县古时，内外医科皆极精；今内科尚多良医，外科则绝少能者；此殆内科可以意会、外科必待师传之故欤！

欧、墨诸国，莫不重医，专学以教，专科以取，故治其术者，日新月异，不可思议。

近日本亦列医大学，设男女医学博士科名；又以制药不精，妨医实大，别设药学士科名；非已得科名者，不许行医、制药；广开医院以治已病，遍置专司以治未病，为民卫生，不遗余力，今宜师之！

道路章第二十三②

今国内道路与白种诸国道路较，其秽洁颇平，不啻地狱天堂之别。就国内论，北方道路与南方道路较，亦不啻地狱天堂之别。

今宜先于京师开造西式木路或沙路，行东、西人力、马力各式车，以免乘车者倾覆震伤、徒行者泥滑尘迷之苦，以新气象，以鼓精神。续于南北干衢、支衢、大小城邑向无石路者，逐渐酌造木、沙等路；其向有石路者，暂缓改造；腹地并宜开造铁路，以便运米救饥。前山西大饥，合肥使相议造铁路，以工为赈，群公阻之；天津民以道艰惮运米，米不能达，坐视饿死数百万人，惨矣！

水火章第二十四③

外国巨川，其源流或长、或等、或稍短于黄河者以十计，然皆能治之，使不病民；独我国永不能治黄河者，岂真永不能治哉？司河工者永不欲治耳！

今宜尽裁河官，听沿河居民公举总董、分董自治，则不待用西人治水新法，而河患必立减十六七矣，余水亦然；再开水学科造水学士，听

---

①　据初稿"重医章第三十五"改写，全然不同。

②　本章增写。

③　本章和初稿"水利章第二十六"全异。

应民董聘，以新法治水，则河及余水之患皆可绝而利皆可兴矣。

防火、救火之政，西国亦最详密，宜与火、火保险等政同时仿行。

南漕宜改折色，仓漕官宜尽裁。

三业章第二十五[①]

欲振商业，必先振农、工业。俗谓西国专重工商，此野说也。谓中国专重农，此饰说也。

今欲振农业，必自严禁田赋浮勒始；我国田赋，阳轻阴重，重在浮征勒折。彼浮勒者亦非得已，禄太薄，费太繁，咎在法不在人。欲振工业，必自劝集股购机器始；中国日用之器，细按亦多施机，但沿承旧制，粗而不精耳。同是机器，乃必守粗拒精，是何义钦？机器之学绝于愚民之世；三代以前，圣君贤相皆务造机器以利民用，汉阴丈人之谈，孔子讥之矣。[②] 欲振商业，必自尽裁抽厘局卡始；然欲尽行三始，尤必自尽去丁、幕、胥、役狐假虎威之权始。一始立，三始行，然后法东、西各国开三业学校，造三业学士，渐驱游惰归入三业不难矣！

著书章第二十六[③]

美国每年女子著书者多至数千，男子更多，人文之盛，大骇听闻。盖由其国奖劝胜流不遗余力，故秀民莫不奋志撰述，冀蒙政府许可，终身衣食不尽。英、法、日本诸国亦然。

赤县自周衰以后，著书与穷愁久结不解之缘，故著书者落落如晨星。夫至著书与穷愁结不解之缘，此世界尚复成何世界！

今宜令各处议院公举察著总司、分司，掌察秀民呈阅所著之书：其有独到非剽袭者，批准刊行，给据专利；无刊资者，由官买其书刊行。如此奖劝，人文立兴矣。

正名章第二十七[④]

凡部、州、县名，宜切附其境内山川，或古国号，或先哲姓字，或现时物产，方于学者、官者有益。

今切附者甚少，大率非浮泛即讹谬；浮泛如新疆、云南之类，讹谬如直隶、江西之类。宜令各处议院以山川、古国、先哲、物产四例按核旧名，分别仍、改。

---

① 本章和初稿"工商章第二十五"全异。
② 语见《庄子·天地篇》。
③ 本章新增。
④ 本章据初稿"正名章第二十"，并参"水利章第二十六"改写。

江、河乃二水之名，今于南北诸水及口外、国外诸水悉称某江某河，大谬！宜悉改称某水，双名者悉改单名，以归简晰，如钱塘江宜改称浙水，密西昔比江宜改称密水是也。古人造江、河等字，原以工、可等字寄土音而加水旁；今宜法此，增造殊字之国及无字之地水名，以便记诵。然此法古非独施于名水，今亦非但名水宜师，其说详恕所著《六书最初谊》及《译书正名论》中。①

广译章第二十八②

京师及各商口、各名城，均宜开译书大局：除广译白种诸国书及报外，若印度、若波斯皆为亚洲古文明大国，若埃及为非洲古文明大国，亦宜广译其书；朝鲜、日本、越南皆与赤县同文，书无待译；日本所谓和文，乃用赤县字与其国切音字合成，译之甚易，而切用之书及报极多，尤宜广译；此外诸异文小国之书，均宜逐渐择译。

译书愈广，民智愈开，则汉后阳儒阴法之政教自退处于无权矣！

图书章第二十九③

日本及白种诸国莫不广置大小图书馆，藏古今佳图书，任民男女纵览，其大馆藏数或乃多至四五百万册，故通人之多，与我国不可同年语。

今赤县人文，江浙最盛，然除几处名城外，每求《说文》、《史记》等书且不易得，况他书乎！江浙如此，况他方乎！故今赤县之士，不幸而不得居游于几处有书可读之名城，则质虽上智，欲学末由；即幸而得居游于几处有书可读之名城，而无力购书，仍欲学末由，此天下之至悲也。

今宜令各县皆置图书小馆一所或多所，购藏古今佳图书，任县民纵览；京师及各商口、各名城皆置大馆，其图书任国民纵览；则十年以后，通人之多必万倍于今日矣！洪杨乱前，杭州、镇江、扬州有高宗赐藏《四库全书》三阁，故乾嘉鸿儒十九出江浙，流风至今，此图书馆之成效也。今各处学署非但无学生，并无学舍；各处书院非但无海外书，并无海内书，非但无海内稍难得书，并无海内极易得书；其有书之书院全国不过数处，可叹！

服色章第三十④

今公服虽有等差，然等差太简：致清华如修撰，而顶戴与帐下健儿

---

①　原书均未见。其内容略见《津谈·小学类》及其他各类中。
②　本章新增。
③　本章新增。
④　本章新增。

无别，或反较小；尊显如卿尹，而珠补与市中豪贾无别，或反较小；此等差太简之弊，然犹略有等差也。若常服则全无等差矣：昼入广众之场，见丽服者群居群行，不知孰为官，孰为士，孰为工商，孰为兵，孰为仆，孰为吏役，孰为俳优，女者不知孰为命妇，孰非命妇，孰为娼妓，见敝服者群居群行，亦如是不可辨，殆非所以昭荣辱而寓扬抑也。

今宜令通人博考古今中外服制，详定各业男女公服分别之式，务集万国之长，使民易行易辨。别服宜以色，不宜以质：以色则易行易辨，以质反是。如定何业人方许衣帛，而此业人少，果民尽遵法，必大妨农桑，且业贱而富者必不愿衣布，业贵而贫者又不能衣帛，势必不行。又如今顶补之别皆不以色。故极难辨。若一切别以色，则易行且易辨：业贵者虽衣布而不掩其荣，业贱者虽衣帛而不掩其辱矣。白种之民，首服皆有檐，所以隔蔽日光，护目与脑。我民首服无檐，任日光直射，人人伤目脑、损神智，害甚大。按：赤县古时首服亦皆有檐，此宜速改。

旌表章第三十一①

无旌表之世界，犴榛也；无议院而有旌表之世界，其旌表万不能实事求是，犹之无旌表也；且今旌表律例多未合三代孔子之法，流弊甚大。

今宜令通人改定旌表律例，务协至公，旌表之权归于议院，庶兽行乱伦之风可断，而鱼目混珠之患可除矣。赵宋以前，大家妇女不禁再适：名臣名儒如范文正，其媳亦再适；程正叔虽创"饿死事小"、苛刻不情之说，徒快一时口舌，其胞侄女仍由正叔主持再适。自洛闽遗党献媚元、明，假君权以行私说，于是士族妇女始禁再适，而乱伦兽行之风日炽，逼死报烈之惨日闻。夫再适与再娶，均为名正言顺之举，古圣所许，不为失节；失节古谊专指淫乱。今严禁古圣所许之再适，而隐纵古圣所恶之淫乱，再适者不能得封赠，淫乱者反一体得封赠，洛党私说，流殃至此！

伦始章第三十二②

夫妇为人伦之始，善男娶恶女，善女嫁恶男，终身受累，而女尤苦；即同为善类，而性情歧别，相处亦不乐。

今宜改定嫁娶礼律：凡有亲父母者，除由亲父母作主外，仍须本男女于文据上亲填愿结，不能书者画押。其无亲父母者，悉听本男女自主。严禁非本生之母及伯叔兄弟等强擅订配。

赵宋以前，夫有出妻之礼，妻有请去之礼，离圣未远，尚遗仁俗。

---

① 本章据初稿"停旌章第三十二"改写，内容全异。
② 本章据初稿"婚嫁章第三十"改写。

元、明以后，禁苟再适，宋以前，天子立后，亦时择再适之妇。不以为嫌，不以为讳。以再适为失节，创于程正权，而渐成铁案于专以洛闽私说取士之后。帖括之徒，经史束阁，信末师而背古圣，岂独此一端哉？于是夫妻、姑媳或难共居，欲出不能，欲去不得，逼成相戕，比比皆是，残忍之风，于斯为极。

今宜定三出、五去礼律。三出者：舅姑不合，出；夫不合，出；前妻妾之男女不合，出；皆由夫作主。欲出妻妾者，无论因何事故，均须用三出中名目礼遣回家，不许伤雅。五去者：其三与三出同；其二，则一为妻妾不合，一为归养父母，皆由妻妾作主。欲去者，无论因何事故，均须用五去中名目，礼辞而去。盖不设五去礼律，则为妻妾者，不幸而遇兽行或盗贼之舅姑与夫，无由拂衣自绝，归洁其身，惟有与之俱兽、与之俱盗；否则必死，死又不得旌表；此世界岂非人世界欤？人世界何乃有此惨也？！至若或遇天刑之夫，断冀嗣续，或遇败产之夫、常啼饥寒者，犹其苦之轻焉者矣！故五去礼律不可不创。设古圣复起，必以为然！然欲行三出、五去礼律，必先使民男女皆通经谊，重复唐虞、三代风俗，使被出者、自去者易于改适，如馆师、署友、肆夥然，适者、娶者毫不蒙诮，古人实是如此：故孔子三世出妻，而曾子、孟子之妻亦皆以小故被出，缘其易于改适，故不嫌出之之严。若如今之不能改适，则出之与杀之无异。夫以小故而杀人女，稍有仁心者所不忍为，而况大圣大贤乎！然后能实行耳。

析承章第三十三①

古者一夫授田百亩，余夫二十五亩，为民析产极清，盖不使惰者病勤者、奢者病俭者、恶者病善者、强者病弱者，法至良，意至美也。自汉后陋儒以亲在别籍异财为薄，数世同居为厚，于是家庭之内，大抵恶强者惰且奢而乐，善弱者勤且俭而苦，老父寡母制于子妇，孤侄孀嫂制于伯叔，弱兄制于强弟，善弟制于恶兄，同居一门，苦乐天壤②，率天下之人而趋恶强者，陋儒之罪也。

今宜师三代意，严定勒令各业男女析产律例，以扶勤俭善弱而抑惰奢恶强。又：无子——侄承律例，最滋骨肉争端。每有寡妇孤儿，因颇饶财产，被图承者逼死；其本无子之寡妇，被例承者逼死更不计其数；致妇人以无子为大戚，及早私买异姓之风不能不炽，是律例驱民使多乱

---

① 此据初稿"勒分章第三十二"改写。

② 作者经过"家难"，深有体会。

姓也。今宜改定承祀律例：凡民无子者，任择同姓五服以外侄辈或侄孙辈，及外甥、内侄、外孙等一人承祀。汉律：外孙可承祀，今宜推广其例。禁不许同姓五服以内承祀，则孤寡枉死之苦可绝，而私买乱姓之风亦可清矣。姓字从女从生，古所谓姓，皆依母立，如姬、姜等字皆从女，其谊显然。炎、黄同父母而异姓，黄帝之子二十五人，其得姓者十四人，以一父四母而别姓十二。白季"同德同姓"之论，述谊甚古，然尚非最初之谊；最初之谊必同母同姓，秦汉后识字者少，即如姓字之谊，数千年来几无人识，可叹！

救惨章第三十四①

赤县极苦之民有四，而乞人不与焉。

一曰童养媳：童养媳，贫户为多。此等舅姑，目不识丁，尤多兽畜人女，大约被舅强污者十之三四，被姑虐死者亦十之三四，虐伤者且十之六七。闻北方某某等处，为舅者于媳初来时，竟有例作卫宣一月之事。吁！古圣之乡，今乃至此！

一曰娼：莠民盗人妇女，卖入娼寮，开寮莠民酷刑逼娼，不从者死；复有莠民父及后母、伯叔、兄弟及夫，刑逼其女、其侄、其姊妹、其媳、其妻妾卖娼，不从者死。民之无告，于斯为极，而文人乃以宿娼为"雅事"，道学则斥难妇为"淫贱"。洛闽师徒，本不能目为道学，兹姑便文，从俗称。夫人沉苦海，见而不恤，则亦已矣，何忍乐人之苦，目为胜境！宿娼为"雅"，何事非雅！且既以为雅，己之妻女何不许作"雅人"？故宿娼未为丧心文人之丧心，在以为"雅事"也。若夫斥为"淫贱"，则道学之丧心也。夫彼身堕莠手，不从，则有炮烙、寸磔之刑，假使正叔、仲晦作妇女身，同彼遭遇，宁死不从，吾未敢必，乃责世间妇女以必尽能为睢阳、常山②耶！不设身处地，而动加丑诋，洛闽之责人，鞅、斯之定律也。夫彼文人既阴德诸莠男女，彼道学又阴护诸莠男女，"阴护"二字，实非刻枉。每见舅姑、本夫逼娼致死之狱，道学家论断，恒曲恕非人之舅姑、本夫，而不肯为守节之烈妇雪恨。故非人之舅姑、本夫有恃无恐，逼娼比比，非阴护而何！噫！吾不解洛闽之所谓"道"者，何道也！于是盗卖、逼娼诸莠男女之势遂横绝海内，而诸弱妇女之苦永无顾问者矣！

一曰婢、一曰妾：婢妾，富户为多。夫彼特不幸而为贫女，非与吾母、吾祖母同类者乎，何忍贱等动植之物，辱加买卖之名，且断其父母兄弟天性之恩爱耶！且婢被主人强污者十之六七，被主母虐伤者亦十之

---

① 据初稿"婚嫁章第三十"、"女间章第二十九"、"婢妾章第三十一"等改写。
② 指唐"安史之乱"时的睢阳守将张巡和常山太守颜杲卿。

六七、虐死者十之三四，其苦亚于童养媳及娼；妾被主人、主母虐伤或死者十之一二，其苦较婢为少，然究不能不列入极苦之民类也。

今宜严禁童养媳，禁后犯者，两家父母，均发囚惩罪所十年；其现有童养媳年未满十六者，悉令交还父母家，或送善堂；查无舅污、姑虐诸弊者，俟及年，给完姻；查有诸弊者，除由官将该女择良改配外，仍追惩该兽行舅姑，则第一极苦除矣。专设巡查逼娼员役，严密查拘盗卖、逼娼诸莠男女，审实，斩立决。设定律例：如舅姑、本夫确有逼娼情事，许本妇格杀无罪，并建坊旌表其节；其妇女自愿为娼及犯淫到案者，由官判令为娼，别其车服以辱之，重其捐税以困之，则第二极苦除矣。严禁买婢，其现有之婢，由官悉数发价代赎，改作雇工，去留听便，则第三极苦除矣。按：英国曾由官发出银钱数千万，遍给国中奴主代赎黑奴，又会同美国，遣兵船巡海缉奴贩。彼于异种人尚施如是之仁，我于同种或且同乡里人忍永任其沦苦，度量相越，抑何太远！令民欲娶妾者，须备六礼，与娶妻同，一切与妻敌体，不得立买卖文据——"断母族往来"，无论夫、妻、妾，彼此相害，一体抵死，则第四极苦除矣。裹足一事，为汉人妇女通苦，致死者十之一二，致伤者十之七八，非但古时所无，且又显背皇朝制度，急宜申明禁令，以救恒沙之惨。

节渐章第三十五[①]

鸦片为止痛圣药，无病而吸之成瘾，此人负鸦片，非鸦片负人。今赤县吸此成瘾者多，若骤下严令，恐妨病者，宜先为之节，渐期禁绝。

至赌博一事，苟世人尚有争利之心，万难禁绝。宜立官博场名目，令民欲开场者，先具父母妻子无阻等情切结到官，查实准开，限其数，征其捐。欲入场者，亦先具父母妻子无阻等情切结到官，查实准入，亦限其数，征其捐。开官博以塞私博，此经济家妙术，亦从《易》之"节"、"渐"二卦悟出者也。西国售票之法，无损风俗，大裨要需，宜仿行。

同仁章第三十六[②]

今国内深山穷谷之民多种，世目之曰黎、曰苗、曰傜、曰僚，被以丑名，视若兽类，永不施教，绝其仕进。地方吏役，任意淫虐，偶或聚抗，辄以叛闻，发兵屠掠，妄张劳绩。此多种民，言语不通，文字不识，任屠任掠，沉冤莫诉。

夫此多种民，风俗稍殊，伦常均有，非父死妻其后母之戎狄比，琼

---

① 据初稿"官烟章第二十七"、"官博章第二十八"改写。

② 据初稿"民瘼篇·相及章第十"部分内容，大加发挥。

州之黎，尤极驯良，何乃待之如此！张广泗以长围饿死数十万，席宝田以湘军焚灭十之八，为彼族大劫，其小劫则几于无岁无之，殊大远乎一视同仁之义矣！

至台湾生番，以人为粮，自当别论。然闻其俗：男不再娶，女不再嫁，则亦必可因其已明而启其未明也。昔亚洲东南群岛人相食者甚多，数百年来，其入白种管内者，莫不设官严禁，遣师善诱，尽变其俗，则台番食人之俗岂独不可变哉！

若夫秦陇以西，汉、回杂处，所谓回民，无别汉族，徒以教规略异，官每歧视，与汉民讼，百难一胜，频酿巨案，流血成川，尤可悯恻！

今宜于官书中削除"回"、"黎"、"苗"、"傜"、"獠"等字样①，一律视同汉民；惟待台番，不能不杀以止杀，然亦宜开学校以渐化之。

礼乐章第三十七②

自叔孙通采秦仪，媚汉主，而三代以前君臣相接之礼遂不得复见，赵宋后更甚；而白种诸国君臣相接，犹存古礼，首宜则效。

赤县雅乐亡久。古者士无故不去琴瑟，今琴瑟之学几绝于世，有议及学校宜复琴瑟者，众大怪之；而日本及白种诸国大小学校，莫不列雅乐于正课，依然唐虞、三代之风，即此一端，岂可胜慨！至演戏、唱曲，人人观听，几于非导淫即诬古，实为赤县民俗极坏、民智极昏之一大病源。

今宜求唐以前雅乐于日本；征海内外乐学士为司乐大夫，定乐列校；令通人按古今中外史籍，多作传奇、曲本及有韵方言，由司乐大夫阅定、刊行，令业戏、业唱者习之；其旧演旧唱曲本，择存近雅者，准民演唱，坏俗昏智者，严禁演唱；除优伶不准应试例，进之士流，严禁狎侮；斯乃易民俗、开民智之一大要务也。周末贤者或隐于伶人，优伶本有易俗开智之责，岂可贱视！自优伶不齿，而民俗、民智乃江河日下矣！

基 础 篇

更律章第一③

今律除旗人、民人交涉外，多沿明律。明律源出商鞅、萧何，法家

---

① "傜"、"獠"等字原加"犬"旁，故著者建议削除此等侮辱性字样。
② 本章和初稿"礼拜章第三十六"全异，但在"乐教章第三十七"基础上全面改写。
③ 本章，初稿为"信必篇·执简章第一"，内容改动较大。

惨刻，儒者所嗟，欲复唐虞、三代之治，必自更律始。

今宜开议律局于京师，博征赤县及朝鲜、日本、白种诸国通人，讨论百王律法得失，酌定新律，务合孔、孟之旨。变法家之天下为儒家之天下，其必于更律基之矣。

帅信章第二①

孔子曰："自古皆有死，民无信不立。"有味哉！有味哉！

夫香港，一极小荒岛耳，上海英、法、美租界，纵横十余里耳，自归英国及作租界以来，百业之盛，得未曾有。各处芜莱、瓦砾之区，一作租界，民居无不顿密；而内地大城荆棘满目，中原景象尤极萧条。外国招工，民趋争先，本国动役，民逃恐后，沿海之民，出洋谋食，稍有积蓄，率惮言旋，依他族如父母，畏本管如虎狼，岂有他哉！赤县官商，鲜克有信，而白种官商，大概有信，故民多愿居西官治下，愿与西商结交耳。

今取士功令，背朱者斥②，洛闽之理与孔孟之理固已绝异；入仕办事，必谨遵今律例，今律例之理与洛闽之理又复绝异；官、幕、吏、役，密传心法，律外有律，例外有例，密传律例之理与印行律例之理，又复绝异，将安教民信乎！

今欲使下无不信之民，必先使上无不信之官。若仍是上下交欺，讳深饰巧，则今日之赤县亦永为今日之赤县而已矣！

广　白

此书著于光绪十七年，故所论政事，截止十七年为止。现虽稍加改削，而大体仍还原书之旧，故不能增论十七年以后之政事。　　　一

鄙人著此书，非欲借为入仕之媒，亦非欲盗取一时之誉，徒以躬处奇艰，伤心同病，恻隐未绝，不忍无言。明知空言虽切，无补苍生，等诸候虫时鸣自已耳。　　　二

无量劫，无量世界，莫不有物，斯莫不有人；莫不有人，斯莫不有国；莫不有国，斯莫不有政。政之宗旨，不出二途：曰富强，曰治平。若神州之儒教、印度之佛教，宗旨皆在治平，故与法家若婆罗门、若可

---

① 本章初稿作"帅信章"，重行改写，内容全异。

② 朱，指朱熹及其《四书集注》。

兰，宗旨在富强者，势必冰炭。运丁其否，则宗旨在治平者必不得执政，此孟子所以困于齐、梁，鹖冠子所以穷于南荆，陆宣公、司马温公之伦所以掣肘于唐、宋者也。此书虽未尝不说富强，然宗旨在治平，与法家富强之说绝异，岩穴高士幸勿臆同宗旨在富强者之谈而不屑披览。

三

此书篇章名、数及其中字句，皆鄙人一手所定。自首篇首章首句至末篇末章末句，毫无谬于宗旨、自相矛盾之处，所谓"一家之言"，与道听途说、剽袭影响者绝异。苟海内外通人欲正其失，敢请屈尊先阅《叙言》，再将四篇六十四章逐字过目，然后赐正！若不屑细阅，偶见一二句或一二章，遽加攻难①，则鄙人所弗敢闻命。

四

英、美等国，治内之法合于公理者殆十六七，或且十八九，至其外交之法则公理尚止十合三四，其不如英、美等国者无论矣。此书专论内治，故于英、美等国有嘉无贬，非不知其外交之未能尽绝妒忌、阴险之习也，彼中公理家固多讥切政府者矣。

五

域外诸国，或近海、或远海，昔魏默深撰《图志》，概指为"海国"，贻笑域外三尺童子。今公私文字皆指外人为"洋人"，指外交之务为"洋务"。夫洋者海也，非不美之名，用之无当于贬外，而徒招不识字谊、不见地图之讥，奚而弗正其名欤！若斯之类，此书皆不敢沿误，诚惧外人之讥笑，辱我神州也。

六

"外国"为非臣仆我皇朝者之总名，欧洲为五大洲之一名，今人动辄混言"外国"，若欧洲法良意美，试问东南洋诸食人之国及非洲诸以人祭祖之国非"外国"乎？土耳其非欧洲之国乎？且欧洲中最治之国尚不及墨洲中最治之国，何独慕欧洲乎！此书实事求是，凡言外国之法良意美，必指实某国或某某等国、或白种诸国，惧善恶混也。

七

由我帝京向西绕行一周，则俄、英属地为近西，而朝鲜、日本为远西；向东绕行一周，则朝鲜、日本为近东，而俄、英属地为远东。明乎地圆之理，则知域外诸国无不可指为西国，亦无不可指为东国，而奈何专指白种诸国为西国、其人为西人、其法为西法、其学为西学乎?！此书实事求是，凡有所指，概不泛用"西"字。

八

八旗禁旅、驻防营制、饷需等旧章，应如何变通之处，非草茅所敢妄议，懔遵国法，概从阙如。

九

---

① 参本书卷六《又致定夫书》（1894年8月16日）所云："格致院长王紫诠，一吴中妄庸人，乃作《〈卑议〉书后》登之《申报》，援引原文多失其真，谬加扬抑。"可见有感而写。

此书宗旨虽在治平，然所拟之方于治平真际不过得半，故命曰"卑议"，愿通人高士曲鉴区区！　　　　　　　　　　　　　　十

都十条。

自　叙

叙曰：

宋恕生浙部南鄙，家世数百年无仕者；父为诸生，行修于乡，抱怀早逝。

宋恕之生，尊长梦燕，故小字燕生。生而多病，七龄之内，几死者数。八龄入塾，九龄能为古、今体文，谈论经史，即每与宋、元人立异。十龄病目几废。自时以后至于弱冠，无岁无病，病又多危，费暑十七，然其间病余辄事披览。十四龄见王阳明氏遗书，深喜其"反心不安，虽言出孔子，未敢以为是"之说。是时，外舅孙止庵先生与外伯舅逊学先生方以陈君举氏、叶正则氏之学诱勉后起，恕从受业，稍识门径；而内兄中颂先生治训诂学绝精，兼通佛典，同州金邃斋先生治颜习斋氏、顾亭林氏之学，陈蛰庐先生治苏眉山氏、陈龙川氏之学，其兄仲舫先生治易象数学兼禅学，皆曾从问大谊，多所启发。然弱冠以前，既困于病，及至弱冠，体稍强矣，然拂心之境，月异日新，俯仰愁叹，生趣几绝，惟持佛号，不能他学。

丙戌遭戚，手足无措，境益险隘，非人所堪，几死者数。天幸得脱，遂浪迹江海，捐境广心，痛自振奋，所至辄从师友假四部籍及近译白人书，穷闲暇披览之，弗辍舟车中；又所至辄从居者、行者、隐者、名者、官者、幕者、兵者、商者、工者、耕者、蚕者、牧者、渔者、鹿者、医者、祝者、相者、卜者、主者、仆者、歌者、哭者，访求民所患苦、士所竞争、风俗奢俭、钱币绌盈、贩运畅滞、制造窳精、形胜迁存、水利废兴、田野荒辟、户口衰盛、稻麦荳芋、茶果药蔬、棉桑麻葛、松杉竹芦、杂木烟草、油酒盐鱼、牛羊鸡豕、瓦石金珠、大小百物、凡民所须、郡邑豪侠、贤卿大夫、黄冠淄衣、剑客文儒、淑女贞妇、禽舅兽姑、劫窃里残、优娼博徒、赋役税厘、浮勒追呼、倾赀荡产、嫁母弃孥、鬻狱蔽罪、刑良承诬、筋骨坏折、血肉模糊、轻则军流、笞杖枷拘、重则斩绞、淫掠焚屠、节寿规上、冰炭敬都。既博学审问，慎思明辨，昏乎若迷，昭乎若觉，乃作而叹曰："悲哉！儒术之亡，

极于宋、元之际,神州之祸,极于宋、元之际。苟宋、元阳儒阴法之说一日尚炽,则孔、孟忠恕仁义之教一日尚阻,悲哉悲哉!知此者鲜矣!"于是发愤入苾刍兰若,茹素半载,著书数十篇,极论其所以然,成而藏诸石室,俟求旷劫。

或遇海内通人志士,时共吐抑塞,相与嬉笑怒骂、痛哭流涕。宋恕之友谓宋恕曰:"盖佛家多渐引之方,儒氏有据乱之制,子盍为卑议焉?"宋恕不答;久之,著《卑议》四篇六十四章。宋恕之友见之,谓宋恕曰:"吾劝子卑,何犹高之甚也?"恕曰:"嘻!更卑于此,吾勿能矣!非勿能也,诚勿忍也!夫彼阳儒阴法者流,宁不自知其说之殃民哉!然而苟且图富贵,不恤以笔舌驱其同类于死地千万亿兆乃至恒河沙数者,其恻隐绝也!今恕日食动物,比于佛徒,恻隐微矣;然此勿忍同类之忧,自幼至今,固结莫解,安能绝也!"嗟乎!行年将三十矣;又三十年,则且老死。杂报如家,人天如客,轮转期迩,慄慄危惧。区区恻隐,于仁全量,如一滴水与大海较,夫又安可绝也!夫又安可绝也!

光绪辛卯冬,六斋居士宋恕自叙于东海之滨。

卷四 杂著（上）

编者按：本卷共收录宋恕在 1873—1900 年间杂著 72 目，除见于《六斋无韵文集》者 30 目（其中已包括旧刊《经世报》上文章八篇），以及以《六斋论文》为题连续刊于《瓯风杂志》的《国朝先辈文话举是》等外，大都未发表过。其中，《筹边三策》和《佛教起信篇稿》被认为久已佚失，前者保存了清稿；后者尚处于草稿状态中，因系作者佛学思想的代表作，特行整理成篇。《条陈水师学堂事宜禀》反映了天津水师学堂内情，《拟光绪皇帝罪己诏》反映了上海维新派人士要求变法的暗流，《天津育才馆赤县文字第一级正课书目》、《幼学师铎》、《崇正讲舍·安澜书院课题》、《批高任之文稿》等反映了戊戌变法时期的教育思想、具体方案和教学内容。为了有助于了解作者学术思想的成长过程，特收录了宋恕青少年时期的若干史论、杂文及重要酬应文章。作者早就提倡学习日本，并和诸多日本学者多有接触，这里发表的有关日人论著的序跋多篇，以及《笔谈记录》和《日本人种谈》等文章，反映了他在这方面的努力。

吴越王论[①]
（1873 年 2 月）

　　唐懿僖之秋[②]，天下大乱，英雄并起，诸国瓜分，连郡跨州，如李茂贞、杨行密、王建辈不可胜数。然此诸国皆一再传而灭，独钱镠最为长久。

　　人皆曰："钱镠抚有吴越，国安民富，亲贤礼士，奉中国之正朔，入朝入贡，史无虚月，靡敢失臣节焉，真所谓贤者矣！"而不知钱镠乃所谓至愚者也矣！

　　何哉？昔朱温灭唐社稷，并唐天下，封镠为吴越王。镠欲受之，判官罗隐谏曰："朱温，国贼也。今为此行，乃欲以官爵饵公也。公何不斩其使者，移檄淮南，结缘太原，起吴越之众，直抵大梁，以忠义为天下倡，大梁之人其谁不箪食壶浆以迎明公者乎？其胜可翘足而待。倘有不胜，犹可退保浙杭，自为东帝，奈何交臂事贼，为终古之羞乎！"镠不从，卒受其封爵而君之。呜呼！镠之无耻甚矣！镠之愚亦甚矣！

　　夫吴越乃形胜之地、天府之土也。东有长江，西通荆、襄，带甲数百万，沃野千里，兵精粮足，进则利于战，退则利于守。镠受唐朝厚德，为两镇节度使。而朱温篡唐三百年之社稷，罪不容诛矣。使镠果能举兵讨梁，擒其伪主，为唐复仇，求唐之子孙而立之，则唐中兴之元勋、贤佐孰有大于镠者乎？是非独能保吴越之众，又且能保唐之天下。由是观之，其功孰大焉！其利孰大焉！而钱镠乃弃而不为，甘心俯首事贼，为奴婢仆妾之行，尚何面目以见两镇之人乎？其得数传而不失者，幸也。

买 石 记
（1881 年）

　　光绪辛巳，大人构小园[③]于屋之东偏。先后辇石凡八十有奇，盖皆吾邑江、陈、鲍、余、萧五家之物。石既聚，乃论材择地而位置之，周

---

①　录自《癸酉正月课草》，宋恕时年十二岁。
②　按懿宗时在僖宗之前，原稿误为"僖懿"，特行订正。
③　因园广仅半亩，故称"半园"。

详易移，或一日数迁，必使之得所而后已。今始竟工，献奇露美，并然可观。于是品其高下而锡之名，择其尤佳者置几砚之间，而结三生之盟焉。

　　昔人论石重皱、透、瘦。吾园中皱莫如姜，透莫如涌泉，瘦莫如鹰空青，殆不愧昔人所许。数石外若一勺、若三仙、若寿星，雄大壮重，足以镇压群石，类古重臣汉诸葛公、宋韩、范、司马公一流人物。若团扇、若大五色、若小五色、若桃花、若吹角，文采秀异，令人对之自惭形秽，王、谢子弟之风流，初唐四杰之才调也。惟小五色以性刚早折，其正平先生后身欤！至山林高士则有孤方、圭璧，纯儒则有瘦玉。其质稍次而肖物逼真者则有笔架、刚枕、塔、拜僧、睡翁、甲士、狮、麟、凤、龟、龙、金鱼等，亦皆自具面目，各有胜处。然皱如姜、透如涌泉、瘦如鹰空青、大如一勺、文如团扇、纯如瘦玉、肖物如笔架等，虽遇以神者少而赏其貌犹多，独孤方体直而方，浑古苍老，别具一格，识者稀焉。孤方，余家物也。初欲买时，使人一再往视，俱以庸陋复。及二弟①一见，即载之归。既得既立，过客殊鲜寓目者。嗟乎！元酒味淡，古琴声平，斯石也，其申屠蟠、严君平之流亚耶！

　　吾园之广仅半亩，而冈断树连，亭台间出，颇觉楚楚有致。每晴午饭后、夜月吟余，静对诸石，摩挲于流水声中、竹柏影下，流连忘倦，视天下之玩好无以加于此也。曩怪昔贤如东坡、米颠皆爱石若性命——子瞻得仇池石，王晋卿欲夺之，子瞻吝不借观，而元章至拜石为兄。乃今而与之同情矣。天下事非入其中者不知味——苦吟之士皱眉促步，或至走入醋瓮，及其得一名句，成一佳篇，喜动颜色，欢呼击节。田夫牧竖见之必窃笑，以为不可解。国手围棋，镇目静对，默无一语，忘寝与食。不知棋者大异之，以为是数子中果有何乐乎？故过吾园者或目异含笑，若以吾之抚石、玩石、评赏不已为大怪事，亦犹之是也。石乎石乎，可谓得其主矣！

　　然石而顽然无知则已，石而有知，盛衰迁徙之感当复何如耶？夫彼数家之盛，去今未远，中年人犹多见之。想其时华堂金尊，游客满座，春花帷幔，秋月笙歌，石与主人虽未知性情之交何如，亦岂不可谓宠荣极乎！乃未几而黄金散尽，门巷萧条，博侈淫佚，等祸波及于石，遂至毁弃不顾，而不惜祖宗采集之艰，轻以与人，何衰之暴也！岂人之盛衰

---

　　① 即后日恶弟宋存法。

与物之聚散皆有数耶？吾知此石之迁，纵未必兴知己之悲，恐不能无感旧之思也矣！因为记所自来，亦不忍没其故主之意也。

附：逊学老人评①

记石而人之志趣与之俱见，此所谓言之有物也。波澜亦宕漾有神。

庭　训②

行文洒脱有致。

五家者：曰萧、曰江、曰鲍、曰余、曰陈。③ 萧氏最早，石最多，颇有园池别馆，遗筑尚存，所谓皆山楼也。江、鲍及余，亦皆邑中旧家；惟陈以寒士好花石，时最近，然皆未有假山、亭、榭之类也。道光中，吾邑苏石缘先生筑精舍于大雅山之麓，叠石为山，引流为池，布置巧妙，名亚于永嘉怡园先生④，博雅嗜古，与邑名士鲍石芝、华菉园诸先生相友善，恒相过从，为文酒之会，先生殁，家渐落，石遂散，江、鲍、余、陈之石盖多其故物。聚而散，散而复聚，异矣！五家中最著而有园亭者萧，次则江，鲍亦略有位置石处，余虽素封，得石似未见赏，独陈君松涛以寒士而有花石之好。彼四主中惟江氏旭峰有同情心焉，《记》中似宜分别清列。

再按：五家之石似皆出于大雅山房，离而后合，更觉有情，当以意补入。

修永丰湫记⑤

（1882 年）

湫者，所以制水旱，农政之要也。吾平近海多湫，在万全乡者二，永丰其一也。湫侧故有永安寺，闸木之启闭、购易，责之寺僧；寺贫僧去，乃择里中人司之；而司者多惰困无业之辈，多假公敛钱自给，闸木之启闭、购易多不以时，水旱不可恃以制。

里人王纪山先生，勤于善举，今春奉其父命，集资于近村之民，遂更闸木，废闸夫，置寺产，招愿僧，新坏寺，增建寺前、后堂及

---

① 此为孙衣言读后批语。
② 此为老父宋宾家读后评语及补充意见。
③ 五家中萧、余二家未详。江指下文江旭峰，鲍指下文鲍石芝，陈指下文陈松涛。
④ 指曾谐，有怡园在温州松台山下。
⑤ 该记时间尚待核实。

东、西之廊，积弊去，旧章复，湫始可恃以制水旱。成而有余资，乃筑一室于寺侧，以为聚藏字灰出海之所，亦责寺僧司之。是举也，可谓勤矣！

夫国以民为本，民以食为天，而食之源由于地力，地力之尽视乎水利。今北方沟洫未兴，粟米仰给东南，兖、青之间，黄河为虐，国家岁靡金钱巨万，而有司者或徒苟安旦夕，不能尽其心力焉。令先生得与闻政，吾知其必留意于兴利除弊也。嗟乎！三代之时，官无废事，由能者皆在职也。今勤事之才，何处无之，而多不得一用，或用违其长，岂不深可惜哉！

卒工，命余作记，因感而记之。其捐数若干、修费若干、置产若干，及更复章约，具列于左。

听兰书室记
（1882 年）

古词人好言芳草，而芳草之最著者莫如兰。

盖自春秋时，已有"兰为国香"之目，孔子作《猗兰操》，以兰为王者香，《溱洧》之诗曰："方秉蕑兮"，传者以为"蕑"即兰。至屈子作《离骚》、《九歌》，益于兰三致意焉。自是以后，词人极命草木，遗之者鲜矣。

乃或以今人所植之兰非古人所指之兰为病，然君子之好斯物也，意不必于斯物也。因兰而思古，词人之情性，则是非可不问矣。况今之兰，色、香俱绝，经四时而不改叶，令古人见之，未必不以好彼者好此，且安知不胜于古之兰乎？

余自幼好读《诗》、《骚》，慕古人之行芳志洁，欲与之友而不可得。尝欲周游四海，尽得行芳志洁之士而与之友，以变化其情性。多病不出乡里，忽忽年过二十，良友甚寡，世事日亲，常惧弗克固其初志。吾乡产兰，家有之，弗尚也。余所居书室之庭，有兰十余本，每夏秋间作花，清香入帘，镇日不散，徘徊其间，思慕古人，情性为之移易，其为我友也多矣！

昔者，孔子见文王于琴，琴非有文王也，而孔子见之，非孔子之神，乃积诚所通也。今余虽因兰而思慕古人，而未能如圣人之有所见焉，殆诚之未积欤！《记》曰："听而弗闻。"夫弗闻，则未尝听矣。听则安有不闻所未闻者哉？于是额吾室曰"听兰"，而为之记。①

孟子道性善
（1883 年）

以性学道储君，庸言也，而苦衷见矣。夫孟子固以性善为庸言者也，于滕世子之来见而首道此，其救世之苦衷不若揭哉。且昔子思之作《中庸》也，尝首言"天命之谓性"矣，而未尝数与人言性善也。盖自天降生民，无不与之以健顺五常之德。而人丁叔世，气禀之拘多，物欲之蔽深，遂外视善，而不知为其所固有，至战国极矣。天盖甚悯之而不能言，于是笃生亚圣，使大声疾呼以代天言而觉斯世。

孟子受业子思之门，以正人心、息邪说为己任，繁辞博辩，皆原于性善之意。而一日者滕世子来见，遂首道此以答其诚焉。

为功利之学者曰："此殆疏于时势，短于经济，而假言性之高远以文其陋耳。夫滕，小国也，介于齐、楚。世子，他日之君也，其过宋而见孟子，欲闻智身之要术与保邦之良图也。为孟子者，宜教之以明察，进之以富强，广之以北拒临淄，南挫鄹、郓，东连泗上诸侯之计，使异日继守滕祀，不至丧师蹙地，贻姬宗羞，且能尊王攘夷，为周室辅，始无负迂途来问之盛意尔。"吁！是乌知大贤正本清源、汲汲之衷，遇其人而愈不能自已乎！

夫大国诸侯王，纵人、衡人之说漓其性，争城、争地之念蔽其性，忽语以虚灵不昧之真，难乎其入耳矣，然终不敢怒其厌闻而弃之也。而滕文公何如者？居僻小之邦，义之性未亡于仪、衍，少疆场之事，仁之性未汩于孙、吴，固孟子所急欲引之以为吾道之羽翼者也。即滕之时君，淫声美色——伐性之斧日亲，五典三坟——养性之具不设，骤告以克复求仁之事，当亦惟恐卧矣，然断不忍逆其难悟而外之也。而滕文公何如者？处东宫而养晦，持其性者尚有君父之专；无庶政之劳形，明其性者尚有《诗》、《书》之助，尤孟子所急欲铸之以为拨乱之辟公者已，而能不首以性善道之乎！

噫！战国之时，言性者蠭起，向微孟子道性善，天下后世谁复知有

_____

① 文前原有孙衣言批："命意用笔，皆近古人，能全读欧阳、曾、王三先生集，及姚选《古文类纂》、曾文正公《经史百家杂抄》，玩其评论、圈点之处，豁然贯通，数年之后，必更有津津乎有味其言之矣。"着重点系孙氏加圈处。

性耶！谓圣人以伪饰性，此性恶之说也。夫声色货利之嗜好，贤否不异其情，而去私即公，必积格致诚正之勤苦而臻之，谓性之恶也诅诬？然而愤世失辞矣。苟不忠为性，何能使之知君臣？苟不慈为性，何能使之知父子？安小人之心而怠庸众之志者必此说矣，岂若性善之说之正而可信哉！谓古来性殊三品，此有善有不善之说也：夫贞淫诚伪之转移，中人咸逐于习，而下愚、上智难以教化，风俗隆污而变之，谓性之有善有不善也似当，然而论气遗理矣。狼子野心，未尝无本明之德，驹虡麟趾，不过存共有之真，阻自新之机而绝惟狂之念者必此说矣，岂若性善之说之高而非夸哉！若夫无善无不善之说，则杞柳、湍水之辨最详，其喙息矣。盖孟子之言性，实发孔子所未发，而阐子思所未详，功莫大焉！即于此观之，厥后文公即位行古礼、问为国、考井地，非由一见而道性善之说有以诱其衷欤！①

重建会文书院序
（1883 年）

南雁山径百余里，由钱仓溯江行六十余里至仙姑洞，为山中胜景最聚处，洞之东有征士洞，即所谓东洞也。仙姑洞者，西洞也。山多洞穴，而兹二洞尤著名。东洞之背有地广可一亩，平坦如掌，山人云：北宋时会文书院故址，贵一陈先生兄弟读书处，朱文公所过而留题者也。万峰插天，左右掩映，天柱屹峙于前，其高不可仰视，溪流绕其下，声潺潺，无春秋寒暑，清僻绝尘，诚读书之佳境，宜昔贤之书院于兹欤！

盖闻古者之教育英才也：家有塾，党有庠，术有序，国有学，其义备矣，无所谓书院也。书院之名盛于宋，习斋颜氏讥宋儒偏重读书，未脱汉唐俗见，异于孔门之教，主躬行，务六艺，因欲易天下书院复曰学，此论虽未免薄待程、朱诸子，而今天下学术之衰、政治之苟且于上、风俗之浇漓于下，实皆偏重读书致之，非怪论也。今夫风尘之烈士、里巷之贞妇，报恩矢志，粉身而不悔，百折而不改其操，往往目不知书；理财之能臣、知兵之才将，人主用之可以富、可以

---

① 文末有孙衣言批："语有见地，行文亦清澈廉劲有生气，进而上之，余惧其奇也，多阅钦定文，奇而不诡于正矣。"

强，或不解典、谟、雅、颂为何物。而号为读书人，则多文不能致治，武不能定论，卑者挟其科名，高者挟其著述，骄其父兄，蠹其同类，纵其耳目口体之欲，倡弃名教，图坏风俗，居乡则祸乡，居官则废官，大用则误天下。礼义，人之大防也，委其权于庸夫愚妇；刑法、钱谷，致天下之本也，委其权于刀笔吏；行军用兵，定乱之器也，委其权于武人悍卒；然则读书果无益而有损，秦皇之坑焚非有识欤？礼①曰：此非读书之弊，而偏重读书之弊；非偏重读书之弊，而异于古人读书之弊也。

夫孔子之设教也，高者得闻性道之微，其次则但责庸言之信、庸行之谨，而因质所近，各力于有用之学而皆能有成。子路能治赋，则孙吴之学也；冉有能聚财，则管商之学也；子贡能说越、吴诸国而必其听，则苏张之学也。夫孙、吴、管、商、苏、张之学，皆所谓有用之学也，而恶于圣贤者，其体不立。立圣贤之体以学孙、吴、管、商、苏、张之学，则达而在上，无所挟以济其欲，皆将反求诸圣贤之道以供在上者之驱使，古人立体致用之学盖如是，故政治隆于上，风俗厚于下，曷尝不读书哉！

自周室既沦，古籍遭毁，汉兴求遗书、置博士，而记诵考据之学遂重于天下。晋、宋以降，崇尚词章，至隋炀以之取士，唐、宋因之，虽科目尚多，而世特重进士。王荆公更以经义，变体而不变习。明祖定为文、武两科，废诸科目，而武科世又轻之。相沿至今，于是忠信廉节之士、足民御侮之才难以自进，而父之所诏其子、兄之所勉其弟、朋友之所以相责、乡党邻里之所以相期者，咸汲汲于读书，读书者遍天下，且十倍于古三代之时，而天下益受读书之祸矣！其所轻者重，其所重者轻，自然之理也。故马融附梁害李，孔颖达以王世充为真主，王、杨、卢、骆②蒙浮华无实之讥，虽直谅之士、匡济之儒不绝于科目、相应于朝野，而逐末忘本，四海同风，科第愈盛，士习愈非，著述愈富，时事愈昧。遂使庸夫愚妇反得群聚而目之曰"读书人心不可测"。刀笔之吏、武夫悍卒相视而笑之曰"读书人固多大言不解事"。呜呼！此岂读书之罪欤！

夫不读书而圣贤与不读书而豪杰者固有之矣。然不读书之圣贤有愧

---

① 著者原名宋存礼，故自称"礼"，下同。
② 王指王勃，杨指杨炯，卢指卢照邻，骆指骆宾王。

励天下之行、无变化天下之才；不读书之豪杰，其行易踬趼，其业不远大。故为生灵计，必使人人读书、熟于礼义，而后天下可安。不能遽致如此，乃即十之一二而教育之使表率斯民。然千里一圣、百里一贤，愚贱之民，势难户晓，强者终不可变，弱者变而不诚。故尧舜之世，四凶不前；大禹承唐、虞黎民于变时雍之后，益敷政教，佐以伯益之臣，继以后稷之贤，太康失德，不助后羿而叛君者仅一旅之众。故窃以为此先王救时之急务而未满之素志也。然临民者苟皆读书，天下无患。后世不能，政治苟且、风俗浇漓、水旱兵疫之劫，不数十年而辄大至。呜呼！岂天之不仁耶？此仁人君子所为流涕太息而急欲挽之者也。

且今古势异，古者教隆于上，俗美于下，士生其时，可即长者为师，而读书尚可缓。今则不然，苟不先力于读书，则安能扫脱俗陋、增长见识，而知长者孰可师？孰不可师哉？然则今日尤急，而书院之名固未尝背于塾、庠、序、学之指欤！

吾邑宋时文学称盛，陈先生兄弟受业河洛之门，归筑书院雁山中，大昌厥学，和者纷起，而科名亦振，有一科至二十余进士之多者，何其盛也。今六百余年矣，无复读遗书而兴起者，滨海带江数百里，诵声寥寥，伏案呻吟之流，浅陋莫状，帖括之外一无所知，应试之文亦鲜及格，奄奄欲绝，科名亦衰。有谈文学者则朋侪相聚而笑之，先生正色而责之，魔障之讥，交加于耳，若岭南之惊雪，于越之怪章甫，遂使聪明者自弃，愚鲁者不前。出门四顾，求一略涉经史、粗解词章之人与语，几如缘木求鱼。呜呼！又何其衰也。岂山川之灵气尽耶？抑官斯土者之不思振作与邑中年长诸公无以提倡读书之故耶？

礼幼承父师训，颇有慕于古人治心经世之学，欲作汉诸葛武侯、明王新建而才远不逮志，又多病不出户庭，闻见寡狭，意气怠懦，蹉跎光阴，忽过二十，顾影惭形，汗出浃背。去秋[①]侍家君游南雁，主陈君少文家，尝与少文登东洞后，倚天柱而听溪流，吊昔贤之遗迹，念平生之壮志，谷风泠泠，自洞中来，若助余之感慨也。

江西汤公[②]，清而勤，俭而爱士，常以吾邑之科名寂寂为忧，采堪舆家言，劝于城南建塔，而北乡逢原、南乡亲仁——吾邑诸书院，

① 据《蔡商铭八十寿叙》，时在"光绪壬午岁"，即 1882 年。
② 指平阳知县汤肇照，字绍卿，江西万载人。

均月为课文。少文闻之，慨然曰："吾乡独无书院，耻莫大焉！且会文之址无恙，何不重建之？"乃谋之同志，有力者咸乐出泉，得二十家，将兴役焉，少文来告余曰："愿乞子言以奖借诸同志，且明斯举之有益乎！"余曰："敬诺！"然窃有一言愿奉教于诸君子焉：夫国家之广置书院，岂望诸生之熟于数句破承、三行起讲而已哉？亦岂欲驱尽天下士尽为书蠹哉？诚欲其读圣贤之书而学圣贤立体致用之学。师长不良，教述不明，使堂堂之书院徒以聚佻达之青衿、三家村之竖子，以余所见多如此矣。若未脱俗见，不严其规以拒邪回、广其途以洗固陋，则建与不建等矣！且恐庸鄙之流倖而弋获，徒贻乡里害而伤山川浑朴之气，是反不如不建之为愈，而岂是陈先生之灵欤？孙子曰："攻心为上，攻城为下。"书院，城也；读书之人，心也。获一空城，何所用之？夫为德不卒，古人所惜，诸君子轻财好义，诚可钦矣，愿更思其远！役毕之后，益出资延名师、置书籍，使来学者门径不昧，耳目一新，内科举之学以求圣贤之真，而储为国家他日之用，则陈先生所含笑于山巅水湄而吾邑转衰为盛，诸君子之功于是大焉！

语有之："热极则风，蓄极则通，天之道也。"南雁奇秀闻天下，数百年不出伟人异士，积之也厚，其发也大；上窥天道，中信地气，下验人情，万壑千流之间，其有杰然而生者乎？遂与极论书院之初意与斯举之可嘉以示人焉！[①]

酌、桓、赍、般解
（1884 年）

酌字亦作汋，《序》曰："告成大武也。言能酌先祖之道以养天下也。"《正义》申之曰："《经》无酌字。《序》说名酌之意，言武王能酌取先祖之道以养天下之民，故名篇为酌。"

桓，《序》曰："讲武类祃也。桓，武志也。"《正义》申之曰："桓者，威武之志。言讲武之时，军师皆武，故取桓字名篇也。此经虽有桓字，止言王身之武。名篇曰桓，则谓军众尽武。谥法：辟土服远曰桓，

---

① 按文末有"逊学老人评"："气清笔健，具此天分，可与言文。惟文贵相题，措辞不宜过于横肆，此等题断无反说读书有弊，而说读书之利害亦不宜连篇累牍如万言书，可取《南丰集》诸学记玩之。……"其后，宋恕复行改写，约缩为《重建会文书院记》。

是有威武之义。桓字虽出于经，而与经小异，故特解之。"

贲，《序》曰："大封于庙也。贲，予也。言所以锡予善人也。"《正义》申之曰："《经》无贲字。《序》又说其名篇之意。贲，予也。言所以锡予善德之人，故名篇曰贲。"

般，《序》曰："巡守而祀四岳，河海也。般，乐也。"《正义》申之曰："《经》无般字，《序》又说其名篇之意。般，乐也，为天下所美乐。"

按：酌、桓、贲名篇之意，《序》义极允。《正义》申桓"武志"，稍涉迂曲。国朝李氏《绌义》以武王伐殷志在安万邦，而屡大熟。武志即武王之志，说较明直。然二义大致不殊。惟《序》文释般为乐，《正义》申之曰："为天下所美乐。"义颇泛远，与上三者不类。蒙疑般当读为班，古多以般为班。《汉书·赵充国传》："陛下般师罢兵。"扬子《太玄经》："建侯开国，涣爵般秩。"古者巡守之礼，望秩山川，因觐其方之诸侯，卒觐而班瑞焉。释般为班，义似较切，且与贲命名一例。按：《释文》定本，《序》文无"般、乐也"三字，疑《序》文脱般解。此乃郑君之说，未必《序》意也。①

文翁出行县，从学官诸生使传教令、出入闺阁赋②
（1884 年）

景帝末，庐江文翁为蜀郡守。于是汉兴五六十年矣，而郡国学校盖犹未建，蜀地辟陋，有蛮夷风，思所以变。乃遣小吏之开敏有材者张叔等十余人，受业京师，归任右掾；复起学官于市，广招域内之彦，患儒风之不扬，尽心力以吹煽；惟出行之美事，尤流芳于赤县！

汉承秦制，以郡统县，而太守常以春月出行焉：劝民农桑，周其不给；察民孝弟，诲其不及；循良之令长于是慰问，贪酷之丞尉于是按执；风雷行其赏罚，霜露判于呼吸。所与筹教令之可否，共闺阁之出入，亦惟恃二三文无害吏，如身之使臂，臂之使指，而明以助乃远、事以扶斯立。若夫后车或载儒士，不过备顾问于修途，侍文谶于下邑。

异哉文翁之行县也，从学官诸生，而乃烦劳以官事！盖咨之以富庶

---

① 末有孙衣言批："解经独出新义。若《释文》所引定本，亦是妙证。"

② 原题注明："以'县邑吏民见而荣之'为韵。"按文翁为西汉著名郡守，《汉书·循吏传》云："（文翁）每出行县，益从学官诸生明经饬行者与俱，使传教令，出入闺阁，县邑吏民见而荣之。"此即题意所本。

之加，诇之以荐劲之被，重之以喉舌之代，分之以腹心之寄。教令使传，无或秘隐，闱阃出入，讵存猜忌？儒衣参郡将之权，经术赞乡邦之治，督邮逡遁而不前，功曹退伏而如弃，父老惊为创举，君子识其微意，盖欲以鼓舞观瞻者尤浅，而殆远思夫易吏以儒、习儒于吏。

嗟周德之既衰，并九州于强秦：燔《诗》《书》而非古，任律令而出新。惟汉家之草创，多秦法之循因：鱼网之密不足拟，牛毛之细不足伦①。由是权号独握，而实非握于上，职号分守，而实非守于臣。彼居间之疋吏，乃蠹世之罪人。家世承以刀笔，未为礼义廉耻所驯，往往藉教令以为饵，蔽闱阃而扬尘。曲证足以饰奸，繁称足以乱真，能使赵、张失其智，龚、黄失其仁②，恩膏滞于下逮，疾苦壅于上陈。惟易之以儒士，庶克廖夫斯民！③

又自文学末流溺志铅椠，秦火鲁壁，明经为健。精神疲于校雠，耳目域于训传，谈章句则色喜，问经济则答困，岂材质之多劣？抑平素之未炼？故其遭逢时会，宰制方面，昧情势之审度，受左右之浊溷。苟不薄夫官事，先相习于微贱，伊箓仕而出治，复何虑乎阔疏而迟钝！叹行县之与俱，洵贤守之遐见！

然使不辨其品，但相其皮，则教令居为奇货，倍工舞诈，闱阃伺吾微指，尤敢妄为，官书熟于阅历，宦术精于观窥，处鱼肉其乡里，出蟊贼其职司。若此，则举国皆儒，亦焉足怡？徒伤山川浑古之气，闾阎忠质之遗，城阙将复作刺，青其衿者殆而！

惟其教端于平日，择慎于临行，必经明而行饬，始相从以于征，故能委之传宣而教令浃洽，纵之出入而闱阃清平，咸藉见闻之日扩，蔚为材器之大成。猗欤休哉！纷拜迎于道左，愕目异而神倾，举巴蜀之阻僻，莫不知稽古之为荣。

厥后相如以能赋擅誉，子云以识字见知，严君平万卷书著，赵仲经八俊名驰，或为两汉文章之祖，或为千秋道德之师，惟水之浩，疏其源而始畅其流，惟木之茂，培其本而始达其枝。伊文翁之故事，固论治者所当深思，而文翁之功惠，尤蜀士所宜铸金事之者也④。

---

① 原文"伦"，误，改为"论"。

② 指西汉赵广汉、张敞、龚遂、黄霸。

③ 孙锵鸣眉批云："黎洲先生欲令六部及府县胥吏各以士人为之，亦是此意。"文中着重点均孙氏加双圈处。

④ 孙衣言批云："《赋》撇去常解，自抒伟论。'易吏以儒、习儒于吏'两语，真通达治体之言。其词气之渊懿雄厚，具征泽古功深。"

老子、韩非同传论
（1884 年）

太史公以申、韩尚法少恩，皆原于道德之意，列传合之老、庄。其述韩非曰："喜刑名、法术之学，而其归本于黄、老。"宋苏子瞻因之作《韩非论》，极叹后世学者知申、韩著书崇刑名误天下之罪，而不知老、庄之使然，其说甚辨，以申太史公合传之意。世儒多然之者，于是老、庄遂被无辜之狱矣！

夫老、庄盖皆古之所谓有道君子也，其于仁义礼乐，深识其本，而悲世之人徒断断逐末，困苦而无所得也。其于孔子之道盖始异而终同，貌离而神合。老子之告孔子以去子之骄气与多欲也，非其狂妄也，乃其爱孔子之深而望之远。盖吾孔子学与年进，当其时道尚未成，虽老子中年以前，固亦牵于礼节之末，彼所谓骄欲者，非流俗之所谓骄欲也。庄子著书十余万言，虽多剽剥儒墨，然大抵有激之谈，其记孔子遗言，齐、鲁《论语》所不载，多精深玄远，游、夏之徒殆不能闻而识之。又其《寓言篇》述与惠子论孔子，自以不及，叹慕无已，岂得谓之异趣乎？

申、韩，救世之才而功名之士也。其于老、庄相去甚远。《道德经》曰："法令滋彰，盗贼多有。"又曰："其政闷闷，其俗淳淳。其政察察，其民缺缺。"以观申、韩家之所宗主设施，犹水火也。今世所传《韩子》书有《解老》、《喻老》二篇，或乃据是以证非之学出于老子。然二篇陈义甚高，其言仁者中心爱人，生心之所不能已，及论有道之君贵静，不重变法，外无怨仇于邻敌，而内有德泽于人民，皆得孔、老之旨，与其平日持说殊不相类，疑非韩子之言。或非也不胜其功名之念，弃其平昔所闻，别开一说，欲以耸动世主之听而获任用，而二篇犹述其所闻于师之言，如商君之初见秦孝公，未尝不陈帝王之道，李斯焚书坑儒，而其始固学于荀卿与！

苏氏以申、韩误于老、庄为老、庄罪，夫申、韩曷尝误于老、庄哉！即诚被误，夫不达其旨而误，又可以罪不能使之达者哉！夫汉武以《春秋》构胡兵，安石以《周礼》乱天下，周公、孔子将为有罪耶？又况申、韩非误于老、庄，彰彰可按，而乃深文入人罪，类酷吏穷治大狱，岂古立言者持平之道耶？子瞻《荀卿论》病亦同此。宋代风气轻罪古人，不独苏氏也。太史公盖亦非深于老子者，余于韩非之同传而不敢知焉。

重建会文书院记
（1884 年 4 月）

违平阳城百里而遥，有山窅然，万峰争奇者，南雁荡也。西洞于山最著，亦曰仙姑洞；其东一洞，隔溪相对，所谓征士洞也，相传乡先生宋陈贵一兄弟之会文书院乃在洞后。今按邑志载："会文阁，在浦源，有贵叙自为记。"又载："会文书院，在南雁山，有朱子题额，及元儒史先生①诗。"浦源在今慕贤东乡，去山尚远，阁之外复有书院无疑，但未知果在此洞后否耳？

岁壬午，万载汤公来宰吾邑，听讼之暇，留意修文。陈君少文，居山之侧，倡议重建会文，众助之财，遂建于洞后。甲申春成，属余记之。

窃谓书院非古也，盖古者有学无书院。古人有言曰"得鱼忘筌"，夫治心之方、经世之术，鱼也；而书也者，筌也。不务得鱼，而徒抱筌以骄于人，世儒盖多如此！深识之士，有欲易书院之名复曰学者。然天下事，实而已矣，实之不古，虽名古何益？苟实古矣，名虽不古何害？夫今天下郡县，非不各有学矣，何所补于斯文耶？且去圣日远，欲求治心之方、经世之术，独恃有书，然则书院之名虽不古，而固不必易也。

方宋之盛，永嘉之学震天下，而吾平人才亦不下诸邑。贵一先生兄弟，受业程门，其学虽少遗书可考，然观贵叙之《记》，自言"好书若狂，废食忘寝，家人至目以痴"，疑与世之溺于书者无以异。及得其"人己一理，胸中、简册非二物"之言，乃知先生兄弟之读书，固不蹈其师玩物丧志之讥；而其治心之密，经世之周，岂必睹行迹而后信耶！

今去宋七百载矣！近者吾郡志学之士渐起，而吾邑则寂寂然无诵声。往尝与少文登雁山，倚绝壁而临清溪，仰千尺之石梁，观万丈之飞瀑，念昔贤人，恒叹息竟日！今此举善矣，然尤愿诸君之勉其实以副其名也！

程子曰："科举之学，惟患夺志。"志夺于科举，其不流为小人之归

---

① 即史伯璿。

者鲜矣！苟志之克定，则虽科举之学，所从事者固皆治心之方、经世之术也，何不可由是以几于昔贤欤。夫科举之学，其弊至今极矣！得之者，盖往往未尝知书；然诡遇获禽，壮夫所耻，不学苟获，岂足为乡里荣哉！且进身之始，即以苟且，在位得权，必以苟且之道事其君，待其民，徒坏乡里忠朴之俗，而伤山川浑古之气，是不如无科第仕宦之为愈矣！

贵一兄弟，或出或处，同于不朽。君子为学，尽其在我者而已。穷通，天也，岂以是动吾志哉！曾子曰："君子以文会友，以友辅仁。"诸君勉之矣！南雁山奇而水清，郁久必发，其将有出类拔萃以竟陈先生未成之志者乎？非吾所逆睹已！①

重游南雁记
（1885 年 1 月）

安固②王君子祥③，与余素不相识。一日，忽棹小舟绝江来访，谓余曰："吾苦爱山水，慕南雁久矣！恨无同游之侣，闻子亦好山水，且兹山，子所已经也，愿与吾往！"余喜而诺之。盖余自去秋侍家君游后，志未尝一日不在雁山也。

于是止子祥信宿，与往。时首夏上旬，气候清和。乃践旧迹，访新洞，芳草被径，时鸟弄声，虽清旷不及秋，而骀荡之态则秋时所无也。于是与子祥日则寻幽攀险，夜则止洞中楼，赋诗为乐，或促膝纵谈，感慨古今，臧否人物。空山无人，畅所欲言，溪流磕磕，助其激昂。于是余与子祥意乐甚，将为一月之游，穷览其胜。会以事遽归，盖往返七日。

归途，子祥谓余曰："吾与子之嗜好亦可谓与俗殊酸咸矣。"余曰："然！然愿与子以此自勉，勿以此自矜也。夫山水之好，视声色货利诚不可同日语。然吾见好之者多至忘事失职，其弊殆不下于声色货利。且溺于诗歌，不事问学，往往终为声色货利之所移，致讲学之士等山水之

---

① 原件文末有孙衣言批："水心、止斋二先生集，无一字不古，无一字不精，且吾乡文献约略可见。乡里后生不曾留意，殊为可惜！如有志学古，记先读二先生集，一二年后亦必与人不同，其愉快有不可尽言者，试一为之！"着重点均为批改时加圈处。

② 安固为浙江瑞安县旧名。

③ 本文所记王景羲（字子祥）同游南雁，同爱山水事，应为《津谈·聚散类》王子祥章的基本内容。

好于玩物尚志。然岂山水之不可好哉？自好之未深耳。苟好之深而有得于山水之意，如古智者之乐水、仁者之乐山，则何至忘事失职，而终为声色货利之所移耶！夫吾与子固未为能好山水者也，可以此自矜耶？夫孔、颜之乐在山水外矣，愿与子勉而求之！"①

力说示春如弟②
（1886 年）

生而强者，善饮噉，以其有余，习为人敌，用疾而力倍，可以恃乎？生而弱者，不善饮噉，以其不足，习为人敌，用缓而力微，可以恃乎？劳筋苦骨，穷岁月，历山川，而不知其不能胜人者，命也。

今有人生二十五年矣③，所读书不过乡塾师之所讲，而多所未窥；其为文徒孳孳于今之所谓时文，而苦未能工，然不能舍是。方穷居，未必无可师与友之人，而或挟有余，病其不足，不与之处，而彼其视不与处者，亦如其自视而听之不与处。闻有强者，卓绝非人所能，而又能不以其强弃人之不强，而又能使不强者就之以自强。

今吾日厕身著述之门时从孙太仆琴西师学，所以饷之者，如食宜饪，如酌孔取，而曾不能蚀泰山之肉，滴东海之酒。亦既如挽六钧、扛九鼎矣，顾其为积，术不如蛾，然不能舍是。

抑予闻之："力不伸于弱己者、恒伸于强己者，所不畏、不欲胜之，所畏，则不能胜之而惟恐为其胜也，则亦可以胜矣。"今吾师之门，虽其弱者犹足胜予。汝之质美于予，必餍饫群籍，并力求肆其所为，更五六年，始如予年，乃出而从硕学者游，自视其胜与不胜，其勿以弱无力自废也！然则不可以恃乎？其果可以恃乎！

书张经甫《救时刍言》后④
（1887 年）

上海张君经甫《救时刍言》四卷，凡数十条。光绪十年，法越事

---

① 文末原注："寒夜独坐，甚思雁荡，因追记此。甲申冬月。"
② 宋恕三弟名存仁，字春如。本件录自《六斋无韵文集》。
③ 本年（1886 年）著者恰 25 岁。
④ 录自《六斋无韵文集》。

起，南皮张公之洞自山西移督两广，道沪，上之，不报。十三年，存礼始客沪，与张君一见如故，时相过从，从容论当世务甚合。居顷之，索读此稿，举本不腐，指标不泛，首卷四条中"时文一日不废，实学一日不兴"二语尤为本中探本。

呜呼！时文之害至今日极矣。计中国十八行省，为府二百，为州若县二千，莫不有学。学之外复有书院，其数倍蓰于学，养士之区不为不广矣。学有教官，院有主讲，训士之师不为不多矣。督学三岁再临，临则试取秀才入学，自数十人至数人有差。计十八行省在学之士数十万人，其未入学而名在书院者十百之，号士之数不为不盛矣。于是督学贡之，主试举之，总裁进之，至于成进士，几经选矣，宜皆可任国事，然而天下恒有才乏之叹何也？则虽欲为时文解尤，岂可得哉！

士方幼时，诵四子书甫毕，父师即课时文，八股以外，禁不许观。按期责作，严者月九日，平者六日、五日，尤严者日半篇，名曰"赶出考"。解属之乎，童试幸取，自揣难前者，改习市易、方技或刑、钱幕务。其志甲乙科若五贡者，月应其省若府若州若县之书院官师课。幸常高列，父兄以喜，朋侪争录其文，揣摩求似。督学将临，作文益勤，非近岁科校士录不读，名曰"赶岁科考"。岁科考幸高列食饩，则气渐盛，作文益勤，非近三科乡墨不读，名曰"赶乡试"。乡试幸举，则气益盛，作文益勤，非近三科会墨不读，名曰"赶会试"。幸登甲科矣，其外用者改习趋承、唯诺之节，申移、批饬之言。其幸与馆选者，小楷试帖外仍不敢弃时文，勤者犹按期自课，名曰"赶放差"。帅天下之士疲之"五赶"之中，而所余无几矣！其间能为脱俗之学者，必其才独高、志独异，又必幸亲炙、切磋贤父兄、师友。然而欲求决然舍去时文者无几焉！有志之士或急欲出其身以立功名，或淡泊而事畜无资，不能不应试，不能不作时文。然而督学之使、主试总裁之官，其知文者千百乃一二，雅文戾俗，贬效俳优，而精神之费多矣。呜呼！以中国之大而才苦其乏，岂不以此也哉！

或曰："时文宜废，固明以来贤者恒谈。然近时负重名如仪征阮公、桐城姚公、湘乡曾公[①]，皆以时文为不可废。阮之言曰：有明士习之美，由四书文取士使学者自幼束心于正。姚之言曰：今人鄙经义为俗体，吾则常劝学者于是致力以希程朱。曾之言曰：三十以前惟当致力时

---

① 指阮元、姚鼐、曾国藩。

文。又曰：择书院师宜以时文为重。又曰：子弟不工时文，虽能其余，未善。必若所云，三公之言非欤？"

曰："明三百年士习独美，诸老先生讲心学之功也。而其所以少经世材者，时文取士之过也。我朝时文无恶，而士习远不如明。阮公诋心学而恕时文，是谓过功而功过。姚公既劝学者宗程朱，程朱于古文尚恐害道，乃于时文求之乎？今人学不如古，皆缘少壮敝精时文，曾公之学也晚，幸精力过人。然使时文已废，公少不困举业，则所就必更大。人文衰盛，书院师操其半权，奚可以时文为重？"

学莫患志不立。厌俗嗜古，可与有为者也，岂宜抑之！凡士大夫主持时文，有公过，有私过，有公私间过。质美而好学者，治八股亦益身心，觉其受益也，遂谓不可废。夫苟人如此，虽以南北曲取士可也。因独益而忘众害，是谓"公过"。知时文无用，然致力，深念时文不尊则己之长不珍，缘是曲尊之，是谓"私过"。推不忘本之义，谓吾属以时文进身，不宜议废时文。其存心厚矣，其辨义未精也，是谓"公私间过"。三公，君子也，不敢以"私过"妄揣，其"公过"与"公私间过"欤！负重名之君子，一言当否，天下后世生民之祸福以之，夫言不可不慎也！

或曰："曩尝废时文矣，旋以策论多剽袭罢复。然则时文终不可废也。"

曰："时文、策论病剽袭一也。然以策论取士，则父兄之教子弟，不得不先博览广聆。士但患无志，苟有志，不患为帖括所困，且策论剽袭之病固可除也。如省试则以省中近事为策题，府州县试亦然，论题则不限何书，则安从摘录以为临时剽袭之用乎！"

或曰："今通商口岸多设西学馆，固不专以时文取士矣。何必尽废之乎？"

曰："甲乙科积重矣，非是进勿荣；且西学馆之数不过学与书院数千分之一。弃数千分中士于时文，而专欲于此一分求材，不亦难乎？且西学馆之程陋！"

或曰："今殿试、馆考以小楷别士，诚无谓矣，奈何不论而咎时文乎？"

曰："小楷别士之无谓，人知之，可不论。"

要之，论治不可不知三始。三始者：欲兴兵、农、礼、乐之学必自废时文始，欲化文、武、旗、汉之域必自改官制始，欲通君、臣、官、民之气必自开议院始；或意未释。于是存礼作而叹曰："悲哉！二千年来生民之苦，果术者所推、前定之数不谬耶？抑因循中于人心耶？"于是记答难之语，书此稿后，以质张君。

愿与张君约：他日立朝议政当持初见也。至此稿惟三卷"请籍僧道产"一条与鄙见未合。僧道亦今日大养院也，但当惩其浊乱，未宜悉勒还俗，敬净以明古谊！余皆深合鄙意。末二条献规张公，切中其病，今日两广不治，由病未除。卷首七条，请续魏、徐二《志》①，尤征盛愿！礼常欲著《地球各国利病书》及《欧洲纪年以来大事记》，然非遍游五洲、博览西史，不可下笔，境屯时危，心期遐渺，念之慨然！

莫非师也斋六字课言
（1888 年）

存礼幼荷庭期，教诲殷至。多病屯遇，伏处僻左，怠忽不振，年长学陋。丙戌遭戚，手足无措，然向学益切，希望扬显。深悔往者自是之误，常存先民分阴之惜，标举六字，依以自课，略述大指，置诸左右，命之曰"莫非师也斋六字课言"。

孔、老论著，同归性道，梵书西来，义蕴益宣，三教一致，斯论盖平。自周迄宋，讨析代密，明祀二百，兹学大昌，成仁取义，有如脱屣，览训警己，胜于闻钟。乾、嘉以降，士讳谈心，新安、姚江②，坠绪罕绍。然朝市虽希，山林未乏，处顺易忘，在约则悚。《诗》曰"风雨如晦，鸡鸣不已"，欲强质弱，不敢不勉！首"心"字课。此字课分验七情。

《老子》曰："吾所大患，以吾有身。"然此人身，旷劫一获，假妄立因，固宜珍护，怙恃分形，曩修所敬。幼小困病，患目尤数，违塾辍诵，动经月时，晨夕相对，惟有药炉。志学年华，黯然别我，籍籍寡狭，半此之由。近虽减、振，未及中人。元化"户枢"之旨，叔夜"区种"之说，三复悟信，颇思从事。期、高③之流，长生逍遥，其术或有，世莫得闻。节调起居，但求却病，病之既却，乃可有为。次"身"字课。此字课现以养目、早起二条为重，以目素多花，起素极晏故也。

孔子曰："我非生知，好古敏求。"又曰："述而不作，信而好古。"彼圣且然，岂况吾曹。夫子产博物，晋侯厚贿，倚相能读，楚王善视，

---

① 指魏源的《海国图志》，徐继畬的《瀛寰志略》。
② 指朱熹理学、王守仁心学。
③ 指安期生、琴高。

知古之崇，非始于汉。自鸿都置学，第擢篇赋，唐、宋试法，此其权舆。华词大兴，朴学渐微。五季之乱，仍以金、元，疆宇分隔，兵火酷烈，竹隐素灭，多闻为难。八股取士，经史益荒。亭林顾氏，蹶起明季，悯俗之陋，救之以博。《日知录》出，儒风颇振。圣祖右文，特开殊科，高宗之世，海内清平，佚书流于市肆，古器出于郡国，硕儒应运，延、岩辉映，稽证之业，度越前代，末流务碎，仆深病之！然因革之政，兴废之迹，大者、要者，愿勤览焉！次"古"字课。明以前除专谈性理者入"心"字课，专资词章者入"嗜"字课，余皆入此字课，国朝考古书亦入焉。

汉、宋诸儒，照耀史册，有体有用、诚亦孔多。然或昭于古训，暗于时务；或密于治心，疏于经世；中人笑其识拘，世主病其才短。于是度支弗给，委筹贾竖，奸宄弗胜，咨律文吏，亭障弗守，请命人奴，不学之人，据津出政，元元困苦，乱日斯多，志士仁人，痛苦流涕。明季颜习斋先生，伤愤立教，复孔旧章，戒空勉实，六艺是课，许、郑、朱、王[1]，咸被贬议，虽或过当，良多中病。存礼出入百氏，不守一先生言，然心以颜氏教术最合洙泗。今西方诸国，竞修政教，美举时闻，新学日辟，遂使六书之用，让广于右行，三氏之化，避灵于天主，术士推其运隆，壮夫引己耻。然观其学校之制，于颜先生之意为近。

胜衣就傅，即志康济，视履苦狭，灼纲疑目，极思流眺百郡，遍迹五洲，握川原之形胜，洞民物之情状，瞭战守之获错，晰食货之宜忌，接欧美之秀士，讨格致之妙理，证盛衰之所由，察利病之互见，然后论次成书，用我则行。躬国两屯，心期浩渺，蝥不恤纬，未暇应闲。次"今"字课。我朝公私有用之书，西洋各种新学，外国语言文字，皆入此字课，取途务广，不专于纸上求之。

学者牛毛，成者麟角，非尽无才，多误于缘。夫居持门户，则疲精米盐，客游州郡，则费暑书记，名列冕轩，则劳神簿檄，尘务牵掣，道真芜莱。是以上世高士，入山必深，夫岂好异，惧荒所学！然岩栖谷饮，亦有命焉。中庸之轨，贞不绝俗，因应现在，过去勿留，如影于镜，奚疲数照，寓脱于敬，斯第一义。典午诸公，清谈废职，滞空恋有，乃两失之。次"缘"字课。此字课，课无益于己而不得不为之事。古来学人犯此字失者极多，余亦不免，故特为一课。

人有同嗜，亦有独嗜：耳之嗜声，所谓同也；嗜别郑、雅，所谓独

---

[1]　指许慎、郑玄、朱熹、王守仁；许郑指汉学，朱王指宋学。

也。故或鸣珂持笏，不苦其束，或躬耕力牧，不知其劬，譬彼水火，流就殊矣。存礼下不溺郑、上未浃雅，以声喻之，乃嗜别调。臧否人物，希风界休，甘苦文章，符情东莞①；春秋佳日，登高赋诗，汉晋名都，访古征史；每过林亭，去不胜思，乍闻俊、顾，候惟恐失；平陵乌氏之书、彭泽桃源之记，时诵其言，不厌百复。凡若此类，嗜乃成癖，逾武子之于马，甚长舆之于钱②，斯盖外黄之所致叹、建兴之所不取。然吾闻范蔚宗论东汉名士云"原其无用，亦所以为用"，然则仆之诸嗜，无益亦所以为益乎！夫庶子春华，不如家丞秋实，实为其徒华故病。君子苟内含家丞之实，外兼庶子之华，不亦善乎！次"嗜"字课。此字课，课可以不为而性所酷好之事。凡吾诸嗜，名流所矜为雅，笃行所鄙为俗，然吾谓有此诸嗜，未便是雅，亦未便是俗。其中正大有辨，故特为一课。

右六字课，本末兼到，内外夹持。课法：座右置一小册，每月朔先列本月日数于上，每日终自省各课，有得，则以规记之，分六色：心——朱、身——白、古——兰、今——黄、缘——绿、嗜——紫；有谬，亦以规记之，一用墨；无得无谬，不记。每月晦，查各色规之多寡、验各字课之勤惰焉。然以心学为最重，存礼向善之志笃矣，然而多疚者，无心学故也。孟子曰："人有鸡犬，放则知求之，有放心则不知求。"姚江先生曰："千圣别无心外诀。"其难矣哉，难之，斯重之矣！③

光绪戊子，会稽郡东瓯县宋存礼书于沪城龙门精舍。色笔暂用字代，如应朱，则记朱字，取其简便。④

述而不作，信而好古⑤
（1888 年）

述古由于信好，妄作者可以省矣。夫夫子之述古，与众人盖异，而谓之"作"，则陋矣。彼不信、不好者，亦自省乎！且自博闻者相竞以

---

① 指郭太（太原界休人）和刘劭（东莞莒人）。
② 指王济（武子）及和峤（长舆）。
③ 《六斋无韵文集》录本至此为止，作者名亦改为"衡"，此据原件。
④ 该文曾经宗源瀚、张焕纶、黄庆澄等人阅过。宗赞赏文内"泰西学校于习斋之意为近"等语，认为宋恕"识力腾腾绝顶余"（1890 年《赠宋燕生诗》）。张以为"简要精实，弟无以易也"。黄也云："旧读《六字课言》，钦佩无已，欲再读以为模楷。"（见 1889 年 3 月 13 日《致宋燕生书》）此外，该件文末"光绪辛卯冬十二月，桐城萧穆拜读"十四字，盖有"敬孚鉴赏"印章。
⑤ 原注："戊子榜前拟作。"

述古，述古之风炽，而古之真愈晦。何者？彼其见解性情，本不与古相
浃洽，而徒欲借"述"之名，文其不信、不好之实，虽述而岂得为
"述"乎？然而矫其弊者，遂有糟粕陈编之意，则又过也。

　　盖先民垂世之文，深含无尽，不与之为命，其义味有伏而不出者
矣。凡耻言"述"而矜言"作"者，其不信之病由不好也。学者得心之
乐必始于专，不先定所宗，其精神有涣而难收者矣！凡耻言"述"而矜
言"作"者，其不好之病仍由不信也。今夫"述"，美名也；"作"，尤
美名也。故博闻者之病在徒述，而妙悟者之病又在妄作。妄作之病，治
之以述古，必先治之以好古，尤必先治之以信古。

　　或谓："《河》、《洛》① 六书之前，古皇未曾睹一字，彼又安所从
'述'？"不知后人所述者，载籍共见之古，古皇所述者，亦天地自然之
古也。夫浑浑中自有予人以不得不信、不得不好、与生而俱来者，非所
谓"天地自然之古"耶？然则谓之"作"者，犹是沿承之论，而实不外
乎"述"之义也。

　　或谓："《春秋·十翼》之举，及门不能赞一词，又谁不目为
'作'？"不知旁观之尊"述"为"作"，未始非信好之心，寸衷之有
"述"无"作"，乃大获信好之力也。夫默默中若有令人以不敢不述、不
敢妄作、至老而罔变者，又岂非大获信好之力耶？然则谓为"作"者，
固是假借之词，而实未溢乎"述"之分也！

　　井田、封建之规，古可因，今不可复；肉刑、民兵之法，古可行，
今不可师。述古期于佐治，好焉成癖，有述所不必述者矣，而真能好者
无虑也。百王经济之书，瑜瑕互见，其当好者，以好为好，其不当好
者，即未妨以不好为好。夫非"不好"之可谓"好"也，不好其一二端
之粗迹，乃正其神与古通，其斯为真能好古者矣！彼拘儒之论治，例好
古而恶今，岂足以任夫"述"之事哉！

　　天文、地舆之说，大抵今密而古疏；五行、百产之原，亦或今昭
而古蔽。述古将以惠学，信焉无择，更有述所不必述者矣，而真能信
者无虑也。每代风声所尚，长短悬殊，其当信者，以信为信，其不当
信者，即未妨以不信为信。夫非"不信"之可谓"信"也，不信其千
百载之讹传乃正其识符古隐，其斯为真能信古者矣！彼习士之为学，

---

　　①　指《河图》、《洛书》。

概信古而疑今，岂足以与夫"述"之林哉！昔者，老彭盖无愧斯言，惟我亦愿比之！①

论道与权及学与思②
（1888 年）

　　误用权者远于道，圣人仍勉以学与思焉。夫道非权不行，而学之未通与思之未范者。多误用权以致远于道，记者类记夫子之言，仍勉以学与思而已。且三代下拘学之病：未能权而自以能权，往往权日用而道日远。于是高明者起而矫之，创为心学之说，教人专务于思，凭方寸以权天下事。而其流失又或任意废学，矜言权而远于道均焉。夫子曰：其远于道也，非权之咎也，亦非学与思之咎也，仍学之未通，思之未范耳。

　　昔夫子论学而归重于可与权，诵《唐棣》之章，而责人以未之思，其言虽未必出于一时，而记者类记之，殆以均有当于言权之指也。

　　自拘学者泥"反经合道"之诂，截然以权与经对，而权之义于是乎偏③狭矣。夫凡事皆有疑似之端，权之所以贵，苟仅仅焉反经之谓，又焉难于权乎？其病由学之未通也。

　　自任思者标"舍经求道"之旨，荡然运权于经外，而权之说于是乎猖狂矣。夫吾心必有折衷之理，权乃有所附。苟茫茫焉舍经而揣，安所运其权乎？其病由思之未范也。故"学"、"适"、"立"、"权"之论，亦似戒人以议权，而圣人之悬诣，实望人求通于学焉。夫未过可与适之境，未过可与立之境，则学但有基耳。夫学但有基，而遽欲以用权，权愈用，道安得不愈远乎！夫子曰：士不乏学有其基耳。惟未超"适"、"立"之俦。则虽欲称物平施，必多畸重畸轻之失。夫正者为道，平正相依，而畸轻畸重则非平矣。用权而不得其平，道焉不稍纵即逝乎！

　　"唐棣偏反"之义，亦似有涉于言权，而圣人之断章，实望人知范其思焉。夫明明有意中之"尔"，明明有意中之"室"，则思不游于空

---

① 原稿末尾，孙锵鸣批云："卓识闳论，精理名言，是真读书人吐属。"
② 原标题为《子曰：可与共学，未可与适道；可与适道，未可与立；可与立，未可与权。唐棣之华，偏其反而，岂不尔思，室是远而》。为求简要，改为现题。
③ 原文"偏"，误，应为"褊"。

矣。夫思不游于空，而因之以用权，权日神其用，道安得不日失其远乎！夫子曰："人特患思游于空耳。诚确有周流之处，则当其审中握要，必有不偏不倚之休。夫庸者为道，中庸相合，而不偏不倚，则适中矣。用权而能得其中，道不将俯拾即是乎！"

名儒以博学登朝，往往引诵决疑，君相藉之定事，要不出反经合道之云也。然而固有昔人行之，反经而不失为合道；今人效之，反经而遂至于远道者矣。夫以反经远道之举，附于反经合道之文，在未学者视之，亦莫不钦其达于权例。而岂知固执不化之即非权乎！夫权亦贵因心而出耳。晚近来不臣、不父、不子、不弟之迹，大抵得鳅生之援劝，而忌惮始泯，令泥古者反而深思，未必不恻然有所不忍也。然固非学之误人而权之误道也，其所适尚不定，其所立尚可摇，学之未通，又安足以与于斯哉！

才士以敏思经世，往往答难起义，典籍不必求征，要有似舍经求道之云也。然而固有明者行之，似舍经而仍非舍经；昧者效之，将求道而必至远道者矣。夫以舍经求道之见，成为舍经远道之行，在未思者闻之，亦莫不美其妙于权衡，而讵知虚悬无簿之即非权乎！夫权亦贵依理而运耳。古先圣为礼、为乐、为兵、为刑之制，大抵因小慧之轻更，而规模大坏，令师臆者反而事学，未必不爽然有所自失也。然亦非思之误人而权之误道也。不能如诗中言"尔"之有所指，不能如诗中言"室"之有所在，思之未范，又安足以与于斯哉！

嗟乎！权之为病于道，皆拘学与任思者误用之咎也。夫天下不可一日废道，即不可一日废权，而或惩于二者之误用，遂以权为讳焉，其亦未察圣人之意与《鲁论》类记之指也夫！[①]

蔡商铭八十寿序
(1889 年 3 月 25 日)

光绪壬午岁，存礼侍先君游南雁荡。至顺溪，主陈君少文家。顺溪者，至仙姑洞三十里，仙姑洞即西洞，南雁最胜处也。其明年，少文与里中诸公重建宋陈贵一先生会文书院于南雁之东洞，甚佳其意，未及如

---

① 文末有张焕纶读后《跋语》："千百年学术世变，倾倒无馀。借题发挥，超以象外，得其环中。（小弟纶拜注）"

观也。戊子冬，礼归自吴。己丑春，遇少文于邑中，于是别将四年矣，谈甚欢，出所笔《蔡商铭先生行略》，命为文以寿。

商铭先生盖吾邑之高年隐君子。尝闻之于少文云：其居在银屏峰下，去仙姑洞十里，山水绝佳也。按《略》：先生生长丰饶，而率诸弟躬耕，恶衣恶食，勤苦过人，其难一矣。及其益富，则悟老氏知足之旨，鉴晋贤钱癖之讥，菲于自奉，轻于施与，周困乏，赈荒歉，恤孤寡，惠士林，其难二矣。里中公举，为之尤勇，婴局之设，交溪之开，咸有力焉。其著者，会文久废，规复为艰，助田及缗，先生实倡，其难三矣。咸同之间，黄巾猖獗。授子方略，督治民兵，细柳所部，犬不吠夜。事平论功，戒子固让，其难四矣。襄止一子，责诵极严，遂列庠校。两孙继之，矜容勿露，歉德愈彰，其难五矣。食指盛多，闺训整饬。诸孙有早逝者，未娶之妇矢志抚嗣。礼教所感，一门肃然，其难六矣。少文曰："先生今年八十，德配陈孺人长先生一岁，哲嗣让卿茂才六十余矣，孙妇未嫁矢志者，仆犹子也，因是以悉先生细行。然勿具论，论其大者。仲春二十七日，先生生日也，将与诸戚知奉词为寿，子为吾颂之！"

雁荡之名震于宇内。然世所知者北雁，非南雁。北雁余未之见，南雁见而未详，就所曾经，亦奇伟矣，宜有贵一、贵叙二先生也。商铭先生与少文奋乎数百载之下，复兴昔贤之废址，可谓艰苦卓绝！果吾平之学由此复盛，其为功德岂有朽期！百龄之寿，五世之福，乃安足言。近少文又有修《南雁志》之意，先生必与闻。樵牧所及，睹察独真，必有可破儒者之陋、正相承之误者。抑礼闻名山胜区往往产灵药：千岁之松下有茯苓、紫芝者，盖擢秀于丛草中；何首乌者，亦似野术，年深具童子形，往往能变化；诸如此类，服之长生。华宗书城先生者，安固高士，尝为余谈山水仙灵之迹，诚有味其言也。南雁倘有是哉，他日愿觅以献！

援溺说赠毕噜翰香[①]
（1889 年下半年）

孔子圣人欤？孔子圣人也。老子圣人欤？老子圣人也。如来圣人

---

① 原稿未见，录自《六斋无韵文集》刊本。

软？如来圣人也。华盛顿圣人软？华盛顿圣人也。孔、老、如来、华盛顿，教同乎不同也？不同。奚以皆圣也？其救世之心同也。

楚国有溺者，楚人援之，或以手，或以竹竿，或以长绳，或从而与之俱溺焉，或坐视不动，嬉笑自若，方且纷纷然争论以手、以竹竿、以长绳、以身殉之孰正孰谬？孰智孰愚焉？存礼曰：以手、以竹竿、以长绳者所以救之术长短不同，而同有援溺之心即同有援溺之功。孔、老、如来、华盛顿四圣人是也。以身殉者，其行不可及矣而无救于溺，传记中愚忠、愚孝之流是也。坐视不动，嬉笑争论者，汉唐以来诋佛老、贬孔子及今日斥西人者皆是也。嗟乎！士生今日可谓甚幸，自察其性之所近，专师孔子可也，专师老子可也，专师如来可也，专师华盛顿可也，师孔而兼师老可也，师老而兼师如来可也，师如来而兼师华盛顿可也。苟天才殊高，兼师四圣人亦可也。苟天才太下，于四圣人之云为均有所未达，则姑置焉而于传记中愚忠愚孝之流择一二人焉以为师亦可也。若夫贪恋世荣而诋佛老，希图安食而贬孔子，侮虐小民而斥西人，则吾之所不取也。

慎独子内行纯笃而好学特至，守孔子之戒而亦不谩骂二氏，究我国之病而渐知折服西人，殆古大儒所谓"志伊尹之所志，学颜子之所学"者软！生长八旗而能自拔，尤为艰苦卓绝。过从既密，索礼赠言，不敢及泛，为述平日论学宗旨如是。

慎独子者，毕噜氏，字翰香，杭州驻防正白旗人，现官将军幕府笔帖式。

大公说赠王谨微
（1889 年下半年）

贾长沙、诸葛武乡，汉之伟人也。而一劝文帝勿封其侄，一说先主攻夺其宗。范希文、苏子瞻，宋之伟人也。而一阻其君朝贺太后，一请拒绝外国求书。呜呼！大公之义不明于世也久矣，自三代来，非礼之礼、非义之义岂可胜道哉！夫以四君子之负盛名而犹未免俗，况众人乎！悲哉！孰使之然软？生民之祸奚而获艾也？

甘泉王君谨微少贱习鄙，年三十余，始自拔向学，记诵词章未克犹人，而独深明大公之义，与人谈非大公不懂，授徒稍暇则援笔论大公，往往数百千言娓娓不能休，忘其要事，人多笑之。存礼奇之，曰：嗟乎！大公之义不明于世也久矣，以君之善悟而复扩之以博古通今之学，其将贤于贾、葛、范、苏诸君子哉！作《大公说》赠之。

夷隶掌与鸟言、貉隶掌与兽言赋[①]
（1890 年 4 月）

有西土客问于中国居士曰："仆诚不解：中华之人自以为神州贵种，智莫与齐，而五官之用卒不能与我西人相等夷也。即言语一端，我西人则所效与化、所聆不迷，而中华之人则非特于异洲异国之言格格而不相入、默默而不敢知。以仆所闻：中国本境——秦晋以东、兖豫以西，北方五六行省之地，语言虽别，而大致尚犹同归；若夫过江以南——吴越之鄙、闽广之陲，则往往十里气变，百里音歧，一县之内语或参差，遂致采风问俗之使、亲民理讼之司，于所按行所宰临之方言，如听猩谈之诡异、鸠舌之喔咿。虽微行以访事，苦莫辨夫侏僳，召两造而对质，凭吏胥以通词。呜呼！此官民之气所以阻隔，而中国之治所以弛衰也。然何勿急兴声学，俾咸转移，岂柄政者未之思欤？抑中国之人不足于聪敏，万难一其方言而与欧洲侪也！"[②] 居士曰："嘻！客诚西人，知今日之中国而未知三代之中国也。客奚不扩晚近之心胸，览古先之载籍，稽隶人之职掌，想元公之擘画？盖其时语言之教直不遗夫鸟若兽，又何论人类之重译。"

客曰："《周礼》仆固尝读之矣。然闻与言者乃驯养之意，古人文奇，义难拘窍，岂真能以语言之教施诸行地之毛、戾天之翮乎？"居士曰："嘻！客何见之窄也！夫介葛之聆蹄角，公冶之辨格磔，脍炙人口，彰昭史册，即一二端之流传，可知二千年前声学之途径固已大辟，特经战国秦火之余，先王治世细目之书不克存十一于千百，故骤闻鸟言兽言之掌遂若大不情而惊惑。吾侪识贵能通，理忌自隘，倘必以目所未见为无，是犹使鹿骑象之俗骇于中华、歌莺舞燕之景怪于夷貉也。"

客曰："子之说亦似持之有故矣。然吾观中华之习气，好内是尊而外是卑，虽声明之望国，必指之为'外夷'，然则《周官》所谓

---

① 原注："以'夷貉之俘通鸟兽语'为韵。"
② 原稿此处分段。

'夷隶'、'貉隶'者，安知非欧洲之边氓、罗马之先黎？其聪敏之独绝，殆更胜于今时。不然，何以不掌之中国士大夫而必夷貉之借资？"居士曰："非也，当时所谓'夷'、'貉'者，大抵东不出莱芜之域，北不及瀚海之湄，皆今中国之地而圣清大皇帝之所治也。且二隶分役于牧人服不氏而统于司隶，若而人者，固皆中华之士类，命于天子以官而兼师。如使于声学无深得，对禽言而若痴，则将何以察此二百四十人之任职与否，以别用舍赏罚之施？盖二隶之教告悉上官之指挥，特以日与鸟兽同群，事极猥琐，职极微贱，故先王不欲劳我士大夫而以责诸阵获之隶，所以辱而惩之，原非谓口耳之用彼实擅奇。若夫二隶之分掌，则犹是古书互文见义之例，而必谓夷音近鸟、貉音近兽，恐落穿凿附会之私！"

客曰："吾闻先王宰世，惟政是劬，珍禽异兽，弗宝弗娱，岂有聚动物以供观览，设专隶以掌使呼？若然，则是玩物丧志而德不足以致鸣凤、感驺虞也。"居士曰："善哉问乎！夫古先圣人有无穷之盛愿、绝异之远图，而三代以下无人梦见，可为太息而长吁者也。请与子倾难言之隐，破众说之郛：往者元黄始判，人禽杂居，浑浑噩噩，睢睢盱盱，男女无别，君臣未区，喜则相狎，怒则相屠，人与鸟兽，固不大殊。有圣人作，因语言以制文字，化中夏以达裔隅，虽当成周之隆，九州以内，亦尚有披发左衽之族，未能遽革其旧俗，或作乱而遭因俘。而圣人无穷之愿，则固欲合地球上有生之物，鸟若兽之类，莫不徐开其觉悟而一变其蠢愚，同乐太和之宇宙，而泯杀机于何无。[①] 然而欲德化之相及，必言语之先通，于是择其蠢中之灵、愚中之智者，纵之苑囿、聚之柙笼，俾是隶人朝夕在侧，饲豢必躬，告之话言以启其蒙。盖鸟兽之属亦至不同矣，圣人但取其稍灵稍智者施以教诱，望其率从，而其绝蠢绝愚之种类，徐以俟稍灵稍智者之转相告语，如熟番之教生番、熟苗之教生苗、熟黎之教生黎，逐渐推广而无复鸡鹜牛豕之冥顽、鹰鹯虎豹之残凶！呜呼！此诚圣王参赞两仪之经济、仁拯万物之隐衷，特其效必要诸数千万年以后，而断难奏一朝一夕之功。惜哉！成、康殁，周官弛，而其事遂不克终。"

客曰："子之言信广矣大矣，自吾入中国以来未之前闻也。然仆滋惑焉：假使周德不衰，王治世绍，二隶之掌不废，殊类之性渐扰，由斯

---

① 原稿此处分段。

以往，世界飞走之物将尽化为人类而更无所谓兽、无所谓鸟乎？窃恐说新而近于荒唐、想奇而堕于幽渺也。且诚如子言，未知先王之所以教鸟兽言者果操何道？"居士曰："先王之盛愿，其终副与否，诚未易遽晓也。圣人之教术，其书久失传，未能凭空以探讨也。然仆疑盛愿有必副之日，而教之之术殆必基乎声学之精而岂有他谬巧！方今五洲通商，方言互考，爱比细提之音气传于东土之隅，焉哉乎也之助词散于西洋之岛，固已开从来未有之奇而出百年前文人学士之意表，然则安知周时之声学不驾轶于今之欧洲，故能与鸟兽言而了了乎！① 夫鸟兽固有可化之理，书史所载'仪舞于乐成，咸若于德厚'，文似铺张，事非悠谬。且今中国川、黔、楚、粤境内之瑶、侗、僚、野人各峒与夫阿非利加、意大利亚诸洲之初开，其民或水宿如鹭鸥、或穴藏如猿狁，性情亦极蠢顽，种类亦极杂糅，迹其居处行为，曾何以少异于鸟兽！然皆日染华风，渐祛荒陋，伊教化之初施，必语言之先究。然则苟声学之能神，何不可以垂世之经与殊类相受授。夫耳膜受声之异，异于声浪之击膜，譬之钟大鸣以大扣、小鸣以小扣也。声浪击膜之异，异于气管之发声，譬之水遇大风则澜翻、遇微风则波皱也。然天地间之气，止此六十四种原质之化合为之，人与物因以别形，亦即因以别音。音之偏全清浊，由原质之化合不同，而总不能出六十四者之彀。故窃疑声学苟造于极精，鸟兽偏浊之音或可巧施其补救。然而虽周公之圣、设司之专，亦必待迟之又久，始或慰其所期，而必不能责效于骤。奈何天不怜一切众生之苦，而夷、昭以降，遂乏哲后，六官渐废，举职谁复？下泊春秋，以孔子之圣而不使得继周公为万国之领袖，群雄交争，鸟啄兽蹂，咸阳一炬，古书难觏，悲哉！自秦以来，无数十年无小乱，无数百年无大乱，兵戈浩劫，惨不蒙宥，生民之祸且不胜其痛哭流涕，而更何暇计及区区之禽畜！"

　　言未既，西土客凄然感叹，蹶然起舞，曰："今而知中国先王之盛愿，真令我欧人心服而气沮也。中国古时之声学，亦殆非我欧人所可同日而语也。然今中国之衰极矣！吾子浪迹江湖，萦情宙宇，何不缕陈经义，上告政府：复三代之废官、绍周公之坠绪？"居士曰："子之意诚美矣！然为之必有其序，二千余年之积弛，不能急切而复古也。方今庙廷之上，谟宏力努，博采新学，不泥成矩，同文之馆开于北燕，论声之书

---

① 原稿此处分段。

译于南沪，通商口岸，聪敏之士咸知以语言之学为要图而相与攻苦。顾仆微憾广方言之学舍未遍开于雍、梁、冀、兖、青、徐、豫、荆、扬各部，而内地之儒犹多敝精劳神于训诂琐碎、词章俳优，以空言自诩。然而圣君贤相之意，殆不欲急躁为治，欲徐徐而更化，而固非坐视他邦之盛强、甘困华人于迂腐，行将令中国之人尽通异洲异国之言，而异洲异国之人因是无不言周、孔之言，行周、孔之行，而公法长守、各安其土，且将令天下之人尽通鸟兽之言，而地球上之鸟兽亦因是无不言人之言、行人之行，而杀机永泯，乾坤和煦。呜呼盛哉！然其效甚远，非吾与子所及睹已。"①

祭陈舅母林安人文②
（1890 年 10 月）

有形必坏，惟空不然。日月销毁，州海变迁，岂况含识，是身非坚。

独悲太君，得天者全。相舅训弟，义方罔愆，克勤克俭，族党称贤。如何不永，遽即重泉！视甥犹子，期我腾骞，文章憎命，惭负殷拳！飘流吴越，经岁经年，名高谤兴，志大途遭！人皆予芳，孰辨兰荃，巧言如簧，使我烦煎！手持连城，欲赠所天，闺中邃远，有意谁传，委之深箧，泪落如泉。西游武昌，楚山多蝉，黄鹤之楼，危临大川，登高长啸，仰视飞鸢，左吊正平，右呼谪仙，斯人可作，愿为执鞭！将军③礼客，列戟森严，从容借箸，言谈有缘，飞电万里，荐士幽燕，仲秋之杪，暂返乡关，及郭闻疾，谓言当痊，宁知至此，素旌已悬！令我叔舅，销魂黯然，佳儿佳妇，泣血涟涟，厥幼夜啼，邻媪伤怜！

吁嗟太君，胡不少延！萧萧金风，拂袖侵筵。何以致祝？极乐乘莲！何以致慰？瓜瓞绵绵！门闾日大，有光于先！

---

① 孙衣言批云："俶诡恢奇极矣，而其中实有至理，非苟为烺烺炳炳者。网络群流，呼吸万里，其为广也，其为怪也，宜其为大也。"又俞曲园批云："今题此赋，实能发挥'尽物性'、'赞化育'之理，周公之制、子思之言，或者意本如此乎！"（《题奇赋更奇、议论纵横、意义周匝》）。

② 原注："庚寅。""安"或作"孺"。

③ 将军，指湖广总督张之洞。

上瑞安县禀①
(1891 年 10 月 21 日)

具禀：出使俄、德、奥、和四国随员，平阳增生宋存礼为恶弟畜养棍徒，阴谋不测，恳祈移请严束，照谕密防，以安正士而保私门事。

窃生祖居平阳万全乡五都鲍垟地方。父系平邑廪生，业于丙戌年冬身故。母陈氏在堂，系同邑福建候选县丞陈康强胞弟，生兄弟三人。生行居长，自幼谨怯。诸弟谨怯更甚于生。惟二弟存法，乳名寿銎，残忍异常，出于天性。生父故时，家尚饶裕，该恶弟起意害生自恣。生苫块之中，不堪其逼，服毒被阻，遂欲为僧。当经生母陈氏邀请母舅陈绅康强、外舅前翰林院侍读学士孙锵鸣、表叔瑞邑生员郑渭宾等再三劝止，令生出外游学，将生妻女搬避外家。生于丁亥春随侍外舅孙绅锵鸣阅卷江宁钟山书院，旋复随侍阅卷上海龙门书院。戊子冬间，暂行回里。询知该恶弟自生出后，专擅家权，内则违犯母训，吞昧众银，开场诱赌，酗酒秽嚣；外则倚仗衣顶，欺压平民，教唆词讼，武断乡曲，假公济私，恐吓钱财，选肥遍噬，怨声载道。生欲感挽其念，则自恨无德。欲公言其恶，则犹碍同胞，追思先人，惟有流涕，惭负乡里，食不甘味。同居难堪，侨寓治下，称病谢客，绝迹偃室。

其时生母亦虑先人遗产将尽于该恶弟之手，复行邀请陈、郑诸戚，公议析产，立有分书，每房得田不能百亩，粮户未析，契札存众，公请表兄林锵锵管理称租、粜谷事务。生于戊子冬暂行回里，虽侨寓治下，而密迩平邑，恶闻该恶弟之言，恶见该恶弟之行。己丑之夏，仍复远出，漂泊江海，时运大谬，垢衣蔬食，备极苦辛。庚寅之夏，承业师、前河南督学俞院长樾，荐谒湖广总督张尚书之洞，当承张尚书荐充出使西洋随员，于九月回瓯，由郡至瑞，将如平省母辞行矣。讵该恶弟怒生不肯助桀为虐，恐生将来得志问罪，胆敢阴谋密遣棍徒，伺生归省，拦路凶殴。生至瑞闻风，虽未遽信，而素性怯弱，惧不敢归。待至十月中旬，察该恶弟上郡应试，乃敢潜行归省，母子兄弟，相向失声。世戚邻

---

① 原注："九月十九日，二更时送去。廿二下半天发出不收。"禀中康强、锵鸣、诒让、启畴、鸣昌等名空缺，编者查补。

族，密愬近状，借知该恶弟自己丑后益无忌惮，起意吞昧诸兄弟财，将林锵锵斥逐，改用其妻兄陈宗舜，绰号"通地怕"所荐之应茂，经管钱谷出入，表里为奸，莫可究诘。旧仆之识字而诚实者，悉遭麾出，弟妹之年长而精明者，不许阅帐。该恶弟分内出息，岁仅百金，而穷奢极欲，甲于一邑。妻子厌文绣，而弟妹不足于布褐；僮仆贱酒肉，而堂上反乏于甘旨。倾危之术，愈出而愈奇，横暴之举，愈蔓而愈广。数十里内，良懦胆战，有"宁逢西山虎，莫触法爷怒"之谣。生且悲且愤，无可如何。

十一月，在瑞接钦差许大臣咨调札文，催令速出，患病请假，经冬逾春，始渐就痊。而炎暑方来，重洋难涉，因请续假。讵本年四月十四日，惨遭六弟寿鸿被迫自尽之变。该弟年甫十四，缘以片言忤该恶弟，该恶弟日日毒打，必欲置之死地。生母涕泣乞缓而不能得，该弟被逼不堪，竟于是日服该恶弟所和之生鸦片烟自尽。生母痛不欲生，即欲喊冤送逆。而前后门户皆被该恶弟私人预先严守，不令生母及余弟妹等得遣亲信通风生处。当有该恶弟妻兄陈宗舜助伊威逼赶殓，夺灭物迹，及生闻归，则已殡矣。询闻服烟死者，伤不在骨，三日尸变，无可检验，吞声饮泪，无如之何！

该恶弟见逼死胞弟，而母兄等均无如之何，狂悖益甚，无复人理。诸弟妹等皆有朝不谋夕之虞，望影而惊，闻声而慄。当有戚属长辈柯锡章、谢凤仪[1]等不胜义愤，当众面斥，该恶弟全昧天良，胆敢在老公祖案前妄行呈控柯、谢，并妄行牵连八旗教习许启畴、廪生金鸣昌，又胆敢唆使仁宪访案内人白昼持刀寻殴金、许。又该恶弟素常妄称戚属刑部主事孙诒让云云，吓制乡愚，近因孙绅渐觉其奸，不相假借，变羞成怒，阴谋陷害。近又诈取平邑库书粮户执照，先期算取各房钱粮，而硬吞百余金，昧良不完，令该库书收书之老幼为倒制所惊，苦赔所迫，有几死者。令诸兄弟同陷不完粮之罪而已独吞其利，犹不知足，妄称拜某大宪为师，勒索库书数千金，目无法纪，至此已极！

生又风闻该恶弟交结山盗，畜养棍徒"天不怕"、"鬼见愁"等，动

---

[1]　现存《宋恕师友函札》中有当时谢凤仪的来信，略云："己氏之逼死令六弟，此亦叛形已露之时也。阁下若不声罪致讨，生无以见令堂、诸弟之面，死无以对令尊、死弟之灵，于心安乎！……阁下来函既已正之为贼，似宜身赴平邑，一面哭诉学师，一面胪呈县宪，并作书布告诸亲戚，一以声逼弟至死之罪，一以示保全诸弟之意。己氏众叛亲离，以阁下之声望，出而攻之，正如汤沃雪耳。……"己氏，即指宋存法。

即聚众四五十人以上，私藏应禁军器，声称欲行放火烧孙诒让、许启畴、金鸣昌、柯锡章等房屋。虽揆以常情当不至此，而以该恶弟平日之不情观之，则亦难保其必不至此。生与诸弟不幸为其同胞，日夜惴惴，深恐殃及。窃查刑部主事孙诒让、八旗教习许启畴、廪生金鸣昌，并博古通今，海内硕士，秉正嫉邪，不随流俗。倘有疏忽，地方之忧。闻仁宪交卸在即，有不容已于言。为此赶具一禀，伏乞老公祖大人电准，将此禀存案，移交新宪。请移平县主出示招告，谕饬房族长及本乡绅衿人等严加管束。一面照会孙诒让等，谕令金鸣昌等密防不测，以安正士而保私门，诚为德便！上禀。

请奖水利公呈①
（1891 年 11 月 6 日）

为独修水利，事关田粮，续陈舆论，金祈详题请旨事：

切缘本邑近城诸乡，田粮之所从出者，以万全乡为最。万全计共七都，水利之大可恃者以沙塘陡为最，北连瑞乡，南尽平郭，蓄旱宣潦，首恃此陡。创始费巨，节修藉众。近因失修日久，水旱为虐，农田减登，粮户苦完，当经职贡生陈体强于光绪十四年禀蒙汤前宪勘谕筹捐兴修。讵被礼恶弟绰号"一只虎"生员存法，与其妻兄绰号"通地怕"陈宗舜，簧鼓唆阻，大碍捐务。强遂慨然独出家财兴修，克复旧观，业蒙彭前宪②勘明在案。其时礼已先被存法逼逐出外，漂泊江海，不在本乡。事后闻知，深叹强之急公好义为不可及。不料去夏狂风大作，为数十年来所未有，闸伤浦涨，潮淤顿积，秋旱连冬，淤坚如石，春潦莫宣，豆麦尽淹。存法假公图私，背开瑞、平绅衿，列禀请提两邑义谷以作兴修经费。乡民耳熟法恶，舆情骇惧，恳强再办。当蒙仁宪准谕强办，会同瑞县宪亲勘，捐廉助修，面许会衔通详，颂声雷动。其时礼缘奉文随节出洋，请假回里，患病展限，侨寓瑞城，事后闻知，深叹仁宪知人善任。强奉谕率子廪生伴楹昼夜督工，派雇兼行，躬践涂泥，无间暑雨，制器辅力，完陡增埭，备极辛劳，用克竣事，深广过旧，父老感泣，业蒙宪勘面

---

① 原底稿作"十月初五夜公呈拟稿"，"初六早送交桂卿相"。
② 指瑞安知县彭祖培（字厚甫）。

奖在案。

　　强又乘便兴修七都之永丰湫、瑞邑之瓜步陡，留心水利，有加无已。计其先后捐修银数，询诸舆估，约在千两以上。礼等伏查例载："凡士民人等，或捐修公所，实于地方有益者，直省由该督抚具题，造事实清册送部；其捐银至千两以上，或田粟准值银千两以上者，均请旨建坊。如有应行旌表而情愿议叙者，吏部定议，给与顶戴。"切思该职贡生非有千金之藏，自奉素极俭朴，而独勇于为民足食、为国裕粮若此，又捐数至千两以上，若不蒙详题请旨，何以慊洽舆情而鼓舞来者？

　　礼等为事关田粮起见，不已续陈，伏乞老公祖大人电准，谕令陈体强速呈事实清册，据详大宪，题请圣旨公德上呈。

六斋论诗①
（1893 年）

　　趋庭之学，诏自孔圣。子夏《诗传》，丕振雅响。三百篇后，代有传人。英华抒写，莫盛于唐。太白忤时，伪相供奉。子美忠义，许身稷、契。发为诗歌，卓绝百代。晦翁"酒人"之饥，未免过当。程氏"增格"之品，良非近诬。

　　少陵无人，谪仙已死，谁嗣其响，首推昌黎。骨韵高坚，名理广博，以方李、杜，屹如鼎置。

　　永叔学韩，笔力稍逊。山谷左韩，取境原殊。南溪三篇，颇近选体。见赏于黄，其以是欤。东野高秀，不让退之，咸韶之音，誉由中折。长公诗派，与孟越秦，鱼食虫号，殆非定论。苏诗豪放有余，精练不足。黄诗精练有余，豪放不足。然论诗于宋，无逾二家。东轩"玑羽"之讥，遗山"横流"之戒，学者之过，苏、黄奚尤！

　　宋代以勋业著者：安阳之高逸，清献之健郁，虽非专技，小家莫跻。以理学著者：南宋屏山，最擅雅调；止斋、晦庵，抑亦其次。北宋康节，究非正格，或以抗杜，阿好之谈。以散体文著者：欧、苏而外，独有介甫，沈郁顿挫，古直悲凉，论其孤恉，或轶欧、苏，"峭折"之目，录瑜弃瑕。

---

　　① 原件系宋恕三弟等手录本，系于《卑议》初稿《自叙》后，无标题。

微之、乐天，一轻一俗，然白颇胜元；飞卿、义山，一浮一钝，然李颇胜温；圣俞、子美，一淡一雄，然梅颇胜苏；石湖、剑南，一劲一逸，然陆颇胜范；空同沈健，信阳逸骏；弇州擅长于古什，沧溟扬才于律篇；语天秀则大复尤清，评乐府则子美较雅。

唐、宋强分，私所未喻，千门万户，所得人异。苟得真解，置驿可通，如其逐声，论诗必倚。语厥阶趋，导源于唐，止步于宋，思为成诣，以心得始，以独到终。

条陈水师学堂事宜禀①
（1894 年 4 月 25 日）

宫太傅伯中堂阁下：

敬禀者：窃增生蒙恩委充水师学堂汉文教习，到差之后②，目睹堂规，仰窥宪台创始苦衷超越前古。增生感激恩知，夙夜图报。除循分供差外，时刻以国家之虑为虑，中堂之心为心，切实考求本堂诸弊渐滋、学生出色尚少之所以然，并推求中国水师未能争雄欧洲之所以然。早拟条陈卑见，禀请前总办吕道等据详请诲。惟恐吕道虽忠诚坦白，而旁有阴险悍妒者掣其肘，例难独详，徒触彼怒，是以未果。

上年冬间，吕道改差离堂，阴险悍妒者益骄且肆，阴图逐正人以便其私。所幸宪台明镜高悬，特擢洪道会办堂务，又撤林守之差，以防通同舞弊，堂中正气稍伸。惟洪道虽早起晚休，认真办事，而究系会办，资浅权轻，一切措施，半被掣肘。增生前者飘零江海，艰苦备尝，忧愤著书，极论时弊。深蒙中堂顾骥之知、肉骨之恩，夙夜兢兢，惧无以报。天性拙直，不解逢迎，虽蒙吕道、洪道雅量优容，而久为阴险悍妒者所不喜。本正奉洪道谕令专办管轮三班学生汉文课务，人数较多，勤奋益矢。未鼓坐堂以待诸生，创开时务论课，课卷随交随批，又与诸生口讲指画古今中外治乱兴衰之故、圣贤豪杰悲悯经济之方，间涉格致之新理，亦及本堂之利弊，戒以勿惰、勿忌、勿晏起、勿冶游、勿染嗜好、勿拾唾余，三

---

① 该禀起草多次，此据清稿。草稿原注："二月初一日起稿"，《日记》云：三月二十上该条陈。

② 草稿下云："……本正晋谒，蒙询堂务，当时含糊应对，回堂再三审酌，不陈卑见则深负恩知……"

令五申，冀归一律。阴险悍妒者见之、闻之，以为形其短而刺其病也，于是益切齿于生，阴讽所亲唆使学生不遵约束，唆使堂役不理呼唤，赏罚事格，振作术穷。然区区欲为国家整扩学堂以壮水师根本之志未能遽灭，分内欲为之事既以被格而难行，分外欲言之事讵敢终缄而不发，敬就久蕴未宣之卑见多端中，先择其越职较轻者，缮陈十有二条，恭呈宪鉴。

本应恪遵堂例，禀请洪道等据详，惟恐洪道未便独详，若被阴险悍妒者所格，则献曝之忱空抱，而含沙之射可虞。是以不揣冒昧，径行禀呈！夫使诈使贪，驾驭多术，在中堂自有权衡，非增生所敢妄议，惟事应禀详而径禀，不得不声明缘由。除将卑见十有二条先小后大另缮呈鉴外，所有径禀水师学堂事宜缘由，理合声明，恭请爵绥伏惟钧鉴。

水师学堂汉文教习增生宋存礼谨禀

附：条　陈

一、学生宜分班立长，以承官师而司规劝也。查自来讲求治民、治兵者，莫不以保甲什伍为要务。办理学校何独不然？盖师尊而友平，尊则难洽，平则易洽；师疏而友密，疏则难周，密则易周。故欲学生之过日寡而善日增，非立友以承师不可。生前在江苏见上海廪生张焕纶所创梅溪书院，学生逾百，除延师习课外，就中分立学长、班长，递司规劝，井井有条。本堂师道既隆，友道未立，拟请饬令洋、汉文教习：各就现分一二三班本班学生中择一品学最优者，责司规劝本班同学，名曰大班长；定每五人为一小班，就中择一品学较优者，责司规劝本小班同学，名曰小班长。本小班生有犯规事，小班长不禀发，经堂员察出，将该小班长一并议罚。庶立友承师之法备而劝善规过之效收矣！

一、汉文常课之书宜改求切用也。查本堂汉文常课以《左传》、《战国策》为大宗。生按：《左传》虽为兵家之祖，然有陆战而无海战。本堂培植海将不必课以陆战之书，尤不必课以二千年前陆战之书，是《左传》之课宜停。《战国策》为纵横家之祖，本堂非学纵横，是《战国策》之课宜停。若为知方起见，则二书淫乱迹多、变诈风盛，养正奚取？若为使笔起见，则二书文词绝古、体制远今，办公奚取？是《左传》、《战国策》之课宜停似无疑义！查西国补兵，考及史学，本堂培将自应课史。然生谓课以古史不如课以今史！查近人魏源所著《圣武记》，叙次整明，所编《经世文》，选择精审，最为今史中之佳者。事虽已陈，时尚未久，议论笔墨均便初学。拟请饬令停课《左传》、《战国策》，改行课此二书，俾学生稍窥列圣之艰勤，略睹先正之建树，庶志气易振，识解易开，学为奏、禀、咨、札文字亦易入手，视课《左传》、《战国策》或较切于用矣。

一、宜置游息院一区，以节学劳而闲思邪也。查西国学校皆置游息院，节劳闲邪，具有深意。中国官学私塾，其外内俱弛者不必论，其规矩森严者，师长罕知善诱之方，学生但觉为学之苦，大率口诵《诗》、《书》，神弛声色，生气奄奄，敷衍程课，是外张而内弛也。本堂学规严而适中，非他官学、私塾所可比论，然外内俱弛之弊虽可无虞，而外张内弛之弊亦或不免，潜移默化，须握微权，游息之院似不可少。拟请饬行就近置院一区，稍植花木，粗建楼阁，略购西国格致学中书籍、器物存内，听学生于课后及放假日随意游息，或散步花木之间以吸养气，或泛览格致之书以浚灵源，或作球弹之戏，或运自行之车以练手眼、活筋脉，庶天机日畅，理趣日深，共知为学之乐，渐少邪思之萌，而外张内弛之弊可除矣。

一、宜创标海道戏图，以断杂赌而寓加课也。查本堂学生，聚赌有禁，然好者成癖，虽禁难断。不若变通禁法，开有益之戏，断无益之赌。查民间赌戏有升官、览胜等图，虽同归无益，而为之者每易熟记官级、地胜。本堂培植海将，海道情形应使烂熟。拟请饬令洋文教习，将中国、外国海道所有岛屿、沙礁，一一按其方位，核其长短、广狭、浅深，以中外字联写中外名目，标成戏图，刊印多纸，听学生于课后及放假日依图为戏，限其钱数，严禁杂赌，庶癖好者有以寄好，难记者渐能熟记，无益之赌可断，而课外之课阴加矣！

一、宜设外总查一员，兼查制造东局，以免互避而断犯规也。查本堂接连制造东局，该局地阔人多，性情不一，颇有嗜好甚深，饮博无度，私将局房租与外人，容留游手种种妄为者。本堂学生虽多自爱，而课后出游亦或染习。堂员即有闻见，恒碍该局而惮发；局员即有闻见，又碍本堂而惮发，似此互避，犯规曷断。更有土棍于该局墙外近处广开烟馆、赌场，藏娼窝盗，为害尤大！拟请添设水师学堂兼制造东局外总查一员，责令明查暗访本堂学生、胥役及该局司弁、学生、匠夫人等犯规情事，有所闻见，即行知照本堂监督或东局提调议罚，庶互避可免，犯规可断，受益非但本堂也。

一、宜购西乐器、设西乐生，以壮气象而淑情性也。查古先学校莫不备乐，自雅衰郑盛，淫声流毒，学规严者遂禁听乐。然今西士讲求声学，剖析入微，本其学术制为乐器，和平沈雄，各极其致，较之中国古乐未知何如，较之中国俗乐奚啻霄壤！故西国学校及礼拜堂均以乐为壮气象、淑情性之具。本堂规模宏远，乐亦宜备。拟请咨取西国军乐歌词，并购乐器发堂。其歌词令学生于课后及放假日习之，其乐器另设乐生数名习之，庶于壮气象、淑情性之事有补焉。

一、宜置舞器、教武舞，以饰外观而示远人也。查古先学校极重习舞，取其可以调血气、寓阵法。今圣庙尚有舞，而学校久废舞。生前见上海张生焕纶所创梅溪书院，常令学生于游息期习舞，阴以阵法部勒。西士见者叹为中国第一书院。本堂阵法日练，无俟舞寓，然外国人士往往来观，则饰于外者亦不可少，拟请饬置武舞器，令洋文教习制洋文舞曲，令操练教习于每月朔、望日率学生习舞，遇有外国人来观，以此示之，庶使彼族知我学堂仪容之盛焉。

一、宜创开水师官票局，以贴经费而扩规模也。查吕宋票盛于通商各口，上中下户买多少，亦中国一小漏卮。现当海军争雄之际，本堂规模宜扩；现当经费掣肘之际，本堂贴费宜筹。查前两广总督张之洞曾奏弛广东闱姓赌禁，收捐贴公。拟请援此案意，奏开水师官票局于天津，办事或官或商，票法或创或因，试办获利，全数归入本堂，庶经费得贴而充，规模可扩而大矣！

一、宜创开民政学堂，以拨堂生而精海选也。查本堂学生劣者剔退。然或有志识、文学俱优而性情、体气近弱者，备选则人地不宜，剔退则失弃人才。查东西各国讲求民政不遗余力，中国近年兵政稍修，民政未讲，腐儒帖括，俗吏刀笔，无关痛痒，有似风痹。拟请奏开民政学堂于天津，课农、商、礼、律诸学，除另招学生外，本堂诸生之不宜于海选者，随时拨入，将来分别以军机章京、六部主事、同通州县保用，则海选之精犹其小焉者矣。

一、宜创开本堂外课，以鼓海学之风气也。查水师为今日自强之一要务，虽已设有学堂数处，而欲与俄人争雄于太平洋地面，非先使士大夫争趋海学不可！拟请奏开水师学堂外课于天津，每季由中堂命题，听京外现任候选补文武官、举贡生童诸色人等一体应课，高取者重奖；一面通饬治下州县：每季务须解到本州县举贡生童课卷数本，无者记过，并奏请通饬各省督抚照办。如此行之，庶成家谈水师、人涉海学之风，而或可与强俄争雄于东洋地面矣！

一、海军宜设洋提督、洋副提督，以严纪律而公赏罚也。查洋员办事，纪律多严，赏罚多公，非必性然，盖由习善。近年中国办事或用洋员，每与汉员不洽，实由洋员认真，不便汉员之敷衍；洋员秉公，不便汉员之情贿，故汉员每群与为难，必使之不安其位而后快。生风闻前海军洋员琅威理办事极为认真秉公，大得罪于左、右镇。自该洋员去后，纪律渐不如前之严，赏罚渐不如前之公，拟请奏设洋提督、洋副提督各一员作为实缺，节制左、右镇以下，庶收纪律严而赏罚公之效焉。

一、学生出身宜通改文职，以广招英才而多铸名将也。查本堂创办有年，学生虽间有出色者而寥寥无几，实缘中国风气重文轻武。本堂学生例由武进，是以英才尚鲜愿来，名将即难多铸。拟请奏将海军实缺通改文职，提督例加兵部侍郎职衔，如各省巡抚，或竟称海军总督，如河、漕总督。左、右翼总兵改称海军左、右布政使，副将以下改称几品海军官，如七品小京官、六七八品朝鲜通事官之称。后者按品加翰林院、九卿职衔，以昭朝廷重海职之意，而示学生由文进之荣，庶英才莫不愿来，名将或可多铸矣。①

国朝先辈文话举是②
（1894 年秋）

张茗柯薄《论衡》。恽子居曰："仲任为文，以荀子为途轨，而无其

---

① 《条陈》原起草为十四条，其第二条为："学生宜分高、平、罪三舍名目，以严劝惩也。查前代学校有分舍之制，今堂申劝惩之法，虽已美备，然才识超群者宜有以别之于群。或兵学近性而规条屡犯，遽革则可惜，姑容则败群，拟请饬立三舍册，学生初入堂者皆列平舍，记卓异三次，升列高舍，记大过三次，降列罪舍。平舍月给银三两，高舍给六两，罪舍给一两。高舍学生，总会办及堂员接以殊礼，平舍接以常礼，罪舍接以贬礼。将来高舍有过仍降入平舍，罪舍有善仍升入平舍，庶劝惩之道益周，而鼓舞之方益备矣。"其第四条为："请添设学堂内总查一员，以辅监督、教习之不逮也。"其第十二条为："请封闭附近烟馆、驱逐匪类，以免本堂学生之渐染嗜好、且以奠安堂员之有眷属者也。"其第十三条为："请派堂中一员前往日本考求彼国近日水师章程，以资互勘也。"其第十四条为："请将通城大路广植有用之木，以助堂费也。"以后大加删并为十条，复改写九条，另写三条，并为上文十二条。至此，条文中已无"三舍"痕迹。

② 此据原件全录，凡163则。初无标题，后加"浙东宋六斋先生论文"于首，曾以《六斋论文》名义刊于《瓯风杂志》第5～8期，仅录104则。（凡未刊者均于条末加＊记号以示区别。）现按《津谈·词章类》第一章有关叙述恢复原名。原件7张13面，系从光绪二十年七月立的"中论稿本"（志20）裁出，故其写作时间可断为1894年秋。

才与学。"礼曰："张，陋儒也，宜不识《论衡》，恽亦不识，甚哉，俗之昏也久矣！仲任之才与学，汉后一人也。曲高寡和，悲哉！其文亦论家之极盛，或以不简少之，是帖括之绳尺也。"　　　　　　　　　　一

恽子居论桐城方、刘、姚三君之文，以为方胜姚、姚胜刘。其论方曰："下笔疏朴而有力，惟叙事非所长。"其论刘曰："清宕，然识卑，且边幅未化。"其论姚曰"渊雅。"礼曰："论方是矣，然其本原之病未能举焉。方氏本原之病在读书太少、识太陋，而所从入者——茅鹿门《八家选本》也。论刘是矣，然识卑、边幅未化，非但刘病此，方、姚何独不病此乎！"　　　　　　　　　　二

恽子居论朱梅崖学昌黎，以为词甚古、意甚今。礼曰："然哉！然何必梅崖，虽昌黎亦可以此六字定其文矣。"①　　　　　三

恽子居之文雄深雅健，远胜方、姚，其论文颇多影响之谈，宜为包慎伯所怪。　　　　　　　　　　　　　　　　　　四

《张茗柯文集·自序》称："少学时文，穷日夜力，屏他务为之。十余年后学赋，三四年后乃学古文、考经学，肆力才五六年。"礼曰："茗柯于古文未能自立，亦未尝自信。尊之为古文家，而与恽子居并称，妄庸人所为也。今观其文，尚在方、姚下，惟《七十家赋钞序》为佳笔焉。"　　　　　　　　　　　　　　　　　五

翁覃溪讥吴孟举《宋诗钞》非知言之选，以为专以硬直取宋诗，不分雅俗，不择浅深，失宋诗之真。礼曰：是也。　　　　六

翁覃溪曰："唐诗妙境在虚处，宋诗妙境在实处。"礼曰："未然也！唐诗王、韦妙在虚处，杜、韩不妙在实处乎！宋诗苏、王妙在实处，梅、黄不妙在虚处乎！"　　　　　　　　　　　　　　七

翁曰："诚斋，诗家之魔障。"礼曰："诚斋诗，俚俗处不可向迩，微妙处亦不可思议，其佛家所谓'大自在天魔'乎！"　　　　八

翁曰："杜之魄力、声音皆万古所不再有。"礼曰："王仲任谓汉世儒者尊孔太过，礼亦谓宋后诗人尊杜太过，覃溪亦未能免俗焉。"②　九

翁谓："韦苏州奇妙，全在淡处，无迹可求，更胜王、孟；柳州稍重，妙亦不减。"礼曰："是也。"　　　　　　　　　　　十

翁讥东野苦涩无回味，礼曰："不然，东野苦涩而有回味。"　　十一

---

① 　此条，《津谈·词章类》第二十四章曾加改写。
② 　八、九两条，《津谈·词章类》第二十六、二十五章曾加改写。

覃溪谓：“诗至元、白，针线钩贯，无乎不到，但太露太尽。”礼曰：“乐天语微之云：‘理太周则词繁，意太切则言激，与足下为文，所长在此，所病亦在此。’又《寄唐生诗》云：‘非求宫律高，不务文采奇，惟歌生民病，愿得天子知。’盖乐天法变雅为诗，太露太尽，变雅本来面目如是。微之不及乐天，齐名，幸也。司空表圣以元、白为屠沽之辈，文人相轻之习气语，不足为据。渔洋诗骨远逊乐天，特面貌较乐天为胜，轻诋乐天，识者笑之。”　　　　　　　　　　　　　　十二

覃溪谓：“樊川真色、真韵，殆欲吞吐中、晚千百篇，少陵无人谪仙死，不意复见小杜。”礼曰：“覃溪能识樊川，可谓有法眼者。樊川七律超处、秀处或轶少陵，七绝则远胜少陵，肩随太白。世人多称义山、少称樊川，盖义山调卑而易学，樊川调高而难学也。”　　　　　　十三

覃溪谓：“遗山秀骨天成，道园高不可及。”礼曰：“是也。”　　十四

翁曰：“真则积久能化矣，未有不真而可言诗者。渔洋论诗，所少正在‘真’字。”礼曰：“是也。”　　　　　　　　　　　　　　　十五

翁曰：“东川七律，老杜外莫与京。”礼曰：“东川七律未甚佳，此评未允，东川长在七言古体耳。”　　　　　　　　　　　　　十六

洪北江曰：“怪可医，俗不可医；涩可医，滑不可医。”礼曰：“岂惟诗然，凡文皆然，为人亦然。”　　　　　　　　　　　　　十七

北江讥王兰泉《湖海诗传》一以声调、格律选诗，而不能各随人之所长以为去取。礼曰：“是也。”　　　　　　　　　　　　　十八

北江曰：“诗文之可传者有五：一曰性、二曰情、三曰气、四曰趣、五曰格。”礼曰：“北江误矣！天下无无性、无情、无气而有趣之诗文，但宜分为趣、格二者而已。至其论趣有天趣、生趣、别趣之分，则庶几。然论诗文，讲格为下乘，深薄前明李空同、李于鳞及本朝邵子湘、方望溪、王渔洋、沈归愚之诗文，甚是。然教人学诗文惟有教以格，不能教以趣，格可学也，趣不可学也。”①　　　　　　　　十九

北江曰：“开宝诸贤，七律以王右丞、李东川为正宗，然门径始开，未极其变。至大历十数子，对偶始参以活句，尽变化错综之妙。”礼曰：“是也。”　　　　　　　　　　　　　　　　　　　　　　二十

包慎伯谓：“张茗柯之赋，外腴内竭！”　　　　　　　　　二十一

包谓：“离事与礼而虚言道以张其军者，自退之始，而子厚和之。”

---

① 十八、十九两条，《津谈·词章类》第十章、二十一章略同。

礼曰："论退之是也，谓子厚和之，诬矣！"　　　　　二十二

　　包谓："茗柯古文之学受于刘才甫之弟子王悔生，盖即熙甫、望溪相承之法。"礼曰："按此，则茗柯应归桐城派矣。"　　　二十三

　　包曰："八家工力至厚，莫不沈酣于周秦、两汉子史百家，而得体势于《韩非子》、《吕览》尤深；徒以薄其为人，不欲形诸论说，然后世识者，饮水辨源，其可掩耶！"礼曰："是也。"　　　二十四

　　包曰："八家与选学殊途同归。"　　　　　　　　　二十五

　　包曰："望溪胜侯、汪、魏而气寒怯，刘才甫无菁华，姚姬传边幅急促，张皋文规形模势，恽子居力能自振而破碎已甚。"礼按：以破碎已甚贬恽，未允！　　　　　　　　　　　　　　　二十六

　　包曰："诸子尤好《荀》、《吕》，至《庄》、《骚》则反复讽咏，卒不得其指归。"礼按：《庄》、《骚》之文但宜以不解解之，必欲确得其指归，反令人闷！　　　　　　　　　　　　　　　二十七

　　包曰："文之奇宕至《韩非》、平实至《吕览》，斯极天下能事矣！其源皆出于《荀子》。《荀子》外平实而内奇宕，其平实过《孟子》而奇宕不减《孙武》[1]，然甚难学。蒯通、贾生出于《韩》，晁错、赵充国出于《吕》，至刘子政乃合二子而变其体势以上追《荀子》，外奇宕而内平实，遂为文家鼻祖。盖文与子分，自子政始也。子厚、永叔、明允、子瞻、介甫俱导源焉，后遂无问津者。"礼按：慎伯论《韩》、《吕》、《荀》之文是矣，谓"文与子分，自子政始"，影响之谈也。　　　　　二十八

　　包曰："古人论诗文得失之语大约有三：有自得语，有率尔语，有僻谬语。"礼曰："此论极精！"　　　　　　　　二十九

　　包曰："敬舆文体虽仍当时而义取《管》、《孟》，厌人心，切事理，当其动荡、沈酣，贾、晁无以相过，实有退之所不逮者。"礼按：此评极为有识！　　　　　　　　　　　　　　　三十

　　包曰："文体莫备于汉，唐、宋所有，汉皆有之，且有汉人所有而唐、宋反无者。"　　　　　　　　　　　　　　　三十一

　　包曰："近代学六朝者惟见汪容甫一人。"　　　　　三十二

　　包曰："昌黎取材至富，虽原本于《孟子》，而得气不止一家，柳州以下皆得之《韩》、《吕》二子，永叔、东坡所得尤多。"[2]　　三十三

----

① 即《孙子》十三篇。
② 三十一、三十二、三十三条均为《六斋论文》印本所未载。

包曰："诗本合于陈思而别于阮、陆，至李、杜而复合。既合，而其末遂分而不可止，此则同之微异者也。盖格莫峻于步兵，体莫宏于平原，步兵之激扬易见，平原之鼓荡难知，天挺两宗，无独有偶。太冲追步公幹，安仁接武仲宣，虽云遒丽，无足与参。彭泽沈郁绝伦，惟以率语为累，然上攀阮而下启鲍，孟、韦非其嗣也。康乐清脆夷犹以行沈郁，如夏云秋涛，乘虚变灭，故论陶——于独至时出谢右，以言竟体芳馨，去之抑远。宣城得其清脆而沈郁无闻，参军有其沈郁而夷犹不显，醴陵、开府庶几具体，而江则格致较轻，微伤边幅，庾则铅华已重，反累清扬，是故善学者必别其流，善鉴者必辨其源。景阳、景纯祖述步兵而变为沈郁，彦升、法曹宪章康乐而发以么弦，子坚神骨俊逸，倡太白之先声，处道气体高妙，飞子美之嚆矢，是必心契单微，未易与吷声追逐者说也。三唐杰士，厥有七贤：郑公首赋'凭轼'，少保续咏'临河'，高唱复古，珍比素丝；伯玉之骀宕、子寿之精能、次山之柔厚，并具炉冶，无偭高曾；抗坠安详，极于李、杜，所谓'一字一句，若奋若抟'，彼建安词人不得居其右者矣。"礼按：此论极妥！惟以宣城为沈郁无闻，失之！谓孟、韦非陶嗣，独具见地！礼尝谓：襄阳、苏州之诗皆欲自开一派者，彼固不屑为人嗣，而世强以为嗣陶，未免武断！然襄阳未能开一大宗，而苏州能开一大宗焉：宋之黄山谷、元之虞道园皆阴嗣苏州，特变五言为七言耳。　　　　　　三十四

包谓："退之诗，怒张无意兴。"礼按：退之五言近选体者，亦有数篇七言，顿挫沈郁，可与少陵分陕，虽诚有怒张无意兴之作，而不能概以怒张无意兴少之。　　　　　　三十五

包谓："陶氏《归去来辞》，论其外言则不丽，求其内意复无则，而永叔有'晋代无文章，惟渊明《归去来辞》一篇'之语，乃率尔语。"礼按：永叔之语固属率尔，然晋代本色文章如《归去来辞》比者，要不多觏，不丽非病，篇末以乐天知命为归宿，不可谓之无则。　　　　　　三十六

包曰："幼习举业，长攻古文，古文可观而不工八比者，则事理之所必无。于八比尚无所得，而谓其能窥古文宏深之域哉！"礼按：此论极是。每见当世纯盗虚声之辈自谓能诗、古文，而所为八比全是滥墨，曰："八比不必高也。"夫能高者，虽欲求卑而不能，格调可贬，神识终别，今以不能高而文之曰"不必高"，以不能八比而文之曰"能诗、古文"，则其所为诗、古文与乡、会滥墨有何分别？不过题目与八比异耳。　　　　　　三十七

包曰："自前明诸君泥子瞻'文起八代'之言，遂斥选学为别裁伪体，良以应德、顺甫、熙甫诸君心力悴于八股，一切诵读皆为制举之资，遂取八家，横空起议，照应钩勒之篇以为准的。小儒目眯，前邪后许，而精深闳茂反在屏弃，于是有反其道以求之者，至谓八家浅薄、务为藻饰之词称为'选学'，格塞之语诩为先秦。夫六朝虽尚文采，然其健者则缓急疾徐、纵送激射，同符《史》、《汉》，貌离神合，精采动人。至于秦、汉之文，莫不洞达駧宕，刿目怵心。间有语不能通，则由传写讹误及当时方言，以此为师，岂为善择！退之酷嗜子云，碑版或至不可读，而书说健举浑厚，宜为宗正。子厚劲厉无前，然时有摹拟之迹，气伤缜密。永叔奏议，忼悢明畅，得大臣之体，翰札纡徐易直，真有德之言，而序、记则为庸调。明允长于推勘辨驳，一任峻急。介甫词完气健，饶有远势。子固茂密安和而雄强不足，子瞻机神敏妙，比及暮年，心手相忘，独立千载。子由差弱，然其委婉敦缛，一节独到，亦非父兄所能掩。"礼按：此论极通极精，凡为文者，各宜书之座右。　　三十八

包曰："熙甫、望溪不免为严家饿隶，汗流僵走不自耐。姬传近出，较望溪为纯净，而弥形局促。"礼按：熙甫之文远胜望溪，神理直逼子长，字句则间有未雅。望溪了无佳处，姬传亦太染八比习调。包之贬望溪是矣，贬熙甫则过，贬姬传尚未中其深。　　三十九

包曰："所贵于子书者，谓其晰理必至精，论事必至当，言情必至显，为后人所不能及耳。非谓其制体修词异于后人，遂以为新奇可喜也。"　　四十

包曰："常谓吾人不知自爱，舞文乱德，较之试官卖科名、狱吏卖法律，罪为尤重。盖庸劣幸获，无辜被冤，祸福止集其身，是非犹在公论。若碑志勒之金石，传状垂于简册，果得笔势骏利、议论明达者为之，遂尔骨馨泉壤，名艳通都，实恶以久远而渐除，虚美以诵习而逾盛，显贻君子之讥，阴受鬼神之谴，可不慎欤？"礼按：此论极为痛切，自古文人如韩昌黎、李北海辈皆尚不免。然士大夫既致通显，求文者多，实恶之著明者固可立志拒绝、不为财动，实恶之伏隐者终难确得其真、不误于询，故礼尝私誓："非与其人相处有素、知之独深者，则必不为作碑志、传状之类。"可以告无罪于先生乎！　　四一

包曰："碑版当以中郎为极则。汉碑传者既多阙文，其有可读者亦近朴樕。韩、欧诸刻，或已诘屈，或已委缛，惟中郎文质得中，事简而人具见。"　　四二

包曰："史公推勘事理，兴酣韵流，多近《韩》；序述话言，如闻如见，则入《吕》尤多。"① 　　　　　　　　　　　　　　　　　四三

包曰："子厚《封建论》、永叔《朋党论》，推演《吕览》数语，遂以雄视千秋。" 　　　　　　　　　　　　　　　　　　四四

包曰："士君子立言有体，遇事之必不可无言，而势有必不能明言者，则常托于谐词、卮说以见意；昌黎作《毛颖传》何所取耶？无取而以文为嬉笑，是俳优角觚之末技，岂非介甫所讥'无补费精神'者乎！"
　　　　　　　　　　　　　　　　　　　　　　　　四五

包曰："自唐迄今千余年，以文名者十数家，以诗名者数十家，学者殚精疲神，规模此十数家、数十家于长短疾徐之间，亦有肖者，而常不足当有识之观。夫岂古人不可学，抑争章句之末者，固未能与于言志载道之大原也耶！故其杰焉者：沈研古籍必比类以吾身所亲历，按切于吾心既了然无所隔阂，乃属辞而注之，手自述所见，其条㭊指趣绝去依傍之迹而又不至于横流奔放，则其所诣虽未足与彼十数家、数十家者比，而使读者闻其声如见其人，则亦足以自植而不朽。"② 　　四六

包曰："文之盛者，其言有物；文之成者，其言有序。无序而勉为有序之言，其既也可以至有序；无物而貌为有物之言，则其弊有不可胜说者。夫有物之言，必其物备于言之先；然言之无序则物不可见，物即可见，而言不可以行远，故治古文者惟求其言之有序而已。读书多，涉事久，精心求人情世故得失之源，反之一心而皆当，推之人人之心而无不适焉，于是乎言之而出以有序，此间世之美，古所谓立言之选也。"
　　　　　　　　　　　　　　　　　　　　　　　　四七

包曰："荣名无既，造物所以慰求志之勤。然韦布传文既罕，传而盛者则尤罕，良以枝叶单寒，难成荫实。近世文人，惟侯、魏③身俱不达，然有大力者负之以趋。" 　　　　　　　　　　　四八

钱竹汀曰："尝慨秦汉以下，经与道分，文又与经分，史家至区道学、儒林、文苑而三之。夫道之显者谓之文，六经、子史皆至文也。后世传文苑，徒取工于词翰者列之，而或不加察，辄嗤文章为小技，以为'壮夫不为'。"礼按：此论极高。 　　　　　　四九

王芑孙曰："古碑版文字，虽甚简核，必有所独详之处。凡所谓略

---

① 《韩》指《韩非子》，《吕》指《吕氏春秋》（即《吕览》）。
② 四二、四三、四四、四五、四六各条均为《六斋论文》印本所未载。
③ 侯指侯方域，所作《李姬传》较著名；魏指魏禧，《大铁椎传》为世所称。

者，从其所详而略之也，无统摄数言而一概略之之理，亦无志大臣葬而不书官簿者，使后人读之莫知进退首尾。昔人常以金石文考正史传，使皆如此，则如何而可以考正耶！"　　　　　　　　　　　　　　　　　五十

袁简斋曰："谓散文多适用，骈体多无用，《文选》不足学，此误也。夫高文典册用相如，飞书驰檄用枚皋，文章家各适其用。若以经世而论，则纸上陈言均为无用，古之人不知所谓散与骈也。"　　　五一

袁曰："文章之道，如夏、殷、周之立法，穷则变，变则通。徐、庾、韩、柳，如禹、稷、颜子，易地皆然。"礼按：此论未尝不通，惟韩、柳之散文非徐、庾骈文所得抗，可得抗者其江、鲍乎！　　五二

李安溪曰："曹子建才大，其文都像一口气喷出。韩文要追复三代，转有斧凿痕。"　　　　　　　　　　　　　　　　　　　　　五三

李曰："曹孟德《自序令》，文字甚好；诸葛《出师表》，以文论亦绝顶，韩退之最高文字方能到他地步；蔡文姬《悲愤诗》实开曹、杜一派绝作也。"　　　　　　　　　　　　　　　　　　　　　五四

李曰："字眼当取材两汉，字眼不古雅，文亦减色。"　　　五五

李曰："看来古文、诗俱到家者，惟陈思、柳州耳。"　　　五六

李曰："文字扯长，起于宋人，长便薄。"　　　　　　　五七

王守溪曰："古文，昌黎后惟半山得宗派。"　　　　　　五八

李曰："东坡薄、永叔弱、南丰厚、半山古。"　　　　　五九

李曰："大凡地名、官名，作文字都要从今之名。何必以古名换之，令后世反无所考证，文之古雅不在此。"　　　　　　　　　六十

李曰："汉赋，汉之俗文。"　　　　　　　　　　　　　六一

李曰："三百篇，独绝千古者不过几篇。"①　　　　　　六二

李曰："诗要浑厚，不要雕刻。然又须自己雕刻过，方知他不雕刻之妙。"②　　　　　　　　　　　　　　　　　　　　　　　六三

李曰："曹子建、鲍明远、陶渊明三家开三派：曹，全以气胜，开杜、韩之派；鲍，才人之诗，顿挫骏厉，开太白之派；靖节，闲雅自然，开韦苏州之派。"　　　　　　　　　　　　　　　　　　　六四

李曰："三百篇何尝用故事。汉魏间用事，都是将其事直叙出来，影射用事，古未曾有。"　　　　　　　　　　　　　　　　　六五

---

①　第五四、六一、六二条，《津谈·词意类》二十二、二十三章曾论及。

②　第四八、五三、五五、五六、五七、五八、五九、六十、六一、六二、六三各条未刊于《六斋论文》。

李曰："荆公诗大不及柳子厚，东坡诗亦不及白乐天。"礼按：荆公七言，有少陵所不逮者，柳州则以五言胜，所长不同，荆公不能为子厚之五言，子厚亦不能为荆公之七言，东坡诗才实胜乐天。李评未允！

六六

刘融斋曰："学《离骚》得其情者为太史公，得其辞者为司马长卿。"

六七

刘曰："贾长沙、太史公、淮南子三家文皆有先秦遗意，若董江都、刘中垒乃汉文本色也。"

六八

刘曰："文以炼神、炼气为上半截事，以炼字、炼句为下半截事。"

六九

刘曰："介甫之文长于扫，东坡之文长于生，扫故高，生故赡。"

七十

刘曰："文气当如《乐记》二语，曰：刚气不怒，柔气不慑。"　七一

刘曰："孔门如用诗，则于元道州必有取焉。"①　　　　　　七二

刘曰："代匹夫匹妇语最难。杜少陵、元次山、白香山代语，直与疾病之在身者无异。"

七三

刘曰："常语易，奇语难，此诗之初关也。奇语易，常语难，此诗之重关也。香山用常得奇，此境良非易到。"

七四

刘曰："杜樊川诗雄姿英发，李樊南诗深情绵邈，其后李成宗派而杜不成，殆以杜之较无窠臼欤！"

七五

刘曰："东坡诗，善于空诸所有，又善于无中生有，实自禅悟中来。"

七六

谭友夏论诗曰："一篇之朴以养一句之灵，一句之灵能回一篇之朴。"

七七

刘曰："长短句尚风流儒雅，以尘言为儒雅，以绮语为风流，此风流儒雅之所以亡也。"

七八

刘曰："词家先要辨得'情'字。《诗序》言'发乎情'，《文赋》言'诗缘情'，所贵于情者，为得其正也。忠臣、孝子、义夫、节妇皆世间极有情之人，流俗误以'欲'为'情'，欲长情消，患在世道，倚声一事，其小焉者也。"礼按：填词者各宜书此论于座右。　　七九

曾文正曰："作诗最宜讲求声调。"　　　　　　　　　　　　八十

曾曰："作文宜摹仿古人间架。"　　　　　　　　　　　　　八一

---

① 第六七、六九、七二条为《六斋论文》所未刊。

曾曰：“汉魏文人有二端最不可及：一曰训诂精确，二曰声调铿锵。”

八二

曾曰：“无论古今何等文人，其下笔造句总以‘珠圆玉润’四字为主。”

八三

曾曰：“文中雄奇之道，以行气为上，造句次之，选字又次之，然未有字不雄奇而句能雄奇、句不雄奇而气能雄奇者。是文章之雄奇，其精处在行气，其粗处全在造句、选字。余好古人雄奇之文，以昌黎为第一，扬子云次之。二公之行气本之天授，至于人事之精能，昌黎则造句之工夫居多，子云则选字之工夫居多。”

八四

曾曰：“李、杜、韩、白、苏、黄、陆、元八家①诗，实六经外之巨制、文字中之尤物也。”

八五

曾曰：“汉人词章未有不精于小学、训诂者。余于古文，志法子长、相如、子云、孟坚、退之五家，以此五家之文皆精于小学、训诂也。宋后能文章者不通小学，国朝诸儒通小学者又不能文章，余因久事戎行，不克卒业为憾！”

八六

曾曰：“五言诗若能学到陶潜、谢朓一种冲淡之味、和谐之音，亦天下之至乐、人间之奇福也。”

八七

曾曰：“行气为文章第一义，卿、云②之跌宕，昌黎之倔强，尤为行气不易之法。”

八八

曾曰：“子云四言，刻意摹古，尚乏声光。余于四言，最好韩公、孟坚，《汉书·叙传》一篇，亦四言中之最雅者。”

八九

曾曰：“余欲以戴、钱、段、王之训诂，发为班、张、左、郭③之文章，久事戎行，斯愿莫遂。”

九十

曾曰：“昌黎由班、张、扬、马④而上跻六经，其训诂亦甚精当。”

九一

曾曰：“韩无阴柔之美，欧⑤无阳刚之美，况于他人而能兼之！凡言兼众长者，皆其一无所长者也。”

九二

曾曰：“凡诗文有二种趣：一曰诙诡之趣，一曰闲适之趣。诙诡之

---

① 指李白、杜甫、韩愈、白居易、苏轼、黄庭坚、陆游、元好问八家。

② 卿指司马相如，云指扬雄。

③ 八人指戴震、钱大昕、段玉裁、王念孙、班固、张衡、左思和郭璞。

④ 四人指班固、张衡、扬雄、司马相如。

⑤ 韩、欧指韩愈、欧阳修。

趣，惟庄、柳之文，苏、黄之诗。韩公诗文皆极诙谐，此外实不多见。闲适之趣，文惟柳子厚游记近之，诗则韩、孟、白、傅均极闲适。而余所好者，尤在陶之五言、杜之五律、陆之七绝①，以为具此高淡襟怀，虽南面王不以易其乐也。" 九三

曾曰："予论古文总须有倔强不驯之气、愈拗愈深之意，故于太史公外独取昌黎、半山两家；论诗亦取傲兀不群者。" 九四

曾曰："邵尧夫虽非诗之正宗，而豁达、冲淡二者兼全。" 九五

曾曰："文境，阳刚之美曰雄直怪丽，阴柔之美曰茹远洁适。" 九六

曾曰："少陵五古笔阵之妙，绝似《史记》。"② 九七

曾曰："宣公文无一句不对，无一字不谐平仄，无一联不调马蹄。而气势之盛，方驾韩、苏，剖析事理精当则非韩、苏所及。" 九八

曾曰："举世非之而不惑，乃退之平日制行、作文宗旨。" 九九

曾曰："文章之道，以气象光明俊伟为最难而可贵：如久雨初晴，登高山而望旷野；如楼俯大江，独坐明窗净几之下而可以远眺；如英雄侠士，裼裘而来，绝无龌龊猥鄙之态，此三者皆光明俊伟之象。文中有此气象者，大抵得于天授，不尽关乎学术。自孟子、韩子而外，惟贾生及陆敬舆、苏子瞻得此气象最多。阳明之文虽不甚渊雅，而亦有光明俊伟之象。" 一〇〇

李养一曰："欲宗两汉，非自骈体入不可。今日之所谓骈体者，以为不美之名也，而不知秦汉子书无不骈也。" 一〇一

李曰："骈体宜导源《国语》及先秦诸子，而归之张、蔡、二陆，辅之以子建、蔚宗，庶几风骨高严、文质相附；齐、梁绮丽，都非正声。" 一〇二

李曰："昌黎始变法，裴中丞深讥切之。世徒慑于韩，莫申裴论。其实古所谓文者，温润缜密，有玉德焉，未有佻佹、鄙塞、躁剽而可以为文者也。" 一〇三

龚定庵曰："古之民，莫或强之言也。忽然而自言，或言情焉，或言事焉，言之质弗同，既皆毕所欲言而去矣，后有文章家强尊为文章祖。彼民也，生之年意计岂有是哉！"礼按：此论甚高。 一〇四

---

① 庄、柳、苏、黄、韩、孟、白、陶、杜、陆指庄周、柳宗元、苏轼、黄庭坚、韩愈、孟浩然、白居易、陶潜、杜甫、陆游；傅疑有误。

② 第八十、八一、八八、八九、九一、九二、九四、九五、九七等各条均为《六斋论文》所不载。

熊次侯曰：“昌黎《原毁》诸篇，实为制义所自出。”　　　　一〇五

熊曰：“为制义苟求其至，未有不能为古文而为之，亦未有不穷达生死于其中、而为之而传者也。”　　　　一〇六

熊曰：“文之近人情而早有誉者，非其至者也。”①　　　　一〇七

熊曰：“山水之始，必有昆仑、龙门，而后流衍而为东南之澄江、秀嶂。文章之始，必有周秦、两汉，而后洋溢而为唐、宋以来之大家。盖立基于厚，犹恐其薄，立基于薄，何以复厚！”　　　　一〇八

顾亭林曰：“韩文公文起八代之衰，若但作《原道》、《原毁》、《诤臣论》、《平淮西碑》、《张中丞传后序》诸篇，而一切铭状概为谢绝，则诚近代之泰山、北斗矣，今犹未敢许也。”　　　　一〇九

黄黎洲曰：“今人胸中无整段书描写，得欧、曾一二曲折，便以作者自命，不亦可愧乎。”　　　　一一〇

黄曰：“以一章一体论之，有明未尝无韩、杜、欧、苏、遗山、牧庵、道园之文。若成就以名一家，则如韩、杜、欧、苏、遗山、牧庵、道园之家，有明固未尝有其一人也。议者以震川为明文第一，似矣。试除去其叙事之合作，时文境界间或阑入，较之宋景濂尚不能及。此无他，三百年人士之精神专注于场屋之业，割其余以为古文，其不能尽如前代之盛者，无足怪也。”　　　　一一一

黄曰：“以某所选《明文案》，与《昭明文选》、《唐文粹》、《宋文鉴》、《元文类》并列，文章之美似为过之，良由不名一辙，惟视其一往情深，从而捃摭之。今古之情无尽，而一人之情有至有不至，凡情之至者，其文未有不至者也。则天地间，街谈巷语，邪许呻吟，无一非文，而游女、田夫、波臣、戍客无一非文人也。试观三百年来集之行世、藏家者不下千家，每家少者数卷，多者至于百卷，其间岂无一二情至之语？而埋没于应酬讹杂之内，堆积几案，何人发现？即视之，而陈言一律，旋复弃去，涤其雷同，至情孤露，不异援溺人而拯之也。”②　一一二

黄《文案序》下力诋何、李、王、李四家③之说，颇嫌失平。

　　　　一一三

黄曰：“东坡以黄茅白苇比王氏④之文，余以为不独王氏也。濂、

---

① 第一〇一、一〇五、一〇六、一〇七等条为《六斋论文》所未刊。

② 该条，《津逮·选家类》第一章曾加申论。

③ 四家指明代何景明、李梦阳、王世贞、李攀龙。

④ 此王氏指宋王安石。

洛崛起之后，诸儒寄身储胥、虎落之内者，余读其文集，不出道德性命，然所言皆土梗耳。高张凡近，争匹游、夏，如此者十之八九，可不谓之黄茅白苇乎！其时永嘉之经制、永康之事功、龙泉之文章，落落峥嵘于天壤之间，宁为雷同者所排，必不肯自处于浅末。近时文章家共推归震川为第一，已非定论，不过以其当王、李之波决澜倒，为中流之一壶耳。然震川之所以见重于世者，以其得史迁之神也。其神之所寓，一往情深，而纡迴曲折次之。顾今之学震川者不得其神，而求之于枯淡。夫春光之被于草木也，在其风烟缥渺之中，翠艳欲流，无迹可寻。而乃执陈根枯干以觅春光，不亦悖乎！当王、李充塞之日，非荆川、道思与震川起而治之，则古文之道几绝。逮启、祯之际，艾千子雅慕震川，于是取其文而规之、而矩之，以昔之摹仿于王，李者摹仿于震川。今日时文之士主于先入，改头换面而为古文，竞为摹仿之学，而震川一派遂为黄茅白苇矣。古文之道，不又绝哉！"　　　　　　　　　　　　一一四

黄曰："文章不论何代，取而读之，其中另有出色，寻常经营所不到者，必传文也。"①　　　　　　　　　　　　　　　　一一五

侯朝宗曰："大约秦以前之文主骨，汉以后之文主气。秦以前之文：若六经非可以文论也，其他如老韩诸子、《左传》、《国语》、《战国策》，皆敛气于骨者也。汉以后之文：若《史》、若《汉》、若八家，最擅其胜，皆运骨于气者也。敛气于骨者如泰、华三峰，直与天接，层峦危磴，非仙灵变化，未易攀陟，寻步计里，必蹶其趾。姑举明文如李梦阳者，亦所谓蹶其趾者也。运骨于气者，如纵长江大海间，其中烟屿星岛往往可自成一都会；即台风忽起，波涛万状，东泊西注，未知所底，苟能操柁舵星，立意不乱，亦自可免漂溺之失，此韩、欧诸子所以独嵯峨于中流也。六朝选体之文最不可恃，士虽多而将器，或进或止，不按部伍，摧锋陷敌若徒恃此，鲜有不败。高者又欲舍八家，跨《史》、《汉》而趋先秦，则是不筏而问津，无羽翼而思飞举，岂不怪哉！"　　一一六

彭躬庵曰："文人之文与志士之文本末殊异：文人志在希世取名，即深自矜负，正其巧于容悦；间或谈世务、植名教，文焉而已，以文非此固不传也。俳优登场，摹拟古人，俯仰毕肖，观者抚手，悲愉递出；及其既过，彼我判殊，了不相及。志士之文，如乐出虚，如蒸成菌，有大气以鼓之，一任其天倪自动。其嬉笑怒骂以至痛哭流涕，无不有百折

───────────

①　一一〇、一一一、一一三、一一五等条未刊于《六斋论文》。

不挫之愚诚贯沏中际，不知世目非笑之为非笑。此即立韩、欧、班、史于其前，肖之则赏，不肖则随乎刑，要亦不能强其所不同以求必肖，况下此区区者乎！"① 　　　　　　　　　　　　　　　　　　　　　　一一七

魏叔子曰："文有得水分者、有得山分者：子瞻，水分为多，故波澜动荡；退之，山分为多，故峰峦峭起。" 　　　　　　　　一一八

施愚山曰："李于鳞生平非先秦、两汉书不读，其诗、古文高自称引；及王元美所标榜，颇失之太过。要之，非近代小家所能措手，固万夫之雄也。" 　　　　　　　　　　　　　　　　　　一一九

王阮亭曰："唐文气劲而节短，其失也嵬琐而诡僻。宋文气舒而节长，其失也啴缓而俗下。" 　　　　　　　　　　　　一二〇

郑静庵曰奎曰："古今人物诗文，与其从同而伪，何如独往而真。" 　　　　　　　　　　　　　　　　　　　　　　　　一二一

邵青门曰："吾得其所为不变者：不左，不史，不班、范，不韩、柳、欧、苏，而不可骇其创也；吾得其所为至变者：即左，即史，即班、范，即韩、柳、欧、苏，而不可訾其袭也。"② 　　一二二

黄黎洲曰："唐以前句短，唐以后句长；唐以前字华，唐以后字质；唐以前如高山深谷，唐以后如平原旷野。故自唐以后为一大变，然而文之美恶不与焉，其所变者词而已，其所以不可变者，虽千古如一日也。" 　　　　　　　　　　　　　　　　　　　　　　一二三

全谢山曰："文章之事，不特藉山川之助，亦赖一时人物以玉成之。欧阳兖公当有宋极盛之时一时名流皆极《九等人表》之最，而兖公尽收之于文字间。梨洲先生产于百六之际，百年中阅历人物，视兖公有过之而无不及，兖公当其盛，故哆焉者如春，先生当其衰，故噫焉者如秋。" 　　　　　　　　　　　　　　　　　一二四

刘海峰曰："文章者，艺事之至精。而八比之时文，又精之精者也。立乎千百载之下，追古圣之心思于千百载之上而从之，圣人愉，则吾亦与之为愉焉，圣人戚，则吾亦与之为戚焉。" 　　　　　　一二五

钱竹汀曰："望溪波澜意度颇有韩、欧阳、王之规模，惜其未喻古文义法。夫古文之体，奇正、浓淡、详略本无定法，要其为文之旨有四：曰明道、曰经世、曰阐幽、曰正俗，有是四者，而后以法律约之，夫然后可以羽翼经史，而传之天下后世。至其亲戚故旧聚散存殁之感，

---

① 　该条，《津谈·词章类》第九章曾略加申论。
② 　指左丘明、司马迁、班固、范晔、韩愈、柳宗元、欧阳修、苏轼。

一时有所寄托而宣之于文，使其姓名附见集中者，此其人事迹原无足传，故一切阙而不载，非本有可纪而略之，以为文之义法如此也。方氏以世人诵欧阳公：王恭武〔王武恭〕、杜祁公诸志，不若黄梦升、张子野诸志之熟，遂谓功德之崇，不若情词之动人心目，然则使方氏援笔而为王、杜之志，亦将舍其勋业之大者而徒以应酬之空言了之乎！六经、三史之文，世人不能尽好，间有读之者，仅以供场屋恒饤之用，求通其大义者罕矣！至于优伶之演传奇，情词动人心目，虽里巷小夫、妇人，无不为之歌泣者，所谓'曲弥高则和弥寡'，读书之熟与不熟，非文之有优劣也。以此论文，其与孙鑛、林云铭、金人瑞之徒无异！文有繁有简，繁者不可减之使少，犹之简者不可增之使多。《左氏》之繁，胜于《公》、《谷》之简，《史记》、《汉书》互有繁简，谓文'未有繁而能工'者，非通论也。盖方所谓'古文义法'者，特世俗选本之古文，未尝博观而求其法也。法且不知，义于何有？昔刘原父讥欧阳公'不读书'，原父博闻，诚胜于欧阳，然其言未免太过。若方氏乃真不读书之甚者，所得者古文之糟粕，非古文之神理也。王若霖言灵皋'以古文为时文，却以时文为古文'，方终身病之，若霖可谓洞见垣一方症结者矣。"

一二六

姚惜抱曰："诗境大处，勤心静求，忽然悟入，或半年便得，或一年乃得，或终身不得；诗律细处，精意读书可以必得，然非数年之深功不能。文章之虚，可速而不可必；学问之实，可必而不能速。"[1]

一二七

纪文达曰："试律体虽卑，其法实与诗通：气不炼，则雕镂工丽仅为土偶之衣冠；神不炼，则意、言并尽，兴、象不远，虽不失尺寸，犹凡笔也。大抵始于有法而终于以无法为法，始于用巧而终于以不巧为巧，此当寝食古人，培养其根柢，陶铸其意境，而后得其神明变化、自在流行之妙，不但求之试律间也。"

一二八

纪曰："史莫善于班、马，而班、马不能为《尚书》、《春秋》；诗莫善于李、杜，而李、杜不能为三百篇；此关乎气运者也。"礼按：此论似是而非。[2]

一二九

纪曰："文章家有趋风尚者，有变风尚者，有了然独立、我用我法，于风尚之外自为一途者。"

一三〇

纪曰："文章格律与世俱变者也。有一变必有一弊，弊极而变又生

---

[1] 《津谈·词章类》首章提及"勉采方，姚数条"，即此。
[2] 参《津谈·选家类》第六章。

焉，互相激、互相救也。唐以前无论矣，唐末诗猥琐，宋杨、刘①变而典丽，其弊也靡；欧阳再变而平畅，其弊也率；苏、黄三变而恣逸，其弊也肆；范、陆②四变而工稳，其弊也袭；四灵③五变，理贾岛、姚合之绪余，刻画纤微；至江湖末派流为鄙野，而弊极焉；元人变为幽艳，昌谷、飞卿遂为一代之圭臬。诗如词矣，铁崖矫枉过正，变为奇诡，无复中声。明林子羽辈倡唐音，高青邱辈讲古调，彬彬然始归于正。三杨④以后，台阁体兴，沿及正、嘉，善学者为李茶陵，不善学者遂千篇一律、尘饭土羹。北地、信阳挺然崛起，倡为复古之说：文必宗秦汉，诗必宗汉魏、盛唐，踔厉纵横，铿锵震耀，风气为之一变，未始非一代文章之盛也。久而至于后七子⑤，剿袭摹拟，渐成窠臼，其间横轶而出者，公安变以纤巧，竟陵变以冷峭，云间变以繁缛，如涂涂附，无以相胜也。国初变而学北宋，渐趋板实，故渔洋以清空缥缈之音变易天下耳目，其实亦仍从七子旧派神明运化而出之，吴修龄目以清秀，李于鳞衔之终身，以一言中其隐微也。故七子之诗虽不免浮声而终为正轨，吐其糟粕，咀其精英，可由是而盛唐、而汉魏；惟袭其面貌，学步邯郸，乃至如马首之络，篇篇可移，如土偶之衣冠，虽绘画而无生气耳。"—三一

　　纪曰："自前明正德、嘉靖间，李空同诸人始以摹拟秦汉为倡，于是人人皆秦汉，而人人之秦汉实同一音。茅鹿门诸人以摹拟八家为倡，于是人人皆八家，而人人之八家又同一音。模造面具，其斯之谓欤！久而自厌，渐辟别途，于是钟伯敬诸人以冷峭幽渺求神致于一字一句之间，陈卧子诸人更沿溯六朝，变为富丽，左右佩剑，相笑不休。数百年来，变态百出，实则此四派迭为盛衰而已。夫为文不根柢古人，是倜规矩也；为文而刻画古人，是手执规矩，不能自为方圆也。孟子有言：'梓匠轮舆，能与人规矩，不能使人巧。'是虽非为论文而设，而千古论文之奥尽于此矣。夫巧者心所为，心所以能巧。则非心之自能为。学不正则杂，学不博则陋，学不精则肤，杂而兼以陋且肤，是恶能生巧！即恃聪明以为巧，亦巧其所巧，非人之所谓巧也！惟根本六经，而旁参以子史集，使理之疑似，事之经权，了然于心，脱然于手，纵横伸缩，惟

---

① 指杨亿、刘筠及其西昆体。
② 指欧阳修、苏轼、黄庭坚、范成大、陆游。
③ 指徐照、徐玑、翁卷、赵师秀。
④ 指台阁体的代表作家杨士奇、杨荣、杨溥。
⑤ 指李攀龙、王世贞、谢榛、宗臣、梁有誉、徐中行和吴国伦。

意所如而自不悖于道，其为巧也，不有不期然而然者乎！" 　　　一三二

汪大绅曰："文须从自己胸中流出，盖天盖地去，不如是不足以为文。"① 　　　一三三

罗台山曰："为文之道，昔人一言尽之曰'文从字顺'而已矣。有伦之谓从，以言其理察也；有序之谓顺，以言其思周也；理察而思周，斯其言足以达天德、明王道，自六经、四子以降，独有唐韩愈氏、宋曾巩氏为能契之！" 　　　一三四

彭尺木曰："予读佛经而得为文之旨焉：旋乾转坤，沐日浴月，《华严经》之文也。万斛原泉，千寻飞瀑，《般若经》之文也。空山鹤唳，静夜钟声，《四十二章遗教经》之文也。虽然，有本焉：大智，心所成就故；大悲，心所成就故。前二者之文，予志焉未之逮也，或仿佛其影响者，其后之文乎！" 　　　一三五

彭曰："夫文之为道微矣！顾自南宋以来，知言之士取足以达意而止，亦未始非圣人之训。然而主父谲谏，风人之指也，朱弦而疏越，一唱而三叹，古乐之遗也，是则'达'之为言，殆未足以尽文之变也。" 　　　一三六

彭曰："予读震川归先生文，爱其称心而言，汪洋澹泊，独深于性情之际。" 　　　一三七

谢振定曰："六经为载道之文，亦秉情酌理之文也。三代以还，言文者推《左》、《庄》、《骚》、《史》，而不相为袭，秦、汉、唐、宋以迄于今，代有名家，而衷于道者传焉，情之至者亦传焉。然道或可假托，而情不可以伪，为《左》、《庄》、《骚》、《史》以及历代名家之文，其亦言情而已矣。情达而道在是焉，其外乎道以言情者，抑又不足道也。" 　　　一三八

顾景星曰："李献吉劝人勿读唐以后书，亦犹退之非三代、两汉之书不敢观云尔。原其意，盖欲初学熟周秦、两汉之气，不使后来文格猾其闻见，岂真令人不睹唐以后之史若集哉！" 　　　一三九

顾曰："凡物有质则滞于用，惟心之用不滞于质，如风如火，风有模乎？火有范乎？诗文者，心用之至神也。以模、范言诗文，是犹模风而范火也。模风范火，以语天下之至神，吾不信也。"② 　　　一四〇

---

①　此条，《津谈·词章类》第十六章有赞同语。

② 　《津谈·词章类》第十一章有申论。

顾曰：“辞生于情，声生于辞，初非以辞合声而后谓之乐府也。”

一四一

顾曰：“今夫里巷比邻，朝暮所习，一旦妇姑反颜、兄弟阋墙，其是非曲折，不得以隔垣之人断之。至于百里内外，亲戚控诉，信使往来，其情实益难得也。至于千里内外，道路传闻，情实更难得矣。况千载以上陈编所著，从而吹毛求疵，矗是矫非，更立为论，岂不多事已哉！”

一四二

顾曰：“论者，古人因时对症，有为而作，所谓‘借他酒杯自浇礌块’，实与过去白骨无干。天下古今，事势万端，涉世极深，读书极富，不能得其情状，奈何令初学置喙！”

一四三

计甫草曰：“圣人之道载于六经，学者能从经见道而著之为文，不使经与道与文三者析而不可复合，则可谓善学矣。明二百八十年中，文章可宗式者独归熙甫、王道思。”

一四四

徐世溥曰：“古今大矣！谈诗者何必斤斤于盛唐之似不似，以桎梏夫人之能也哉！”

一四五

赵秋谷曰：“中有所得者不依倚乎世，故能立异同。自古文人才士未有扶同天下之人而能不朽于后世者也。”

一四六

方文辀曰：“昌黎盖祖左、史、扬子云，而以刘向、班固辈为其族。”

一四七

方曰：“文至于适焉止矣。柳子厚云‘与道大适’。李习之云‘辞与意适’。”

一四八

沈归愚曰：“有明中叶，一二巨公倡导天下，谓作文当师秦汉，句取其拗，字取其僻，其病在袭。于是诋諆其后者，救之以唐、宋八家，以平坦矫其拗，显易矫其僻，其病在庸。而诋諆者又随其后。嗟乎！根本之不求，而求之面目形体，此亦一是非，彼亦一是非，吾知相訾无已时也。”

一四九

罗台山曰：“陆、王二先生，世儒号为不读书、守空寂，诋之为禅；而二先生之文包孕事理，有条而不紊。‘道胜者，文不难而自至。’欧阳子之言其信已！”

一五〇

朱梅崖曰：“柳子厚文：树骨左、马，采神《骚》、《縠》，涵掩韩非、贾谊、子云、相如诸家，取源甚富，即西京亦少其敌，不论异代也。特其崖岸太峻，稍乖平直康正之体，以之载道，颇似未宜，要其文自卓绝也。近世有人以宋末训诂之遗为腐木湿鼓之音，不解柳文，妄肆诋谋，其言尤怪诞、痴儓可笑。盖亚髯泥埴而訾虎豹之炳蔚，不知者嗤其妄，知者乃深哀其愚也。悲夫！积一生之力，精治古文，不知好学深思以增益其所未足者，而长伪饰骄将以愚人，其究自愚而已！"　一五一

朱曰："欧、苏、曾、王，各自名家。驯至姚牧庵、虞伯生，渐合源流，至震川而益备。向时志意高，颇轻视之。今阅历久而心降，始知前辈之未易及也。"　一五二

朱曰："我朝侯、魏、汪、姜①诸家皆杰出者，然视元、明皆不及。邵青门、储画溪、方望溪益求真素而颇病肤浅。"　一五三

段若膺曰："古之神圣贤人作为六经之文，垂万世之教，非有意于为文也，而文之工侔于造化。"　一五四

焦理堂曰："诗亡于宋而遁于词，词亡于元而遁于曲。"　一五五

陈寿祺曰："治文词而不原本经术，通史学而不究当世之务，则其言不足以立。"　一五六

方望溪曰："北宋人志铭，欧公而外惟介甫为知体要。"　一五七

方曰："管、荀、韩非子之文，排比而益古，惟退之能与抗行。自宋以后，有对语则酷似时文，以所师法至汉、唐之文而止也。"　一五八

沈归愚曰："诗不可无法，乱杂而无章，非诗也。然所谓法者，行所不得不行，止所不得不止，而起伏照应、承接转换，自神明变化于其中。若泥定此处应如何、彼处应如何，则死法矣！"　一五九

沈曰："诗贵浑浑浩浩、元气结成，乍读之不见其佳，久而味之，骨干开张，意趣洋溢，斯为上乘。"　一六○

沈曰："新城王阮亭尚书选《唐贤三昧集》，取司空表圣'不着一字，尽得风流'、严沧浪'羚羊挂角，无迹可求'之意，盖味在酸咸外也；而于杜少陵所云'鲸鱼碧海'、韩昌黎所云'巨刃摩天'者或未之及。余因取杜、韩语意定《唐诗别裁》，而新城所取亦兼及焉。"　一六一

沈曰："诗必原本性情、关乎人伦日用及古今成败兴坏之故者，方为可存，所谓其言有物也。如王次回《疑雨集》之类，最足害人心术！"　一六二

沈曰："诗不能离理，然贵有理趣，不贵下理语。"②　一六三

---

① 指侯方域、魏禧、汪琬和姜宸英。

② 一一九、一二五、一三三、一三七、一四一、一四三、一四五、一四六、一四七、一四八、一五○、一五二、一五三、一五五、一五六、一五七、一五八、一六○、一六二、一六三等条未刊于《六斋论文》。

筹边三策
（1894 年 11 月）

　　壬辰夏，宋子如燕，上书合肥使相数千言，附质所著《六字课斋卑议》数万言。感相公凤麟之知，饥寒之拯，未获所报，居间太息。明年，相公开西医学堂，许化制公司专利，宋子喜所议一二行，上书请奏开民政学堂，分农、商、礼、律课士，学成用为六部之属、州县之长，以救腐儒帖括、俗吏刀笔之祸，以新国政，以幸生民。又极论海军弊，斥闽党，画更张，相公谢焉。

　　俄而，东藩难作，诸将出师。客谓宋子曰："扬威外域，在此举乎？"宋子叹曰："朝鲜去矣！外悍内怯，胜可期乎？夫外悍必苦民，内怯必惊敌，苦民惊敌，朝鲜去矣。"俄而平壤大败，敌骑长驱，边境连失，沿海戒严，宋子方闭户握管，尺寸周、汉诸子。客谓宋子曰："不幸而君言中，大局危矣！俄、英助倭，将若之何？"宋子叹曰："不幸而吾言中，然而大局不危，俄、英其必密助我矣！"客曰："俄、英助我，亦有说乎？"宋子曰："理则然也。夫俄蓄东略之图，英惜通商之入，其必忌俄而助我矣！"客曰："然则倭可臣乎？"宋子曰："天兵压境，强邻交忌，财尽气竭，其臣我哉！虽然，不得其策，臣之盖难！"客曰："俄、英助我，无后患乎？"宋子叹曰："是何言欤？虽然，苟得其策，可以无患。"客问其策。宋子谢曰："不在其位，不谋其政。"客曰："不然，夫知必不行而姑言者，忠之至也。食毛践土，可忘忠乎？君姑言之！"宋子谢曰："君言是也，吾姑妄言之，君姑妄听之。"著《筹边三策》。

光绪甲午孟冬东瓯宋存礼燕生自序

　　一、宜变通团练办法以新军制而助吏治也。查湘淮军起团练，平大难，军制之善，虽胜旗、绿，较之西国，相去尚远。盖西国将卒皆出学校，湘淮军则将虽知方，卒仍乌合，乌合之卒难敌学校。日本小国，固不足惧，俄、英、荷、法密迩四边，军制不新，何以御侮？自强之源尤在吏治，变通团练庶有益乎！变通之法大纲十一：每省设一团练大臣，由该省绅士公举，不拘阶职，假以重权，筹饷编丁，因地酌办，一也。府、厅、州、县各设团长，原籍公举，团臣札委，文武印官不得掣肘，二也。责各团臣多开陆军、海军学校，经费许其指拨，三也。团臣所驻，令开礼贤馆以收俊杰，四也。又令开译书馆以译西书，五也。又令开招抚局以解散哥老会匪，六也。团长所驻设判事所，劫窃殴案，惮告印署或印署枉纵者，许向判事所求团长审办。采英国如力法：置公民同审，不许用刑逼招，七也。又设藏书公所以展寒士眼界，八也。废保甲局，局务悉归团长，九也。印署胥役、关卡司巡，防绿兵勇有倚势虐民者，许团长提惩，十也。俟团练起色，渐裁绿营，员缺兵额即以团长易武员团丁作额兵，十一也。十一者，大纲也。能行此十一者，则军制、吏治表里补救，俄、英、荷、法不畏也，何畏乎区区之日本？！

一、宜提经费数十、百万，多发密使，假作商人，藏带文檄前往日本，阴察彼中之情，广施离间之计，以动其内乱而极我天威也。查日本为数千年一姓相传之国，君臣官民气最固结。然自其君变法以来，通国之学业顿新，民主之议论随起，著书结党，待时思逞，兵连财伤，怨嗟必兴，此其内乱可动者一也。德川将军①累叶专政，长萨诸侯仍世拥土，被废投闲，岂无郁郁？此其内乱可动者二也。虾夷顽悍，旧苦厥边，琉球忠质，原属于我。自其君抚虾夷而置道，兼琉球以为县，虽颇安定，或为浃洽，俄之波兰，实相近似，此其内乱可动者三也。大鸟圭介以数月下朝鲜、渡鸭绿、破旅顺、逼辽阳，我之深仇而彼之雄将也。立不赏之功，挟震主之略，易招嫉忌，或怀危惧，此其内乱可动者四也。动之之术亦有四焉：令密使挥金交其民主党魁，说之乘机叛。密布文檄于其都邑，援法国助美叛英创民主故事，许以天兵助其党改日本为民主国，一也。令密使说其华族中之不驯者乘机叛，亦许以天兵助其复权，二也。令密使北诱虾夷叛，南激琉球立昔王裔，三也。令密使散流言，谓圭介有帝朝鲜志，复赂彼中游士说圭介自请永监朝鲜，四也。四术行，内乱动，然后大举东征，要以割地偿费，犹反手也。

一、宜创开经略府于朝鲜，破格拔一奇才授为经略朝鲜全权大臣，夺李氏政，存号给禄，以便更张而固吾圉也。查朝鲜为俄倭必争之地非及今日，自夺李氏政权而更张之，终将夺于俄、倭。然李氏主朝鲜五百

---

① 指德川幕府，始于 1603 年德川家康任征夷大将军，在江户城设立幕府，至 1867 年德川庆喜辞职为止，历时 265 年。

余载，先德在人，又极恭顺，义不可灭，今欲夺政更张，首术有十四焉：诏谕朝人以今王暗弱，难制外域，用置大臣，代理国政。与约李氏王号世袭，居宫养尊，宫内岁费仍旧永给，一也。我祖宗特许朝人蓄发唐服，申明永遵，二也。与约除经略府大小职官参用满、汉、朝人外，余悉仍旧永用朝人，三也。李氏宗戚爵禄仍旧，其任职者察贤否罢留之，四也。鲜于氏、朴氏、王氏均许仍旧世袭守陵，五也。被兵地方免赋五年，六也。纵兵骚扰平壤等处之将解往原处正法以谢朝人，行查被掠之户给恤，妇女死者请旌，七也。放官妓，除田禁，悉削诸不便民之律，八也。开鸿博科，征八道名士集汉城，试以经史时务之学，优者破格官之，九也。大兴学校，令民无论贫富男女皆读书，十也。开上议院于汉城，择其贵族中有学识者充议员，会同经略议政，经略如有不法，许议员奏请易人，十一也。每县各设议员，令本县举户公举，会同县令议县政，十二也。经略奏请必行，不发部议，十三也。经略府岁费：五年以内暂由部拨，五年以外筹之于朝，十四也。首行此十四者于朝鲜，徐图新民之细目，则十年内外朝鲜必盛，朝鲜盛则吾圉固，而北可以拒俄，南可以制倭矣！

祭外伯舅孙琴西师文①
(1894 年 12 月 21 日)

永嘉之学，陈、叶其尤。人亡绪坠，七百春秋。天遣先生，崛起荒陬。表章遗书，文与之侔。

武昌张氏②，亦法韩、欧。晋、齐主盟，唐、宋尚友。正声金石，异光斗牛。贱子昔侍，宗论略受。复喜武昌，尘埃握手。

别穷河源，旁览泽薮。刻意创新，效颦惭旧。李翱俟质，勾践方游。抱挟微志，说干诸侯。远征如前，深斥姬后。众醉独醒，一然九否。临淮相公，不我迂谬。悯凤失所，嗟麟何求。礼颜开午，食客充刘③。蝗黍畏讥，雀环图酬。越职陈弊，借箸献筹。

府主谦让，宵人嫉诟。元元誓拯，区区敢负。东藩西属，默许误久。

---

① 据原稿选录，着重点原为圆圈。
② 指张裕钊，庚寅五月廿五日访张于武昌。
③ 上八字第三稿为"闲教赋禄，撰述排忧"。

约假发难，传戒含垢。如何多士，轻诋老谋。知暗彼己，议激戈矛。横挑强邻，累丧边州。分陕可悲，孤忠莫剖。腐儒交弹，俗吏掣肘。

感叹中夜，谢病扁舟。扁舟发燕，雪惨云愁。楚客传语，武昌山丘。西泪未干，又洒东瓯。东瓯此时，千林桔柚。桔柚岁黄，大师永幽。不忍睹物，吴域淹留。向风遥奠，海波悠悠。呜呼哀哉！①

书陈蛰庐《治平通议》后
（1895 年 3 月）

宋室南渡，瓯学始盛。陈、叶诸子，心期王佐，纯于永康，实于新安。新安师徒，外强中鄙，阳述孔、孟，阴祖商、李，媚上专权，抑制殊己。闽党横行，百家畔降，而瓯学亦几绝矣。

国朝右文，鸿儒稍出。瓯僻人荒，吾师孙太仆、学士兄弟始表章乡哲遗书，勉英绍绪，瓯学复振。

蛰庐先生少好名、兵、纵横、词赋家言。渐进儒家，力追乡哲，长恕龄十余。恕童居飞云江南，深慕先生在江北创求志社、利济医院。戊子、己丑间始获密接，纵谈政教每连宵昼。然恕自信甚，不合即面折，声色俱厉，先生不罪，反益扬许。嗟乎！昔由喜告过，赐谢知十，杏坛之风，庶存蛰庐欤！

辛卯一别五祀，顷赴春试，访恕沪滨，示所著《治平通议》。其说与恕戊子所著《高议》、辛卯所著《卑议》离合半，然同归仁民。其博征经史，条理井然，冯氏《抗议》所勿逮也。

然恕敢有诤焉：周后明前，儒家兴西，法家炽东，董、韩、苏、程之伦②，莫不以法乱儒，长夜神州，孤识隐痛。先生兹议，辨界儒法，似犹未精，岂惮骇习士，姑杂叔世语欤？然恕私惧书播海外，或被山鹿、物氏者流征致不满③，将非美之憾欤？《传》曰："智者千虑，必有一失；愚者千虑，必有一得。"以一得诤一失，古之道乎！先生必乐闻之！

光绪乙未二月，六字课斋主人世愚侄同郡宋恕嗣素谨书后。

---

① 原稿末注："三十七韵，十六奇，廿一偶。"
② 指董仲舒、韩愈、苏轼、程颐。
③ 指山鹿义矩、物茂卿。

拟光绪皇帝罪己诏①
（1895 年 6 月下旬）

朕闻《诗》曰："敬之敬之，天惟显思，命不易哉！"朕以凉德，嗣先人基。遭世多难，因循苟安。邦本不固，轻结邻怨。丧师失地，惭奉烝尝。幸借君灵，合成二国，嫌捐侵归，感极涕零，今知罪矣。呜呼！将矢于庙，与民更始，敢告同盟，惟矜海之！

朕闻天生民而树之君，君勤民而设之官。民气之郁，由官邪也。自朕即位，疮痍甫复，尚有老成，未能专任。公卿侍从，罕涉经史，郡守邑令，多不识字。昏傲贪残，何止十九，威尊命贱，欲诉无门。② 使越鸟寡南枝之恋，秦鹿有共逐之兆，此朕之罪也。

兵以卫民，岂宜反扰。顷旗、绿废弛，召募盛行。驱集莠徒，难言纪律。朕慕汤武仁义之旅，钦西方节制之风。而兵学未开，营章不改，带甲暴横，军兴滋甚，焚屠淫掠，千里萧条，使边氓痛心，报仇引敌，关隘尽破，蹙我祖疆，此又朕之罪也。

四民之业，以士为首。赤县学术，曩冠亚洲。自经政劫③，华风渐戎，刘、李贤主，谦让序校。重以五季、金元之乱，益以朱明八比之愚，洙泗真传，不绝如缕。④ 我祖宗征讨鲜暇，礼乐有待。及朕之世，当急修文⑤，而养士之费，教士之区，较诸大国未能百一，使朝野有乏才之嗟，旁观有仍陋之诮，此又朕之罪也。⑥

祖宗重农，厚泽浃髓。然田家疾苦，莫能自达，乐岁无乐，矧值凶荒。自朕即位，频年水旱，老弱转于沟壑，壮者散为盗贼，不计其数，悲孰甚焉！而未求种植之新书，不讲蓄泄之良法，徒恃截漕蠲赋之恤，无救易子析骸之惨，此又朕之罪也。

士农工商，缺一不国。抑末之议，起于法家。汉阴之说，见讥孔

---

① 　该诏应孙宝琦、孙宝瑄等人请求代拟，作为"力劝合肥坚请更法"的准备文件。原稿有初稿、改稿、清稿，现据清稿录出。

② 　上八字原作"百万虎狼，纵噬良懦，元元疾苦，壅于无门"。

③ 　四字原作"自始皇坑焚"。

④ 　此下原多"文明古族，几等狂獠"八字。

⑤ 　上八字原作"及朕之躬，东西交聘，人文开畅，而因陋就简，不务新民"。

⑥ 　以下原多一段："周重工政，孔讥抱瓮，机器制造，古圣所尚。朕知西方机器之精，制造之美，而不开专塾，不设特科，使天地奇自然之藏，外人夺布帛之利，此朕之罪四也。"后删。

子。自朕即位，国工无称，商战愈北，而艺塾未创，市权□□，税厘重困，捐借刑逼，使财源患竭，十室九空，此又朕之罪也。

呜呼！朕今知罪矣。每忆《春秋》□□自亡之旨，师□"肆于民上"之言，大惧获罪于天，求为匹夫而不可得。盖昔晋、楚争郑，邲之役，晋违随会而败①，鄢陵之役，楚违叔时而败。②今朝鲜，郑也，东邻，邲之楚也，所谓德、刑、政事、典礼不易而不可敌者也。朕误信先毅，以有兹悔。虽然，朕今诚知罪矣！朕昔如梦，朕今如觉，朕昔如醉，朕今如醒。即与民约：一切更始！惟愿大君主/民主矜其未尝学问，诲以治平长策③，则岂惟朕之幸，其我祖宗之灵实式凭之！其我满、蒙、汉、回、苗、藏、黎、僚诸族之民实仰企之！

《诗》曰："战战兢兢，如临深渊，如履薄冰。"朕今之谓矣！④

批高任之文稿⑤
（1895 年 8 月 7 日）

《盖公论》批

刘氏起盗贼，任□法。平阳为相，饮酒不事事，颇得缓民须臾之意。作者讥之，不切□世。

《申屠嘉论》批

起数语，时文气□重。

《唐宋相业论》批

宣公远胜萧、曹，伯纪远逊宣公，作者尊萧、曹而夷陆、李，大□！

---

① 《左传》宣十二年，邲之战，晋随武子曰："会闻用师观衅而动，德刑政事、典礼不易，不可敌也。"指出楚军"德立刑行，政成事时，典从礼顺，若之何敌之"。详见《十三经注疏》，1878 页。

② 《左传》成公十年鄢陵之战，申叔时事前分析本国情况："今楚内弃其民而外绝其好，渎齐盟而食话言，奸时以动而疲民以逞，民不知信，进退罪也，人恤所底，其谁致死？！"详见《十三经注疏》，1917 页。

③ 原作"惟愿大君主念同盟之谊，拯社稷之危，假我以人与财，□□我以道与法"。

④ 该文谋篇似仿清世祖遗诏："朕以凉德，承嗣丕基……是朕之罪也。……"

⑤ 此为襄校求志书院课卷的批语，原注"六月十七日"。高任□□□□，据《宋恕师友函札》中署名景毓者来函云："读评阅诸生论卷，令人心折。惟逢君一论，批示之处，殊不宜显指□政。吾辈天困，依人毛羽，更当爱惜。……执事卓识鸿议，与若辈语之，未免强聋者听黄钟大吕之音，瞽者睹景星庆云之瑞矣。弟怀殊觉歉然。且诸生之卷□□堂中，亦有不便之处，殊当守居邦之戒！"可以想见外界反映的部分情况。

《荀息论》批

荀息毕竟可嘉，不宜蹈胡致堂论史习气，好以深文责人。

《狄仁杰论》批

梁公屈身则天，保全善类不少，未可厚非。若以事□主为无耻，则子见南子，固有成案。且女淫、男淫一也，世及之主，求其不□者万乃或一。即就李唐论之：太宗淫弟妻，高宗淫父妾，灭伦乱理，几等禽兽，然而房、魏诸公终不失为名臣。污身救民，圣哲所许，梁公犹是也。

中宗乃武后所生，杀其母而奉其子，是奉弑母之人也，是奉淫女之子也。奉弑母之人何以刑天下之弑母者，奉淫女之子何以刑天下之宣淫者。要之，此重公案，若欲杀武后，则必宜废中宗而更立宗贤；若欲奉中宗，则惟有事武后而待其老死。柬之之举，走尚斥其陷人主于不孝。杀母奉子之说起于赵宋，义其所义，大谬天经。作者生文明之世，奈何犹述宋、元学究大谬之论哉？

《论兵权谋》批

图海纵兵掠民，行同盗贼！国初雄将，大率如斯。近时僧格林沁、曾国荃、鲍超辈亦莫不然。此孟子所谓"今之良臣，古之民贼"也。作者奈何称之？与魏默深同病矣！

《论习》批

海屿蛮夷一段议论，大不中理！

神州自秦人师戎翟之法，长夜数千年，成一上下交征利、毫无公理之世界；而泰西政教日新月异，岂但不可与秦后之神州同年语，即持较秦前之神州，亦实远过！作者殆未稍加考求耶?！

《补学斋诗钞》序①
(1896 年 1 月下旬)

有韵之文，诗为一体，莫盛于唐，莫衰于国朝。二百年来，求如明之李、何、王、李且不可得，何其衰也！

吾州山水奇秀，士喜为诗。赵宋中叶，止斋超然，四灵工雅，波澜稍弱。阅年七百，而我先外伯舅瑞安孙太仆以诗震海内外。其诗盖包四

---

①　原稿未见，录自《瑞安文征·诗文征》第七册，《瑞安文征》卷九。

灵，轶止斋，战胜李、何、王、李而追杜、韩、苏、黄。其论诗之精盖出渔洋、秋谷、覃溪、北江、归愚、简斋、晓岚、姬传诸家之上。州士故喜为诗，得大师指授，则争自勉，东瓯遂为海内诗国，瑞安尤盛：几于户诵杜、韩，人谈苏、黄。

胡君蓉村，太仆诗弟子之一也。豪饮好交游，慕任侠，遭世多故，南辱东败，忠愤之气每发于诗，淋漓畅纵类宋放翁，其诸不屑闭门苦吟，步趋四灵者欤！光绪乙未，礼客申浦，君以县宰分吴，役漕来申，示《初集》之全，循诵起舞。抑有感也：曩者太仆之门，林上舍庆衍①最以诗著，亦最好讲世务，最较亲贱子。贱子飘零十载，庚寅楚归而上舍亡，甲午去燕而太仆逝，诗坛荒冷，伤如之何？然太仆、上舍于诗特寄志乃在永嘉之学、小康之治。今公卿大夫不学已极，奏议政令，阳儒阴法，宗其刻薄，反其信必，威尊命贱，讳深饰巧，群宵乐，四民困，酿内乱，召外侮，边衅千里，盗满中原，伤心之故岂惟诗欤？！君固师太仆，友上舍，死生之际言之甚悲，亦岂徒以诗欤？

君以甲科试宰，同门诗人莫不惜君。惜君是也，然苟非诗人，岂能宰县？不能宰县，岂为诗人？所谓能者，异俗之谓，谓其能为民父母也，谓其能以芬芳悱恻之怀少舒狭隘酷刻之惨也。君《集》中有《美洪生驱鹰救雀》②之作，不忍之隐流露篇章，其诸能为民之父母者欤！夫父母之名皆欲居，而父母之实多力避者何也？性欤？势欤？储太祝诗曰："拨食与田乌，日暮空筐归，亲戚更相诮，我心终不移。"如是乃能父母民矣！愿君三复斯言！

外舅夫子瑞安孙止庵先生八十寿诗序③
（1896 年 2 月 4 日）

扶桑以西，昆仑以东，名山水百计，雁荡为最，乃在吾瓯，故吾瓯每数百年必出文学大师。赵代尤盛，陈、叶之文，盖追姬制。更奇渥、朱祀，至国朝嘉、道间，而我外舅止庵先生与先外伯舅琴西先生起瑞安

---

① 参《津谈·聚散类》第三十一章。

② 《瑞安文征》编者注："洪生名锦龙，字幼园，有诗，见《经籍门》，胡氏之弟子也。"

③ 原稿注云："十二月廿一，交普济船带船，胡湘舟手。"下署"受业子婿宋存礼拜献"。另本标题作《恭祝孙止庵先生八十寿诗有序》，下题"宋恕顿首，又联姻弟叶觐岳率男群"。

孙氏学。经史百家师陈、叶，为文雄秀朴茂，语不后宋，识者谓逼陈、叶。然世方惑邪阮李，崇浮徐庾，束《左》、《马》，外《孟》、《庄》；或圣方、姚，哲管、梅，谓陈、叶不入茅《选》，桐城不道永嘉。势应利求，党同伐异，交抑二先生，使名勿赫，然二先生树志孔遒，假文明道，不屑与妄庸争。兄弟怡怡，乐其名之晦也。止庵先生尤务自晦，强壮归田，不复至都。荒江老屋，杜门谢交。虽师生勋望，若前使相曾公国藩、前开府沈公葆桢、今大学士李公鸿章等，必书来乃一答。岩栖胜流，亦鲜通问。文不遍播，获诵者希。以是名尤晦。

初，先生志行永嘉之学，复三代之治，始终翰林冷职，温温无所试，独曾一典试、一督学。拒例馈千余金，戒有司勿宴饯，广南西道①铭歌清德。又曾上疏谏辍学，忧酿乱，弹八旗权贵，慷慨激昂，情词悱恻，识者以是信先生，期为陆宣公、司马温公。其免官也，以痛关市苛征，劾桑梓酷吏②，为民请命，取怒于抚浙使者前大学士湘阴左宗棠。初，湘阴与今大学士合肥李公同时握重兵，讨洪、杨，分牙江、浙。李军首破悍贼，复苏、常、松、太，入越境，克嘉、湖、宁波，助左军平两浙，湘阴怒其功上己，以先生为合肥举主，波怒焉。至是怒甚，以危言要九重，免先生官，先生即日南归，题所处曰"止庵"，决道违世，宁讲于野，衣布饭蔬，萧然授徒，为书谢曾、沈、李诸公勿相引。沈故刻薄，恶儒术，以举主致貌敬，非同志。曾公深于文，爱厥类。李公最知四民疾苦，最先慕海西善政，思君子之儒，甚惜先生归；然避嫌③，遂隐不敢力荐，学者至今为天下惜！

然礼观秦、汉以来，赤县大权操于法家，阳尊儒术，而阴仇之，伪儒奴法，舞乱经义，千龄长夜，真儒例摈，虽如宣公、温公之伦，位至宰辅，然忽用忽舍，用亦群挠，是仍摈也。今之合肥，位亦云尊。徒以悯念元元，居恒太息，欲改法家相承之制，与民适于小康之域，尺束寸缚，频蒙奇谤。然则为天下计，与其使先生内参枢密，外任镇抚，于世鲜补，厥躬徒瘁，岂若使先生早濯尘缨，养神竹素，抱残守缺，以文明

---

① 原作"桂林列郡"。

② 孙锵鸣《与左季高制军书》云："敝邑公车友来，询以地方情形，颇言新守周开锡于办捐一切未免操之稍急，不肖绅董又从而假公营私，遂成苛扰，各城均有罢市之事。"略可参看。

③ 李鸿章贺孙锵鸣七十大寿《寿序》云："先生之去官，鸿章方治兵，力能白其事。当其时，朝廷诏书屡以调和责诸路将帅，鸿章于先生既有师弟子朋党之嫌，又惧涉于岐梁洛蜀交争之迹，不能执公论以明天下之是非，至今思之，愧负明义。"（原寿嶂现存）

道，为今陈、叶，作亿兆师！

礼闻望气者曾言："东瓯山水盖甲天下，天殆将降达人以续六经，以平诸教，以通皇、田、列、料、孔、墨、管、晏、宋、尹、许、陈、邾娄、兰陵、柱下、漆园、鹖冠之驿。"若果有之，将必出于先生之门，然则永嘉之学其有时而行，三代之治其有时而复欤！其将不远欤！先生倘见之欤！

天锡大师寿：光绪丙申，行年八十矣，聪察未改，学诲不厌倦。其生日——正月六日也，门人将奉觞，先生不可；礼乃赋诗二章为寿而序其端。束发受知，逾立乏状，惭负厚恩，庶效善祷云尔。

东瓯春气早，首春百草荣。登山采紫芝，持以寿先生。陈叶去已久，长公学未行，斯文系一线，灵光永峥嵘。　　　　　　　　　　　　章一

济济子与孙。东南数儒门。奉训悉廉俭，吐词多雅温。杖履足伦乐，冠盖屏尘喧。不须论人爵，齿德古所尊。　　　　　　　章二①

　　　　　　　　　　　　　　　　　　受业子婿宋存礼拜献

代陈侍御请广学校折②
(1896 年 9 月 19 日)

为痛定思痛，敬陈管见，请急仿行敌国成法，以作人材而挽时局，恭折仰祈圣鉴事。

窃臣来自田间，蒙恩滥竽③言职，睹时局之艰危，愧高厚之莫报，中夜太息，思竭愚忠，惧蹈狂妄，欲言屡止。然闻狂夫之言，圣人择焉。臣虽至愚，《传》不云乎"愚者千虑，必有一得"，用敢卒贡其忧，惟我皇上鉴之！

臣闻学校者，议论之本也；议论者，政事之本也。政事之病，莫大于外张内弛，议论之病，莫大于似是而非，似是而非，由于不学。故欲振作政事，必先转移议论，而欲转移议论，必先开广学校，此古今中外之通理也。今圣明在上，德侔覆载，四门洞辟，图治孔殷，而政事积

---

① 原注"约一千零二十字，三十一行，每行三十四字"，"每行写廿六字，八幅四十行，每幅五行"。

② 标题据原稿，其下注云："八月初五始构思，十二毕稿，十三清誊完。丁酉正月廿四日交陈杏荪。"

③ 此句初作"蒙恩滥竽词馆，今又蒙恩折列言职"。

病，未见稍减，其诸学校未广，而士大夫议论尚多似是而非之故欤？臣敢犯众怒而为我皇上陈之：

今之言治者，约分两党：一主守旧，一主师新，然以臣观之：彼主守旧者，不知守唐虞三代之旧，不知守皇朝祖宗之旧，而惟知守帖括之旧，乃守旧议论之似是而非者也。彼主师新者，不知师欧洲诸国之新，不知师东方强邻之新，而惟知师市井之新，乃师新议论之似是而非者也。

彼守旧者之言曰："制义必不可废！刑律必不可改！商必不可扶！工必不可机！大臣之权必不可重！戎狄之法必不可从！"

夫宋前无制义而经学盛，宋后有制义而经学衰；且皇朝初兴，亦无制义；明崇制义，寸土不保，不可废者何也？唐虞三代，莫不轻刑；皇朝初兴，刑亦宽简；及世祖都燕，海内方乱，暂沿明律，以治汉人，明律源出商鞅、萧何，法家惨刻，儒者所嗟，祖宗权时暂用，殆望后嗣修革，不可改者何也？抑商之议，亦出法家，斥机之论，见正孔子，商不可扶、工不可机者何也？自古圣帝，皆有重臣，所以分劳万几，总成庶职。隆礼厚禄，深信专任，乃责其效，无效乃更，即今西国，亦莫不然！皇朝世祖之初，遣摄政王征明，假以便宜，大勋遂集，兹非重臣之显效欤？今枢员疆吏，互相牵掣，将欺上虐下，则权有余，将破格图功，则权不足，权不可重者何也？戎狄之法，诚不可从，然考《六经》，所谓"戎狄"，乃指中国边塞无文字，无礼教，耕作、杀戮仁义、烝、报之诸部落，不及其余。欧洲礼教，自古秩然，以为戎狄，此经学不明、野语盛行之故也。凡此议论，皆所谓守帖括之旧也！

彼师新者之言曰："铁路、矿务必兴！银行、邮局必创！战舰军械必多且精！丝茶纱布之利必保且夺！"

数端者，诚西法也。然行于官民一体、文武京外堂属一体之西国，则诚西法也；行于官民隔绝、文武京外堂属隔绝之我国，则西法依然我法也。我法依然，而数端并举，费如烟海，外漏中饱①，疮痍之余，何以堪此？国贫愈甚，剥民愈酷②，方今盗贼已遍中原③，东南财乡力竭

---

① 下原多"表里夹攻"四字，后删。
② 下原多"酿乱愈大"四字。
③ 下原多"劫掠昼行，行路荆棘"八字。

捐借①，若再酷剥，大乱必起，神州之祸岂堪设想！每见市井小儿不度人己②，家业已落，债负已多，而居室服食惟新是师，生计命脉则不求新，必至一败涂地，不可复振。今之主师新者抑何太不察欤？

守旧之言如彼，师新之言如彼，两党相非，交攻真是。更有既溺帖括，复醉市井，中干外强，盗窃声誉，自谓酌平新旧、置驿中西③，无识群和，尤仇真是。于是真是无毫末之权，似是有充塞之势，一切政事悉为所持。纵使创开议院，而响应者必合污之议；创开报馆，而风驰者必腾虚之报；于是乎外张内弛之病永不可除，小康大同之治永不可几矣！

夫同此地球也，何以似是之议论不能行于西？真是之议论不能行于我？如此其相反也？将非国人智愚悬殊之故欤？

夫我国水土之佳岂不如彼，古圣之教岂不如彼？智愚悬殊者何也？将非识字、读书人数悬殊之故欤？

臣闻西国识字人数：德最多，每男女百，有九十余；俄最少，然亦有十余。我则大较：男每百得一，女每五万得一耳。盖去最少之俄尚远矣。西人勤学成俗，自世爵贵戚、文武将吏、兵农工商、老妪幼妇，公私之暇鲜弗开卷，其学古者，盖莫不兼诵百氏之经，博涉万国之史，文字穷源，礼教究变。其学今者，盖莫不洞势六洲，晓情五族，至于邻敌，尤所熟窥。我则翰、詹、科、道号称学薮，求勤学者尚如越雪④。本国经史、皇图疆域，求讲讨者尚如晨星，视彼何其悬殊哉！此其性不好者多哉？抑督之、劝之之道有所未尽也！

臣闻西国通例：男女生六七岁必使入学，不则罚其父母。未经本学考取，不得为官、为师及操各业，可谓尽督之之道矣。学校多者乃至为所十七八万、为师二三十万，岁费为银八、九千万两，藏书多者乃至为所五百七十余、为册五百四十余万，碁布国中，任众入览，可谓尽劝之之道矣。督之、劝之之道如此其尽也，识字读书者安得不多？国人安得不智？似是而非之议论、外张内弛之政事又安所容于其间欤！

夫西国其远焉者也，日本，东方之国耳，自创于西，君臣危惧，遂乃决然舍去陋见，捐忌讳、轻刑律，改正易服，大开学校，不数年而民

---

① 下原多"诛求到骨，十室九空"八字。
② 上四字原作"未知生计"。
③ 上十字原作"自谓能酌新旧之平，兼中西之学"。
④ 《六斋无韵文集》刊本脱"越雪……求讲讨者尚如"十六字。

智骤进，议论日新，政事随之，国以顿盛。遂乃辟虾夷，并琉球，增外税，收客权①，治兵海上，侮我大邦；袭朝鲜，据辽左，破澎湖，割台湾，骎骎乎欲与俄、英争亚洲之牛耳，兹非最近之明验欤！今闻其国学校已满三万，岁费银两八、九百万，学师：男六万余，女二千余，学生：男二百余万、女八十余万，莫不实发实销、实授实受②。首之以伦常，继之以经史，广之以方言，晓之以时务，引之以算术，启之以化学，壮之以体操，淑之以音乐。而东京大学规模尤阔，至于农工商兵又各别立专学。又有博物之院、博览之会以助读书之课、以鼓学者之兴，其于学校抑亦可谓尽心矣！

今皇图十彼，人数亦十彼，而学校不盈二千，岁费不及十一，又皆无实而徒有名：督学不督，教官不教，栖生无舍，给生无书，乐器尘封，堂阶草长，春秋丁祭，城生暂集而已。藏书之阁，禁外止三③，又不易入；市肆有书可购者，通国不过十余处；院长庶几胜任者，同时不过十余人。武科武职固不望其识字，文科文职亦不尚其读书。间有研穷经史或时务者④，每反以此被摈于场屋、被忌于同僚、被抑于上官。夫以人之求识字、读书如此其难也，而又不识无碍于仕进，能读反妨于仕进，如此其阳督而阴阻、阳劝而阴戒也，然则识者、读者之少岂足怪哉！

臣按，经传百家皆云：古者无地无学、无人不学，盖类今之东西各国，故其时无似是而非之议论，无外张内弛之政事，残篇断简，厓略犹存，稽古之徒，慨慕无已。自秦坑儒士，汉任法家，南北战长，金、元祸烈，阅年数千，学校未复，其间非无仁君贤相，而恒苦未遑，非无达士真儒，而徒深嗟叹。化行俗美，杳杳无期，孔、孟有灵，岂胜隐痛！

皇朝祖宗右文相绍，时会未至，姑引其端，从容竟绪，留俟后圣。皇上智勇天锡，奋欲有为，而乃挫于强邻，丧师失地，意者天将降大任于圣躬，而以敌国外患促复数千年之废典欤？

然古制久失其详，西制骤难全用，日本同文同教，章程概可⑤仿行，不揣冒昧，拟请我皇上俯采刍荛，谕饬出使大臣：照会彼国外务

---

① 上六字原作"更定关税，收夺外权"。
② 上八字原作"以博为始，以专为归。"
③ 上八字原作"禁中之外惟杭、扬、镇有藏书阁三"。
④ 下原多"人自为怪"四字，后删。
⑤ 上二字原作"较易"。

省，查取文部省大中小学校缕细章程奏呈御览，发交户、礼二部，咨行各将军、督抚、府尹立依原数筹费仿行①，则自强之基于是乎树，一切善政逐渐可兴，十年之后其可以洗今日之耻矣！

臣非不知皇图十彼，人数亦十彼，彼学校三万，我必三十万而后相当，彼拨岁费八、九百万，我必拨八、九千万而后相当。徒以方今财源未开，国库奇绌，若依乘数拨费，虽竭岁入而犹不足。暂依彼数拨费，则甚绰绰而无难筹。然臣犹有虑焉：费依彼数，固无难筹，而折枝不能，结习罕破，臣知部臣、疆臣鲜乐闻此，必将群以不急为词、无费为解。夫养兵每岁费数千万，而顷者不收一兵之用；买舰累岁费数千万，而顷者不收一舰之用。节彼行此，可疗本病②，宜缓宜急，岂不昭然？临以严旨，不准奏格，是在皇上断之而已。

臣为作人材、挽时局起见，是否有当，伏候圣裁。③

书俞曲园师谈天近作后④
（1897 年）

当姬周时，印度先觉说世界数如恒河沙，又云如微尘。二千年来，神州学子多斥为诬，非上智弗信也。及欧罗巴天学家言译流东域，中智之士乃亦渐信。

宋恕曰：夫世界之数宁可思议哉！恒沙、微尘。先觉权喻，惟称"无量"是指实语。夫世界之数则无量矣。夫恒河有限，恒河之沙数即非无量；此土有限，此土之微尘数即非无量。夫孰为世界之恒河？孰为世界之此土？非太空也钦！夫太空宁有限如恒河、如此土哉？夫太空之数则无量矣！

嗟乎！世界无量，动物斯无量；动物无量，动物之灵者斯无量；动物之灵者无量，文字政教斯无量。夫政教无量不出两宗：公私而已矣。虽然，两极之间其较如恒沙如微尘，且论此土政哉政哉：俄之政也较土则公、较德则私，德之政也较俄则公、较英则私，英之政也较德则公、较美则私，虽美之政尚远公极。教哉教哉：摩西之教较基督则私，基督

---

① 下原多"临以严旨，不准奏格"八字，后移下文。
② 上四字原作"费半功倍"。
③ 末注："二千八百八十，除三百八十二，得二千四百九十八字。"
④ 原稿未见，录自《六斋无韵文集》刊本。

之教较释迦则私，若夫释迦上乘之教其诸至于公之极欤！无量世界、无量动物，一视同仁、一体善拯，善哉善哉！释迦上乘之教其可不谓至于公之极欤？！

神州先觉尧、孔之伦，慈悲盛愿宁愧释迦，立教引钝故不断杀。呜呼！世界无量、动物无量，而吾曹得受此土最灵之形，又得读先觉昭垂之经，可不谓厚幸欤！可不谓厚幸欤！

曲园先生，今孟、荀氏，既接孔传，兼明释旨。乃者援天学之新谈，志古书之怪事，赋金、水将通之篇，发世界无量之理，闻者骇焉。或执"周气有尽，度空无术"以相难异，宋恕曰：嘻！夫光欤、电欤，非今欧士所谓度空之物欤？夫周土之气宁有尽欤！夫远则薄耳。然则周此土之气与周他土之气宁隔绝欤！夫太空之气不隔绝则无量世界必渐通，月轮最近此土必最先通，次必金、水诸星，如先生言。善哉善哉！神州、印度诸先觉之经其将渐行于他土欤！其将渐行于他土欤！

天津育才馆赤县文字第一级正课书目[①]
（1897 年 2 月 25 日）

缘该《馆章》须文理已能清通者方许收入，故以左开各书作为第一级正课。若课蒙童及造诣高于清通之生徒，则不可。

心性学：《明儒学案》、《楞严经》按日本东京大学哲学科列《维摩诘经》为正课书，然此经不宜初学，初学必须治《楞严》、《治心免病法》此书为白种最新心性学家所著，译笔陋劣，理则甚精。

养生学：《居宅卫生论》、《延年益寿论》、《儒门医学》。

古史学：《通鉴辑览》、《史通》、《史记》。

国史学：《圣武记》、王壬秋先生闿运《湘军志》。此公史笔，竟是子长后身，胜默深多矣！王定安《湘军记》，秽史，不可读！

外史学：《万国史记》日本冈本监辅撰，远胜《海国图志》、《瀛环志略》、《泰西新史揽要》译笔陋劣，然原书宗旨甚高，不可不读。

时务学：本月谕折，本月《万国公报》、此报虽亦未免虚、陋二弊，然较之申沪各报，则为异常之实、异常之博矣！万国公法。

---

① 原稿无标题，首书："客岁所拟天津育才馆赤县文字第一级正课书目，遵录呈正！"篇末则注："丁酉正月廿四日交陈杏孙。"

物理学：《格致启蒙》、《格致汇编》。

诸子学：《孟子》、《荀子》孟、荀为孔教两大支、《庄子》、《鹖冠子》此书二千年无知音、《论衡》此书亦未有知音、《古教汇参》译笔陋劣，然考古极博，多禹域数千年来通人所未闻。黄黎洲先生《明夷待访录》、戴子高先生《颜氏学记》、《物茂卿先生遗书》日本先儒、俞曲园先生《诸子平议》。

训诂学：段注《说文解字》、《尔雅》、王氏《经谊述闻》、俞曲园先生《群经平议》及《古书疑谊举例》。

词章学：《文心雕龙》、曾文正《经史百家杂钞》胜姚惜抱选本、《昭明文选》、姚氏《唐文粹》、张茗柯《七十家赋钞》、彭芸楣《宋四六选》别择极精、沈归愚唐诗、明诗《别裁集》沈选《国朝诗别裁集》多牵世故，不可读。坊行《宋元别裁集》，去取尤陋。章实斋《文史通义》、此书虽非专论词章，然其论词章最为有心得，不可不授初学。包慎伯《艺舟双楫》此书半论词章，极精极通！非方、姚、阮（文达）、李（申耆）两派中人所能梦见，亦宜使初学先入其言，免为两派中人私法所误。

幼学师铎[①]
（1897 年 2 月下旬）

教 字

《十三经集字》，周氏《千字文》，许氏《说文解字》，顾氏《玉篇》，史氏《急就章》。

教 音

四声，今韵，双声，广韵，古韵陈第《毛诗古音考》、顾炎武《音学五书》、江永《古韵标准》、毛奇龄《易韵》。

教 文

二三字独句，四字至十字独句、二三句连句，四句至十句连句，五十句以内连句，一百句以内连句，五百句以内连句，一千句以内连句。

教 行

粗浅孝弟，粗浅忠恕，戒窃，戒惰，戒残忍，戒轻薄，戒妄语，戒

---

① 录自光绪丁酉二十三年春正月廿二日《初学读书法稿本》，原无标题。

辱骂，戒毁伤器具，戒折坏花木。

教 事 理

本城本村目前事理，百里以内目前事理，千里以内目前事理，国内目前事理，国外目前事理。

教 舆 地

本县乡村名目，本国舆地大略，同文外国舆地大略，异文外国舆地大略。

教 物 理

天文理，地文理，地质理，植物理，动物理，人身理，人心理，三轻理。

教 官 制

皇朝目前官名，皇朝官禄额数，同文外国官名（安南、日本、朝鲜），异文外国官制大略，明以前官名禄制。

教 史

国内自有记载至于明末史略，皇朝史略，同文外国史略，异文外国史略。

行课第一

浅显忠恕，浅显孝弟，戒窃，戒斗，戒妄语，戒秽骂，戒轻薄，戒残忍，戒坏器在学不许有意损坏己若师若同人之图书、纸笔、几席等。非在学亦不许有意损坏己若亲、非亲人等一切用器，戒折植在学不许折花木，非在学不许折不应折之花木，戒饮博成癖在学不许博，在学不禁朋友谈心之饮，非在学不许与非善类饮博，戒吸烟无节在学不许吸，非在学少吸不禁。鸦片虽非在学亦不许吸，有病者许。

按：今日本大中小学校皆首课修身学，先用土语，渐授儒书。白种诸国虽殊文教，学课盖亦莫不首行。彼俗之美，较我神州殆若九十九与一比，固由政哉，然学基之。今我神州师者罕闻课行，其授儒书，初责背诵，曰试题故，继强开笔，曰科名故[1]，咎岂在师！盖自隋唐以来，诗赋、经义，体格虽变，均专文取，文工者虽行非人类，可期贵显，文拙者虽行齐古圣，绝望尊荣，世之重文轻行也久矣。父兄延师，意固专

[1] 原稿初作："今我神州为人师者每视行为无足重轻之端，然岂师之罪也。盖自隋炀进士科以来，前诗赋、后八股，虽体格变……故其授《四书》、《五经》，初则责以背诵，虑试题之忘，继则指点作法，冀科名之获而已。"后改写。

文，师者苟重轻轻重，安所得食？夫是，以号文之区士习尤下，质家乃起而议废文，则棘子成之见①也。夫以今神州号文之区较彼英美、日本殆若一与九十九比，然彼乃文愈盛而习愈上者何也？今欲革重文轻行之弊，复三代小学之规，必自师东西法首行课始。《论》、《孟》诸经，决非幼徒所能领解，故必先用土语为日课焉。

《自强报》序②
（1897 年 3 月 16 日）

报馆之设，于古无征。然辅轩采诗，乐览讽刺，其萌芽矣。

自戎秦任鞅，禁民议令，五三良法③，荡然罔存。汉后哲王，不乏仁政。徒以南朔战长，兵火祸烈，建学制官，未能复古。至于报馆，更所阙如。

皇朝统宇，重译来宾，赤县之民，乃稍稍知有报馆矣。海道大通，阅年五十，交易诸区，报馆渐立。然主馆莫非他族，执笔盖鲜通学。体例陋俗，访录芜秽，谈中说外，寡切多浮。或且索赂趋炎，变乱黑白，号以启智，乃反增愚。夫岂报馆负人？将人负报馆也！虽然，使我边海秀民，粗知域外之皮毛，略晓区中之情伪，则亦与有功焉。

今者帝德如天，益宏解网，学会、报馆，悉许创开。于是胜流争奋，报业骤起。若沪滨之《时务》，岭表之《知新》，东瓯之《利济》④，虽行殊广狭，而均有可观，所谓"雷在地中，河清可俟"者非欤？

虎林固钱、赵旧都，今大行台所驻。秘书藏阁，精舍诂经，人文之盛，齐州罕匹。兹通遐市，聆睹益扩，虽可喜，亦可忧。何居？苟我士夫克师他族之长而弃厥短焉，非可喜之上欤？长短兼师，喜忧得半，若弃长师短，将使儒风扫地，变而愈下，则可忧之大者。

《易·同人》曰："同人于野，亨，利涉大川，利君子贞。"《随》之"初九"曰："官有渝，贞吉，出门交有功。"虽不敢希，抑有志焉。私切经正庶兴之望，共述实事求是之闻，助聪导察，庶几小补云尔。

---

① 卫大夫棘子成尝与子贡论文质之概，曾云："君子质而已矣，何以文为！"
② 标题原作《〈兴庶报〉小引》，此据《六斋无韵文集》刊本，原稿末注："本馆原拟命名'兴庶'，既求浅显，改用'自强'，敬白。"按：以上二名均为《经世报》筹备期间的名称。
③ 指五帝三王时原始民主制度。
④ 指《利济学堂报》。

敬列纲目如左，惟廷岩诸达人正之！

丝纶天降，仁至义尽，海内士庶，首宜恭聆。录皇言第一。

安内攘外，时危材出，经纬鸿笔，敬登其尤。录政事第二。

此纲分七目。一、章奏。二、公文札、批、移、照、详、禀、示、谕之属以及交邻条约、试士策题、应试论对，皆入此目。三、私著不切谈时政、时事者入文史纲，大小书院师生答问、手谕、课题拟作、课作亦入此目。四、域中有事权者之言。五、域外无事权者之言。六、区中政事兵为政事之一门。七、域外政事。

文惧胜质，史以辅经，匪雅弗珍，近诬无取。录文史第三。

此纲分十目。一、谈心性之文。二、诂群经之文。三、说诸子之文。① 四、有韵之文。五、区中明以前史学。六、皇朝史学。七、域外史学。八、兼中外史学。九、舆地学。十、官制学。舆地、官制为史学中两大端，以繁重别立目。

海外望国，学业日新，译厥要言，惠我赤县。录新学第四。

此纲分十目。一、天文学。二、地文学雨露之属为地文。三、地质学矿学为地质学之一门。四、动植学。五、人类学。六、养生学医学为养生学之一门。七、三业学农、工、商。八、三轻学光、热、电。九、化学。十、乐学。

按白人心性学虽曰日新，然终不能出黄人古学上。盖心性学黄人已造其极，译白人言以相印证固善，然可从缓，故暂不立此目。

多闻阙疑，圣有明训。疑固当阙，闻未妨多。录异闻第五。

此纲分二目：一、区中异闻。二、域外异闻。

馆中同人，抒怀问世，敬殿卷末，附骥远行。录本馆论说第六。②

右通共分六纲二十九目。

本馆初设，经费待充，译友未多，大纲先举，众目徐张，诸大君子鉴之。

《自强报》公启③
（1897 年 3 月 17 日）

《易》曰："天行健，君子以自强不息。"先儒谓："君子者，通天子、诸侯，兼公卿、大夫、有地者言之。"然则自强殆非士之事欤！夫

---

① 《六斋无韵文集》刊本，二、三目合并为"谈经、子之文"，外增"三、无韵杂文"。
② 以下文字，《六斋无韵文集》刊本删去。
③ 原稿下注："二月十五日。"

今无诸侯，而公卿、大夫半起于士，苟其为士勿克自强，异时或为公卿、大夫，其克自强以佐天子，创新民之政，立不拔之基欤？然则自强宁非士之事欤！

今天下竞言自强矣，自强之源在学校、议院、报馆。夫学校、议院，权不在士；报馆则士与有责焉。乃者，沪滨冠绅创开时务报馆，洛阳纸贵，风行禹域。然不胫之走，但及名城，僻左之区，获睹尚鲜。

盖闻欧、墨大国，报馆计千，东邻小邦，犹逾八百，可使齐州贻消寡和？是用联同志，延撰译，设馆浙右，命曰"自强"，分纲别目，实事求是，平议古今，通驿中外，旬出报章，庶腾遐迩。集资未足，胜侪乐与，幸勿迟迟！《记》不云乎："和而不流，强哉矫！中立而不倚，强哉矫！"愿与宇内志士勉之！

崇正讲舍丁酉春季课题[①]
（1897 年 3 月）

《春秋》　　讥世卿说

星赋　以世界无量，证于远镜为韵。

人赋　以五种之民色殊性一为韵。

科场积弊论

营卫积弊论

附：批改记录

是课七十一本，取超十名、特十五名、一等四十六名。

右超等共十七篇，右特等共廿七篇，右一等共七十六篇。

通共一百二十篇，内《说》廿二篇、《赋》二十篇、《论》七十八篇。

五月廿七次定

应《自强报》主笔之招条约
（1897 年 3 月 28 日）

一、本权主笔性情冷僻，最惮衣冠见客，凡来馆者非指名见访，概

---

① 求志书院丙申秋、冬史、掌二斋课题及崇正讲舍丙申秋季课题，均见宋恕《上外舅夫子书》（1986 年 10 月）。

不出陪。

一、本权主笔不以客礼自居，亦不以主礼自居，惟以局外之友自居。

一、第一期报册之端，本权主笔务登告白声明，除所著论说外，余事一切不稍与闻。

一、以后每期报端，本权主笔务必登声明告白。

一、本权主笔于到馆日起按收笔资，此外不向贵总理及馆中司事或预支，或告借一文。

一、本权主笔按期所作之论说，务请贵总理切嘱写手、印手：不可遗、错一字。

一、本权主笔于删改译友文字一事，现时止能略观大意，不能细加审酌。

一、本权主笔所作论说，如贵总理或股中人、股外人以为不然，便请立即示知，决不恋豆，以妨报务。

一、本权主笔所作论说，如以为然者多，将来可去"权"字。

一、本权主笔现时每期必于姓名上加"权主笔"三字，务请嘱遵。

一、除所作论说由本权主笔作主外，其外来文字，登印与否，概不与闻。

一、除所作论说外，若有平时杂文，欲登"文史纲"中，仍由贵总理作主，决不相强。

一、在馆中，贵总理与本权主笔相处，彼此力求简便，各归各斋，不必多谈费暑。

一、初意本欲璧还关约，以为不敢即真之据。嗣恐贵总理又须改备互约，反滋不恭，故暂留敝处，仍请贵总理依次条约办理，其关书即视同互约。

一、未去"权"字之先，贵总理按月赠资，请填其面曰"笔资"，曰"自强报馆总理赠"，不可书"脩金"字样。

一、将来如果喜观鄙论者多，因之报册风行，其时方敢正主笔之名，受关书，称"脩金"。

佛教起信篇稿[①]
（1897 年 6 月前后）

节　杀

节杀之法约有三焉：

一曰断太惨之杀也。袁简斋先生云："物使之死可也，使之求死而

---

①　录自《初学读书法稿本》。

不得不可也。"我国人之杀生，死之缓；西洋人之杀生，死之速。死之缓者其痛甚而久，死之速者其痛微而暂。夫原杀生之为大恶，以受者痛苦也。如有术焉以使受者不觉痛苦，则杀生非大恶矣。今既未能断杀，而又无术焉以使受者不觉痛苦，则必念简斋之戒，师西人之速乎！夫对击其脑之苦度减于劗刃其颈之苦度，而劗刃其颈之苦度又远减于活付炮烙之苦度，故能改刃颈为击脑，大善。势有不能，则活付炮烙等类之惨杀必宜决然断之者矣。

二曰减多杀为少杀也。夫月攘一鸡，来年则已，孟子讥之，固为正义。然中人以下口腹欲炽，断杀之学必以渐进。有人于此，向也日杀一鸡，当勉减为数日杀一鸡。向也月杀一鸡，当勉减为数月杀一鸡。有人于此，向也未能一日断肉食，当勉于每年创立断肉期数日。向也每年已立断肉期者数日若数月，当勉增立其期。夫断肉期者，古圣苦心渐引之一法，欲以有期之断，种我辈将来无期之断之善根也。是故少杀一命即少杀一命之凶气，断肉一日即种此十二时之善根。渔者闻此法，当勉于一日间所得之水族放其十之一若百之一。猎者闻此法，当勉于一日间所得之山族放其十之一若百之一。古者汤开三面之网，孔子钓而不网，减多为少，以身示教也欤！

三曰且杀生且放生也。夫且杀且放，诚蹈汲长孺"内多欲而外施仁义"之讥，然有人于此十二时中十一时杀，惟一时放，则十一时为虎狼、一时为麟凤也。有一时为麟凤之吉气亦可以少减十一时为虎狼之凶气也。譬之绿林豪客劫九赠一，其劫九虽当诛，而较之有劫无赠之盗则当末减矣。譬之贪吏决狱枉九直一，其枉九虽当诛，而较之有枉无直之吏则当末减矣。且所谓十一时为虎狼一时为麟凤者，言且杀且放之劣例也。若反对之优例，则十一时为麟凤而一时为虎狼，则譬之劫一赠九之盗、枉一直九之吏，其凶气远不如吉气之多矣。故且杀生且放生者，吾曹钝根人所宜自勉者矣！

凡此节杀三法，虽使古圣复生，不能舍是施教与政矣！

立　界

夫断一切杀者，无界之杀戒也。无界之戒诚非人道之世所能行也。人道之世戒杀则必立界。何谓立界？曰：害人类者杀，不害人类者不杀。害近善之非人类者杀，不害近善之非人类者不杀是也。界也者，人道戒杀所必不能不立者与?!

盖苟遽持无界之戒，则反大助恶类之虐，其行虽仁，其效乃至不仁。《易》曰"立人之道曰仁与义"，仁而无义，反为人害。仁者，无界之戒杀也；义者，有界之戒杀也。人道之世戒杀而不立界，则孤仁不达，其行义欠点，其效仁反对。有人于此，素长射猎，所杀猛兽甚多，忽焉受戒，断一切杀，则百里以内猛兽喜相贺，而父老子弟同声痛哭矣。则岂非向也业猎尚于人类有功，今也戒杀反为猛兽之奴与。夫杀一猛兽可以救若干人类，且杀一猛兽可以救若干近善之非人类。于自他定业反对理：害人类及近善之非人类者为不仁、为虎，杀害人类及近善之非人类者即为仁、为佛；于自与自不定业反对理：杀非猛兽时为不仁、为虎，杀猛兽时则为仁、为佛。① 然则业猎非定不仁：无界之猎，广义属不仁，狭义尚属仁；有界之猎则广义亦属仁矣。广义者，兼爱异类也；狭义者，专爱同类也。

古者伯益烈山泽，无界之猎，狭义之仁也。周公驱猛兽，则有界之猎，广义之仁矣。近者英人治印度，设官严捕虎；东、西望国之行卫生政也，务除毒蛇，毙疯犬，灭疫虫，此皆周公之法，释迦之意，明乎人道之世戒杀必不能不立界之理者也。② 若夫无界之戒殆必非人道之世所能行欤！此戒人道之世但能下种，人道进于天道之世乃能实行。是故人道世界内古今政治家若黄色种人、若白色种人，其宗旨同归立界戒杀，理必然哉！

源 点③

夫断肉仁异类矣，然而断肉之人其不仁同类或反甚于不断肉之人则何哉？岂人之性固有仁异类而不仁同类者乎？非也。

盖闻野蛮之判善恶也于表，文明之判善恶也于里，表里之所，变动不居而有两极，盖非众见所对众见所为里、独见所对非众见所为里、发源所对独见所为里。④ 善恶之案仍改于主判之文野，文野之级升降于入里之浅深，是以一国文明进，则判入里之法律进，一人文明进，则判入里之评议进。里极乎，里极乎，其发源所之一点乎！

彼断肉而不仁同类之人，断肉则断肉，然其源点岂为仁异类哉？彼

---

① 初稿下云："是故明乎戒杀必先立界之理，则业猎无碍于学佛，适可以行仁。魔与佛，不仁与仁，判于立界不立界而已"。后改写。

② 初稿下云："嗟乎！自华严之学不讲于世，禅宗流弊绝尽慈悲，小乘滞拘遂成迂腐，均为政治家所摈斥，而岂知海内外政治家之源皆出于佛乎？"后删。

③ 初稿标题为《发源》，后改为《源点》，即出发点或动机。

④ 初稿作："里者表之对，众见所为表，非众见所为里，非众见所为表、独见所为里，独见所为表，发源所为里，故一国文明至极则法律专治发源，一人文明至极则评议专治发源。"后改写。

其源点约有三耳：一曰守例，出家者之断肉多发源于此点。一曰求福，在家者之无期断肉若有期断肉多发源于此点。一曰防念，青年寡妇之无期断肉若有期断肉多发源于此点。夫彼三源点譬犹河、淮、汉也，此仁异类一源点譬犹江也。夫荆、扬、徐之野，河、淮、汉与江合流，及穷诸水之源点，相去乃千万里。夫彼断肉而源点远于仁异类若河、淮、汉之源点远于江焉，则其与同类或仁与或不仁与，均之不可与断肉一行牵连而判之矣！①

中　判

凡义有二：曰此端，曰中判。此端者，统两端而为言，盖此此此，彼此彼，一此而已矣。中判者，与此端反对。凡此端义有二：曰通此端，曰别此端。通、别之名立于相形：全地之此端义为通，地内一二洲之此端义为别；一洲之此端义为通，洲内一二国之此端义为别；一国之此端义为通，国内一二县之此端义为别；一县之此端义为通，县内一二人之此端义为别。凡地、凡洲、凡国、凡县，其难进文明之故皆缘此端义之阻力甚大，中判义之涨力甚微，必待此端义之阻力渐微，中判义之涨力渐大，而后积非成是之俗乃可得而易。

痛乎此端义之为阻，中判义之难涨也，全地之通此端义，其阻力尤大之大者也。今夫人食禽兽而号于人曰："天赐人食，食之是也，不食非也。"吁！斯义也，出于天之口乎？出于人之口乎？如出于天之口也，犹为不定中判义所含之似中判义。如出于人之口也，则全地人类之通此端义耳。②

夫太平洋诸岛或以女为粮，于义为极非，然固彼此端义之所极是也。澳洲诸部落或食其亡亲，于中判义为极非，然固彼此端义之所极是也。夫昔者印度禁女识字，夫死则强妇殉，非洲贵族家祭必杀奴仆千百，缅甸新君即位则赐其兄弟死，斯皆于中判义为极非，然固皆彼此端义之所极是也。嗟乎！当此端义阻力甚大时，中判义几无地可容，及中判义涨力甚大之时，此端义乃无地可容，斯则诸此端中判义所因焉者也。③

---

　　①　原稿初作："今或有断肉而反忍于同类者，则非断肉之咎也。其所以断肉之故本不发于恻隐故也。……夫其发源既与恻隐无涉矣，则其中之性恶者或至忍于同类，岂得归咎于断肉哉！"后改写。

　　②　原稿初作："如出于天之口也，则中判之义矣。如出于人之口也，则此端之义耳。且即使出于天之口，然天之口但位居中判，非必其义合中判也。凡世界愈野蛮者，此端之义持力愈大；愈文明者，中判之义持力愈大；中判与此端势不两立。"

　　③　此句初作："斯则全地通此端义，一人别此端义所因焉者也。"后改。

据文明史推重学理，① 则全地通此端义之阻力虽尤大之大乎，卒亦必为中判义所胜，千万年后禽兽天赐人食之类之通此端义，其无地可容如今世以女为粮之类之别此端义欤？其如今世以女为粮之类之别此端义欤！

他　观

不观何见？不见何行？人莫不有所行，莫不有所见，莫不有所观，然而行多恶者何哉？由见多恶故。见多恶者何哉？由观多恶故。② 何谓恶观？自观是也。何谓善观？他观是也。何谓他观？观我之对是也。何谓我之对？臣为君对，民为吏对，女为男对，媳为姑对，子弟为父兄对，外国为己国对，凡作是观者名同类他观、名狭他观。非人为人对，被食者为食者对，凡作是观者名异类他观、名广他观。广、狭他观均有精粗，有狭而精，有广而粗。他观愈精，所见愈细，心眼之用似显微鉴。他观愈广，所见愈大，心眼之用似窥天鉴。所见愈细，所行愈切；所见愈大，所行愈公，切与公合，斯孔教“恕”字圆满之量，释教“誓度”真实之道矣。

盖自地球生人以来，巴比伦先哲、印度支那先哲、犹太先哲、希腊先哲、罗马先哲，其余黄色种、白色种诸国先哲，其行过人皆由其见过人，其见过人皆有其他观之学过人而已矣。昔者苏子瞻氏请拒高丽求书，盖于狭且粗之他观尚未从事。及后代张方平疏谏用兵，则情文悱恻，蔼然从事广他观之言矣。他观哉，他观哉，苟能一日用其力于狭他观，则王温舒或顿变而为路温舒③乎！苟能一日用其力于广他观，则何承天或顿变而为周彦伦乎！④

实　断

一切物，莫不先空而后实。今夫星，至实也，然而未有诸星之时非至空乎？今夫地，至实也，然而未有此地之时非至空乎？一切事，亦莫不先空而后实。理想为空中空，理论为空中实，私律为实中空，公律为实中实。空者为实者因，实者为空者果。理想为理论因，理论为私律

① 此句初作“据世界中判涨力渐大之故事合之于重学理”，后改。
② 初稿开首云：“无量世界、无量宗教、无量政法、无量议论，宗教之正欤邪欤？政法之平欤偏欤？议论之公欤私欤？何从见之？曰：他观而已矣！”后删。
③ 二温舒均见《汉书》，王为著名酷吏，入《酷吏传》；路主尚德缓刑。
④ 初稿下云：“贪酷之吏非刑虐民，不自见其非，不他观也；习与处者亦不见其非，不他观也。统兵之将焚屠淫掠，不自见其非，不他观也；习与处者亦不见其非，不他观也。烹羊宰牛，寝皮食肉，不自见其非，不他观也。”后删。

因，私律为公律因果则逆是。

今夫海内诸国立宪共和之公律莫不后于立宪共和之私律，而其私律又莫不后于理论，理论有莫不后于理想，其间相隔或数百年或数千年。夫立宪共和之因果于心理学、几何观尚为近期之因果。心理学：无不果之因，无无因之果，此理想之果，他公律之因。几何观：远期因果数万年乃至数万万年乃至○[①]年。然则今理想界、理论界中之无量物、无量事远至○年必皆成实现界之物之事。

据人类学：猿道进于人道，人道将必进于天道。天道者，高人一等之道，强名以"天"。天道又必进于高天一等之道，姑位以○。天道之世能断一切杀，○道之世能断一切○。○者，天道世之恶业，人道世不能名。夫时者无量者也，天道之世其期虽远，然于无量时中虽谓甚近可也。岂谓天道，虽谓○道甚近可也。夫于无量时中观因果期盖有近而无远，然于他观界中观因果期则有远而无近。有近无远名曰智观，有远无近名曰悲观。方今白种诸国学术日新，工学家创吐丝之机器，化学家谋代肉之食品，寿学家唱客助之理论，音乐家研群动之言语，断肉食乎？断一切杀乎？近乎？远乎？[②] 智观乎？悲观乎？幸得为人！夫人，吾狭同类也；群动，吾广同类也。张横渠氏曰："物，吾与也。"然则吾属何忍不发勇猛愿力以助无量广同类早一日离苦海乎？何忍不发勇猛愿力以助无量广同类早一日离苦海乎？

书不缠足会后[③]
（1897 年 7 月）

五大洲之民俗，其出人意表者多矣！而最难索解者莫如我大清境内汉族妇女之缠足一事。恕尝苦索其解，久而后得之。今者岭南、江表士大夫创不缠足之会，可谓千载一时、大慈大悲者矣。然而阳春和寡者何也？其诸病源之去非会中人所能为力欤！

夫汉族妇女之所以尽心力于缠足一事者非愚也，非忍也。夫使病源

---

① ○为原著代字，有数处相当于未知的亿万年，有数处相当于"某"字。

② 原稿下云："夫千万年之在无量时中至短也，谓断杀必无著国律之期者，此囿于极短时界之见也。虽然，他观群动之无量恐怖、无量痛苦，则虽一刻，其长不可思议，又可以必有实断之期自宽而不发大勇猛愿力以求速其期也哉！"后改写删去。

③ 录自《六斋无韵文集》，1897 年 7 月，梁启超、汪康年等在上海创立不缠足会。

于愚则妇女之智者必不为，今智者亦为之，则病不源于愚也审矣。夫使病源于忍则妇女之仁者必不为，今仁者亦为之，则病不源于忍也审矣。然则受病之源安在？

宋恕曰：闻见之虚影迷误其羞慕，古今之实形隔绝于耳目，斯受病之源欤！所谓闻见之虚影迷误其羞慕者何也？一曰听歌，二曰观剧。今自通都名城下至三家之村莫不有鬻歌者。其歌词状古美妇女若才妇女、若贵妇女必曰"三寸之足"，状古丑若蠢、若贱妇女必曰"盈尺之足"。而汉族数百兆夫男妇女殆无一人未曾听歌，歌词虚影深入人心。若夫曾观剧者亦殆居五分之四，而剧者状古美若才、若贵妇女亦必短其足，状古丑若蠢、若贱妇女亦必长其足。剧相虚影深入人心，里巷以为谈助，父母与有荣辱，人之好名，谁不如我？女之孝者较多于男，安得不尽心力于此也哉！所谓古今之实形隔绝于耳目者何也？一曰妇女无学，一曰旗、汉不杂处。汉以来女学久废，妇女能读书者万不获一，未曾读书，故于歌剧所状，信之若考据家之于六经三史，理也，势也。夫人非仙灵，安有不披一简、不开一卷而知古美妇女若才妇女、若贵妇女之皆非缠足者哉！安知姚、姒、子、姬、刘、李、赵、朱之代皆无缠足之令者哉！安知儒、墨诸教皆无缠足之训者哉！夫常人之情，举止服饰莫不慕贵，今夫天下为人母之最贵者莫如皇太后、皇后、公主矣，次则亲郡王、贝勒子、镇辅国公、将军之命妇也，又次则旗籍大臣：内而枢院、阁部，外而将军、督抚之命妇也，然而皆非缠足者也。然而旗、汉不杂处，自非曾居游京师及生长于驻防之区者，毕生未闻旗人之名，何况其形，彼又安知旗籍命妇之皆非缠足者矣！彼又安知亲郡王以次之命妇皆非缠足者哉！彼又安知皇太后、皇后、公主之皆非缠足而同符唐、虞、三代者哉！且即使居游京师及生长于驻防之区，而旗、汉仍不杂处，闺门寡出，婚嫁不联，罕获亲炙，终难浃治，所以鲜相慕效者也。

今欲挽此病源则有二策：上策非会中人所能为力也，是在九重慨然追三代之典，师东邻之制，下教育之令：令民男女六岁皆入学。次策则惟有列名公请诸行省尚书、侍郎会奏：请整饬乐部，增立新令：嗣后演剧惟娼妓许状缠足，自非娼妓慨不许状缠足，犯者重惩，剧者革。则沿门鬻歌者自将徐革矣。又请变通旗籍旧章：凡旗人之贫而愿致力于农工商者，许其出外与汉民杂处，一体归州县辖治。则病源亦可渐清。诸君子倘以为然乎？

或曰："子之所画皆必不行之数也。"曰："然哉。然吾姑妄言之，子姑妄听之而已。且夫孔、孟、庄、墨之书皆姑妄言之书也，百世之下闻风兴起者亦皆姑妄听之徒也，宁独宋恕好为空谈?! 且宋恕何谈非空? 又岂独论缠足一事哉!"

记应经世报馆摄著论之聘缘始①
(1897 年 7 月 19 日)

宋恕者，浙部南鄙人也。自幼悲盈后，慕姬前，学经天纬地之文，抱易法以儒之愿。客游四方，广听沈察，行年三十，知志不可稍就，乃痛哭流涕，绝学弃智，苟全性命，不求闻达。乃与烟波钓徒张君、江湖散人陆君②等，结千龄之盟，为莫逆之交焉。

童学琦者，浙东胜流，恛愎好学，有友曰胡道南。岁甲午，东事起，边氓仇吏，引敌长驱，征天下兵勤王，连营数千里，拒战皆不利。乙未，割辽左、台、澎，偿兵费白金二百兆两以平。是役也，为我大清天命纪元以来未有之挫，然犹恃白种助，否则宗庙且危。帝乃忧之，群公亦惧，乃稍稍弛禁网，开言路，士风一变，则争言舍旧③，则争言自强，则争言西法善、西法善也，则纷纷然谋学会、谋报馆。于是汪康年、梁启超等创《时务报》于沪滨，何廷光、康广仁等创《知新报》于岭表，江标创《湘学报》于湖南，陈虬创《利济报》于东瓯，而童、胡二子亦慨然请于抚浙使者，将创《经世报》于临安。

宋恕栖于沪滨，闭门尚友④，绝口时务，二子访焉，告以所谋，曰："君其同!"宋恕叹曰："有是哉! 子之忠于桑梓也。虽然，清议之无权也久矣! 子将为清乎? 则子之报必无幸矣! 子将幸子之报乎? 则必清其名、浊其实而后可矣。夫清其名、浊其实，度非子之所屑为也。然则又奚创焉? 稽山峨峨，镜湖绿波，弹琴咏风，不乐云何? 夫清议之无权也久矣，子盍休焉?"

二子曰："虽然，其亦尽吾心焉! 子为我司删录，且著论，其可乎?"宋恕叹曰："有是哉! 子之忠于桑梓也。仆病未能同，甚愧子! 夫

---

① 原稿标题作"缘起"，后改。下注云："六月二十定稿，廿二写定"，刊于《经世报》第一册。

② 唐张志和隐居江湖，自号烟波钓徒，陆龟蒙隐居松江甫里，自号江湖散人；此处系泛指沪上友朋。

③ "舍旧"二字，初作"变通"。

④ "尚友"二字，初作"奉佛"。

删录文章，实持否臧，苟空炎凉，必府谤伤。将直道，身不保；将附势，背本誓；安敢司！安敢司！夫恕久栖沪滨，报馆密邻，赫赫诸报，炎暑郁蒸，片纸只字，未尝乞登，诚知迂拙，无当时称。今子奈何使蚁浮海、使鱼缘陵？!① 且子不欲报之兴欤？使仆著论，有心者必爱，有力者必憎。夫有心者不敌有力者久矣②，骍虞孤弱，豺狼逼人，纵我不恐，子宁不兢兢？虽然，不可无以答子之诚，其强为子著论。"摄之云乎，岂曰可真！若夫删录，敢谢弗能。二子固命兼司删录，宋恕固辞，乃受专摄著论之约。

光绪丁酉夏，六斋居士宋恕自记应经世报馆摄著论之聘缘始。③

《经世报》叙④
（1897 年 7 月 20 日）

今赤县之民有恒言曰某学经，某学史，某学理，某学数，某学文，某学诸子，某学经世。经世别为学之一宗，于是世之昧于经、昧于史、昧于理、昧于数、昧于文、昧于诸子之学者，莫不以经世为逋逃薮，于是世之明于经、明于史、明于理、明于数、明于文、明于诸子之学者，激而避经世之名若污。污之诚是也，彼逋逃者污之欤？宋恕曰："始污经世者，别经世为学之一宗者也。"夫古无所谓经学、史学也，学者学经世而已矣！理者，经世之的；数与文者，经世之器；而经、史、诸子者，经世之师承也。

世谓"孔门分科以教，惟政事一科为学经世"。呜呼！殆不然欤？宋恕曰：理者，经世之的，德行则理学也，孔门莫不学，而颜、闵诸氏所得最较深。数与文者，经世之器，言语、政事则数学也，孔门莫不学数与文，而宰、冉、言、卜诸氏所得最较深。彼颜、闵诸氏，深于经世之理，而于数与文较浅，故不著书，不谈道统，不问国政。彼盖以大道既隐，天下为家，无可谈之道统，无可问之国政，著书徒劳，不如其已，枉尺如见南、拜跖，寓志如《春秋》、《尚书》，则又未能，故寂寂然，所谓"至悲无声"者欤！宰、冉诸氏，深于经世之数，而于理与文

---

① 原稿初作："使凤浮海、使鲲缘陵。"
② 原稿初作："夫自盈刘以来，有心者例遯荒野，有力者恒据要津。"
③ 末注："右记共六百九十四字。"
④ 原稿下注："六月廿一定稿，廿二写定。"原刊于《经世报》第一册。

较浅，故弗能忍，而汲汲焉欲试其言语、政事之长。言、卜诸氏，深于经世之文，而于理与数较浅，故小大毕识，孜孜穷老，功乃反在颜、闵诸氏上。然则四科何一非经世之学也欤？

孙宝瑄曰："训诂者，学之始，词章者，学之终，均不得别为一宗之学。"宋恕曰："然哉然哉！"训诂者，四科之始，即经世三学之始；词章者，四科之终，即经世三学之终。刘汉以后，训诂、词章家争据孔门之文学，李唐以后，治训诂、词章而不若人之徒，或乃悍然自居于孔门之德行以傲朋侪，于是纵横家遂敢妄附孔门之言语，法家遂敢妄附孔门之政事，而孔门经世之三学于是乎绝矣！《诗》曰："为民不利，如云不克。"彼法家之政事，非治民也，克民也。夫至以克民为经世之学，则昧于学者之以为遁逃数，而明于学者之污之也固宜。故曰："始污经世者，别经世为学之一宗者也。"

今白种诸国，大小学校，莫不以经世为学，以三学为教。日本崛起黄人，兴学尤锐，师白而宗儒，行之二十余年，举国男女几莫不粗通三学、略涉孔书，专精之士百万有余，报馆八百，学会繁殊。赤县之民相形大愚。异哉！四科之教几绝于此土而骤兴于彼都，素王之旨积晦于乡邦而复明于遐区也。

呜呼！[1] 向使平仲不阻、子西不争，先师裂土，改制新民，四科之教遍于群儒，步汤蹈武，放癸诛辛，祖述二帝，揖让千春，岂有商鞅、李斯之臣，杨广、朱温之君，流贼、宦者之氛，完颜、奇渥之运，至于弑烝称"圣"，屠掠号"仁"，一夫咆哮，万里荆棘者哉！

虽然，四科之教几绝于此土，抑岂无一线之延？素王之旨积晦于乡邦，抑岂无空山之悟？自赵宋南渡，中原人荒，惟浙东西，豪杰特盛，若陈止斋氏、叶水心氏、陈同甫氏、王伯安氏其尤著者。而梨洲先生奋乎百世之下，直接孟氏之传，伟哉《待访》一录，其于素王之旨如拨云而露日，四科之教庶纲举而目张矣！呜呼！向使浙中先哲得位行道，遵素王之旨，昌四科之教，革盈后之法，反姬前之政，则彼日本欤、白种欤，将天我、师我，而何有鹿豕视我、戎蛮待我之今日也欤！

---

[1] 此下原稿初作："向使素王得位，遍开四科，岂有商鞅、李斯之虐，董卓□□之逆，杨广、朱温之贼，完颜、奇渥之祸，至于弑父、烝母，穷淫、极掠，屠城千百，流血万里，使劫余之族日以昏暴，蠢如鹿豕、残若虎狼者哉！今将寻八儒之坠绪，复四科之绝学，计非开会、立报馆不可，正其名曰'经世'，以明古者无别于经世之学……"

今赤县之民渐知耻矣！夫不耻者昏，徒耻者懦，耻莫若学，学莫若会，立学会莫若基报馆。诸君子是以辟斯馆、创斯报也，其诸知耻者欤？其诸非徒耻者欤？！《诗》曰："风雨如晦，鸡鸣不已。既见君子，云何不喜。"故即奋笔为陈古破俗、证邻颂献，以表四科一学，以表儒嫡在浙，以表斯馆乃基学会，斯报非逐市利；以告我浙人及非浙人，以告我赤县人及非赤县人：继自今其勿复敢轻浙人！其勿复敢轻赤县人！其极无浙无非浙，无赤县无非赤县，所谓太平之世远近若一，则斯报之终事也夫！

《诗》曰："毋金玉尔音而有遐心！"凡我浙人，凡我赤县人，其诸无恶于斯报而乐与相应以有成欤！①

《辟中原人荒议》自叙②
（1897年8月初）

庄生曰："哀莫大于心死！"宋恕曰："悲莫大于人荒！"心死之极，流血千龄而不稍动恻；人荒之极，纵横万里而不得一士。今江淮以南虽亦人荒，然老师鸿儒授受不绝，诂经考史，盛业时闻，荒哉荒哉，犹未极也。若夫江淮以北，河洛、汾济之间，悠悠中原，古圣所宅，诗书礼乐之所自创，儒墨诸教之所自兴，昔人所谓华夏之区，与蛮夷殊者也，而今何如哉？而今何如哉？

齐、赵、韩、梁，四顾茫茫。东尽燕屦，西穷秦乡，积莩春惨，飞尘昼黄。中原庶贱，无力农桑。十九业盗，循厥故常。天荆地棘，行旅断肠。须臾不戒，以我益粮。噫吁嘻！沟洫久废，污莱弥望。政猛于虎，吏残于狼。彼民救死不暇，奚暇讲仁义而慕文章哉！是以嵩、岱、恒、华左右之民，求其粗知八股，略辨四声，已如将霜之蝉、余秋之萤，又安得所谓尹说之伦、华夏之英！登高怀古，黯然伤神，谁使人荒至此极者？岂山川之气尽抑，养海之制沦欤？！

说者曰："典午过江，人荒实始。"宋恕曰："是大不然！夫刘、石、慕容、姚氏之治宁不愈于司马家儿哉？至如苻秦、元魏之令辟，建元、太和之政教，盖汉、唐太宗所弗逮，何晋、宋、萧、陈之足伍！诋为

---

① 原稿末注："右《叙》，共一千二百六十九字。"
② 录自《六斋无韵文集》，原刊于《经世报》第二册。

'乱华'，斥为'沈陆'，乃江表之私言，岂赤县之公论欤？!"

说者又曰："金源帝割，人荒实始。"宋恕曰："其然！岂其然？夫'小尧舜'之呼宁易致之于舆也。大定、明昌之治宁不彼善于南都也。"

宋恕乃言曰："悲夫！使中原人荒至此极者非刘、石诸氏也，非完颜氏也，其奇渥氏、朱明氏乎！"盖自有记载以来，焚屠淫掠之惨莫甚奇渥氏，闭塞愚弱之功莫甚朱明氏，而中原被奇渥之祸剧于江表，故其受朱明之毒亦剧于江表。悲夫！使人荒至此极者非奇渥氏也欤？非朱明氏也欤！

天朝承祚，统临禹疆，赫赫列皇，务辟人荒，然三阁赐书皆在扬境，宁厚于江南而薄于中原欤？意者荒有浅深，辟有难易，先易后难，列皇其有待也。然今中原之荒极矣，江表人物长于词理、短于事功，其水土则然。将振禹疆，其诸必辟中原之人荒而后可欤！？

恕幸生江表，濡泽尤厚，获以亲炙师儒，别远鹿豕，居恒每念江表之学本出中原，不忍彼方狉獉旷代。曩者妄著《辟中原人荒议》，大端十条，怀欲上陈而未有路，委之深箧，蠹鱼坏题。顷发箧取视，仍自以为不谬，乃叙而存之。先师曰："齐一变至于鲁，鲁一变至于道。"恕敢言曰："中原一辟，至于江表。江表一辟，至于海外。"呜呼！有能用其力于辟人荒者乎？有能用其力于辟中原之人荒者乎？如有其人，恕之议可以不存。如无其人，恕之议其焉可以不姑存也欤！

医 讽[①]
(1897 年 9 月上旬)

光绪丁酉之孟秋，宋恕大病，幸而卒瘥。方其危也，日夜如卧身热头痛之阪，无昭昭与冥冥，绝粒兼旬，伏枕悲呻，气短神疲，势将不支，心摇摇其无主，魂魄恍其若离。当是时，或告方，力弗能致则已，苟能致则必试，宁问告者之医非医、良医非良医哉！然及其稍定也，则必医且良而后敢试矣！

宋恕曰：嗟乎！国家甲午之难犹恕病之方危也。当是时，执政诸公心摇摇其无主，魂魄恍其若离，众方纷试，杂乱无章，宜也。及夫白种雄邦竭忠皇室，东人震惧，辽左来归，宗庙复安，关山永固，其

---

① 录自《六斋无韵文集》，又见《平阳县志》卷六十三，原刊于《经世报》第八册。

为闲暇非直犹恕病之稍定也。然且众方纷试，杂乱无章者何也？意者诸公虽忆子舆及时明政之谈，苦尽武乡食少事烦之瘁，故虽风寒久解，培复易为，而仍心摇摇其无主、魂魄恍其若离也欤?! 审然，古所谓愚忠者也；不然，夫岂负离朱之察望，使之别黑白乃不如庸目？扬师旷之聪闻使之辨雅郑乃不如俗耳？抑岂诸公之爱国家不如恕之爱厥躬欤?!

病初起，感而作《医讽》。

书宗室伯福君（寿富）《知耻学会叙》后[①]
（1897 年 9 月上旬）

世谓八旗人物不如汉族，岂信然哉？岂信然哉！夫八旗之不如汉族者特文学耳。若其谋略之沈雄、武力之震耀、气类之固结、风俗之近质，则汉族宁可与之同年而语耶？

今观宗室伯福君寿富之创知耻学会抑何壮也！夫八旗子弟世禄世官，岁仰皇家数千万金之给，焉知稼穑之艰难。工商不业，科举易售，籍丁编领，临亲养厚。绿营抑剥，州县诛求，梦想所绝，形神永休。征声逐色，肥马轻裘，阳春浩荡，没齿无忧。其于四民之苦乐、六军之整乱、列国之情势、万物之理数漠然不问，固其所欤！夫宗室，则八旗之尤贵者也。其于四民之苦乐、六军之整乱、列国之情势、万物之理数宜愈漠然！宜愈不问！

夫感生于遇，志生于感，一切善政、善教生于志。是以遇泰则感微，感微则志苟，志苟则善政善教旷废千龄，相因使然，不足异也。

今夫汉人起草茅致通显，天衢峥嵘，百折乃登，所遇盖寡泰矣。然以恕所闻，其于四民之苦乐、六军之整乱、列国之情势、万物之理数漠然不问者亦何多也。夫遇非泰而感若是其微，宁不异欤?! 嗟乎！伯福君何人哉？伯福君何人哉！是非公卿之子而天子之族欤？乃克知耻，乃克创学会。夫遇若是泰而感不微而志不苟若是，人之度量相越岂不远哉！

然吾恐伯福君或亦稍存八旗人物不如汉族之见，其将轻量八旗而忽于搜访，其或不忽于禁旅而忽于驻防也。夫八旗进身虽易，亦岂乏遗

---

① 原稿未见，录自《六斋无韵文集》，原刊于《经世报》第八册。

贤。以恕所知，虎林数里之营而有奇士二焉：曰贵林曰多庆。贵林者，目不邪视，耳不邪听，于母极孝，于兄极弟、于师友极笃，营中男女至目为今孔子。及其谈百氏、论时务，则达儒墨之要、洞欧亚之故，了然于姚江、习斋之说，昭然于言游、孟舆之传。多庆者，少未学，长自奋，暇即诵《孙子》、左氏内外《传》，廉介守礼，不稍合污，甲午之役，上书将军愿死敌。呜呼！如之二子者，求诸数万万汉族中，吾不知有几也！夫以数里之营而士奇者二，则八旗人物其可轻量也哉！伯福君其慎勿忽于搜访，当使八旗遗贤皆得列名参议，则斯会其庶日益光大，而耻之雪其庶有期欤！[①]

墨 白 辨[②]
(1897 年 9 月上旬)

宋恕曰："墨氏俭，白人奢；墨氏非乐，白人盛乐；墨氏兼爱，白人不兼爱；墨氏信鬼重祭，白人远鬼绝祭。然自白人东来，士大夫几莫不曰彼之政教出于墨氏、出于墨氏。呜呼！岂不过哉！岂不过哉！"

或曰："尚同、尊天旨宁异也？"宋恕曰："夫尚同之说，儒氏共之，古先哲人亦莫不共之，宁墨所专！如以白人政教有合于《尚同篇》之旨而谓出于墨，则何勿以其有合于《礼运篇》之旨而谓出于儒乎？尊天之说，儒氏及古先哲人亦莫不共之，然儒、墨及古先哲人之尊天也，皆以隆祀典为尊，与西方古教近，而彼基督教之尊天也，则以废祀典为尊，出于墨者安在？出于墨者安在？"

呜呼！自程学行南，苏学行北，而李唐以前经史百家读者乃落落如晨星，于是奇渥温氏乃得全吞禹域，于是成、献诸贼乃得横行穷虐。国朝哲人力排洛蜀，实事求是，艰苦考证，于是古书渐显，读者稍多。然乾嘉遐矣，咸同以后号称读古书者，其识解议论往往武断野陋，阴中洛蜀之毒或且洛蜀末流之不若盖十六七也。

夫岂古书之益人神智有时而易、有时而难欤？彼直未尝读耳。呜呼！未尝读而号称读，不悦古而居知古，一朝富贵，以权张名，诬者谀

---

① 寿富《与八旗诸君子陈说时局大势启》一文，原刊光绪二十三年四月二十一日《时务报》第二十七册。又见翦伯赞等编：《中国近代史资料丛刊·戊戌变法》（三），181～183页，神州国光社，1953。

② 原稿未见，录自《六斋无韵文集》刊本，原刊于《经世报》第九册。

为大师，愚者奉为山斗，是以漆园有《诗》、《礼》发冢之慨，姚江有"洪水猛兽"之嗟，群黎被殃，悲痛何极！又暇责其不能辨墨氏与白人之类也哉！①

西蜀拯饥刍言②
（1897 年 10 月）

往者河东恒旸，四野不毛，朔海之滨客粟云屯，以道之艰，运之乏利，商莫肯前。是时合肥使相节度京南，议开铁路通秦晋以诱致商粟，且寓赈于役，而公卿大夫多憎西法，被格不行，于是河东之民绝望粟至，虽有义施，所活能几。堂堂须眉乞食无市，既竭穴飞、草根、木皮，壮散吏止，陵原腥尸，春风动地，新鬼昼啼。千金之子乃与墦间群儿同死，死者或云千万有奇。呜呼！可不谓近岁之惨闻、伤心之巨事欤！

宋恕曰：悲夫！"一人计不用，万里空萧条"，龙标所慨，宁惟兵祸然哉！往者力尼铁路之公卿大夫，其毋乃未读《管子》而未闻"平国荚"之说欤！昔者管子语齐桓曰："若岁凶旱、水泆，民失本则修宫室、台榭，非丽其乐也，以平国荚也。"夫宫室、台榭徒悦君情，无补民用，管犹劝修，宁不可以拯饥于卒而纾役于常欤！夫铁路则岂宫室、台榭之比耶！？

呜呼！自平国荚之学不讲于世，而伊尹、太公以来理财养民相传之术荡然无存。俗儒舍理谈养，妄附《孟子》；邪臣舍养谈理，妄附《管子》。夫夷吾屈躬秽朝，急就小康，由志在大同、言必尧舜者观之，功烈诚卑矣。然其理财养民多存三代遗法，又岂邪臣所可妄附、俗儒所可妄诋者耶！夫大同尚矣，孟学微矣，或申厥旨，即蒙俗诉。若是人者，幸乃萝薜终生，其必弗获宣志，所谓"唐虞世兮麟凤游，今非其时来何求"者欤！其次莫如谋小康之治、讲《管子》之学。夫讲管学必自"平国荚"始。

---

① "西学出墨子"之说，当时颇为流行。如杨晨《致宋燕生书》云："耶稣著籍……粤邹特夫、陈兰浦、黄公度诸家言出《墨子》，考之经篇，颇为不谬。"又谭嗣同《上欧阳瓣蘦师书》也有"西学出墨子"的欧阳中鹄"批跋"（见《谭嗣同全集》（增订本），170页注14，北京，中华书局，1981）。因此，宋恕此辨是有针对性的。

② 原稿未见。录自《六斋无韵文集》刊本。原刊于《经世报》第十一册。

今者益州水浸，民或易子而食。上以青州行省侍郎李公秉衡仁声特著，命移节焉。夫蜀虽号富，然僻左，寡显宦，聆睹隔绝，风气朴柔，盖困于狭隘酷烈之吏久矣。抑强扶弱，李公其庶几！然吾闻李公恶西法，厌铁路、机器之谈，夫恶之诚是也，厌之诚是也。夫今时流之所谓"西法"、"西法"者，果西法乎？其亦法其所法乎！夫铁路、机器宁遂足以兴邦？夫本病不去，虽铁路、机器之属固且必无盛期，夫恶之诚是也，厌之诚是也。虽然，伊尹、太公以来理财养民之术则不可不讲矣！拾遗之诗曰："珠玉走中原，岷峨气凄怆。"悯诛求也。供奉之诗曰："蜀道之难，难于上青天。"叹险阻也。吾闻李公，今之范希文也，其于"一家哭何如一路哭"之义讲之盖熟，诛求之痛，蜀其少定！若乃因蜀饥募蜀役，夷山险、畅川阻，招万商、来百工，辟耳目、增文明，善后五丁，快恨人鬼，使父老有忍死须臾之慕，才士无侧身西望之嗟，斯亦大丈夫坐制一方者之所宜为哉！夫苟利于民，何必非铁路，何必铁路！李公岂有意乎？李公岂有意乎？

《朝鲜大事记》自叙[①]
(1897 年 10 月)

昔我叔祖箕子遭受丧师，不愿臣姬，乃王朝鲜。学者多言朝鲜由是始为文明之域，或言唐虞时已开化，世莫能详。要之，萌芽姚前，华实姬代，诚亚细亚洲一古国欤！独常怪营区子祀数过周年，父师教泽理均岐圣；东迁以后，百氏争鸣，立说著书盛于震旦，乃朝鲜何寂寂也！岂尚质守殷，故能鸣者乏？抑未尝无孔、墨、老、庄之俦、经传不朽之作，徒以戎狄中炽，幽、青道塞，鸿篇珍简，艰滞西流，俄而亡于卫满、刘彻之兵火欤！

今谈说之士于亚洲古国率抑朝鲜、扬日本。宋恕曰："嘻！何不讲地势之甚也。"夫扬日是也，抑朝非也。夫当昔完颜、奇渥猖獗之际，屠震旦、仆朝鲜，而三岛君臣曾不少屈。方且修我戈矛，大创强敌，保逃秦之遗族，泄崖山之共愤，信为豪矣，人事胜矣。虽然，昔舟未轮，风帆多阻，巨川善守，最利偏安。是以恃汉为池，齐桓限履，临江横槊，魏武挫气。矧乃海隔扶桑，险岂江汉，朔漠骑射，汪洋困之，然则

使朝居日焉必不日，使日居朝焉必不朝，一荣一辱，虽曰人事，宁非地势欤！且夫王李二代屡逢崛起，地势岌岌，然属而已，八道冠带不改专制，虽曰天命，宁非人事欤！夫学校、贡举，国之先务，谋政及庶，治之初基，持日较朝，相去信远，然朝虽否乎，犹愈今震旦。且自主新易，属更难张，弱于地势，人事随之。且夫通史次于《语》、《孟》，诱蒙固彼善于此；试法沿于唐、宋，登材固彼善于此；若乃幼而壮、壮而衰、敝精神、销岁月于肤腐之程墨、柔媚之院体，歌于斯、哭于斯，则此间奇惨，彼土所无。是以等交白邻，彼则开化之党忽已半国，此则杜聪之壁坚逾四纪，且彼所谓"守旧"亦异乎此所谓"守旧"。噫！夫生今震旦者焉可以抑朝鲜也欤！焉可以抑朝鲜也欤！

余悲今震旦士寡知朝鲜者。曩从燕客颇假彼土载籍，乃删录要故为《大事记》六卷。然以彼土之未践、彼藏之未极目，惧其陋也，将博稽增削然后写定，今姑叙而箧之。呜呼！昔者朝鲜之学源出震旦，日本之学源出朝鲜，今乃朝惭日、震惭朝，感不绝于余心，独怆然而涕下！夫天未欲兴儒拯黄也，如欲兴儒拯黄，其庶震旦、朝、日相师相爱以免奴于欧罗巴欤！呜呼！其或有时也哉！其或有时也哉！

书周焕枢《大建素王教会议》后[①]
（1897 年 10 月）

周枢焕者，生浙之泰顺。泰顺邑万山中，山水幽奇，人物踵接。及周君出，则益广游学，事友哲鸿，斟酌百氏，冥观古今，发为文章，追逐汉魏；居恒郁郁不乐，悼八儒之坠绪，愤异域之威尊，慨然思张孔教、振黄族。光绪丁酉著《大建素王教会议》，赤县之有心者见之莫不起舞！

宋恕读之而太息曰："壮哉周君！遭世昏浊，崎岖途穷，厥志愈笃，弗可及也已！弗可及也已！虽然，其庶素王在天之灵有感斯应欤！不然，吾安望哉！吾安望哉！然吾闻素王生平不得志于中夏，乃南说荆昭；几得志矣，令尹又厄之；乃浩然欲乘桴浮于海，乃怆然欲居九夷。

---

① 原稿未见，录自《六斋无韵文集》刊本。周焕枢（观）1898 年曾致书宋恕，略云："去秋过辱大文《书拙作素王教会议后》，闳肆有声，沈痛异常。世变如斯，鄙衷郁结，移山填海之诚，〔赖〕有道奖引激励之。……现与同志钱伯吹孝廉议建翼圣教会，亦犹耶稣教别名救世复元教，而行于中土对外人曰耶稣教云尔。今吾创始之日，嫌'素王教'名称震烁庸俗，故亦名'翼圣教会'，似较平妥。更欲将《论语》、《孝经》演作白话土话，使农民、妇女皆喻，效彼所传《新约圣书》，亦曰《新圣书》。"

其不果于迹青牛、度函谷、从击磬、访蓬莱，留滞删述，蹉跎终志，使故乡后英有经可治，有墓可拜，吾属幸矣！吾闻佛氏曰：'蓄愿不成，成于来生，然则梦奠以后，素王之灵其宁犹恋故乡欤？其宁犹恋故乡也！'则自盈①、刘迄元、明，其间邪正争，正寡胜，华戎争，华寡胜，何素王之不恤也！怨气塞空，冤魂无量，宁炎、轩之裔命当尔耶？将轮转之说果非权设！循环施报，亦各有时耶?！悲夫！伦灭理绝至杨广、朱温之俦极矣，然固帝俨然！节坚志苦至高渐离、岳忠武、文信国之俦极矣，然固死黯然！闳识孤怀至子长、仲淹、黎洲、习斋之俦庶几素臣矣，然固不得尺地一民以终！嗟哉嗟哉！何素王之不恤也。然则梦奠以后素王之灵其宁犹恋故乡欤？其宁犹恋故乡欤！其在天欤？则当昔赤县之遭惨劫，其不痛哭流涕而请于帝、必得请乃已欤！且夫申包胥，楚国烈士耳，零泪七日卒出秦师，夫宁素王之灵不申包胥若欤！夫宁上帝之仁不秦哀公若欤！然则梦奠以后素王之灵其宁犹恋故乡欤？其宁犹恋故乡欤！吾闻西方有世界曰'极乐'，彼土尚无'恶道'之名，何况其实，意者素王逍遥其间已数千龄，而故乡子弟犹存奢望，毋乃左欤！"

虽然，周君之志则弗可及也已！弗可及也已！周君周君为我起舞，我为君起歌。歌曰："昔我素王，学琴于襄，始见圣人，眼如望羊。中年闻道，卑陋夏商，删定《书》篇，乃始虞唐。微言宁绝，大义未亡，两生拒通，丞相阿汤。阳儒阴法，史秽经荒，千龄长夜，四时严霜。泰山岩岩，汶水汤汤，我行鲁郊，泣下沾裳。"又歌曰："明月直入兮渊或跃，有美一人兮感离索，焚香援琴兮怀述作。一奏骇游鱼，再抚降玄鹤，谁家合鬼神，台上愁德薄。清征尚不可，况乃鼓清角！"乱曰："无往不复，颇不平兮！愚移卫填，积精诚兮！愿我君子，矢艰贞兮！素王之旨，庶以明兮！素王之道，庶以行矣！"

《今世名家文钞》跋②
（1898 年 8 月 20 日）

日向州于扶桑西南，曩有安井息轩者治《管子》学极精，海东西莫之或伦。今得见州士安藤子③，行芳志洁，好学工文。客居沪滨，浮华

---

① 原文"盈"，似应为"赢"。
② 原注："七月初四日。"
③ 初作"安藤阳州"。

绝染，萧然一室，著论讽世，晨夕研孔、孟、老、庄氏之籍及万国之史、五洲之情势，盖闻息轩之风而兴者欤！一日，示恕《今世名家文钞》，属评之，则嘉永时周防方外月性①所选同时关西四家文也。四家者：小竹、拙堂、虎山、笛浦是也。小竹先生名弼，字承弼，筱崎氏。拙堂先生名谦，字有终，斋藤氏。虎山先生名华，字公实，阪井氏。笛浦先生名逸，字子明，野田氏。月性者，扶桑方外奇女，所谓清狂方外史者也。四家别集，恕皆未见，此《钞》精否，安敢武断？且原《序》云"特其一斑"，又云"序跋之文既载他书，虽妙不可入"，然则四家文之妙而不入此《钞》者或多矣。今姑据此《钞》评之，择其尤者加一规或重规于篇端焉，以质安藤子！

《小竹文钞》跋
（1898 年 8 月下旬）

《小竹先生文钞》五十一篇，余规出其尤者三十五篇，别加重规十有五篇，而评之曰：

小竹学宗程朱，然于排斥程朱之名儒：先辈若仁斋、东涯父子，同时若山阳，皆能有所择取。于阳明之学抑扬得中，于不容伊川之苏、不合新安之陆，许以"亦皆有自信者"。于陈文子"清矣未仁"② 之朱说力正其失。盖先生虽宗程朱，而博通经史，心气和平，非不读书而依门户者比也。其《复原田生》云："仆出百家而入于程朱。"《晏婴论》云："欲学者之观于昭旷而无党同伐异之病。"《侗庵"大学问答"序》云："正而不大，其弊也陋；大而不正，其弊也肆。"《赠医生某序》云："苟有所发明，则其说虽愈新愈奇，亦善学者之所不废。"《悾斋说》云："心惟中虚乃能受人。"《养子嗣家策问》云："凡事出不得已，则义必存其中，所谓权也。"呜呼！先生之所以远胜陆三鱼、方望溪辈之俦在是矣！侗庵谓先生曰："吾忠于朱子者，然愿为诤臣，不愿为佞臣！"先生亦然。宗程朱者，岂可不师之欤？

至其文则或严重、或萧散，而赠言之直尤有古风，史论诸篇，波澜

---

① "周防方外月性"六字初作"周防州清狂方外史月性"。

② 《论语》卷三《公冶长第五》有云："崔子弑齐君，陈文子有马十乘，弃而违之。……子曰：'清矣！'曰：'仁矣乎'？曰：'未知，焉得仁？'"应是此说所本，陈文子指齐大夫陈须无。

意境绝类眉山，而如《晏婴论》、《陈文子论》，识解极精，两超洛、蜀，则经学之深欤！

《文章奇观》前续编跋①
（1898 年 8 月下旬）

余杭山人示所评扶桑大谷、依田、鹿岛诸氏共钞之《文章奇观》前、续编②。开卷则前编二十四家、续编三十家、重十七家，实三十七家，文九十六篇，皆宽政以后七十余年之作。诸家别集恕虽皆未见，然据所曾见他选本及散录者较此钞，知此钞于诸家谈经、史、百氏、政治——可征学识之文概多摈弃，而每反登其下乘，则恕敢决此钞之非良选本，殆我国俗选《古文观止释义》之类耳。

虽然，入钞之文妙者亦岂少哉：若栗山《〈送高山〉序》，精里《〈赠茶博〉序》，二洲《广舆图记》、《虚心平气说》，竹山《〈草茅危言〉序》，履轩《程婆传》、《记卯兵卫谷平事》，一斋《杉田村观梅记》、《〈春川钓鱼诗卷〉序》、《自题小照》，山阳《记烈妇奥氏事》、《答日野亚相公书》、《如斯亭记》，艮斋《雾岛山记》、《池无名传》、《〈魏叔子文钞〉序》，拙堂《陪游笠道山记》、《云喻》、《读〈管右府传〉》、《焦明巢记》、《忘却先生传》，温山《题〈群盲评古器图〉》、《〈东坡外传〉序》、《大黑象记》，虎山《晚静庐记》、《平相国论》，弘庵《〈万国旗章图谱〉序》、《〈湖山楼诗钞〉序》、《书〈画灰画水〉后·渡边〈华山虫鱼画册〉后》，宕阴《〈阿芙蓉汇闻〉序》、《题〈妍丑一览〉》、《〈近古史谈〉引》，

---

① 原文修改多次，此据定稿整理成文。
② 《文章奇观》一书"前编"，明治九年大谷元知、依田喜信同选。起宽政间，共 24 家：柴邦彦（彦辅、栗山）、古贺朴（淳风、精里）、尾藤孝肇（志尹、二洲）、中井积善（子庆、竹山）、中井积德（处叔、履轩）、佐藤坦（大道、一斋）、松崎复（明复、慊堂）、柴升（应登）、碧海（栗山之子）、古贺煜（孝晖）、侗庵（精里之子）、赖襄（子成、山阳）、筱崎弼（承弼、小竹）、长野确（孟确、丰山）、安积信（思顺、艮斋）、斋藤谦（有终、拙堂）、川北重熹（仪卿、温山）、野田逸（子明、笛浦）、藤田彪（彬卿、东湖）、阪井华（公实、虎山）、藤森大雅（淳风、弘庵）、盐谷世弘（毅侯、宕阴）、佐久间启（子明、象山）、斋藤馨（子德、竹堂）、大桥顺（顺藏、讷庵）、森田益（谦藏、节斋）。"续编"由大谷元知、鹿岛知庄同抄，共 30 家，除 17 家重前外，是：源齐昭（景山、烈公）、林衡（公鉴、述斋）、古贺寿上（溥卿、谷堂）、帆足万里（鹏卿、西崦）、板仓胜明（子赫、节山）、羽仓用九（士乾、简堂）、会泽安（伯民、正志）、昌谷硕（子俨、精溪）、后藤机（松阴）、木下业广（士勤、犀潭）、牧轺（信侯、百峰）、川田兴（犹兴、屏溆）、安井衡（仲平、息轩）。

象山《力山雷电碑》、《书赖子成〈竹堂史论〉》，讷庵《〈元寇纪略〉序》、《游山记》、《〈边防诸策〉后》、《侍从公墓志铭》，烈公《弘道馆记》，陆奥《国盘水天工桥记》，慊堂《〈林园月令〉序》，谷堂《明善堂记》，碧海《柳青亭记》，丰山《〈酌古论〉序》，节山《白石先生传》，简堂《八丈岛西山卜神居记》，正志《论形势》，笛浦《纸鸢说》、《〈周急诗录〉引》、《九霞楼记》、《藤树先生画像记》、《读〈朱海征传〉》，松阴《〈山阳诗钞〉后叙》，犀潭《记阿顺事》，屏溆《鸥窠观月记》，足利《尊氏论》，百峰《蒲生氏乡论》，节斋《与江木晋戈论其所撰〈先师赖先生行状〉书》，息轩《阿藤传》、《题丰公〈裂封册图〉》、《楠公赞》诸篇，或庄或马，或贾或韩，或柳或苏，各有所近。而《答日野》① 一书虽使龙门为之奚加焉！《弘道》、《八丈》诸记虽使昌黎为之奚加焉！《雾岛》、《黑金》、《阿山》诸游记虽使柳州为之奚加焉！《相国》、《保则》、《知盛》、《藤房》、《尊氏》、《氏乡》诸史论，三苏集中之杰作也！《评古》、《小照》诸题，庄哉庄哉！若夫正志、宕阴、象山诸家之论海防，其先识何乃过我林侯官、魏邵阳辈远也！抑由所闻之较广、较真欤？夫昔之扶桑非今之扶桑也，勤苦求闻，良足多也。而正志《形势篇》，上下数千年，纵横数万里，笔力雄骏，如天马行空，论其文章亦岂非长沙之伯仲欤！其他《程婆传》、《记卯谷》、《记奥氏》、《云喻》、《旗章序》、《雷电碑》、《侍从录》、《寇纪序》、《月令序》、《白石传》、《无名传》、《忘却传》、《湖山序》、《楠公赞》，亦皆绝妙！至如节斋之《论行状》，子玄之流亚欤！一斋之赋梅花，则潘、谢、鲍、江之遗响也！嗟乎！《广陵散》绝于赤县久矣，茗柯、安吴颇有志焉，不图遗响乃存海外，然则此钞虽非良选本乎，抑扶桑近世文章之盛固可于此窥一斑焉。

抑恕有感也：近世文章，日本、朝鲜皆右我国，则岂非以我有八股之毒而彼无之之故耶！夫惟无八股之毒也，故学文易入妙境。庄也、马也、贾也、韩也、柳也、苏也，皆非出于八股之世者也。夫文，其小焉者也；彼无八股之毒者，一切学皆易入妙境矣，奚独文也哉！奚独文也哉！

《拙堂文钞》跋
(1898 年 8 月下旬)

《拙堂先生文钞》三十七篇，余全加规，别加重规十有五篇，而评

---

① 《答日野》即《答日野亚相公书》，其下《弘道》即《弘道馆记》，均为原文简称。

之曰：

拙堂《焦明巢记》，谓己与徂徕翁学殊其统，《〈送肥前诸生游学江户〉序》深以今之人学道而止于技为叹，盖亦能自立者。其《序藤堂养源影本〈资治通鉴〉》云："学者欲通知古今以措之事业，舍史何以。"又云："学者欲治史学，必当自温史始。"[1] 又云："辱教官，常持此说谕馆中子弟。"盖先生曾任津藩督学者也。嗟乎！先生以史学为重，以浩繁难卒业之温史为教，则虽以道学著乎，夫岂可与宋、元、明废史之道学家等而视之哉！故其《老子辨》决老后孔，考证精确；《正经界议》切中情理，神似陆宣，岂不原于读史之勤欤！

《钞》中序多近曾，记多近柳，若影本《通鉴续》、《先哲丛谈》、《小竹斋诗集》、《白玉歌集》诸序，气息尤逼南丰焉。《捕鲸说》笔力绝劲，《吊今川义之文》骈词极雅，抑皆庶乎李唐之杰作欤！《云喻》论文至矣，《与某生论文书》于茅不取，于袁[2]亦讥，可谓持平之论，不误后学者也。

《虎山文钞》跋
(1898 年 8 月 27 日)

《虎山先生文钞》三十九篇，余规出其尤者二十四篇，别加重规拾篇，而评之曰：

虎山自言："好文章无方无圆，惟气之主，浑浑流出，不知所止。"常谓："汉惟一司马迁，唐惟一韩退之，而后无人。"斯言也，虽太矜乎，然《钞》中如《复津明甫》、《书原道卿碑》，劲气逼昌黎矣。如《棠阴舍记》，其情悱恻，其词朴雅，则温公之遗音也。史论、记、序诸篇多足征通识焉。如《仁贤天皇论》云："心善迹不善，不害为君子。"《中臣镰足论》云："既得其实，不必事其名。"又云："后世人心日卑，无有能以道自任者。虽名托周、孔，其心未尝以其实为可行于今也。"《平相国论》云："观善于不善人，而后可以知其为性。"《晚翠亭记》云："君子之于礼乐，苟能达其本，不必拘其迹。故孟子曰：'今之乐犹古之乐。'则今之礼亦犹古之礼。"《〈送葛冈仲

---

① 温史指司马温公之《资治通鉴》。
② 茅指茅坤，袁指袁宏道。

英〉序》云："忠之与孝以其心不以其迹。"《〈送平原栎山〉序》云："医而知诵《伤寒论》一句者，其人必拙医也。"呜呼！先生虽尊程朱，而识之通，夫岂腐儒所能梦见者欤！观其《答岸本生书》，有取于王阳明氏之学，然则识之通也宜哉！其《答平原有的书》云："言语文字之于道，相似而远。"又云："仆夙好文章，刻精十年，故于文章不多让人，然心以为此所谓博奕之雄，不敢以此自大。"呜呼！此先生之文所以高欤！

《笛浦文钞》跋
（1898 年 8 月 27 日）

《笛浦先生文钞》三十三篇，余规出其尤者二十四篇，别加重规六篇，而评之曰：

笛浦文多平弱，未足与小竹、拙堂、虎山三家抗。然《钞》中如《藤树先生画像记》谓："藤树必非乡愿。"《梁武帝论》谓："自古英雄莫不欺人。"其识抑岂愧三家也。《〈送后滕子文游松岛〉序》云："造物皆我师也，造物之尤者为海、岳，海、岳，师之尤者也。"可不谓名言乎！《观棋记》云："夫君子之处世，正而已，非有意乎奇也。不幸变起，则不得已而应之以其道，天下称以为奇。而其奇根乎一正，故应千变而为千奇、应万变而为万奇，源源乎无穷极也。"呜呼！先生其真知君子者哉！①

戊戌冬季崇正课题②
（1898 年 11 月）

宋代永嘉学派考

崇正讲舍创始记

问：鄙人承乏讲席，于今三载，希横浦之高风，愧梨洲之故事。比缘多病，敬已避让。夫人苦不自知，士贵有诤友。三载以内，甲乙

---

①　文末原注："以上两种《文钞跋》，于七月初十、十一两日写定。十一日，《苏报》登梁卓如攻汪《告白》一大纸之日也。附志"。

②　据宋恕《戊戌日记摘要》："（九月）廿五日（1898 年 11 月 8 日），晤张幼宾，面辞崇正、安澜明年之席。"可知该题作于此时。引文见本书卷八。

文章，扬抑政教，得毋有大谬不然者欤？昔子路人告之以有过则喜，鄙人虽无状，窃尝奉训于先哲矣，诸君子其勿以流俗相待而幸痛砭焉！

戊戌十一月安澜课题
（1898 年 11 月）

横浦先生言行考

龙川先生言行考

问：茫茫禹域，积晦未开，宏识孤怀，晨星落落，浅夫腐士，新旧妄争，静言观之，同归可哂。盖闻古先哲人，穷而讲学，达而为政，匪旧之守，惟正之守；匪新之求，惟是之求。故守正不守旧、求是不求新者，哲人之轨也；守旧不守正、求新不求是者，浇季之风也。贱子奉训杏坛，希踪汾上，常诵徐君《考伪》、《谴交》①之作，羞逐宋世党洛附蜀之尘；嗟凤何求，向麟独立，平情察理，述志著书；我守我正，不依陋旧，我求我是，不趋肤新，寒暑更谢，所弗敢知，四顾神州，眼枯泪尽。夫《易》首群龙之占，《书》断放勋之篇，《诗》始求淑，《春秋》改制；《礼运》记游，纬文撰夏，郑娄、兰陵，张儒两翼；仲任、节信之论，敬舆、君实之议，梨洲《待访》之录，习斋"复教"之说；黄人旧学，白人新政，绝域遐年，合符如一。然则何新非旧?! 何旧非新?! 承乏摄讲，恒持斯谊，比缘多病，避席让贤，敬申宗旨，奉勉英杰。荒凉逃名之身，珍重临歧之赠，诸君子或不以为谬欤？

日人笔谈摘要②
（1899 年前后）

通英文共有几十万人。

贵族院议员：公、侯，无禄；伯、子、男，年禄八百元。

---

① 宋恕读徐幹《中论》笔记云："《考伪》十一，大指痛斥惑世盗名之辈，斥为巧人之雄、伪夫之杰。骂尽汉后所谓名士，淋漓尽致。""《谴交》十二，大指痛讥近世名士声气之习，亦极淋漓尽致。"

② 此为原标题，但无年月，现按原排列位置定为 1899 年。

一千一百年前，弘法师创和读汉文法。

现今人类学大家坪井正五郎、博言学大家上田万年、井上哲次郎。

日本米：以越后尾张、肥后筑前为尤佳。

东京著名报馆：日本、国民、东京日日、时事、东京朝日、中外商业、朝野、每日、万朝、报知、读卖、中央。

镰仓浩然最有名，已故日本名僧。

净土宗：福田行诫，已故。

东本愿寺因明学：云英光曜。西本愿寺：藤岛了音。

梵语学：南条文雄。

佛学：井上圆了，村上专精。

哲学：德永满之。

律宗：云照。

天台宗：芦津阄名。

临济宗：宗演、峨山毒潭。

曹洞宗：悟由。

众议院：员限三百名，自由党人居多。

日向之纸，胜于骏河。上野、下野、信胧以丝著。日向：出竹最多，以方竹著名。棉布：河内。绢：西京。漆：到处有之。开元、永乐钱极多。木材：纪伊、信胧、飞弹、日向最多。

《近事纪略》：上中下三卷，汉文，日人撰。

亚细亚协会：约二三千名。进步党人：约十万名。

日本陆军最有功者：大村益次郎。海军最有功者：胜海舟。

日本名人：老辈长萨多，新辈石川、冈山、福冈、熊本、长野等县多。

今代僧侣十万，寺院七万。农十之七，工十之一，商十之二。

信佛者约十分之九分五以上，信神、儒、基督共十余万人。

华族不满三千人，士族约二百五十万人；代议士：平民居多。

日本全藏：四百十八本，四十匣，洋二百元，另目录一本。

三府四十七县皆有师范学校及中学校。

代议士：每县至少有四人。

四百年前与中国盛通商于宁波。

国民会长：品川孙次郎。

《亲灯余录》序①
(1900 年 4 月 5 日)

恕生浙东鄙，年二十，见庐陵《日本刀歌》②，始知海外有先王大道尚存之日本国。二十六，游学申浦，始见彼土书三种，则冈鹿门氏之《尊攘纪事》、《观光纪游》，冈本子博氏之《万国史记》是也。其后客南北，锐意求彼土书，所见日多，山阴道上，应接不暇，琪花瑶草，触目皆是，然弗敢忘冈氏、冈本氏之最先引我入胜也。

馆森子渐者，冈氏之高弟子也。曾于冈氏《纪游》中见其《书后》一首，心识之久矣。比年闻其从事台湾督府，簿书之暇，好学不倦，益心识之。庚子仲春，君忽来游申浦，枉访敝寓，则恂恂儒者也。相过从数日，聆其谈吐，则真能读儒书，求之今禹域而不易得者也。③乃索读所著，则出《亲灯余录》四卷相示。《亲灯余录》者，以考订经史为主，而稍及词章、书画，其体例略如杨氏《丹铅》、顾氏《日知》、钱氏《养新》诸录，而隐儒之经解、史论多全篇录入为异。其所全录之照井氏《封建》、《礼乐》、《汤武》三论，太田代氏之《荀子论》、《皇极解》诸篇，皆古今非常之杰作，于此土则庶几董江都、刘中垒矣！然而二氏——儒之隐者也，君恐诸篇失传，求而全录之，二氏之说倘一旦盛行于禹域乎，则君之有功于儒大矣！其他考订精博，亦或越于杨、顾、钱

---

① 原稿作《〈亲灯随笔〉序》，后改《〈亲灯余录〉序》，末注："二月廿六七日草定，三月初六写完。"《六斋无韵文集》刊本作《〈亲灯余录〉跋》，此据原稿。

② 《日本刀歌》，见《欧阳修集》卷五十四，北京，中国书店，1988。

③ 馆森鸿（子渐）《〈赠宋平子诗〉序》述及彼此认识过程："戊戌冬，杭州章枚叔游台岛，示其友宋平子所为诗，予因识平子之名。去年三月（即 1900 年 4 月），予至上海，闻枚叔教于绳正学堂，乃往见之。寻访平子，平子亦识予名，一见如旧，而恨相见之晚也。平子名恕，平阳人，尝从德清俞先生游，学问、文章杰出侪伍，手赠所著《六斋卑议》，予读而好之，其目曰民瘼、贤隐、变通、基础，都四篇六十四章，盖实《潜夫论》、《昌言》之流亚也。平子与枚叔皆通我国史书，而平子尤精绝，予乃示先儒之书，平子大悦，粗读一过，言于予曰：'仁斋先生《论语古义》极平实，其亦至矣乎！又《语孟字义》与戴东原《孟子字义疏证》相契合，使东原见仁斋，必相视莫逆无疑也；徂徕先生《辨名》、《辨道》，古今绝作也；谦斋先生《论语解》，宇宙第一奇书也；川口君《台湾郑氏纪事》，亦足珍矣！'如东厓、鹏斋、锦城、息轩诸遗书，亦皆评骘，制跋文，见示一诵，即知识见之崇绝也。平子又喜予《亲灯余录》、《名士传》二书，赋七律二章，有'随笔卷将等洪迈，拾遗记不让王嘉'之句。余书，枚叔乡予之，今平子亦有此赠，是虽过奖，不亦可为吾道张目哉！"宋恕和馆森交往诗文，均见本集各卷。

氏，则其勤述之美，时地为之！其所记永明太后、朱舜水、张斐、独立禅师、张燧、汤来贺之言行，尤此土之要故也。其末附君别著近代名人传数首，则山阳父子、东湖、象山、松阴、松菊、甲束传是也。波澜老成，情事曲画，殆不在《鲒埼亭》下。盖君尝学史于冈氏，又尝学经于重野成斋氏，宗伊藤、物部之家法，由名物制度求大义，尊礼乐而危心性，务躬行而贱空谈，勉多闻而讥守陋，于此《余录》乎见之矣！

抑恕有感焉：盖闻东洋之文明也先于日本，而埃及、印度、禹域之文明也先于东洋他国，日本神代已有文字，出云石刻、鹿岛社传可据。似此土古代科斗文字，或云似此土南方苗种文字。夫南方有文字之苗种实皆五帝三王之后，然则彼土之诺、册二尊安知非炎、黄、尧、舜之伯叔兄弟耶？阁龙始至米洲，印甸种人惊以为天神；诺、册二尊始至日本，虾夷种人固亦宜惊以为天神。然则世谓彼土文明之开晚于此土，岂定论也？但应神以前，载籍莫睹，学者惜焉，殆亡于物苏之兵火欤！①

恕今姑断自应神，而较彼此文明之度约可分为五大期焉：其第一期则自应神至于孝德是也，此期文明之度彼低于此，世所共知。其第二期则自孝德至于崇德是也，此期文明之度彼此殆均。然彼土太平刑措，而此土有安史、巢温、蕃、纥、契丹之乱相踵，故表度虽彼此殆均，而里势则彼渐高而此渐低焉。其第三期则自崇德至于丰臣之亡是也，此期文明之度显然低于彼矣。盖此期中彼土虽有源平②之小乱、南北朝之小乱、足利③幕末之小乱，而此土则有女真之大乱、蒙古之大乱，族类摧残，兵火酷烈，隋唐古书十佚八九，反借彼土存若干种，加以"八股兴而六经亡，十八房出而二十一史废"，信有如顾氏所叹者。而彼土保平以后，虽武家争权，干戈时动，然不辍于进讲，兼传于缁徒，盖此期文明之度，就彼较彼，就此较此，虽皆低于第二期，然此之低度负于彼之低度多矣。然则彼之日高非彼之日高，乃由此之日低所形欤！其第四期则德川氏之三百年是也，此期文明之度彼高于此矣。盖此期中彼土绝无兵警，幕府右文，真儒辈出，学校书库殆遍诸州，讲堂大开，庶民参听，昌平之长赞襄政务，六艺为教，同符三代，《礼运》小康，于兹又验。而此土有张李之大乱、鼎革之大乱、三藩之大乱、楚蜀之大乱、洪

———

① 关于日本人种来源问题，宋恕即日作《日本人种谈》加以申论，见下文。
② 指日本平安末期源赖政（1105—1180）、源赖朝（1147—1199）与平清盛（1118—1181）争夺政权的斗争。
③ 指日本足利将军建立的封建政权，1338—1573年，历时二百三十五年。

杨之大乱、捻党之大乱，而小乱不可胜计焉。每经一大乱，载籍辄佚大半，每经一小乱，载籍亦佚少许。且鸿博之科止于两开，讲学之会悬为厉禁，公卿大夫多不识字，帖括之毒甚于前代，重之以小楷，又重之以捐例，虽有梨洲、亭林、习斋、船山、叔子、西河、铸万、东原、实斋、慎伯、默深、定庵等十数通人大声疾呼①，而遗书皆在若有若无间，数百年之久，数万里之广，得见者无几也，而况于发明之者乎！是故此期文明之度，若依希腊安理思汤氏之《论理学》较之，则彼土高于此土其为远甚也已灼然！其第五期则明治改元至今日是也，此期文明之度彼此高低之相去乃益远甚而不可思议矣！呜呼哀哉！

子渐此书，置于今第五期之彼土著述中，其应列为何等固非恕之所知，然使置于第三、四期之此土著述中，则必可与《丹铅》、《日知》、《养新》诸录同列，抑或可高一等也欤，愿我禹域见者珍之！呜呼！有能见君此书而珍之者乎？其诸可与言先王之大道也欤！

日本人种谈②
（1900 年 4 月 7 日）

六斋居士一日访袖海客，与袖海谈及日本人种。六斋曰："日本人种，古来有皇、神、蕃之别。蕃别人种固多禹域移殖，皇、神二别人种亦可确定是移殖，亦可假定是禹域移殖。今余姑妄论之，而子姑妄听之，可乎？"

皇、神二别人种可确定是移殖十证：

一、凡客优种之制主劣种也有二公例：一曰直接之制，一曰间接之制。直接之制则兵威是也，间接之制则宗教是也。古代名国若西洋之希腊等、东洋之印度等及我禹城，其贵族皆自谓"天降"，"天降"二字乃客制主、优制劣、间接宗教上之例语，慧观者见为"移殖"二字之代表。日本古史云"诺、册二尊从天始降"，其代表移殖灼然！

二、日本古史云："东夷种类，虾夷最强。"如谓诺、册出于主种，则既必不能以天降愚其同族，而更无目同族为东夷之理。如谓"东夷"者专指阪东人种，诺、册二尊出于四国、九州间主种，则四国、九州间

---

① 原稿"定庵"下本有"谢山"二字，"疾呼"下本有"仁斋、徂徕、藤树诸家相应"十一字，后删。
② 手稿原注"三月初八日笔"；抄本原注"庚子"。

去阪东甚近，而去隔大海之禹域颇远。而虾夷固为东夷种类之一，何以皇、神二种之体相，异于近之虾夷，而同于远之禹域人耶？如谓东夷之目起于后代，实亦诺、册之裔，则必不然！夫琼尊为诺、册之曾孙，饶速日命为琼尊之子，然而大和君长如长髓彦者犹尊信饶速日命为天裔，况其臣民乎？使东夷亦为诺、册之裔，则其时去诺、册甚近，大和君长何至忘其为同祖而尊信彼为天裔乎？可见大和等处主种且非诺、册之裔，况阪东乎！彼九州之茅狭津彦及熊袭等部落，殆亦为主种，而非诺、册之裔也。

三、人种文明发达序不能越。如谓诺、册是主种之始祖，何遽能建八寻殿以居也？[①]

四、进化公例：金器期后于石器期。如谓诺、册是主种之始祖，何其时国民遽能冶金[②]、铸刀剑也？且所谓国民者果何种人耶？殆必随二尊而移殖之客种人也。如谓是主种人软，则从天始降之二尊必为客种人矣！

五、进化公例：农、牧、蚕桑等业后于渔猎业。如谓诺、册是主种之始祖，何其时遽有农桑等业之国民也？

六、祭祀、占卜、祓禊等礼俗皆非草昧种人所有。如谓诺、册是主种之始祖，何其时遽有祓秽、问占之礼俗？且祭祀有大尝殿、斋服殿，如此其可观也。

七、郑高密曰："诗之兴也，谅不于上皇之世。"盖草昧种人言语极简单，必不能作诗歌达情志也。如谓诺、册是主种之始祖，何其时遽有尚歌之国俗。且有舞以节之也？

八、草昧种人必无衣裳冠玉之制。如谓诺、册是主种始祖，何遽能制衣裳、冠玉也？

九、草昧种人之进步则家长权利全有之戎狄也，其俗必父死妻其后母。如谓诺、册是主种始祖，则进于戎狄之俗尚不知需几世纪也？仍乃忽、穗尊以降，娶后遽皆可考，而绝无戎狄之俗也？

十、何有天社、国社之别？以余窥之：国社所祭之神殆主种人所敬之神也，天社所祭之神则客种神也。

皇、神二别人种可假定是禹域移殖十证：

一、《传》曰"昔者黄帝地至日月之表"，《尔雅》之"日下"，东儒

---

① 宋恕读日本史笔记之一的《〈祖志〉摘》云："诺、册二神降居营八寻殿。"

② 《〈祖志〉摘》云："诺尊手持白铜镜。"

或谓即日本，甚是！然余疑"日下"固即日本，但专指日向名之，日向以东，则名之"日表"。盖古代天文学未开，故以日向州为在日之下，以四国为在日之表也。黄帝地至日表，商、周未必能至，诺、册至神武不过七代，神武元年即周惠十七年，姑以寿皆百岁而皆三十生子计之，六代不过二百五十岁，况生子未必皆待三十，而寿未必皆满百岁乎，然则《梁书》所记皇种为"吴太伯后"者，或据物苏火前之谱系欤？于时颇合矣！意者诺、册乃太伯之子与媳，因父王以叔为嗣，遂谋自辟新世界于日表、日下欤？神教徒怒林恕修史之引《梁书》，以为如此则有自贬为附庸之辱，噫！何其愚也！姬吴之亡二千余年矣，将恐太伯复活、复王而责远孙以称臣乎？而禹域儒士或据此以傲诺、册之裔，则愚甚于神教徒矣！果如《梁书》所记，诺、册之裔但对于太伯或太伯后数代为卑行耳，非对于汉祖、唐宗为卑行也，况汉、唐以后之朝乎！

二、古代禹域，北至朝鲜，南至交趾，其时航海术未精，印度若今英、荷所属南岛若太平洋岛种人，恐不能移殖于日本，禹域最近，故疑诺、册二尊必是禹域人，而为移殖之长欤！

三、余恨未学日语，未读《古语拾遗》。然即以所知之一二条，按之禹域古语，殊惊其合，如"下"、"本"二字同音、"男"、"雄"二字同音之类是也。故疑皇、神二种必自禹域移殖。

四、神教礼俗与禹域古礼俗相似。

五、神代文字或云似禹域科斗文字。[1]

六、皇、神二别人种体相与禹域人种无异。

七、虞帝称"臣哉邻哉"，日本古官名"臣"之次有"连"，连者，邻之转音。[2]

八、汉人目日人为倭人。窃疑"倭"、"伊"、"裔"等字古音皆同，倭为改借字，裔为原〔义〕字，"裔人"者，认其为我先圣王之裔也。"奴"、"人"二字亦一音之转，倭奴为改借字，裔人为原〔义〕字欤[3]。

---

[1] 宋恕读日本史笔记之二的《〈铁鞭〉摘》云："平田大壑云：壹岐岛石刻一字，筑后国生叶郡石刻二十六字，尾崎氏所传三十余字，或谓黄帝云书之变，其中有楚蛮成俗语，有倭九国字，末日典承雷颛，雷颛即雷伯少昊也。斋部氏所传文有册立羲和及丰日云云说，系羿告文，丰日当是今丰邑。出云书岛大石壁刻文首曰羲和伐阜邱云云。"这些古代石刻文字，《〈祖志〉摘》中记录原字形，并加清人沈文荧释文。

[2] 现存章炳麟赠宋恕《说大连、小连》原笺，论及"日本自太伯、伯禽之裔已多流徙其间，商、周遗制尚矣，是岂不信哉"，便是请宋恕提意见的。

[3] 上二处"义"字，原件均作"人"字，不可解，应为"义"字之误。

九、古代日人目禹域为常世国。常世国即天国之意，盖神其母国以慭移殖地之主种人欤。

十、少彦名命至自海外，佐大国主命后之常世国，神武之第三兄超海居常世国。以余观之：殆太伯之裔王于东，仲雍之裔王于西；有时东王乏良臣，求之于西王，而少彦名命往，有时西王乏良嗣，求之于东王，而神武之第三兄来欤。

昨日笔谈，意多未达，且信笔恐多误写，今日索性畅所欲言，写成一长篇，奉供袖海客一哂！六斋居士

读仁斋《论语古义》①
（1900 年 4 月 17 日）

宋恕曰："仁斋先生之说《论语》，其至矣乎！"

盖自新安《集注》据势专尊，汉、唐古义危不绝矣，先生崛起扶桑，悲观禹域，大声疾呼，力明古义，诚哉孔氏之功臣、百代之儒宗欤！且其独长盖有四焉：虽敬汉注，而其未精善者则不墨守，一也。严辨宋谬，而其近平实者则亦取录，二也。义发孔古，非但述何②，三也。正古大义，非争碎末，四也。仁斋先生之说《论语》，其至矣乎！

今去先生年将三百，茫茫九州，长夜未旦，新安《集注》专尊如故，西河改错尚犯世禁，号儒百万，三尺是惧，不敢知有平叔，矧敢知有仁斋?！虽然，使孔氏有灵，禹域儒教当复兴乎！则新安之教权其必移于仁斋哉！其必移于仁斋哉！呜呼难矣！

读仁斋《语孟字义》③
（1900 年 4 月 17 日）

昔者东原先生著《孟子字义疏证》，愤宋儒之以心为理、以理杀人，尝谓弟子段玉裁曰："生平所著此为第一，所以正人心也。"及阮元集刊《学海堂经解》，斥此书不录，而但录其碎末之著。阮号尊戴而阴易其宗旨，于是戴学一变而为阮学，东原之大义危不绝矣！

---

① 原注："三月十八日。"此下书后总共六篇，其次序均按原稿。
② 指魏何晏（字平叔）之《论语注》。
③ 原注："三月十八日。"

恕私独悲东原之不幸也，今读仁斋先生《语孟字义》，益悲东原之生也晚，不及见！然当其时，仁斋之书刊行已久，而一水为阻，未得入目，惜哉！正使生同时，其果能遂把臂入林之愿否耶？东原无子，而仁斋有子孙能绍其学；东原著书于有八股毒之人群，仁斋著书于无八股毒之人群；东原道塞，仁斋道通，固其所也，命也夫？抑岂惟两先生之命也？！

读照井螳斋《论语解》①
（1900 年 4 月 17 日）

元和偃武以后，孔氏之道大明于日下，通儒辈出，比美汉、唐，则伊、物两先生提倡之功最为大矣！伟哉仁斋、徂徕之于《论语》②，所谓抑洪驱猛者也。乃越二百年而有照井螳斋者出焉。螳斋，盛冈藩士，曾以说《诗》惊安井息轩，称为毛、郑之后一人，然宦未显，年未四十而卒，虽日下儒者犹罕知之，若禹域则未有曾闻其名氏者也。

光绪己亥，恕始闻之于余杭章枚叔，称为秦汉后一人。③ 枚叔虽与恕善，然学派不同，未遽信之也。庚子仲春，仙台馆森子渐来游，始得见其遗书数种，而《论语解》其一焉。读之数旬，殆忘寝食，如忽闻韶武，如亲遇伊、周，如梦入仙区，别有天地，琪花瑶草，绝异人间。嗟乎！螳斋先生岂文宣之后身欤！

先生之要言曰："自秦兼赤县，废绝人道，圣王礼乐，扫地无存，九域化为戎狄之俗，学者畜于始皇之樊，深染积污，与众俱溺，心止于符，恶能知古？赵宋书生愚陋轻薄，病儒尤甚。彼恶知《论语》中所谓'道'、所谓'学'、所谓'仁义'、所谓'干禄'、所谓'正名'、所谓'民可使由，不可使知'者耶！彼皆谅而不贞，好名而志不在拯民患苦。彼视民饿死为小事，彼又恶能解孔氏之言！夫孔氏，圣人也，神人也，至人也。至人无己，神人无功，圣人无名，孔氏之谓

① 原注："三月十八日。"该文修改多次，此据定稿，内"闻之章枚叔等"语为《六斋无韵文集》刊本所缺载。照井遗书有《汤武》、《礼乐》等四论及《论语解》、《庄子解》等多种，宋恕极为赞赏。
② 伊指伊藤仁斋，著《语孟字义》，物指物部徂徕，著《论语征》。
③ 章炳麟在《题封建·礼乐等四论之后》云："先生生二千年后，独能抗希大儒，仔肩绝学，信秦汉后一人哉！"在《照井氏遗书序》中则指出："独安井衡尝一见之，曰：'自毛、郑之殂落，子无匹偶矣！'"足见语有所本。文中安井息轩即安井衡。

矣！其神凝于不忍人，故入火不热，入水不濡，佛氏召欲往，公山氏召欲往，终不忍从沮、溺而耕，终不忍俦接舆、荷蒉，其归则使物不疵疠而年谷熟是矣。"嗟乎！蟪斋先生岂文宣之后身欤？何其言之沈痛若此也！

此解章疏句释至为精详，何、皇诸家之外多采一堂之训，间及徂徕、仁斋、子卿，然皆有所不满。其大义一据孟、荀、庄氏，而偶亦引韩非、管、墨诸氏为旁证。其于孟、荀、庄氏，沟通而平尊之。其卷端附《封建》、《礼乐》、《汤武》三论，笔力直至匡、刘①，其语多称《诗》，且可以稍窥先生之诗学焉。

呜呼！恕不得与孟、荀、庄氏生同时，而犹得与先生生同时。乃天夺先生速，使恕不及裹粮东渡而求授业，恨何如也！虽然，昔者博野、西河毕生不得闻仁斋、徂徕氏之名字，而恕今者非但得闻先生之名氏，且得见其遗书而读之，则岂非大幸欤？则岂非大幸欤！

读《聱牙子存稿》②
（1900 年 4 月 17 日）

聱牙子熟精温公《通鉴》，故其史论多能按切时势。其文章盖有意远宗韩非、近法韩愈者，其学派亦出于二韩，故其课童读子首《韩非》，其论臣道：欲排思、孟之五伦，取三纲于韩非，谓韩愈道高于孔、孟，而讥孔子游事他君，其谬甚矣！

然其论诚不如术，及"读经必先读史"，则足为白发死章句者之药石也。若聱牙子者，虽未闻圣道，固二韩学派之巨子欤！

《仁说三书》跋③
（1900 年 4 月 19 日）

闻公干先生《九经谈》久矣！然未得读。其《仁说三书》博证经史诸子，以明"仁"字古义，功亦伟哉！其于洛闽诸氏之攻博爱，争之甚力，若有深痛，君子于是知公干之为仁人也。

---

① 匡指匡衡，刘指刘向。
② 标题初作《读〈聱牙文录〉》，下注"三月十八日"、"津藩士土井有恪所著"。
③ 原注："三月二十日。"

《大学私衡》跋①
(1900 年 4 月 19 日)

鹏斋谓古大学所教者,不出《诗》、《书》、《礼》、《乐》,而讥程、朱遗之,甚是!其释"格物"为量度事物,而以史学当之,尤见卓识。今扶桑一切学校皆以历史为要课,鹏斋之说可谓大用矣。"十八房出而二十一史废",禹域士大夫五百年之痼疾其必用鹏斋之说而后可以疗之欤!②

《冈本子》跋③
(1900 年 12 月 12 日)

吾土哲学莫盛姬代,其时文明之度殆与印度、希腊略等。其后印度哲学东行吾土,而希腊哲学经数千年未来,吾土不知有沙枯、坡来、安理诸子④,而彼土亦不知有孔、墨、老、庄诸子,山川之遐、舟车之拙也。自吾土与印、希文明日退,而日耳曼种人文明日进,近代求哲学者大都负笈而向英、独诸国⑤,而吾土与印、希几绝迹矣。呜呼!盛衰之际岂不深可感哉!

扶桑于吾土,于古一也,然于今则文明之度殆甲世界。盖东洋文章,西哲未解,而扶桑学士多通西洋文章,于是乎世界哲学之聚光点殆在八洲三岛间矣。

冈本韦庵先生,今代扶桑哲学家也。生平著书数百万言,多属史部,而其题曰《冈本子》者,则专发挥哲理者也。其说尊心、主仁、

---

① 原注:"三月二十日。"
② 原注:"以上书后六篇,皆于三月二十日写定。"
③ 原注:"十月廿一日写定。"冈本监辅(韦庵)一九〇〇年十二月间来沪,曾和宋恕畅叙,宋除写此跋外,并作《赠冈本韦庵先生》七律二首。现存宋恕遗稿中有《〈冈本子〉中引证语摘》:"孔子曰:夫礼必本于太一。""管子曰:思之思之,又重思之,思之而不通,鬼神将通之,非鬼神之力也,精气之极也。""荀子曰:从道不从君,从义不从父,人之大行也。""扬雄曰:寡闻则无约也,寡见则无卓也。""列子曰:神凝者想梦自消。""谷梁子曰:天不以地对。""关尹子曰:风雨雷电,皆缘气生,气缘心生。""庄子:生者死之徒,死者生之始。""王充曰:人之死也,犹火之灭也。"……
④ 指苏格拉底、柏拉图和亚里士多德。
⑤ 独国指德国。

重礼、贵诚、持性善、斥利己、宗宣圣、合神教，辅以儒家余子，而旁及他家诸子。其训也精，其折衷也审，其独得也高妙而切实。其枢言曰："性无生死"，"气外无道"，"气外无理"，"心外无事物"，"万象外无太虚"，"阴阳外无太极"，"尽性外无参赞"，"相对者非本然"，"恶者善之余"，"空者吾心灵明之本体"，"时者吾心不息之妙用"，"天地万物莫非魂魄所在"，"心体无量，能尽其心者，其尽之也常在不尽之境，非有尽期"。其于孟、荀、董、管、庄、关尹，引证尤多，而其文章之波澜意趣也亦逼真此数子。呜呼！是真可名一子者矣！是真今代吾土希有者矣！或亦今代印、希所无者欤？或亦英、独诸国所无者欤？

抑吾闻世界哲学：惟心、惟物，两论派久反对，今尚未定孰能终立也。虽然，先生则诚惟心论派之一大师矣！盖昔者希腊文明之代，有沙飞思论派[1]攻旧太过，颇害风俗，沙枯氏忧之，乃著《智德论》以正其失。今者，沙飞思论派日涨于扶桑，或不能无少弊，然则先生此著，其功岂在沙枯氏《智德论》下欤！

先生不鄙贱子，赐读命评，贱子哲学甚浅，妄作跋语[2]，恐不足当扶桑哲士一哂。虽然，岂可不表其钦仰之忱乎哉！

光绪庚子，浙东晚学生宋恕敬跋

《佛说大观》跋[3]
（1900 年 12 月 22 日）

甚矣学佛之难于不迷其途也！大小乘之争久矣，而乘又分数宗，宗又分数派焉，甚矣学佛之难于不迷其途也！

韦庵先生，当代鸿儒也。近有《佛说大观》之著，意在破诸宗之妄立，合孔、释为一家，以四恩、五戒、十善为重，以不善不生、善法不灭为主义，以真如、中道为仁孝之天良，于经最尊维摩诘，于宗师最尊空海，次则亲鸾。呜呼！谤佛之多也、学佛之难也数千年矣，此书出，彼谤佛者将悔其失言，而高虚之谈皆化为平实焉，抑学佛者庶几易于不迷其途也与！

---

① 沙飞思论派当为诡辩学派之异译。
② 该句原作："先生不鄙贱子以示，穷数昼夜读之，竟妄作跋语。"后改。
③ 原注："十一月初一日。"

《祖史》跋①
(1900 年 12 月 22 日)

　　曩读日本古史，始而怪其不经之甚，已而悟曰：奚怪焉！夫天者王都之代表耳，神者贵人之代表耳，万国古史皆然，奚怪焉！

　　韦庵先生著《祖志》②，于原文详加疏证③，且附诤论，引据极博，思辨极精，化奇为平，切于事理。呜呼！其勤至矣，可以破祠官之迷梦，折学者之腹诽。兹今世界文明古国独有日本，读此志如游道家所谓洞天福地：桃源父老揖让乎左右，琪花瑶草列植乎庭阶，纵目石室之藏，魂魄震动，悲欣交极，不知涕之沾襟。呜呼！使张茂先④、陶渊明见之当何如也！？

---

　　① 原注："十一月初一日。"

　　② 原注："十卷，先刊行六卷。"《祖志》和《祖史》同，宋恕《〈祖志〉摘》长达五六千字。

　　③ 原注："因本居、平田诸氏之注。"《〈祖志〉摘》中未见本居氏之注，但屡见平田笃胤之注。

　　④ 晋张华（茂先）家文史充栋，凡奇秘世所罕睹者皆手识之，著《博物志》。此喻《祖史》阐述日本古史（包括神代文字）内容极其丰富，外界罕闻。

卷五 杂著（下）

编者按： 本卷共收 1901—1910 年间宋恕的杂著 60 目。除杂著 16 目见于《六斋无韵文集》，《遵旨婉切劝谕解放妇女脚缠白话》有木刻本外，其余都未发表。在已刊文中，《外舅孙止庵师学行略述》揭露清咸同间顽固派统治下的闭塞和愚昧，论述永嘉学派和浙东学派的学术源流及其进步意义，写前作摘记，写时不为亲者讳，写后反复修改，是极费功力之作；《遵旨婉切劝谕解放妇女脚缠白话》是早期白话文的罕见文献，宋恕自认"合于论理"，曾赠送给日本早稻田大学高田学监；《沈编〈日本地方自治制度述略〉序》一反早年热情鼓吹、视为要图的态度，认为"从容立宪"是华严楼阁，受到章炳麟的重视；《书宋季邓文行先生〈伯牙琴〉后》明确概述自己政说四变，表白晚年政治态度已经倒退到专制改进；《论女子教育之贤母良妻主义与男女平等平权主义不相反而相成》曾广泛散发，从形式逻辑角度替贤母良妻主义辩护；《国粹论》则主张粹其所粹，糠其所糠，并且主张"解决于众"，受到许寿裳等人的称引。在未刊文中，《代拟瑞安演说会章程》反映作者学术分类和组织学术社会团体的具体设想，由胡珠生等学者特从次序凌乱的手稿中整理出来。读日人著作跋文、游东笔谈记录以及《宋平子新字》等，反映作者对日本学习日益深入，特行选录，以见全貌。1905—1907 年，宋恕在山东学务处任职期间所作条陈、禀折，曾被称为"山左陈言"。如《请复州郡中正及掾属佐理折》、《创设农务总局议》等，反映了他的政治经济思想；《上东抚请奏创粹化学堂议》和《表章〈潜书〉等先哲晦著禀》等，反映了他的学术批判思想；《粹化学堂办法》、《采西制办公园议》、《拟阅报总分所章程》和《〈学务杂谈〉凡例及叙》等所涉及的直接、间接的各项教育措施，反映了其全面的教育思想；至于代办山东编译局坐办期间有关编译书报的计划和审查报告，则直接反映了作者的政治态度和努力方向；而《辞差呈禀》则是自我抱负的真实流露。这些条陈除少数留有清折外，大多从原始草稿中整理成文。

《北山楼诗初集》跋①
（1901 年 1 月 21 日）

君遂先生《北山楼诗》：五言古体多似陶、韦，其佳句如"春风惠然来，草木日渐苏"，"读《骚》若有会，憔悴悲三闾"，尤得陶髓；如"久立露沾裳，荒园木叶下"，尤得韦髓。然如"缅希箕颍风，恐废君臣伦"，"夜夜望北斗，日日登南楼"，"丈夫七尺身，宁欲为诗囚"，则子建、越石之遗音也。

五言律体多似少陵，其佳句如"高林过疏雨，飞鸟逐行云"，"死生原细事，忠孝几完人"，"江海几人去，行藏一叶身"，"亦有新亭泪，斯人贾谊书"，尤得杜髓！②

七言律体意境尤高，其佳句：起联如"滔滔江汉去何之，太息人生亦有涯"，"明主何曾弃不才，浩然欲去复徘徊"，"夜半荒鸡喔喔鸣，披衣起舞气纵横"；次联如"谁为天下奇男子？臣本高阳旧酒徒"；三联如"猛思沧海身如寄，起视南窗日已斜"；"且著闲情看落叶，难将幽恨托微波"；结联如"送君苦忆江南好，草长莺飞二月中"；皆直逼江西诸祖。③ 然如"相逢阮籍开青眼，几辈冯唐已白头"，"樽空北海狂名在，社结东林壮志非"，"登楼犹自悲王粲，钩党微闻捕孔褒"，"载酒且过江总宅，披衣更上伯牙台"，则大历十子④之遗音也！

绝句如"霜露沾人衣，慎莫凭阑久"，悱恻至矣！如"荒村寂寂少人过，自起开门看雪山"，青峭乃尔！七言古体似非所长，然如"纵不愿作八州督，亦应读破万卷书"，"惟虫能天各自遂，万物浩荡春风苏"，亦东坡之胜境也！

盖先生以气节著，然发于仁爱之不能自已，与彼客气求名者异其源。好谈时务，然亦发于仁爱之不能自已，与彼趋时求利者异其源。呜呼！此诗之所以高欤！

---

① 原稿标题为《吴保初君遂刑部〈北山楼诗初集〉跋》，下注："十二月初二面交。"后刊于《北山楼集》。

② 四字初作"皆可不朽"。

③ 上四字初作"山谷"。以下和《北山楼集》刊本稍有异文。

④ 指唐大历（766—779）时期的十位诗人：卢纶、吉中孚、韩翃、钱起、司空曙、苗发、崔峒、耿湋、夏侯审和李端（个别有出入）。

《栈云峡雨日记》跋[1]
(1901 年 2 月中旬)

　　盖闻画家有恒言曰："鬼神易，狗马难。"宋恕曰："岂惟画然？凡学皆然，文何不然！"唐前文家多工狗马，欧、苏末流但工鬼神。桐城方苞，鬼神且拙，乃薄狗马[2]，妄贬河东，梅崖致诮，夫岂过与！

　　《栈云峡雨日记》者，扶桑竹添光鸿（渐卿）之所著也。盖我光绪元年即彼明治八年，渐卿随使西来。其明年，请于使，发京师，西南游。其游也，于禹九州盖由冀而豫、而雍、而梁、而荆、而扬，成《日记》数万言。

　　盖首轫乎燕赵鲜虞之郊，过太昊、黄帝、唐尧、荆轲、左车之都里，伤怀乎庆都、乐毅之所埋，豫让之所授命。避狭隘乎井陉，折走中原，驰乎殷卫之墟，徘徊乎孔子击磬之处，三仁、端木、韩魏公、岳忠武之所生长。既经无定、滹沱、圣、易、涞、祁、滏、漳、淇、卫、丹、沁诸水，乃临黄河，济孟津，背太行，面嵩，上北邙，泣陵墓之累累。渡洛，长太息乎天津之桥。慨焉涉涧向虢，度函谷入秦，逾潼关，瞻太华，肃然乎关西夫子讲学之所，黯然乎汾阳、尚父藏骨之垄。过鸿门，浴乎骊之温泉，寻诗乎灞桥。入长安，涉渭，望终南，吊后稷之故封。抵岐周，望太白，问五丈之原。渡汧，复涉渭而南，委身乎栈道。逾大散，入陇西，谒留侯之祠，玩褒、斜之会。渡沔，陟定军，拜诸葛之茔，想阳平之要害，睹漾、沮之交流，感五丁之艰辛，立马乎筹笔之驿。遂越龙门，沿嘉陵，渡桔柏，跻剑阁，阅觉苑之寺、千年之枯柏。降乎送险之亭，渡涪，入成都，访拾遗之草堂、青羊之宫、折柳之桥。渡雁，及珠，观乎鱼腹之浦。乘江而东下，穿巴峡，过刘平叔、陆敬舆之所谪居。瞿唐之滟预堆，巫及黄牛之十二峰，欣欣乎奇绝，惴惴乎人酢之罋。历三峡，泊夷陵，蜀穷而楚见。纵目乎洪波，向乎岳阳，帆将及乎洞庭。已而，过赤壁，抵乎郧、鄂之间，停桡乎鹦鹉之洲，登乎黄鹤之楼、伯牙之琴台，郁余情乎匡庐、彭蠡，休乎申浦。盖其为里九千有奇，为日百十有一。其间荒途古塞、芜城废垒、百战之场、危阪峻

----

[1]　标题原作《竹添光鸿（渐卿）〈栈云峡雨日记〉跋》，下注："熊本人，井井居士。"
[2]　原稿初作："鬼神且不能工，乃敢妄薄工狗马之柳河东。"后一再删改如上。

岭、怪石惊湍、飞瀑幽潭，别有天地之境；圣哲英雄、帝王将相、仙灵剑侠、美人才士，兴亡哀乐之遗迹，应接不暇，震荡魂魄。盖自非达者，良不能任，而渐卿乃整以暇，克成佳记。呜呼！矧以海外乐邦之孤客，犯炎暑，虞盗贼，扰于虫豸，苦于圜圚，壮矣！

其记虽及政俗、形胜、土质、物产，尤详山川。其记山川尤详秦、蜀，故自题曰《栈云峡雨日记》。其记政俗、形胜、土质、物产时附议论，本经按史，悉中利弊。其思井田，策沟洫，劝树艺，讥厘盐，语尤痛切！其记山川，体势、容色皆在所详。其记体势、容色，昭乎若绘，微乎曲肖。其文峭乎、宕乎！其气兼劲、逸乎！其妙殆轶范、陆而追郦、柳①乎！其尤难者：记民居、饮食、农工商业乃至舟车旅舍种种实相，缕缕乎而曾不稍损其雅。呜呼！此谓笔力，此谓工画狗马者矣！

盖记游莫盛于欧罗巴，然而禹域寡译。或稍译矣，其文大抵鄙劣希可读。学之久衰，大夫既鲜登高能赋，其持节域外若随使者又非以才被选。或号才矣，外强而中乾乎，朴而无华乎。文乎文乎，鬼神之求工乎！卓乎其惟郭氏之言政俗乎！② 有能言山川如范、陆者乎？郦、柳遐矣！且夫秦、蜀山川，域内之美，宦游如蚁，记乎今乎，孰伯仲于渐卿？宋恕曰：倘吾未之见与！

《栈云峡雨诗草》跋③
（1901 年 2 月下旬）

三百年来，禹域诗衰极，而盛于日本，盖其故非一端矣。

竹添渐卿之诗，无赫赫之名。今观其《西游集》，风骨高秀，波澜老成，殊可惊折。其中七言古体，如《杜太后故里》、《车上书所见》、《函谷关》、《鸿门》、《樊河》、《武侯墓》、《昭化县客次遇盗》、《姜平襄侯祠》、《下轿歌》、《飞石》、《蜀产歌》、《盐井》、《德政坊》、《舟中所见》、《人酢瓮》、《遥望洞庭湖》、《李孝子歌》，笔力直追少陵、昌黎、东坡北宋以上，其沈郁顿挫之妙④……

---

① 范指范成大，陆指陆游，郦指郦道元，柳指柳宗元。
② 指郭璞及其《山海经注》。
③ 原稿此下注云："改定于后。"隔二叶后有"改定于左"四字，但改定稿被作者裁去，未发现。故本文据草稿钞录。又，作者在《〈栈云峡雨诗草〉摘》下注云："肥后竹添光鸿渐卿，井井居士。"
④ 草稿至此止，全《跋》未完。

祭外舅孙止庵师文①
（1901 年 4 月）

滔滔七百，宋祀逝川。有哲伯仲，遐绍叶、陈。仲氏早达②，林下亦先。饮冰衣薜，晦迹养心。武夷之北，雁荡之南。好书万卷，陋室数椽。手不停披，学日以渊。

吁嗟中夏，衰草寒烟。洪猛为虐，礼乐失权。君平世弃，汾上地偏。寂寂著论，恻恻悲天。坐视荆棘，空老兰荃！

澹台无貌，更出单编。被知束发，遽承结姻。少壮历境：巫峡、孟门。遂令季女，妙龄茹辛。③ 荒凉志事，零落朋伦。飞蓬旷侍，捐馆悽闻。

是时始春，日惨幽燕。鼎沸州九，血流里千。张楚计穷，拒秦势艰。建牙异向，捕党纷连。玉石杂碎，国身交煎。那堪更尔，益苦人间。

漫漫沧海，强病乘船。去乡十载，复睹故山。故山无恙，伯氏④重泉。如何长者，又不少延！白发红颊，遗像虚悬！

永嘉卑湿，密雨积阴。绿苔上阶，二月沈沈。顿触内疚，泣涕沾襟。肉骨食诲，负惠蹈愆。念我长者，继起多贤。独恨微生，难答埃涓！

忆昔初见，紫藤楼前。楼西一槐，古色苍然。槐今尚在，藤但余根。登楼一望，感物伤神：纵横图籍，丹黄犹新。述作散置，蛛蠹交侵。精魂焉往？茫茫果因！岂其追随？止斋、水心！⑤

戒 高 空⑥
（1901 年 7 月）

高者，卑之反对；空者，实之反对。鄙人之意岂欲抑诸生于卑哉，

---

① 原稿标题作《祭外舅夫子前翰林院侍读学士孙止庵先生文》，后改，并注明"辛亥二月"作。

② 老二孙锵鸣道光乙未中举，辛丑（1841 年）进士，其兄衣言道光甲辰北榜乡试中举，庚戌（1850 年）进士，相差好几年。

③ 此段宋恕自述悲怀，季女指孙锵鸣四女、宋妻季穆。

④ 伯氏指孙衣言。

⑤ 原稿末注："此作顿挫沈郁，不在昌黎、半山下。宋平子自评。"文中着重点原为圆圈。

⑥ 录自《初学读书法稿本》内。其封面书"辛丑夏秋之间寓翰香署……""宋平子自记、七月二十□日"。又文中有"确定此院教育方针"等语，故时间应在作者刚到杭州求是书院不久。

乃欲引诸生于实耳。

凡议论有四大种类：曰高而空，曰卑而空，曰高而实，曰卑而实。大概唐、宋以前之议论，高卑不同，多属于实。[①] 元、明以后之议论，高卑不同，多属于空。至近时则空病益重。大概常人之议论多卑而空，学者之议论则多高而空。其卑而空之病，诸生自多知之，可不必论，今专论高空之病以告诸生。即如自由、平等之说，言之甚易，行之甚难。尝见世之说自由者未明海外自由学说之理，究其所为，与"自由"二字之义乃大相反。如说"变法立宪"、"共和政治"之属，皆言之极易，为之极难。

凡议论有天然之四比较：曰卑空、曰卑实、曰高空、曰高实。高、卑、空、实，皆无定位，必待比较而假定之。学者皆求平实，然平则有定位，平位之真，知者盖鲜——虽极不平之议论，莫不自以为极平。故姑舍平而举四比较之说焉。

盖人类之始，思想但较猿类为长，议论但较猿类为高。当其从事渔猎，渐解合群，发为议论，多获鱼兽而已。及至合群渐大，牧耕渐起，思想渐长，议论渐高，则空病渐生焉。及至工商繁兴，士族积重，思想盛于多暇，议论激于交争，于是高度日增，空病亦日深矣。盖东西两洋中古哲学诸家，其思想、议论或高于后觉矣，而绝不染空病者殆无之焉。

宋恕曰："凡种族之胜败，视议论之空实。彼卑而实于我者，虽不足以胜高而实于彼者，然固足以胜高而空于彼者矣。"

昔者七雄之代，秦独号无议论，然秦卒灭六国。宋恕曰："秦非无议论也，盖秦之议论虽卑而实，六国之议论虽高而空也。"

典午之代[②]，刘、石号无议论，然刘、石卒制华。宋恕曰："刘、石非无议论也，盖刘、石之议论虽卑而实，典午之议论虽高而空也。"

赵宋之代，女真、蒙古号无议论，然女真、蒙古卒帝禹域。宋恕曰："女真、蒙古非无议论也，盖女真、蒙古之议论虽卑而实，赵宋之议论虽高而空也。"

嗟乎！卑实犹足以胜高空，而况高实乎！若夫今之海外文明诸国，其议论久已由卑实、高实而适于高实矣，而我乃敌以空且卑之议论，焉不败也！凡今朝野普通之议论，较之志士特别之议论，皆属卑空一派。而志士特别之议论则分卑实、高空二派。虽间有实且高者，然而微流不成

---

① 原稿下多"（卑）而实者十之六七，高而实者亦十之二三"二句，后删。

② 指晋代司马氏。其下刘，指刘渊所建的汉；石，指石勒所建的赵。

派。然以恕十年来所见闻者核之，则卑实派之议论大都其卑略如秦与刘、石、金、元，而实则远逊，高空派之议论大都其空略如六国、典午、赵宋，而高则远逊。夫以秦与刘、石、金、元之卑实尚止足以胜高空之六国、典午、赵宋，而必不足以胜高实之英、美、法、德，而况卑实不如秦与刘、石、金、元者乎！以六国、典午、赵宋之高空尚不足以胜卑实之秦与刘、石、金、元，而谓不如六国、典午、赵宋之高空反足以胜高实之英、美、法、德乎！

虽然，议论进化之理将由卑空而适于高实，必假道于卑实、高空两反对境。是故卑实、高空虽取道不同，而其为卑空之离心力所抛，为高实之向心力所吸，则固同也。然则卑实、高空二派虽相攻如仇，而自法眼观之，则皆卑空、高实之中线也。虽然，哲学家之教育所以异于非哲学家之教育，无他焉，精于时方之察而已！今者，鄙人精察时方，确定此时此方教育宜引诸生由卑实适高实，不宜引诸生由高空适高实[①]，故首以高空为戒！

求是书院课题[②]
(1901 年 10 月 2 日)

九月朔课动物学题 问：世间动物皆有知觉。夫皆有知觉，必皆有言语；但蠢简灵繁，相去甚远。昔姬期分职，与言专掌，孔圣之门或通鸟语。"介葛异能"，《左氏》所载，至于汉唐，斯学未绝；宋元以后乃始无闻。今白人精察，新得可惊；赤县古书非诬昭矣！但目界、镜界恒沙群动悉接其声，悉解其意，遥遥来日，果有期欤？

论理学题 能立能破、似能立似能破举例。

社会学题 国多海滨，民易进化说。

历史题 明末张李之乱考略。

《寄学速成法》序[③]
(1901 年下半年)

著大别四：有难而用广者，有易而用广者，有难而用狭者，有易而

---

① "确定此时此方教育"，原稿初作"确定此院教育方针"。"不宜引诸生由高空适高实"，原稿初作"不宜引诸生于高空，如自由、独立、民主、平权"。后改。

② 原稿无标题。

③ 录自光绪二十七年十二月出版：《寄学速成法》（杭州忠清巷翁宏昌刊印）。

用狭者。易而用狭者犹牛毛也，难而用狭者麟角乎——《两京》、《三都》之赋之类是矣。夫两狭相较，则虽孔、墨，必取难者，岂不以其难欤！夫难而用广者，则经史、诸子也，易而用广者，水火也。夫水火，用莫广焉。

宋恕曰："凡著有主观、有客观。夫易而用广者，水火也，难而用广者，黄金乎。夫水火之主观于黄金，语不可同年，然其客观则或反在黄金上矣。"

《和文汉读法》者，不审何氏所著，庚子后颇风行，其命名、说实皆不满于通人。虽然，是固著易用广者类也，是水火也。同州林君洲髓新著《寄学速成法》①，于是书颇有所补正，示恕属序。恕曰："不亦善乎！是亦著易用广者类也，是亦水火也。洲髓于是功德远矣！虽然，吾愿洲髓勿以水火自足而不复求黄金也！"

不党山人宋恕拜序

外舅孙止庵师学行略述②
（1902 年 4 月 15 日）

先生讳锵鸣，字韶甫，号薲田，中年改号止庵，浙江温州瑞安县人也。于道光癸巳入学，乙未乡举，辛丑成进士，入翰林院，甲辰授编修，丁未分校礼闱，己酉主试广西。已，奉命留督学。咸丰壬子，终任，假归省亲。癸丑，奉命会办本籍团练捐输事宜。丙辰迁侍讲，已，迁侍读左右庶子、侍讲学士。同治壬戌迁侍读学士。以团练事毕，捐输宜缓，奏请入都复命供职，得可。癸亥，总裁武会试。是年以言本籍事罢官。光绪乙未，例得重宴鹿鸣，赐三品卿衔。庚子，以辛丑例得重宴琼林，赐侍郎衔。是年十二月十三日终于里居，年八十有四。

先生科第虽早达，而仕宦始终翰院。翰院于今清而非要，不得与政。其间咸丰一代在籍又将十年，年未五十而遽罢，故其可以不朽于通国者，不在立功，而在立德、立言。

初，先生之官编修也，同院例业——小楷、试帖而已。其名者或粗涉训诂，或骄语性理，或稍能骈、散体文，大都门户相标榜、酒食相征

---

① 《寄学速成法》原名《广和文汉读法》。

② 原稿下注："壬寅二月廿二日起草，三月初八日改定完稿，八月十八日始清誊，稍有增入，至廿二日午前誊毕，首尾五日，廿二日晚交仲、季。"

逐而已。先生则阒然与一二务实学者互勉躬行，切求民瘼，期将有所设施补救。然其获分校主试督学也，仍以小楷试帖之工。其分校也，得李公鸿章、沈公葆桢。其主试也，坚却守土官例赠千余金。其督学也，所至坚辞守土官例宴，然先生家甚贫，乃至虽任督学，衣不帛、饭脱粟云。其在督学任内也，曾于道光庚戌应诏上疏，痛陈督抚之疲玩粉饰、守令之寡循良、军律之不肃、士之鲜务实学、风俗之日非、耻尚之失所，请讲节操，崇经术，起敢谏之废臣，询謇谔之子孙，搜通儒之著述，举征聘之坠典，推转移之本，极责难之恭。又曾于咸丰辛亥上疏请续行日讲，有"人君高居九重，恒患与士大夫相接之时少"云云。是年，文宗新御宇，曾以曾公国藩疏开日讲，未几而辍，先生慨然独诤，众危之，然上意颇为动云。

学使临属，例得受民讼词，然率不敢忤守土官，例判而已。先生素以解倒悬为己任，遭广西吏治积坏，群盗横行，民不聊生，所至受讼词甚多，察舆情甚哀，不忍坐视，悉录移巡抚，且驰手书数千言，为民请命，巡抚郑公，故长者，不怒，亦不省。① 先生太息曰："大乱其将作矣！"则上疏言之枢府，亦不省。俄而，洪秀全等因民仇官，煽党谋逆，遂围桂林，三月不解。② 会有献策洪逆，劝弃广西，速下湘，渡洞庭，出江取武汉、金陵，传逆檄图中原者，围乃解，于是海内遂大乱。洪逆建伪都，设伪官，开伪科，逆兵四出，几得九域之半。而伪忠王李秀成、伪翼王石达开、伪英王陈玉成等尤为愚民所归，势张甚。先生私独叹曰："此曹何知！皇朝亿万年之基自不可拔，徒苦吾民耳！"已而，西

---

① 孙锵鸣《与郑梦白中丞书》（道光三十年）云："侄使车所至，民气尚恬，堪纾廑念。惟自过浔州，雚苻之聚，愈积愈多，私立旗帜，悖逆以极，奸淫焚杀，惨不可言。有谓后五日情形便不似前五日情形者，似此日复一日，何所底止。侄因公出门，及舟船停泊之所，乡民纷纷环跪请命，其所诉蹂躏之状，与镇将府县官坐视不救之故，言之痛心。且有团练首事获贼解官，而转行释放，反羁押团长致毙，遂群焉解体者。昨抵南宁，愬者情词益切，若所称：乡无安堵，户尽凋残，老弱避害入城，阗街塞巷，妇女系累从贼，忍辱则生，抗拒则死。胁取金钱，谓之'开角'，逼入夥党，谓之'拜抬'。民心苍黄，朝不保夕。……侄闻盗之啸聚，广匪、土匪二者而已。广匪恃土匪为乡导，土匪恃广匪为声援，而两省接壤，犬牙交错，贼可以此击彼窜，闻其地连广谷，官兵颇难措手，地方官苟图一日之便安，亦遂互相推诿。……且借口上年张家祥一事，不以为国家不杀之恩，而且谓为贼之足以得官禄。近其党播词煽惑，遂有官愿招抚、断无剿灭之语，毒如虎狼，来如风雨，室庐树畜，一过荡然。……况今之党辈数千，道路不通，已非初发者比。……若夫粤西之团练……以恩结之，皆可用也。不观之博白乎，而团练之出力者往往为贼党挟嫌报复，则所以保护维持之者，尤不可以不至。……"

② 初稿作："煽谋大逆，夺踞城邑，遂围桂林。先生在围，以死自誓。"

洋诸国助击洪逆，洪逆卒灭，伪忠王等皆生擒、磔死，而兵火所经，名城十九为墟矣！

先生之在广西也，曾劾八旗权贵穆彰阿，直声震天下，然生平未尝以之自矜。其会办团练也，于团练则欲不失寓兵于农之本意，于捐输则持有"子百姓足，君孰与不足"之古义，故乡里无贫富皆甚德之，然每为守土官所掣肘。咸丰辛酉，平阳乱民肆焚掠，守土官不问，先生力争不得，则力为良民筹自卫。乱民恨，遂攻潘埭，焚先生庐。潘埭者，瑞安属村也，先生祖居焉。于是合门急走他村，乱民大索，而数百里内良民皆素德先生，转相隐匿，得远离脱难。于是先生言之守土官，守土官不省。俄而乱民袭掠州城，复围瑞安，先生与城民坚守十昼夜，却之。及闽军入境，民多冤拘，先生周旋其间，获免甚众。同治壬戌，洪逆遣将伪侍王李世贤由处州略温，是时洪逆势已不支，世贤仰先生名德，上书愿降，停兵待复，书不达，然卒降于官军。温处间兵气之销，民之复业，以有先生而速焉。[①] 其奏请复命也，有"捐输一节，现当疮痍之余，更宜与民休息，似难骤议举行"云云；又《与巡抚左公宗棠书》有"新复各郡，凋敝之余，如木甫植，如鸟初飞，其所以扶护而保持之者，首在循良守令"云云，枢府及巡抚皆迁之。其罢官也，以劾周开锡。周开锡者，湘人，巡抚所亲委摄温处分巡，治厘、盐等捐甚苛，民不堪命，父老走京师哀诉于先生，先生则疏劾之，有"温、处当兵燹后，喘息甫苏，宜蠲苛法，俾得休养生息"云云；且附劾前时酿乱之守土官，章下巡抚。初，先生既与旧守土官积忤，又曾与左公书，言"团练报功之以私得者十之七八，且有温州会匪案内之不肖官绅，闻已赐檄查访，但恐官场袒护之习牢不可破。窃以为访之于官不若访之于绅，访之于绅不若访之于民，盖绅有邪正之不同，而民则直道之犹存也"云云。新守土官闻之亦不悦。及章下，新旧皆益怒，则益连为一气以倾先生。于是巡抚奏复，尽反先生之言，且以"阻筹饷、误军务"云云相中伤，遂奉休致之旨。先生于是审知道与世违，改号止庵，虽年甫逾四十，遂决意老林野，作教育家矣。当是时，门下士李公、沈公皆为东南大帅，先生疏之甚。李公殷殷思曲起先生，先生谢之坚，遂不敢复言而益心敬焉。计先生自罢官至终，将四十年，其间未尝一入都，未尝一致贷钱书于厚

---

① 初稿作："由处州攻瑞，先生复督民团却之。然先生以忤守土官，又不肯自列其绩，故竹帛不得书焉。"

禄故人若门下士。李、沈久任督抚，官商每持千金、数千金来乞一言，先生皆峻拒之。先生之拒非义也，往往声色俱厉，若甚不可亲者。然其居恒接人甚温，自视甚卑，故虽农贩者流，皆觉其甚可亲，而士尤乐及门。

其教育也，因质施术，不强一格。四十年间所掌书院，其大者五：曰姑苏之正谊、金陵之钟山、惜阴、沪滨之龙门、求志；其小者则皆在本州诸书院。惟惜阴、龙门、求志不课八股试帖，然先生虽于专课八股试帖之书院亦必诱诸生以实学。而其创置局译西籍于龙门也，尤为他贤掌教所不敢者。① 盖当先生掌龙门时，通国议论蔽固甚，如李公鸿章及侍郎郭公嵩焘，皆以昌言西洋政法之善被大诟，几无所容其身。林野达人，自李壬叔、冯敬亭两先生外莫不敢昌言。先生则慨然言于苏松太分巡，移取局译西籍每种各一分存院，俾诸生纵阅。盖沪滨有江南制造局者，曾公国藩及李公所创，附设译馆，稍译刊西洋籍若干种，然士大夫耻阅之。龙门虽同在沪滨，号课实学，然开院二十年，而院生稍曾阅局译西籍者不过数人，此数人以稍阅西籍②，被学术不正之名于同院。诸生多惊怪相语曰："孙老师真理学，何乃如此？何乃如此？"一二明者晓之曰："惟其理学真，故能为此耳。"然众惑不解，更十余年，士论渐进，乃共钦先生之识力焉。然先生晚惮远行，保定之莲池、江阴之南菁，亦皆海内大书院，皆曾固延不应，乃改延桐城吴先生汝纶、定海黄

① 此下初稿作："盖自皇朝初，以故明定西侯张名振、兵部侍郎张煌言、招讨大将军郑成功等阻海逆命，父老多接济军需，又以日本国大兴学校，厚待明遗民，内地儒生多怀抱书东渡之志，于是严禁通海，而令辽、沈以南，琼、雷以北沿海万余里居民一律内移，以三十里为界，违者斩。于是士大夫遂不敢读海外书、问海外事，积习成性，禁虽弛而不移。乃至海外诸国虽已订约互市而仍不移。沪滨有江南制造局者。……"后改写。

② 此下原作："不齿于同院。盖自顺治初，勒碑国中故明诸学，有'一切军民利病，不许生员上书陈言，违者黜革治罪'一条。其后又禁立会讲学及《四书》、《五经》文引周后史、诸试场策题切问时政，而专以小楷选世所最贵、隐握教权之编、检。然乾隆以前犹有两开鸿博科、一开四库馆之举，其后亦绝响。江浙解经家自明季以来虽多远胜朱、蔡，而未尝一得列award。河、淮、济、渭、恒、嵩、岱、华之间，中原数千里，能言毛、戴诸家名氏者且曾无几，而《四书》试题且趋于割截、戏侮、不可说不可说之谬，于是士大夫之陋遂为自有文史以来所无。至乃主试督学者或未知胜朝之姓，参枢持节者多未披禹域之图，至乃云'朝鲜纯女无男'，'日本界穿胸国'，'四川最为近海'，'洪泽之水通天'，'八股即是五伦'，'孔子出身一甲'……此种奇谬，以恕所亲见闻其语者，记之已几得千条。当先生掌龙门时，通国议论蔽固之度，以较唐、宋盖数千万倍，较明盖数百倍，虽较乾隆以前殆亦数十倍。（此非不规则之扬抑，恕曾著有《禹域三千年士大夫智度表说》，自信较极合于规则。）故如李公鸿章及侍郎郭公嵩焘，皆以昌言西洋政法之善被大诟。"后防忌讳，删改。

先生以周。光绪己丑后遂不出里门，其平生里居之日长，故浙之温，温之瑞，受教泽特厚。

温州故地僻人荒，今之民族，大率其旧者为孙氏建国后中原民与山越民渐通婚嫁所成，其新者为钱、赵时代闽客民与温土民合种所成。盖自康乐来守，山水始彰，北宋始有名儒。及南都临安，温为王畿，士多入太学，游公卿间，解额几半今之全浙，又出薛、郑①、陈、叶诸大师，提倡实学，于是温之人文遂甲禹域，所谓永嘉之学也。自元、明都燕，取士法陋，温复僻荒②，至皇朝荒益甚。阮公元督浙学，悯温之荒，殷殷诱焉而不能破。及先生与兄太仆公出，力任破荒，不惮舌敝，以科第仕宦之重动父兄子弟之听，于是温人始复知有永嘉之学，始复知有其他学派。闻先生之幼时也，与太仆公治举业，师例禁阅子史、诸集及朱、蔡③等外经说。一日，兄弟从他所见《易知录》大喜。《易知录》者，史略之尤略者也。则假归私阅之，师察见，遽施扑，士皆正师。及同光间，随院书商则皆言浙属购书之数，温之瑞最多矣；乙未后新出之事报、学报，其购数亦然云。盖昭昭之效也。然永嘉故学志在三代，今取士功令去唐、宋尚远，提倡实学，视薛、郑、陈、叶时难殆万倍，先生之隐恨与！

浙学故重史，而永嘉为最。盖自安史大乱迄于五季，中原陆沈，学士南奔，于是长安、洛阳文献之传渐移于吴、蜀，钱氏虽不科举，而亦设崇儒院。及赵氏攻克金陵、成都，文献之传复移于汴，而浙独以纳士，依然全盛。及宋南徙，汴中文献之传遂移于浙，故南宋浙学虽分数派，然皆根据文献之传，绝异于闽学之虚悟。而永嘉诸先生尤能上下古今自抒伟论，故当其时，浙学诸派皆为闽党所攻，而永嘉被攻尤甚。自元灭金、宋，悉废诸科，专尊闽学。然其下临安也，以吕文焕之请，焚杀之度大减，非若昔之萧条万里，人烟几绝，故数千年文献一线之传仍恃吾浙。恕曾著有《禹域文明中心点流移表说》。自十八房出而二十一史废，而姚江王氏之学说又颇轻史，史学危矣。及姚江黄氏复重史，万、邵、章、全诸氏④继之，虽史狱屡兴，士大夫讳谈史甚，而一线史学稍藉以

---

①　薛指薛季宣，郑指郑伯熊。
②　以下原作："皇朝两开鸿博科，温无一荐。乾嘉间，海内颇尚古学，浙中为盛，温无一闻。阮仪征督浙学，于十一属最劣温，临别文告劝学甚切，然不能破荒。"后改写。
③　指朱熹、蔡沈。
④　万指万斯同，邵指邵晋涵，章指章学诚，全指全祖望。

延。诸老既逝，而所谓十八房者益陋，而江、惠①后学之弊又早如钱嘉定所讥，但治古经，略涉三史，三史以下茫然不知。嘉定原指惠、戴，恕以休宁不免蒙冤，易戴为江。其弊之极则且不治古经，不涉三史，专讲六书，孜孜于一字一音，而问以三代制度，犹茫然如江甘泉所讥矣。当甘泉时，已云潜心读史者：先进中惟钱嘉定、邵余姚，友朋中惟李成裕、汪容甫、凌次仲，况其后乎！至庄、刘②一派异军特起，渐入湘、蜀、岭表，其后学虽大率能陈非常之义，而末流废史虚憍之弊或几等于洛闽，而所谓史学家者则大率钞胥耳。于是海内史学几绝，而浙亦尤危于前代。

先生伤废史之祸烈，慨然独寻黄、万、邵、章、全之坠绪，以永嘉往哲之旨为归③，于二十一史及其他官私史所得见者句析字正，无辍寒暑，盖全家手加丹黄者十七八，而年八十矣。其于群经诸子，亦以治史余力兼治。其治经子，虽以大义为先，物名为后，然亦不忽训诂，不疏校勘，如段金坛、王高邮及今德清俞先生之书亦所笃嗜，其于往哲经世伟著晦而难得者尤爱之若命。初，德清戴子高先生最好黄余姚之《待访录》及北方颜李学说，先生亦最慕余姚，曾求《待访录》椠本不可得，则多方转假，手自精写，置于家塾，《待访录》入温自此始。又曾授恕以戴先生所编之《颜氏学记》。其他如吴顾氏绛、冯氏桂芬、湘王夫之、魏氏源等之著亦时时称道，独惜未见蜀唐氏甄之《潜书》耳。然先生于学不敢自足，故学说未尝刊行，亦以是不至犯当时虚憍者之忌，而尤不自足于所作之诗文，有欲选刊或录副者，必坚谢之。桐城萧穆老而好搜录名人未刊之文弗倦，曾再三造门，乞得录数首，终不与。晚年，诸子请亲删定，不许，曰："是何足存！"终后，诸子乃编次其读四部之随笔为《读书记》若干卷，辑存诗文若干卷，合之先生所曾别写之《〈吕氏春秋〉高注补正》、《东瓯大事记》、《周浮沚、陈止斋年谱》等若干卷，题曰

① 江指江永，惠指惠栋。

② 庄指庄存与，刘指刘逢禄，均治公羊学。

③ 此下原作："于二十一史及其他官私史所得见者，手加丹黄殆遍焉。其于经，则空今、古、汉、宋之畛域，其于周、汉诸子，则亦一一熟览，可、否极平。其于往哲经世伟著晦而难得者，尤爱之若命。……虽然，人必有所短，谓其父兄师友一无所短者，标榜之恶习也，恕之所不屑。盖经世学宗：知人、安民为两大支。先生天性过厚，疏于知人，使执国政，恐易受误，故其位置最宜掌教。至其安民之学则以欧洲达人较之，虽未能如近代猛德（司救）氏、露索氏诸家之精密，而殆庶于古代沙氏、坡氏诸家之高大矣。呜呼！岂不伟哉！"（下接"先生自少以孝弟闻于乡"句）猛德指孟德斯鸠、露索指卢梭、沙指苏格拉底、坡指柏拉图。

《止庵遗书》，藏于家。盖先生之学于温往哲最近陈文节，于非温、浙往哲最近陆宣公，故其所作诗及奇体诸文亦最近陈，偶体诸文亦最近陆焉。

先生自少以孝弟闻于乡，五十执两亲丧，哀动行路。敬事太仆公甚，当其远宦，事稍重，必请命。及其归老，同城异庐，自非疾风雷雨，日必一步行造庐候起居，与公及犹子诒让纵谈文史，往往至更深，极天伦之乐。目力素强，光绪甲午冬，以哭太仆公而伤，渐至失明。然其未失也，虽八十矣，犹能观书灯下。既失，昼则持佛号，夕则命子诒械诵唐、宋诗而坐听之以为常。先生虽失明乎，然终不能忘世，每时事新报至，即命诸子述其要者。丁酉后，海内益多难，每有所闻，即泣涕如雨。及庚子夏秋间，益悲不自胜，由是气体益弱，于季冬七日偶感微寒，遽至不起，乡人无贫富，闻之率黯然，或痛哭失声。盖先生里居数十年，未尝巧取豪夺富人之一丝一粒，而恒自损以周他急。晚年因掌教大院，所入钱稍多，稍置稻田。每遇岁稍歉，粜粟必减时直之半以惠告籴之贫人，故贫富之稍良者皆甚德之。

初，温人未信种痘西法之善，莫敢先试，儿多殇焉。先生独早深信，先试于家以劝州人，由是盛行，活儿甚众。温俗：女足无一不缠，先生独深悲之，而苦无力以革。及终之次年冬，有诏令搢绅家劝解，子诒械乃慨然继先志，奉嫡母林安人命，大声疾呼，与从兄诒让等集金恭印数万纸①，传读广劝，旬月间，一城望族解几半焉。元、明后"女子无才便是德"之说始有权于通国，于是抑女日甚，女学几绝。惟浙西诸州稍存唐、宋遗风，故尚时出小闺秀，而稍识字者亦较多。温州邻闽，闽俗尤抑女，至乃逼死报烈，惨均印度，而贱女学几同失节。温俗虽不至此，而去浙西甚远，稍识字者且如晨星。先生独早有见于女学之重要，时时慨然为乡士大夫引西汉诗说，述三代女学之盛，津津乎有味其言之，以期渐移积习，由是温女识字者渐多焉。

先生奉己至俭，以养至廉，居恒不饮酒，不多食肉，购书外不稍掷金于花、石、鱼、鸟之属。虽工书，真行逼徐会稽、苏眉山，而案无佳砚墨、印章。罢官后，数十年不制一裘，及终，夫人乃命诸子孙分藏遗服为纪念重物，旁观者统计之乃不能直铜钱百千文，莫不惊叹。自祖庐焚，徙居城中，地不盈亩，晚盛子孙，狭不能容，乃勉别筑，俾分居焉，然蔽风雨而已。乡人咸言："土木太苟。"先生谢曰："吾子孙有居

---

① 原稿"诒让"下多"兄诒泽"三字，后删去。

所，于愿足矣！"乃名新筑之楼曰"海日楼"，为文张之，以广诸子孙之意境。然实则等于庾子山所谓"户碍眉，檐妨帽"，尚低于寻常市楼，不能望见江，何论海也！

先生之先或云出于吴大帝，盖不可考。温瑞先世衰微，乾隆时有敬轩先生名希旦者，曾以一甲第三官编修，有《礼记集解》之著，为先生疏族父。先生父希曾，邑诸生，生先生兄弟三人、女兄弟二人：兄即太仆公衣言，字劭闻，著有《瓯海逸闻》、《逊学斋诗文集》等。曾搜刊《永嘉丛书》，校勘极精。藏书之多闻于时，所谓玉海楼书藏也。弟嘉言，邑诸生。籀庼居士诒让为太仆公第二子，著有《周礼正义》、《墨子间诂》等——海内达人推为绝学，兼通《内典》及欧洲政治学说。前湘抚、侍郎陈公宝箴曾举应经济特科，不慕势位，锐意教育。弟子诒燕曾乡举，有文誉，早卒。先生初室叶夫人，举一男一女，男殇。先生年逾四十而未得嗣，乃连置侧室。已而，继室林夫人举一男，诸侧室续举九男，共计曾有男十一、女七：林夫人所举男诒钧，曾列优贡；庶男诒绩，曾列拔贡；诒沅曾饩于学，皆年未三十而卒；又殇庶男二，乃先生之终，男存者五：诒泽、诒谌、诒揆、诒械，皆曾入学；德鸿尚幼；女存者四，而男女孙则十余人矣。

先生生长于通国议论虚愕至极之时，独守陈文节公"六经之义，兢业为本"之训，其言讱甚，始终存文节谢朱文公之意，不肯驰书辨学、与名辈为金谿、永康、东莱、新安之争。文节《谢新安索诗说书》深致规讽，有"矜持已甚，反涉吝骄"等语，仁和谭复堂先生《日记》误笔为朱答陈语。中年后鉴于汉、唐、宋、明清流之祸，益慎密于对客时。谈及当世士大夫，恒多可少否；至自焚劾穆彰阿之疏稿，故才气之士偶一二见，意恒不满，以为是迂谨老儒耳。盖非久与处，或曾见其读书随笔，则莫由知其得永嘉往哲及二百年来浙东黄、万、邵、章、全诸氏之真传也。

祭先母陈孺人文[①]
（1902 年 10 月 5 日）

呜呼哀哉！痛吾母之忽亡！虽云已臻下寿兮，其可悲则异常；虽曾生有五女儿兮，其二、其四则早殇。其长则待适守贞兮[②]，数年亦亡。

---

① 标题原作《祭先母文》，后改。写作时间注明"壬寅九月初七日"（"九月初四日誊出"）。
② 原作"待适而遭婚变兮，遂亦郁郁以亡"，即郑宪言聘妻，详见《平阳县志》。

今惟存三与五兮，其三又曾因触怒盗跖①，被虐几死兮，而幸遇所适之良。虽曾生有七男儿兮，其四则先吾母而亡；其长则因丙戌、丁亥间丁外艰时，财权及用人办事之权全为盗跖所据，无财可使，无人可用，无事可办，被逼几死，幸而得脱，从此避难乎远方，经十余年兮不敢回乡、不忍回乡；其六则因被虐盗跖，万无可忍兮，惨于辛卯之夏服生洋药而亡；其三、其五则皆蕴高志与精识，凤好学兮异常，呜呼哀哉！被圈制于盗跖，若豺狼之在旁，冤牵连兮受辱，徒黯然兮神伤，日吞声兮饮泪，皆郁郁兮渐亡。其三犹遗一孤孙兮，其五则且未有一孤而儿媳双亡。呜呼哀哉！其七则当儿丁亥初避难时尚在襁褓中，今年尚未弱冠兮，未知其为何如人，而尚有待于察详。

呜呼哀哉！痛吾母之忽亡！虽云已臻下寿兮，其可悲则异常：名为有田二千亩兮，而曾无丝毫财权在握，曾无丝毫用人、办事之权在握。冤牵连兮受数十百里盗跖怨家之众诅，至乃所居几遭愤炬于梓桑，反不如贫户老妪有天伦之乐者，犹得魂梦不惊，而自适其顺康。

呜呼哀哉！吾母乎！吾母乎！奈何被盗跖圈制至十七年之久兮，而竟不得见天日以亡！呜呼哀哉！痛吾母之忽亡！虽云已臻下寿兮，其可悲则异常。

呜呼哀哉！天耶？人耶？其有三生之因果耶？其无三生之因果耶？尚何言哉！尚何言哉！呜呼哀哉！尚飨！

遵旨婉切劝谕解放妇女脚缠白话②
（1902 年 11 月 1 日）

开宗明义

目今我们的皇太后、皇上，因为慈悲我们做官的、当兵的、当书办的、读书的、种田的、做手艺的、做买卖的多少人家、多少妇女，几百年来，平空白地受了缠脚的苦楚，所以发下一道圣旨，责成我们绅士人家，婉切劝谕诸色人家解放妇女的脚缠。我因此来劝你们遵旨，你们听清记牢要紧。

第一条

这一道圣旨，是旧年十二月廿三日发下来的。我们的皇上，恐怕县

---

① "盗跖"指恶弟宋存法。

② 写作时间据本书卷八《壬寅日记》。

差下乡办这公事不免欺侮妇女、吵扰百姓，所以不着落正印衙门，单责成绅士开导。这是皇上体贴你们大大的天恩，你们该晓得。

第二条①

先师孔夫子时代，我们中国没有一个妇女缠脚。所以经书上没有提到这件事。就是汉朝、唐朝，还没有一个缠脚。你们不曾读过经书、看过鉴史，所以不晓得古来相传你们听惯的许多有德有福②的妇女、有才有貌的妇女，个个是不缠脚的哪。可怜平空白地受了造小说的、做戏的、唱词的一班人胡乱哄骗，当做宋朝前头有德有福、有才有貌的妇女亦是个个缠脚的，并且个个三寸金莲的，这是你们没有读过经书、看过鉴史的苦处呢。

第三条

直到南唐朝代，有一个昏君叫做李后主，他顶欢喜妇女短脚，那宫中妃子，就奉承他的意思缠起脚来，这是缠脚顶早的古典。到如今还没有一千年呢。你们晓得那李后主的结果么？那后主单好女色，不管国家。后来东京开封府出一个新君，叫做宋太祖，就是戏文上头有的"卖华山赵匡荫"哪。"荫"字避借。这位新君，听说李后主昏迷女色，就叫大元帅曹彬带兵到南京，灭了南唐朝代，把李后主放在囚笼，解到东京办罪，你看这造业缠脚的人结果好不好呢？

第四条

那南唐朝代，虽然造起缠脚的恶业，还不像目今这样短，鉴史上说：那时候顶短不过六寸。目今六寸算长呢，你想一想：目今的男人心肠不是比李后主还要毒几倍？目今的女人两脚不是比南唐朝代还要苦几倍么？你们想一想：男人为甚么脚长到一尺半还不嫌难看？为甚么不照女人的样子缠起来，短到三寸、四寸好看呢？你们如说女人贱，该受苦，男人贵，不该受苦，你们想一想，男人是不是个个都是女人生的呢？女人如果是贱，女人生的男人越发是贱呢！你们个个晓得娘亲要孝敬，娘亲是不是女人呢？男人说女人脚长难看，就该把自己的脚缠起短来，那才公平。自己不肯缠，就该解放你们妻女姊妹的脚缠呢！还要劝你们娘亲、伯母、姨母、舅母、婶子、嫂子诸上辈人解放呢！

第五条

做人要遵国法。我们《大清律例》上头本有"禁缠脚"一条，就是

---

① 原注："此条须合第二十一条看之。"
② 原稿初作"有节"，后改。

没有新圣旨，晓得这条律例，早该放脚，况且有新圣旨发下来呢！

第六条

你们要晓得目今皇太后、皇后、皇妃、公主都是不缠脚的呢。你们还要晓得宗室、八旗人家许多老太太、太太、少奶奶、小姐，个个都是不缠脚的呢。宗室人家就是皇上的同宗，有封王的，有封公的。八旗人家就是皇上的同乡，做宰相，做将军，做制台、抚台、藩台、学台的，不晓得多少。这是大清第一等高贵的人家呢。你们想一想：他们这等高贵，个个不缠脚，你们反说不缠脚是贱，难道你们种田、做手艺、做买卖的人家比他们王爷、相爷、制台、抚台的人家还高贵么？

第七条

你们素来晓得的李鸿章大人，是做过中堂、封过伯爵的。他的老太太亦是不缠脚的呢。上路还有许多做官读书的人家不缠脚，一时说不完，就是目今广东制台陶大人①，是天下第一个清官忠臣，像明朝海瑞大人的样子，他们小姐亦是不缠脚的呢。

第八条

目今我们孙宅大房、二房，从老太太起，以及许多少奶奶、小姐、孙小姐，统统遵旨放脚了。你们不信，可到城里大沙巷孙宅门前问鞋店老司，自然相信。就是城里别家明白的绅士妇女，亦统统说这件事好。改鞋的改鞋，放开的放开呢。你们如果执意不肯放，不要说背了圣旨罪过，就说打扮，亦不时道、不好看呢！有句古话："乡下人打扮，总赶城里人的新式。"目今城里新式是放脚了。

第九条

妇女为甚么多心头病呢？现在许多有名的医生，考究这缘故，一半因为缠脚太短，气血不流通呢。容易小产的缘故，产后容易致病的缘故，亦因为缠脚太短的居多呢。听名医说起，就是临产艰难的缘故，十分中亦有六七分因为缠脚太短呢。你们多不晓得这道理，我现在粗粗说给你听：人身脉络，手足统连，脚缠得短，脉络半伤，自然气血不流通，自然多心头病，自然容易小产，自然产后容易致病，自然多临产艰难。这种种的妇女磨折，虽然富贵的人家格外多些，毕竟贫贱的人家亦不少。总之，缠得短，不如长些，越长越少伤些脉络，顶好是索性不缠呢。

---

① 指两广总督陶模。

第十条

我们中国有一句古话："女人比男人，苦乐相去不止五百级。"我想很不差。不要说别事，单说做娘一事：不要说十月怀胎，临产呼吸，每每受了许多大惊小吓。就是既经平平安安养了孩子，那做娘的还要几年抱得要命呢。这是贫富差不多的，那自己抱得少的，千中遇一。为何呢？那贫苦的人家自然雇不起抱妈；就是有钱的人家另雇了抱妈，那孩子多的，总要自己对换抱抱；那孩子少的，爱惜如同宝贝，就是抱妈很会体贴，还要自己抱来抱去呢。况且有等翁姑、丈夫，执意不肯雇抱妈给媳妇、妻子用。就是他家里钱很多，就是他的媳妇、妻子脚短得很，凭他天亮到晚，把孩子抱来抱去，跑得脚肿，痛得要命，总是不理的呢。你们想一想：你们的女儿，将来总是出嫁的呢。我们中国有两句古话，说得可惨，就是"嫁鸡跟鸡，嫁鸭跟鸭"两句，你们难道没有听过么？难道仰慕西方大英国、大法国、大德国的风俗，亦要创起平等自由结亲的规矩么？不是做梦么？你们的女儿，将来若是嫁着贫苦的人家，养了孩子，雇不起抱妈，不消说了。就是嫁着有钱的人家，你知他遇着甚么翁姑、丈夫吗？就是遇着会体贴的翁姑、丈夫，肯雇抱妈，他们孩子多，对换抱抱，他们孩子少，爱同宝贝，你有甚么法子保佑他两脚跑不痛呢？你们该想想透些，如果心痛你们的女儿，怕他将来抱孩子时候跑得苦，就该赶快把已经缠脚的放了，那未缠的，就拿定主意不缠了，这不算老成见识么？

第十一条

放了脚还有一件大大的好处，就是"兵灾易免"四个字。怎样说兵灾易免呢？就是兵动起来容易逃脱的意思。书上有句古话"居安思危"，这句古话是圣人流传下来，叫我们处安乐时候不可不想到危急时候的意思。鉴史上头说：二百年前，明朝崇正年间[①]，有两个草寇头脑叫做李自成、张献忠，带领了许多草寇，到处杀了男人、掳了女人，那时候的女人，因为个个缠了脚，没奈何个个逃不脱。那烈性的只好赶快死了，那被拿住的只好任他污辱了。不要说明朝，就是咸丰、同治年间，东反西乱，那时候许多省头县分好好人家的女人，统统因为缠了脚逃不脱，许多逼死了，许多被草寇兵勇污辱了。不要说咸丰、同治年间，就是前年北京、通州、天津、奉天、吉林、黑龙江许多地方遭难的时候，好好

---

① "正"字，原为"祯"字，避雍正讳。

人家的女人，因为缠了脚逃不脱的亦很多。那时候北京、天津一带，还靠大日本国、大美国军令如山，将官兵丁，个个仁义，保护着许多青年女人免了污辱呢，你想可怕不可怕。所以我现在苦口劝你们好人家的女人，早些放了脚。虽然目今我们浙江省太平无事，将来恐怕不免总有些草寇起来杀掳，兵勇调来剿办，那时候你们好人家女人的脚，如果统统已经放长，同男人一样，就容易逃得脱了，就免得死了，就免得污辱了。这不是一件大大的好处么？

第十二条

放了脚还有一件大大的好处，就是"火灾易免"四个字。怎样说火灾易免呢？就是火烧起来容易逃脱的意思。你们老成的人，虽然个个晓得当心火烛，难道隔壁邻舍主主①晓得当心么？万一年运不好，受了火烛的大惊小吓，你们的女人，如果脚同男人一样，就容易逃得脱。并且容易帮着男人的忙，腾腾响②爬高上楼，抬箱拔柜，大踏步飞跑出门，挑去、背去隔开许多路的亲眷人家呢。水口近的，并且容易帮着男人赶紧把水一桶一桶密密打来，化凶为吉呢。这不好么？

第十三条

放了脚还有一件大大的好处，就是"水灾易免"四个字，怎样说水灾易免呢？就是水满起来容易逃脱的意思。我记得有一年，河南省的中牟县，因为黄河的水忽然半夜满进城里头来，越满越高，到了天亮，满到屋顶。那时候城里头的男人还有几个逃得脱，女人因为缠了脚，差不多没有一个逃得脱了，你想可惨不可惨！就是前年长江一带，水灾亦大得很，女人溺死的比男人格外多。就是本年四川省有一县，听说亦是全城浸水，女人个个逃不脱呢！我们温州府下，虽然水灾还少，我听老辈说，咸丰三年的水灾亦不算轻，你们该亦听过老辈说的。况且我们《府志》上头，载着宋朝乾道年间水灾很厉害呢！你们亦该防备防备。

第十四条

放了脚还有一件大大的好处，就是"风灾易免"四个字。怎样说风灾易免呢？就是风刮起来不怕遭难的意思。你们晓得中国有两条顶长的水道么？一叫做黄河，一叫做扬子江呢。我们浙江省是在扬子江南岸的，风刮得少；那扬子江的北岸、黄河的南岸，风就刮得多了；那黄河

---

①　温语"主主"，即每户人家的意思。下文"火烛"，温语指火灾。

②　温语"腾腾响"，即马上或立刻的意思。

的北岸，越发厉害了，所以那边几省的百姓很怕风灾呢。那风刮起来的时候，每每飞沙转蓬，黄尘蔽天，下户民房，连排刮倒，那男人逃得脱的还多，那女人因为缠了脚，立不稳，走不定，每每被风刮倒，一忽儿不晓得卷到那里去呢，你想可惨不可惨！我们温州地面虽然少有这样的风，每年夏、秋时候，毕竟不免做一两回风痴①。那风痴做起来，男人纵然不怕，女人总怕呢！城里街面的女人纵然不怕，乡下水边的女人总怕呢！瓦屋里女人说怕还皮上过，茅屋里女人真是怕得要命呢！就说平时，或者坐轿上岭，步行过桥，忽然遇着一阵狂风，岭来得峻，不出轿可怕，出轿更可怕；桥来得窄，立不稳可怕，走不定更可怕，那时候亦就险极了。我记得前人一首咏仙女的诗，其中有"环佩天风立石梁"一句，怎叫做石梁呢？就是天然的石桥哪。几处有呢？天下名山每每有的，长短不等，顶出名是我们浙江省台州府天台山上的呢。那天台山多少高呢？据唐朝才子李太白诗上说起，是有四万八千丈呢。那石梁多少长呢？据书上说是有几百丈呢。你们想一想：上了四万八千丈高的山顶，立在几百丈长的石梁上头，环佩从容，不愁天风刮倒，固然是这仙女养气功深，若使缠了脚，便是有何仙姑的道行，这件事做到么！

第十五条

你们有钱人家的妇女，顶要紧是学识得几百个字、懂得几句粗文理。为何呢？你们有钱人家，自然有许多要紧字件：或是粮串，或是田契，或是借票，或是租簿，或是人情簿，或是家用账簿，开行店的还有货进出簿。你们男人，若是粗粗识得字、懂得文理的，女人再识字，亦可以帮着忙。你们男人，若是全不识字的，女人粗粗识得字、懂得文理，越发好得多了，免得不论甚么字件都要求别家识得懂得的人看了。你们如果听我的话，从现在起，放了一家妇女的脚，那省下来的缠脚功夫就可以学识得几百个字、懂得几句粗文理了。呆拙的人马上灵动起来了，白费的功夫变转当用②起来了，你想好不好。

第十六条

你们贫苦人家的妇女，亦该学识得几百个字、懂得几句粗文理。为何呢？你们贫苦人家，虽然没有许多要紧字件，亦总有几条来往账目，放在肚子里硬记，自然比不过会上账的便当清楚。况且小孩子们未会种

———————————

① 温语"风痴"，即台风。

② 温语"当用"，即合用之意。

田、做手艺、做买卖的时候，天天嬉顽，相打相骂，开口便是轻薄秽语，动手便是赌钱赌吃、学偷学嫖，不像样子。如果娘亲识字的多，就会教小孩子读几本浅书，懂几句粗文理，这是变转坏乡俗的根基。目今大日本国，不论城乡，到处有教养小孩子的公地，叫做幼稚园，单教养六七岁以下的小孩子。其中有师有保，纯用女人，师是管教的，保是管养的。到了六七岁以上，就个个要入寻常小学校了。怎叫学校呢？就是书院哪。我们中国到过他那边的人，心地不十分糊涂的，个个仰慕他那边真是道不拾遗、夜不闭户，风俗好得很，同唐、虞、三代一样，只可惜没有几个人晓得根基在幼稚园呢。你们贫苦的人家，不可看小自己，真是全国的命脉呢。你们听我说，从现在起，放了一家妇女的脚，省下白费的工夫认认字好不好！

　　第十七条

　　种田人家的妇女，越发不缠脚要紧，放了脚就件件事便当呢。抬谷啊，挑水啊，车水啊，耘田啊，送田饭啊，那一件事不好帮着男人的忙么？就是本来会的事，不快得多么？你们有听说"天上天堂，人间苏杭"两句古话么？我看苏州、杭州一带种田人家的妇女统统不缠脚，所以会种田、会挑担，件件便当，这是上路种田人家聪明的缘故。我们小地方种田人家，该学上路的样子，就是没有圣旨下来，亦该放了妇女的脚，况且有圣旨么。

　　第十八条

　　有等不通的读书人，每每说"妇女定要缠脚，放了脚就容易不正经了"。这是糊涂到头的话。我每每驳他们说："目今不正经的妇女，到处有呢，你多到几处看看，是个个缠脚的呢？是个个不缠脚的呢？我听说上海青楼中人个个是脚短的，难道青楼中人反算正经的妇女么?!"你们切不可被这等不通的糊涂话哄骗，况且我们中国的风俗，读书人个个晓得唐、虞、三代时候顶好呢。《诗经》上头有两句，就是铁证。那两句呢？就是"汉有游女，不可求思"两句。这两句怎样解呢？就是说汉水上头有一阵妇女游嬉，个个都是十分正经，轻薄的男人万万不敢调戏他的意思。这两句诗，虽然单表周文王时候妇女的骨气，那唐、虞、夏、商时候妇女的骨气亦可以代表了。你们该晓得周文王就是戏文上头姜太公遇的哪，你们晓得汉水在那里么？就在目今陕西汉中府、湖广襄阳府一带哪。说起周文王的德化，他的国中，那里还有轻薄男人么，这是诗人形容妇女正经的意思。你们把这两句诗常常念念，就晓得那时候妇女的骨气了，那时候妇女统统不缠脚的呢。莫说古时，就是目今东方朝鲜国，一叫做大韩，是箕子先师的旧封，是地球上第一等守礼教的国土，他的国中妇女正经得很，明朝人尚且比不过他，那里有一个缠脚的呢。

第十九条

不通的读书人还有一句糊涂话，每每说"妇女放了脚就会强起来、恶起来了"。我听说这句话，就要笑倒①。目今怕老婆的很多，请问强的、恶的老婆个个是脚长的么？弱的、善的老婆个个是脚短的么？我想着这句话，就要笑倒。这样说起，宋朝前头我们中国几千年的妇女，我们同你们的上代许多太婆个个不缠脚，难道个个是强的、恶的么？目今宗室八旗的妇女，个个不缠脚，难道个个是强的、恶的么？就是东方大日本国，是地球上女学顶盛的国土，他的国中妇女，差不多个个懂些经书、鉴史、地理、算法，就是笔下好的，亦很不少。她们梳的头，穿的衣裳，都同唐朝一样。规行矩步，很弱很善，很信神佛，很敬丈夫。目今上路的太太、小姐，因为仰慕他那边的女学，到他京城留学的不少。本年绍兴府下，有一位翰林院蔡大人的太太②，是很有名的才女，亦去请教他那边女师呢。他那边妇女亦是从古来不缠脚的呢。

第二十条

有等人说："这件事是小事，放亦可，缠亦可，男人不必管。"这句话亦是大错！这样普及的苦，这样现世地狱的苦，是小事么？女人这样的苦，"男人不必管"，为甚么男人自己微微有些苦处就要管呢？男人亦要回头想一想：我们鞋子新买来，略略紧些，就立刻要换，忍不住一两天，难道女人个个有罪、理该受这样的苦么？难道女人皮肉个个同木头、石头一样，不会觉得痛么？难道你们从来没有听过女孩儿新缠脚时候的哭声么？女孩儿新缠脚时候的苦，那里还待我说，我亦形容不出来。总之，气血不足的还容易缠得短，苦还轻些。气血越旺，越难缠短，越苦得要命。娘亲性和的，还不忍下辣手，苦还轻些。娘亲越毒，越要缠短，越苦得要命。我听说甚至有用瓦砾的，有用烧酒的，比山寨里暴徒还可怕，比衙门里刑审差不多，任凭女孩的两脚脱光了皮，烂光

---

① 温语"强起"指不听话，"笑倒"指笑得太厉害貌。
② 指蔡元培夫人黄世振。

了肉，折断了筋，弯断了骨，矫揉坏了十指，流干了血液，任凭哭干了眼泪，痛坏了脑气筋，总是丝毫不肯放松的呢！这样的苦是小事么？男人不管，那善的、弱的女人，有力头能管么？有胆子敢管么？"说男人不必管"，不是丧了良心，中了杨朱为我的毒气么？

　　第二十一条

　　目今说缠脚不好的男人，每每归罪女人死执①。据我看起来，不是女人的罪，全是男人的罪。怎么全是男人的罪呢？我看缠脚的惨俗所以经几百年革不了，而且一代甚一代的缘故，其病源深处是在"无才便是德"一句话上头，浅处是在造小说、做戏、唱词三种男人的笔头、脚头、舌头呢。那深处一时同你们说不懂，我且先把浅处说给你们听。那小说上头，形容古时有德、有福、有才、有貌四种的女人，总是脚短，总是三寸金莲。那戏文上头、盲词上头，或是打扮古时有德、有福、有才、有貌四种的女人，或是称赞古时有德、有福、有才、有貌四种的女人，亦总是脚短，总是三寸金莲。这三种上头，恶的、苦的、呆的、丑的女人，总是脚长，总是"九九花鞋放慢线"。女人中会看小说的虽然很少，戏文看过的就多了，盲词差不多个个听过了，那命好、自由的女人差不多天天有得听呢。所以女人中除了几个旷代逸才，个个脑子里头深深印着仰慕脚短如同受封，羞耻脚长如同失节的影子。所以就是十分心软的娘亲，到了把他女孩儿缠脚的时候，没奈何只得变硬了几分，忍了许多眼泪，费了许多气力，把自己心肝的脚缠缠出众呢。你们想一想，这不是男人的罪么？目今女人，可怜没有几个读过经书、看过鉴史，所以被这三种轻薄男人哄骗入骨，那晓得古时有德、有福、有才、有貌的女人个个是不缠脚的呢！我且先说些美人的古典给你们女人听听：古文上头有一篇叫做《洛神斌》，是汉朝才子曹子建做的，全是形容美人的话。其中有"凌波微步，罗袜生尘"两句，可见汉朝美人个个是不缠脚的哪，个个是同男人一样穿袜子的哪。就是晋朝才子谢康乐做的《东阳溪中》诗，亦有"可怜谁家妇，缘流洗素足"两句，可见晋朝美人亦个个是不缠脚的哪，所以好在溪流上头洗脚哪。就是唐朝才子李太白的诗歌上头，说到美人的脚亦总是横罗袜、直罗袜，从没有一句说甚么三寸金莲。可见唐朝美人亦个个是不缠脚的哪，亦个个是同男人一样穿抹子的哪。你们差不多个个晓得杨贵妃是有一无二的美人，鉴史上

---

　　①　温语"死执"，意指极度固执。

头说杨贵妃死后，有人得着他的罗袜一双，可见杨贵妃是不缠脚的哪，是同男人一样穿袜子的哪。况且《晋书·五行志》上头明明记着"初作屐，男子头方，妇人头圆。至太康初，妇人屐乃头方，与男无别"云云。"屐"就是木屐，目今日本国个个穿的。晋国时候，不论男女，统统很讲究打扮。那时候有王家、谢家，代代出宰相，其中有德、有福、有才、有貌的女人不晓得多少。你们个个晓得的"咏絮"之才，就是那时候一个谢家的小姐、王家的太太叫做谢道韫的呢！据这《晋书》所记，可见谢道韫是不缠脚的哪，是同男人一样穿木屐的哪。至于你们个个晓得的西施，那是周朝时候的人，其不缠脚更不消说了。你们还没有晓得"金莲"两个字的古典，我说给你听，你就晓得目今的人解错了。怎样呢？鉴史上头说：南齐朝代，有一位昏君叫做东昏侯，把个潘姓的妃子宠得要命，给他起了芳乐殿、玉寿殿，统统用麝香涂遍四壁。那宫中妃子步行的路，本来全用绸缎铺的，这昏君意还不足，想出雕奇矫的新法，叫宫女剪了许多金叶，做成假的莲花，铺在潘妃常常步行的地，给他踏来踏去，指着他对人说：这个美人是步步生莲花的呢。你想好笑不好笑！这位昏君，因为迷了女色，不理国家的事，不听忠臣的谏。有一天把尚书令萧懿杀了，那时候的尚书令，就是宰相哪。那萧懿的胞弟萧衍，正做都督雍州诸军事雍州刺史，镇守襄阳，闻报大怒，立刻起兵，打破南京，灭了齐朝，立了梁朝。那萧衍就是梁武帝哪，就是目今佛门所拜梁皇忏的梁皇哪。这是"金莲"两个字的出处呢，目今的人统统解错了。所以我劝你们从现在起，切不可再听造小说、做戏、唱词三种轻薄男人的哄骗。

我还奉劝你们做戏、唱词的男人，从现在起，切不可再造恶业。佛经上头说：男女是轮换做的，你们今世幸做了男人，平空白地把女人的脚来作弄，害得许多女孩儿痛死，来世堕了女身，一定遇着心毒的娘亲，把你的两脚缠得痛死呢。你们该听我的劝，及早回头：做戏的，从现在起，立誓不再扮短脚；唱词的，从现在起，立誓不再唱甚么"三寸金莲"、甚么"九九花鞋放慢线"，菩萨一定保佑你们发财、旺丁了。我看你们做戏、唱词的人，要种种功德，比我们读书人还容易得多，只要不扮脚，不做淫戏，不提脚长脚短，不唱淫词，单把古来忠孝节义的大人物、大事情做得出神，唱得出神，那功德就比我们读书人大得多了。你们不可看轻了自己的身分，切切听我的劝。你们肯听我的劝，我就敬你们比状元、宰相还重几分了。那造小说的读书人，我另外会劝他戒造恶业呢。

第二十二条

男人还有一件大大野蛮的事，就是闹洞房哪。我们中国古时，周公先师制礼，顶重男女有别。孔子先师传教，亦顶重男女有别。就是目今西洋各国，亦何尝不顶重男女有别呢。我这边不通的读书人，听说他那边请酒时候男女同席，就骂他无别。那晓得他那边虽然男女同席，却是正经得很的呢，没有一句秽话的呢，正是有别得很的呢。如果说到无别，再没有无别过我这边闹洞房的时候了。你们想一想：闹洞房的时候像甚么样子？平空白地把好人家的新娘当做妓女一样，赶出了他的伴妈，聚了满间的男人，任意调笑，任意作弄，甚至动手动脚，摸头摸奶，并且口口相传一句野蛮自由的古话、野蛮平等的古话，说是"七日洞房没大小"，伯叔可以调笑侄妇，母舅可以作弄甥妇。请问这句古语是周公传下的呢？是孔子传下的呢？还是礼部衙门告示上有的呢？还是东洋、西洋文明史、维新史上有的呢？这不是野蛮的自由到极处么？这不是野蛮的平等到极处么？这不是男女无别到极处么？单是无别，还没有害得女人一世苦，目今我这边闹洞房的坏处，不单是无别呢！我看洞房里头的男人，不论长的、幼的、尊的、卑的、读书的、不读书的，个个要管新娘的脚。真是奇怪，一进了洞房门，开口便问脚长脚短，抬眼便睇脚长脚短，动手便摸脚长脚短。那脚长些的新娘，就受了许多男人"踏落扁、揭起圆"的嘲谑，每每齐声呐喊，嘲谑了七昼夜方休，那新娘真是很难受的呢。所以逼得做娘亲的不能不把女儿缠脚一事看得顶重。重看缠脚的缘故，虽然一半中了小说、戏文、盲词的毒，一半亦因为怕他心肝将来出嫁的时候受不起七日洞房里头许多男人"踏落扁、揭起圆"的轻薄呢。你们想一想：这不是男人大大野蛮的事么？你们要回过来想一想，他也是人，我也是人，我的脚也是"踏落扁、揭起圆"的，为甚么嘲谑他"踏落扁、揭起圆"呢？你们还要回过来想一想：我的娘亲不是女人么？不是也做过七日洞房里头新娘的么？我现在调笑这个新娘，不是就同调笑自己娘亲一样么？作弄这个新娘，不是就同作弄自己娘亲一样么？这样回过来想一想，自然调笑不出了，自然作弄不出了。我劝你们从现在起，听我的话，以后不论自家做喜事、别家做喜事，总要遵了周公先师、孔子先师的礼教，戒断了闹洞房的野蛮风俗，那才算得中国的男人、中华的男人、中夏的男人呢！

目今我们温州人的祖宗，原来大半是孙吴朝代、钱王朝代、赵宋朝代从黄河两岸迁过来的，原来没有闹房的风俗、缠脚的风俗呢。后来染了蛮风，女人缠起脚来，男人闹起房来，这不是辱了老祖宗的事么？我把云贵龙土司那边的风俗说给你们听，大家就要羞死了。甚么龙土司呢？土司就是小国的君哪。我们广西、湖南、四川、云南、贵州五省，土司很多呢。那土司以及土民，一半是古时中国的人迁过去的哪。这龙姓土司一家，同他们那边凤姓、宋姓、蔡姓、罗姓四家，从周朝迁到那边，直到现在二千余年，还是用周朝的正朔、礼教，代代单是这五家互通婚嫁的呢。他那边做喜事，还依着《礼记》上头说的"娶妇之家三日不举乐"呢。他那边男女之别，比朝鲜国还严几分呢。他那边从周朝到现在，没有染过缠脚的蛮风、闹房的蛮风，而且十个人有九个识字，很对得老祖宗起呢。我这边比他那边不要羞死人么？

第二十三条

目今佛门中人，常说解脚就是解结。你们信佛的人，第一要信这句话。你们常常吃素念经的，越发要信这句话。既晓得现在有解缠的圣旨，就该到处讲人听，这真是生西方的根基呢。况且目今上路佛门中出了一件新闻，我传给你们听：我听说直隶省那一县，有一读书人家，向来供奉观世音菩萨很心坚。己亥年间那一夜，那主人忽然梦见菩萨吩咐他说："现在天尊因为你们男人心毒，平空白地把女人的脚缠得要命，怒极了，要降大劫罚你们了，要从直隶省罚起了。我因为你家供奉我很心坚，不忍看你家在劫数中，所以乘云过来通知你，你赶快放你一家的脚，再把我的话传给别人听，不论士、农、工、商，肯听我话的人家，那大劫降的时候，我一定乘云过来保护呢。"那主人梦醒，吓了一跳，立刻点起香烛，叫一家的妇女统统在菩萨案前磕了头、放了脚，求保平安。随即把菩萨吩咐的话到处讲给人听。可怜直隶省的人，该在劫数中的很多，肯听菩萨话的很少。到了庚子年间，果然天降大劫，义和团大闹起来，引动了十几万的洋兵，带了许多开花炮、绿烟炮来轰地方，到处屠洗。那时候直隶省的人命，真是同鸡鸭一样了。就只那一县肯听菩萨的话、放了妇女脚缠的顶多，果然蒙菩萨保护，全县免祸。那托梦的一家，因为传菩萨的话有功，天赐他黄金三瓮、白银十八瓮，目今算天下大富户了。你看观世音菩萨显灵不显灵！菩萨原来不缠脚的，你们那个没有看见各处佛殿塑的菩萨像么？不是赤脚的么！菩萨大慈大悲，自己不缠脚，看见凡间妇女缠得好苦，自然心痛呢！这件新闻，你们信佛的人亦该传传。

第二十四条

我现在专为遵旨劝谕你们当兵、当书办、种田、做手艺、做买卖的人家妇女放脚，来到这里。因为读书的人家，那家长自然会读圣旨，不必我劝。若是僻地读书人，没有读过这道圣旨，亦不妨屈驾来问，我另外有集赀恭刊恭印朱字的圣旨许多张带来。不论那一位要请去几张，统统可以的。我想寒士屋小人家，看书作文，每每被女孩儿缠脚的哭声吵得要命，一见了这道圣旨，不必说别件事，就只免吵一件，亦该感谢天恩高厚了。

第二十五条

你们要把我的话细听牢记，随即大家商量放脚的法子。如果不肯听我的劝，目前虽然不妨，恐怕明年、后年，京里的王爷大人，或者奏了一本，说我们温州府下百姓蛮强，不遵圣旨，不服大清朝的制度，该着落浙江抚台、镇浙军台，严饬府县大老爷出差查办。那时候差人下乡，或者照着顺治年间严办男人不肯剃发打辫的旧案，办起女人不肯放脚的罪名来。你们不先放脚的人家就要吃大苦了。读书人家还容易讨情，当兵人家、当书办人家亦还容易讨情，单是你们种田、做手艺、做买卖的人家就没法了，恐怕男人、女人统统要到县堂了。所以我劝你们早些遵旨放了脚稳当。

第二十六条

你们年纪大的，若是怕放不开，我教你们放的法子。肯留心照我的法子慢慢放，就是难放得很的脚，几个月后，一定放开了。放的法子另外开在后头哪。

结题留余

我是孙二大人①第九个儿子，排行本是第十，因为前头有个年幼过去的阿哥还没有排在里头，所以叫惯了九少爷。后来家谱里头的行虽然另外排过，别人的口头难改了，我姑且依别人的叫惯，对你们说是第九。我现在几位阿哥，管家的管家，办学堂的办学堂，没有工夫下乡劝谕你们，所以单是我来。我今天所说，怕还不周到，还怕你们有些听不清，有些记不牢，所以再分送每人一张字件，叫做《遵旨婉切劝谕妇女解放脚缠白话》，你们可以带回去，识字的慢慢自看，不识字的请别人讲给你听，自然明白。如果还有些不明白，可到城内大沙巷孙宅问九少

————————

①　指孙衣言之弟孙锵鸣。下文九少爷指宋恕妻舅孙诒梿。

爷在里头否，我是在里头读书时候多，你们来时，我如果在里头，立刻出来和你细谈。你要问甚么尽管问，我孙九遇着救苦的事一点不怕烦呢！

除《开宗明义》、《结题留余》两条，正文都二十六条。①

附：放脚法门

放脚无论大小，总先把脚缠慢慢放松，渐渐剪短，每日睡时，两脚缠布一概解散，用两手轻把脚指头慢慢分开，以软棉花衔在指头中央，那指头自然伸放起来。若白日走多，可用两条狭布紧缚踝骨上，防备肿胀之苦。扮假脚妇女，总先去木头，用棉花代垫，渐渐抽出。

做鞋法门

鞋样睇脚大小而做，圆头、双条眉、蝠子脸、木底、纸底、布底均用着。只木底总用棉花垫底，以防底硬难走。贫家妇女可一概着着布鞋、凉鞋。若亲眷有喜事，或到城里游嬉，自嫌布鞋、凉鞋不好看，可先做一双羽缎鞋防备。

外舅孙止庵师葬时奠文②
（1902 年 12 月 9 日）

惟光绪二十有八年，岁次壬寅，仲冬丁巳朔，越祭日丙寅，受业甥制宋衡谨以清酌庶羞之仪，致奠于外舅夫子故翰林院侍读学士孙止庵先生之灵前。

祭词曰：

晚菊已空，早梅将蕊。寂寂寒郊，悽悽冬昬。哲人之终，奄忽二祀。埋骨有期，表阡谁俟？

荒草茫茫，浓露苍苍。依依山郭，滔滔江水。载榇匪輴，临流呼艤。在昔东京，朝野风美。会葬名德，素车千里。今非其时，幸盛孙子！

竹岭逶迤，云峰岌岌。阴魄得归，精魂不死！悬瀑怒号，仙岩秀峙。前斋后庵，文献两止③。万古幽燐，过从孔迩。

孤生自怜，内省丛耻。怀恩伤神，送别零涕。桔柚佳实，荐之筐篚！

---

① 原稿至此结束。其下二"法门"据木刻本钞录。
② 标题据《六斋无韵文集》，内容据原件。
③ "前斋"指陈傅良（止斋），"后庵"指孙锵鸣，是为"两止"。仙岩为瑞安名胜，有陈傅良祠堂。

代拟瑞安演说会章程^①
（1902 年 12 月 31 日）

演说分部、分科、分目表

演说分二部：学术部、时事部。

学术部分总、别二科：

总科分二目：哲学、哲学有有象、无象之别，此专指无象哲学。社会学。按康、严、梁、蔡等著译②，于日本人所立之社会学均改为群学，于谊不合。按社会学创立最晚，名家或列于科学之特体，或列于哲学之分体，或列于科学、哲学之外自为一体，鄙取第三。盖以科学皆局而此学则通，似不宜列于科学之特体。哲学思想由复杂趋单纯，而此学思想则由单纯趋复杂，似不宜列于哲学之分体。

别科分三十目日人通名科学：论理学、几何理学、修词学、无韵词、有韵词。原语学、《说文》、《尔雅》等书入此学。时史学、方史学、按：日人通名之史、地志二学即今我国通名之史、舆地二学。鄙以地志乃史半体，不可别名。拟取时、方二名于哲学家，解剖史学全体，以其半为时史学。天文学、地文学、地质学、地形学、鄙拟以专考山川陵原高下、浅深、长短、广狭之度者为地形学。无机物学、有机物学、植物、动物。人类及人种学、人身学、伦理学、医学、教育学、政治学、法律学、国内法、国际法。理财学、按：严氏改日人所名之经济学为计学，蔡氏从之。梁氏又改为平准生计，于谊皆不密合。或改为理财学，至雅切，鄙取之。体操学、兵学、乐学、礼学、通名之《十三经》，拟以《三礼》入此学，而入《易》、《诗》于总科之社会学，入《书》、《春秋》经传于别科之时史学，入《孝经》于别科之伦理学，入《语》、《孟》于别科之伦理、政治、教育诸学，入《尔雅》于别科之原语学。《尔雅》为原语学专书，余经于原语学则皆备参考之品也。按：日本大学文科以汉前经子入哲学，鄙见：汉前经子中虽有可入哲学之篇章句，而宜入科学者殆居十之六七。物理学、内容：声、光、热、电、重五分子。化学、无机化学、有机化学。应用数学、外国语学、外国文学、美术学。书、画、刻。

时事部分总、别二科：

总科分五目：宗教现象、风俗现象、宦途现象、四民现象、非四民

---

①　据本书卷八《壬寅日记》，该章程受孙诒让委托代拟。原稿杂乱，无标题。

②　指康有为、严复、梁启超、蔡元培等著译，如《群学肄言》即是。

现象。

别科分八目：某区宗教现象、某区风俗现象、某区宦途现象、某区士业现象、某区农业现象、某区工业现象、某区商业现象、某区非四民现象。

举员律五条

一、举长、副长律：会长一人，副会长二人，均由公举，不支劳酬金。

二、举干事员律：总干事一人，分干事三人：司所、司记、司费。均由会长酌举，月支劳酬金。

三、举行说员律：行说三人，均由会长酌举，计日支劳酬金及路费金。

四、举评议员律：评议十人，半由公举、半由会长酌举，不支劳酬金。

五、待举员律：除右列或公举、或酌举之诸员外，余皆名为待举常员；便称常员。

入会律五条

一、题名律：会长至常员一体亲题姓名、字号、科第、官职、执业于会册上，以为入会之据。

二、掌册律：会册公责总干事一人专掌，如有破失，惟总干事是问。

三、许入律：除第一期题名入会不须保人外，以后求入会者均令先请会中常员五人共出保结，以防误收匪类。

四、保入律：副会长、总分干事、行说、评议诸员均不许出结保人会，以防渐移会长之权。

五、请入律：会长有特请何人入会之全权。

出会律五条

一、请出律：轮演员旷演三次者请出会。

二、斥出律：犯演本会所指禁之逆书及恶行者斥出会。

三、自出律：会长至常员均有自请出会之权。

四、出际律：请出、斥出、自出均于会期会所声行。

五、除名律：某期某员出会，总干事当期即于会册上将其名除去，一面字贴会所广告。

议事律五条

一、发议律：会员皆许有发议之权。发议者必亲书发议案三件妥致会长、副会长三处。

二、收议律：每发议案到，会长、副会长均即亲书收条付去。

三、提议律：发议案分为提议、不提议二种。某案提议、某案不提议之权，会长得专之。不提议之发议案，会长答否任便；提议之发议案由会长于会期提请会员共议，决于多数。

四、集议律：集议之际，会长一人可否权当常员十人，副会长、总干事每人可否权皆当常员五人，分干事、评议员、行说员每一人可否权皆当常员二人。

五、决议律：决议分为会长专决、副总协决、会员共决三种。会中某某等事由会长一人专决，某某等事由会长、副会长、总干事四人协决，某某等事由全部会员共决。

演说律五条

一、认演律：除会长、副会长、总分干事员均许任便自认演说与否外，余员均由会长、总干事知请认演某部之某科之某目，专认、兼认均许。

二、轮演律：除会长、副会长、总分干事员均许任便轮演或有所认之某部科目与否、及行说员、评议员虽责认不入轮外，余员均须按期轮演所认之某部科目。每期轮三员。轮演员或适被要牵，不能到所，或于到所时偶怠演，均许声请他员代演。其不声请他员代演者，由总干事知请司记记旷演过一次，记过满三次者由会长知请司记除名广告。

三、记演律：演者如欲自记所演之语，可于本期散会后记就，送呈会长阅定。如会长以为可存者，即发交司记楷录，一面知请总干事标号注册，认为本会语录之一条或数条先由总干事置语录号册，自掌之①。行说员拟于何月日动身赴何处？约计何月旬回城？须先将月日旬及所拟经行村名声知总干事，由总干事商同会长酌赠路费若干、劳酬若干、知请司费照发。该行说员自动身之日起算，每满一个月须寄呈《行说日记》一册于会长处。每日所记以一千字为至少之限，如查有袭旧之弊，连袭旧文满三十句者记过一次，记过满三次者停其行说，字贴会所广告。

四、禁演律：不许盲贬唐虞、三代。今我国之政法、礼教、风俗大都起

---

① 　此句原稿初作："先由总干事置一册，名为《瑞安演说会语录号册》，自掌之。"后改。

于元、明以后，于宋前且绝少相涉，何况唐虞、三代！谈新者多盲贬，宜禁其于会所妄演！不许盲贬孔教、佛教。道德一线全恃孔教、佛教绵延，岂可盲贬！不许盲贬基督教。基督教经虽多不合哲学、科学之处，然其提倡博爱主义，实亦西洋道德一线之所系也。以上三禁，犯者均由会长酌罚。①

五、听者记演律：会中会外听者如欲笔记会中某员演语，须于次期以前记就，待次期袖至会所，托总干事转交本员本人收核有无语意失真，或仍或改，由本员本人将其原记各盖图章发还，知请总干事标号注册，认为本会语录外编之一条或数条。

听演说律五条

一、许听律：曾造大恶，会长、总干事已得其确证者，不许入所听演。未老无废疾、无显病之乞人不许入所听演。青年妇女不许入所听演。

二、听区律：分坐、立二听区，先到者坐于坐区，后到者如见坐区已满，则不得争坐，亦不得让坐，立于立区。听区中人或坐或立，均不许侵演区界。

三、听际律：听者不肃静，会员均有禁权。

四、听者驳演律：会长许驳演者移坐演区对演者申其驳义，演者可反驳。听者不许人人有驳演权，必合驳演人格者乃许有驳演权。合驳演人格与否，会长有察定之全权。若互驳未终而日已暮，司记即唱"停驳散会"四字。

五、客演律：会外人有愿偶一到所演说者，可向会长申愿。会长有许、不许之权。会长有特请会外人偶一到所演说之全权，会长有特请地方官偶一到所演说之全权，会长有特请外国官绅士商等偶一到所演说之全权，会长有特请外国宣教师作为本会客演定员之全权。欲新我国，非先办成宗教同盟不可，姑于此条微露鄙衷。

江户林长孺《鹤梁文钞》跋②
（1903 年）

鹤梁长篇书说得昌黎雄直气，题跋小品妙入苏、黄室，传记则或且

---

① 原稿在"禁演律"下初写："如《国民报》、《新广东》等逆书，均由会长指明禁演，犯者即由会长除名斥出，以防反动力之速生。"并未涂去，又另在下文写"禁演律"三禁如上。

② 原注"癸卯"。林孺，字长孺，号鹤梁，日本江户人。

逼龙门矣。余所尤爱者：《与佐嘉侯书》、《答樱井小陵书》、《答秦寿太
郎书》、《高桥生传》、《僧方壶传》、《四河记游》、《馆山寺记》、《烈士喜
剑碑》、《长野丰山先生墓表》、《题远州郡斋读〈项羽纪〉》、《四导录》、
《米泽纪行》、《麻溪纪胜》也。盖鹤梁于先哲最慕白石蕃山，其为三远
州代有治绩，非浮华者流也。

尾张鹜津宣光《毅堂诗文集》跋
（1903 年）

毅堂《蝦夷山脉记》一篇，笔力直追郦道元矣。他文亦多拔俗，如
《答小原粟卿书》、《祭伊达见龙文》皆极似昌黎，如《留儿墓志》极似
震川，如《注春师传》亦绝妙之戏作也。其诗骨重神寒，源出老杜，五
言古体如《恭记天皇亲行大祭》，七言古体如《题家藏明季忠臣手书》，
尤为杰构。

毅堂于明治初曾被征，内任法官，外任县知事。其论法极取佛兰
西，其临民多悱恻意，仁者也！

东奥安积信思顺《艮斋文略》跋[①]
（1903 年）

艮斋以山水为性命。其游记如《东省日录》入唐、宋作者室，
《南游杂记》、《游豆记胜》、《东省续录》、《游松连、高雄二山》、《逾
碓冰岭》、《过浅闲山》、《登白根山》诸记皆然。至其《雾岛山记》一
篇，乃译桔南溪之日文为夏文者，虽境非躬接，而笔疑神助，殆压
卷矣！

他体文则余尤爱《池无名传》、《记丹海刻佛殿》、《封内广狭录叙》、
《孟子井田释叙》、《溪琴诗集叙》、《海内伟帖叙》、《有备馆记》、《三代
白田考》、《答大槻恒辅书》、《答芳川波山别纸》、《竹村悔斋传》诸篇
焉。其诗亦不堕轻俗派，如《和韩秋怀》十一首，直逼贞元、元和间
语[②]，余尤爱之。

---

① "东奥"疑为"陆奥"之误。
② 贞元（785—805 年）为唐德宗年号，元和（806—820 年）为唐宪宗年号。

和有贺、三宅二氏笔谈录①
(1903 年 10 月 22 日)

宋：七、八月之间来此，即欲拜访。闻人说先生不在东京，怅然！昨忽闻同乡孙君②说及先生在此，是以今日即来拜访，且赠拙著请正！得识芝颜，幸甚幸甚！

先生年老，而文章依然生气逼人，真可敬服！

答：仆辈文字，所谓"和习"者，其不妥者，赐指摘幸甚！

宋：贵土文章，自唐时已与京、洛一律，何况今日！"和习"之说，乃两国不知文者之评，先生何为出此言乎？

答：仆于文章，从事于此七十年，茫无所得，请先生有所教！

宋：先生之祖，皇别乎？神别乎？抑蕃别乎？若出于蕃别，则我之同族也。若出于皇、神别，则所谓"天族"，非我等人族所敢亲近矣！

答：兄欲论此事，试思：曰玉、曰玺、曰剑，高间原果产此三物否？

宋：恕昔读《古事记》、《旧事记》，大有所感。曾著有《日本皇、神二族人种由支那移殖考》③，立若干证据以示贵邦人。贵邦人曰："此犯本邦法律，不敢言是也。"今惜不携来贵邦以就正于先生耳。

答：兄已见及此，卓识！邮致见示大幸！

宋：前日有《致早稻田大学监高田博士书》④，论日本兴起之原因，今请两先生阅其稿。

除《古语拾遗》外，其他专记古音或吴音之书，如有之，乞开示！

答：老夫于国古唯见《日本史》耳。虽《古语拾遗》未一目，〔况〕其他乎！韵学一事亦老夫所不讲。杨君星悟得《磨光韵镜》⑤、《大壴拱璧》不窨兄同此感乎？

宋：未见。杨氏全无学识，一俗人耳，亦非解音学者。

答：星悟金石学为专门，又妙解日下，郑鸣鹤见之如神。

---

① 原件无标题，二氏未详。
② 即下文孙任（孙诒械在日本游学时改名）。
③ 该考应即《日本人种谈》，见本书卷四。
④ 见本书卷七《致高田氏书》。
⑤ 傅云龙《日本艺文志》载：释文雄有《磨光韵镜》二卷。

宋：所谓匠人之金石学耳。黄公度有政才，先生与之友善否？明治以后，支那人至贵土者以黎庶昌、吴汝纶两氏为最有文学，而黄公度略可相等。先生与黎、吴有来往谈论否？

答：弟游支那，莼斋公为绍介诸名流，又张盛宴于偕乐园见送，实为海外知己。

宋：浙东黄梨洲先生之书及燕南颜习斋先生之书为三百年来之大学说，先生前游西土时曾见此二书否？此外，蜀人唐甄之《潜书》、吴人戴震之《孟子字义疏证》亦能独有千古，先生恐亦未见。

答：于《先正事略》见《梨洲传》，未目其著；颜先生以下著，未目。

宋：二百年来上等之著述多未流入贵邦，可惜也。如《先正事略》等书乃俗士所为，于儒学统纪茫乎未有所闻也。

孙任君年少，未更世事，每多狂论①。如恕之所见，则有与孙君大异者。先生宜痛斥孙君之狂论，免致其他日以狂论得祸，幸甚幸甚！

明代不可复兴，如孙任之不服皇清为不知天命。

答：爱亲氏不可复振，明氏亦不可复，如此拱手待瓜分而已！仆大服孙公之论。

宋：先生老成人，奈何与孙任等少年无阅历之人同其意见乎？

答：此"老骥伏枥，志在千里"者。老夫在游中土时已知有此事。

宋：三百年来，支那人与大清反对，动兵者屡屡矣，而皆无成，所谓"天之所授非可以人力争者"欤！今天又授露人②矣，奈彼天何！逆天者亡，可浩叹也！

和南条文雄笔谈记录③
（1903 年 10 月 23 日）

宋：今日得拜尊容，不异得见千载上之玄师也。实为平生之非常乐事也。敢询上人昔年游学印度，留若干时？彼土今尚有高僧否？又敢询上人回东以后，开梵语学，贵门生至今造就若干乎？

---

① 指反清思想。
② 即俄国人。
③ 原件无标题。

南：大驾来临弊庐，欢喜无量！弟曾留学英国七年有半，后游印度，然有故不能久留。印度、欧洲今日颇有梵语学者，谆谆诲人。弟回东以后开梵语学，门生有二十余名。

宋：上人有著成梵语学之书否？

南：弟未能著成完全之书，在英之日，发刊梵文者有数部耳。

宋：可惜恕未曾学英文，不能读高著，然贵邦文则稍能解也。

南：往年弟为杨君仁山草《阿弥陀经梵、汉、英三语合璧》，然杨君未发刊之。梵语文法甚详细，先生如读敝著《梵文阿弥陀经讲义》，有疑则请明辨之，甚所愿也！

宋：杨仁山先生于敝邦现时之发行《内典》一事，甚有功。然其理解则未甚高远，以其未从《因明论》入手也。敢问贵邦今日先生所识之人，于佛理最深者可举一二以见告乎？

恕少于上人将二十年，上人不可以"先生"二字相呼，且无学，不敢当！

南：杨仁山先生发行敝邦所传《内典》颇多，弟悉藏之。弟所识之邦人，于佛理最深者，曰前田慧云，曰村上专精，皆在东京，为帝国大学、文科大学讲师，讲《内典》。前田君最精天台学，村上君能通法相、因明等。

宋：因明之学，久绝于支那，而幸存于贵土。前闻云英师最精此学，其人尚存否？

南：云英师今年七十余，健在。见住三河国海边之寺，距东京八十日里，常讲学、教徒不倦，有著书数种。

宋：哲学书院——京桥区元数寄屋町四丁目二番地。《因明学全书》——村上专精。日本桥区通三丁目：丸善书店，云英师之著买所。

井上甫水先生之佛学何如？井上巽轩氏之学理如何？

南：井上甫水本属真宗，今单为哲学者开哲学馆，广通内、外二典；然其精通固不及村上、前田二氏。前田氏属西本愿寺，其同行有阿满得闻师者，精通佛学，如因明亦其所好。净土宗有黑田真洞师，亦通因明等。诸宗有二三学僧，概知因明，弟今不记其名。井上巽轩氏亦哲学专门之人也，曾著《释迦牟尼传》，盛述泰西佛学者之说。巽轩氏学问该博，颇好谈论，久留学德国，今为文科大学长。

宋：曾见其《语录》，持论颇能破门户之见，然不知其人为雅为俗？

南：巽轩氏为人亦不甚俗，颇长批评，所谓"批评哲学"者其所好。且通泰西数国之语，兼通印度古语。

日本禅宗分为三宗：曰临济宗，此宗为十一派；曰曹洞宗，曰黄檗宗。临济宗老宿有渡边南隐师，在东京，年殆七十；释宗演师，在镰仓，为圆觉寺派管长，时来东京。

宋：《八宗纲要》，恕曾阅过，只今贵土分几宗？每宗下分几派？愿得知其确数。

南：现今日本佛教各宗派颇复杂。若从开宗年代，则一曰法相宗；二曰华严宗；三曰天台宗，此中别有寺门派、真盛派；四曰真言宗；五曰真言律宗；六曰融通念佛宗；七曰净土宗，此中别有西山派；八曰临济宗，分为十派；九曰曹洞宗；十曰黄檗宗；十一曰真宗，分为十派：本愿寺派是为西本愿寺派、大谷派是为东本愿寺派、专修寺派、佛光寺派、兴正寺派、木部派、诚证寺派、出云路派、山元派、三门徒派；十二曰日莲宗，分为数宗；十三曰时宗。

宋：诸宗僧徒，只今通共有若干之数乎比丘尼算在内？闻以真宗之具名净土真宗为最盛，只今真宗僧徒共有若干乎？

南：诸宗僧徒，今凡十二万七千余比丘尼算在内，内比丘尼二千七百三十二人，曹洞宗中有千三百余人，就中真宗僧徒之数二万九千五百余。此为数年前之统计，每年有增减，而其大数不出此外。真宗具名净土真宗，其僧徒不出于总数四分之一。然此宗僧侣皆娶妻，子孙相续为僧，故其宗风有大异他宗者。真宗[①]

光绪九年，日本明治十六年，西历千八百八十三年：

神道：男 21311，　　女 110，　　男学生 1493，　　女学生 68。

法相宗：

天台宗：男 4694，　　女 60，　　男学生 808，　　女学生 18。

真言宗：9335，　　　　71，　　　　1957，　　　　18。

融通念佛宗：296，　　13，　　　　111，　　　　8。

净土宗：10427，　　　209，　　　2188，　　　418。

临济宗：5919，　　　135，　　　1256，　　　157。

真宗：24699，　　　2，　　　　5194，　　　　—。

曹洞宗：16093，　　620，　　　3098，　　　692。

日莲宗：5370，　　　78，　　　　1202，　　　30。

---

① 原件如此。

时宗：497，　　　　8，　　　　103，　　　　　　一。

黄檗宗：471，　　　　17，　　　　99，　　　　　　一。

真宗大学学生今有百六十人，大学之次有中学。在东、西二京：真宗僧侣子弟入此大、中学者之外，皆入官设寻常中学校、师范学校等。

弟往真宗大学，以火曜、水曜、木曜为定日。此中火、水二曜日午前十时出门，十一时到达大学，到午后二时半。木曜日十一时出门。故火、水二曜日在大学吃午饭。弟所教授有四级生，讲梵语文法、《金刚经》、《阿弥陀经》、《无量寿经》之梵文。

宋：窃尝论印度《因明论》之三法，颇与希腊哲学家之三句法相似，但彼则二因一宗而无喻耳。上人以为何如？

南：真如高说，彼此错综则得完全。

宋：窃尝评贵宗之祖师之用心，乃在调和世法与出世法，故最为平易而可行。颇与犹太之基督新教同其精神，但面目不同耳！上人以为然否？

南：诚如高见。真宗祖师专依《大无量寿经》，以履行人道为宗则，而以信阿弥陀佛为安心之大旨，乃以他力为来世得果之信凭，以伦常为今世当务之方规。然不同基督之造化教，尚以信佛因缘为得生佛土之正因，是所以成面目之不同也。

宋：孔子亦以上帝为安心之大旨，亦所谓"将毋同"者乎？

南：诚然！诚然！

宋：恕新来贵邦，全未解语。只今取贵邦书独研究之，于汉音已洞明其理。金、元以后，支那音大抵由清变浊，或由齶齿变为舌喉之音，只须将今时敝邦之音由浊变清，或由喉部、舌部变为齶部、齿部，便合于贵邦存古之汉音。只贵邦原来之音，究与今时何种族之音相近，愿得领教！

南：日本原来之音在存所谓畿内者。属畿内者有五国：山城、大和、河内、和泉、摄津是也。京都在山城国，大阪在摄津，奈良在大和。盖日本帝室自上古到近年，常住畿内之地，故日本原来之音存此地方者最多。东京近傍之音颇粗俗，太不与西京细软之音同。然今也帝室在东，西京之人往往学关东之音，遂如失祖先原来之发音者。此例如亦在他邦者，即如英、佛人之音之变化是也。弟未尝细密研究此种之事，故唯呈略答耳。

宋：今贵邦普通语音，于阿行、也行、和行尤多混淆。且东京之语音，于ミ｜字音每误作ヒ｜字音，教语师亦且惑然矣。

恕窃聆贵邦之原音，大抵高此高字，指假名音之十行之次第。于汉音。颇疑原音中亦有支那三代以上之音，但无从考证。今欲穷贵邦言语之原，有何等古书可用，求示！

南：《古事记》、《日本书记》、《古语拾遗》。

宋：今在贵邦之支那学生，无一可与谈音学者。枝枝节节而学之，甚费力而无关于高等之学科也。

文明堂买哲学书，本乡区四丁目。

先生恐难久坐，不敢久劳尊神。胸中所欲质者，改日再来质。

前田、村上二氏，先生肯赐一介绍之手纸否？

中权居士协和讲堂《演说初录》叙[①]
（1905 年 9 月）

演说者唐以前语，而世指为来自日本之新名词，盖士大夫之不学甚矣！演说之盛，西洋遐矣，东洋于古则支那、印度，于今则日本。

夫演说于孔门为言语科，其本则德行。演说如炊，必以史学为薪，以论理学为火。史学有二：曰地曰人。地者研化石，人者籀异籍。论理学有二：曰东洋曰西洋。东洋者宗、因、喻是矣，西洋者三句法是矣。宗、因、喻昔由印度入支那而宋后几绝；三句法近由西洋入日本，而此岸尚阻。人史学之荒也，地史学之未成章也，不薪与火之谋而以巧炊鸣俦，或曲如钩，德之不修，我巨清臣民事演说者之现象非欤？！夫西洋遐矣，古之支那、印度抑遐矣。尝游蓬瀛，察其名英，浩浩乎极地、人二史之博，密密乎兼东、西论理之精，惨然眉间爱国之诚，故其教育也譬彼骏马，千里日行，春雷发蛰，百草怒生，宜乎登坛演说时挫西以东荣。呜呼！一水盈盈，难乎其相形矣！

杭防贵中权氏广涉内、外典，善演说，顷于协和讲堂陈医国之方，洋洋数万言，兹录是也。协和讲堂者，英国梅君所建，颇壮丽。是日天朗气清，听众数百人，诸学校师徒盖居多数。君神不少怯，从容尽意，洪钟之声，耳根毕达，首尾完全，胜任愉快，听众相谓曰："真演说家

矣！”宋衡谓听众曰：“有本。”夫演说于孔门为言语科，其本则德行。君少孤，孝于母，弟于兄，笃于师友。师黄汝霖，燕人也，独客杭死，岁墓祭。辛丑之冬，衡病于杭，五旬乃起。君居隔数里，无旷风雪，日徒行来视。君洞晓时务，然宦情特淡，比闻有欲力荐之于司学荣、张二尚书者[1]，驰简止之曰：“毋夺我湖山之乐！”越州汤蛰仙氏屡辞征辟，温州陈介石氏束身四勿，二君者皆不可一世，然皆与君相过从。衡又尝闻杭防中人至有目君为清朝孔子者。夫演说于孔门为言语科，其本则德行，君之演说为有本[2]矣！敬即以告诸读兹录者。

请复州郡中正及掾属佐理折[3]
（1905 年 10 月 21 日）

奏为科举奉停，学务益重，时艰日甚，内治宜先，敬于钦遵谕旨“整顿一切”之外，别拟变通办法两条，恳准臣于山东试办，以振学务而修内治，恭折具陈，仰祈圣鉴事：

窃臣自蒙恩命，权抚山东，持节以来，冰渊在抱，封疆积习，不敢稍沿。日与大小属员及此土士夫、四方胜流等讲求军政、学务、外交、内治诸要端。区区之见，以为军政之本必在学务，外交之本必在内治，先臣如冯桂芬、郭嵩焘、李鸿章等之论皆征远识，故夙夜孜孜，尤以学务不振、内治不修为患。每念胶湾之形胜，睹白种之经营，四顾慨然，拔剑斫地，常惧仰无以报答圣朝，俯无以保安齐鲁，是用不揣冒昧，敬于钦遵前后谕旨“整顿一切”之外，别拟变通办法两条：一曰请复州郡中正之制，一曰请复掾属佐理之制，恳准臣于山东试办，冀于学务、内治显有一分之进步，即于军政、外交隐有一分之进步，敬将所拟办法先陈其概，惟圣慈垂听焉！

所谓请复州郡中正之制者何也？臣按魏晋、南北诸朝，州郡皆置中正，择任乡望，九品第人，上之尚书，据状选用，故能激扬士气，作新人材。自隋兼南北，始废兹制，六品以下官咸掌于吏部，不原陈群归重乡评之意，遂酿大业[4]盗贼如毛之祸。唐杜佑《选举杂议》欲广外州辟

---

① 指学部尚书荣庆和张百熙。
② “有本”说请和本书卷四《援溺说赠毕噜噜翰香》合观。
③ 该折代山东巡抚杨士骧拟。
④ 大业（605—618 年）为隋炀帝年号。

召以分选柄，诚以吏部循资之选最足以挫士气、坏人才也。

今循资极弊，世已共悟，而公举良法，骤难实施，臣愚以为且宜略师魏晋之意，复置中正之员，暂作为外省之荣差，徐改为请补之实职，并恳俯准臣于东省试办数年，察其果属利多弊少，再行奏请谕饬各省照办，以示慎重。倘蒙俞允，臣拟即于所属十府三直隶州各置大中正一员，其一百有四州县各置中正一员，皆专择该府州县在籍绅士之兼有德望学识者任之。自贵爵显宦以至举贡、生员，法、理、文科毕业学生，一体备择。择定之人，一体由臣分别照会札委，刊发关防钤记，令其到差，饬各该地方官筹支薪水。凡选送学生及选充中小等学堂教员、管理员，农工商会总分董，里正、族正等事，皆以为专责。遇有关涉经费词讼者，仍着会同地方官办理。其不胜任者，由臣随时易择。其择任大中正者，由臣随时附片奏闻，以增其荣。此项大中正、中正，其分亲于地方官，则接人易多；其责专于地方官，则察人易详；其见闻真于地方官，则选人易当。且其德望学识皆足以取信于其乡，非若地方官之往往从数千里外来，其情隔绝。故师古复置，似于学务、内治或能大有所裨。如能试办著效，通行各省，将来倘开上、下议院及省议会，此项大中正即可作为下议院议员，此项中正即可作为省议会议员矣。此臣所拟变通办法——请复州郡中正之制一条之大概也。

所谓请复掾属佐理之制者何也？臣按郡县之治，汉魏称盛，实由其时佐理悉用乡彦，正者曰掾，副者曰属，其中英杰，每至公卿，故经术之士多阶此进，民瘼获恤，皇仁克宣，盖其制与今之日本、英、德诸国若合符焉。

自掾属制废，吏士分途，士不得参桑梓之政，吏不得列职官之表，于是公门几绝清流之迹，胥党渐成封建之势。然唐、宋民牧犹多授自近州，元、明以降乃至限于隔省，往往言语不通，风俗不解，吏弊愈深，亦固其所。近年谕旨煌煌，革除此辈，而弊则依然者，虽由律例之未改良，亦由名分之未酌变。臣愚以为现值科举奉停之际，旧时举贡、生童除可充学堂教员、管理员及学生者外，犹多可用之材。而政法速成科毕业学生亦将日多，尤宜广用以襄内治。而臣前条所拟之中正一差乃视教员等为尤重，而专以待异常之士夫者，拟请圣慈乘机利导，纳之公门，复掾属之美名，课佐理之劳绩，亦暂作为外省之差，俟将来变通一切官制时再行列入实职，亦恳俯准臣于东省试办！

倘蒙俞允，臣拟即于本署办起，随通饬司、道以下，一体遵办：改各房为各曹，改胥吏为掾属，择取本省府、州、县之举贡生童及政法速成科毕业学生，与旧胥吏之熟悉例案、操守尚优者杂行委充，不论何署掾属，一体由本署长官自择自委，或径委充掾，或先委充属，衣顶各仍其旧，未曾有者酌给。清查向来胥吏陋规之近理者，核定其数，许得公取，名曰"掾属养廉"，以外严禁浮索。其误公者，随时由本署长官分别撤换严惩；其佐理出色者，由臣分别奏请奖叙。县丞以下实官免其验看，归入东省候补班，与常例候补人员一体酌与署补。其未得署补之时，仍着在本署当差，或升调上司署。其不愿为县丞以下实官者，由臣酌请奖叙京外虚衔。目前掾属之差，宜且以十成之六七委举贡生员及政法速成生，以十成之三四委旧胥吏。且律例未改，刑钱幕友，势难不延，宜令属暂与商办，将来期必办到纯任政法毕业生，而后为完全之改进。如此办法，似亦于学务、内治或能大有所裨。盖筹举贡生童之出路，即所以鞭之政学之门，复吏士合一之隆规，即所以铸之成立宪之格〔局〕矣。此臣所拟变通办法——请复掾属佐理之制一条之大概也。

以上两条，均敬先陈其概。倘蒙俞允，容臣饬属妥拟详细章程，再呈御览！

所有别拟变通办法两条，恳准臣于山东试办，以振学务而修内治各缘由，是否有当，理合恭折具陈，伏乞皇太后、皇上圣鉴训示！谨奏。①

拟阅报总分所章程②
(1905 年 10 月下旬)

谨拟办理阅报事宜十条，缮具节略，恭呈宪鉴。

一、宜由官设阅报总所及分所以劝民间广设小分所。省城宜先设一阅报总所，随通饬各府州县各先设一阅报分所，其民间专为一乡或数乡、一里或数里、一族或数族设者均称为小分所。

一、藏报宜分四类。凡报本分新闻、杂志二类。而往年所出之各报，其事实亦多可以备调查，其议论亦多可以资研究，必须设法补购。故无论总分所，藏报均宜分为四类以便收发。曰旧新闻类，曰新新闻类，曰旧杂志类，曰新杂志类。

---

① 原稿末注："九月廿三日脱稿，计共一千六百余字。"
② 据存底清折录出。

一、阅报总分所均宜于内分设官绅入阅室、学生入阅室。官绅多老成练达之流，但患其近于固陋，不患其变为浮嚣，故无论何人所出之报似皆不妨任其纵阅。学生则多血气未定、昧于事理，似断不可任其纵阅，致或误入迷途。故无论总分所似均宜于内分设官绅入阅室、学生入阅室，除奉本省抚宪通饬购阅之官报外，凡新购到一种报，必先专发官绅入阅室供阅，俟总所官绅阅过数期后，公酌该报可否兼供学生阅，如以为可者居多，再将该报呈院裁夺。候批准后，乃添购数分按期兼发学生入阅室供阅，并移知各分所照办。

一、总分所宜派员管报兼讲报。阅报总分所均宜派员常驻，督同司事经管收发各报。此差宜不拘候补非候补、外省非外省，专择学识优长兼善演说者充之，令于每来复日摘讲新闻或杂志中之最警切者数条以供众听，余日对于入阅之官绅及学生亦应尽谦和指引之义务。

一、各报良莠但能假定确定、假定，系论理学上名词。近年各地所出之华文各报，虽其大体可分良莠，然良者之中亦必有莠处，莠者之中亦必有良处，其故由于报与书异。书虽亦有合编、合著，而总之独编、独著者多；报则主笔既必不止一二人，而访事人数尤必数倍或数十倍于主笔，其人品学万不能齐，故虽同一报章往往有昨日之议论甚非而今日则甚是者，有此条之美刺甚公而彼条则甚私者，故于论理学上万不能确定孰良孰莠，但能据其本年多数议论之近是近非，多数美刺之近公近私而假定其为良为莠。

一、阅报所宜兼寓公园之意。文明国士大夫每谓“一日不到公园则神气昏浊、理想钝滞”。现未能遽办公园，宜且于阅报所兼寓其意。多种花木，稍养鱼鸟，使入阅者神气顿觉清明，理想自易进步。省城本为海内名区，宜于大明湖畔建一极幽雅之阅报总所，他年扩之可为济南公园。

一、入所阅报者宜许摘钞，禁携出。无论官绅、学生均宜许带纸笔墨砚入所以便摘钞，惟不许将报携出所外，违者重罚。

一、阅报所宜多储水、禁吸烟，置唾壶。无论总分阅报所均宜饬多储水以防失火。所内之入阅室宜严禁吸各种烟，又宜多置唾壶、禁唾于地，以使入阅者习于清洁。

一、管报兼讲报员宜兼任合辑《光绪经世文编》。宜令各分所管报兼阅报员各行认选何种新闻或杂志，从容选录。于一年外送交总所委员酌行删补，呈院审定、发印、饬购，名曰《光绪经世文初编》，以后续出二编、三编。

一、学堂内均宜添设阅报室。宜通饬全省一切学堂均于本堂内添设阅报室，除官报外，更宜令其按照院准学生购阅之报名酌行购藏，其已设而藏报尚少者亦令其按照酌行添购。

议员兼文案宋衡谨拟

学务处分课办事纲要
（1905 年 11 月 5 日）

谨遵本月初六日总理宪孔①面谕暨初九日总理宪连、孔面谕，拟呈光绪三十二年正月以后本处文案上《分课办事纲要》四条，开具清折，恭呈鉴采。

议员兼文案宋衡谨拟　十月初九日

计开：

第一条，拟分八课办事，一员一课或数课，八课之目如左：

一、审阅课　掌审定各学堂教科书暨随时调阅各学堂新旧案卷及讲义录、课卷类之事。

二、选辑课　掌标出各书各报及本处新旧案卷中有关系之文，饬承照缮另存，积成《经世文编》之事。

三、申详课　掌拟申详呈文及红白禀稿之事。

四、咨移课　掌拟咨移、照会文稿之事。

五、札谕课　掌拟札、谕等文稿之事。

六、书启课　掌拟八行信稿之事。

七、校对课　掌校对本处已缮待发之文件及印书局样本之事。

八、编查课　掌督承编造各项册表暨随时查点新旧案卷之事。

第二条，拟分路任批禀。计本省有十府三直州，宜视其所辖州县之多寡酌分为几路，一员任一路。疑者四端，声明如左：

一、省城为济南府境，所有省城内外来禀均归入济南府。如此，则济南府来禀必最多，可独分为一路。

二、本省游学生来禀，系何府州人即归入何府州。

三、外省人自本省来禀，系在何府州封发即归入何府州。

---

① 指山东学务处总理孔祥霖，即下文之孔太史、孔编修。

四、本省游学生全体或不同路之数府州人连名来禀，暨外省人自外省来禀者，均由承临时请总理示送批。

第三条，拟各项章程一事，拟作为活课，均由总理临时派拟。其用者宜饬承于稿上注明拟者姓名存案，以备将来查考。

第四条，一切底稿无论自拟与改定、房拟，宜均令该员亲填姓名其上，不准漏填，以便总理一见而知出于谁手。

右卑拟本处文案上《分课办事纲要》四条。

上东抚请奏创粹化学堂议
（1905 年 11 月 5 日）

学务处议员、增生宋衡谨禀大帅节下：

敬禀者：窃增生自蒙节下破格垂青，面谕本处总理张道①等派充本处议员以来，每趋谒时，必承训示学务改良之要，热心教育，感激懦顽。增生到差日浅，未悉山左情形，不敢据耳食以骤献改良之末议。然有议不属于改良而属于补创者一端，则急欲献之于节下矣，盖所谓特别教育者是也。

伏查海外教育学家，其论教育，恒分普通、特别二种。普通者，所以造多数之常识，特别者，所以造少数之异材。大抵新利既固其基础，则但求常识之芸芸，旧弊犹待于革除，则尤贵异材之济济。盖必须少数之异材相与先立其大，而后彼多数之常识得以各尽其长，此古今之定例，中外所同然。

增生在东言东。伏查东省学务：经前升宪周督饬本处总理张道等极力提倡，劝告频仍，发销报、阅报之章，置官书、印书之局，自京、保②至日本，资遣渐增，自高等至小蒙，规模大备。复经节下以喜通怒塞之诚，行集思广益之实：许员司悉与调查研究之会，勉官绅远入法政速成之科，创设行查之差，选任师范之侣，于普通之教育，将冠绝夫区中。然默念西力东渐之危，私画百年树人之计，窃以为普通之教育难振，即由于特别之教育久无；欧化之罕能调和，即由于国粹之罕能传习，故普通诚不可缓办，而特别尤必须补施。拟请奏创一堂，名以"粹

---

① 张道指张士珩，下文周督指周馥。
② 指保定，直隶总督治所。

化"，招英俊之书生，施特别之教育，以博览方闻为日课，融国粹、欧化于一炉，专造异材，以备大用。敢陈卑见，妄达宸聪。

伏查"国粹、欧化"四字，为今日本之熟名词。彼国自尊攘后，教育学家分为国粹主义、欧化主义两派。所谓国粹主义者，以保存神、儒、佛之粹美为主义者也。所谓欧化主义者，以化合英、德、法之风俗为主义者也。其始两派竞争极烈，能调和者最居少数，乃俄而居多数焉。而甲午、乙未间与甲辰、乙巳之大捷，相继而震五洲、慑列强矣。

伏念我国开港译书，皆先于彼，虽无国粹、欧化之名词，而亦显有国粹、欧化之分派。然何以竞争至六、七十年之久，而能调和者仍居最少数乎？盖与彼异者：往往粹其所粹，非真能守国之粹；化其所化，非真能化合于欧。盖真国粹、真欧化，其源皆出于爱众。故一互考，而调和之境易臻。伪国粹、伪欧化，其源皆出于营私，故一对观，而调和之意愈断。然何以彼多真者而我多伪者乎？此之问题，所关非一，而即教育言之，则岂非由于彼当维新之前素有特别之教育，而我则无之之故欤！然彼维新前特别之教育，如昌平黉及诸藩学等，要皆但有国粹而无欧化，乃其后调和欧化之杰，皆其前传习国粹之豪，则岂非欧化与国粹同源，而欲求能调和欧化者之多，必先求能传习国粹者之多之明证欤？

伏查奏定章程，非不首崇中学，然而中学教员类被轻贱者，虽薄禄之使然，亦斯席之多愧。夫商周《诗》、《礼》、虞夏典谟，故训艰深，通者有几？今以六籍授受之重，付诸八股焚坑之余，宜乎讲者奄奄无聊，听者昏昏欲睡，谬种相续，国粹将亡。然使国粹亡而于欧化之兴有关，则直恐亡之不速；抑使国粹亡而于欧化之阻无涉，亦何必亡之为忧？乃稽亚洲之历史，则事有大不然者：大抵国粹愈微，则欧化之阻力愈大，而欧侮之排去愈难；国粹愈盛，则欧化之阻力愈小，而欧侮之排去愈易。且即我与日本之比较，姑举数端以为明证。试证之兵：我则旧将多不识一字，而西法练兵之效亦杳杳无期；彼则旧将多曾读《孙》、《吴》，而西法练兵之效亦彰彰共睹。试证之医：我则旧医罕窥仲景之旨，而西医亦今尚皮毛；彼则旧医多得丹波①之传，

---

① 日本《皇国名医传》有"丹波氏"一节；《皇汉医学丛书》列出丹波元简（廉夫）、丹波元胤（绍翁）、丹波元坚（亦柔）的医学名著《伤寒论辑义》等多种。

而西医亦顿超英、法。试证之乐：我则宋、明之雅乐久废，而西乐亦鲜问其津；彼则隋、唐之雅乐犹行，而西乐亦纷入其室。而即教育言之：彼之旧学官，本从乡里誉望、京外征辟而来，故新德育有基础。而试问我之旧学官从何而来乎？彼之旧学校本用三代孔门文、武兼教之制，故新体育有基础。而试问我之旧学校以何为教乎？彼之旧士大夫本多涉猎周秦诸子、佛教各宗之说，故新智育有基础，而试问我之旧士大夫稍曾涉猎者果有几乎？试更即他国之比较证之：安南人数数倍朝鲜，而以儒教微于制义取士之故，致欧化阻力大于朝鲜数倍。印度以释迦氏旧教久微，波斯以苏罗氏旧教久微之故，致欧化之阻力皆大，如安南之奴于法，印度、波斯之奴于英、俄，其受欧侮之度，过于朝鲜远甚，而其故乃皆由于国粹之微于朝鲜。朝鲜王、李二代，以区区半岛，密迩沈、辽，非如安南之遐僻险阻，且瘴疠足以拒北人，而能永保存其半独立国体于辽、金、元、明及我朝之间。国初将卒皆称彼国妇女气节远胜明人，足征其国粹且盛于宋、明，故其受外侮之度甚低。昔于亚，今于欧皆然，其不能如日本之全不受外侮，即由于国粹不能如日本之盛。大抵地球正教，宗旨全符，孔、佛、耶稣，同归仁恕；所不同者，皆其形式。故本国之粹若微，则外国之粹自然亦格格而不相入，本国之粹若盛，则外国之粹自然亦息息而遥相通。苟其所坚守者皆非本国之粹，则其所欢迎者自然亦非外国之粹。试观今之所谓"新党"，往往斥慈悲为迂腐，逞野蛮之自由，甚或敢攻"抚我则后"之圣训，妄煽种族畛域之野谈，崇拜豺狼其性之张献忠，丑诋尧舜其君之王景略，背谬至此，何但浮嚣！又试观今之所谓"旧党"，往往未读一书、不解一事，仕则草芥小民，处则鱼肉同室，徒借忠、孝等名词，以冀权利之在握。两党相诟，病源则同，国粹日微，相食将尽①，尚复安望组织宪政，改进文明！顷上海书肆出有《国粹学报》，惜择焉不精，玉石并列，且间登逆说，致反碍及"国粹"字样，尤为可恨！伏查前郭侍郎嵩焘，当众口同声指西洋为"夷狄禽兽"之时，独慨然称其政教风俗之庶几唐虞、三代，居恒太息流涕，痛〔恨〕士大夫中于南宋以来七百年虚憍之毒，是真知本者矣！曩光绪甲午，增生在李文忠公军府，独建议宜与日本共拒俄罗斯，以扶亚东之大局。其时士大夫虚憍之气不可向迩，此议一播，遂为京外

---

① 原稿初作："人将相食。"

所不齿。十年以来，频受非常之欧侮，至于要害尽失，偿金如山，□□□之民数百千万，而旧党虚愎之气乃始稍衰。然今之所谓"新党"者，又往往以不学之躯鼓虚愎之旧气，增欧化之阻力，而适以固欧侮之基础矣。总之，国粹之微者若不能复盛，则虚愎之毒根终不可得而拔。故欲欧侮之排去易，必先使欧化之阻力小，而欲欧化之阻力小，必先使国粹之微者复盛，此所以有必须补施特别教育、奏创粹化学堂之卑议也。

窃以此学堂之办法非与普通教育之各学堂大异不可！宜参用孔门及汉、唐、宋太学之制，而改射御为兵式体操，删习礼课，增万国历史、万国地理、万国哲学三课，又宜参用日本维新前昌平黉及今帝国文科、法科大学，早稻田大学，法政大学，哲学馆等之制，而删西洋语文。选生必天分极高，选师必读书极博，经史子集各从所好，华文之外兼治日文，务使辨难从容，精神活泼，内界抽出之理想与外界输入之见闻互相引于无尽，则诚为造异材之方、排欧侮之本矣！

宜兼治日文者，以其为调和粹化之无上灵药。增生曩游彼中，心醉其粹化学之盛：假名存汉、吴原音，书藏富唐、宋写本，周秦诸子悉列教科，佛教杂志数十百种，许、郑、陆、王皆有学会，韩、柳、李、杜几于户诵。① 伏查前吴京卿汝纶，闻华族女学校弹筝及德川学课用《史》、《汉》而不胜感慨，其亦知本者哉！盖日人皆内地之移民，日文即华文之变体。彼中当隋唐之际，文物已蔚然可观，内地历宋、明之劫，学术遂去之〔益远〕，故精华文者于治日文直如骏马之下坡，而通日文者于治华文亦如暗室之得烛也。

增生职在献议，不敢缄默。倘蒙俯采，请饬本处司道等拟呈细章核定奏办，实为公便。肃禀，敬请
钧安 伏祈垂鉴

增生衡谨禀

学务处议员增生宋衡禀请奏创粹化学堂，补施特别教育以造异材而备大用，敬献〔卑〕议，恳赐采行由。②

---

① 上开八人，指许慎、郑玄的汉学，陆九渊、王守仁的心学，韩愈、柳宗元的古文和李白、杜甫的诗篇。
② 文末原注："十月初九午前面呈，十四夜，奉到院批。十四午下，面呈孔太史阁，十五午前，连本处《阅报室章程》送廉访阅。十五午后，以院批面呈太史阁。十六午后，送《阅报室章程》与太史阁。"

拟学务处阅报室简明章程
（1905 年 11 月 6 日）

谨拟本处阅报室简明章程十六条，缮折恭呈宪鉴。

计开：

一、本处内特设一阅报室，陆续购藏各报供各员司公阅，以广见闻而增智识。

一、藏书分四类：曰旧新闻类，曰新新闻类，曰旧杂志类，曰新杂志类。

一、此室专为本处员司而设，处外无论何人概不许入。

一、此室所藏各报，除抚宪及本处总理各宪可随时调取外，余各员司概不许将报擅携出室，其他署局、学堂大小印委各员概不许调取。

一、此室既专为本处员司所设，自应照新定省城阅报总所及各府州县分所章程内载“官绅入阅室”一条办理。惟本处为通省学堂之枢纽，关系非但阅报总分所之比，故不拘何地、何人所出之报，皆必须购藏一分或数分，以供公阅而备审定其大体之良莠，随时转知各学堂管理员、教员分别购否。

一、本处稽查书局委员应兼充管报委员，凡函购、分藏、点检、查失等事均归之。

一、每日天明即由管报委员之仆启室拂扫，至将晚时由其闭锁。

一、室内不许彼此接谈，以免妨误彼此及他员司阅报之工夫。

一、由本处总理各宪详委本处员司中之一人兼任选报。遇有事实可以备调查、议论可以资研究者，随时标出，发房缮录，名曰《报粹》，俟积有多篇，呈院审定、发印，饬各学堂购阅。

一、应添书识二名，专承缮录报粹。

一、室内多贮清水，禁吸各种烟及夜饭后秉烛入阅，以防失火。

一、各员司或偶因戚友宴会饮酒至醉，当其未醒时如欲入此室，管报员及他员司均应尽劝阻之义务。

一、室内多置唾壶，禁唾于地，使各员司习于清洁。

一、室内多备纸砚，以便各员司自带笔墨随手摘钞。

一、本处书办、差弁如有能阅报者，许于公暇一体入室坐阅以示优异。

一、古者大儒之门，婢知《诗》、《礼》，今者文明之国仆解报章，本处现各员司所用之仆，虽程度甚低，然安知将来之必无一人能阅报乎？如有其人，亦许随侍入阅，然但许立阅而不许坐阅，庶于优异之中仍示等差之意。

议员兼文案增生宋衡谦拟 ①

粹化学堂办法
（1905 年 11 月 15 日）

谨遵十月十四日奉到宪批卑前禀"议请奏办粹化学堂由"之钧谕，拟就办法四十一②条，缮具清折，恭呈帅鉴。计开：考选办法七条，学课办法十六条，卒业办法七条，其余重要办法共十二条。

考选办法列左：

一、考选学生宜首重理解，次及文词。考分六场：第一场口问口答，问题多寡不定。二、三、四场皆笔问笔答，每场皆出问题二十，此四场□□□考理解。五场出记事、论事文题各一，六场出五、七言古、今体诗各一，此两场皆兼考文〔理〕。谨按："文理"二字连称之俗名词，曾见于《小戴记·中庸篇》，实古名词也。但俗所谓"文理"，意专指文，几忘"理"字，此其谬乃隋唐以来文词取士之制积重所酿成。宋、明诸儒提倡理学，原欲以理矫文，故其语录皆不用文词，与今海外望国之演说录、讲义录同体。徒以取士时制皆用文词，故卒不能革轻理重文之俗。今我朝廷毅然废文词取士之弊制，先儒有知，当恨不逢其盛。然有大可畏者，苟文词取士之制既废，而理解取士之制不兴，则一线相传之理解将随文词而俱亡矣。今创此学堂，若仍轻理重文，则何关于调和粹、化之本意！然我国为古望国，愈古之书，理解愈正，若竟如理学先儒及日本言文一致派泰斗——福泽谕吉氏等之痛摈文词，则又恐训诂益荒，古书将无人能读，于海外望国皆先振古学、后发新知之进化历史亦不合。理学先儒之流弊固已显然，毛、戴诸公所〔论〕亦极切中，福泽氏等持论之弱点亦早受彼中通人之攻。故窃谓理解必宜首重，而文词亦宜〔讲求〕。

---

① 稿末注："十月初八奉谕，初十日拟就。"
② 原文"四十一"，误，应为"四十二"。

一、考选员宜特派。宜由帅宪亲择一理解文词皆不落第二流之人，特派充粹化学堂学生考选员，独任考选学生之事。

一、考选局宜特设。宜特设一粹化学堂学生考选局，令考选员常驻。着愿考生均径来局报名，呈保结后，即由该员示期传考。第一场或一人单传、或数人同传，或不须考至五六场，或并不须考至二三场，均由该员自酌。考完六场之生均着先回候榜，不告明取否，不发阅卷批。俟考选期满限，如已由该员选满五十人，即造册呈请帅宪，榜示来学，就其中路最远者立到堂之限。

一、考选期宜宽限。第一考选期宜以半年为限，俾得从容考选。如已满限而未选满五十人，宜展限续招。开学后，每年以春三月为考选期，称为第二、第三，乃至第数十、百以上。以五百人为暂定之额。谨按：东汉太学生三万余人，今海外望国大校学生往往至数十万，如日本民立早稻田大学，我国人近颇多曾闻之：其学生亦五千余；今创此学堂，暂定五百之额不为多也。

一、愿考生保结宜从宽取具。愿考生虽必先着呈保结，然宜格外从宽取具。凡京外文、武大小印官及本省城各署、营、局、所、学堂、文武大小印委各员，或年逾二十之学生，或著名之绅士，或殷富之肆主，均可具结作保。结中专保该愿考生实无犯案未销情事，余均不问。

一、招考宜不限何人及年若干。本人籍属满、蒙、汉、回，行年若干，有无科名、官职，及其三代如何，一概不问。谨按：科举旧法有身家清白、不清白之分，最为无谓！如所谓娼、优、隶、卒者，禁考至及三代，然试问：显之娼、优，人敢公指；密之娼、优，人亦敢公指乎？隶卒皆官署之仆耳，农、商之仆尽齿编氓，官署之仆何反独贱？或远于实际，或谬于常理，徒使教、廪、书、斗作威市利，寒门秀异不得自进，此旧法最宜速变通者之一。今科举既废，若仍以此种无谓之禁施诸学堂之招考，则真所谓面目虽新、精神纯旧者矣！

一、特送生宜免考。本省抚、藩、臬、青防副都统皆得特送愿学者入堂，名曰院送生、司送生、防送生。院送生以现堂生全数十之一为额，司送生、防送生皆以二十之一为额，总名曰特送生。凡特送生皆随到随收，不须保结，并免传考。

右考选办法七条。

学课办法列左：

一、宜分华文、日文两课。① 每日午前，日文讲师上堂讲授二小时，余时自治日文。午后华文讲师上堂讲授二小时，余时自治华文。谨按：人之精神午前胜于午后，日文初学，其费精神必大于治华文，故宜排其课于午前。

一、华文课宜分经、史、子、集，排日讲授。每月除四来复日休业外，其第一来复一日讲授经学，第二来复一日讲授子学，第三、四来复一日讲授集学，余日均讲授史学。谨按：经、史、子、集之分起于近世藏书家，非学者之所分也。然若用九流等古名词分课，恐太不谐俗，姑用此尚不甚俗之俗名词分课为便。又按：史为记事之书，经、子、集虽杂记事，而要皆为论事之书。记事书为原案，论事书为各断，未详原案之终始，焉知各断之是非？故欲研究各断之是非，必先调查原案之终始。昔北宋洛学好谈空而忽治史，司马温公独深慨之！南宋浙学重史，而闽学承洛风轻史，元、明之后浙学不行，益以八股之祸、野史之狱，史荒愈甚，士愈虚悫。今海外望国莫不注重史学，有一学必有一学之史，有一史必有一史之学，数万里之原案咸被调查，数千年之各断悉加研究，史学极盛，而经、子、集中之精理名言亦大发其光矣！又按：耶教、回教诸国皆每七日一礼拜，其教祖故有礼拜日之名词。我国无此俗而沿用之，固于论理学上为犯名实相违。然近多改称星期，则直为极端不通之俗名词矣！日本改称日曜日，虽尚近雅而不甚切，岂若改称来复日之尤雅，而且切于休业观心之义也。

一、经、史、子、集宜皆分内国、外国两课，轮期讲授。如同为讲授史学之期，前期内国史，本期则外国史，经、子、集亦然。谨按：日本文科大学于哲学分东洋、西洋，于东洋哲学又分支那、印度。支那哲学者，我国古经、古子是也。印度哲学者，佛教各宗经论是也。此其识量之深，规模之大，虽〔我〕南朝之分立儒、玄、文、史四学，盖犹逊之。今宜以佛经及《旧、新约全书》等入外国经学课。日人所著子部、

① 《山左陈言》长卷在本文末有宋恕女婿"陈哲识"的一段，显然录自宋恕的原稿，可为本节注解。原文是："本校于外国文字专课日文，非弃欧文而不学也。盖本校以调和粹、化为本旨，所重在学问不在语言。日本学问所得力于中国者久，故于中国古书搜罗甚富，研究颇精。自欧化以前，彼方稍具识知之徒，类能枕葄周、孔，干城儒、墨，千余年师师相承，至后世著书之士皆息息与我国汉、宋诸大家相贯，且其文字亦胎胚于中文，故以习日文为专课者求其有益也。且必能通中学而后可习欧学，在日本已有大效明验，凡我视之，殆瞠乎若后。试举数端以证之：试……果有几乎？（删节号原有）本校之课日文专为学问起见，若语言之学则当责之方言专门学校，非本校所亟亟也。"

集部书不少，而所译西洋子部、集部书尤多。我国开港已六、七十年，而能从英文译出西洋子部书者至今但有一闽严复。《几何原本》虽为子部第一杰译，然由西士口授，而徐、李二君不过笔述，则二君虽诚硕学，然未可称译家也。[①] 能从法文、德文译出西洋子部书者尚无一人。至诗文总、分集则未曾译出一种，以视日本何其相去天壤也！今若不急将内国四部、外国四部之学融于一冶，而犹于学界存拒外之见，窃恐再逾十年，所谓齐、晋、燕、秦之彦，三江五湖之英者，且将对于台湾、桦太之岛民而自惭其陋矣！

　　一、讲授宜用摘讲法。讲授内、外四部皆用摘讲法，不用序讲法。其册数甚少，如《孝经》、《论语》、《老子》、《文中子》、《因明入正理论》等，讲师愿序讲者听。谨按：内国四部书已浩如烟海，况加之外国四部书乎？若用序讲法，则篇卷之甚多者，数年不能毕一种，何由使学生博览方闻、调和粹化？且现当二十世纪，博物学、物理学、化学等皆非常进步，回视十九世纪以前各国四部书之涉及此等学说者，皆甚形其幼稚。若用序讲法，则必逐句授义，将使学生之已闻新义者含笑而慢师、未闻新义者误信而堕障。故必宜用摘讲法，由讲师摘出原书中之粹而旁征远引以讲之，此惜光阴而弃糟粕之道也。宋、明诸儒之讲经也，亦多用摘讲法，如程、朱二氏于《小戴记》摘出《大学》、《中庸》二篇以为讲干，尤为世所共知，旧法亦有可效者矣！

　　一、内、外四部教科书宜皆分首要、次要、又次要。如《十三经注疏》、《说文》、《广雅》等为内国经学首要教科书，如刘氏《史通》、章氏《文史通义》、《史记》、《汉书》、《三国志》、《晋书》、《南北史》等为内国史学首要教科书，如《荀》、《庄》、《墨》、《吕》、《淮南》、《论衡》、《中论》、《文中》等为内国子学首要教科书，如《昭明文选》、《唐文粹》、《宋文鉴》等为内国集学首要教科书，其详别为表。谨按：唐、宋虽以文词取士，而其制尚不陋，未尝束士于一先生之学说。束士于一先生之学说自元延祐始，而明制大致仍之。杨升庵尝深慨其陋，语至沈痛！明季毛、黄、顾、王诸氏皆大声疾呼，思以博矫陋，而国事已无可救！我朝惠、戴、钱、纪诸氏亦皆思以博矫陋，而皆不得行其志。近年八股虽废，而官、民学堂之所谓中学教科书中，〔其〕启蒙者诚远胜于前，余者较八股时代之教科书不过五十步笑百步耳。今创此学堂将

---

　　① 《新译几何原本》十三卷、《续补》二卷，李善兰译。徐指徐寿，译过《西艺知新》等数种。

〔欲〕选异材而备大用，若仍狭定教科书，则何当于以博矫陋之宗旨？故教科书必宜广定。教科书既广定，则不可不分首要、次要、又次要以便讲师矣！若参考书则愈多愈妙，既曰参考，理无可限定也。

一、讲授四部宜兼用日文书。讲授内、外四部皆许兼用日文书，若讲师不解日文，亦不强其兼用。谨按：内国四部之学，日本德川时代名家甚多，然其所著多用华文。明治以后，名家特著及学校之讲义录、学会之杂志等，其于内国四部之学或专属、或旁涉者则多用日文矣。外国四部之学，虽其中佛氏经论，日人亦纯用华文古译，然元、明以后佛典之高等学理几绝于此而独盛于彼。今其所出日文之特著、杂志、讲义录等尤多精理名言，发前人所未发矣！至于彼用日文译出之西洋四部书，则较之此用华文译出者之数多寡殆不可同年语。近顷从日文转译华文者虽颇多，然佳译殊鲜，不如读日文原书。若讲师不解日文，姑取用之，亦所谓慰情聊胜无也！

一、日文宜专课通行体。通行体课毕或欲再学古体、俗体者，听其自与讲师商议。可否于正课外特别讲授，本堂主者不问。谨按：日文有古体、通行体、俗体三者之分，在日人及华人之浅于华文者，学日文以俗体为最易。而华人之深于华文者，学日文则反以通行体为最易。盖学俗体必须先学其语，而学通行体则不须先学其语也。且彼中著书多用通行体，课毕此体，即可治其高等学矣。古体者，所谓和文也，最难学。

一、日文课宜注重综合史哲之学。预与日文课讲师约：课毕通行体日文，即行讲授综合史哲之学。谨按：十九世纪以前，史学家多病实，哲学家多病虚。十九世纪以后，西洋学者乃多能综合史哲，而史学不滞于实，哲学不堕于虚，若达尔文、斯宾塞之伦是矣。今日本综合史哲之学亦极盛，即所谓进化论派者也。所宜卑辞厚币延彼名家来此讲授，则学生进步必有一日千里之势矣！

一、数学、乐学、画学、体操学宜皆列于随意课。堂中备延四学教师，堂生或愿全应四课，或应其三、其二、其一，或全不应，均听自便。谨按：数学、乐学本为三代孔门教科六艺之二；画学虽不立为一艺，然书画同源，未必不属于书学之中；体操学则射御之变相。是无论国粹与欧化，皆必当列此四学于正课，否则将为颜习斋、李刚主两先生所大笑矣。然近世此四学甚荒，理解超妙、文词高雅之士，亦多以不获师而未曾问津。本堂重在综合史哲，若必列此四学于正课，责诸生以必全应，恐多苦其难，而精神因之不活波，故宜变通矣。

一、地理学宜暂属于史学课。内国地理作为内国史学之子目，外国地理作为外国史学之子目。谨按：地理、官制本为史学之二大子目，今海外学课皆以地理与历史平列，盖其所谓地理二字之义与我国所谓地理二字之义稍分广狭，其课难在背画，甚费精力，本堂既列画学于随意课，则地理学可暂属于史学课，由狭而渐广矣。

一、词章学宜不别立课。各体词章之学皆不别立课，属于集学课随讲师意讲授。然刘氏《文心雕龙》须令堂生各置一部，司空氏《诗品》亦须令各录一分。谨按：西洋亦重词章之学，其俗：于过去之词章名家往往为之铸金像，设追悼会。谓西洋无词章，此我国不解词章之舌人自文其陋之诬说也。日本今代实学固极盛，而词章之学亦极盛，盖无论士大夫也，即下至走卒、佣媪亦往往解吟咏，其吟咏或有为我国士大夫所不及者。词章之盛衰可以验国民之精神，夫亦安可忽也！然本堂首重理解，若别立词章课，恐生重文轻理之弊，且词章之源固在经、史、子，而其总集、别集何一不在集部中乎？苟四部之学能博而深，则词章必不求工而自工，古来不朽之词章皆非由命题课作而成者也。

一、理、化等学宜暂不立课。博物学、物理学、化学、天文学皆暂不延师立课，其欲自行流览译本者听。谨按：此四学皆甚费精力，而所需教室、仪器、标本、模型之费又皆甚巨，故宜暂不立课。然不可思议之理实皆在此四学内，故译本宜听堂生流览以开心界。

一、宜令堂生月呈四部课日记。除日文必须由讲师逐渐课之造句而章而篇外，其内、外四部课则除每年一小考一大考外，均不命题课文，惟令堂生每月各呈日记四册，由四课讲师分评。每册几页不限定，惟统计四册限定至少须三十页。

一、经、史、子、集四课讲师及日文课讲师宜皆带课修身。每卒业期各生修身课级数，由五课教师会同监督，参同堂生公定。其言权：监督一人当讲师二人，堂生十人当讲师一人。谨按：修身课级数记者最易高下其手，故平时宜令五课讲师皆带课，卒业期宜令五课讲师会同监督，细行酌定。并宜用海外公评法设公评票箱，限日令堂生各袖投不书姓名之评票一张，互相指善指恶，以供参酌，庶几稍稍得当耳。

一、大小考宜皆命五十题，四部题内、外各半。每暑休前举行小考，每腊月举行大考，均由各讲师命题各考。经学、子学均命四题；史学二十题；集学十二题；均限以内国、外国各半。日文十题，共命五十题。

一、大小考宜皆由各讲师排监及分级。经、子学讲师均排监二日，史学讲师排监十日，集学教师排监六日，日文讲师排监五日，共须停课行考二十五日，考毕各自分为十级。

右学堂课办法十六条。

卒业办法列左：

一、卒业宜分三期。第一年之腊月作为卒业第一期，第二、第三年之腊月作为卒业第二、第三期。于第一期或第二期已得卒业证书而尚欲留堂者听至三期，已满则不问其得卒业证书与否，概令出堂，别补入已经考选记名候补之生。

一、卒业、未卒业宜用积极定等法别之。每卒业期由讲师先积本年大小考所分之级数，再行会同监督，参同堂生，加合修身课级数酌定，分列几等。得列甲、乙、丙三等者均为卒业，列丁、戊、己、庚、辛五等者均为未卒业，列壬、癸二等者均斥退。等不必备，如本期无当斥退之生，便阙壬、癸二等。或虽有当斥退之生，而斥退堂谕中字样均宜从轻者，便阙癸等，余依此。

一、定等之权，史学、日文二课之讲师宜稍重。如积级酌等时，讲师与讲师或监督意见不同，则但以史学、日文二课之讲师同意见为定。如此二课讲师之意见亦不同，则将全卷呈院审定。

一、三等卒业生均宜先给证书。每卒业期如有甲、乙、丙三等卒业生，均由帅宪先给证书，待第四年春间奏请奖叙学位及官位。

一、宜用日本学位之名分别奏请奖叙。不问其原有科名与无，但得本堂甲等卒业证书者一体奏请奖叙甲等文学士之学位，得乙等、丙等卒业证书者依此。谨按：日本学位以学士、博士为名，至为雅切，今我国学堂奖励新章仍用进士、举贡等旧名，殊欠雅切。且翰林院者词署，编修、检讨者史职，翰林院编、检之官名始于明代，置史职于词署已为通人所讥，然犹可曰意在求综合文史之材也。乃今以农、工、医等科学卒业之人而亦可入词署任史职，名实不太相违乎？想定章诸大臣之意，或恐学士、博士等名太雅而人多不解，故不敢用，犹不敢用"学校"二字之雅名而必改称"学堂"耳！然本堂系特别教育，虽不敢议请特别正其名曰学校，似不妨议请特别用日本学位之雅名也。

一、学位之外宜再分别奏请奖叙官位。得甲等、乙等卒业证书者均照异常劳绩例：视其原有科名职衔与无及其原科名职衔之高下，分别奏请奖叙官位。得丙等卒业证书照寻常劳绩例。

一、卒业生与京外文武各官往来仪节。其官位未当编、检、主事者，宜专视学位而定，甲等、乙等文学士均用翰林院编、检仪节，丙等文学士用各部主事仪节，其中如有因原职衔之高而得高于编、检、主事之新官位者则用其新官位之仪节，惟其官〔位仅〕当编、检、主事者，若任实职时，对于本管上司仍用下属仪节，不得用文学士仪节。

右卒业办法七条。

其余重要办法共十二条列左：

一、宜置教师不置教员，由帅宪关延。五课讲师均由帅宪关延，其延外国讲师之合同，词气亦须格外恭敬。学习暂以五百人为额，讲师暂以二十人为额；学生未满额，讲师亦不必满额，一人可兼作两课讲师。讲师均平行，不置总讲师。谨按：尊师重道实为数千年一线相传之国粹。古者虽天子必有师，所谓帝者与师处也。近世此风虽绝，然草茅下士苟得主讲席，则虽对于极品大臣而不失其尊，故主讲中尚有能造就人材者。自教员之新制立，而官立学堂之教员对于监督直如婢见夫人，其精神全注于伺候监督，而于堂课不过敷衍了事，势使然矣！本堂系特别教育，尤贵精神，若不留一线相传尊师重道之国粹，则课程虽美而必毫无实际也。又按："合同"二字连用之新名词，实亦不通之俗译，于义当用"关约"二字。盖"合同"二字但有"关"字义，尚无"约"字义，于词为未全也。

一、行礼时讲师宜班监督上。每逢皇太后万寿、皇上万寿、皇后千秋诸圣节，本堂举行遥祝大礼，五课讲师均序监督上；讲师之间相序以齿，平时行常礼同。

一、讲师、监督宜分清权限。监督依他堂例，由帅宪札委，节制诸管理员。凡管理部之事，讲师不得侵监督之权；凡教授部之事，监督不得侵讲师之权。惟讲师当酌修身课级数时须会同监督。学生呼讲师曰先生，呼监督曰大人；监督是官非师，对于学生不得以师自居。谨按：本堂教师与他堂教员异，对于监督非属之对长，然亦非宾之对主，故尤宜分清权限以便各办各事也。

一、帅宪宜每月一临本堂讲学。每月第一来复日，帅宪亲临讲学。讲毕，司道以下印委各官及本省绅士有欲讲者许，本堂学生有欲讲者亦许。独帅宪中席坐讲，余皆偏席立讲，以尊专阃。是日讲师不讲。谨按：日本德川时代有一征夷大将军频亲临昌平黉讲学，学风因之大振。今我督抚之威重虽未足方彼之征夷大将军，然固在南宋时代所谓帅漕宪者之上，南宋名儒多以帅漕宪讲学，故从之者众，如朱文公亦是。明代王新建之门甚盛，亦由新建曾任巡抚之故。今督抚若肯屈尊讲学，学风安有不大振之理哉！

一、演圣公宜每年一临本堂讲学。每年正月开学日，帅宪偕演圣公临堂，先由帅宪讲开学大意，随请演圣公讲《孔子世家》或孟、荀等《列传》。谨按：八股时代治举业者无不日称孔、孟，然曾读《孔子世家》、《孟荀列传》一过者实甚寥寥。异哉！何最多数之士大夫乃于孔、孟之历史且乏调查之思想也？盖其调查之天性久已失去矣！山左为孔孟桑梓，本堂系特别教育，恭请演圣公每年一讲《孔子世家》或孟、荀等《列传》，固山左官绅应尽之义务，亦演圣公应尽之义务也。

一、本省学生宜稍给津贴。每生月给津贴银五两，外省生不给。外省生额以现在堂生全数十一之一为限。谨按：乡僻贫士恃授徒或他业为生，虽岁入甚微，然苟失之，则不可终日。稍给津贴，则其中秀异者不至绝望于此学堂矣。

一、食宿等事宜任学生自便。每生给自修室二间，寄食寄宿及雇用仆人与否均任自便。愿寄食者，或一顿或两三顿亦任自与厨役直接议价，随丰随菲，各开各食，本堂帐房概不干涉。谨按：近年各省定章寄食宿之学堂，无论官立、民立，学生常与厨役纷争。虽曲在学生者亦有十之一二，而曲在厨役者实居十之八九。然厨役亦多因分内之钱被侵削于学堂之帐房，乃不得已而取偿于学生之食品，遂至每以腐败之肉类、菜类供食。学生不能忍而起与争论，帐房势必力抑学生以保侵削之权利，堂长又多力护帐房以保用人之权利，学生争之不胜，欲去则恋学，强留则伤生，此近年各省学生界荆天棘地之一大端。今创此学堂将以造异材而备大用，此等事若不改良办法，则其身且难健康，而望其精神活泼得乎？！

一、斥退学生宜慎重。平时斥退一学生须先由五课讲席一律认可，不许个人或数人伸其斥退自由权。

一、宜以本省之高等学堂为本学堂。别以银数万两建筑一学堂，俟工程毕，即将现高等学堂中人移住，而以现高等学堂为粹化学堂。谨按：今各省之所谓高等学堂，其中学生程度多甚低，竟有不及日本小学之学生者。若按实定名，但可称为方言学堂耳。本省高等学堂之建筑及其布置，壮丽完美殆甲于各省，以居此辈方言学生，似太优待矣！若粹化学生则相期甚大，必宜格外优待也。

一、宜设阅报室。不论何地何人所出华文之新闻及杂志，皆购一分或数分藏诸室内，专供本堂官、师生等公阅。日文之新闻及杂志亦择购数种。谨按：本堂系特别教育，选生必极其精，不患误入迷途，故阅报办法可与他堂异。

一、宜附设海岱大图书馆。以库平银十万两为建筑海岱大图书馆费，以二十万两为开办图书费，分五年办毕，以后年支添办图书费二万两。海内外宋、元椠本、家藏钞本及近世通人著述之椠已毁而印本亦极难得者，皆出重金设法购取，或派员至其家录副以来。谨按：同治年间浙江重建文澜阁，其办书籍费至库平银六十万两。上年东省建筑高等学堂亦费至二十余万两，则卑拟以十万为建筑海岱大图书馆费，以二十万为开办图书费固非好为大言也。又按："藏书楼"三字连用之新名词亦不通之俗译也。日本译为"图书馆"，当矣！夫海外望国皆图、书并重，与我古人左图右书之学若合符节。明儒张燧曾极论近世废图学之害，所见正同。乃今之浮慕西洋者至于译图书馆作藏书楼，妄删图字之义，足征此辈素乏图学之观念矣！且楼者附属之名词，非独立之名词，家中一楼藏书可谓之藏书楼，独立之公所而可以楼为名乎？盖今华人识字之浅于日人远矣！使乾嘉时严、段①诸氏复生，不知若何感慨也！

一、宜别置议员及裁判员。用文明国三权鼎峙之制：教授部之讲师，管理部之监督以下官均作为行政部人，别置议员为立法部人，又别置裁判员为司法部人，均由帅宪亲行照会或札委，不问其职衔如何，概与监督及讲师敌体。凡教授部、管理部改良之议，专由议员随时各陈所见请帅宪可决、否决，监督及裁判员均不许参与。出有罪案及讼案均由裁判员传审，用文明国刑事、民事裁判法裁判。惟事涉议员、讲师、监督者，但许有传审其仆之权，如罪案重大、情节显然，则由裁判员先请帅宪将议员、监督撤差、讲师辞席，再行发交裁判。谨按：三权鼎峙之制虽始于白色种人所立之国，然观《孟子》"舜为天子、皋陶为士"一章之问答②，则知我国二千年前之儒家已唱和司法独立权之学说矣。至立法独立权之学说见于群经诸子者尤多，特从未实行此学说耳！今黄色

---

① 指严可均（1762—1843）和段玉裁（1735—1815）；严著《说文翼》，段著《说文解字注》。

② 原文是："桃应问曰：'舜为天子，皋陶为士，瞽瞍杀人，则如之何？'孟子曰：'执之而已矣！''然则舜不禁与？'曰：'夫舜恶得而禁之！'"

种人所立之日本国已以实行此学说而战胜地广数十倍之露西亚矣，我亦何妨以此学说试行于本学堂乎？

右其余重要办法共十二条，通共办法四十二条。

学务处议员兼文案增生宋衡谨拟呈

请通饬禁购三种历史教科书禀
（1905 年 11 月 17 日）

敬禀者：窃增生于本月十九日面奉宪谕：令将本处所有备审之历史、地理教科书送呈。等因奉此，当将前准稽查书局委员吴令炳湘交来备审之历史、地理教科书样本共十七种，地图样本三种，合共图书三十五册，于二十日午前封送宪署，恭呈宪阅。何种可用，何种不可用，宪台自有权衡，固无俟增生赘加分别。惟其中有三种历史教科书皆显犯大不敬，理合揭明。

查商务印书馆出版《国史初级教科书》之下卷第二十九页，文明书局出版金匮周国愈译著《中等东洋史》之下卷第四十四页，金匮张肇桐编辑《高等小学国史教科书》之第六十一页，皆直书我太祖庙讳，肆无忌惮，乃至此极，按之律例，实属大不敬之尤。方今孙文逆党到处煽乱，此种大不敬之教科书实亦暗助其势力。若不从严禁购，何以隐销逆萌。相应禀请宪台立案，通饬禁购此三种书，并请俯据卑禀，移知各省学务处司道，请其一体禁购，实于人心、国事大有关系。增生为隐销逆萌起见，是否有当，伏候批示！

肃禀，恭请

崇安　伏乞垂鉴

增生宋衡谨禀

学务处议员兼文案增生宋衡禀揭新出历史教科书三种，皆显犯大不敬，请通饬禁购，并移各省学务处一体禁购由。①

附：审定合用教科书三十五种书目②

《最新初等小学国文教科书教授法》四本

京师大学堂鉴定之《最新初等小学动物教科书》、《最新初等小学物

---

① 稿末注："十月二十一日发。"
② 此标题系本书编者所加。

理教科书》、《植物教科书》、《体操教科书》。

　　《寻常小学速通文法教科书》、《小学笔算新教科书》、《普通小学课本》、《蒙学卫生教科书》、《蒙学生理教科书》、《蒙学心算教科书》、《蒙学动物教科书》、《蒙学植物教科书》、《蒙学捷径初、贰编》、《蒙学造句实在易》、《蒙学地质教科书》、《初等小学国文教科书》、《幼学体操法》、《普通珠算课本》、《习字范本》、《初学字课简说》、《最新算术教科书》、《蒙学格致》、《蒙学体操》、《蒙学天文》、《蒙学地文》、《蒙学经训修身》、《蒙学文法》、《国文教科书》、《启悟要津》、《初等小学修身教科书》、《初等小学笔算教科书》、《初学字课简说》、《初等国文教授》、《普通博物问答》、《物理引蒙》。①

审定初小教科书禀
（1905 年 11 月 19 日）

学务处议员兼文案增生宋衡谨禀大人阁下：

　　敬禀者：窃增生于本月十八日准本处提调李守豫同口传宪谕，令增生将府州县各等学堂教科书从速审定，以便即将样本交查学委员领带散发，等因奉此，当以初等小学堂以下之教科书尤为刻不容缓之物，即于前准本处稽查委员吴令炳湘交来备审之各等学堂教科书中先行提出，逐部逐本逐页逐句细心加审。强忍寒疾，夜以继昼，不敢稍涉粗疏，致负宪委。除历史、地理两门之各等学堂之教科书业经提出全数，遵谕送请亲审，并将其中犯大不敬之历史教科书三种专禀揭明，请通饬禁购在案外，余门之初等小学堂以下之教科书兹已审定合用者，共有三十五种。理合开具清折，禀呈宪鉴。应否调取原书复审之处，伏候宪裁。除再行禀请总理孔宪，及商请提调李守豫同、前代理提调稽查书局委员吴令炳湘等，陆续添购高等小学堂以上新出之教科书随时交审，并添给审书之房一间、置书之架数张，以便倍加慎重，从容审定，随时呈请复审外，所有先行审定初等小学堂以下教科书缘由，理合专禀宪座。肃此，恭请
崇安　伏乞垂鉴

　　　除续面禀藩孔宪外

　　　　　　　　　　　　　　　　　　　　　　增生衡谨禀

---

①　原注："共三十五种，十月廿三日连禀发。"

计禀呈清折一扣
光绪三十一年十月二十三日

吴守呈禀及附件批文[①]
（1905 年 12 月 4 日）

禀、册、图，均阅悉。

该守留心学务，办法周详，深堪嘉尚！惟查精神科学系世界上最高等之科学，今西洋德、奥二国，较多研究此学之人，然得其深者亦鲜。中国虽自古有之，而今则甚衰。来禀称吴令成章于此学研究夙深，想非轻以新名词奖借后进，仰即传谕该令，速将此学之历史及平素研究此学之心得，笔述数篇，呈由该守转呈本处，以凭察核其所得之浅深，是所切望！

又查上海新出编译各书，宗旨极杂。其中历史一门，最多趋重民族主义，甚或显露革命排满之逆意。司学务者，若不逐卷细检，徒见其书名尚无违碍字样，遽取以列于教科，则学堂之中必将隐行逆说，朝局危机，将伏于是。来册内开各书，均未注明编译者姓名、籍贯及何书局、书店等出版；新出各书，异名同实，异实同名及相似者颇多；本处无凭察核。仰即另缮清册一分，将此番来册内开各书，一一注明编译者姓名、籍贯及何书局、书店等出版，续呈本处，以便察核饬遵。至来册所列《国粹学报》一种，则业经本处查系革命逆党所编，想该守未暇披阅，故致误列，仰即摘去。并传谕各学堂严禁学生私行购阅，是为至要！

总之，邪说之界说无定，而逆说之界说有定。即如男女平等、官民分权等说，中国士大夫尚多目为邪说，而在英、德、日本等国，则共以为堂堂正正之正说。独至不敬皇室之禁，则彼我曾无少异。该守务须善体本总理等开智、防祸双管齐下之苦衷，时时切嘱各学堂教员、管理员等：于中国诸子百家之异谈及西来、东来一切之新议论，除革命排满之逆说必当严禁外，其余皆不妨任令学生研究发挥，以畅其天机而绝其愤郁之源，是尤本总理等所相期于该守者矣！

又查来册内图书分类，颇多未妥。如教科类、杂类之分，均未免名实相违。而所分格致、博物、理化类之名，尤为巨谬。查日本所谓博物及物理二学，中国近人概称为格致，何可于"格致"二字之下赘以"博

物理"三字，凡此类名，想系上海书贾原单所开。该守或未暇亲检，遽命照钞耳。然非所以示各学堂中人也。仰即改行分类，以符名实！戴东原氏不云乎："将欲务实，必先正名。"物徂徕氏者，日本德川时代鸿儒也，亦曾特著《辨名》一书。西洋诸国，尤重名学。该守为江东胜流，梅村先生学风未远，想必不以正名为迂阔也。

该守曾充本处提调，本总理等倾倒有素，故不惮尽其所欲言，仰即遵办声复，仍候_学抚宪批示，缴。册图均存。①

附：另禀批

禀折悉。所拟办法大致均尚妥善，仰即照办。

小学讲习所之设尤为要着，惟尤望该守时常轻车简从，亲到讲习所，接见村镇蒙师，并许蒙师时常便衣入署，从容婉切，诲以改良训蒙之方，则庶乎能收最速之实效耳。

仍候_学抚宪批示，缴。折存。

临清州张直牧面呈《稿录》等件批文②
（1905 年 12 月 13 日）

折九扣《禀牍·章程稿录》二册，《重刊奏定学章样本》一份，均阅悉。具见该直牧奉办要政，井井有条，深堪嘉尚！

查《稿录》中禀折多曾分到本处，节经覆行在案。兹复通阅一过，益觉名言络绎，经术之气流露行间。如《自序》引《周官》"官联、官计"一段，《创设半日学堂禀》引《尚书大传》一段，《奉办保甲禀》引《管子》、《周官》一段，尤为雅切有味！至《创设纺织公司禀》内所称"惟是此举原为挽回地方利权起见，若全以归之官府而不普之商家、民家，不但营运术疏，殊虞折阅，且事本为商、为民，而官乃自专其利，揆之初念，无乃乖谬"等语；《奉办官中官契禀》内所称"官中最难得人，其愿充者，类非端人，其果端人，又不愿充"等语；《奉设商会兼工会公所简章折》内所列"商家往来，如有帐目纠葛、口角争辩等事，不准遽尔兴讼，须邀集两造齐到公所，凭同总、分董公平核算调处，如

---

① 原注："十一月初六日，江书办送到原禀及册、图。初八日，拟此批。初九日，呈孔阅过。"

② 此下初稿有注："三品衔补用知府临清州知州张承燮，陕西人。"《山左陈言》卷缺注。

会中实不能为排解，准由总、分董到署面禀、折开节略，本州立即口传到署，秉公断结，即据节略为断、立案，并无须呈纸层叠，徒滋讼累"一条；又"每月初一、十五两日，总、分董必须轮到公所，本州亦必亲到考询一切。凡有商务应议、应办事件，总、分董即可面陈本末，本州当为酌定，立予施行"一条，皆非洞明治体、熟悉下情者不能发为如是之言，所谓"儒生作吏，别有风调"者非耶？

尝读陆宣公、司马温公别集，其中议论与今海外政治学家往往若合符节，亦曰仁民而已。惜唐、宋之主不能尽用，故国祚不延。张曲江《感遇诗》云："良辰不可遇，心赏更蹉跎，终日块然坐，有时劳者歌。"中国圣经贤传所谈政治、教育之理法，何尝有一语与今海外名家学说相违！该直牧籍隶关中，横渠、二曲遗书具在，试展《西铭》及《四书反身录》，博爱宗旨，岂不昭然！徒以历代真儒皆不能行其志，故致一切腐败，愈趋愈下，所谓"良辰不可遇"者，洵志士无可奈何之苦境矣！今该直牧幸遇九重虚怀求治之良辰，果能实践所言，力除官民隔膜之习，将来绩与秩崇，庶或稍补古名臣、名儒之遗憾，本总理等有厚望焉！

惟《稿录》中《奉办保甲简章折》内所列"另户册与户口正册分立"一条，似宜格外慎重，以防乡愚被人诬指之弊。又《官中官契新章》原系筹饷艰难不得已之举，虽责成团长，办法较良，然仍宜于整顿官税之中寓体恤编氓之意，似未可持之过急，致或惊扰闾阎！程明道不云乎："新法宽得一分，则民受一分之赐。"陈止斋有句云："微官其奈月桩何？"敬为贤者诵之。此二事皆无关本处职掌，以承示《稿录》之全，附质所见如是耳！

除由本处详请抚宪将该直牧奉办要政《禀牍、章程稿录》颁发各属，俾各因地制宜、妥酌仿办外，此复。《折稿录》、《学章样本》均存。①

创设农务总局议
（1906 年 1 月）②

伏查农、工、商三实业虽缺一不可以立国，而必当因时因地以

---

① 《山左陈言》卷，此下注云："十一月十五日孔太史面命拟批。十六日送《折录》等来，十七日拟批就，即日誊清待呈阅。是日开运动会，不去。"
② 据《山左陈言》原序列暂定。

稍分缓急。我国自道光互市以来，所谓闭关派之士大夫固犯轻视商务之病，而所谓开港派之士大夫则又多偏于重商而轻视农务，此皆昧于理财哲学：因时因地以分缓急之理矣。大抵论时则多数之民智尚甚幼稚者宜重农，多数之民智已不幼稚者宜重商；论地则广土众民宜重农，狭土寡民宜重商。我国幅员之广除英、俄外莫能比伦，然英之母国，其土原甚狭，俄虽一片广土，然地属寒带，冰雪沙漠为农事之大魔，亦固稍小于我矣。是我国重农主义在昔日固为适宜，在今日亦为要着。斯密·亚当者，英国理财学大家也。其所著《原富》一书持论虽稍偏于重农主义，然施之于我国则如虚弱者之得枸杞、黄精矣！

　　窃查万国实业史及实业学史，其重农、重商两主义往往相近相拒，大抵与其时其地不合者则政策必失败，而主义必为众矢之的。按社会学家言：民族进化必有定序，必由渔猎而游牧，由牧而耕，由耕而工商。今我国农务尚甚幼稚，而欲遽进于以商为本位之国既不合时，亦不合地。故衡之意以为必须注重农务而兼及商务，而以工为之过脉，则诚切时切地之政策矣。伏查东省民数，官书有三千余万人，或云实数恐不止此。然即以三千万人论，苟能振兴农业，使每人岁增入银一两之数，则总值便增三千万两，官取其十分之二便得二百万①，以办本省新政绰绰乎有余裕矣！

　　调查本处旧卷，见有上年间本处会同农工商务总局详稿，内称"兖州设农业学堂，青州设蚕桑学堂，兖、沂、曹、济设农桑会，济南设树艺总公司，长山、蒙阴之蚕桑，临朐、利津、汶上、滨州之种树，均属办理有方"等语。又旧案内有上年派往日本农学生十四人，是前升宪周之留心农学已可概见。闻节下至东以来，为民兴利不遗余力，农工商业皆日趋于发达。然卑见窃以为欲谋农桑之大发达，当有改良办法者数端，谨缮节略恭呈宪鉴，伏候采择施行，实为公便！肃禀，恭请
均安　伏惟惠鉴

宋衡谨禀

　　附呈节略
　　一、宜专设农务总局以督兴农学、催办农会也。查本省设有农工商务总局，然农务与商务截然两途，明于商务者未必明于农务，且办理商

---

①　原文"二百万"，误，应为"六百万"。

务人材首重活泼开展，而办理农务人材则重朴实耐劳，且农商并为一局，局中人员势必重视商务，而于农务置诸可有可无之数，故似宜分为两局：一曰农务总局，而以林业、蚕业、渔业、牧业附之；一曰商务总局，专理经商之事以各专责成。

一、农务总局自总办以至员司宜悉用本省人也。查四民之中，农最畏官，故商务局员用外省人或可与商人联络，而农务局员用外省人，无论该员如何热心，而总不能与农民联络。近年江苏所属之通、海等处农务日见起色，即由于本地翰林院修撰张謇等总司其事。今若欲使东省农业勃然日兴，非毅然悉用本地绅士不可。查学务调查研究所监督孔编修亦系以本省人主持局务，窃谓农务之必须用本省人尤视学务为要，故专设一局宜除藩、臬两司应会衔画行外，其坐局总办以及员司宜悉用本省人。

一、宜专设农学译书局，延日本文士来东译日文新出诸农学书，每季印一编，名曰《东洋农学丛书》，初编以后出者称二编、三编，通饬各州、府、县分局坐办酌量备价购领。日本农学书非必农学士始能解，故教授农学须延农学士，而译书则不必。彼如遇有未了然之处，自能函询彼中农学士也。

一、无论农务总分局，均应于内设农务茶话室。不论有衣顶、无衣顶诸色人等，若有欲来口陈某处农务利弊者，应准其直入该室求见员司，芒鞋、草帽皆得直入。惟第一次来局者除本与局中某员司曾识面者外，但须手携一某局、所、某学堂之员司或学生之名片来作为介绍之据，第二次以后则无须。此局员既皆本省人，则农夫之俚言俗语无不洞晓，而农夫亦不至于畏之如虎而不敢求见，司门者亦以局员为本省人而不敢轻加威吓于求见之人，此为通民情以振农业之第一要着。不独农业宜如此办，而农业为大、要，且农业亦最易试办也。

一、宜暂以工业附属于农务总局也。按工务本应别为一局，然东省工务未甚发达，似可从缓专设。然工业之牵连于农业者较多，而与商业截然两途。如养蚕、种桑既属于农务局，则缫丝、织绸为工业上事，若归商务局颇为不便，故似宜暂附于农务总局，待发达□□□□□设工务总局。

一、各府、厅、州、县均宜□□□□□□□□□本地人照会或札委坐局办事，局费归其本地自筹，局员薪水不必一律。

推荐国文学堂监督人选禀^①
（1906 年 1 月 7 日）

敬禀者：窃增生自蒙节下垂青，破格委充本处议员兼办文案以来，夙夜兢兢，常惧无以报答厚遇。惟荐主张道遽已他往，增生在处供差，虽承臬司^②、孔编修等谦光礼待，而人地生疏，心迹孤危，故于本处及本省学务上之利弊虽稍有所见，而未敢直陈。十月初九日妄上《议办粹化学堂禀》，计共有万余言，其中颇多反对当世新旧两党之论，乃蒙手批暨面谕嘉奖，钦服莫名。本月初九日，随同臬司、孔编修等在处披阅到文，见有卷札一件：为创设国文学堂饬处拟、查章程事。恭读一过，益得仰窥节下表章国粹、调和欧化殷殷之意，中情鼓舞，遂忘冒昧，敢献越分之议，妄参用人之谋。

窃谓：凡一学堂之设，首须监督得人。苟监督不得其人，即使章程尽善，仍必徒有皮毛。苟监督真得其人，即使章程未善，亦能隐补缺憾。此固早在洞鉴之中。伏查本省各头道府班及大乡绅之品学兼优者，除官现任者外，均已蒙分别派充各学堂监督及本处总理，否则他局所要差，均难充国文学堂监督。其品学虽优而地位不相当者，则又未便派充。似宜旁求京外鸿儒，取其地位可派此差，奏调一人来东充之，不揣微贱，妄举所知海内之英，冀备礼罗之选。其年太老者不列举，官现任者不列举，为其万不能来也。无职衔者不列举，职衔卑者不列举，为其未便派充也。虽非现任官，而地位太尊崇者不列举，为其无俟卑达也。虽曾相往来，而心迹未详知者不列举，为其恐误宪听也。除此六项——虽有其人，概不列举外，所举十有四人，幸节下留意焉。

伏查有四品京堂汤寿潜，系浙江籍，学宗杜、马，有守有为。曾辞两淮盐运使恩命，舆论翕然推为当世第一高士。翰林院编修蔡元培，系浙江籍，学识博通，志行坚苦。刑部主事孙诒让，系浙江籍，为已故太仆寺卿孙公衣言之子。菲食恶衣，倾资兴学。该主事于海内名宿中倾慕西法最早，当光绪初年即已提倡欧洲学说于乡里，曾经现任尚书葛保荐经济特科^③，博极群书，尤精经子，洞明政理，自晦山林，著有《周官

---

① 原注："十二月十二日起稿，十三日定稿付钞。"
② 臬司指按察使（廉访）连甲，此时兼任山东学务处总理。下文"连宪"同。
③ 葛宝华从光绪二十七年十二月甲寅，迁刑部尚书，直至光绪三十二年。

正义》、《墨子间诂》二书，《正义》未出，《间诂》已盛行于日本。户部主事陈黻宸，系浙江籍，现充户部计学馆教习。文追班、马，学绍郑、章，志行之高，尤不可及。著有《独史》一书，意在发渔仲之孤怀，补实斋之有待，全编未出，凡例早传。[①] 户部主事孙宝瑄，系浙江籍，为现充出使法国大臣孙宝琦胞弟。闭门都下，萧然著书，斟酌古今，极多心得。前刑部实缺主事吴保初，系安徽籍，为已故提督吴公长庆之子，性情悱恻，风骨清刚，学识超伦，词章拔俗。户部主事丁惠康，系广东籍，为已故巡抚丁公日昌之子。文章气节，卓尔不群。吏部主事陈三立，系江西籍，为已故巡抚陈公宝箴之子，学行之优，世所共信。内阁中书潘鸿，系浙江籍，曾充出使俄德参赞，现充浙江杭州府中学堂监督，师章友戴，学有渊源。候选道员严复，系福建籍，理解、文词皆能自立。始传西洋天演学说，译著之佳，甲于全国。候选道员陶浚宣，系浙江籍，新旧兼通，亚欧一冶，创设东湖学堂，提倡实学亦早。曾著《女学》长歌，洋洋数千言，其识解真能不落宋、元以后。文章亦雅，久主骚坛。江苏道员俞明震，系浙江原籍，才气纵横，文学淹雅。安徽候补知府王咏霓，系浙江籍，曾充出使西洋参赞，博古通今，文坛养晦。候选知府钱恂，系浙江籍，历充出使西洋随员、参赞，于古今中外之故，了然于胸。倡议派遣留日学生，且有送合门子女入彼学校之创举。以上十有四人，其品学既皆足起国文之衰，其地位又皆可充监督之乏，用敢不避越分，列举以闻。倘蒙特记广询，酌行调用，必能仰副节下表章国粹、调和欧化殷殷之意，亦藉稍慰增生常惧无以报答厚遇兢兢之私！

所有敬举所知海内鸿儒——地位可充国文学堂监督者十有四人，拟备记询调用缘由，是否有当，伏候钧裁。肃禀，恭请
崇安　伏乞垂鉴

增生宋衡谨禀

表章《潜书》等先哲晦著禀
（1906 年 1 月 9 日）

窃原国学之衰非始衰于法文英语，实久衰于八股小楷。自顷海内闻

---

① 据《独史·序目》，作八表（帝王年月、历代政体、历代疆域、邻国疆域、平民习业、平民户口、官制沿革）、十录（氏族、礼、乐、律、历、学校、食货、山川、文字语言、昆虫草木）、十二列传（仁君、暴君、名臣、酷吏、儒林、任侠、高士、列女、一家、义民、盗贼、胥吏）。

人伤心固陋，山林晦著，稍事表章。然十年以来由晦而显者止有黄氏《明夷待访录》、《王船山集》、《龚定庵集》、冯氏《校邠庐抗议》四种，此外久晦未行之宋、元以来先哲遗著为区区所急欲表章者尚有数十百种，而其中唐氏《潜书》、《颜氏学记》二种尤为增生自弱冠至今将二十年未尝一日忘怀之物。今者策名使府，未答涓埃，欣逢都督之崇儒，私愿幽光之悉发，不揣冒昧，敬先陈此二种，企望表章，所惜行箧未携不得，惟节下留聪焉。

伏按唐氏《潜书》一种，为康熙时先哲唐甄所著。甄崛起西蜀，卓尔不群。曾令河东，不能一载。晚居江左，专志千秋。① 文成十万，宣博爱之风。此著初名《衡书》，取仲任《论衡》之意，改名《潜书》，从节信《潜夫论》之意。《抑尊》一篇，明露立宪之政见，悲争帝之残贼②，有"秦后县官皆屠户"之言，睹空谈之误苍生，有"宋世儒者昧民情"之慨。徒以不依门户，表章乏人，孤桀蜀中，寥寥过问。藏书家或备应蠹鱼之求，读书家布衣不五世，罕得尝马肝之味，此企望表章者一种也。

又按《颜氏学记》一种，为同治时先哲戴望所著。望起浙右，客曾湘乡之门，与李海昌为友，最好庄、刘之学说，一生志在《春秋》，兼钦颜、李之遗言，特为编成《学记》。按颜氏名元，明季处士，生于河朔，至孝惊时，痛念神州，追咎学术，以为千龄之祸烈，实由六艺之教衰，著《四存篇》，思复三代孔门之法、据群经语深斥洛闽党说之非。其所拟学校之教科，暗合西洋之通制。李刚主、王崑绳数人阒然绵其一线，方望溪、纪晓岚诸派与之都不相容。直至戴君独寻坠绪，幸入金陵之书局，遂编《学记》以表章。精刻甫传，戴君俄逝，书局之长遽禁印行，原椠尘埋，未知存否，九域学者多未获观，此企望表章者又一种也。

以上所陈二种，久晦未行，为国学界大恨事，倘蒙俯采贱言，咨请两江、四川督宪采送刊本来京，发局翻印多部，通饬全省官幕绅士及各学堂管理员、教员购阅，以广流传而邮粹化，则学界幸甚！中国幸甚！

所有敬陈先哲遗著久晦未行拟请咨取刊本翻印饬阅缘由，理合恭禀具陈。是否有当，伏候钧裁。③

---

① 原稿下有"学术颇近陆、王，词章似师何、李"等字，后删。
② 原稿本作"悲专制之祸烈"等字，后删。
③ 末注："十二月十五稿，十六日发钞。"

专办《学务杂志》请派专胥缮稿禀
（1906 年 2 月 24 日）

敬禀者：窃增生于本月朔，即光绪三十二年二月初一日，准本处提调补用知府李守豫同口传宪谕，以抚宪催办《学务杂志》，即委增生专办等因。奉此，理合静候宪台会商连宪，定妥《凡例》，发下饬遵之后，乃由增生将开办日期并如何开办情形禀报宪座立案。

查《杂志》取材，约分三类：其一类则本处及各署、局之新、旧案卷是也；其一类则不列案卷之佳文字及传钞之通人讲演录是也；其一类则刊本之新、旧各书是也。三类取材，均待照缮，必须随阅随选，随选随发，随发随缮，随缮随呈，随呈随核，随核随编，方能按期出报，不误要公。查本处房胥，曾以公事日繁，不敷承应。业于上月禀求添募在案。今复创《杂志》之课，委专办之员，恐房胥更苦手忙脚乱，而《志》稿必至月搁季延。然应否添募，宪台自有权衡，何敢妄参末议。惟既奉专办《杂志》之宪委，若不先事声请指派承缮专胥，则必益为根深蒂固、呼应灵通[①]之同事所困，势将不能出版。相应禀恳宪台：俯念《杂志》事关创要，恩准指派房胥三名或二名，专承缮《志》稿，俾免误公。是否有当，伏候钧裁。肃此，恭请

崇安　伏乞垂鉴

除禀连宪外，增生宋衡谨禀

奉宪委专办《学务杂志》，议员兼文案、增生宋衡禀恳准指派承缮《志》稿专胥三名或二名以免误公由。[②]

《学务杂志》凡例及叙
（1906 年 3 月 2 日）

谨拟《学务杂志·凡例》都九条，附《叙》一篇，缮折恭呈宪鉴。

计开：

首皇言恭录：

---

① 原稿"呼应灵通"四字初为"阴操局权"。按同事指周拱藻。
② 稿末注："二月初二日午下发写。"

九重天语，有若春雷，何蛰不起，何闭不开。录皇言第一。

次奏议录：

自从去年，俄败日胜，公卿大夫，乃陈宪政。录奏议第二。

次本省学务文件录：

古称齐鲁，文学首区，岱宗犹是，今岂无儒！录本省学务文件第三。

次京师外省学务文件录：

茫茫禹域，人荒已久，岳牧同心，共谋善诱。录京外学务文件第四。

次外国学务文件译录：

五洲万国，强弱何常。学衰者弱，学盛者强。录外国学务文件第五。

次著述原本或译本录：

九流诸子，盈海内外，至宝有真，是在沙汰。录著述第六。

次讲义、演说原文或译文录：

宋、明语录，质胜于文，虽云俗体，亦始周、秦。录讲演第七。

次词章原文或译文录：

有韵为文，无韵为笔，江河万古，春华秋实。录词章第八。

次新闻录：

二十世纪，人事日新；吾所大患，孤陋寡闻。录新闻第九。

　　叙曰：山左之有学务处也，实始于建德尚书，然学务则萌芽于项城宫保，而益光大于今泗州中丞焉。盖譬之汉营建章，项城时代为基础时代，建德时代为栋宇时代，至今泗州时代则为千门万户时代矣。[①]

　　初，建德于光绪壬寅秋创设学务处，强起冶山居士合肥张竹居先生主之。先生久林卧，辞不获命，则暂别泉石，渡江淮来历下，勉肩艰巨，一切躬治。鸡鸣而起，夜半乃息以为常。犹恐官民之际气或稍隔也，则请于建德，引乡大夫前荆襄督学曲阜孔公与共事，则设书局、报馆，建高等师范诸大校，遣留日长期速成学生，橄十府三直隶州、百有四散州县悉立中小学。比及三年，教育现象骎骎乎几驾于江、浙、湖、

---

　　①　项城指袁世凯，建德指周馥，泗州指杨士骧，先后任山东巡抚。

湘矣！然先生意犹歉然，而闻今泗州中丞将持节来则大喜。盖自庚子以后畿辅教育称九域冠，论者皆多项城之能任中丞与今侍郎天津严公①。中丞固以政治名家、外交名家而兼教育名家者也。既来山左，则益锐意国民教育，常慨然曰："学务者，社会之公务也，当以社会主义治之。"又常慨然曰："官气重一分则百政腐败一分，故治学务亦必自痛除官气始。"于是创设学务调查研究所，按期轻车简从，亲临演说。今所部知府、州县以公来行省者咸赴会，令官立、民立诸校教员、管理员咸得以行、草手书条上利弊，令穷巷僻村瓮牖桑枢之士咸得以野服入见，令师范卒业生分行所部十二路查学，广招四方胜流聚于历下以议教育之大改良。于是议立粹化学、议设音乐学、议立女学、议立简字学、议立半夜学、议立盲哑学、议设公园、议设幼稚园、议设图书馆、议设博物馆、议设阅报总分所、议设宣传总分所，皆蒙嘉纳，或已行或将行焉。会诏罢旧试，设学部，而严公以编修骤擢侍郎，与中丞同声相应，群情则益鼓舞。于是海岱河济之间，山谷扶杖之儒咸愿忍死须臾，庶几真睹唐虞三代家塾、党庠之盛轨矣。

衡以竹居先生再三之招，辞不获命，乃于乙巳季秋浮海由胶东来历下。至之明日，先生遽奉项城之调北上，然衡深感中丞非有杯酒之故、当途之先，吐哺握发以下白屋，从容一语，辟列议职，思必得当以报乃去。是时山左提刑长白连公与孔公共长学务处，孔公兼监督学务调查研究所。连公起家学校，孔公曾游海外，故皆灼知西法之良。连公之为提刑也，首采西法改良监狱，颂声载道。孔公首唱西法改良农业，兖青之郊地利渐辟，皆其实惠之及民者。二公亦皆慕文明国贵士之风，故虽以衡之捉襟见肘，扪虱而谈，而又不第如罗隐、不敢应贤良之举如樊英前岭南督学、礼部侍郎归安朱古微先生曾于光绪壬寅荐试经济特科，愧乏匡时奇策，不敢应举。按《后汉书·樊英传》："英隐于壶山之阳，州郡礼请，公卿举贤良有道，皆不行。"当亦以愧乏匡时奇策故与?! 且屡发抗议，迹近好事，而亦曲加礼待焉！

顷者，中丞命学务处月出《学务杂志》，二公即以编辑命衡，而连公复命衡先拟《凡例》，敬即拟上，而叙其缘起如此。

光绪丙午春奉委编辑《学务杂志》，学务处议员兼文案浙东宋衡敬叙。②

---

① 光绪三十一年十一月己卯，严修署学部右侍郎。
② 原稿末注："二月初五日午下，奉连公谕拟，初八定稿。"清折（白）较原稿增四字。

单县详送学堂功课表并呈试卷批文
（1906 年）

　　详表、试卷均阅悉，具见该令督课认真，洵堪嘉尚！惟自十九世纪以来，西洋各国政界、学界皆趋重民族主义，日本尤甚。然此主义于国有适有不适，若唱和此主义于不适之国，则其国必大蒙此主义之害，如欧洲之奥、土等国即蒙此害，故通人皆反对之。近年中国官、私游学生颇多被此主义之影响，致生两种大病：一则妄鼓革命排满之逆谈，一则复煽仇洋攻教之余烬。风潮极盛，一唱百和，其有害于中国政界、学界之前途甚大。

　　方今朝廷特派大臣出洋考察政治，将谋立宪之始基。此后我士大夫若能消灭民族主义，实行满汉一体、同舟共济之事，兼宏中外一家、杂居无猜之量，则我中国不难进为地球第一等之国。若青年学子妄鼓宋、明旧谈，区别满、汉，则内变方滋，何暇求治。即不区别满、汉，而民族之见未化，则庚子年仇洋攻教之祸恐将重睹；近日广东连州出有惨害洋人之重案，未必非民族主义之学说阶之厉也。

　　该令所呈试卷，其中史论颇有涉及夷夏种族云云者，虽查无革命排满之逆谈，亦查无仇洋攻教之显说；然《传》不云乎"拔本塞源"，苟不拔塞民族主义之本源，则必将隐酿前两种之大病矣。仰即传谕教员：以后讲书、命题、阅卷，于此等处必宜倍加慎重，本处有厚望焉！

　　缴。表存，试卷发还。

采西制办公园议[①]
（1906 年 4 月 6 日）

　　敬禀者：窃增生自供差本处以来，常闻此间士大夫谈论及教育界事，皆颇以冶游之风难革为患。夫患之诚是也，然窃谓此风但可渐移，而必不能顿革。苟不别求所以移之之术，则虽经千载而故态必依然矣。

---

　　①　原稿"禀由"为："禀陈直接教育之外兼须间接教育，议请因名区、采西制，先各省办公园由。"

夫冶游之盛岂独此间，通都大邑何处不然，即穷乡僻壤何处不然。所异者：穷乡僻壤之冶游不至如通都大邑之着迹，而他通都大邑之冶游，其着迹又不至如天津、上海、汉口、广州、江南、济南诸处之甚耳。若据数理学、论理学以较论其高度，未必此数处之此风为最盛也。

先师孔子曰："张而不弛，文武弗能。"夫人有作不能无息，有所厌断不能无所欣驰，善教育者以暂息养其久作之精神，即利用其欣驰以回续其厌断。三代教育家知此理也，故学校之课列以歌舞。西洋教育家知此理也，故学校之外注重公园。盖教育有直接、有间接：学校者，所谓直接之教育也；公园者，所谓间接之教育也。苟无间接之教育以为直接之辅，则虽有直接之教育，而其拒力大抵不足以胜四围反对之压力。增生曾著有《间接教育论》数万言①，所惜行箧未携。不得随禀呈鉴。姑举一条，敢质节下：当八股时代，正途出身之人自为童生至成进士，何日不哦正心诚意、主敬去欲之篇，其受正心诚意、主敬去欲之直接教育亦可谓久矣。然及其入词馆、班部曹，问有真能绝足娼优之门者乎？则数百年殆可屈指，此非由于京师无间接教育之场所，遂致此中大多数人平生所受直接教育之拒力被胜于四围反对之压力之故欤。故窃谓：游观不宜禁，所宜多创有益之游观以渐移有损之游观而已。音乐不宜禁也，所宜复兴高雅之音乐以渐移卑俗之音乐而已。夫公园者，所谓间接之教育也，窃愿节下先各行省而经始之，妄陈卑议，冀留聪焉！

伏查此间大明湖源出历下诸泉，北流入泺，周十余里，自唐、宋以来，杜少陵、曾南丰、元遗山、李沧溟、王渔洋之所游赏，为天下名区之一。柳岸荷塘，萧散闲远，现虽淤塞殆半，而风景尚胜于秣陵之秦淮。似可于湖滨圈地若干，保护而饰新之，号曰"明湖公园"，于内建设图书馆、博物馆、美术馆、水族居、音乐会所、阅报公所、竞马场、竞走场、舞剑场等。圈内祠、寺、观皆民地民房，优价买取而酌量培之、凿之、毁之、修之。其湖面及圈外之湖滨地，皆仍任诸色人各营各业。博访外国公园之制而酌量变通之。然所拟公园之分子，目前东省财力万不能同时并举也，宜先划定其地段，而节次筹款

---

① 原著未见，疑指前文《津谈》中"风俗类"、"议论类"及《卑议》中论及"官博"、"娼妓"等各条。

以建设之。分子之物品则亦节次筹款以采购之。每一分子规模稍具，即令学界中人于月之休业日、日之休业时群入而纵耳目。其学界外人惟摘出数种，余亦皆许入焉。如此开办，则间接教育之基础庶几可立，其造福于国民甚大，何但可望渐移冶游之风而已。倘蒙俯采卑议，毅然以东省为各省先，则将来著《中国文明史》者必大书特书曰：近世纪之间接教育实自节下唱之于东省，而后各省和之。则东省幸甚！中国幸甚！

所有议请先各省、因名区、采西制、办公园缘由，理合恭禀具陈。是否有当，伏候钧裁。肃禀，恭请

崇安 伏乞垂鉴

增生宋衡谨禀①

代拟《学务杂志》序②
（1906 年 4 月 20 日）

××于光绪乙未，归省于鲁，是时辽左役罢，海内士大夫稍稍谈变法，学务乃萌芽矣。××以世之多故，学之未足自信，留滞里庐，纵目新籍，久之而若有至乐之一境焉。然时或出北门，浮洙泗，登泰山以望成、劳，辄感不绝于西力东渐之危，而林野之性有所不敢遂者矣。戊戌、庚子间，新旧烈争，酿成异祸，××幸以闲居侍板舆，超然于是非之外。然每瞻念燕云，未尝不流涕也。

项城袁公之抚吾土也，于保境安民之政，时驰书下问焉。及壬寅秋，节使建德周公枉驾里庐，劝至行省襄治学务。时先夫人病，则辞，而公遽请于上。俄而先夫人逝，公遣使吊，且责以桑梓大义，强起之。乃于癸卯春，至齐之鞍。时公已设学务处，而合肥张君士珩长之，则命××参画海、岱、河、济间百年树人大计，复命游览海外③，

---

① 原注："三月十一日午下，连命作。十二午下，草出定稿过半，十三夜，足、定之。"

② 本序应山东学务公所总理孔祥霖写的，序中××应即"祥霖"，写作时间未详，但据本书卷八《丙午日记》：三月廿八日，"呈代作《序文》于孔"，当指此前不久，现定为三月廿七日（1906 年 4 月 20 日）。

③ 海外应指日本，据现存宋恕遗稿中日人结城琢于 1903 年 7 月 12 日致宋恕明信片云："昨日遇丁叔雅兄，曰老兄已去浪华，弟曰六斋兄归必请报，不图今接尊翰。弟明日同长冈子等招请孔祥霖、林炳章、胡景桂诸大人，不得在寓，期以十四日敝寓待尊驾。"可见当时孔正在日本。长冈子指子爵长冈护美。

采其学制以归而酌用之。比及三年，自牟、莱以西，直至曹、濮，南极琅邪，北尽平原、渤海，其间学校，蔚然可观，弦诵之声，千里相应矣。

周公移节金陵，节使光州胡公及今泗州杨公，相继而益鼓舞之。会诏废旧试，设学部，群情益奋，杨公遂于乙巳冬别设学务调查研究所，按期与学使宗室载公临决众议。时张君已北上，则××与两司：吴公廷斌、长白连公甲共长学务处，而定远方君燕年亦相助为理；而××又与番禺陈君庆和共监督学务调查研究所。一时名辈星聚历下，颇极过从讨论之乐。而学务处滨大明湖，春秋佳日，登台四望，柳岸荷塘，风景清绝。官民所立诸学校，隐现于碧波青嶂之间者以数十计；而检点案牍，其愿负笈求师海外者以数百千计，而且将进于以数千、万计焉。则尤私喜吾土之民天性好学，而能不负朝廷所置诸大吏提倡之盛心也。

顷者，杨公命学务处编辑《学务杂志》。斯举也，显吾土好学之名于世之举也。虽然，今海、岱、河、济间之学视汉、唐时何如？视周末时更何如？抑数年来诸大吏所辛苦养成此蔚然之观者，其果永无摧折之患也乎？则愿与吾土士大夫戒骄、持惧而益勉之矣！

创设宣讲传习所议[①]
（1906 年）

敬禀者：窃增生于上月随同本处总理孔编修等披阅到文之际，见有节下批发河南试用通判葛倅汝屏禀请饬属实行宣讲由一件，嗣复见有本处总议员吴丞闓生所拟饬办宣讲所札稿并《章程》一件，仰见节下热心开智，钦佩莫名。

窃观葛倅原禀之词意诚极痛切，而吴丞所拟之章程亦极周妥，自应由处饬属速办，以仰副节下移风易俗之盛意。惟区区之见，以为宣讲一事必不能实行于专制政体之下，盖苟不得热心提倡之人，则讲坛必无起色。而苟得有热心提倡之人，则早晚必招大风波，而起色之讲坛仍必如电光石火之暂而不久。此其原理及历史，节下洞明世态，博极群书，自

---

① 据原稿录出，未有标题。

无俟增生赘言。然窃观节下殷殷提倡之意，殆所谓知其不可而为之者欤！节下既抱知其不可而为之之苦衷，增生亦何敢不尽知其不可而为之之愚虑，则创设宣讲传习所之议有不敢不献者焉。

伏查"宣讲"二字之义，即日本之所谓"演说"。今我国顽固士大夫尚多憎闻"演说"二字，彼辈不知"演说"二字见于《南北史》，为唐以前之常语，而谬指为日本之新名词，可谓不学之甚矣。今海外民主政体及君主立宪政体之国，演说皆极发达，而皆特有演说之学以造就演说之人材。增生幼读《论语》，即怪言语为孔门四科之一，而何以当世无此教科？及长，而闻海外有演说学，即深服其暗合孔子设科之法。今节下既热心提倡宣讲一事矣，则必宜远法孔门设言语科，近师外国习演说学之意，创设宣讲传习所以造就宣讲之人材，而后宣讲之事业庶几其可望稍兴也。

伏查前升宪周，曾以师范乏人而通饬创设师范传习所，今节下以宣讲乏人而通饬创设宣讲传习所，事属一律，本不难行。惟当兹经费艰难之际，又令各属办此，恐多苦其难筹。似宜先令其于师范传习所内添设宣讲一课以立初基，至省城则必须专设一所，酌派宣讲教员，招本省举贡、生童来学，以三月卒业，另换新班课程。①

履历与专长
（1906 年 8 月 8 日后不久）

山东学务公所专门课课员增生宋衡。

一、详细履历

年四十一岁②，浙江省温州府平阳县人。由增生于光绪二十八年，蒙前提督广东学政、吏部侍郎朱奏保经济特科，折内于卑名"衡"字误笔作"恕"字③，其时因丁艰不赴试，不曾声请更正。嗣于三十一年九月间，蒙现署直督、正任山东巡抚杨招至东省，委充学务处议员。六课既分，复蒙委充专门课课员，于光绪三十二年六月十九日到差，现供是差。须至履历者。

① 原稿至此为止。
② 此非事实，光绪三十二年，宋恕已四十五岁。
③ 宋氏名字改变有一过程，此条也属官样文章。

一、有何专长

最精古今中外哲学、古今中外史学、古今中外政治学、古今中外法律学、周汉唐宋词章学、古音学，次则演说学、教育学、理财学、日本文学、地理学，粗涉物理学、博物学、几何学，此外未学。

沈编《日本地方自治制度述略》序
(1907 年 5 月 18 日)

自露西亚以数十倍于日本之广土、数倍于日本之众民而卒被大挫，于是神州士大夫始亦群起而谈立宪、而谈地方自治矣。

宋衡闻之曰："壮哉谈乎！所谓'华严楼阁，弹指即现'之理想者非欤？"抑衡思之：在昔唐虞，执玉万国，地方至狭，自治至密，是以别衣寡犯，德感天和，风不鸣条，雨不破块。三季政衰，诸侯相吞，国日以少，地方愈广，自治愈疏。极于七雄、秦始，而数千年地方自治之制度乃荡然矣。然直至南北诸朝，封建虽废，而郡县属官皆用乡望，自治遗意犹未尽绝，是以五族更帝，元气未伤。杨氏一统，竟废乡官，而数千年地方自治之精神乃亦荡然矣。呜呼！此先儒所以上则苦思封建、下则苦思乡官也欤！

海东三岛古称"蓬莱"、"方壶"、"瀛洲"，仙灵所栖者也。隋唐以前，国有数十，合为日本。曾几何时，而源平内争，复成封建，阅年七百，不受外侮。当德川世，大小藩主盖三百余，学人业就，多官本藩，乡评之权重于幕令，盖其地方自治之制度及精神也，实已庶几姚、姒之盛，故明治以后改良组织若斯之易、若斯之完美也。

今我神州，封建之废二千余年矣，乡官之废千余年矣；重以节镇之削柄，优胜之纵屠，八比之焚坑，行省之避隔，又数百年矣；被极重之压力于西洋六七强国，又数十年矣。而忽欲区画地方，经营自治，不动声色，从容立宪，其或期以十年，谓将轶彼日本，壮哉谈乎！所谓"华严楼阁，弹指即现"之理想非欤？！诚非衡等浅思之所及矣。

豫章沈君幼沂，识时务之俊杰也。以通判需次历下，从事编译局，顷示所编《日本地方自治制度述略》，衡读之竟，曰："善哉善哉！《传》不云乎'在官言官'，君从事编译局，编此，职也。今我神州能法此、行此乎？固非君之所问也。君命衡序其简端，辞不获，乃书浅思所及以质君，君傥以为然欤！"

籀庼居士行年六十生日寿诗序^①
（1907 年 8 月 9 日）

自楼船下益，青盖多留江表，伍齐民，渐与山越通婚嫁、分徙诸州矣。其居吾州者，明以前未有闻，至皇代始有著《礼记集解》之敬轩先生及表章永嘉先哲遗书之逊学先生、止庵先生兄弟，籀庼居士则逊学先生之子、而止庵先生之犹子也。明百代，精儒墨，所著《周官正义》、《墨子间诂》盖集斯二学最后之大成者。于是温州孙氏乃以文章闻海内外矣！

初，逊学先生以侍讲出知府，累迁至布政使，皆在江淮间，故居士少客江淮灏久。当是时，大学士曾公国藩以勋爵镇金陵，雅好文学，甫息兵则设书局，罗海内名流，赋校刊之禄，士多归之。逊学先生夙负重望，复出曾门，而同声相应如欧阳、苏氏，故士之愿识曾公者皆兼识先生。居士弱龄驰斐然誉，故士之愿识逊学先生者皆愿兼识居士，居士因得广识海内名流。当是时，海内治《诗》者有陈先生奂，治《礼》者有黄先生以周，治《春秋》者有戴先生望，治数术者有李先生善兰，治政治者有冯先生桂芬、郭先生嵩焘，治词章者有梅先生曾亮、王先生闿运、张先生裕钊、吴先生汝纶，博治百氏者有俞先生樾、张先生文虎、汪先生士铎、谭先生廷献。诸先生大抵于居士为父执行，年长远甚，其中一二为夷行，然年亦皆长于居士。诸先生意气皆不可一世，或不读唐以后书，或惓惓于宋、明季之文献，或兼嗜《内典》，或锐欲输入西洋政法，其学派亦不甚同源，然多折节与居士为忘年交。其一二未得识者往往自憾也。

已而，逊学先生以太仆卿谢病，居士随归。大抵浙东西诸州，温最僻左尤甚，于是居士遂与海内外名流疏隔。事亲之暇，著书矮屋。日相过从：族姻邻旧，烟簑雨笠，共话渔樵，莫知其为天下士者十余年。而逊学先生终，又数年而止庵先生亦终，而居士亦忽忽逾五十矣！

居士既归，僻左郁郁，后英梦想德辉，其自远方入浙西者，每登吴山^②，以遥望瓯骆，慨然顾与朋侪曰："生平憾事则未见雁荡与孙籀庼耳！"雁荡者，吾州名山，奇峰百十二，飞瀑妙天下，晋宋以来所谓"天

---

① 原注："六月十六日夜始发意，十七、十八作就，十九草出，廿五日改定稿，七月初一清写待寄。"籀庼系孙诒让号。

② 在杭州。

台雁荡"是也。奇渥温氏之肆虐也，九域为墟，河岱文明惨被扫尽，江表一线危微极矣。而北条氏①能以三岛挫其锋，其至德川，不失独立，存古籍，厚遗民，学业追汉唐，官制比三代。及明治立宪，教育规模益闳远，故士之稍涉周秦诸子者，何啻数千万倍今禹域，然其学者殊珍重《墨子间诂》。盖居士所著之《周官正义》未流入彼中，故《墨诂》独称焉。

居士少举于乡，不第，未曾试吏，诸公贵人希识其面，然亦往往闻之。故尚书潘公祖荫、翁公同龢咸负时望，尝欲致诸门而不得。光绪戊戌，今上将采三代、汉、唐及日本、西洋之法以拯民涂炭，将相翁公，而大征海内名流，将悉使参政。于是湘抚侍郎陈公宝箴最负时望，表荐谭嗣同、刘光第等若干人。陈公未识居士，一日见《墨子间诂》，遽列荐。海内名流，识与未识，举欣欣然拭目以待观汾上之十二策矣！俄而上有疾，执政大捕党人，翁公、陈公皆免、锢，悉罢诸征士，其已入都奉职、建白赫赫者弃柴市。而居士幸未入都，亦会遇大学士李鸿章、故江督尚书刘公坤一以湘淮勋宿之重力谏钩连，故得不及于难。

庚子后，同年生江督尚书陶公模独抗疏请立宪，将又荐起居士，而慴于群小，一夕大呕血卒。陶公既卒，则尚书张公伯熙最负时望，屡招居士入都。居士以张公虽有汲黯、郑庄风，而其权尚不得比于昔之主爵内史，固辞之；张公乃请浙抚侍郎聂公缉椝强起居士总理温、处两州学务。俄而，张公慴于群小，郁郁遽逝，而居士父执中望最重、年最高之俞先生樾亦告终于吴下，则居士年六十矣。

是时江督尚书端公方，以贵下贱，士多归之。特科之开也，曾荐居士以应，居士不赴。然闻端公时告浙吏，令敬居士云。学部之设也，尚书荣公庆、侍郎严公修等奏授居士二等谘议官，然居士竟不入都。初，侍郎盛公宣怀请居士代述《周礼政要》，将上御览，成而惊其陈义太高，不敢即上，乡人遽椠之，书肆争传刊，齐抚侍郎杨公士骧见而深好之，特命诸学校用为教科书，② 于是青、兖间始复知有《周官》之学焉。

居士少壮时，常思乘长风、破巨浪，先东至扶桑，访吴太伯、周灵王、秦扶苏之裔，寻徐市之墓，阅盖次公之谱牒，遂横绝太平洋，登新世界，瞻华盛顿之铸像。折北，渡白令海峡，西径万里沙漠，循中亚细亚以入欧罗巴，纵目希腊、罗马之故都，治通西洋古今文学，以与其哲

---

① 日本镰仓时期掌握实权的豪族，北条时政曾助其婿源赖朝举兵败平氏，并开创镰仓幕府。

② 原稿初作："特命购五百余分赐高才生，令习之焉。诸学校用为教科书。"后改。

学家上下议论。复由地中海、红海转至印度，治通梵文，搜释迦遗迹。然后具舟载同志及耕夫织妇百工，向东南极天无际之重洋，① 觅无主之荒岛，谋生聚教训，造成小新世界，以施行周官之制、墨子之学说。然以先世业薄，虽曾为司税、司刑大吏，矫然不鬻狱、渔农商，遗赀不逾中人，己又不肯曲学阿权贵、乞余富厚以治远游装，故志竟不能达万一耳！年且六十，时艰益相逼，稍稍衰倦矣，然犹以本州教育为己任。素持先训，薄己厚人，私用俭矣，乃益损之以补助学校费。然卒亦愿罄于赀，居恒太息曰：“使我有数万金岁入，则温州教育其可普及也！”迹其抗怀经国，笃践兼爱，芬芳悱恻，终不俗化，其庶能志周公之志、行墨子之行者欤！盖非徒天性萧散，以治难读为胜乐而已！昔董江都位大夫，承顾问，然犹感赋不遇。今居士不遇，于董生何如哉！虽然，士以得行所学为遇，苟不得行所学，则大夫与居士何别！且为今之大夫诚不若为居士。俞先生樾曩谓衡曰：“天之不遇籀颐，抑天之欲成《周官正义》、《墨子间诂》欤？！”衡对曰：“夫籀颐殆非今世人！遇哉遇哉！夫宇文氏遐矣，苏绰、熊安生之遇不可期矣！夫最幸则亦终如翁、陈二公耳②，岂若卧闲云，老荒江，成斯二书以惠后王也！”先生然之。

居士有子八人，皆尚幼学。今年六十，族姻邻旧为寿生日，衡阻济阴，奉觞阙焉。怅然登台，是时仲秋，历山木叶微脱，明湖始波，默念生平粗解百氏，居士之赐盖十六七，敬寓诗二章为寿！

诗曰：“江淮回首少年场，北望中原志岂荒？结客平生余墓草，几人犹解惜灵光！一辅国将军谁赐印？太和尊夏事茫茫！聊喜故山堪采药，更看诸子渐成章！二”③

辞差呈禀
（1907 年 9 月 14 日）

学务公所专门课课员增生宋衡谨禀大人阁下：

敬禀者：窃增生体质素弱，本年夏秋间天气稍不时，曾患腹泻数日，虽早已获瘳，而犹觉微倦。虽本差事尚清简，而终虞万一误公。伏念自

----

① 原稿初作：“具舟载同志及童男女数千万人，向东南极天无际之重洋。”

② 上文初作：“衡对曰：‘以籀颐之孤直，使其擢巍科、登显仕，最幸则亦终如翁、陈二公耳。’”

③ 文末原署：“从妹婿宋衡拜献。”《瓯风杂志·六斋剩稿》刊出时删去。

蒙升抚宪杨招至河、济以来，备药元生，作梁公之笼物，谈天邹子，乘稷下之轩车，粱黍饱蝗，涓埃未答。而镇东迁府，征北建牙，区区雀环，怅难速觅。当于上月三十日趁贺节辕，面陈下悃，声俟恭送升节起程后，即禀请宪台据详新抚宪辞差。虽蒙升抚宪温谕慰留，不许遽离齐国；又闻新抚宪老成持重，亦能精择楚材；矧愤睹民族谬说之狂澜，欣闻立宪新图之天语；望成、劳于烟雾，久抱澄清渤海之怀，复邹、鲁于弦歌，愿襄振起儒宗之政；宣力有志，谢病奚为！然以升宪既行，新宪未谒，长参乏故，心迹益孤。屠牛言游，即求小试武城邑宰而岂得，扪蝨王猛，虽欲暂为军谘祭酒而亦难。如优级师范学堂监督王道台景禧已抗升宪面谕，阴阻增生入充该堂教习，以为位置私人之地。虽不过一局现象，而他局未必不然；虽宪台礼待仍优，而亦异相知有素。且六课中虽多同调之君子，亦有见忌之宵人，恐将来腾谤或聪，诚不若见几避席。湖山大好，风光虽未忍抛；梧竹将空，栖食安敢复恋。白云岱北，结来日之去思；黄叶江南，入昨宵之归梦。相应禀请宪台：据详新抚宪开去增生专门课课员差使，俟奉院准，即当治装，并恳据详升署直督、正任抚宪备案。除恭候转示新抚宪批示外，先求宪台批示。肃此，恭请

崇安　伏乞钧鉴

增生衡谨禀①

请开办编译局禀②
（1907 年 10 月 24 日后数天）

大帅阁下：

敬禀者：窃卑职于本月十八日遵谕，会同吴丞闾生、贾举人恩绂前往勘定榜棚街房区一所，甚合编译、印书两局之用。其在局人员除卑职宋衡及武廪生锡珏、刘州判彤儒均已蒙恩札派在案外，有直隶卒业生胡家镁、孙大鹏二员均系中学优长、兼通东文，堪以派充编译员，分编书报。其校对稿件兼司账目需人办理处，查有大挑候补知县庞子玉堪以派委，其一切开办事宜及需用各项经费，理合核实估计，开具清折，恭呈宪鉴、核准，批示遵行，实为公便。肃此具禀，虔叩

---

① 下注："光绪三十三年八月初七日增生宋衡。"
② 原标题为《禀抚宪请开办编译局禀折稿》（红、白）。

钧安　伏乞垂鉴

卑职　谨禀

计禀呈清折一扣。

谨将编译局开办事宜及需用各项经费详细开列，恭呈宪鉴：

一、该局拟与官印局伙同租赁榜棚街民房一所，即从前邱姓承办印书局旧地。该处现有房屋五十余间，足敷两局分住，以便两局一切琐屑事宜通融办理。

一、在局各员拟以多半日力编译中小学堂教科各书，以少半日力编辑学报。该书报编订成帙，随即交付官印局按时排印，通行各属，以资诵习而广见闻。其《学报》略分六门：一、有关学务之谕旨；一、中外大臣学务奏议；一、本省学务；一、外省学务；一、有关学务之中外新政；一、选录各学堂讲义；以上各项课程，统由坐办督催、稽查，兼有修改、润饰之责，以期完善。

一、该局坐办一员，月薪捌拾两；武廪生、刘州判两编译员，月薪共捌拾两；已蒙宪恩札派在案。其未经札派之胡家篯、孙大鹏两员，请各给月薪肆拾两，庞令子玉请给月薪叁拾两。如蒙恩准，以上六员并照章每员火食银陆两，通共月需银叁佰零陆两。

一、每月房租连稍加修理费，约需银贰拾两。

一、每月购阅各报，约需银叁拾两。

一、局中应用书手、夫役，约共需银叁拾两。

一、局中应用油烛、纸张、煤炭及一切零星活支，每月约需银贰拾肆两。

以上五项每月约共需银肆佰壹拾两，拟请按季支领，存储银号随时支用。除夏季系有闰月，计四个月应领银壹仟陆佰肆拾两外，其秋冬以后每季应领银壹仟贰佰叁拾两，仍照章汇造四柱清册，按季报销，以备稽考。此外，如有需用紧要书籍随时购买，其价值若干难以预计，拟请随时另案请领。

拟订编译课程折[①]
（1907 年 10 月下旬末）

谨将编译局拟订编译课程开具清折，恭呈宪鉴！

---

① 原标题之上多"禀抚宪"三字。

一、编译专为教育而设，自应以编辑各教科书为主，而以初等小学、高等小学、中学三种为先。三种之中又当以初等小学、高等小学两种为最先，中学次之，此外均从缓办。

一、编、译二者不可偏废，但迻译洋文本，为教员、学生不习洋文而设，自应以中文明畅顺适为贵，不得以中、外文法不同藉口。

一、编译功课应有限制，翻译东文者每月限交三十页上下。改良成书者功课较易，每月应交六十页，每页均须足五百字。

一、编译各书，每足三十页上下之数即应送交坐办审定，并由坐办删订修改。倘语意不明顺处太多，改不胜改，即将原稿驳回，由该员于定课之外自行改正。

一、在局各员应以编译为重，倘本月功课未经交足，不得泛及他项事务，致荒本业。

一、编译各员遇有上宪指交编译之书，应先尽此项编译。如无此项，即由编辑员选择数种，与审定员商准后再行编译。

一、凡编译各书，应由审定员与编译员详慎访求东洋最新、最佳之本，开单购备。

一、局员功课交足之后，倘有余闲别有著述，亦可由坐办审定之后，详请酌给津贴，以奖勤能。

一、该局虽以编译为主，但既奉宪谕兼办学报，自应出其余力：或自为论说、或采录要件，酌定日期，交由坐办审定之后，按期汇送印局，以便及时印行。

一、该局因开办未久，各员业已商定：情愿不放暑假，照常办功。其每遇星期，仍照通章休息一日。

以上十条，暂将现拟办理事宜开折呈览。其有未尽及应行改良之处，容再随时禀请核示遵行。

第一期成书禀[①]
(1907 年 11 月)

大人阁下：

敬禀者：窃卑职前奉宪札，饬查局中各员编译已成、未成各书，详

---

① 原标题作“《禀提学宪：禀呈第一期成书稿》（红、白）”。

细开报备查等因。准此，遵即查明前项事宜先行禀覆在案。嗣由卑职督催清书，先将编译已成之经济学等书五种，计共十四册，其中《学务编年纪要》一种，自本年正月至六月均已编辑完全。第卷帙较多，钞写猝难完竣，兹先将正、二两月并各种成书钞录校对，改正无讹，装订成帙，各种二分。除以一分备由宪台据照详呈抚宪外，其一分恭呈鉴核，批示祗遵。肃此禀陈，虔请

钧安　伏乞垂鉴

卑职　谨禀

计禀呈新书两封，清折两扣。

禀由：禀呈编译已成各书由

谨将编译局员编译已成各书详开清折，恭呈鉴核：

《经济学教科书》一册　武锡珏译

《伦理学教科书》一册　胡家篯译

《地文学教科书》一册　孙大鹏译

《古诗歌读本》一册　　孙大鹏编

《学务编年纪要》三册　刘彤儒编

第二次辞差呈禀[①]
（1907 年 11 月 16 日）

代办编译局坐办兼编审、学务公所专门课课员、增生宋衡谨禀大人阁下：

敬禀者：增生，浙东之鄙人也。生天台、雁荡之间，颇得其奇秀之气。与止斋、水心同里，遥绍其文史之传。年甫弱冠，即著书论古今中外政治、风俗利弊十余万言。百氏余编，盖无所不读，自信世无孔子，不当在弟子列。然以蒲轮之典，绝希望于山林，遂偕荷衣之俦，送光阴于湖海，虽苟全性命，不求闻达，而黔首饥溺，终难忘怀。昔贤叹三十寂寂，邓禹笑人，今增生行年忽已四十有一，而犹未获与东亚之木户、伊藤、西欧之俾思、加富等并列姓字于世界史，笑我者何但邓禹哉！

---

①　原注："十月十一日午后。"其"禀由"为"因患病未痊，在假难久，陈恳详请抚宪开去代办编译局坐办兼编审，暨学务公所专门课课员两差以免误公由"。标题系编者加的。宋衡此后辞差多次，据《日记》所载，陆续于十、二八（12 月 3 日），十一、三（12 月 7 日），十一、八（12 月 12 日），十一、十三（12 月 17 日），十一、二八（1908 年 1 月 1 日）连上五禀，因未发现原件，只好缺如。

迨于光绪三十一年九月间，蒙升抚宪杨招至济南，委充学务处议员兼文案，复兼陆军小学堂汉文总教习，待以国士，未尝视为属吏。增生以升抚宪有周公吐哺之休风，信陵执辔之雅量，心悦诚服，甘策名焉。上年六月间，公所更称，六课分职，复蒙委充学务公所专门课课员，仍兼陆军小学堂汉文总教习。嗣缘旧恙间发，于十一月间上禀辞差，复蒙温谕慰留，且赏假数月，回籍调治，于本年三月间回差，厚遇殷期，涓埃未答，而升抚宪离东矣。增生乃于八月初六日恭送起节后，立即上禀院司辞差①，虽蒙署抚宪吴②传见面留，且于九月间添委代办编译局坐办兼编审一差。而公所当路，相窘万端，乃至向领编译局九月分额支，除奉前署学宪方③面谕：各委员薪火改归各自领外，各项经费库平银壹佰零肆两，暨司事一人薪水壹拾贰两均被掷回。随即上禀方学宪，拟将额领之壹佰零肆两减为捌拾两，而司事之壹拾贰两则必须另领，亦迄不蒙批示。至今隔月将半，尚未能领到一丝一忽，而宋衡又于八月下旬忽患中风，左半身麻木不仁，直至九月初十以后始有转机，勉可行动，于十五、十六等日强病上院谢委，并至方学宪公馆请示办法，随到该局拜晤同人。不意出门甫经两日，精神遽觉不支，头痛身热，伏枕废食，不得已仍向院署及方公馆禀请病假，假满仍续，至今未销。现虽病象似日以减，而据中外医者所嘱，皆云："至速必须服药调治、不劳心力一两月，方可望痊。"而代办编译局坐办兼编审一差，分应日常住局，董率员司，未便久在假中，致误局务。且方学宪责以无米之炊，尤非拙如宋衡所能措手。当于本月初三日上禀方学宪，恳其代求抚宪，速赐改委干员在案，未蒙批示，想必移交宪座，无庸再行禀陈。惟续念学务公所专门课课员一差，虽公务较简，似尚不妨在假稍久，然自升抚宪离东以后，虽署抚宪非不爱士情殷，而谦德高年，委重显秩，消长暗潮，于焉顿异，凡升抚宪所招来微贱孤介而富于学识之士，咸惴惴焉自危。而增生尤为微贱中之微贱、孤介中之孤介，而当升抚宪在东时代，发议、上书又最多，奋其笔舌，广结憎嫌，略似贾谊之在长安，林宗之在洛下。现如优级师范学堂监督、直隶候补道王景禧及公所当路某④等，积恨尤甚，竟起横侵。盖韦公移镇，陆生始知蜀道之难，譬孝王徙封，枚叔空梦梁园之乐。兹虽欣

---

① 指八月初七《辞差呈禀》，见前文。
② 指原布政使吴廷斌，现署理山东巡抚。
③ 指方燕年，曾署理山东提学使。
④ 指周拱藻。

值宪台以沅、湘之胜流，参海岱之新政，然生平既一刺未通，阶级又相去太远，穷布衣之自荐，岂能胜旧令尹之中伤。纵令尽瘁供差，尤惧致求全之毁，矧乃缘病久假，益必丛借口之攻，是学务公所一差，亦有不可不急自辞退者。相应禀恳宪台俯准：并入方学宪移交之本月初三日增生禀辞代办编译局坐办兼编审一案，详请抚宪将增生代办编译局坐办兼编审、暨学务公所专门课课员两差一并开去，以免误公，实为德便！

倘宪台为恢复齐鲁千龄之文明，进长充、青兆民之程度起见，而抑尊相留，则学务公所一差尚可恭承盛意，暂缓详开，至编译局一差则实有不能一朝居之苦境，以九、十两月额需房租、胥役工食等各项局费暨司事薪水，既不蒙方学宪发给一丝一忽，禀减不批，函询不答，而前坐办赵令移交之余存银贰佰余两，转瞬即将用罄，若不速得一稍有地望者接手，以便向方学宪苦求额费，则方学宪虽已交卸，而其力仍足以窘增生而有余，则不出一月，卑局势必倾倒，万肯宪台为卑局起见，格外从速详请抚宪改委，则卑局幸甚，增生亦幸甚！

再，增生现虽勉可行动，惟尚须从容缓步，于疾趋、站班之场，失仪是恐，故未敢禀见，合行声明。再自升抚宪离东以后，外间纷传公所当路遇事索贿，弊端甚大。增生病中风闻：往往有压搁外来禀牍，久不呈堂，及涂改禀牍中字句，另缮赝本呈堂以图陷所恨者之事。虽有无未敢决，然不可不豫防，故业将本日所上卑禀，手录底稿，俟于销假□□时，再将底稿面呈，以防如有压搁或改赝之弊，可以恳赐查究，亦合先声明。肃此，恭请

钧安　伏乞垂鉴

增生衡谨禀[①]

第二期编译成书禀[②]
（1908 年 3 月）

大帅
人阁下：

敬禀者：窃卑职于正月二十六日面奉^{宪谕}抚宪谕，饬将编译已成之书即行

---

①　原件下注："请常翁速交马清书缮好，送阅过，于十三日送罗大人衙门。"

②　原标题为《禀宪禀抚学呈第二期编译成书禀折稿》。

呈览等因，准此，当由卑职赶将第二期编成各书督催缮录，校对无讹，装订成帙。并照第一期开列各书名目暨编译各员姓名清折各缮两分，除已具文详送提学司鉴审并存案、备查外、抚宪鉴核外，理合具详并各书恭呈帅鉴，批示遵行、宪鉴，批示存案备查，实为公便。肃叩

钧安　伏乞垂鉴

卑职　谨禀

计禀呈清折一扣，书籍两封

谨将编译局已成各书暨各员姓名开具清折，恭呈鉴核：

《修身教科书》四卷　王谢家编辑

《地理教科书》一卷　胡家筬译

《教育学》一卷　　　孙大鹏译

《学务编年纪要》自三月至八月八卷　刘彤儒编辑

书宋季邓文行先生《伯牙琴》后
（1908 年 6 月 24 日前后）

　　始吾诵王荆公《桃源图诗》，至"儿孙生长与世隔，虽有父子无君臣"之句，未尝不掩卷长太息也。曰：异哉！吾闻海外政治学说有所谓无政府主义者，盖以共和政体为犹不免逆天之经、贼人之性[①]，其说号最新奇，以为禹域民族梦想界中所未曾有者矣。而岂料北宋时之禹域如王荆公者所见已与之符乎？而又岂料东晋时之禹域如陶靖节者所见亦已与之符乎？且何待晋、宋也，当七国时庄周著书发挥政见，已多涉此主义：其《至乐篇》有"死，无君于上，无臣于下"之语，意尤显矣！然此主义虽以今之条通民族、罗甸[②]民族之开明犹不可行，而乃欲行于昔之七国民族、东晋民族、北宋民族乎？呜呼！将非所谓高而不切者欤！

　　宋衡曰：始吾闻无政府之说而独好之、独演之[③]，已乃知其万不可行于今禹域也，则降而演共和之说。已乃知其犹万不可行于今禹域也，则降而演世及立宪之说。已乃知其犹万不可行于今禹域也，则降而演专

---

①　原稿此下原多"盖虽美、法诸国之制，其君悉由民选，彼等意犹弗屑"等字，后删。

②　"条通"今译"条顿"，"罗甸"今译"拉丁"。

③　原稿此下原多"其时年甫成童耳"七字。

制改进之说。盖二十年来宋衡之政说凡四变，其愈趋而愈卑哉，抑渐卑而渐切欤？

今海内学者盛慕日本、英、德诸国之立宪①，或瑞士、美、法诸国之共和矣，大声疾呼者盖日以多矣。然而其说虽美，其效竟安在也？其间接之效虽彰，其直接之效竟安在也？是故宋衡常讽海内学者曰：苟诸君子但求说美而不求效②，或但求间接之效而不求直接之效则已，或亦稍稍求效也，或亦稍稍求直接之效也，则盍深思今禹域所以万不可行共和主义之故，所以万不可行立宪主义之故欤？

昔孔子作《春秋》，发挥政见盖分三世，其所谓"太平世"之政见则无政府主义是矣，庄氏一派演③之；其所谓"升平世"之政见则共和主义、立宪主义是也，言氏、孟氏一派演之；其所谓"据乱世"之政见则专制改进主义是矣，仲氏、荀氏演之。三派学者盖皆演《春秋》之一世，故皆时而切、时而不切，譬如夏葛冬裘，各适其用。今学者往往偏尊言、孟而极贬庄与荀，偏取立宪、共和而极斥无政府与专制，然则《春秋》三世之分非欤？然则冬亦可葛而夏亦可裘欤？

夫今禹域果何世也？民族开明之度视日本、英、德果何如也？而谓可行立宪主义欤？视瑞士、美、法果何如也？而谓可行共和主义欤？是故为今禹域切谋改进，则必姑置言、孟而先演荀氏，姑置共和、立宪而先持专制矣！

宋衡曰：凡政说有通有别。其通说欤，则纵横宇宙，岂惟立宪、共和？虽无政府主义固亦可以发挥。其别说欤，则审世为要，所持焉可误也！苟徒以政见所至，悍然骄矜，遍傲同族，妄薄前哲，则岂惟立宪、共和之说，言、孟以后二千年来盖未尝绝；虽无政府之说，庄氏以后二千年来亦何尝绝哉？盍观《伯牙琴》！盍观《伯牙琴》！

《伯牙琴》者，宋季九锁山人文行先生钱唐邓牧之遗著也。先生国亡不仕，隐于方外，友谢皋羽、周公谨、林霁山等，晚年手定所著六十余篇，题曰《伯牙琴》，《自跋》④云："三千年后，必有扬子云。"盖负陈义之高而悲识者之难。今尚存二十四篇，其第一曰《见尧赋》，第二曰《君道》，第三曰《吏道》。虽皆共和主义，而《吏道》

① 原稿"立宪"上有"世及"二字，后删。
② 初作"苟诸君子徒取快于坐论，本无志于起行"，后改。
③ "演"字初作"传"字。
④ 新版中华书局点校本为《后序》。

篇末至激而为"废有司，去县令，听民自为治乱安危，不犹愈乎"之语，则其梦想界中殆亦现有无政府之一境矣！是故宋衡敢忠告海内学者曰：愿勿徒以政见所至，悍然骄矜，遍傲同族，妄薄前哲，想与讲《春秋》之分三，审禹域之今世，姑置言、孟而先演荀氏，姑置共和、立宪而先持专制，其诸稍稍可期效欤？其诸稍稍可期直接之效欤？否则同族固不能遍受傲，前哲固不能妄受薄①，盍观《伯牙琴》？！盍观《伯牙琴》？！

夫邓钱唐之《伯牙琴》特庄氏、言、孟氏以后若干《伯牙琴》之一耳！彼特幸而尚存此数篇，得以传其政见、表其学派。若夫二千年来烟消灰灭之《伯牙琴》，又岂少也？又岂少也！②

洪棟园寿诗序③
（1908 年 10 月 30 日）

明初升稍大之州悉为府，而不去州名，由是温州为府，仍以永嘉为首县，而瑞安、平阳为属县之一，衡平阳人也。平与瑞，隔飞云江而治④，衡自幼习闻先君及邑父老谈瑞门地，必曰：孙、黄、洪、项。棟园先生者，洪宗之硕儒也，富览记，工词章，尤善为京都体沈博绝丽之古赋，故孙学士、黄通政咸深赏之⑤，故孙征君诒让，亦称其状物笔妙似李申耆，然先生早涉西洋政法、理化之说，本期有所施济，不专欲鸣词章。

忆衡之始识先生也，因从舅氏同邑陈芝岑丈。当是时，飞云江南北尽温州境，其能以无师自修而通西洋机械工学者，独先生与芝丈。⑥当是时，先生气锐甚，然竟困秋试，郁郁久里居，米盐零杂之筹渐劳，中年后志稍稍衰矣。及犹子叔林庶常出宰余干，则渡海溯江，相与泛彭

---

① 原稿下多"《诗》曰：'毋金玉尔音，而有遐心！'海内学者上自公卿，下至岩穴，如以吾说为谬，请依印度因明论理、希腊三句论法而正之，则幸甚矣"一段，后删。

② 本文写作时间，据宋恕 1908 年日记所附之"函电收发"。

③ 清稿标题：《洪棟园寿诗（有序）》，下注："戊申十月六日作。"

④ 初稿下多"山水则平胜于瑞，人物则瑞多于平"二句，后删。

⑤ 初稿下多"亦最早与同邑林上舍庆衍、金茂才晦，乐清陈孝廉虬等研究西洋政法学说，然竟困乡举……"等语，后删改。

⑥ 中国科学院自然科学史教研室潘吉星教授在天津某书肆发现洪炳文（棟园）所撰《空中飞行原理》书稿抄本，特撰《洪炳文其人及其空中飞行原理》一文，刊于 1983 年 4 月《中国科技史料》。

蠡，望匡庐，探江南西道之胜，诗乃益工。

俄而，叔林谢病，先生亦归。邑人见先生长寂寂，不得科第仕宦，渐相轻外。青苔穷巷，豪华者绝少过从，郁郁益甚，则发愤遣次子学陆军，己则日坐小楼，寄意南北曲，作传奇若干种。盖近世盛行之《琵琶记》传奇，为元末州人高则诚所作，先生奋起欲与之角。然先生自少研究古乐，于琴瑟谱多曾手录。今瑞孔祠之有古乐，实提倡于先生。故孙征君同时闭户注《礼经》，州人为之语曰："晨星落落，孙礼洪乐。"其卒徒以南北曲名，岂夙志哉！

且衡闻先生行谊尤高，瑞安诸生孙诒械季芃者，孙学士之季子也，尝谓衡曰："世态炎凉可畏！计先君之门弟子，吾邑殆数百千人也，然及其老病，则每岁之春躬来贺者不过数人；及其既逝，则每岁生日躬来奠者，楝园先生一人而已。世态炎凉可畏！械所以心折先生而不敢忘也。然则如先生者，真古之人哉！"

先生虽不遇，然诸子皆才，而所遣学陆军之次子，近已卒业日本，负将帅望，晚境蒸蒸上矣。

光绪戊申，行年六十，门弟子将寿其生日，衡虽未尝执经问学，而素辱不弃，敢亦献诗一章为寿！

诗曰："富贵固在天，但愿寿而康。晚福更殊胜，诸子能显扬。敬祝先生龄，飞云流共长！"

五代欧史举谬[1]
(1908 年 12 月)

《梁臣传·自序》云："予谓五代无全臣，无者，非无一人，盖仅有之耳。余得死节之士三人焉。其仕不及于二代者，各以其国系之，作《梁唐晋汉周臣传》。其余仕非一代，不可以国系之者，作《杂传》。夫入于'杂'，诚君子之所羞。而一代之臣，未必皆可贵也。"[2]

敬翔，唐昭宗拜翔检校、右仆射、太府卿，赐号"迎銮协赞功臣"。葛从周，黄巢军校，巢败降梁、仕唐，曾任兖州节度使。霍存，亦黄巢

---

① 据清稿整理。原笺纸型和材质、用墨和字迹均和填《叶园观菊·赠叶莪士》词前的询问"叶园菊品"的记录稿相同，因"叶园菊品"写明"戊申十月廿一日"，故断定此稿写作时间相距不远。

② 见欧阳修《五代史》卷二十一。

将降者。张存敬，唐检校、司空、宋州刺史。符道昭，为秦宗权骑将，后依李茂贞，兵败归梁，为唐秦州节度使。刘捍，唐登州刺史。寇彦卿，唐检校、司徒，领洛州刺史。康怀英，本朱瑾将，降，为唐保义军节度使。刘鄩，王师范降将，唐登州刺史。牛存节，唐邢州团练使。张归霸，黄巢降将。王重师，唐佑国军节度使，同中书门下平章事。徐怀玉，唐右羽林统军。朱珍，唐淄州刺史。庞师古，唐徐州留后。杨师厚，唐检校、司徒、徐州节度使。王景仁，杨吴降将。贺瑰，朱宣降将，唐检校、工部尚书。王檀，唐检校、右仆射。王虔裕，黄巢降将，唐义州刺史。

《唐臣传》：元行钦，刘燕降将。符习，降明宗，庄宗平卢节度使。乌震，降明宗，原冀州刺史。张延朗，梁降臣，故梁郓州粮料使。李严，刘燕刺史，庄宗三川招抚使，降明宗。唐思立，庄宗突骑指挥使，降明宗，又降从珂。康义诚，庄突骑指挥使，劝明宗反，后为愍帝招讨使，降从珂。任圜，庄工部尚书，降明宗。赵凤，庄翰林学士，降明宗，又降从珂。萧希甫，庄驾部郎中，降明宗。何瓒，庄谏议大夫，降明宗。

《晋臣传》：景延广，梁降将，又仕唐为军校。吴峦，唐大同节度判官。

《汉臣传》：杨邠，曾仕唐及晋。王辛，晋河阳粮料使。刘铢，梁邵王牙将。

《周臣传》：王朴，汉校书郎。郑仁诲，曾事唐将陈绍光，又为汉内客省使。

《死节传·序》曰：“五代之际，吾得全节之士三人。”[1] 王彦章、裴约唐将，守泽州，梁兵破泽州，约见杀。刘仁赡南唐清淮军节度使，病卒。

《死事传·序》曰：“吾于五代得全节之士三人而已。其初无卓然之节，而终以死人之事者，得十有五人焉，而战殁者不得与也。然吾取王清、史彦超者，其有旨哉！其有旨哉！”[2] 张源德，由晋降梁，守贝州，以不肯降晋，为贝州人刘仁恭外孙所杀。夏鲁奇，由梁降晋，守遂州，拒董璋，食尽自杀。姚洪，由梁降唐，守阆州，城破，被董璋惨杀。王思同，由燕奔晋，拒从珂，被杀。张敬达，始事唐庄宗，为废帝太原四面招讨使。以不肯降契丹，为副招讨使杨光远所杀。翟进宗，初事唐，后事晋，为淄州刺史，杨光远反，不屈被杀。沈斌，事梁、唐、晋，为

---

① 见欧阳修《五代史》卷三十二。原文是：“五代之际，不可以为无人，吾得全节之士三人焉，作《死节传》。”

② 见欧阳修《五代史》卷三十三。

祁州刺史，不肯降契丹，城陷自尽。王清，事唐及晋，拒契丹，力战而死。史彦超，仕汉，又仕周，与北汉、契丹战，死。孙晟，仕唐，奔吴，为南唐司空，奉使于周世宗，被世宗所杀。

《杂传》：李仁福，虽事梁、唐二代，然李思敬于唐僖宗时始为夏州节度使，世据其地，为西夏之祖，与吴越局面同，宜入《世家》。李茂贞，唐岐王，不臣梁，而后称臣于后唐。卢光稠，但臣于梁，未曾仕于二代。雷满，但为前唐武贞军节度使，未仕于梁。钟传，唐镇南军节度使，未曾仕于他代。赵匡凝，为唐荆襄节度使，不肯从朱温为逆，被攻，奔杨吴，亦未受吴官，而为徐温所杀，是唐之忠臣也。朱宣，唐天平军节度使，为朱温所攻，被杀。朱瑾，唐秦宁军节度使，后为朱温所攻，奔吴，为徐知诰所杀。李罕之，虽残虐，依梁，然未及臣梁。孟方立，唐昭义军节度使，亦未及臣梁。王珂，唐河中节度使，未臣梁，而为朱温所杀。赵犨，唐忠武军节度使，亦未及臣梁。氏叔琮，唐右龙武统军，虽弑昭宗，然即为朱温所杀，未为梁臣。李彦威，亦唐右龙武统军，与氏叔琮同。李振，与敬翔同，但以庄宗来时，四谒郭崇韬，遂入《杂传》。王敬荛，唐左卫上将军。太祖即位，敬荛以疾致仕，后卒于家。丁会，唐昭义军节度使，昭宗遇弑，会与三军缟素发哀，遂归晋王。庄宗立，以为都招讨使。天佑七年，卒于太原。郭延鲁，仕唐及晋为刺史，以善政著闻。

论女子教育之贤母良妻主义与男女
平等平权主义不相反而相成[①]
（1909 年 4 月 27 日）

因明学者，东洋之论理学也。有能立、似能立、能破、似能破之四

---

① 原注："己酉三月初八日作。" 1909 年 2 月出版的《女报》第二期刊有陈以益《男尊女卑与贤母良妻》一文，略云："……贤母良妻之主义自日本传染而来。呜呼！贤母良妻之主义非与男尊女卑之谬说二而一、一而二者乎！今之女校，一以造成贤母良妻为事。夫贤母良妻也者，具普通之智慧，有普通之能力，而能襄夫教子之谓也。若是则女子之性质岂仅能襄教而不能独立者乎？彼男子之教育，授种种之专门学问，今于女子则仅授以普通之学识而止，非重男轻女耶？非与男尊女卑之谬说相等耶？所谓平等者安在？所谓平权者何在？……且夫'贤母'云者、'良妻'云者，均对于男子而言。为他人母，为他人妻，美其名曰'贤母'、曰'良妻'，实则男子之高等奴隶耳。……谨告女学界，其勿以贤母良妻为主义，当以女英雄、女豪杰为目的。教育之本旨不可不从，日本之流毒不可不去。……"（详见《辛亥革命前十年间时论选集》第三卷，482～484 页，北京，三联书店，1960）本文即对此表示异议，曾刊于《浙江教育官报》第十六期（宣统元年十一月）。

大要别。若今女子教育争端之贤母良妻主义，则确属于能立，而非属于似能立者也。虽持此主义者，其所以持之之心术不同。持男女平权论之人，调查其实行，或为异常压女之人，而反对此论之人，其实行或反不至于十分压女，故心术至难测也。而此主义则确不可破，故攻此主义者，虽挟苏、张之舌，韩、欧之笔，而其攻案终属于似能破而非属于能破。

盖于论理学，凡欲攻甲主义，必先认确反对甲主义之主义有几，其止有乙主义乎？抑尚有丙若丁若戊等主义乎？认确之后，乃持一主义或数主义以攻甲主义，则可望有能破之效果。今试认贤母良妻主义之反对之主义有几乎？则有二耳：其一曰：不母不妻主义，即不嫁主义是也。其一曰：母而不贤、妻而不良主义是也。今欲攻甲主义者，将安所持乎？将持乙主义乎？夫不嫁主义，所谓特别主义也。无论势必不能施之于普通教育，借曰能之，则种族屈指灭尽，教育目的何在？是乙主义必非属于能立者矣。将持丙主义乎？则试问攻甲诸公有一无母而生者乎？公之母而贤欤？公有不深以自庆者乎！公之母而不贤欤？公有不深以自悲者乎！至于妻，公等虽或已有，或未有，然方寸中有一不愿其妻之良而愿其妻之不良者乎？是丙主义亦必非属于能立者矣！夫反对贤良主义之主义，既止有乙、丙，而乙、丙既皆必不能立，则此甲主义虽穷未来际，但使人类尚须有母而生，则必不能破矣！使人类真有不须母而生之时代欤？则乙主义于其时代方属于能立，而甲主义于其时代方属于能破耳！

难者曰："吾侪之攻贤母良妻主义也，以持平等平权主义故。"然则公等所持甚是，而所攻甚非，于因明学为犯相违矣。夫平等之反对，不平等耳；平权之反对，不平权耳，于贤母良妻主义何涉？夫贤母良妻者，岂不平等不平权之代名词乎？先师孔子盖本持男女平等平权主义，观《墨子·非儒篇》[①] 所讥，尤足征儒教之隐欲扶女。社会上抑女之惨俗，固我先师所深痛，或乃以此贬孔，冤哉！

于法律哲学：男女等愈平、权愈平，则贤母良妻必愈多。盖因等太不平、权太不平，而贤母制于不贤之子，不得遂其为贤母之愿，勉强而改作不贤之母者多矣；良妻制于不良之夫，不得遂其为良妻之愿，勉强而改作不良之妻者多矣。故衡素认为：欲求贤母良妻之多，首宜改男女

---

① 《墨子》卷九《非儒下》第三十九云："儒者曰：'亲亲有术，尊贤有等。'言亲疏尊卑之异也。其礼曰：'丧，父母三年期，妻后子三年，伯父、叔父、弟兄、庶子、期戚、亲人五月。'若以尊卑为岁月数，则是尊其妻子，与父母同，而亲伯父、宗兄而卑子也，逆孰大焉。……取妻身迎，祗褣为仆，秉辔执绥，如仰严亲。昏礼威仪如承祭祀，颠覆上下，悖逆父母，下则妻子，妻子上侵。事亲若此，可谓孝乎？"

太不平等、太不平权之法律，而教育犹居其次者也。

　　夫男女之不平等、不平权，虽尚为全地球所同，然未有如元、明以来之支那之甚者。至就不平之中，而观察其孰最较为平？则莫不曰：英美、英美矣！诚哉英、美也。则衡敢请攻贤母良妻主义之诸公，依几何学精密调查英、美与今支那贤母良妻相较多寡之数，恐英、美多于今支那之数必不止九之视一也。若夫持贤良主义而攻平等、平权主义之诸公，其别有心术者不可谏，其心术真正者，衡亦敢请其精密调查英、美与今支那贤母良妻相较之数，则必恍然自失矣！衡敢正告今之热心女子教育之诸公曰："贤母良妻主义与平等平权主义不相反而相成者也，凡持此攻彼者，皆非愚则诬耳！"

　　若夫女英女杰者，颂赏之名词，而决不能立以为主义者也。而今之攻贤良主义者，或自谓持此主义，则尤不解论理学之甚者矣！夫寻常之贤母良妻，不能目为女英女杰，而古今中外之女英女杰，虽间或出于终身不嫁之女，而其最大多数则异常之贤母良妻耳。且夫司普通教育者，其势但能期诸生以寻常之贤良，不能期诸生以异常之贤良，昭昭然也。夫所谓主义者，期之于此团体之人人者也；苟英杰可立以为普通教育之主义，则与英杰之名词之原理已大相背矣，何况立功立言之部之英杰大抵天分居其七、人力居其三，立德部之英杰则且全系天分。故虽女子教育极衰之国，亦未尝无女英女杰，而极盛之国，英杰亦不数数见。伟哉！女英女杰固与普通教育无密切之关系者耶！

　　至于何为贤，何为良，则自当以"服从公理"四字为之注释，是故为柳下之母妻则以顺柳下为贤良，为盗跖之母妻则以逆盗跖为贤良，此司教育者所宜日日讲明者也。及其既为母、妻之后，孰为贤，孰为不贤，孰为良，孰为不良，则必须据其本乡本里之公评定，而断不可以贤为不贤、良不良评定之特权委诸其子、其夫及其子、其夫之私人，此则本问题外之事，而关于乡里公评定之法之组织者矣。

胡公寿海堕泪碑记[1]
（1909 年 6 月 7 日）

　　胡公寿海者，江苏清和[2]县举人，以大挑来吾浙，知西安县事，于

----

① 此据抄件，标题为《前调署平阳县知县胡公寿海堕泪碑记》。
② 原注："和当作河。"

光绪三十一年冬十月来摄吾平。三十三年夏六月卒于官。其卒也，夫人、公子乃几无以治丧。已而，以乏正供，被吏议，亲属将在缧绁之中，平民闻之，咸惨然曰："平，故优缺，公又俭己，迹其一窘至此，实由屡拯吾难，解囊不足，益移正供，计二年中为平负累盖几及白金二万两，而其尤关重大者则有四案：曰灵溪埠案，曰南港塘案，曰鳌江盐案，曰蒲门网案。"

灵溪埠务，旧属许氏。陈、黄构争，经前知县程公捐廉购址，别建官埠，判将埠规充供县校。许氏迁怒吾南[1]毁校辱师，争端甚烈，幸公调停。是案也，公负累千余金。

南港沙淤。屡遭水患。筑塘捍水，南乡苦潴，众议毁塘，西乡弗从，互伤多命，行省檄剿。公不忍，遽亲临劝和，保全甚众。是案也，公负累二千余金。

鳌江盐栈，激怒被毁，省檄严惩。公复不忍，自偿报失，救群蚩蚩。是案也，公负累二千余金。

蒲门学董，筹加网租，渔户仇董，省檄拘刑。公行阴德，不虐穷渔。是案也，公负累千余金。

呜呼！是四案者，使不值公而值酷吏，吾平之难当如何？即不值酷吏而值庸吏，吾平之难亦当如何？况公为平负累不止是四案乎！然而公之卒则几无以治丧矣，且以乏正供被吏议矣，亲属将在缧绁之中矣，平民闻之，能勿堕泪乎！爰共立碑以永纪念，而名之曰《堕泪碑》。

宣统元年，岁在己酉，春正月[2]，平阳县士民公立。宋存礼代邑绅陈承绂作。[3]

孙籀庼先生周忌纪念学界公祭文[4]
（1909 年 7 月 13 日）

白雁一声，临安鼓死。诸学尽亡，永嘉亦尔。阅年七百，有瑞孙

---

① 指南乡。

② 据陈承绂《致宋燕生书》（1909 年 5 月 12 日）："前胡邑尊因公赔垫，现有赦条，似可乘机恳请：免其子孙久系之累。但未接到大撰《去思碑》稿，又不敢公然上禀，大约出月初旬躬来走领，敢望椽笔挥就，以便一同呈请，庶几公禀早一日得递，胡少爷早一日得还乡里，不亦少伸部民之忱而大慰前宪在天之灵乎？"可见该碑实际写作时间不在"春正月"，现据宋氏该年日记确定。

③ 该碑现存平阳县文化馆，其拓本未书撰者，但书"孙诒泽篆书"。

④ 原注"拟作"，"己酉五月二十六日"。

氏。表章乡哲，丛书乃梓。

　　岩岩太仆，高峻绝世。淮南拒金，皋为瘠宦，肥恃命案。太仆公任皖臬时，六安州出一案，犯者著富，贿已达院，公独坚持，犯者连夜加贿，几及银十万两，公方居贫，终不少动，盛怒挥斥，力伸弱冤，廉公之声，震淮南北。建业饮水。藩为肥宦。得任此者：族姻友仆，动成豪富，无论本人。太仆公连藩江、鄂，抑吏扶民，平余规外，支销差缺，一尘不染。故虽自奉极俭，而林下结果，但得数亩之屋、数顷之田于僻邑而已。以是族姻友仆之希倚权致富者咸怨谤，江鄂宦海目为"书癫"，而民间则有"生佛"之恋。其离江藩时，因频抗江督提用，遗存库银几至二百万两。后任喜涎，则诱江督假公支销，席卷其半。公之失藩而得太仆，即因频抗江督提用库银。太仆之职，列京三品，于藩号升，而冷瘠实际乃过于府县教官。然使公不抗江督之提用，则开府固在即也。四海子由，恂恂学士[1]。一时吾乡，复睹文史。

　　二老山邱，先生继起。既疏《周官》，又诂《墨子》。自从奇渥，横飞毒矢。京洛为墟，萧条万里。此后神州，几人识字？字之不识，理其所理。祸烈洪猛，东原枯泪。先生之学，遥与戴契。加涉竺典，通戴所未。更溯希、罗，顺下英、美。深宵密语，别有天地[2]。梨枣所传，均非其至！

　　人寿几何？河清难俟。荒江之滨，忽忽老死。老死忽忽，今一年矣。侠骨未埋，德音谁嗣？

　　侧闻皇朝，局开谘议。初选复选，已见实事。立宪虽难，陈瘼稍易。不缓须臾，彼苍何意？

　　瓯骆卑湿，昏昏天气。往往积雨，旬月不霁。玉海楼中，蛛骄蠹肆。藏书大半，将化腐纸。岂鲜佳儿？荀龙尚稚。乡校粗具，竟谁之赐？今日师生，含悽集祀。桐声入帘，榴花堕几。沈沈仲夏，灵庶一至！

陈介石五十寿诗序[3]
（1909 年 8 月 25 日）

　　瑞安之为县也，在吾温属县中为最近府治，府治则永嘉也。盖瑞比

---

　　①　以学士（苏轼）、子由（苏辙）喻孙衣言、孙锵鸣兄弟。

　　②　参本卷《籀颐居士行年六十生日寿诗序》中"居士少壮时，常思乘长风"一段，及《亭林诗集》校语跋文："景炎骅去，空伤桂管之虫沙。义熙年湮，犹署柴桑之甲子。捃兹一掏之煤矣，恐化三年之碧血。偶付掌录，读之涕零，后之览者，倘亦亮其存楚之志而恕其吠尧之罪乎？"（宋恕手录）可以略窥孙宋二人密语的部分内容。

　　③　原注："己酉七月作"，又据《日记》，己酉七月初十"作介石寿文"，足见应录于己酉年。陈谧《陈介石年谱》误系于戊申年，应予订正。

于永，则野之沃，谷种之良，工业之精，商贾之豪富，山川之明秀，祠寺、园林之壮丽，四时游观之繁华，饮食品之佳且备，珠玉锦绣之照耀，寻常男女言容之都雅，皆弗如远甚；而独以文学胜。

自顷孙太仆、学士，黄部郎、通政①诸先生相继名天下，天下谈文学者必数瑞孙、黄。尔来群贤接武益盛，而陈介石先生最近崛起，衡尤幸得详其生平焉。

盖先生弱冠即意气不可一世。当是时，同县许先生启畴，金先生晦，乐清陈先生国桢、虬兄弟，皆高峻少奖许，然皆折节与先生为忘年交，引共结社、讲学，所谓求志社也。当是时，孙太仆归田，提倡乡哲薛、郑②、陈、叶之学，设诒善祠塾以馆英少。其后瑞人才所出，苟非诒善祠塾，则必求志社，求志社闻天下。当是时，孙学士掌教府中山、县玉尺诸书院，憎抑嘉、道后所谓"墨调"，而爱赏胎息《三史》及周、秦诸子之文，每得先生课作，辄叹曰："文坛飞将！文坛飞将！"不置，则必以压诸卷。当是时，诒善祠塾中英少，独同县林上舍庆衍，文学庶几足伯仲先生。

先生既乡举，则负笈受业者益多，于是仁和叶茂才瀚、钱塘杨太史文莹、诸暨赵茂才祖德等，先后千里走书币，延主讲席、若学报席。③先生之初讲于杭也，学者惊其博通，皆以为足亚复堂先生。当是时，复堂先生虽老病矣，然尚在。复堂先生者，及见魏默深而师友龚瑷人、孝拱④，能陈非常之义之东南泰斗：仁和谭大令献也。

然先生虽负物望日以重乎，而比其成进士，得以主事需次户部也，则光绪癸卯，而行年四十余矣。然甫成进士，管学大臣、吏部尚书、长沙张公百熙，即延主京师大学史科讲席。已，又引入编书局及户部计学馆。当是时，张公望重天下，书侍以上莫与伦，虽不得政权，然门外胜流车常塞巷，然非与先生有毫发世谊若杯酒之故，先生又未尝投刺上书自荐，天下以此益多张公。

乙巳，浙人议设浙公学于京师，投票公举总理、监督。当是时，自故枢相仁和王文勤公声不列举外，虽书侍皆列举，然卒得最多数者：黄

---

① 黄部郎指黄体立，黄通政指黄体芳，系两兄弟。

② 指宋儒薛季宣、郑伯熊。

③ 叶瀚聘陈黻宸（介石）任教上海速成学堂，杨文莹聘陈任教杭州养正师范。该校学生风潮发生后，离杭赴沪，赵祖德聘陈主编《新世界学报》。

④ 《瓯风杂志·六斋剩稿》所刊本文作"龚瑷人、孝拱父子"。

学士绍箕，次则先生，又次则徐御史定超，皆籍温，而其二籍瑞，一籍永。温，浙人之素所鄙也，当是时，声价盖一跃千丈云。

丙午夏，黄学士出提鄂学，先生方以次任浙公学监督；而广督尚书西林岑公春煊忽奏调襄治学务，卑书厚币，坚促入广。岑公者，所谓三开府之一也，其望盖与故湘抚陈公宝箴、故广督陶公模等。当是时，大臣望重天下者，书侍则张公为最，督抚则岑公为最，然岑公亦非与先生有毫发世谊若杯酒之故，先生亦未尝投刺上书自荐，天下亦以此益多岑公。

然比先生至，则岑公已拜移督云贵之命，见而遽别。是年秋，京部大改制，增为十一，减一书二侍，置左右丞参议，尚书得辟丞、参以下，于是张公得邮传部尚书，将以丞、参位先生，则招先生还京，未成行而公遽卒。岑公移督四川，中途，以前枢相善化瞿公鸿禨之引，奉召入京，改授邮书，将参枢矣。当是时，御史中有所谓"三灵"①者，廉直震天下，瞿、岑二公与表里，谋澄清，将奏解党锢，设民选议院，天下欣然拭目，庶几更政。俄而，岑公仍出督广，中途与瞿公俱免，而赵御史启霖以妄弹亲贵削职；赵者，"三灵"之一，所谓"杨翠喜案"之结果也。于是，先生遂以方言学堂监督淹留岭外矣。

戊申春，全浙师范学始设，同县孙部郎诒让，山阴汤京卿寿潜，杭防贵协领林，皆力荐先生为监督，而浙东八府亦公举先生；会有间之于浙抚者，先生不果来。大抵丙午后，部郎之负物望者，往往有越级奏补，或且由主事转瞬得丞、参若外省美差缺，先生乃寂寂，胜流不平之；然比于丙午前之需次主事，则得差已为甚美。且今大学士寿州孙公家鼐、今学部尚书长白荣公庆，皆先生举主，亦岂竟忘先生哉！广州虽亦一大都会，然水土殊劣，四时蚊不停噬，炎风起，则户惧天行，人语不可晓，作食拙于五味之调，居室隔绝日光，先生亦岂甘久作虞仲翔而不登高望中原耶？周公摄政，吐握礼贤，行招先生还京矣！

先生百行无疵，孝弟尤笃。然其太封公琳山公、太封母林太宜人亦皆夙以好行仁义著于乡者也。兄弟三人，先生其仲，伯号燃石，叔号醉石，亦皆温温君子也。昔伯年未三十而卒，先生乃至几不欲生；犹子字孟聪，博通亚先生，先生爱逾己子，然孟聪亦敬事仲父甚。女兄弟六

---

①　"三灵"指赵启霖、江春霖、赵炳麟。

人，嫁后合门衣食住之费，其全仰给于先生者四氏，其虽非全仰给而亦待先生补助者二氏。舅氏二人，亦皆以合门衣食住之费全仰给于先生。然衡闻先生之于舅氏及诸女兄弟也，其密给之数乃过于琳山公所显给之数云。其他姻友、门生补助之无定者，则指不胜屈也。

科举时代，士之得入学而为禀增附生者，号曰"衿"，其得举贡以上者，号曰"绅"，绅衿之利，专在鱼肉非绅非衿者而已。鱼肉之法，固大有别，而勒借为最普通，虽号贤者，往往不免。故天下绅户恒有负债务数千金，乃至数万数十万，而主人不稍失其天君泰然之度者，徒以握有彼债权者不敢索债之隐柄也。先生自乡举至成进士，乡之弱而拥厚资者，固亦争相亲近，或且乞附葭莩，然先生从不倚一为外府，偶有勒借之举。先生可敬乃最在是矣！异时禀、增、附同为生员，而禀生有认挨保押权，往往挟功令以索文、武童贿，重或人数百金。忆吾温之为禀生而不索贿于文、武童，而为衡所亲睹者，则吾平有先君[1]，而瑞有项先生仲芳及先生耳。

温俗新娶妇，纵姻友七昼夜戏谑，量足抚乳，至无礼。平时观灯若剧，沿良家门若庙廊，阅评女貌，甚或故以油烛污其衣裳。虽号贤者，往往不免，先生独自少不染此习。

元、明后，"女子无才便是德"之说始有权于支那全社会，而缠足之惨俗始烈，先生早著论痛砭之。今瑞城有五女学[2]，而上中流社会之女概解足缠，先生与有力焉。

先生律己甚严，而容接道广，有太邱之遗风，故虽以衡之怯弛无节行，欲恒战胜理，而亦录其粗解词章。然衡每见先生，虽严寒，未尝不汗欲浃背。故虽愿为弟子也久，而以负疚万端，惧玷门籍，至今不敢也。

先生初室蔡恭人，举一男，继室薛恭人，举三男一女。乐清余太史朝绅者，盛年得馆职，性耻媚世，遽归不出，萧然闭门娱文史，天下高之，先生亦异之，以女许室其子焉。

今年先生行年五十矣，姻友门生，将共祝其生日，寿言竞进。衡积承拯护，感刻肺肝，且诚服至极，非徒感惠，敢亦献诗为寿，即以寿太封公、太封母，而自序之如此。

于是琳山公年八十五、林太宜人年七十五矣，既见先生科第、仕宦

---

① 指宋恕之父宋宾家。
② 宣文、毅武、德象（以上三者 1906 年创立）、德巽、东南（以上二者 1908 年创立）。

之成，而膝下又有内、外孙男女数十人昼夜环侍之乐，盖里中父老诸母莫不望若神仙焉。

诗曰："教为政之母，此理吾所疑。政为教之本，此论吾所持。弊政苟未除，善教安所施！先生起瓯骆，九州称大师。北铎幽燕市，南帷瘴海湄。中更讲吴越，积使形神疲。刘子玄郑渔仲寻坠绪，黄梨洲章实斋证新知。近引法、英、德，远征姚、姒、姬。岂计效如何？但矢志不移！先生似晓征，犹子有献之。学提百氏要，识破千龄迷。日本学者某氏有周末诸子"三宗"、"六期"之分，其说颇新奇可喜，海内通人多述之。先生犹子孟聪茂才独尝著论痛正其似是而非，陈义高圆，得未曾有，其时年甫逾冠，衡见其论而大惊，由是以师友之间待之矣。堂上双白发，扶杖相唱随。含饴弄曾孙，视履如壮时。五世将亲睹，此乐人间希。此乐人间希，孔、孟当羡之！"[1]

国 粹 论[2]
（1909 年 9 月 13 日）

于论理学，凡名词，有平对、有反对。国粹哉！国粹哉！于文：粹与糠为反对，是故宋衡敢创立其反对之名词为国糠矣。

粹之界说，以有益于其社会者为断。糠之界说，以有损于其社会者为断。粹糠者，苦乐之因；苦乐者，粹糠之果。故以度量衡先较其粹糠，则其社会之苦乐必可得而较也。此于数理学为因求果，以度量衡先较其苦乐，则其社会之粹糠亦必可得而较也。此于数理学为果求因。因果常互易，例如山水胜境，因盗贼多而游人少，因游人少而寺观荒。则游人少本为盗贼多之果，寺观荒本为游人少之果也。然因寺观荒而游人愈少，因游人愈少而盗贼愈多，则游人少转为寺观荒之果，盗贼多转为游人少之果矣。茫茫世界，既尚未有纯乐无苦之社会，自尚未有纯粹无糠之社会，学者方寸之中，固不可不悬国粹之一名词，然岂可不兼悬国粹之反对之国糠之一名词欤？

若夫国粹之平对之名词，则等而上之，有种粹焉，有人粹焉。种粹者，人类中一种或数种之所共有之粹是也。如支那种人有支那种粹，印度种人有印度种粹，拉丁若日耳曼种人有拉丁若日耳曼种粹之类是也。例如：今之日本、朝鲜、安南皆在我大清帝国圈限之外，其为异国昭

---

① 原注："是全谢山、魏默深之间文字！（平子自评）"
② 原注："七月二十九日录存。"

然也。然而同为支那种人又昭然也。故如有一粹焉，而为我与日本、朝鲜、安南之所共有，则所谓支那种粹者矣。又如有一粹焉，而为我支那种人与印度若拉丁若日耳曼种人之所共有，则所谓支印、若支拉、若支日种粹者矣。人粹者，世界人类之所共有之粹是也，如仁义忠信非耶？盖虽极野蛮之种人，安有全无仁义忠信之性者哉！所异于文明之种人者，乃合此性浅深之问题耳。故仁义忠信者，人粹也。好学深思者，种粹也。苟以人粹、种粹为国粹焉，则于论理学为犯以广为狭之病矣。例如：易卜、围棋、毫笔书画等粹为我支那种人之所共有，则皆非我大清国人之所独有之粹也。苟以为国粹，则陋矣！等而下之，有族粹焉，有盟旗粹焉，有省、道、府、厅、州、县乃至一城一乡之粹焉。族粹者，一国中一族或数族之所共有之粹是也。如我大清之为帝国也，非合满、蒙、汉、回、苗、藏六族而成者乎，故如有一粹焉而为六族之所共有，则真我大清帝国之国粹矣。如其粹局于一族也，则止可目为我国中某族之粹耳。即其粹遍于五族矣，而但使一族尚缺，则亦不可目为我国中某某族之粹耳，岂可目为国粹哉！苟以族粹为国粹焉，则于论理学为犯以狭为广之病矣。例如：兵即民、文即武、乡官行政、敬礼女子等粹，则国中满族之族粹也。善趋避、巧言语、勤于农工、长于商贾等粹，则国中汉族之族粹也。皆属于族粹者也。金乡卫者，温之平之一城也。[①]温有温语，北不通台，南不通闽，除泰顺一县外，虽上流社会，鲜能粗作普通语者。而金乡卫独人人语普通语。温有七昼夜闹新房之蛮俗，府县城皆然，而金乡卫独不染。则语普通语、不闹新房二者，金乡卫一地之城粹也。苟以为平之县粹焉，则狭而广之矣！故如但举造字之一名词，则种粹也。以黄、白二色种人造者皆盛，红、黑二色种人亦有造者，而棕色种人未有；故造字者非人粹也。黄、白种人曾造字者，自古迄今，无虑数百千国，所异者，造有工拙耳，故造字者又非国粹也。若举造字而及于敬惜字纸之一名词，则殆所谓国粹者欤！虽然，此粹遍于六族否耶！如遍也，则真国粹也。如否也，则族粹耳。

认粹宜然，认糠亦宜然。故如但举抑女之一名词，则非国糠，非种糠，乃人糠也。何也？以今诸色种人皆尚抑女故，所异者抑有重轻耳。若举抑女而及于令女缠足之一名词，则非人糠，非种糠，且非国糠，乃族糠耳。何也？以我大清帝国中六族，有此糠者独汉之一族耳，岂可妄指为国糠以冤满、蒙、回、苗、藏五族哉！然但曰令女缠足者为我大清

---

① 温指温州，平指平阳县，台指台州。

帝国中汉族之族糠，则于论理学犹犯有宇界、无宙界之病。宇界、宙界之名词，为光绪二十一年宋衡著《宋氏论理学》① 时所创立。必于"汉族"二字下、"之族糠"三字上，增"宋代后"三字，乃为宇、宙皆确，而不鄙于论理学家矣。盖汉族中令女缠足之一糠，为宋代后所独有者也，岂可不立宙界、而但曰"族糠"以冤宋代前之汉族哉！

且今之人有恒言，皆曰"保粹""保粹"，夫对于粹之尚存者之一方面则可言保，若对于粹之已亡者之一方面，则所谓"保"者无着落，而非言"复"不可矣！故对于粹，应有二主义焉：则保也、复也。粹之尚存者，例如我国中族粹之易卜、占梦、相人、相地、毫笔书画、围棋；柔术之类，粹之已亡者，例如士必习射御、无故不去琴瑟，为周代族粹；儒者佩剑、文官骑马、上流社会女子皆寓体操于秋千，为宋代以前族粹之类。

对于糠，亦应有二主义焉：则谋弃也、谋弃尽也。谋弃者，所以对于糠之众未谋弃者也。例如国糠之讼跪审，族糠之童养媳之类，今谋弃者未众者也。谋弃尽者，所以对于糠之众已谋弃者也。例如国糠之刑审逼供，族糠之令女缠足之类，今谋弃者已众者也。

或曰："子之说粹、糠信美矣，然物质之粹、糠，人目所共见者也，事理之粹、糠则非人目共见者也，吾恐各粹其所粹、各糠其所糠之终无解决之一日也。"宋衡曰："解决哉！解决哉！亦解决于众而已矣！"

或曰："众乎众乎！吾恐众之所粹者未必真粹，众之所糠者未必真糠也。即就抑女一事评之，子以为人糠，吾亦以为诚哉人糠也。然使以投票法求公解决此问题于众，则吾恐以为粹者必居最大多数焉！"宋衡曰："惜哉！以子之贤而犹未识'众'字之真也。今子所谓'众'，意殆专指男众。夫男众曷尝非众哉？虽然，局部之众而非通部之众也。夫求公解决此问题，而投票权乃限于男一部，则宜乎以为粹者之必居最大多数矣。然使投票权普及于男、女二部，则当何如耶？"

今夫置民选议员者，至浅至显之政治之粹也。而乃者宦海之会议，否认者每居最大多数焉。当其否决也，未尝不自以为从众也；其众也，宦海之众也，所谓局部之众耳。然则否认者每居最大多数，固其所也。假令乃者会议权曾普及于通部之众欤，则可决久

---

① 此书未见。

矣！是故各粹其所粹、各糠其所糠，非所患也。宋衡曰："亦解决于众而已矣！"

孙学谘先生入瑞安西乡先贤祠告文①
(1909 年 10 月 12 日)

飞云之水，源自泰来②。经我西乡，城趋海归。是故我乡，于瑞多才。

于昭先生，天民庶几！如泉有醴，如草有芝。行则人表，学堪帝师！《间诂》发《墨》，《正义》彰《姬》③。《名原》钩古，《政要》砭时④。逐参王、俞⑤，更有《札迻》。印典拨雾，欧化辟莱。寿殊荀、孟，志郁吕、伊⑥。光绪戊申，六十甫奇。两雁之间，一岱遽陨⑦。域外犹惜，区中共悲！

葱葱盘谷⑧，川媚山辉。演下世居，生长于斯。惟我西乡，先贤有祠。祀者五人，孙氏三之：敬轩编修，《戴记》精治。太仆、学士，陈、叶遥追。以先生四，畴曰不宜？

小子狂简，幼好《书》、《诗》。幸邻仁里，早辱深知。旷侍恨久，夷门尘埃。适从河洛，奔丧南回。玉海楼下，清暇常陪。中原人荒，对话歔欷。岂胜隐痛，俄遭哲萎！

乡校承乏，谨存萧规。亦踵前武，捐金支危。先生逝后，叔玉承乏澄江学堂总理，勉捐白金以支危局，亦窃欲踵前武也。今奉神主，升堂献卮。集我西乡，衣冠肃仪。雀喧禾熟，鹰下卉腓。桔柚未登，黄菊秋篱。馨香可荐，精爽或依！

澄江如练，远峰如眉。霜晨月夕，灵风满旗。族祖父叔，相从格思！家庭之乐，乃无尽期！达人魂气，自无不之。愿我西乡，倍蒙爱垂！

---

① 原注"己酉八月二十九日作，代唐叔玉大令。"孙学谘指孙诒让，因 1906 年学部尚书张百熙曾聘孙氏为学部谘议。唐黼墀，字叔玉。
② 飞云，江名，泰，泰顺县。
③ 《姬》指《周礼》。
④ 《政要》指《周礼政要》，原名《变法条议》。
⑤ 王指王念孙（《读书杂志》），俞指俞樾（《诸子平议》），并孙诒让（《札迻》）为三。
⑥ 指荀卿、孟轲、吕尚、伊尹。
⑦ 两雁指南、北二雁荡山。
⑧ 瑞安孙氏世居演下，推源盘谷，有《盘谷孙氏族谱》。

孙诒燕行述①
（1909 年 11 月 23 日）

先考讳诒燕②，字叔苣，号翼斋③，浙江瑞安县光绪丙子科举人，例用内阁中书，卒于光绪己卯，年二十六。先妣林恭人，同县林公溁女，亦有贤名，卒于光绪乙未，年四十四，光绪乙巳合葬于瑞安二十五都之鸡冠山。生延第弟昆四人：延第为长；次弟延畛，出嗣伯祖太仆公之子、伯父茂才公诒毅，以荫，现官大理院典簿；三弟延俊，早殂，四弟延绥，夙通畴人之学。孙男现共有五。

我瑞孙氏，盖有桐田、潘埭二派：乾隆时编修公讳希旦者出桐田派。我潘埭派高祖讳祖铎，为县学生，而曾王父继之，则茂才公、赠资政大夫讳希曾者是也。已而，长伯祖讳衣言、字劭闻、号琴西、又号逊学，次伯祖讳锵鸣、字韶甫、号蘲田、又号止庵两公者出，皆崛起成进士，入词馆。长伯祖官至太仆寺卿，次伯祖官至翰林院侍读学士，以重宴琼林，得侍郎衔之赐，于是我潘埭孙氏始盛。

我祖考奉直公讳嘉言，县学生，祖妣陈宜人、曾宜人、庶祖妣郑孺人。陈宜人生先考及适唐氏姑，曾宜人生叔父诒豫，例用农工商部主事。先考逝时，延第甫七龄，比长，从先妣及诸尊戚问先考学行，渐得其略，以尚欲求详，延未集述。今耆旧益稀，恐求详终不可得，爰敬集

---

①　该件有三本，原稿转抄本标题作《孙诒燕（叔苣）行述》；印赠本作《貤赠中宪大夫、先考内翰公行述》；手抄清稿则作《先考文林郎、中书公行述》，并注明"十月初十稿，十一写定"。

②　原稿转抄本注云："古人称太守曰府君，近世称父、祖父皆曰府君，实由不解'府君'二字之原义，故有此谬。不如称'先考'为雅。宋衡自注。"但手抄清稿未见该注及下注。

③　原稿转抄本注云："叔苣是字，翼斋是号。明以前文人无不知字与号之别者。本朝文人则多不知此别。衡昔游日本，见其文人无不能别此者：言字则确是字。言号则确是号，即此一端，相形亦殊可耻。然此本非难别：与名相关合者为字；随意取山水或山水类之名，或取居宅类而名之以自呼，或虽非山水、居宅类，别有所取，而与名全无关合者，皆为号。试研究下开两令先伯祖之字与号，便可了然，切勿误写，致贻笑于知此别者。衡注。"

古人字号之别，偶举数例于左：

王安石，字介甫，号半山，取介于石之义，取山水之名以自呼。

苏轼，字子瞻，号东坡，取轼为人所瞻之义，取山水类之名以自呼。

朱熹，字仲晦，号考亭，取晦与熹关合，取居宅类而名之以自呼。

按：该项区别系有感于孙诒泽之不接受劝说而写的，参本书卷七，1909 年 4 月 15 日《又致次饶书》。

其所闻之略而笔述之，以乞表章于当世蓄道德、能文章之大人先生焉。

如是我闻：先考早失怙恃，事继祖母曾宜人以孝称。初，伯祖太仆、学士两公以文史之学名海内外，而故伯父学谞公讳诒让者，又以经子之学名海内外，先考皆师事，而得其门法为高弟子。伯祖、伯父皆爱先考甚，学士公授徒远方，曾命故叔父大令公讳诒钧者转受业焉。然太仆、学士两公皆颇信佛，而学谞公尤深嗜《内典》，先考虽严事三师，而于此独不表同情。学士公家奉观音，每清晨伯祖母等焚香诵经，声彻客座，先考尝手笺力谏，又频在学谞公前痛斥佛氏。学谞公恒笑曰：此汝根钝耳。先考则瞋目厉色，争辩不休，或至拍案，其独立性质有如是者！

先考始为诸生，受永嘉先哲学说于学士公，即慨然志经世，于近儒最喜包安吴[1]，读史留意表志，每有所补。既举于乡，则渡江淮北上，经中原以达幽燕，赴试礼部。已而，省太仆公于武昌、金陵。当是时，太仆公任布政使，布政使昔称方伯，自置督抚而权久轻，然尚为外省行政之第二总机关。先考留学署中久之，因得广询、切究当世利病，益悟陋儒虚愃之祸烈。当是时，学谞公亦随侍在署，先考时时相从登黄鹤楼、翠微亭、雨花台、临观大江，或泛舟玄武湖、秦淮，相与话八代之沧桑，怀千龄之人物，寻残碑，搜佚史。当是时，欧罗巴之兵横行禹域有年，而大乱之后继以水旱，芜城白骨，旷野饿莩，接触日多，感伤日甚，郁郁若有不能忍此终古者；而年之不永，殆亦缘兹矣！

先考之应童子试也，与同县故黄丈绍箕、金丈晦同入泮。当是时，我瑞庠校中有"三君"之目，乡里望之均若景星庆云。其后黄丈成进士，入词馆，官至提学使，与学谞公先后宣付国史馆立传。金丈虽不遇，然至今尚存，年已逾六十，著述亦播于当世。[2] 独先考年未三十而逝，仕宦既未成，著述亦多未就，至今学界后生几无人闻其名，视黄丈、金丈，痛何如耶！徐丈定超、吴丈庆坻者，先考之乡举同年生也；杨丈晨者，先考之从姊婿也，皆与先考为密友。其后杨丈成进士，入词馆，官至给事中归田；徐丈亦成进士，分部，现官御史，杨、徐两丈皆显而且寿，独先考福命不能同，痛何如耶？！先考

---

① 另本作"最喜包安吴、冯校邠两氏"。
② 著有《治平述略》、《无始以来天人性命之原》等书稿。

著述既多未就，惟遗有《望益斋札记》、《瓯海佚事》及诗文若干卷而已。光绪庚寅年，浙督学潘公衍桐有《輶轩续录》之选刻，曾采入先考诗数首焉。

先考之逝也，太仆、学士、学谙公皆痛之甚。而同县故林丈庆衍在金华途中闻报，方沐、散发，踊哭至击碎沐盘。他友亦多泣不能自已焉。林丈者，太仆公高弟子之一也，尝评学谙公与先考对于朋友之短长云："仲容和平而太谦抑，又好谐谑，朋友与处，每易怠玩，不若叔苕之自待如师，鞭策可畏，与处尤易得益也。"仲容者，学谙公字也。凡曾与学谙公及先考相处者，闻此评皆以为然。太仆公之未归田也，学士公在林下提倡慈善事业甚力，倚先考相助。其后，应沈文肃公之延，主讲钟山书院，则悉委先考。先考逝后，同事杨丈补笙曾梦先考告以乡校、义仓、谢烈妇请旌三事未竟为恨。觉，以启学士公为速竟之，由是乡人皆谓先考精爽不昧焉。

呜呼！延第等之所闻，如是而已。至于先考之蕴诸方寸者，固末由窥见，即欲求其形诸表端者之详亦恐终不可得，斯乃延第等所无可如何而付之痛哭者也。伏恳当世蓄道德、能文章之大人先生鉴此《述略》，俯赐表章，则延第等感且不朽！

不孝男延第谨述，平阳宋衡填讳[1]

盗发孙太仆墓，公恳浙抚宪从严办理禀[2]
（1910 年 1 月 17 日）

为确具名宦、乡贤人格之故绅，惨遭伙盗发墓，佥恳据禀饬司，比照乡贤墓遭盗发律例，从严办理，以劝廉吏而助法政之改良、慰真儒而谋教育之进步事：

窃绅等籍温台处，上月下旬[3]，温属之瑞安县出有故太仆寺卿孙绅墓遭盗发一案，行路闻之，莫不流涕。业经该县署理知县朱令桐于本月初二日临场，勘得拜坛毁坏，棺开骸乱，决为伙发是实，检有发墓遗械

---

① 原稿转钞本"不孝男"前署"宣统元年己酉春"。手抄清稿同。

② 原标题作《瑞安先哲孙太仆墓遭盗发，温台处绅士公恳浙抚宪饬司从严办理此案禀稿》，下注："晚学宋衡平子谨拟，恭呈诸先生、侍者！可用与否，伏俟鉴裁！季冬七日拟稿。"

③ 据本书卷八《己酉日记》所载："十一月廿九日，孙太仆墓被发，山主报知。""十二月初二日，县勘。"可以查知确切日期。

带存。并据孙姓至戚对人言及"棺中殓物，除衣衾外，但有木质朝珠、风簬、手镯之属，件不满十，值又甚微，且大半已腐化"等情，绅等闻之，益为呜咽。

盖缘向来温、台等郡，土匪横行，剽掠椎埋，其风孔炽。彼伙盗殆以为该故绅曾作藩司，其资必雄，其殓必厚，故起意发墓分赃。而岂知该故绅虽曾作藩司，而以矢志为廉吏、为真儒之故，赀不逾中户，殓若是其薄哉！彼伙盗当亦悔劳别颊，奢望竟虚；在瑞令自必照例禀详，悬赏购犯；而绅等金以此案有关于法政及教育之前途甚巨，决非寻常大绅墓遭盗发，惨止一门，无关全局者比，诚有万不能已于上恳者。不揣冒昧，敢为我大公祖披沥陈之：

谨按：故太仆寺卿孙衣言，字劭闻，号琴西，晚号逊学，浙江瑞安县人也。崛起草茅，坚苦卓绝。学追陈、叶，文逼韩、欧。内班清华，外任布按。琉球传道，皇孙受经。高笔大名，震海内外。[1] 湘乡使相，赠句手书。曾文正公手书赠先生句云："高笔大名海内外，君来我去天东南。"今尚存本宅。遗折忧时，殷殷举达。曾文正公遗折保举海内人才六人，先生与焉。曲园居士，濂亭主人，东南大师，一时鼎足。皖有冤狱，行赂已周。独拒重金，力雪沈恨。长、淮南北，颂以二天。江左财区，藩司要职。差缺索价，支销浮开，往往幕丁，且致豪富。该故绅异常峻洁，不染丝毫。择属慈氓，抗院惜赋，去官之日，点验库银，计两交存，逾二百万。归装何有？但书五车。陋宅瘠田，萧然林下。饭蔬衣布，刻己惠人。辟塾招英，诲而兼食。提倡朴学，斥抑靡文。《永嘉丛书》，辛勤校梓。表章先哲，尤著伟功。日域求遗，宋椠知贵。天荒首破，曙光乃来。教子义方，俱成不朽：长曰诒穀，以死勤民。次曰诒让，博通冠世，疏《姬》诂《墨》，述《政》原《名》。[2] 谷饮岩栖，尽瘁兴校。发扬亚粹，吸引欧源。解女足缠，集农听演。义宁湘抚，长沙邮书[3]，时望华、嵩，咸尝特荐。国史立传，天语曾宣。

伏查名宦乡贤，墓遭盗发，森森三尺，加重寻常，列圣所以劝廉吏、慰真儒，意至切也。绅等于该故绅宦绩所留，多曾游历，金陵父老、皖鄂衣冠，传说清风，口碑未断，每聆谈轶[4]，景仰弥深。虽各该

---

① 道光二十四年，孙衣言曾任国子监琉球教习。后充翰林院侍讲。
② 孙诒让曾著《周礼政要》和《名原》。
③ 指湘抚陈宝箴、邮传部尚书张百熙。
④ "轶"字，原作"述"，后改。

省已、未将该故绅请祀名宦，道远骤难询周访确，而该故绅之确具名宦人格，固各该省官民所久经公认者矣！

该故绅卒于光绪甲午，请祀乡贤，年未及限。乡人不能忍待，先共私奉其神主于澄江贤祠而馨香之，并及其子、故学部二等谘议官诒让。顷者，瑞安民智稍辟，宦途积弊，渐多略知，敬慕前修，因之倍众。且有建议为该故绅父子铸铜像、立专祠、筑纪念亭者。是乡贤之祀虽滞于卒后年限，有待上闻；而该故绅之确具乡贤人格，则岂独温郡士大夫所公认者耶？然则就本案论本案，若不获比照名宦乡贤墓遭盗发律例办理，将何以劝廉吏而慰真儒？矧恭值亲贤摄政，图治孜孜，朝野胜流方群焉为法政改良、教育进步计，则于劝廉吏、慰真儒二大要素尤宜三致意焉。

昔敖子负薪，楚怀廉吏，郑君表里，汉式真儒[1]，故能铸屈、宋之忠魂，培齐、鲁之元气。岂况丹黄万卷，手泽犹新，数郡文明，皆蒙输灌。而惨睹暴骨，不为一言，狐兔纵横，任其凌虐，白杨荒草，夜哭幽灵，尚复谈何自治？谋何普及？非不知我大公祖荩筹所运，巨细无遗，夫岂犹俟绅等献曝！惟伏念绅等或本有言责，或现充议员，或助理桑梓一切新机关，际此豫备立宪时代，苟见有关于法政及教育前途甚巨之事，均未便自同寒蝉，蹈放弃义务之咎，相应佥恳大公祖大人恩准：据禀札饬臬司，将宣统元年十一月分瑞安县孙故绅墓遭伙盗惨发一案，比照名宦乡贤墓遭盗发律例从严办理，以上副列圣劝廉吏、慰真儒之德意，以助法政之改良，以谋教育之进步，温台处幸甚！全浙亦幸甚！绅等不胜悲愤企祷之至！[2]

---

[1]　敖，指楚相孙叔敖；郑，指东汉郑玄，孔融为立“郑公乡”。

[2]　据另纸列名“具禀温、台、处绅士”的，依次为“浙江谘议局议长兼教育总会会董、度支部主事陈黻宸，谘议局议员、前给事中杨晨，省城两级师范学堂监督、丁忧京畿道监察御史徐定超，财政议绅、翰林院编修余朝绅，翰林院检讨章梫，陆军部员外郎王恭爵，法部主事陈国钧，法部主事何奏篪，邮传部主事徐象先，前署理湖北盐法道黄绍第，福建候补道吕渭英，湖北候补道刘秉彝、江苏候补道陈万言，广东候补道王舟瑶，前署理安徽凤阳府知府王咏霓，进士王岳崧、洪锦标、何庆辅，学务议绅、举人章咨议局议员黄式苏，温属咨议局议员徐象严、项湘藻、王理孚，举人章楷、唐黼墀，拔贡生刘绍宽、李炳光、王佑宸，吉林提学司一等科员、职贡生郭凤诰，温州府中学堂教员、禀生陈怀，附生林文藻，前山东院委学务议员、兼陆军学堂总教习、职贡生宋衡等”。

卷六　函牍（上）

编者按：本卷共收 1887 年—1897 年 1 月间宋恕往来函牍 53 通。这些函牍有 12 封发表于《六斋无韵文集》，原编者用晚期宋衡一名代替早、中期宋存礼、宋恕诸名，与历史事实不符，均据原稿恢复原状。其余则据原信稿底或现存信笺中录出，并注意其修改后胜义。由于原信稿底已有标题，未便改动，故为求统一标题，均用字号（卷七"函牍（下）"同此）。已刊函牍以《上张香帅书》、《上李中堂书》和《致夏穗卿书》、《致冈鹿门书》等最为重要；前二函《万国公报》等曾经转载，并加按语；与夏曾佑讨论及其复函，近人已在《复旦学报》予以刊载，并加评述；函中反对顽固派和清流党人，要求一切从西，全面改制，反对专制主义思想统治，阐明特有的崇儒抑法思想，不失为作者早年政治思想的集中概括。未刊函牍中，《致陈介石书》二通叙述家难情况，《唁张季直》则替甲午战争期间的张士珩声辩，《致王浣生书》二通、《致杨定甫（夫）书》六通，涉及对时人的评价。致钟天纬、贵林、钱恂、梁启超、陈虬、汪康年、孙宝琦兄弟、张焕纶、姚寿祺和俞明震等书则涉及甲午战争失败后上海维新派人士酝酿变法维新的思想和活动，均不失为我国近代思想史上的珍贵文献。

答张楚宝书①
（1887 年 6 月）

礼白：来书宠饰爱勖，感与惭俱。接侍半日，获益良多。饱诵雄文，兼聆谠论，隐秀之色，甘苦之言，目尘借拭，耳根亦清。

文章之事，自古难之，悟由天才，成亦天数。悟而不成，斯实可悲，其故有四：早逝不与，生长穷僻，无籍无师，晚出游学，精神已衰，一也。人事牵制，老守室庐，米盐零杂，烦苦持筹，口富于读，目囿于见，纵受义法，终乏奇气，二也。科举之文，风格斯下，贫贱累人，不能不事，近朱易紫，习染难移，虽如归、方②，尚犹有恨，三也。奔走衣食，鞅掌簿书，酬应苦泛，神思鲜暇，缘隙动墨，词不达意，四也。古来才士，亦复不乏，成者麟角，坐此四患。

今执事名都公子，濡染早异，一患无矣。往来江淮，见闻所萃，二患无矣。淡于科名，不治八股，三患无矣。竹居岁月，何让桃源，四患无矣。是天将寄执事以斯文之重也。朴学日茂，文亦益高，追韩轶欧，岂异人任！

至如礼者，八龄十塾，十龄即因病废诵。居邑僻陋，四无书声，晨夕相对，惟有药炉，志学年华，黯然别我！年近二十，始稍稍出门，从同郡士大夫游，略观周、汉、唐、宋之书，颇闻当世名公之论，意常少可而多否也。每有所得，自以空前绝后，诚不悟其愚浅，则慨然有自立意。而弱躯不耐攻苦，又应试之业误其光阴，拂心之事③挫其趋向。窥一臆百，奋笔腾舌，好谈古今，轻诋人物。阅历渐深，艰难益甚，摧落侠气，敛改矜容。昔也自喜，今乃大惭，朝有所言，暮或觉陋。区区之意，欲得同志数人，栖息名山，屏绝尘事，以专从事于炼性读书，如是者五六年，然后驱车策马，遍游赤县，遵海而西，放于欧美。政治之殊，无所不悉，奇杰之士，无所不交，名胜之迹，无所不览。倘得如是，虽于经世之业未知何如，至于文章，庶可自立！内度现境，遂愿实难，外观斯世，隐忧方切，耿耿不寐，中夜徘徊。敢恃厚爱，妄吐肺腑，俭才奢怀，聊可一哂！

---

① 原件或作《答张楚宝姻丈书》。
② 归指归有光，方指方苞，下文韩指韩愈，欧指欧阳修。
③ 指家难。

连日襄阅课卷①，目迷五色，极思诣竹居，聆清风。而汽船将到，便当料理琐务，收束行装，未知能得暇否耳！

与张楚宝观察书
（1889 年 11 月）

音尘不嗣，俄更寒暑。比闻从者"停车津门，襄治局务"②。伯春学行，凤玉振于江西，子山文词，今风行于河北，将一朝酷似其舅③，位极人臣，不十年当统此州！君非府属，令望日隆，德辉遥隔，引领燕云，我劳如何，餐卫适时，寝兴多福！

礼不自度量，极欲有树于世，而名场多磨，十年屯蹇，秋悲春怨，燕雁笑人。颇思随节出洋，及游督抚大幕，借扩隘陋之胸，稍洗酸寒之气。前客秣陵，即拟借重雅谈，南见省帅④，参抚番之图，赞清赋之画。徒以名微年稚，欲言嗫嚅。

客岁函托同乡京宦⑤，谋随驻美星使，机缘多阻，事不果成。冬间回里，伏处一年，铅椠旷亲，米盐疲虑。先君在时，舍间粗给，邑里瘠苦，相形见裕，公捐私贷，多漏寡偿，加累食指，时忧不继。自遭大故，重以分析，每岁分入，仅以百缗，意外亏短，在所不论，一切食用，尽出其中。又此百缗，皆仰田谷，丰登歉收，天实主之，南阳躬耕，深谢不敏，委之于佃，顽抗时有，一纸到官，非金不灵，岁入几何，其能堪此！隐忍不发，抗则渐多。亡父未葬，慈母在堂，弱弟幼妹，婚嫁方来，虽有公费，为数无几，乡俗崇侈，动须另筹。东瓯僻左，谋生途狭，区区馆谷，争者如云，一尺青毡，坐困非愿。分外之财，义不苟取，刻薄自奉，几等原氏⑥，年时每及，犹觅周台。内饱贫味，外袭富望，所识穷乏，罕能察谅。少陵广厦，未现楼台，季路轻裘，尚在原野，以言为赠，不如财之悦人，乞邻而与，每谢瓶之罄我。种种掣肘，令人无地。可言之难，其略如此，难言之难，乃倍蓰焉！

---

① 指襄阅上海龙门书院课卷。
② 张士珩（楚宝）时任天津军械局提调。
③ 张为李瀚章女婿，故称李鸿章为舅。
④ 指两广总督李瀚章。
⑤ 疑指大连襟杨晨，时任给事中。
⑥ 原氏指原宪，家境贫困。

又辅嗣谈经，不泥于迹象，知几悟史，皆得之胸臆。汝南许子①，羞同趋炎之评，城北徐公②，隐怀夺美之惧。蛾眉见妒，何待入宫，牛耳争持，中伤投杼。楚国多蝇，难为白璧，众口铄金，吁嗟可畏，高天厚地，常踽踽焉！

雅有延生③之嗜，苦乏邺侯之藏。彦升善本，固自绝无，子才误书，亦复仅有。久假不归，人将惮为常景，一览便记，自愧不如正平。虽得指归，终忘章句，欲事撰述，率阻披寻。

二三同调，少达多穷，或倦游避世，希风长沮，或改节谐俗，移情苏季。曹子建发义，无所与展，块然独处。陶元亮读书，每有会意，悲逐欣来。水火交攻，深悼陋儒之蔽，丝竹满座，不解志士之颜。庄周荒唐之论，开卷而暂遣，屈平芬芳之怨，援笔而即集。

顺德少詹④，来典浙试，亲戚故旧，谬相慰庆，以为雕龙孤诣⑤，当被赏于休文，赋鹦俊才⑥，必蒙荐于北海。三场拙作，颇不犹人，多宗古谊，兼采西书。敝省名宿，睹而击节，咸谓语言妙天下，绝类君房，风尘识神骏，待贺伯乐。适逢戴笠之交，遂作守株之待。澶台貌陋，素昧子游，东坡目迷，竟失方叔。留滞武林，栖止僧舍，霖雨连月，镇日兀坐。荒草不锄，秋虫鸣旦，邻垣坏倾，夜半惊人。

竹居侍谈，回忆如昨：清风萧萧，盛夏生凉，脱略长幼，嬉笑人物。时以闲暇，四出览古：东拜朱祖之陵，北泛玄武之湖，西憩胜棋之楼，南登雨花之台。每有吟咏，即献左右，建业之游，诚不可忘！

流光如矢，忽已三年，虽云华妙，岂胜蹉跎！感怀不寐，慨慷郁抑，起诵《楞严》，求定终乱。北城以外，极目汪洋，怒蛟起蛰，数百千所。浙东浙西，大被水患，冲要乡村，尽归鱼鳖。近怜民命，远念天变，长白改观，太白遭灾。郊坛之火，尤骇听闻，仁人君子，杞忧日甚！京朝腐论，犹不可破，欲矢精诚，上书伏阙：徐乐征乱，较土崩瓦解之重轻，仲舒策治，譬止沸更张之失得；而汉廷高爵，非复可取于立谈，洛阳少年⑦，况未获交于当路，苟犯忌

① 许子指许劭。
② 徐公，见《战国策》邹忌讽齐王纳谏。
③ 延生指延笃。
④ 指李文田。
⑤ 雕龙喻刘勰著《文心雕龙》。
⑥ 鹦鹉喻祢衡作《鹦鹉赋》。
⑦ 指贾谊。

讳，祸将随之！

日本志士，旧识一二，谬加誉饰，微词劝驾：以为上国官绅，忌才成俗，东朝君相，锐意求贤。景略在晋，难施王伯之术，子舆适齐，将居宾师之位。上思"三月则吊"之谊，中忆"九州历相"之讽，下动"百年易满"之感，穷途热中，颇欲乘桴，既卒虑之：客卿难为，名高丛忌，易及于难。"明哲保身"，昔人所戒！

淮南故人，贻书招隐：愿弃诸生，飘然远游。从师入岳，结友事仙！唐、虞世远，吾将安归？骐骥伏枥，相者举肥。深厉浅揭，焉用栖栖！鄙哉硁硁，击磬徒悲！商山有草，其名曰芝。千年一秀，可以疗饥。毛羽丰满，白日高飞。下视九州，天风吹衣。今子不往，曜灵其驰！旧披丹经，颇窥理蕴。方外之士，谓非钝根。厌苦尘网，亦欲从之。顾义牵情，沈吟不忍！

或又劝以"创设书院，收召生徒，昌永嘉之旧学，参欧洲之新书，藉东林之声气，萃南国之豪英，振词章之浮靡，通训诂之锢蔽，发性理之痿痹，破经济之影响。仲淹绮岁，教授于河汾，伯安顿教，兼采夫释老。天下自乱，吾党自治，弹琴歌和，以思美人。时命大谬，深根而待，风云忽会，崛起为雄。斯亦隐居之至乐，儒者之遐图。"但鹏翼之负，必借厚风，鲤鳞之化，终资高浪，江东一介，未列州评，聚徒讲学，兹事良难。

再四图惟：仍望垂皎日之末光，照幽谷之小草，分条风之余力，拂寒林之枯枝。相国亲兄，新代南皮①，临督两广。两广难治，甲诸行省，南皮生长富贵，不识民情，袭博惊愚，非有心得，宠任门丁，辱呵方伯，廉士不前，鄙夫用事，目录之学，其效如此！李公以中兴老臣，受边疆重寄，宣武布惠，必当一新。愿得长者片词，俾分幕府专席，作书草奏，展陈、阮之微长，察材询疾，襄范、韩②之伟绩。

又闻五岭之南，山川奇险，神仙之所窟宅，隐遁之所栖游。庶因暇日，恣意幽探，溯流而上，放于苍梧，吊重瞳③之孤坟，嗟夏后之德衰；子长文章，或得斯助，君平道德，倘逢其人，受赐无穷，终身铭刻！

亦知孟尝门馆，弹铗多才，终怙司农言谈，推毂有味。倘此邦难

---

① 指李鸿章之兄瀚章代张之洞任两广总督。

② 陈指陈琳，阮指阮瑀，范指范仲淹，韩指韩琦。

③ 指虞舜。

图，则他省惟命。东侯西伯，不问其贤否，国士众人，一任其礼慢。列
蹑珠之上客，固欣处囊，置滥宇之下舍，亦姑托食。何者，神龙失水，
不胜蝼蚁之侵，壮士失所，不胜庸孺之侮。良禽急于求栖，岂暇择木？
丈夫不能自立，安敢骄人！

或乃未识弄璋，幸得释褐，凭祖父之恒产，供饮博之日需，恃乡邻
为鱼肉，袭礼义之毛皮。昏夜乞怜，白昼纵乐，既醉既饱，坐论高节，
阴嫉胜己，吹索引批，深文入罪，必使不伸。遂令太息流涕之子，反蒙
"伪学"之讥，长歌叩角之贤，转获躁进之刺。逐臭孔繁，应声成钟，
悲哉悲哉，云如之何！此叔夜所以示玩世之容，孝标所以广绝交之
论也。

亲戚长者，里巷故旧，爱我实深，亦致戒讽，谓："年未三十，而
牢骚太甚，将非载福之器，殊戾养生之宜。"不知刘蕡蕴欲对之策，几
寒往而暑来，唐家酿将发之祸，方日新而月异。空结仲长良田广宅之
想，并乏侯生①抱关击柝之任。虽异蔡泽跃马疾驱之情，颇同祖逖闻鸡
起舞之志。昌黎贬尤于钧轴，岂徒然哉？仲蔚不安于蓬蒿，非得已也。
惠子知我，必深鉴之！

倘帅幕总不可图，则更有请者：上海为通商大埠，一切见闻之所萃
聚，可以讨究时务，涉猎西学。现念蓬观察系尊府至戚，愿凭尺素，托
挂贱名于洋务局，庶借薄入以为旅资，缘与闻以窥国政。如又不可，则
请筹一书院讲席，或藩、臬、盐、学以下之幕，固无聊之极思，亦慰情
而胜无！至相公节署，郡士所归，李说纵甘，邓听恐厌，且海漫筏稀，
于今为甚。薪刍有前陵之虑，邢、尹②有争妍之嫌，所以鲁客载贽，绝
意令尹之顾，魏尹干禄，不扫舍人之门。或疑弃要津而取迂途，忘亲近
而求疏远，乃忠厚长者之心，非阅历人情之论也。若得幸逢其适，为介
于张骞，副使以行，采风于西国，志之存也，非所敢望也！

执事禀抱天颖，嗜学若渴。金陵公子，侯朝宗最善属词，郗氏诸
甥，王子敬尤工析理，通经工于许、郑，致用期于管、乐。定知食实之
轩，等葛庐而不朽，岂但摛藻之子，对枚笔而失色。曩读高文，如聆韶
奏，尚觌近著，以豁尘胸！

天津为南北通衢，贤士大夫莫不经过容接，所鉴必无遁影，可语之

---

① 指侯嬴。
② 汉武帝夫人。

流，颇不乏否？幼樵先生近成戚属，外间毁誉，均难深信，才识学问，毕竟何似？礼境与志违，有负厚爱，去岁在沪，述《莫非师也斋六字课言》以自策勉，回里之后，荒废无状，心期浩渺，是用郁郁！

寒冬十月，朔海将冰，珍摄起居！书不尽意。愿因好风，早惠德音！

存礼顿首

上张香帅书①
（1890 年 9 月 7 日）

浙东诸生宋存礼谨上书南皮先生制军大人阁下：

东州人士，溯江西来，自京朝官以至布衣、纠屦之流，皆有求于执事者也。其所求不同乎？同哉！存礼之来，亦非无求于执事者也。虽然，盖与众不同。

自轮帛之逮，久绝于林野，糊名之试，几等于探筹，士之情存济世者，难固守孟氏"不见诸侯"之义，蹈吕医"妄希执辔"之倨。必矜其风节，以游说为辱，爱其形神，以栖炼为乐——异于仁人之用心也！虽然，求之有道，得之有命，卑屈伺候，再三不已，斯诚鄙夫所为，君子羞之！

存礼，瓯越之贱士也。胜衣就傅，即有刘子元疑古惑经之识，范希文先忧后乐之怀。幼困于病，伏处乡曲，长役于境，飘泊江海。门非王、谢，援乏金、张②。黄茅白苇，谐俗之词拙，春燕秋鸿，流光之感深。生二十馀年矣，而功业茫然，憔悴日甚。介狷师原，誓绝于苟取，疏狂类贾③，动忤于贵人。长卿之四壁，遂乃独立，同甫之《五论》，未得径上。凤龄遰志，起灭风尘，顾影数漏，黯然神伤。《高楼》之篇云："不惜歌者苦，但伤知音希。"《美女》之篇云："盛年处房室，中夜起长叹。"每诵其言，未尝不泣下沾襟，思弃人间事，从赤松子游也。

神州之衰极矣！通海以来，苏张谋食，凭洋务为良媒，齐鲁尊闻，贱新学为末技。二病交攻，不可救药。

存礼尝与京朝官力争"尊攘"之说云："上稽经谊，则蛮夷戎狄之目不及欧洲；中览史册，则焚烧屠戮之惨皆非西寇；下征近事，则政

---

① 《六斋无韵文集》标题为《上某制军书》，此据现存原笺。
② 王、谢为晋代名门；金、张为西汉势宦（金日磾、张安世之后累代富贵）。
③ 原指原宪，贾指贾谊。

治、文学之盛实胜中华。'道德齐礼'，宣尼之所慨望，'民贵君轻'，子舆之所嗟道。阅祀数千，徒存斯论，今之西国，庶几近之！降爵云'贬'，恶用夷之杞，至会特书，嘉自进之吴。《春秋》复作，在所斥乎？在所予乎？"

又尝与诸公论洋务人物云："通商口岸，聆睹稍广，疑于户习《孙》、《吴》，人挟管、萧①。然市井希荣，乞灵于煤铁，帖括求新，拾唾于格致。颇知机器之利，略记原质之名，遂乃自命西学，竞盗时誉。或曾随汉节，解颂彼都之佳丽，或粗识英文，能说右行之简妙，而忠信之风，弗染于迁地，初哉之诂，犹消于面墙。求其独具心得，深明治体，学探中西之精，论持古今之平者，几如塞北之梅，岭南之雪。固宜不满于郑、许之徒，见恶于闽、伊②之党。"

居恒持是两论，以讽难当世士大夫。许靖等辈咸滋不悦③，加罪飞谤，惟恐其伸。客岁作杂感诗云："百斛珠玑觅丽人，马烦车殆逐风尘，细腰高髻成茅苇，皓齿明眸等凤麟。"诚伤学校之不振，贤能之寡，以堂堂数万里而为他人弱也。又云："惭负香山梦里期，慇懃劝我饵丹芝，三春种蕙翻成悔，八月含霜不自持。"④ 悲孤学之鲜邻，悼末俗之多忌也。语云"嫠不恤其纬而忧宗周之殒"，存礼之谓也。

今岁之春，拟伏阙上书，直抒胸臆：徐乐征乱，较土崩瓦解之重轻，仲舒策治，譬止沸更张之失得。朋俦阻止，以为"汉廷高爵，非复可取于立谈，洛阳少年，况未获交于当路，苟犯忌讳，祸将随之，明哲保身，曩修所尚。"会以文章被赏于曲园师，劝令来谒执事。读执事之奏议，慕执事之施设，于兹有年载矣，徒以位分悬绝，未敢轻造戟门，一质所学。既承曲园师推毂盛意⑤，故遂不远数千里，冒烈日，冲长风，浮海溯江，以至于斯。

至之日，仲夏二十五日也，今忽将仲秋矣！盛德之辉，尚隔于咫尺，孤客之金，将尽于居停。慨然欲因秋风，涉洞庭，济沅、湘以求异人⑥，

---

①　指管仲、萧何之法术。

②　郑指郑玄，许指许慎，喻汉学家；闽指朱熹，伊指程颐，喻理学家。

③　许靖等辈喻清流党，当时以李鸿藻（北）、翁同龢（南）等为首，张之洞也是清流中人，因此触犯了张。

④　杂感诗上四句，见宋恕《咏史》（1888年9月）第二首，但第二句改为"十年江海厌风尘"。下四句见《秋兴》（1888年9月）第四首。

⑤　俞樾写荐书，见本书卷八《庚寅日记摘要》。

⑥　异人指湘阴郭嵩焘。

入南岳，茹芝术，以悦精魂。等高长啸，徘徊顾念：本慕安定如缁之雅，宁效汉阳自引之遽，虽愧界休人伦之精，冀贬襄城①风裁之峻。爱裂尺素，粗述来忱，达之左右，惟昭其悬迟，即赐燕接！如言谈可采，当许驰驱，倘面目可憎，便加呵遣。昔陇西之于荆州，以一识为愿，栾城之于太尉②，以未见为恨。今执事之学术经猷，非特唐之荆州、宋之太尉也。而存礼区区之来意，亦非如陇西、栾城之专为文章声价——欲闻一言以自壮也。方今外有强敌，内有伏戎，文玩武嬉，如梦未觉，此正忠臣卧薪尝胆之秋，志士痛哭流涕之日也，执事岂然之乎？荆、湘利病，方俟细讨，不敢剽撮影响之谈，铺张阔疏之论，遽上条陈，蹈游士陋习。杨子云曰"辞胜事则赋"，苟天假之缘，得以实事结明公之知，存礼之幸也。不然，虽罄楚山之竹，竭汉水之波，摛藻富于灵均，落笔超于正平，自谓子奇③复生，景略再出，一日千里，讵让于司徒④，三才九畴，乃在于汾上，文士故多大言，何从辨其真伪，知明公之不信也。韩昌黎诗云："致君岂无术，自进良独难。"张曲江诗云："徒言树桃李，此木岂无阴。"鲍明远诗云："池中赤鲤庖所捐，琴高乘去飞上天，絜诚洗志期暮年，乌白马角宁足言！"敬为执事诵之！临书无任主臣之至！

七月二十三日宋存礼再拜

致陈仲舫书
（1890 年 12 月）

仲舫先生大人侍史：

昨晚反舍，台驾已离，怅甚怅甚！

存礼志道甚切，而苦未得真诀，居恒郁郁不乐。先生不弃其愚，指诲大略，甚感！

冬残，颇有俗务，台从又逼归，谈玄乞丹，当俟来春矣！《仙佛合宗》等书，临馆乞带一二部假读，宣扬玄教，乃不可思议功德也。

---

① 安定指皇甫规，汉阳指赵壹，界休指郭太，襄城指李膺。
② 荆州指韩朝宗，太尉指韩琦。
③ 灵均指屈原，子奇指刘陶。
④ 司徒指王允。

侍游三黄，得诗二首①，附呈哂览，顺承

道安

乡晚宋存礼再拜

致陈介石书②
（1891 年 5 月 26 日）

介石仁兄大人阁下：

　　舍六弟为门内人狼所逼，于本月十四日服生洋烟自尽，此乃古今奇惨，悲哉痛哉！

　　诸兄弟皆柔弱异常，畏狼毒噬，暗中泣涕，噤不敢发一言，弟尤畏之入骨，望影胆寒，闻声肉颤，盖九年于兹矣。先父去世六年，弟既天幸脱出，逃之远方，门内一切事权皆狼独握，尽逐旧人，改任私党，刻剥佃户，鱼肉乡邻，欺五服内之孤寡，虐祖母及母之亲属，广罗无义之财以供挥霍，嫖赌衣食，岁逾千金。近又吸食大土，用费益浩，若问其本额出息，则仅有祖业田民数百亩官数止数十亩，盖官数以十分为一亩，而敝乡民数以八分为一亩也。而已。每亩岁收仅百余斤湿谷，顶好者亦仅二百斤，则其出息可知矣。试思如此用法，何从取给？可不言而喻矣！

　　该狼自知多不可使人知之事，于是防禁内外，严密十分，滴水不漏，蜡丸难达。挟制家母，恐吓诸弟，令其不敢与我通信，故去冬我有大病，家母虽十分愁怕，而不敢遣一男仆、女仆来问病状，直至本春三月十二，始以七弟来瑞落牙为名，来住三天。嗟乎！阁下曾见母之受制于子有如此者乎？三弟去冬在郡应试，有一封信欲寄我，而信面不敢写寄我，写寄阿周，其实信中并无伤及狼之语，而畏威如此！举此一二端便可悟其余矣。

　　该狼兼阴阳之毒，非一味粗暴者比。得远交近攻之术，遇远地官绅及隔县名士，满口忠孝，剧谈仁义，粧成一个不拘小节的慷慨丈夫样子，故乡邻切齿，弟妹吞声，而郡中之红人、通人或反多美其豪爽者。故弟常谓士大夫之品评无据，远不如种田挑担人之有真是非，良有激于中也。

---

　　① 信末附诗二首，现仅存其一，题为《侍陈仲舫丈游三黄》。

　　② 本函及下函均从光绪十七年九月《呈禀录》中录出，信前标题原作"四月六弟自尽后致陈介石信两封（十九、廿一两日）。"其中"人狼"指恶弟宋存法，着重点原为圆圈。

弟与阁下交谊甚深，然未尝与阁下细谈舍间事者，以不详及该狼行为，则语终含糊不透露，若详及该狼行为，则门内之丑不可外扬，阁下亦未必信，且欲言先哽咽，又尚冀其万一自新。今该狼之行为日甚一日，数年来之实迹，弟仅得其十中之一，皆非人所为。其为弟所未闻者，殆不可胜计，怨声载道，先父之德望扫地尽矣！此公边之不可说、不可说也。

至其致憾于我所以如此深者，一"妒"字是其病根。弟自幼素窃诵读虚名，渠则视书如仇，恨师欲弑；弟又自幼颇以谨厚窃乡曲之誉，渠则早著暴名。相形见短，因羞变怒，遂至必欲置我于绝地。先父在时，及七七内难堪之情形，言之决无人信。当时被诬之事，非特不敢与理论，甚至于长跪乞哀而不得请。故先父气绝时，弟即欲服药自尽，转念不果。七七内忍受不堪，屡欲服毒，嗣念幼抱狂志，不甘遂死，因为只身逃亡之计，瞒母瞒妻，每日半夜后偷检几件衣服，一连十七昼夜不寐，至第十八日，乃将历年困苦情形据实条列，共万余字，诀别敝岳。其书大意言："忍受则不能终日，迁居则于义不可，于势又多阻。礼今之计，非死则逃耳，然逃犹有后望，已决之矣。"其情词凄恻，稍有悲悯心者应无不下泪，乃敝岳全不寓目，徒以常谈相责。

嗣因借钱延搁，为家母所觉，乃与舅父①等力防其逃而迁其居。然弃母伴妻，阁下试思，于心安乎？故决意从敝岳至沪。其冬先父周年，母舅函令归，发函，得病三日，竟不敢归。己丑秋冬间，贱内大病，函告不归，非薄情也，畏回温州，实畏回鲍垟也。

去秋九月初七日，鄂回到此，直至十月十二，打探狼已上郡应试，始归省母。去年不应试之故实由于此，无人知也。嗟乎！本欲立功、立言于天下，而人狼兴于同气，更何言哉！友朋多砭弟文字太悲，不知其中有伤神处，虽欲强作欢语而不能也。万言难罄，哽咽投笔，乞存此纸以徐考弟之邪正为幸！②

---

① 据陈家所藏原笺，"舅父"下多"伯陶"二字。又现存孙诒绩函云："阁下家庭之事，言之疚心。……伏愿遵晦养时，达观顺变，坚苦卓绝，求夫有用之学，横逆之来，大度置之。倘或实逼处此，朝夕不宁，则惟有远避其锋，以懦自处。弟携家远适，家慈善病，艰于就养，素畏岑寂，剧羡得一佳邻，借资伴助。敝庐西舍，阒无人居，阁下如不嫌湫隘，当移出一半，伫候光临！顷与家严商议，皆以为是，伏祈早日定夺！"末署"内弟诒绩顿首　初五日"。可以参看。

② 陈家所藏原笺，下注："仲舫、志三二先生乞与一阅！"

《致楚宝信》中所称"难言之难"①，即此纸中事也。平生文字最先知己为敝岳，而志行最不知己亦莫如敝岳！有心置我于绝地者狼也，无心置我于绝地者岳也，绝而不绝者天也。

弟存礼白

致陈介石书
（1891 年 5 月 28 日）

介石仁兄大人执事：

十九日奉上之信，切请慎存勿弃，并请与陈仲舫、志三、金遯翁三位阅！

志公爱我之厚，令人感激无地。惟里居太远，不悉弟之处境有奇艰处，故劝我、规我之言未着痛痒。② 今索性说个明白，看渠眼力如何？如以为兄弟间怨憾至此，必非好人，亦是常解，不得咎他。如能曲鉴苦衷，从此以后，真可为密友矣。

平日朋友多有少我不率真者。不知弟之真无可率，一率出来便眼泪打断谈锋矣。人生世上，贫可安也，穷不可安也。贫则苦中有乐，穷则苦中决无乐。即如阁下今日何尝非贫？然而门庭怡悦，授徒养亲，于心甚安。若论弟目下之境，弃母而独与妻居，一大不安也。坐视狼弟之残虐乡邻，二大不安也。幼弟为人狼逼死，而弟畏怯险毒，噤不敢发一语，三大不安也。先父临终，以三弟读书事责之我，而今为人狼所隔绝，至通信尚不敢显然，何由益他以见闻，惠他以师友乎！四大不安也。先父山地至今未有，狼弟一日尚在，则弟一日不敢问政。亡者以入土为安，然狼弟不谋，谁敢谋之？五大不安也。家慈饮泣，暗中忧悲不可言状，弟无法稍慰之，六大不安也。家慈时或有恙，不能侍奉，在此闻信，往往不敢径去，即硬胆一去省视，与该狼同处一刻，不啻坐针毡，断不能多留几天。七大不安也。弟妹婚嫁事，弟一句不敢参末议，八大不安也。年节祭扫，不敢回去，九大不安也。嗟乎！抱此九大不安，虽富犹无真乐也，况加以贫耶！

---

① 见本卷《与张楚宝观察书》。

② 陈家原笺此段作："盖志公虽未知我深处，而爱我之厚，实在平日交游诸公之上。即如去春在京与乡人大争弟之长短一节，便令人感激无地。其所以未知我深处，亦实由里居太远，不悉弟之处境有奇艰处，故劝我、规我之言未免泛而不切。"

近年来惟借佛氏荒唐之论以自遣，姑置一切，而强于苦中取其有不苦者耳。故愿远游而惮回里，刻苦之况无以复加，非得已也。

此纸亦请慎存，据二纸中之言，徐采乡评，考之方寸，而此二纸在弟为痛哭流涕之谈，而大可以增长阁下观人之眼力矣！承阁下爱我之厚，梦寐惭感，本当早与阁下细谈，徒以事涉同气，不忍出口，此番二纸真率谈，乃因六弟惨死激出，不然，尚未倾吐也。

存礼又白　廿一日

右两纸承介石兄代呈志三、遯斋二先生看过，并与立庵兄看过，据介兄云。

上李中堂书①
（1892 年 5 月 30 日）

浙江诸生宋存礼谨上书相公阁下：

存礼之生，值相公南征北讨、大难略定之秋。束发入塾，耻学章句，专慕古先豪杰——建非常之功、垂不朽之名者。尊长语以方今湘乡曾公、合肥李公即其人也，是时神已驰于江淮，心已倾于左右矣！稍长，涉猎周秦以来百家，旁及天竺圣人、欧罗巴洲智士之言，沈索其本，独得其通。与当世士大夫论天下事多不合，而观相公所排众议而定国是者，乃若于鄙论近似。私窃自信，恨不得拜下风，接末座，以质所学之深浅、所论之是非。文章戾俗，仕宦无门，日居月诸，年且及壮，抚流光之速，能不惊心，念同胞之艰，辄欲痛哭。惟彼湘乡，骑箕已久，左、彭诸帅，近亦云逝，中兴元老，独有相公，是以不远数千里而来，欲有所质于相公之前，敢以芜词先达左右。

曩者洪、杨倡乱，神州鼎沸，东南沦陷，西北震动。湘军特起，异军转战无敌，惟楚有人，他州寡色。相公发愤为雄，别治义旅，江西子弟，悉赋同仇，卒能振淮军之声，分楚人之绩，克复名都，破灭劲寇，此相公之不可及者一矣！迨乎伪主就擒，南中释甲，山东流贼，方复猖

---

① 该函，《六斋无韵文集》作《上合肥李使相书》，光绪二十三年五月，《万国公报》第一○一册发表时题为《上合肥傅相书》。《万国公报》发表时加按，文曰："去岁瑞安宋燕生茂才访余于林氏寓庐，觇其容温温如也，及与之纵论天下事侃侃如也，为钦迟者久之。一别如雨，未通音问，空斋阒寂，辄忆英流，忽于故箧中得君壬辰岁《上合肥傅相书》，汪洋恣肆，极文章之能事，至其陈义之高，命意之远，尤邻人所怀欲白之而未有路者，亟录于左，以质海内。蔡尔康附志。"林氏寓庐，即林乐知住所。

狂，铁骑无数，一皆当百，剽掠周、郑之郊，出没晋、齐之域，纵横千里，所至焚残，来如飘风，去如闪电，湘乡师老无勋，陈谢不敏。当斯之时，苟无良帅，则献、成之祸必且重见，相公慷慨独任，从容再鼓，谈笑指挥，流贼顿平，此相公之不可及者二矣！西方强国，虎视眈眈，东邻狡焉，亦思获逞，偶有违言，每摇全局，而散人浮议，罕揣理势，边吏愚氓，常生事端。夫疮痍甫复，胜败难操，轻于一掷，是为不忠，儿戏民命，是为不仁。相公俯虑兵凶，不敢黩武，仰持国体，必使得平，刚柔时施，远人折服，赤县之象屡危而仍安，苍生之情屡惧而仍喜，此相公之不可及者三矣！汉、唐中兴，人才号盛，然弼、珹有功，而学无称，禹、复①有学，而文无述。相公博极九流，天纵妙悟，切今之篇，比美敬舆，征古之作，方长君实，八法小技，亦冠人间，湘乡以外，一人而已。此相公之不可及者四矣！自昔伟人，功成名立，每恣逸乐，以偿前勤，故虽贤如汾阳，而声色极欲，忠如北平②，而第宅穷丽，人之情也！相公慕晏子之风，国奢示俭，服太公之训，敬胜者吉，食不兼味，旁鲜姬侍。鸡鸣而起，专忧元元，寰区闻者，莫不惊叹！此相公之不可及者五矣！绛、灌功高，不免忌贾，子孟③柄政，恶斥儒生。相公休休有容，殷殷下士，吐哺等于周公，歌衣符于郑伯。河朔开府，实为冲途，宾接英彦，殆无虚日。人之有技，若己有之，为国求才，不遗余力。湘乡薨后，名卿礼将，荐自相公，十之七八。此相公之不可及者六矣！唐之牛、李，宋之苏、程，咸以君子而分党类，相攻不已，驯至祸国。相公深鉴斯过，大度并包：或未达施为，即加非议，形之章奏，腾之口舌；如有可语，则晓以老谋，如无可语，则姑置弗较；即有意谤伤，大违公是，亦付之一笑，不嫌于怀。此相公之不可及者七矣！

虽然，此七不可及者，夫人而知之矣。夫人而知之，殆非相公不可及之至者也。若夫相公不可及之至者，其在修道立教乎！往者夏氏尚忠，殷氏尚质，周氏尚文，救文之敝，莫若以忠；文不可去，莫若以文救文，使反于忠。孔子是以删《诗》、《书》，正礼、乐，修道立教之意切矣！天方降割，贤圣无权，秦人师戎翟之法而继周统，刘氏起盗贼之间而袭秦号，悬律著令，悉本鞅、斯，六籍焚余，徒资粉饰。自时厥

---

① 弼指李光弼，珹指浑珹，禹指邓禹，复指贾复。
② 汾阳指郭子仪，北平指马燧。
③ 绛指绛侯周勃，灌指灌婴，贾指贾谊，子孟指霍光。

后，小异大同，学者干禄，鲜能究实，训诂之词繁，经济之术隐，将反之忠，文敝转甚，而姚姒之政犹行于西国，忠实之学乃盛于欧洲，意者周末通人浮海西去，先王要道遂与俱西乎？何其政之多与《周官》合，又加精密，学之多与孔门合，又加深博也！

盖昔孔子，删《书》终《秦誓》，而删《诗》取《简兮》之篇，其卒章曰："云谁之思？西方美人。"孔子若预知秦将代周，后千余年皆将蹈秦法，有无穷之痛，而先王之治将复见于西国也。天悯中华，使东、西通，西之政学，渐闻于东，斯乃世运之转机，民生之大幸。然而中华士夫，锢蔽坚久，中帖括之毒，崇虚愊之谈，信末师为古圣，斥西人为外夷，深闭固拒，不求其说，嫚骂厚诬，自矜为正。譬如有人，先世大富，金银琉璃，车渠玛瑙，明月之珠，夜光之璧，充塞室庐，照耀暮夜。后嗣不肖，不能保守，而此诸珍，悉归他族，惟存旧庐，空无长物，牛溲马勃，盈堂积阶。而彼富族，过而怜之，出其祖珍，愿与之共，是人生贫，目未识珍，疑为怪物，能作祸祟，怒而叱之："汝欲害我！"中人恶西，何以异是！良由非礼之礼，非义之义，先入为主，胶其神思，遂乃贵我碔砆，贱彼连城，并为一谈，牢不可破。相公起家翰林，固亦幼习占毕，独能高览廓寥，力排流俗。于是启帝心，抑朝议，辟方言之馆，创格致之院，选就学之童，译切用之书，开名赏之门，拔通卓之士，于是海内向风，狭胸日扩，渐知讲讨实学，轻陋华词，三十年来，若舆地、测算诸学，能者蜂起，超越古初，此诚相公修道立教之功也，此所谓相公不可及之至者也。

昔韩退之推尊孟子，以为功不在禹下；存礼亦以为相公修道立教，以文救文，使反于忠，功不在孔子下。然而相公极意修道矣，而道犹未大兴；极意立教矣，而教犹未大洽，民困犹未尽苏，士习犹未尽上，兵气犹未尽扬，盗风犹未尽清者，何也？此盖非相公一人所能为力也。《淮南子》曰："金胜木者，非以一刀残林也；土胜水者，非以一璞塞江也。"《易》曰："穷则变，变则通。"法穷而不变，虽使伊尹当国，傅说佐之，不能致治，今日之事是也。变法之说，更仆难终，请为相公先陈三始：盖欲化文、武、满、汉之域，必自更官制始；欲通君、臣、官、民之气，必自设议院始；欲兴兵、农、礼、乐之学，必自改试令始。三始之前，尚有一始，则曰：欲更官制、设议院、改试令，必自易西服始。存礼蓄三始之说，十年于兹，一始之说，亦五年于兹矣。与人谈三始，犹有然之者；谈一始，则莫不掩耳而走，怒目而骂，以为背谬已极，名教罪人。夏虫不可与语冰，井蛙不可与语天，举国皆狂而狂不狂，若之何哉！奚以明其然也？盖耳目不新，则精神不振，主持不彰，则趋慕不一。昔者赵武灵王患国之不武，令易胡服以习骑射，而赵兵之强遂冠三晋，卒能北却匈奴、西抗暴秦。魏孝文帝患国之不文，令易华服以习礼容，而魏儒之盛遂追两汉，卒能柔屈南朝，治安中土。近者东方之君患国之因循，令易西服以习新学，而千年积重一旦顿移，卒能扬声于西，称雄于东，此皆易服之明效大验也。然惊世之举，非大智不悟，非大仁不图，非大勇不决，此难与流俗人议也。事固有似迂而实切，论固有似怪而实正者，此类是也。流俗之人，不学无术，可与乐成，难与议始，故曰：非常之元，黎民惧焉，及臻厥成，天下晏如也。向使赵、魏之主，牵于旧臣之争，东方之君，阻于拘儒之谏，则必无赫赫之名，蒸蒸之象矣！

　　然斯举体大，诚非人臣所敢陈请，满、汉官制之更，亦若斯焉；然则所当陈请于上者，无已，其必首及议院、试令乎！夫议院宜设，试令宜改，微特相公大智，必当见悟。方今豪杰，亦颇能言，利弊昭然，宁俟烦说，然其条目则虑各异焉者也！存礼近著《卑议》① 四篇六十四章，凡三万言，私议变通之法，大旨归重议院、试令，而略及官制，敢上左右！

　　夫易服更制，一切从西，策之上也；参用西法，徐俟默移，策之中也；不肯变通，但责今实，策之下也。上者欲言而未敢，下者谐俗而羞言；兹所言者，皆不上不下，居策之中，视今日之政，则已为甚高，较西国之法，则犹未免卑，故命曰"卑议"。愿赐披阅，采取上闻，则存礼身虽不用，而平昔所学，得以稍行，生民之苦，得以稍减，亦可以少慰十年之憔悴，略解当世之讥嘲矣！齐人有言曰："虽有智慧，不如乘势，虽有镃基，不如待时。"故时者最难遇，而势者最可珍也。夫布衣穷阎之士，好学深思，独具心得，忍其饥寒，以忧黔首，言甫出口，谤即随之，腹中万卷，无所宣达，此天下之至悲也！据势获时，功名盖代，而过守"慎言其余"之戒，坐失千载一朝之会，此则岩穴之俦所为扼腕而深惜者也！

　　今相公应名世之运，树非常之烈，受崇爵之封，宅首辅之职，建牙京畿，号称"傅相"，敕赐紫缰，仪同藩王，枢垣译署，咸奉方略，门

---

① 即《卑议（初稿）》，见本书卷一。

生故吏，多任封疆，此士之极致也。地球凡十三亿八千万方里，皇帝所临，凡八千八百万方里，遐邦君长，僻壤妇孺，莫不慑相公之威望，知相公之名姓，盖于古未有也。自昔勇略震主者身危，功盖天下者不赏，相公遭遇圣神，倚任不疑，历事数朝，恩礼无间，偶有谗毁，立加遣黜，君臣相得之盛，尤数千年来所希闻也。今国家闲暇，主上圣哲，相公康强，不及此时建大议，挽大局，除周后之弊，反秦前之治，塞东邻之笑，御西土之侮，使圣清有无疆之休，而相公增不朽之誉，事之可惜，宁有大于此者乎？相公密告，局外莫详，区区之献，或恐其陋。然有所欲言而不言，则非忠也，不能料相公之必已密告而蹈于陋，则非智也，与其伤忠，毋宁伤智。且语云："智者千虑，必有一失，愚者千虑，必有一得。"《卑议》所列，抑或有相公所未暇虑者乎？或又曰："相公春秋高，阅人多，厌闻游谈，将徒取憎！"虽然，相公接士盈千累万，人志不同，亦如其面，相公固当不轻量天下士，存礼又何敢妄度相公哉！

渡海甫泊，风波色未定，敢先略述所欲质者；详则具于《卑议》，然亦未详也。相公阅后，如以为可采，愿赐燕间瞻颜色，将纵论古今，以竟所质。如以为无可采，则存礼素闻幽燕之西，晋秦之间，太行、华山，绵延千里，奇峰插天，石室错落，中多异人，且饶灵药。夙讽丹经，误投尘网，方及妙龄，从师问道，堕聪黜明，以忏结习，练气保神，以求长生，岂与当世庸鄙之夫争名于朝、争利于市哉！海滨野民，未学时礼，语昧忌讳，无任战栗之至！

五月五日　存礼再拜

致黄叔颂书①
（1892 年 9 月 25 日）

叔颂仁兄大人侍史：

申江送别，迟旆宵舟，丝雨催归，阻晤为怅！嗣闻纸贵金声，衔荣玉署，趋庆未遂，结怀滋深。比想天伦密聚，相为友师，京邑胜流，咸折词理，其为悦适，宁等习恒！

弟西游违愿，北说强颜，妄草罪言，文成数万，既殊时论，亦乏高

---

① 据现存原笺录出。

谈，命曰《卑议》，持赘侯门。皖中故人，识歧神隔，缘长者托，勉为先容。① 使相览嘉，待以国士，礼颜开午，极口称韩。左右窥拟，谓将特达，忌者阻尼，戏下摇惑。犹恃爱厚，备员军府，白金一镒，以为月禄。堂长吕公耀斗，谦抑逾恒，受之增愧。贱室欲来，征期已戒，势成滞津，图掣观海，惊弓秋雁，厌苦飘零，一枝虽微，且幸得借。迢迢青云，志事旷渺！夫体曲恶绳，夜裸憎烛，虚构之谤，先形生影，苍蝇所污，常在白璧，斯乃稚川所以太息，仲任所以长叹，自古皆然，迨今益烈！至乃受恩之子，反眼如仇，泰顺周舒荄，人面兽心！素昧之伦，亦若有憾。虽亮节慷慨，时逢其人，寡不敌众，何能为力。弃置勿复陈，客子常畏人，独有延年术，可以慰我心。时时诵周、汉之遗文，排方寸之郁愤而已！

咫尺不见，我劳如何？幸贶清诲，以破俗障！

通州张季子，今春一再晤谈，颇解子家之学，文则非有孤诣。其人风格殊高，外间乃多贬议，可慨可慨！张经甫虽在台用事，亦为同里某君所排，不能尽行其志。

兹因敝同事沈君叔均假回之便，率候起居，并贺留喜不庄！倘惠函，请填明寄水师学堂汉文教习某某收。令叔大人、令兄大人②前乞代候安！

小弟存礼顿首，八月五日

蔚文兄附候！

上俞曲园师书③
（1893 年 7 月 17 日）

（上缺）虽承使相殷殷属望，而奉职鲜劳，寤寐存愧，优闲之禄，未敢请益，萩障菜根，但守菲刻。僮仆傲慢，僚长疏阕，孤立之状，匪翰克宣。秋试拟北，而捐费、杂费尚烦筹画，未知遂否，辱爱敢闻。

《卑议》初稿，言逾十万，惮繢痛减。田鸠论《墨子》：不辩其辞，恐人怀文忘直，以文害用，窃取斯义，屏藻著要。仲任氏曰："有人于此。文偶仲舒，论次君山，终不同于二子者，姓名殊也。"近世谈经济

---

① "皖中故人"指张士珩，长者指岳父孙锵鸣。
② 叔指黄体芳，兄指黄绍箕，下文蔚文即张蔚，宋的连襟。
③ 据草稿残笺录出，上文原缺，下无署名及月日。写信时间据本书卷八《癸巳日记摘要》："六月初五日（7 月 17 日），寄《卑议》稿呈正俞荫师。"

专书，识者推黄氏《待访录》、冯氏《抗议》，受业之作，虽出仓卒，持方黄、冯，差觉密切，而不同于二子者，殆亦姓名殊欤！昔左思作《三都赋》，世人未重，皇甫士安慨然序之。受业之作，论其有用，固当胜左，吾师则非直当世之皇甫也，愿赐哂览，斥削非谬，无任祈祷！倘千虑之有当镜悬，遂乃袭士安之故事，假思也以片言。则感且不朽矣！

三十寂寂，邓禹笑人，众氏投闲，思误自适，名在军府，乃作延、邢①，欣欣兮其独乐也，亦可羞也。

肃禀，恭请

道安伏惟钧鉴

致张季直书②
（1894 年 6 月 23 日）

一士大魁，九州鼓学，声望所暨，悦慰共深。

惟壬之春，相逢海上，谈心未畅，询业颇同，风尘不乐，别来劳思！

自入津门，上厥罪言，谬承西平，许为国士，咨嗟太息：麟凤非时！优闲之禄，受赐是愧，越职陈斥③，取怒群宵。中夜起坐，抚循微尚，便欲谢去，扁舟五湖。感恋府主，又牵生理，聊且尔尔，性命苟全。癸试复黜，今拟试燕，良晤匪遥，新疑待质。

平生信术，稍解相人，向窃窥君：气异林野，农圃之愿，私谓难酬，果协鄙测，述博一笑！

《子通》之著④，已就几篇？走昔不揣，亦有斯志，贫病误光，握椠未暇。君今显仕，世缘滋蔓，莫移纷华，勉卒竹素！千秋伟绩，恐当让先。

走于汉彦，最喜仲任，曩续《论衡》，自以理胜。燕居独赏，未示友朋，比觉或陋，方拟删改，何时浃衷，寄奉清览！⑤ 赪鲤可烦，勿惜

---

① 延、邢指延笃、邢劭。

② 录自光绪二十年六月立的《信存》（志念壹），标题原有，题下注："书五月二十日、六月初九交局，托定甫转致，七月初八重录，托易怀远带京。"

③ "陈斥"二字，初作"论列"，后改。但《六斋无韵文集》作"陈诉"。

④ 上四字初作"曩聆高论，欲著《子通》。"后改。

⑤ 此下原有："岭表康君，目空一切，其所著书，走未之见，春试同闱，想当握手，果有心得，抑系野儒！"后删。

玉海！手此，
候绥　并贺大喜

致杨定甫书[①]
(1894 年 7 月 7 日)

飘零十祀，艰折万端。馨竹南山，岂宣衷曲？闻华嫉异，亲戚离贫。寄食侯门，群宵腾谤。慷慨论列，但博温言。壮心渐灰，旧学尽弃。焚香礼佛，结习希除。厚禄故人，书问几绝。何图君子？尚存鄙贱。尘劳抑郁，旷酬玉音。重承注询，益感风谊。敬遣赪鲤，迩踪略白：

自戊之冬，暂归即出。己试不利，滞留钱都。岭表、山东，游计不遂。蓬莱识者，招往未从。德清大师，嗟叹才志。驰书盛借，西游武昌。帅阃拒客，乡达[②]惠先。荆牧宾接，谬赞词翰。飞电洛阳[③]，目为淹雅。随节之役，阻病愆期。落魄海上，依然故我！

壬夏来津，赞著使相。使相览嘉，待以国士。礼颜开午，极口假信[④]。策名军府，冻饿幸免。肉骨顾骥，思答知遇。陈弊越职，秉直丛怨。敞堂前长，毗陵耆硕[⑤]。癸冬奉檄，改习度支。妄庸闽人，循资代任。黑白昧色，奖惩权私。启院痛斥，闽党切齿。彼众我寡，治事肘掣。贱室多病，不乐朔居。临淮垂暮，此局难久！去秋试黜，病尼渡台[⑥]。今秋之试，决计应北。良晤非远，微尚徐谈[⑦]。

霜台清暇，想富撰述！顷诵章疏，民瘼在抱。仁人之言，其利盖溥。流光如矢，回首黯然！念昔别君，走方舞勺。君今五十，走逮立年。走诚穷愁，君亦闲冷。功业未建，佳期渺茫。血潮宛倦，烛阑鸡鸣。敬谢雅意，即叩著安！

存礼顿首　六月五日

承欲告假以便拙试，甚感！屡败于南，思售于北，且久欲目睹长安

---

① 录自《信存》。
② "乡达"二字初作"六潭"，指王咏霓。
③ "洛阳"二字初"帝城"。
④ "信"字初为"韩"。
⑤ "毗陵耆硕"指吕朝周。
⑥ 初作"将作湘游，遭病未果"。
⑦ 初作"微怀待宣"。

士大夫风色，以卜时局。惟闻御史假难得请，究竟如何？敢乞执事于数日内切实函示！

礼若试北，尚须纳粟。

致张季直院撰《贺启》恳交！倘南，附还。交浅贡规，待季不薄，兄试开阅，苟季能受，则信佳士，不然便绝。

六潭太守，高情永佩①，在皖何局，乞示便简！

弢夫②枢属，是否在京？七年契阔，并乞致候！

莼客侍御，欺世盗名。但务攻击，未涉民瘼。不学无术，于今益露。停捐道府，不如停令。严捕哥匪，哥匪愈滋。贪吏陷良，怨气酿乱。此事极要，可否言之？

仲恺外朴内慧，学识日新，执事宜有以益之！蔚文近办棉药，见重上游，公务颇繁，秋试未定，附笔候安！

礼又顿首

又致定夫书③
(1894 年 8 月 8 日)

右六月初九交全泰盛信局寄上拙函原文，待至本月初二日未接来覆，心甚焦闷！又交该局寄上一函，至今日尚未接覆，恐前函中失，兹因同事沈司马入都之便，率录前函原文，托致左右。

船价奇昂，昨一友雇片帆，价五十四千大钱，同人皆已动身，月半后无可觅伴。若以一人任此船价，连捐费、试费、送礼、馆捐，非百余两银子不敷。又执事玉音未知何日得接，中国邮政不修，信局最靠不住，可恨可恨！看来，如月半前不接来覆，北试必不果，执事可不必请假矣！京津咫尺，相见之缘如是其悭，殊令人闷！

刻有张季直如侄某入都，以辛卯拙著《卑议》托致季直一览，但未知季直能读否？已托季览毕送执事处，求逐条批示高见异同，并原册交妥速信局寄还，敝处无副也。

天下纷纷谈经济，率皆孙吴、苏张之学，否则帖括之余唾，礼独痛心民瘼，自外时贤，执事览之，倘悲其志乎！王紫诠未按原文，妄作

---

① 指宋谒张之洞时，王咏霓代为转圜。

② 指黄绍箕（字仲弢）。

③ 录自《信存》。定夫，即前杨定甫，因杨晨字定敷。标题原有。

《书后》，登报非驳拙议，此等人物，在西国不能胜一小学师之任，在中国居然作格致书院长，犹之伊川、紫阳不过赵宋宦场一正人，居然五六百年与孔、孟并称，不亦悲乎！

要之，唐虞、三代之学、之治，亡于秦后，而复兴于西土，此鄙人千言万语之宗旨也。若夫今中国之以西学称者，视汉学、宋学辈更陋不可言，彼但能西言，尚不可许为识西字，况可目为通西学乎！噫！

信笔不觉言又破戒，念起是病，不续是药，急止！敬问起居无恙

礼白 七月八日

又致张季直^①
（1894 年 8 月 8 日）

前有拙启奉贺，托舍亲杨定夫侍御转致，未得杨覆，恐或中失。易生怀远，入都奉访，重录托呈，行促怱牵。易生品高志大，明晓时弊，敝堂之士，莫之能先，不乐伍哙，决然舍去，闻乃考与执事有故，怜才成美，无俟鄙祈！

朔试恐尼，沪谈尚浅，锦南道津，能否枉过？清茶半瓯，各罄素抱，精审离合。以定泛密。敬问起居无恙

存礼顿首 七月八日

附呈辛卯拙著《六字课斋卑议》一册，乞逐条赐示高见异同！敝处无副，阅竟请将原册交杨定夫侍御寄还。

天南遯叟不解经济，登报妄驳，未按原文，名士十九如此，可叹！岭表康生，俯视世儒，所著未见，果非野否？德清师颇不然之！然礼所谓野非野，与纪、阮^②辈不同，彼但知程朱之野而不知许郑之野，犹于文但知方姚之野而不知欧苏之野。德清之识，文中子后一人，非纪、阮所及；人以为名浮于实，走则以为实浮于名焉，非阿所好也！

礼又白

---

① 录自《信存》，标题作《又致》。
② 纪指纪昀，阮指阮元。

又致定夫书①
(1894 年 8 月 16 日)

十四，得初七手覆，敬悉一是，惟六月十四之书，贵乡友至今未交敝处，想失落！申甫、蓉村晤谈时，弟曾询以执事覆言，两君俱言不知，岂执事忘之？抑申、蓉忘耶？便请重录原文寄示！

"刻苦"二字乃自古圣贤第一步工夫，今世才士往往失守，其病根总在不能刻苦。"俭以养廉"，古训可宝，贪官酷吏，非必性然，率因不能刻苦。入不敷出，嗜欲难忍，廉耻渐丧，未有不流为白面盗贼！弟方以不能刻苦为恨，如能刻苦，则自耕自食，有十亩之田已足。惟不能刻苦，而每事皆须雇人，故居乡每岁收数拾亩田之入，而万万不敷费用，至于年窘一年，势不能不以游说为生涯。若使《高士传》中人物见弟行为，方将唾骂怜悯，以为游惰狂民，四体不勤，五谷不分，执事乃反劝其不必刻苦，何哉？

来谕云："龙见有时，毋过郁郁！"然弟之牢愁实不可解。执事虽属至戚，而踪迹甚疏，于弟之志趣境地全未知，有难以骤语执事者，前拙启所谓"飘零十祀，艰折万端，罄竹南山，岂宣衷曲"者也。

《六字课斋卑议》，四篇六十四章，辛卯所著。前此曾著一经世书，所拟法律，非但与汉后议论大忤，且有不满姚、姒，深薄子、姬之意，未敢示人，私名之曰《高议》，将藏之石室，以待千万年后之圣人再拜启匣而出其书。《卑议》者，对《高议》而为名也，走以为卑极矣，而世士能读者百尚不得一焉，悲哉！本月初八有张季直如侄入都，以原稿托带致季一阅，嘱季阅竟送呈执事，想已入览，执事得毋以为迂缓而不切于事情耶？抑赏其所拟诸条之可以救弊？将悲其字里行间之有泪痕耶？敢请逐条批示尊见异同并原稿寄还，以敝处无副也。

张季直壬春晤谈两次，似亦纵横、兵家之学，惟未敢遽下断语，要在状元中不失为矫矫者！拙著未知渠能读否？

格致院长王紫诠，一吴中妄庸人，乃作《〈卑议〉书后》登之《申

报》，援引原文多失其真，谬加扬抑，毫不中要，可叹！此等人物乃作格致院长，悲哉悲哉！然唐、宋以来负赫赫之名亿万倍于王紫诠者多矣，察其谈经说史，大抵不按原文，愚诬可笑，皆王紫诠类也，然则王紫诠不足责也。肉食者未必尽鄙，亦有外鄙而内实不鄙者，缘不鄙则骗不得好肉吃，故不敢不说鄙话，不敢不作鄙事。弟以不肯说鄙话、不肯作鄙事之故，骗不得好肉吃，遂亦无好肉与有气力者吃以博声誉，执事以为愚乎？贤乎？

东事未起时，曾条陈《整扩水师学堂事宜》[①] 于使相，使相温言慰答。而无须奏请者亦不批行一二条，岂以实心办事者难得其人耶？及东事起，弟方密拟一禀，请密奏："诈许日本要挟之约，即召援高之兵回华，卑词厚礼以示弱于东人，一面密饬将官，分道阴袭彼之北海、冲绳，彼水旱雷未设，守兵单弱，二处有失，东土震动，则朝鲜可复。"禀未及上，会闻上意已决拒日约，并欲切责使相，遂不复上。

今北洋大调劲旅入高，风闻骚扰高民殊甚。杞人之忧：惟恐高民不能忍我师之淫虐，反附日本，若民心一变，则兵虽多无益。可否上章请严旨饬统兵将领："严束士卒，勿犯高人一草一木！"则义旗所指，父老争迎，兵不必多，而挫日复高可计日待。使相虽已严饬诸将"勿扰高民"，尚须严旨天降。惟严旨即降而将领恐仍阳奉阴违，则无法矣！然李家德泽在人，天当未绝之也。

恺弟不得意而归，外舅则本欲其留津当差，然恺不足于财，而人又近古，终难得意于官场。毕竟还是相公治下较为可依，不可到别省。乡居目前尚可，亦非久计。

盛情告假，然既难保不派，弟不北上，亦不回南试浙，敢闻。缘弟两眉不佳，现未脱眉运；又吾浙今年试官闻异常不通，不如不去！

广东康长素毕竟何似？《新学伪经考》未见。京洛人海颇有通经、通史、通诸子、通词章者否？弟夙欲著《经通》、《子通》、《续〈史通〉》、《续〈文心雕龙〉》，尘劳贫阻，急未能就，欲觅可与上下议论者数人以慰寂寞，乞执事开示所知姓名！走笔，即叩

台安

弟名正肃 七月十六日

---

① 见本书卷四《条陈水师学堂事宜禀》。

再者，顷闻京邑议论集矢合肥，曾见安侍御折子，毁谤太甚，令人太息！弟未来津时，亦疑合肥实有取非之因[1]，及来津目睹，始知众毁之毫无一是！

合肥忠勤清正，无可复加，见解亦超出近世名人万倍。徒以落落孤行，不肯曲媚当时纯盗虚声之辈，而平日宗旨尤在师新法以救民穷，故津门百姓无不诵德，而士大夫颇多后言。弟常叹宋后议论，士大夫与庶人截然不同：士大夫之所重者多非庶人之所折服，庶人之所感者多非士大夫之所推崇。庶人不识字，不能以文扬所感者之善，士大夫能以文抑所恶者之善，于是好名而不仁者专务逢迎一时名士，而置庶人疾苦于不问，此宋后中国之大病。十人尚九梦，未易以一舌一笔争也。偶有激于安侍御之谬论，不觉吐数言耳。

广督[2]口碑诚不美，然于分为兄，弟焉能禁兄之非礼，叔亦不能禁侄之非礼，广督可劾则劾广督耳，何反舍广督而文致其罪于使相？嗟乎！今世君子焉可为哉！噫！执事闻此言以为违公是乎？抑以为具特识乎？以为古之伤心人语乎？乞明以教我！又及。

又致定夫书[3]
（1894 年 10 月 30 日）

七月十九始接沪局寄来六月十四尊缄，八月十四日始接七月廿三尊缄并都察院传知，事已无及，令人益太息于中国邮政之不修！西人由沪寄信至美，程途数万，信钱止须十文，计日必达，万无延失，即此一端，胜我何啻百倍！

平壤大败，咎由诸将纵兵焚屠淫掠，致高民怨愤失望，倭人因设招抚难民局以引使东向，礼早已虑及，不幸而吾言中，可叹可悲！中国兵贼一体，向来如是，故仁人君子不肯轻言用兵。

东事未决裂时，功名之士多劝合肥"宁我负人"，合肥持重未发，竟以此获罪于世！此重公案，自兵家论之固为"守经失机"，自儒家论之则所谓"观过知仁"矣！"众恶必察"，圣有明训，今日之合肥可谓众

---

① 原稿初为"取谤之道"，后改。

② 广督指时任两广总督李瀚章。

③ 录自《信存》，标题原有，原注："八月十四接其七月廿三之信并都察院传知，作此覆之，九月初二日书。"

恶之躯矣！京邑风气虚愒，议论影响，许靖之流不足与辨；以执事素不
虚愒，故敢以必察之义进焉：

　　窃观合肥之于帝室，其勤至矣！每日未明即起，见客办事直至昏
黑；入夜则秉烛读书，研求实学，以为出治之根本。各营局及地方文武
公文，一一亲阅，内幕、内眷下至巡捕、号房、诸色人等，绝无弄权倚
势情弊；堂堂使相之署，表里无蔽，盖有廉能州县所不逮者。责重而权
轻，志大而格拘，掣肘莫名，不稍倦退。而俗吏腐儒，或持其前，或攻
其后，苟非九重明圣，几何不自坏万里长城？乃知三代以下聪明着往往
隐于老、佛之学，不肯任斯世事，良有以也。君以为然乎？

　　季直已于八月初寄还《六字课斋卑议》，眉批二三条，墨规数处，
不当鄙意，此书诚不易读，须胸中无秦、汉以后一字，但有唐、虞、
夏、商、周书数部，乃能知其与古圣人一鼻孔出气耳！

　　闻执事亦已阅过，红规是否尊加，何不逐条详列异同？乞示及！前
请开示京邑佳士姓名，及询康长素之学何似？未蒙覆示，意者京邑无佳
士，康长素不足称耶？京邑四品以上非但无解经、史者，且无解八股
者，若翁叔平、李若农辈乃三家村学究之雄耳，礼久已摈之论议之外，
惟新学士文君未悉。至四品以下、翰林、六部，人数烟海，岂真无骐骥
困于其中耶？然如李莼客之骈文、袁爽秋之诗，已作外道，走笔误及。则
市娼抹青红耳！此曹不足开示以充佳士之数。往年献德清师《七十寿
诗》，系以《序文》①，颇讥笑当世闻人，兹录呈阅！有出礼所讥诸条之
外者，乞开示其姓名，以便讲习切磋！

　　时局可虑，礼有安内臣东策多条，苟能行之，非但可复高丽，且可
使日本称臣，然非使相之分位皆须奏请所能行，欲求阁下代上政府，以
报食毛践土之恩！先请示能否代上？倘能代上，当草出寄京！

　　蔚文随桂国戚②往山海关办理文案，除原支薪银月四十八两外，由
京贴给二十七两，可贺！敢闻。此请
勋安

　　　　　　　　　　　　　　　　　礼顿首　九月初二日

　　再者，珂里王六潭先生现在皖办何局务？前曾奉询，未蒙覆及，恳
赐示明何局？何差？并局在何处？以便通信！平生一饭之德必报，六潭

———————
①　见本书卷二《六字课斋津谈·仰止类》。
②　指慈禧弟桂祥。

庚寅岁有恩于礼，念念不忘！盖当时若无渠先容，则德清师之荐书及礼自上之书，皆只得听其阻于帅阃矣！到津后以不得其的踪，久未笺候，甚以为歉！执事想常通信，乞先为致意！

又及

覆季直信求饬交！未封口，请君取出，阅过封好，以中有要言也。

又致张季直书①
(1894 年 11 月 1 日)

售卷获诵，风簷良苦！寄食冷局，空蝗梁黍。职似客卿，不闻军谋。"孔翠有毒，匪始自今。"尊指谁氏？明以告我！

简贤附势，习士通隐。走独不然，故长寂寂！中立洛、蜀。平心论事。两屏汉、宋，信古研经。鄙贱品学，但能如是。至悲之中，亦有至乐。

征东诸将，纵兵淫掠。彼族因之，招使叛附。平壤大败，不幸言中！关外官民，气尤隔郁。临渴求泉，惟冀天赐！倭不足患，患在角、巢。解散草泽，最为要义。忠图奇策，愿得闻之！敬问
季直先生院撰起居无恙

江湖散人礼顿首

前由洪叔林交来尊缄一件，并此次共收到二缄。

又白

上曲园师书②
(1894 年 11 月 27 日)

客秋下第，病淹钱都，强起入山，侍坐再四，假舆假舟，赐食赐药，铭刻恩厚，莫可言宣！

朔海将冰，台馆拜别，燕云吴月，仍限一方。穷巷闲门，青苔满眼，纸窗萧然，陈编淡对。醉心姚前，痛恨姒后，蓄疑阻质，杏坛怅迟！今秋之试，命驾不果，区区科名，难者若是！墨子非命，夫岂

---

① 录自《信存》，标题原有，下注："九月初四日。"
② 录自《信存》，标题原有，下缺署名及月日。因函中提及王修植（浣生）来津，又据本书卷八《甲午日记摘要》：九月廿八日（1894 年 11 月 27 日）"浣生派水师学堂会办"，故知此信应在此时。

其然：

日本失和，我师不利，边城连失，九重议迁，使相忧勤，几废寝食。咎由诸将，行军无律，淫屠焚掠，驱民附彼，彼又善抚，民遂瓦解。所幸西邻，畏彼气盛，阻抑雄图，巨清之福！

隐居景物，入冬佳胜？林履康娱，视听聪察！文孙问字，高士过从，别有天地，何必桃源？耄学新述，又增几种？侯芭茅塞，愿赐读之！

敬再禀者：同门定海王浣生太史，于秋间来津，上书言事，使相委充水师学堂会办。闻其谈及孙世兄①今夏有安仁之戚，深为惊叹！谨拟《挽语》一联，时远未便缮寄，录呈

慨览，奉唁慈怀：

湖湘出名臣，江浙出大师，想当年胜地论姻，两翁古谊盟松柏！

谢女②有林风，王郎有家学，惊此日文孙悼逝，千里深闺泣蕙兰！

唁 仲 容③
(1894 年 12 月 21 日)

仙交速隐，仓卒反荷。月之中旬，归舟抵沪。忽闻外伯舅夫子大人骑箕有日，来震自天。苦块辛酸，更丁冬雪。然十年林下，撰述手定，君子曰终，赐鸠期及。永嘉曩哲，鲜臻兹寿。昌黎、柳州，亦均未逮。晚依圣教，密忆无量。极乐之生，当能如愿！勉以奉慰，伏望节哀！

滞踪海上，不获躬奠，草文抒悲，乞为焚上！敬请

礼安不宣

（原附：《祭伯岳夫子文》)④

唁张季直⑤
(1895 年 1 月 6 日)

仙交速隐，仓卒反荷，文史一肩，依然故我！淹留沪上，别觅桃

---

① 指俞陛云。
② 谢女为王凝之妻谢道韫，林风指林下风。
③ 录自《信存》，标题原有，署名原缺。下注："十一月廿五日，廿六封。"孙衣言逝世，宋恕寄书孙诒让（仲容）吊唁。
④ 祭文曾易稿三次，定稿见本书卷四《祭外伯舅孙琴西师文》，此处从略。
⑤ 录自《信存》，标题原有，"再白"下署名原缺。

源，誓专著书，待访千载！我躬功业，不敢复希！

封翁捐尘，接赴冬仲，正值束装，不暇寄挽。且知生而不知死，"吊而不伤"，古之礼也。封翁及睹名成，寿终牖下，魂气归天，可以无憾。区区奉勉，但愿执事他日正色立朝，不负初志如王沂公，则孝道全矣！岁寒，伏惟节哀不宣！

季冬十一日

存礼拜唁

敬再白者：合肥楚宝观察得莫须有之罪，走窃伤之！走与此君，交将十载。钦其孝弟仁恕，好学工文，生长富室。而韵格特高，策名军府，而本色不改。徒以实心除弊，结怨同僚。不幸局吏外通，遂被腾谤。走虽隔局，难知其详。深信生平决不为此！且彼国军火，刻意求新，购旧于我，尤理所绝！京邑习气：不察流言，遂与溺职之龚、丁，殃民之卫、叶①，同登弹简②，欲置极刑，斯乃贤者之奇穷，天下之至悲也！

此君在津，以相甥故，干求如市，有谀无规，走独避嫌自疏，罕至其局。间相过从，每贡规词，此君不以为忤，尤人所难！人微言轻，雪枉乏力。然昔丁其盛，不敢不避附权谋利之嫌而自疏；今丁其衰，不敢效避受恩讳恶之嫌而下石，此贱子待故人之私例，亦即贱子戾斯世之一端也！

先生领袖清流，倘能为解于诸公间，拯贤穷，备国用，功莫大焉！义莫高焉！若畏王参元多钱之名③，师柳子厚缄口之慎，则姑存鄙言，以俟论定可也！

此君诸兄皆恃富骄人，倚势作威，独此君怜贫悦学，以气味不投，极为诸兄所抑，故其家虽富，而钱在此君手者不过百分之一二。盖诸兄既不友，而诸弟又挟后母之助以相陵。一门之中，惟此君脱俗，亦惟此君薄福。良可叹矣！

拙著《筹边三策》④奉正！然断非今日之中国所能行，姑以笔墨报食践而已。九月初，有信致左右，中云："关外官民，气尤隔郁，临渴求泉，惟冀天赐，倭不足患，患在角、巢，解散草泽，最为要义。"今

---

① 龚指龚昭玙，丁指丁汝昌，卫指卫汝贵，叶指叶志超。
② 指翰林院35名翰林联名参李鸿章折。
③ 见柳宗元《贺进士王参元失火书》。
④ 见本书卷四。

果验矣，可叹可叹！然能速收民心，以图自强，未为晚也。

致陈浚卿书[①]
（1895 年 1 月 7 日）

壬春一别，忽已三霜，滞踪燕郊，旷绝音问，驰仰之忱，与日俱积！

客秋回杭应试，道出申江，于二南[②]处拜诵洋洋大篇[③]。得悉别后有独访异人、畅谈丹理之举，甚慕甚慕！

礼承合肥使相凤麟之知，感激图报，而白雪寡和，志难稍展，月受闲禄，苟免饥寒而已！使相以希风往古，落落孤行，崇实黜浮，抑强扶弱之故，久为陋儒、俗吏所切齿。值邻国失好，部将丧师，借公[④]腾诬，身族几殆！痛此浊世，灰心勋业，束装谢病，别觅桃源，决意终我躬于著书学道中矣！

在津求柱史、关尹辈不可得，经济之友亦极寥寥，目见耳闻，狂澜莫挽[⑤]。每清晨遥夕，静忆深谈[⑥]，自悲悲人，不觉泪堕！先生闭门炼性，新获何如？幸赐亲切之言，以拯焚溺之患！兹草数行，托藻轩[⑦]致左右。敬问

起居并恳悔益不宣

致王浣生书[⑧]
（1895 年 3 月 15 日）

凤麟相遇，生平大快！仙交速隐，仓卒谢病，得侍日浅，转快成恨，或苍苍者留以有侍耶？

---

① 录自《信存》，标题原有，下注："十二月十二日。"函末缺署名。
② 指赵元益次子诒琦。
③ 疑指《答赵颂南辨神仙书》，其内容略见孙宝瑄：《忘山庐日记》，180 页，上海，上海古籍出版社，1983。
④ 上二字原作"蓄忿"。
⑤ 上四字原作"无非酒色征逐之徒，势利攻争之事"。
⑥ 上二字原作"先生沪楼之谈"。
⑦ 未详。
⑧ 录自《信存》，标题原有，题下注："乙未二月十九日。"函末缺署名。

淹留海上，但诵《南华》，八儒三墨，暂束高阁，风雨如晦，敬问起居。现寓虹口白大桥仁智里第十二衖第九座房子，门口贴"浙东宋寓"，倘惠书，请依此填面。又及

敬再白者：同郡陈介石、陈志三、蒋屏侯三孝廉，赴试过沪，询奇津客，敬举先生。三君欲修士相见礼，伏望引与纵谈，益其不足，使亚洲多一口通人，即黄种长一分生机，努力教化，毋使山鹿义矩、物茂卿专美东方也！

介石志趣品行，识解文字，皆近黄梨洲。志三著有《治平通议》，其宗旨与礼不合，考证亦或欠核，然才雄学博，亭林、默深之亚，殆非今日经济家张孝达、张季直辈所及，但未能与执事及夏穗卿抗衡耳！至其厚骨肉，笃朋友，善谈名理，广涉艺术，则居然典午上人物矣！屏侯年甫逾冠，卓荦淹雅，为金遯斋山人晦高弟，亦佳士也！

致钟鹤笙书①
（1895 年 3 月 15 日）

别来兴居无恙！

客腊接诵《致杨君书》，深佩盛情！惟有详杨君寓处，走访有待耳！

大著《练义兵启》，已交静涵父子②阅过，暂存敝处。风尘中物色奇士，与共欣赏，多一同声相应之人，即亚洲长一分生机，勿谓空言无补也！兹有同乡陈介石、陈志三、蒋屏侯三孝廉，仰慕鸿名，渴欲修士相见礼。介石志趣品行、识解文章，皆不落第二流。志三撰有《治平通议》、《报国录》，均已刊行，其宗旨与礼虽多歧异，要亦不失顾亭林、魏默深之亚！屏侯年甫逾冠，学问不凡，为敝郡金遯斋山人高弟。此三孝廉，皆浙东英杰，留心经济，磊落光明。伏望执事引与纵谈，增益其所未及，幸甚幸甚！

礼本年淹留沪上，代舍亲阅卷自给，现寓虹口白大桥仁智里第十二衖第九座房子。倘惠函请依此填面。门口贴"浙东宋寓"

京津近日有何议论？合肥情景何似？便乞详示！率此，即请著安不宣

孙小槎大令处未及另候，乞致意！

---

① 录自《信存》，标题原有，下注："二月十六日。"信末缺署名。
② 指赵元益（字静涵）及其子诒琛（大南）、诒璹（二南）。

致黄叔镛书①
（1895 年 3 月 16 日）

申江握手，慰怅五祀，所惜别促，未及纵谈！

吴午乡墨，雅蔚快睹。敬舆秉尺，固知异人。承楚已更胜，尚惠一编！

辛冬撰有《卑议》四篇六十四章，语专质家，意同鸠论，早欲奉削，不得其便。兹托陈君介石带上，乞指疵！

今日大雪，笔冻不缕。敬问

起居无恙

拙著无副，削竟请交介石带还！

又及

致杨定甫书②
（1895 年 3 月 19 日）

客秋九月，由津奉函，不知达否？

仙交速隐，谢病南下，淹留海上，代长者阅求志课度日，闭门诵《庄》、《列》，儒墨束高阁，坐视陆奥宗光、大鸟圭介扬威耀武③，目空神州，悲哉悲哉！商、李、董、朱之罪岂可胜数乎？

在津三载，得奇士二：曰定海王修植，云间钟天纬；得文士二：曰合肥张楚宝，毗陵吕定子。然恕所心悦诚服者，终属平章④。经济之学至平章观止，《七略》之学至德清观止，德清作江湖散人，平章为帖括刀笔辈所掣，位尊而权轻，竭忠而府谤，天生两名世惠我神州，而我神州竟不得受其惠，商、李以法抑儒，董、朱以法乱儒之罪岂可胜数乎？

---

①　录自《信存》，标题原有，题下注："二月二十日。"函末缺署名，此黄叔镛即以前的黄叔颂，都是黄绍第的字号，据光绪己卯科黄绍第贡卷，"字长生，一字叔颂"。但戊子科硃卷和庚寅科会卷均作"字睦笙，号叔镛"。

②　录自《信存》，标题原有，下注"二月廿三日"。函末缺署名。

③　陆奥时为日本外相，大鸟为驻韩日使。

④　平章指李鸿章。

通州张季直①，同郡陈志三，皆自负经济，大骂合肥，实则季直稍胜孝达，志三稍胜季直，去平章尚远。东瓯宋子，独犯众怒而申平章，唇焦舌敝，罕肯虚听。近与志三力争，几伤雅道！仲容与志三结怨甚深，互相丑诋，俱失其平。恕昔以调停，故得罪仲容，又被诮志三，兼所学两异，仲、志愈趋愈远，愈不可合，年来好事者遂有"温学三党"之目，实则仲、志有党，而恕无党，犹洛、蜀、朔三党，朔本无党，徒以秉公论理，不附洛、蜀，遂有朔党之目耳！至此重公案，则仲容之骂合肥，更甚志三，悲哉悲哉！

岭南康长素，顷晤谈半日，所学似过季直、志三。上海张经甫，博古不及长素，而通今似过之。仁和夏穗卿，见解颇近恕，恨未深谈！浙西袁爽秋，一窍未通，蠢如苗僚！丰润张幼樵，一字未识！南皮张孝达，太不读书！湘潭王壬秋，颇能运笔而不晓一政，遵义黎莼斋，拾唾仪、秦而无其文字，吴中吴清卿，欺盗无耻！江西文芸阁、湖南王益吾、闽中陈伯潜、广东梁星海辈，其不通，非复可以言语形容！此曹得名，中国安得不遣行成之使乎？

京师倘有真能读书之人，乞开示一二！

太仆师谢世，海内少一文章家，可痛！录《祭文》呈正！六潭现在何处？再三请详示，未蒙覆及！切祈明覆，以便通信。率此，即请
台安

致夏穗卿书②
（1895 年 5 月 3 日、9 日）

己丑之冬，穷经荒寺，辱临访，未深谈，别后飘零无状，望云惭泥，不通问五祀矣！客秋今春，累闻王浣生锺鹤笙康长素梁卓如诸子扬颂学业，或云"梨洲嫡派"，或云"定庵化身"，诸子非妄语者，始恨知执事晚。

顷又承胡仲巽仲巽志识甚卓，惟读书尚少。示书数简，崇论闳议，奴刘婢赵，睹凤片羽，钦慕益切！然与鄙见有小异者：执事判长夜神州之狱归重兰陵，岭南康子判斯狱也归重新师③，下走判斯狱也归重叔④、

---

① 原信在两行间夹注："季直去年售卷何至于此！闻京师传诵，其故良不可解。"

② 录自《信存》，标题原有，下注："四月初八日，十六附仲巽封寄两湖书院史学斋。"此信为宋夏通函开端，《六斋无韵交集》改为《报夏穗卿书》，未知何据。

③ 新师指刘歆。

④ 指叔孙通。

董、韩、程，敢布区区，惟执事诲之！

下走以为家宇之弊，极于姬周，发、旦抑民，殆甚殷夏。民因抑愚，困不悟故，乃有仁智之士皇、田、孔、墨、列、料、宋、庄、鹖冠^{鹖冠纯乎民主之家，昌黎谓"杂黄老、刑名"。大谬！}之伦，立说著书，期伸公理。虽所立之说或含或露，所著之书或亡或存，要其宗旨，悉归扶民，教不胜世^{神州教不胜世，泰西教胜世，其天乎！}虽有同慨，然师徒授受，源洁流清，世法自世法^{法不得列为周末诸子之一家，教宗自教宗，固截然也。}

自叔孙通以老博士曲学媚盗，荣贵震世，而孔教始为世法所乱，然余子之教犹无恙也。及至江都，认法作儒，请禁余子，余子之徒惧于法网，渐多改削师说，而周末诸子之教始尽为世法所乱。然贤者避世，死守口传，由汉迄唐，高隐遗文，往往急怨怪怒，情殷扶民。世虽远之，不敢不敬，则诸子大义虽亡于庠校，微言尚存于山林也。及至昌黎，借儒张词，排斥高隐，而山林之名始渐夺于华士，然其俗迹太显，未能遽绝山林之教种也。^{世人论文习称韩、柳，论学莫不内韩外柳，实则柳学高韩万倍！惟其高，故见外也。}及至伊川，以纯法之学，阳托儒家，因轲死之谬谈，建直接之标榜，舞儒合法，力攻高隐，党盛势强，邪说持世。世主初疑其怪，既而察其说之便己，遂私喜而独尊之。民贼忍人，盘据道统，丑诋孤识，威抑公理，而山林教种无地自容，一线微言，从此遂绝！文明古族，蠢若野蛮，甘仆金、元，任屠张、李，饿死恒沙，相食泛常，劫窃公行，丞报盈耳，《诗》、《礼》发冢，粉粪蝇璧，虎狼称仁，鹿冢号智，风俗议论，如夜方中，等彼印度属蒙、希腊属土之世，悲哉悲哉！叔始之，董、韩继之，程终之，四氏之祸同族，所谓烈于洪水猛兽者欤！

下走太息痛恨，积郁难宣，思著《子通》、《续〈史通〉》、《续〈论衡〉》三书，理周末之教绪，排长夜之邪说，藏诸名山，俟诸其人，人事多阻，未能急就，就正有道，尚需年时，先质宗旨，以验离合。

执事倡议改教，甚负盛意。然下走窃以为图拯神州，不必改教也，复教而已！海东之所以臻此文明者，由有山鹿义矩，物茂卿诸子倡排洛闽之伪教以复洙泗之真教也。海西之所以臻此文明者，由有味格力弗、路得、束盈黎、菲立·麦兰敦诸子倡排教皇之伪教以复基督之真教也，东西之事，复教之明效也。神州复教之业，天其或者责吾曹欤！然下走尝自衡于东西倡议复教诸子，识虽不让，力诚远逊；所见海内可人亦皆力不副识，求如东西诸子之公然倡教、百折不回者，竟未之得，然则此土其无望乎！悲哉悲哉！抑将有待耶？

闻台从即来沪，愿作十日之谈！临素神驰，敬问

起居无恙

恕顿首 四月初九日

敬再白者：顷晤上海张经甫，闻执事有创会之议，志在必行，不禁狂喜！然内外大臣除李合肥外无稍有志识者。合肥以独醒之故，为众醉所排至此，身家且未知如何，况敢与闻斯议！南皮事事门外，事事自居门内，不直真汉学、宋学家一哂，况能窥吾辈之藩篱乎！又安望其能相助为理乎！若无大臣与闻相助，事必不成，奈何奈何！神州长夜数千年，斯议关系之大不可说不可说！成不成固视四百兆黄种之福命矣！摩西能拔以色列人出埃及之水火，何地无摩西，其如今之以色列人甘为埃及牛马何哉！噫！

恕又顿首 十四日

致王浣生书[①]
(1895 年 6 月 30 日)

前接复书，知起居无恙为慰！

近汪穰卿、夏穗卿与上海张经甫焕纶、归安钱念劬恂、胡仲巽庸等，议立公会，开报馆，以联络海内才士，畅发神州积弊。孔子曰："名不正则言不顺。"今人称我国为"中国"，所谓开口便错！宜正其名曰"神州"。穰来沪，邀恕及诸君子聚议经旬，识解多歧，竟不能决！

钱塘孙慕韩、仲玙兄弟，客岁创和可嘉，今复欲力劝合肥坚请更法，其勇尤可钦！仲玙坚属恕拟一《罪己文》[②]，请向渠索原稿一阅。虽然，吾知其难也！

近与穗卿通书论学，宗旨大同小异。虽然，窃窥夏子之学，可谓广大矣，精微则未也。长素近亦接谈一次，其学能破东汉经师之障，而未能破西汉经师之障，其论时务，尤为隔膜！虽然，可谓中智之士。此土众生，经数千年众魔愚弄，求中智之士，尚落落如晨星，悲

---

① 录自《信存》，开首称谓原缺。

② 《罪己文》应即本书卷四《拟光绪皇帝罪己诏》，嘱写者实为孙宝琦（慕韩）等人。孙宝瑄（仲玙）是宝琦弟弟。

哉悲哉！

虽然，智、仁、勇，缺一不可！今我国虽有上智其人，而其人之勇未能及味格力弗、束盈黎、路惕、菲立·麦兰敦、山鹿义矩诸君子万分之一。无勇则虽智且仁，不敢公然著书力辟众魔，然则上智之无功于世与下愚同耳。虽然，我国数千年来，上智亦复不少。即就朱明一代观之，如方正学、周吏部辈①，其勇岂不无上，惜其以十分之勇为魔干城，不为圣御侮也。此则诸君子认魔作圣之误也。正学勇于哭朱氏之一长孙，骂朱氏之一庶子，而不勇于存身以救天下之苦。吏部勇于就戮魏党，而不勇于起义兵以除凶虐。故恕尝谓数千年来死节者皆为魔死，未有为佛死者。孔子不取召忽，而极称管仲，大义炳然，奈何熟视无睹！哀哉！虽然，方、周诸君子，其冥顽不灵虽可深惜，其无上之勇则可深钦。彼等缺我曹之智，我曹缺彼等之勇，而彼我之仁心乃均不能达之于事业，神州于是乎不可救药矣。

恕不佞，不忍同胞长此处黑暗狱，欲为诸君子约做三事。估妄言之：一曰力攻大魔以明佛道。神州汉后大魔四人：叔孙通、董仲舒、韩退之、程伊川。孔、孟即我国之佛。二曰聚徒讲励以鼓仁勇。明人讲社盛开，故气节之士十倍今日。三曰联名通禀以尽己责。窃谓宜作一痛哭流涕之《公启》一通，刊印多张，转相知照。能得数十百人联名通禀京外大臣，力请奏恳变法，虽十九不听，然我曹必须有过此举，方为已尽己责。质之执事，以为何如？走笔不觉狂言盈幅，即请著安不庄

闰五月初八日　旧属宋恕顿首

致贵翰香书②
（1895 年 7 月）

久别甚念！屡欲寄书而不果，以年来心绪无聊、志趣衰退之故——盖有不能为故人道者，可叹也！

去夏朝鲜事起，举国主战，独弟主和。平壤未败，辽东未失之前，弟独决其必败必失。不幸而吾言中，不幸而丧地千余里、银数万万于主战腐儒之手③，犹幸俄、法、德诸国忌日之强，而喜我之弱，勒兵逼还

---

① 指方孝孺、周顺昌。

② 录自《信存》，开首称谓和末尾署名均缺。

③ 指翁同龢等。

侵地，否则，险要尽为敌据，大局不堪设想矣！虽然，俄、法、德诸国，何怨于彼？何感于我？而极力相助，此其故不必论矣！而京外百官仍在梦中，竟有长倚虎俄为外援之意，吁！愚至此乎？

李合肥之才识实远胜馀大臣，惟早知我国一切政事之有名无实，不可与东、西各国同日语，而不痛哭流涕、力请改法新民，未免失之无勇！虽然，言之易，行之难。弟抚躬自问：使处合肥地位，恐亦不能毅然犯举国腐儒之怒而力请改法新民也。至"知人"二字，古圣难之，即贫贱如弟，留意访察如弟，宜若无有心相欺之人，无被人愚弄之事矣！乃十余年来，被伪君子、真小人愚弄，亦复不少，何况堂堂使相，所接半皆有心相欺之人，安能毫无被人愚弄之弊？此乃数千年公理无权大病根之一外症。生我国中，为我国大臣，虽使孔、孟代合肥，亦无以愈于合肥，惟孔、孟当能日日坚请改法新民耳！合肥虽曾有改法之疏，未能至再至三。方今是非不明，赏罚不公，忠臣灰心，邪党得志：以大言欺世、未见敌而遁之吴清卿而仍回巡抚本任；以纵兵殃民、僭称尊号、未见敌而大掠民财、自焚抚署出走之唐伪主[①]而优予休致；内外大臣，或情或贿，极力为此等大罪人解说，使得逍遥法外，而且富贵依然。而前有大功、今无确过之李合肥，徒以平日好西法、轻帖括之故，积怒于京外腐儒，遂被群小乘机腾谤，诬以莫须有之罪，苟非九重明圣，几何不自坏万里长城？吁！是非赏罚，大半操于京外群小之手，忠义之伦，安得不解体？兄亦悲此否耶？

弟去岁在津，见旅顺失守，仙佛示兆促避，遂辞汉文教习差使回上海，今年代敝外舅阅求志院卷度日，不敢复作出山想矣！世事家事皆无可设法，夜夜焚香拜祷观世音古佛而已。兄年来公事益繁，尚有余力可以看书否？开卷有益，勿稍怠也！

杭州汪穰卿进士康年有大志，近创议立公学会，意在联络满汉志士，讲求泰西实学。惟弟以为立会干禁，恐有未便。穰公以为今犹不力图自振，他日悔之何及。兄谓何如？或可一访其庐纵谈时务并索阅章程乎！

志三刊行《治平通议》，弟今春始得见，多未浃鄙意。[②] 郑陶斋所著《盛世危言》，虽有可采，然东剽西窃，学无源本，未足言著书也。何启《时事论》亦无源本之谈，薛叔耘《四国日记》亦无源本，然诸书

---

① 指唐景崧。
② 详见本书卷四《书陈蛰庐〈治平通议〉后》。

征实处皆足资考镜，不可不涉猎一过也。

老伯母想康健如昔，乞代请安！吉三近来当有进境！弟处境奇艰，不得不借佛经以排遣。兄处平顺之境，但须常玩《明儒学案》以治心足矣。经济之学愈多看西书愈妙，日本人所著《万国史记》不可不细看一过，并宜广劝朋友、门生读之！此书于地球万国古今政教源流，言之极有条理，我国人所不能为也。

致钱念劬书①
（1895 年 7 月 25 日）

申江相见，伟论快聆。别后闻已晤当道②，此公见解，仍不出铁路、矿务一步，可不谓大哀乎！秣陵人物何如？恐大半芰荷衣裳，秋来不堪着也！亦颇有山幽桂树耶？容纯甫多情故国，公耶？私耶？好一座钟山大讲堂，乃以供养胸无点墨之梁星海，可谓有"弄獐主人，伏猎宾师"，相得益彰之乐矣！昔人云"宰相须用读书人"，恕谓方镇尤须用读书人，今以吏胥才，内作师保，外任封疆，何如哉！少墓帖括滥调，长沙《四库目录》，抄之不足，又抄《六部则例》，又抄《申报》，又抄《同年记》，非吏胥才乎？奈何今人称常熟、南皮辈为读书人也！噫！常熟、南皮而以读书人称，斯真读书人之所以不得不拜受江湖散人号也！

日本能决然舍去数千年之衣冠以从西衣冠，我国不能舍去二百年之衣冠以从西人，度量相越，岂不远哉！然彼国自新之源，不外能用真读书人而已。按彼中昔亦极崇程、朱之学，自处士山鹿义矩首悟其非，著《圣教要录》，申孔、孟之旨以排斥之，终身禁锢而不悔，未几，物茂卿继起，大张旗鼓，声讨洛、闽，门徒甚盛，贵人渐多从之，由是邹鲁之真传遂大昌于彼国，而自新之机开矣！噫！我国何尝无山鹿、物氏其人，邪说方持世，孤识谁解赏？此自关赤县众生福命。先生谓"黑发者种类不佳"，恐未必然！要是黑发者福命不佳耳，虽然，东邻非黑发者耶？今竟福命大佳矣！岂此土众生福命独无佳之一日耶？

《四书》、《五经》，何语不切实？何语不与今之泰西政教论议若合符节？所恨汉后俗儒，群以鞅、斯之义乱孔、孟之真，而程、朱尤为大股悍贼，其说经专主抑民权，与孔、孟专主扶民权大谬！而挟世主势，以

---

①　录自《信存》，标题原有。

②　当道指两江总督张之洞。

号于人曰："孔、孟之真传在是也！"西人不解此土古书，仅据俗儒口中之伪孔、孟，以轻周末堂堂之真孔、孟，而孔、孟遂蒙不白之冤于欧洲，此则孔、孟身后之大厄也！下走自束发读程、朱传注，即深不满，稍长，著书数十、百万言，发挥孔、孟与程、朱宗旨之大异，十年来飘泊江海，求可与谈此者，千万中难得一二，悲哉！先生非俗儒，其或相印以心乎？

慕韩、仲玙，大可期望，其志识，在部属中胜沈子培、袁爽秋辈何止天壤！仁和高子衡，志趣不凡，刻欲与南皮筹援黑旗，勇哉不可及！但渊亭素为唐伪主所阴妒。南皮与伪主一气呵成，未必肯暗助真义士也。虽然，此公好名，或为之以博忠闻亦未可知！先生宜助子衡言之！

走笔不觉狂言盈幅，即请

暑安不宣

恕顿首　六月四日

恕论国朝人著述，以黄黎洲《明夷待访录》为最，颜习斋《四存篇》次之。近德清戴子高极力表章颜氏，撰有《颜氏学记》刊行，惜坊间流传不盛。颜氏之说未能捣碎三代，然其抉汉、宋俗儒祸民之弊，可谓痛切十分。原板闻在金陵，望先生力为流传，以继乡里前哲之志，至嘱至嘱！

恕又顿首

汪穰卿苦心谋公学会，大可钦感！惟公理不明，已数千年，欲开此学，难若登天，鄙意以为当从表章先觉入手，是否？

恕又白

致梁卓如书[①]
(1895 年 10 月 2 日)

别来无恙！

毅伯、经甫相继示书，知编近文，盛意索稿。

平生所学，不落焚余。上乘之言，深藏石室，出以公世，尚非其时；下乘之言，不必入选；中乘之言，则可稍登，当录数卷，寄上

---

① 录自《信存》，标题原有，下注："八月十四托姚颐仲带京。"称谓及落款原缺。

先闻。

仲春之谈，未宣万一，企来此间，畅质所蕴！敬问

起居　长素先生乞代致意

《文编》① 体例，可否示知？

致陈志三书②
(1895 年 10 月 3 日)

别来无恙！

昨姚颐仲来言："闻金陵帅幕说：'香帅见陈氏《通议》而大悦，渴欲接谈，屡向幕员询踪，而皆以不知对。'我今欲劝志三往谒，又恐帅情莫测，万一始爱忽憎，途穷可虑，是以未敢冒昧劝驾。或俟我到省后再看何如？彼时同年同客，诸事似较便也。"此公"现将以知县到省——江苏——引见过此"，姚言如此。侄理应立即通知，至往谒与否，长者自酌，侄不敢劝，亦不敢阻。

五弟深承善诱，感激何似！侄以法贼猖獗，万不敢回乡，且不敢频与诸弟通信。以每一念及舍间事，便五内汗出，眠食俱废，笔未提而魂先若存若亡，又恐法贼知诸弟与我通信，私刑拷打，而我万不能救也。

回乱日甚，陕甘大震，杨石泉已得革职留任处分，董军望风降溃，全局又复摇动。刘仲良以保教不力，革职永不叙用。常熟当国，乃有此举，较之合肥孰为畏洋人乎？

日本日督在台设局保良，开学教士，极意招抚汉、番，台北民心不可复挽矣！《申报》所云，全系子虚，避嫌媾阅，不得不然也。不习台湾水土，兵士亡于疾瘴甚多，顿守北中，不敢向南，渊亭孤忠可敬！但恐难为精卫耳！唐景崧则做皇帝不成而不失为富家翁矣。可叹！

近日西人奇议甚多，不敢述也。穰卿以议开崇实学堂之故几不容于乡，省垣尚如此，然则利济之蒙谤宜也！③

　　　　　　　　　　　　　　　　侄恕顿首　中秋日

---

① 指《经世文新编》，1897 年由上海大同译书局印行。

② 录自《信存》，标题原有，下注："八月十六，托张文伯。"

③ 指陈虬创办的利济学堂。

致贵翰香书①
(1895 年 10 月 3～8 日)

六月廿二日接读覆书，如对故人，甚慰甚慰！

汪君公学之议，其志诚大，而事必难行。阁下所虑云云，甚是甚是！无识之徒群骂合肥，阁下能不以耳为目，尤堪钦佩！

《万国史记》、《颜氏学记》皆是极好书。阁下能不厌百回读，见解自必日新月异矣！现又有一部极好新书，书名《泰西新史揽要》，系西士李提君所译，急宜买读也。

弟己丑、庚寅间客杭，诸承照拂。癸巳秋试遭病，又蒙老伯母与兄留署调养经旬，高谊盛情，铭感莫宣，愧未报答万一，何反言铭感我耶？

弟昔年议论与近日大旨虽同，而小处颇多不同，良由阅历益深之故。恨不能晨夕纵谈以质是非。

各教宗派或有专书，或未有，或虽有而未译未见。就弟所过目者言之，莫如西士所译之《古教汇参》，不可不读！

自去年秋季起，求志史、掌二斋课题皆出弟手，惟性惮缮写，虽有佳卷，难以寄阅，此种题亦甚难得佳卷也。赠经甫联语当遵命拟上。康长素止接谈一次，未敢论定。弟近来论人极慎，以昔年轻于论人，往往大误也。

吉三忠勇奋发，宜赏反罚，天下事多如此，如之何其不丧师失地也！方今河南、山东水荒，陕甘回、汉合乱，传闻已失七八州县，我辈居江浙乐土，可谓福大！然不可不时刻念及彼等之苦而思设法以补救万一也。手无寸柄，奈何奈何！

欲言不尽，敬请

勋安

老伯母大人福安

弟礼顿首②

敬再启者：贱室前患呕吐，服尊开之参术健脾丸得愈，不胜感谢！

---

① 录自《信存》，标题原有，未注月日。此据前、后二函时间。

② 原注："吉三兄乞致意。"

尚有一多年久疾从未医治，近渐加重，敢述其症，恳赐一方！

　　缘贱室素体弱，近更甚，经少而淡，筋常燥跳，饮食、二便如恒。昔年处境艰危，忧惧气结，遂患心孔作痛，痛地在两乳之间、脐之上，两骨之中凹处，低于乳而尚远于脐，俗名"心孔"，不知究属何经？其痛连旁骨，并连对背，痛时得食则减。按与不按，痛无增减。前数年发而不密，近则发渐密，痛亦渐重，一月有时连发十余日，一日有时连发三四次，未知有何妙药可以疗此？已延搁四五年，未服一剂治之，今不可再延搁矣！恳阁下开寄一汤方，或丸药方均可。费神之处，益深感谢矣！

礼又顿首

致汪毅伯书①
（1895 年 10 月 8 日）

　　别来无恙！

　　公学一事，前闻令弟转述尊意，待文学士过鄂再议，文今已入都，未悉有过鄂否？有议及否？

　　始夫南行，有何消息？陕甘回乱，有何确音？寓鄂诸君，有何新论？便乞示知！

　　鹤笙才似景略，经甫学似仲淹，巽、玙二子则神清识旷，似叔度、林宗一流，数君密集，益我不浅，恨执事远隔耳！

　　清宵玩月，忽忆故人，率赋一律，寄候

起居　即请雅正

弟宋恕顿首　八月二十日

（原附：《寄汪毅伯》七律一首②）

致孙慕韩书③
（1895 年 10 月 18 日）

　　别来无恙！

---

①　录自《信存》，标题原有，下注："八月廿四日托仲巽。"
②　参见宋恕《寄汪毅伯》（1895 年 10 月 8 日）。
③　录自《信存》，标题原有，下注："九月初三交仲玙来使。"

项闻从事北幕，慷慨论列，补救万一，是所深期！

比者俗议沸腾，妄引金、宋。不知金为宋仇，日非我仇，理绝不同；宋民愤金，我民乐敌，情绝不同；韩、岳屡胜，我无一胜，势绝不同。以如此显然不同之理、情、势而谬相牵合，千口一声，指忠李为邪秦，仰民贼为清领①，昏野若此，齐东不如！尚复谈何经史，谈何时务！然颇有学识，而违心媚世，冀保名禄，则孔、孟之所谓"乡愿"矣！割地偿费，未为大耻，公卿大夫不智、不仁至于斯极，乃真耻之大者。舍二种求人物，茫茫海内，落落晨星，执事固晨星之一也。愿益远其光而为晨星之冠焉！

奉赠一律，聊致鄙忱，敬问

起居

弟恕顿首　九月朔日

（原附：《寄孙慕韩》七律一首②）

致高子衡书③
（1895 年 10 月 21 日）

前者屡陪谈宴，别来无任驰思！

闻从事译局，局内局外得佳士否？陇回④、台刘⑤有何的音？雨苍通信否？念劬频见否？

苏、杭小轮舟来往甚便，何必开铁路以夺民食。不试开于京、津，而试开于苏、杭，何仇民之甚也！执事盍姑上一禀为江、浙间无数舟子乞命乎？

南皮好谀恶直，恐必不能重用。风骨清刚之执事，何不索性贡直？不合则去为游士，痛洗俯仰逢迎之辱乎！非执事不发此言。

毅伯公学之议，金陵有和者否？岭南康长素亦有强学会之创。但望此种举动渐多，将来必有收实效之期矣！

率笔，敬问

---

① 李指李鸿章，"民贼"指张之洞等，"清领"指清流领袖。
② 参见宋恕《寄孙慕韩》（1895 年 10 月 18 日）。
③ 录自《信存》，标题原有，下注："九月初四托穗卿，是晚穗、鹤同往金陵。"
④ 指该年春甘肃、青海一带相继爆发的以刘四伏等为首的回民起义。
⑤ 指刘永福在台湾的抗日斗争。

起居

弟宋恕顿首　九月四日

致孙仲玙书①
（1895 年 10 月 22 日）

三晨走访，途遇贵使，出手书，乃知尊体违和，未能见客，怅然折回。今想全愈，甚以为念！

雅集事极好而极难，鹤笙昨赴金陵，恐从此止矣！俟阁下何日出门，细与诸同人酌议，或暂止，或竟止，或不止，可也。

穗卿由杭来沪，昨与鹤笙同舟赴宁。伯皋尚未动身。

顷晤岭南麦孺博，知其师康长素被同乡李若农侍郎嫉妒排击，不遗余力。长素志学何似？虽难遽定，要胜顺德百倍！小人抑才，真堪发指！此辈一日在朝，苍生一日受祸，无实而有名，以浊而冒清，洪水猛兽，岂足方哉！高阳、南皮，皆此辈也！噫！

致钟鹤笙书②
（1895 年 10 月 22 日）

昨晨满拟造府，恭送荣行，阻雨不果，甚以为歉！撰有送行拙诗一首，亦未及呈，兹敬求世兄附府报寄上，乞哂存！

金陵如遇佳士，请开示姓名。恕平日求友，约分三种：一种以性情胜，即孔、孟之所谓仁者也。一种以学识胜，即所谓智者也。一种以志趣胜，即所谓勇者也。能兼三者，如先生辈，海内有几？能兼二者，亦甚难得。苟有一于是，已足称佳士，恕所愿友矣！如此求友，先生当有同心乎？

信笔，敬请
旅安不宣

宋恕顿首　九月初五日

（原附：《赠钟鹤笙》五律一首③）

---

① 录自《信存》，标题原有，下注："初五日自送交。"称谓和署名均缺。
② 录自《信存》，标题原有。
③ 参见宋恕《赠钟鹤笙》（1895 年 10 月 22 日）。

致杨定夫书①
(1895 年 11 月 7 日)

　　顷接蔚兄信并寄来大笔《寿外舅文》稿子，属办屏幅，本应遵办，惟恕以平生受外舅恩知最为深重，业已自行撰文送屏，不必再与诸娅合送，此意早定，故不曾知照诸娅，以联合则须早相知照，单名自送则不必知照也。敢闻，并烦转知蔚兄。原稿奉璧，或归执事单送，或与蔚兄两名合送，伯龙已逝世矣，可怜可骇！执事自与蔚兄商办可也。

　　外舅寿期春初，屏幅若由沪办，须寄京写，又须寄出，多少曲折！况近海冰，恐必误期，宜由京办，随写随寄为便。可直寄瑞安。

　　至尊稿比外舅于止斋，确切不移。惟"不污"云云，阴诋合肥，则贱子所不以为然者矣！合肥才识品行，高绝一代，若恶其为将相而薄之，则陆宣公、郭汾阳亦在所薄乎？若以其不能文而薄之，则国朝位至督抚者，除曾文正外无一能文，即文正亦但能为金石之文，而不能为论议之文，何以独薄合肥？圣人云："众恶必察。"愿执事勿为楚国群蝇所惑也！辱雅爱，不敢不贡其直！

　　康长素拟开报馆于京师，恐无益处。今上海报馆有三，专以逢迎时贵、变乱是非为事。京师忌讳更甚，安可以开报馆！果开之，其逢迎变乱之弊必更甚于上海！常熟、南皮之不通非可以言语形容，然常熟尚较有书卷气，南皮则竟是温谚所谓"土老"，孟子所谓"民贼"。艰危至此，乃用此辈为大臣，尚何言哉！噫！

宋恕顿首

致陈志三书②
(1895 年 11 月 8 日)

　　叔明来，接谕诵悉，姚③未出京，尊函俟其来沪面交。

　　此间西报馆接北京电信，言甘肃已大半为回所据，政府不敢宣播，将成李夏之局。八月下旬，日本下台南，兵民望风降溃，刘帅亦送降

---

① 录自《信存》，标题原有，下注："九月廿一日交阿京。"
② 录自《信存》，标题原有，下注："九月廿二日，托季布带交。"落款原缺。
③ 指姚寿祺（颐仲）。

书。既降而内渡，竟与北边诸将一辙，殊出意外。盖刘军之必不能胜彼，我早知之，而终归于降，则我所不料也。

舍五弟幸列泮宫，皆先仲丈与先生循循善诱之力，感何可言！侄频年不归应岁科试，非薄优拔贡而不希冀也，徒以法贼未灭，不忍归、不敢归也。乡人或谈及，无论亲疏贵贱，均祈直告以此故。

至前拙函所以坚嘱文伯勿轻交人带瑞者，恐忌先生者众，或有私拆、匿去之弊，故函面题介石，不题尊姓字，以介石名稍晦，易免私拆。又未敢信文伯，故函中事情不敢向文伯说起，区区苦心，惟恐误长者之事，非因中有"法贼云云"，恐人开看。盖法贼之为我深仇，十年前已明宣诸人，何况近年。亲友中有代我明宣者，君子也，侄之所感也。有不肯代我明宣者，小人也，阴为法贼地者也。偶申及也。介石、立庵诸同志均此。

现不敢与宗观察①通信，亦以法贼之故，恐其影射虐良，非忘宗公之知我也。晤宗公时，乞亦直告此意！

致陈载甫书②
（1895 年 11 月 18 日）

久别甚念！

年来意兴毫无，心中茅塞，故惮作札。前已告阁下云："今吾非故吾矣。"所以留滞他乡者，非有壮志，徒以法贼未灭，若回温州，万不忍、不敢到鲍垟省母，故不得不留滞他乡耳！不然，岂不知侥幸优拔贡——总胜生员许多哉！

本年在沪止用一女仆，每月工洋二元。沪上工金极昂，不能用男仆，出街买物皆须躬亲。房租连巡捕捐、看门费，岁须洋六十元，然止一楼一底耳。代敝外舅阅求志卷，岁得规银二百，合洋元二百六十余，若住瑞、平，可雇两女仆、两男仆矣！此间柴米俱贵于吾乡，然较天津则贱，洋钱一元止换钱一千左右，至贵时不过一千零四十，平常止一千或一千零十、零廿文，每百又止九十八或九七、九六文。岁出洋六十元，可租大房子矣，何至躬亲劳琐，又住小房哉！然法贼所为，目不忍见，耳不忍闻，不能不避地也。

---

① 宗观察指温处兵备道宗源瀚。
② 录自《信存》，标题原有，下注："十月初二交局寄仲恺转交。"陈系宋恕表弟。

飘泊十年，身经百病，积弱成虚，从未调补，兼之攻苦太勤，手不释卷，遂至气血两衰，精神年逊一年。近来记性、思虑减退可怕，日间不能多谈，夜间不能看书。若念及舍事，则五心汗出，人欲昏迷。医者谓再不调补，将不可问。辍学服药，冀复原体。近况如此，聊以奉闻。

一等第五，尚可望补，预贺瑞城文学极盛！伯龙之变，实出意外，可悲之至！良师益友，晨夕过从，又天伦密聚，其乐莫名，不胜仰慕。即颂

文安　并潭第均吉　舅父母大人前乞代请安　令二、三弟文祉。

礼顿首　十月二日

求志山长仍是止园师。礼系代阅，来函误填"山长"，敢白！

复周仲龙书①
(1895 年 11 月 18 日)

得书敬悉！

令堂之痛，信无可排，勉节悲哀，珍摄动定。

承询各节，顷已代查，正拟函复仲恺转达，兹径以闻。张覆附上，大略如是，其详似须询之译署。

此复，敬请

礼安　姻母大人前乞代请节哀不庄

复周仲龙书②
(1895 年 11 月 29 日)

初十得书，十一二两日连访李君皆不遇，惟晤局友程君秀三知令先兄柩尚未到。今早又走访，得晤汝才，向询一切，据云："柩附货船，八月十九开，本月十五可到，应办事宜，弟自能妥办。荫子一节，星使业已函请仲翁开寄详细履历核办。惟入城一节，弟到局十余年，办过随员归丧两次，皆无星使给文入城之事，卒皆不入城。若欲于此间关道处

---

① 录自《信存》，标题原有，下注："十月初二交局寄仲恺转交。"称谓和落款均缺。
② 录自《信存》，标题原有，下注："十三交局寄仲恺转交。"函末署名原缺。

想法，仲翁业已禀求不准，难再启口矣！"礼告以令先兄未卜墓地，柩经两城，若不得入，大有难处，坚请其代求该局总办移请瓯关道宪准其入城，李已诺为代求，未知局总允否？谨先以闻！

至起柩、过船诸事，礼已切嘱李君格外照料周密，想能稳速，请放心！许参赞月初过此，曾同席一晤，询以荫事，据云："未曾办过。惟知有职衔者皆得荫一子入监读书。其时许已半醉，不能细谈。次日即往金陵，彼此未及来往。日来别晤海客，询荫恤等事，所述亦与许君及前函中语大致相同。礼思使馆公事，译署恐有微权，除详细履历须早寄星使外，似宜与译署通消息以防格抑。沈子培现在该署，颇用事，渠与黄仲弢至交，可一托也。"

轮开，匆匆不缕，即请

礼安

致贵翰香书[1]
（1895 年 12 月 2 日）

九月初五，接读八月廿五来覆，敬悉一是。承拟贱室丸方，感谢感谢！比惟勋学兼茂是颂！

兹有一事奉商：缘唐雨苍于六月初由镇江来沪，去投刘永福，意气甚盛，阻之不可，乃去后至今杳无消息。其妻子尚寄镇江，积欠房火钱至二三十千，十分着急，屡函恳其徒张东如设法度日。张君授徒力薄，走商诸弟，欲为唐氏妻子谋一生路而不可得，弟再四筹度，惟有阁下与多吉三系雨公生平密友。又雨公前曾寓府，其内眷与老伯母、嫂夫人等情意浃洽，或可仍恳阁下或吉翁招留入署，徐访雨公消息。

惟刘军于仲秋之杪降溃，刘帅及官署兵勇皆早已内渡，事阅数月，何雨公独未回？若系他往，何无一信寄家？似此情形，大约凶多吉少，难望生还。然则孤儿寡妇，倚仗何人，未识阁下与吉翁能于杭地代谋一永远生路乎？

壮士效忠，如此结局，想两公闻之，当为心酸泪落矣！不揣冒昧，奉商此事，东如渴望回音，伏祈裁夺早覆，即请

公安　吉三仁兄均此

---

① 录自《信存》，标题原有，下注："十月十六日交全盛局。"落款原缺。

致周仲龙书①
(1895 年 12 月)

初十，阿明来，接书敬悉。已于十三日函覆一切，寄仲恺转致，想早入鉴！

顷李君言："局总答以向例所无，不敢起文。入城一节，或可临时由家属禀求地方官，此间实难设法。"敢闻。

令兄枢到多日，已嘱汝才格外照料，妥为过船，请放心！

前者令兄入梦，言纸钱极有用处，但以源源为妙，不在一朝一夕之多。其说甚奇！幽明之故，恍忽难定，沿承俗例，固不可笃信，亦不可笃不信欤！

致张经甫书②
(1896 年 1 月 12 日)

本年诸同志议创雅集，久而章程竟不能定。良由诸君子志虽同而见解各异：甲之所畏在此，乙之所畏在彼，丙之所愿在此，丁之所愿在彼，譬如夷、惠、尹、孔③，虽同为圣人，而清、和、任、时，性情各别，若使合议一办事章程，亦必久争而无所取决，其势然也！

近日反复细思：似宜暂停议章，将本日以前各人所拟多条，一概作为废纸，暂去雅集之名，退公所之借，辍逢期之聚，而先行雅集之实。所谓行雅集之实者，亦不过获一佳士，须互相知照，令诸同志皆得识面一事。试行一年，如果吾道略有生机，善类日多一日，彼时再行公推集长，大张旗鼓，妥议章程，力振正学，未为晚也！

若勉张求速，深恐有名无实，有貌无神，贻讥西士，内疚寸心，且为强张会④之附庸，则恕决不肯，想诸君子亦未必甘为妄庸者下！若抗彼贵人会，则江、黄敌楚，决无存理，固不如早见几矣！

---

① 录自《信存》，标题原有，称谓和落款均缺，日子也未注明。
② 录自《信存》，标题原有，下注："十一月廿八日。"称谓和落款均缺。
③ 指伯夷、柳下惠、伊尹、孔丘。
④ 指以张之洞为核心的上海强学会。

致姚颐仲书①
（1896 年 2 月 26 日）

文旌过沪，获侍清谈，酌宜古今，持平中外，涑水之学，龙川之才②，朴实豪雄，二难兼擅，握手恨晚，见乃逾闻！

别后假读《留婴公墨》，恻隐真切，出入分明，窥豹一斑，足信全体，言行克副，钦折益深！望舒几圆，德辉遥隔，复萌鄙吝，渴企芟夷！

英甫广文，枉临敝寓，虚怀壮愿，立懦消矜。拜诵惠函，敬悉近迹，驰驱一命，辛勤余冬。关河孔修，哀鸿遍野，仁者触目，伤情奚如！自昔圣贤，不卑下位，百里之长，喜春怒秋，鲁山何人？勉光前美！

珂里文物，素所倾慕，邻接省治，得气尤先。讲舍创开，时务专课，忠谋桑梓，力扩规模。辱进凡愚，俾司校阅，承命惭汗，何以酬知？谨拟数题，抛砖引玉，尚冀执事与祝、张诸君子，随时指诲，不惮周详，固陋贻讥，庶或稍免！

强会之禁，业有转机。穗公聪通，拔俗寻丈，定庵之后，几见斯人？志三孝廉，有书属寄，附上左右！此公论议，诚极超群，然按之鄙衷，离合犹半。至其内行纯笃，大度汪洋，树骨苍坚，治事整暇，则五体投地，远愧弗如矣！

苏、申咫尺，仕学交资，频赐教言，是所至祷！

致王儒舲书③
（1896 年 2 月 29 日）

申江握手，见乃逾闻，静气虚衷，消矜化躁！

别来半载，无任驰思！两辱惠书，如亲谈笑，冬深俗积，缓答为愆!

萧署授经，犹存本色，胜入宦海，震惧风涛。兰亭首春，清兴何似？

拙著《卑议》，聊写伤悲，语专质家，意同鸠论，大雅有取，感或同欤？才、学、性情，三美兼备，先民尚难，何有鄙贱？过承奖饰，惭汗奚似！阳明、黎洲，素所宗仰，前后辉映，皆出珂乡。越州山川，今岂殊昔？茫茫坠绪，匪君孰寻！

汤子蛰仙，近已获晤，既狂且狷，绝异时流。三月青阳，飘然解印，绍芳彭泽，尤所心钦！信侨①未识，曾诵其作，陈义简要，物则之言。珂乡多贤，于兹益慕！

上海强会，开局客冬，岭南康君，实尸其事。借重督府，号召闻华，本图广声，卒被掣肘。朝献报纸，夕奉勒停，其时京会，犹未封禁。恕初闻斯举，亦拟与谋：嗣以列名诸君，品杂真伪，颇或势利情浓，诗书味浅，遂乃决然自外，不敢趋风。俄焉俦党相攻，局事内溃，私幸守拙，得免分谤。承询谨白。

鉴湖，歇浦，绿波遥通，赪鲤北游，企附尺素！

复钟鹤笙书②
(1896 年 3 月 5 日)

前日承学塾③之命，青眼热肠，铭感奚似！

此事计公计私，皆无不愿就之理。盖计公：则诸董皆有志之士，执事又主其政，讲授生徒，可参新法，亦小试之一端，则无不愿就之理矣！计私：则一文之艰，平生深悉，百金之馆，岂易得之？则亦无不愿就之理矣！

惟尚有商者：贱躯因昔年辛苦风霜，病后失补，精神衰弱，渐不耐劳。本年求志课外，新增海宁州崇正讲舍一席，张英甫广文又有安澜书院之预订，若应尊命，则学塾务忙，恐妨阅卷；不应尊命，则公私两便，弃之可惜。不揣冒昧，商之执事；意欲先就半馆，领半修，每月上

---

① 蒋信侨事，略见《忘山庐日记》。
② 录自《信存》，标题原有，下注："正月廿二日，拟俟次日交颂南转致，适鹤笙自来，遂面交之。"称谓及落款均缺。
③ 指同乐塾。

半月到馆，其下半月由执事另邀一愿就半馆之师，轮流讲授。试办一年，再定行止，可否俯允？伏候尊裁。

连日伤风甫痊，稍缓走复为歉。

复钟鹤笙书①
（1896 年 3 月 10 日）

接札敬悉，既有李君与礼同意，自当遵命试办。惟恐智识浅短，未能称职，诸祈执事指教，俾免贻讥。关约如何写法，悉听诸公尊裁。

至移居一节，敝眷极欲就高昌庙之轻租。惟鄙意尚思多识海内外通人奇士，寓彼不如寓虹口访友之便，故拟先定半月到馆之局，俟将来再酌。

致冈鹿门书②
（1896 年 7 月 3 日）

光绪二十二年五月二十三日，海西宋恕敬问海东冈鹿门先生有道无恙！

恕，瓯越之鄙人也。局促乡邦，未曾东渡，自幼闻贵邦山水之佳，文物之盛③，神驰久矣！吴人张经甫与恕善，每论东士，必及先生。经甫，敝邦第一流人也，而心中有先生，于是恕心中亦有先生矣。既又获读大著《尊攘纪事》《观光纪游》二书，名实克副，钦慕益深。极思东访高斋，治装未果，忽值战争，海疆鼎沸，食毛践土，守法避嫌，不敢复梦扶桑，遥贻尺素。兹幸两家释怨，玉帛重联，则散人通问，法所不禁。用敢冒昧奉书，略质所学，且询无关邦政之哲学、文学要端数条，惟先生教之告之！

恕束发受经，即憎俗解④。长涉百氏，自周末诸子至竺典欧论咸究心焉。盖昏乎若迷者久之，昭乎若觉者又久之，然后乃敢自信，然后乃敢著书十余万言以力攻阳儒阴法之学。

---

① 录自《信存》，标题原有，下注："正月廿七日。"称谓及落款原缺。
② 录自《信存》，标题原有。
③ 初稿下多"政刑之平，风俗之美"八字。
④ 上四字初作"于宋后经说史论即多不满"。

嗟乎！阳儒阴法之学始于叔孙通，极于宋程、朱。其学阳尊孔、孟，阴祖鞅、斯，务在锢民聪明，拂民天性，驱民入于狂獉之域、奴仆之区，严防其界，使民救死不暇，以是迎合世主。世主便之，贵族亦便之，则号于世曰："某某，纯儒也，某某之学，正学也。有能习某某之学者吾显之，有敢非某某之学者吾罪之。"于是伪儒之党群执世权，民间疾苦悉置不问，礼乐兵刑、农工商医之政悉置不修，官吏肆虐，盗贼横行，民不聊生，频酿惨劫，其极至于屠城数百、流血万里，名门妇女半充婢娼，如昔金、元、张、李之乱，而彼伪党曾漠然不少动。

于此虽有人焉，悟尼父之微言，明子舆之大义，痛恨伪儒，口诛笔伐，如贵邦山鹿义矩、物茂卿诸先哲其人，然寡不敌众，正不胜邪，孤芳自赏，于世奚补哉！恕既著书十余万言以力攻伪儒，其精者藏诸石室，虽未敢示人，其粗者如易欧服、师西律、改官制、开学校、设议院之类则公言之有年矣。阳春寡和，伪党切齿，年已逾立，未得寸柄。遂乃废然志灰兴亚，口绝扶黄，寄怀图史，专研心性之理，兼以文章自娱尔！

前见贵邦东京大学章程，集长万邦，尽美尽善，内文学部有哲学、汉文学二科。黄种聪明本侔白种，培植既殷，通人必众。迩闻贵邦学会繁兴，哲、文二学亦别有会，不胜驰慕！恕今者虽已绝口不敢复谈邦政，然哲、文二学深虽关政，浅似无关，或为散人所可讲授之学。故近与二三同调拟创神州哲学、文学二会，以救诸教之弊，起八代之衰。敬询贵邦哲、文二学要端数条，企赐详答！所质鄙学大旨，未审以为然否？倘承不弃惠复，乞交丸桥女医士转寄敝处，并乞示高斋地所，以便续有质询！杖履康强，撰述广富，伏惟自爱不宣！

敬询哲学要端：

一、自开哲学科至今，统计卒业考取士有几？

一、哲学会中人统计有几？

一、该会中最知名士有几？何姓何名？现操何业？

一、该会中译著之书统计有几种？

一、女子及出家人一体许其入会否？

一、该会章程大略。

敬询汉文学要端：

一、日本历代诗文派别有专书可考否？

一、明治改元以来诗文名家姓名？

一、统计今日汉文学会社有几？

一、明治改元后诗文比前代何如？

一、新出诗文总集或别集以某几种为最佳？

敬乞详答，费神之处，感谢不尽！

致孙仲玙书①
（1896 年 7 月 15 日）

承示令兄慕韩先生所创《育才馆章程》②，命名雅切，选徒精严，课业广大，得未曾有。神州学校，废绝千龄，每饭不忘，苦心筹建，孟献加人一等，于兹益信矣！

汉文尊席，留待贱子，不鄙衣萝，不迁抱瓮，将使祭酒赐书之族，增益青箱之传。斯乃北海荐祢之盛情，郑庄推毂之遗韵也。

但恕内省丛疚，品惭中上，比复多病，旧闻渐荒，深恐难胜儒林参军、劝学从事之任。且炎暑方蒸，乘桴所惮，志和泛宅，颇恋江南。抑又念之：恕今虽穷居此间，尚有一枝之巢、满腹之饮。彼风尘志士，囊空车折，息躬无所，如恕曩昔者殆不可胜数。学鸠苟安榆枋，避高梧，栖悴凤，不亦宜乎！区区让贤之忱，乞代达慕公左右！恕不别笺申谢。二公殷意，铭刻终身，借手酬知，请俟异日！

敬寄，问

慕韩先生别来无恙

与俞恪士书③
（1896 年 7 月 27 日）

半载不通消息，时馆之见，天外飞来。连日略感风暑，形倦神疲，故未诣谭。文字萧散之交，原不必以寒暄为礼也。

别后得异书一种，曰《治心免病法》可向格致书室买，美人乌特亨利所著，英人傅兰雅所译，为白种极新心性学家之论，微妙不可思议，直是《楞严外传》，案头不可不置一部。但恨笔者词不达意，不能以名言述精理。

---

① 录自《信存》，标题原有，下注："六月初五日。"

② 以下原作："尽美尽善，虽经费未充，然来源苟盛，则斯馆之力不可限量。人定胜天，苦心振学，令兄于是远矣！"后删。

③ 录自《信存》，标题原有，下注："六月十七日。"称谓及落款原缺。

如得房君修润，则此书之幸，亦黄种之幸也，非子孰任，岂有暇乎？

同邑黄愚初孝廉，仰慕鸿名，渴欲识荆，乞进而教之！此君虽不免为尘俗所累，然佛性埋没未尽，固尚可海。即问

无恙

致王六潭书①
（1896 年 10 月 26 日）

飘零无状，久隔音尘，回首鄂游，寒暑七新，每忆高情，魂梦若亲！

昔者朔征，留滞燕津，"易服改制"，献议将军，百僚河汉，府主凤麟。蝗黍有顷，遇难之殷，多所欲质，大异人云。

隐吏何局？三询杨君定夫，竟不见告，岂亦未闻！寄书末由，空瞻皖云。

箕域更政，于事为仁，扶桑善举，诚宜助勤。不度不量，野说纷纷，通国若狂，雷声聚蚊。吾谋不用，即戎弃邻，竞阻联韩，乃愿帝秦，从此黄种，永绝回春！

眼枯心灰，苟活海滨，儒墨束阁，《老》《庄》为群，凉风萧萧，忽忆达人。汤子蛰仙，靖节后身，诸公强起，劳其骨筋。托致数行，敬候暮昕，积愤万端，难具笺陈，努力加饭，勉弘道真！

贵局名目及贵公馆地址均乞明示，以便函候，或寄质近著，至祷至祷！敝寓现在上海美界虹口白大桥仁智里第十二衖第九家。连年代敝外舅阅求志书院卷，本年兼自阅海宁崇正讲舍时务卷，敢闻。

丙申季秋感怀寄六潭先生律句②二章请正！

上俞曲师书③
（1897 年 1 月 10 日发）

敬上者：

章一山同门苏来见访，敬询杖履，知康强如昔，欣符私祝。④

---

① 录自《信存》，标题原有，下注："九月十九日属草，二十日抄就，函中即注九月二十日，托汤蛰仙带皖。"称谓及落款均缺。

② 参见宋恕《寄王六潭》（1896 年 10 月 25 日）。

③ 录自《中论稿本》（志贰拾）内，标题原有，下注："九月廿七日。"

④ 初稿下多："袖中出长者新诗，慨世变，危教宗，情深诲切。"后删。

飘零无状，惮贡寸笺，仍荷殷垂，惭感奚似！

受业自箕域乱作，窃持联东拒西之议，痛斥不教殃民之非。战鼓鸣后，抗辩京外，陈氓情之附敌，料韩、辽之必失，表合肥之忠爱，悯群公之昏野。而《考伪篇》中人物，客气方盛，井蛙界内文章，叫嚣成雷，一然九否，结怒妄庸，府主横遭奇谤，几成莫须之狱。受业辞差南下，私著长太息之书。遂乃灰志勋名，绝意轩冕，但希接舆、荷蒉之风，更无帝丞王佐之梦。连年代敩外舅孙止庵师校阅求志书院史、掌二斋课卷，恃为生资。今岁海宁创设崇正讲舍，专课时务，承乏主讲，勉竭所见。栖止沪滨，闭门守拙，时与宇内僻冷芳洁之伦过从谈论，怀姚姒，恨盈刘，析天竺之妙理，研欧洲之新说，汪洋无涯，聊以遣愤而已！榆枋之况，敢以奉闻。

合肥使东被刺，血衣未浣，又使极西。七十衰翁，跋涉殊域，绕地一周，计程九万，宣劳之辛，古无今独。乃玉关甫入，未赏先罚，而彼巧诈之魁，居恒则虚悁，遇难则饰避，动假自强，吸民膏髓，为渊驱鱼，不遗余力，反得坚握兵柄，广据财权，左抱吴姬，右拥楚女，既醉既饱[1]，购颂功德，嗟此赤县，尚何言哉！

长者近著必多，便祈赐读几种！灵光系重[2]，伏惟珍摄！敬请道安不尽百一

　　　　　　　　　　　　　　　　　受业宋存礼谨上

受业现寓上海虹口白大桥仁智里第十二衖第九座房子，附闻。

顷从章处伏诵《重游泮水》新诗及四书文，信儒林佳话。即日依韵恭和诗篇[3]，别纸录呈钧诲！

此禀及诗，秋杪所缮，以闻吾师方如杭，故缓寄至今。

　　　　　　　　　　　　　礼又禀　十二月初八日

---

① 原作"既醉且饱，高语经济，狐群献谀，如蚁逐膻"。

② 原作"灵光巍然"。

③ 参见宋恕《步曲园先生丙申七十六岁重游泮水原韵》（1896年12月）。

卷七　函牍（下）

编者按： 本卷共录 1897 年 2 月—1910 年间宋恕往来函牍 62 通，除一通外，均未发表过。原稿散见于不同本子之中，有的没有首尾，须反复研究并对照其他材料才能确定关系人（如《致孙仲容书》、《致汤蛰仙书》二通等），有的则是从别家遗稿中找到，方成全璧（如《上方学使第二笺》）。这些函牍，如《致胡、童书》反映《经世报》从筹备到停办过程中的重要情况，《致章枚叔书》反映二位大师之间的思想异同，《上俞曲园师书》诉说戊戌前后的思想和心情，《致饮冰子书》总结自己和康梁间的分歧和统一，《致孙仲容书》申述《周礼政要》的读后意见，《致高田氏书》简论日本社会发展及明治维新成功原因，《致汤蛰仙书》涉及二人对初小教科书的不同见解，《致贾佩卿书》和《复贾佩卿书》反复讨论宋学、痛贬朱熹，《致刘次饶书》则一再阐明自己哲学上的唯物论立场，均为我国近代思想史上有价值的文献。

致王六潭书①
（1897 年 2 月 11 日、3 月 6 日）

客冬蛰公来沪，拜接手书，并详询高踪，知以锐兴水政，获咎闲居，良深感叹！美人迟暮，佳期何时？乐天刺州，牛刀可惜！达夫开府，鹏翼或舒，乡邑共祈，匪惟鄙贱！

古都怀吊，贶示新诗②，雄直苍凉，与题大适。萧晨展诵，不厌百回！

西飞秣陵，亦曾留爪。自别钟山，十易霜露，触忆八代，引恨万绪，澄清赤县，始愿难谐，凝坚绿髓，真诀未受。比淹吴尾，颇思广联同志，共讲遗经，宣洙泗之微言，理游、夏之大谊，冀基十百，渐群千万，略散积尸之气，稍关异族之口。而一第缘奢，古调和寡，痛恨昏虐，论著《绝交》，耻附妄庸，篇续《考伪》，青笤穷巷，门外车稀。欲如林宗之动洛阳，仲淹之化汾上，彼此殊时，安能追迹？天涯兰芷，偶遇芜中，相与嬉笑怒骂，悲歌太息，悯千龄之长夜，寻三玄之宏旨而已。

江北张季直、岭南康长素，自名凤凰，宁远凡鸟？钱塘汪穰卿，学识不过中人，竟克创成报馆，所谓"时命适与功名偕"者欤！馆主笔梁卓如，虽党长素，然甫逾弱冠，斐然成章，不可谓非才士。穰卿外弟夏穗卿，天机清妙，最善谈佛，恕所见海内宗教家，惟湘人吴雁舟嘉瑞出其右耳。然其谈儒归狱兰陵，与长素归狱向嗣③，均为有意翻奇，初非实事求是。杭州新起学人，行谊识解当以孙仲玙宝瑄为最；训诂词章当以章枚叔炳麟为最，宗教空理则以穗卿为最。若以刘宋四学月旦三君，则孙儒、章文而俱兼史，夏则玄也。之三君者，非但杭英，殆亦非浙西之英欤！

先生余事豪吟，领袖坛坫，此道今亦荒秽满目，夕阳荒草，几有千里一圣之叹。近识诗人，惟越州俞恪士明震最可与谈④。倘握手尘埃，

---

① 录自《信存》，标题原有，清稿下注："正月初十日初写，十一写就。"

② 王咏霓丙申腊月六日《致宋燕生书》内附诗三篇，分别为《金陵明故宫歌》、《陪赵廉访登鸡鸣寺》、《金陵杂诗》。

③ "向嗣"初为"刘歆"。

④ 上四字初为"最精诗理"。现存俞明震己亥腊月初一（1900 年 1 月 1 日）致宋恕书云："赐诗沈郁恻恻，蛰仙评谓：'属意微至，自成馨逸'真知言也，勉和二首，复续成一首。（和诗第二首盖有触于去年八月事。）寄呈鉴定！诗不足言，亦聊以见性情耳！弟尝谓必有宏识孤怀而后可与言诗，龚定庵所谓'慕小感慨'，章实斋所谓'横通者'，皆诗家之蠹也。足下所为诗，必不为当世所谓'雅人'者所赏，而弟独服膺之至，此真相喻于微矣。偶见宝山邵君曾鉴《艾庐选稿》，内有致足下书一篇，必系旧交。此人何如。其诗气局不大，而悼亡伤逝之作多有真挚语，殆亦伤心人耶！"略见一斑。宋恕赠诗，即《赠俞恪士》（1899 年冬）。

可引为吟侣。此君亦一时才士，生长湘中，能读船山、筠仙之书，惜为唐天德所误，然天德殃台抑刘，别有肝膈。非此君所及料，名与俱裂，才实累之。

在津三载，所见军府才士，以合肥张楚宝为最平实，定海王浣生为最高明，胡京兆《自强疏》，浣生代笔。乃楚公几遭奇祸，浣公亦蒙众谤，多蝇之国，难为连城，茫茫禹城，俊杰同嗟，由来久矣，其奈之何！

牵杂竟纸，聊当面谈。敬颂

著安

并贺春祺不庄

率录拙诗两首呈正①

敬再白者：今亚、欧谈士颇多妄抑儒、佛，以为印度昔者衰于佛，今者衰于儒。吁！冤哉儒、佛也。婆罗门四等之私谊与释氏平等之公谊大相反，法家奴于一姓之私谊与孔门奴于万姓之公谊亦大相反。释氏以贵族讲平等，结深怨于婆罗门，书焚徒散，不持世柄；重以蒙古、《可兰》之祸，佛教益微；及印入英，始有渐行之象。今乃专颂先驱之基督，谬讥运筹之如来，冤矣！

识者谓儒不亡于斯焚而亡于通乱。然窃观汉、唐经注疏犹存大谊十之三四，阳儒阴法极于洛、闽。自洛、闽之说专持世柄，于是法家之私谊乃益坚固而不可拔，孔门之公谊乃益晦塞而鲜独觉，匪类乃益获逞，善党乃益被殃。白人②读神州书，率以洛、闽为洙泗，法家为儒家。彼鄙其奴一之说，痛其殃民之烈，遂群焉抑儒而扬基督。而此邦帖括变相之伦，亦谬谓儒术有所未足，宜参用余子，吁！儒之沈冤宁异于佛也。

恕虽不敏，然于儒、佛之真际尚能不昧，欲著《儒、佛二教鸣冤录》以辨正亚、欧愚诬之论，何时写定，寄呈道诲！

恕所见欧士来客者，惟英傅兰雅较可与谈教宗。此君近译美人新书一种曰《治心免病法》，其中精理名言多可印证《内典》，非彼教习士所能梦见。惜笔者太劣，若使文章家③润色之，恐不在《楞》、《伽》、《圆觉》下，佛云："见法不播，厥罪莫大。转告达人，厥功莫大。"是用敬购一册寄呈玄览，惟论定之！

---

① 原注："二月初四起草，即日写定，信面注初四。"宋恕呈正之诗作指《送梁卓如暂返岭南》（1897 年 2 月 5 日）、《赠别陈杏孙太史入都试使》（1897 年 2 月 15 日）。

② "白人"初作"欧人"。

③ "文章家"三字原作"六朝、唐贤"四字。

外奉上五色被面瓯绸一束，并祈哂纳！此绸通国惟歙州民能织，西人颇喜其耀目，有服之者。徒以商疲织苟，不能畅销，若免厘轻税，设公司，参机器，以精其织、广其销、亦可为丝业一大宗。惜哉！数万里中之物其类于此绸者岂少也哉！噫！

恕又顿首

邮政局章程大谬！病民甚于官盐、厘捐，深可痛恨！今东人方在台罢盐、厘，行公举以招民、赫德受朝恩不薄，乃效劳于渊丛若此，是何居心？想先生亦必为之长太息也。

歙寓仍在虹口北四川路白大桥下仁智里第十二弄第九座房，敢闻！

致胡、童书①
（1897 年 3 月 29 日）

钟生
亦韩两公大人阁下：

敬约者：恕识两公日浅，辱亲送关书，订主贵报馆笔。恕生平未曾学作报纸文字，恐所作不入格，然以贵报宗旨大异俗报、两公志趣大异俗士之故，乐于从命。虽然，未敢遽自居于主笔也，姑权乎！敬与两公约如左，惟两公鉴之：

一、恕现未敢受"主笔"二字之名，亦未敢任"主笔"二字之实，暂自名曰"权主笔"。每期论端于贱姓名上加"权主笔"三字，请嘱依写、依印。

一、现未敢正名"主笔"，所有月赠之钱，请暂缓用"脩金"二字，题曰"笔资"。

一、除按月领笔资外，决不向司事预支。

一、除按月领笔资外，决不贪窃便宜，求坐干股。

一、恕性情冷僻，喜闭户独坐。请以小室一间专假恕住，但须窗明，不妨地狭。

一、恕从不吸水、旱、吕宋、鸦片等烟，住馆时无须置赠各种烟及烟具。

一、恕素不饮酒，到馆后除年节外，每饭无须为恕设酒，菜亦请从

---

① 录自《中论稿本》，原无标题，现据以下数函拟题，"清稿"下注："二月廿六接关，即晚草立此约，廿七写清。"

淡薄。

一、恕短于仪文,最惮客气。到馆后请贵总理脱略形迹,简率相处,起居不必互候,接谈不宜太密,以便各惜分阴,各勤职事。

一、恕生平有奇艰之境无可设法者数端,居恒心绪抑郁,两眉罕展。到馆后贵总理见此状,切勿误会滋疑,以为或有不满于贵总理之处,敢先声明。

一、每期必奉交拙论清稿一篇或数篇,转付钞印,决不空蝗馆黍。

一、每期若有拙白交登贵报,请贵总理切嘱印工即印。

一、不论何人送交登报文字,贵总理若垂询佳恶,不敢不贡其直。至登否,则悉请贵总理自酌,恕决不敢稍侵微权。

一、除应期拙论及拙白外,若有平时拙著欲登政事或文史门,应依外来文字办法,交由贵总理酌量登否。

一、现恕为股外人,与股中人任主笔者有别。所有股中权限,丝毫不敢侵越。

一、现恕为股外权主笔,与股外真主笔亦有别。所有分位权限,均应降真主笔一等。

一、外客来馆,贵总理若不在内,或虽在内而别有要事,恕均可代接闲谈。

一、恕现有自阅及代阅数处书院课卷,兼不欲废经史之披览、停未就之撰述,所有交阅译文,不能细加阅改,但能办到"观大意、削大谬"六字。

一、代作书札一事,不能兼办,敢先声明。

一、恕若因事暂离杭城,其应期拙论,不预交则寄交,惟译文须请贵总理自行阅改。

一、现贵报初办,恕亦初就尊邀,两难卜立脚稳否。故未能遽辞遥领之席专治贵馆中事。倘将来贵报及恕两有立脚渐稳之象,可辞领席,专助贵总理极力开拓报业,以酬一见如故殷殷之意。

一、应期拙论,贵总理以为然,尚须股中、股外阅报诸公以为然者多,方于贵报有益。拙论出数期后,倘以为然者多,自当遵去"权"字,正名"主笔"。倘不以为然者多,报册因之滞销,请贵总理切勿拘牵常例、忍待来年,必须早行直告,以便避席让贤,免碍报业。此恕不肯相负之忧,乃生平稍异于人之处。

一、报馆主笔,众属耳目。倘贵报风行,难保无馆外宵人假托贱名索作贿赂等事，贵总理若有所闻，请立即赐知，以便立即登报辨明。

一、初意万不敢遽受关书，以表未敢自居主笔之忱。旋恐固执己见，似近不恭，遵留不璧。

一、此约不论股中、股外贵友，皆可与阅。

右共二十四条，条条句句皆系实话，敬请两公察阅收存。

　　　　　　　　丁酉仲春二十七日　宋恕亲笔立约

复章枚叔书①
（1897 年 7 月 14 日）

连接手书，甚慰！

别怅时馆之事②，恕与孙君中玙、胡君中巽等大为执事不平，极望别树正旗，摧彼骄敌。今得胡、童两君同声相应，实天之未绝斯文，恕虽久怠，岂愿自外！所以告缓到于总理者，实以贱躯及贱事之故。何图两君误会，疑恕有所不满于两君，冤哉枉矣！两君气味极与恕投，但恕恐其财力难以持久，故乃者屡贡忠告，请其慎始。今势已骑虎，恕感两君一见如故之意，自必竭力酬知，况加以执事亦在此馆乎！所以未克遵命、立即到馆之故，已具详于初十日《复两君》③函中，字字真实，乞索一阅，兹不复赘。

中颂经学湛深，然其品评人物、谈论事理，与恕离多合少，故虽有戚谊，而久不通问。志三与中颂向有深怨，敝郡之人莫不知志三于恕为父执，往日过蒙奖借，然其品评谈论与恕亦多歧异。然之二君勇于办事、敢于任怨，其兴会之佳要皆远出恕辈上，偶附及之。

执事欲振浙学，与恕盖有同情。然非开学会不可，非请曲园师领袖其事不可。鄙意欲俟此馆既开，拟一《浙学会章程》，邀集同门雅士，公请曲园师出名领袖。倘蒙师允，即将章程登报，立总会于此馆，渐立支会于各府县城，期于大昌梨洲之学、德清之道，方能为浙人吐气。执事以为何如？

酷暑挥汗，不多及。敬请

---

　　① 录自《信存》，标题原有，下注："六月十七日附《复胡、童信》交全盛局。"开首称谓原缺。

　　② 指章炳麟受康梁排挤，退出时务报馆。

　　③ 此函未见。

著安不宣

弟宋恕拜白　十五日

此信写毕未发，又接钟生书，知初十日拙函已达，想两君疑可释矣。并接执事《复仲颂书》，遵为转寄。十二纲承示为蛰、志二公所定①，未审是蛰是志？蛰、志皆浙东豪杰，然学派与弟稍殊，故立例之旨与弟未能尽合。然就此十二纲言之，尚无大左之处。今辄奉钟、亦二君之命，改"学政"为"士政"、改"格政"为"万物实理"，送交《申报》，未知执事以为然否？学会一事可否如此开办？乞示知！连日沪滨酷暑，武林何如？

恕又白　十六日

又复胡、童书②
(1897 年 7 月 15 日)

十四日得书未复，十五日又得书，知初八、初十两拙函均已达，尊疑当尽释。按期寄论自必不误。此期之拙文定于十日内寄上以便付印。如来月贱躯稍振，拙刻就绪③，自必抽身，面畅欲言，顺便应试。若贱躯未复，三场辛苦决不能受，到馆或冬或明春现尚未定，惟不住馆，而但寄论，每月止敢领笔资八圆，此是实话，切勿又复生疑，浪费纸墨于客气话。

吾辈将为神州挽回薄俗，第一在去浮崇实，复三代直道，可曰可，否曰否，胜我曰胜我，不若我曰不若我，磊磊落落，独往独来，方与夫已氏辈不同。近两公惠我书，一则曰罪，再则曰罪，大似柔懦州县对骄悍形态之刑钱老幕精也者，非同志相待之法也。总之，两公未能深信弟之无俗见耳。以后务请脱尽客气，不可无故自云有罪，并请去了"先生"二字称呼，彼此称仁兄为合理，至嘱至嘱！

蛰公改润拙稿，城益藻密，但弟自幼至今从未将师友改润之文冒充己物，今不肯破戒，可置勿登。然拙稿亦不妥，且不切经世，宜一并搁置，稍缓数日，别作一首寄登。至十二纲④若用"例言"，请两公自作，

---

① 蛰指汤寿潜，志指陈虬。
② 录自《信存》，标题原有，下注："六月十七日交全盛邮局。"
③ 指千顷堂印《六斋卑议》事。
④ 宋恕原定六纲：皇言第一，政事第二，文史第三，新学第四，异闻第五，论说第六。
汤寿潜等增为十二纲：皇言、庶政、学政、农政、工政、商政、兵政、交涉、中外近事、格致、通人著述、本馆论说。

或请枚公作，或请他友作，弟谢不能，敢告。

来《启》今日已送申报馆，据接手人张竹堂言："该馆例不登论前告白。"只得嘱其登论后三天，计一百八十八字，作三百字算，每字第一天五文，二、三天三文。"新出经世报"五大字共洋五分，合共付洋三元三角五分正。俟该报登过三天，十七、十八、十九。再送登《新闻报》，似较同日登为妙。《启》中"学政"，"学"字僭易"士"字，"格致"二字僭易"万物实理"四字，《启》首僭加数语。搜书、征文两事仓卒难办，俟初期报出后，弟可代作一启登报以广搜征。《待访录》敝处止有族孙承乙校梓本近刻者，如尊处无其书，示知寄用。

余续陈。即请

馆安不宣

枚公别函复乞转致

弟恕谨白　十六日

又复胡、童书[①]
（1897 年 7 月 22 日）

昨接书，敬悉一是。来月若贱恙痊复，定去应试，遵寓贵馆，且商馆务。

《申报》三天，其第三天乃登诸附张，须细检乃见。《新闻报》已交登论前，廿二、廿三、廿四。据加两倍，又作一百九十字算，共付洋六元二角七分正。登价贵极，乃第一天竟脱排"经馆"两字，往嘱，于二、三天补足，并声明"但肯补足，而不肯声明"，架子大极，敢闻！

《待访录》，数日前为台州故人章一山拔贡亦俞门之英过此借去一阅。此君现从江阴学署来沪，寓名利栈，据云："阅毕即还。"连日未晤，今日当往索还即寄。

兹先寄上拙文二首，均须刻于此期之本馆论说内先《记》后《叙》[②]，下期再作寄上。此二首出现世间，大约知我、罪我均可得端，其议论是非请两公切实赐教，并请转求枚公切实赐教。然发印请饬"悉依原文，不必删润"。缘弟自幼以来从未尝将师友删润之文冒充己物，此生决不破

---

① 录自《信存》，标题原有，下注："六月廿三日交全盛信局，附去初期文二首。"称谓及落款均缺。

② 指《记应经世报馆摄著论之聘缘始》和《〈经世报〉叙》，见本书卷四。

戒，前函已声明矣。"主笔"二字不佳，请改用"著论"二字为雅切。拙头衔请赐"摄著论"三字，地名不题府县，但题"古瓯"，至嘱至嘱！余再白，即请馆安　枚公均此

此信到，请即赐复信！

又复胡、童书①
(1897 年 7 月 26 日)

廿三日由全盛局寄上一函，陈代登《新闻报》及《申报》第三日登在附张情形，并附呈本期拙文二首—《记》—《叙》，想早入鉴。

廿五日，菊村来，接廿三日书，知《待访录》已有，不必寄，遵命。余已具前函。

明季遗老之书尚有王船山先生之《黄书》一种，可与《待访录》同印行世，惜敝箧中无之。诸公可于《王船山遗书》杭城藏书家必有中检出与此《录》同印，实为莫大功德。船山之识稍逊梨洲，就此书论：其文章雅炼则胜梨洲。要之，均非陋儒所能窥其底蕴，吾辈固不可不力任表章之责。此外尚有戴子高先生所编《颜氏学记》，将来亦可印行。

今日海内治经家能免于李青莲"堕烟雾"之讥者：老辈止有曲园师，同辈止有章枚叔，难哉难哉！如定海黄元同、歙州孙仲颂等，治经甚精，而经世之理茫然无异常流，真可怪也！蛰仙、蛰庐，的是豪杰，其平日皆鄙薄治经家，良由未见真通经术如枚叔者耳！为治经家雪耻，专于枚叔是望矣！

康长素侈然自大，实不过帖括变相。《公车上书》中议论可笑已极！其文亦粗俗未脱岭僚气，说经尤武断无理，乃竟能摇动天下，赤县民愚可谓极矣！昌明正学，端在贵馆，不可不各竭心力也。

复姚颐仲书②
(1897 年 7 月 29 日)

颐仲先生有道：

久别甚念！

---

① 录自《信存》，标题原有，下注："六月廿七日。"称谓及落款均缺。
② 录自《信存》，标题原有，下注："七月初一日交全盛局。"

接手书并关约、银圆、《公牍》①诸件，谨遵办！回片当即给原信手转呈。

吴中文物之区，移萱便侍，泛宅同栖，自是宦游乐境。读《四善举公牍》，益见诸君子惓惓乡邑之意，钦仰奚似！

人性皆善，习实坏心，茫茫禹域，岂乏神医？其如不得一试何哉！噫！此关乎四百兆男女之福命矣！

安澜首课题遵录呈正，敬请

勋安不宣 老伯母大人前乞叱名请安 潭第均吉

晚宋恕顿首 六月廿九日

致孙中颂书②
（1897 年 7 月 29 日后数天）

别来无恙！

飘零自弃，旷隔音尘，侍暇聆玄，每怀畴昔。

神州盗满，民不聊生。江北妄庸③，祸世实最。岭表续起，益工欺盗，声气之广，震慑群伦。独余杭章子，义不屈节，拂衣告绝，高风廉顽；浙西有人，湖山增色！复书属达，敢上经帷。敬问

起居不宣

又复胡、童书④
（1897 年 8 月 4 日）

初二日接前月廿六日书，知拙初期文已到，并悉一是。前月廿七日拙函想已达，兹寄上第二期文一首。如初五日未出初期报，此首请饬印入初期本馆论说内，但必须先印拙《应聘记》于前，方可印此，至嘱至嘱！

拙文自知高古不如枚叔，然胜康长素师徒则远甚！恐京外四品以上

---

① 上二字原作"章程"。

② 录自《信存》，标题原有，称谓、落款、日期均缺，现据前、后信件及章太炎复书事确定日期。

③ 指通州张謇。

④ 录自《信存》，标题原有，下注："七月七日交全盛局寄，附第二期文一首。"第二期文指《辟中原人荒议自序》，见本书卷四。

未必有解人，专指现任实缺者言。四品以上惟翁叔平、徐寿蘅、陈右铭、许仙屏为稍知文，李合肥为稍知政，然皆未得为有学。盖不学无文，未有甚于今之四品之上者也。奚怪张香涛以村学究钞书目而得大名乎！噫！

求志院卷向归上海学及道署中人经管，弟系代阅，与经管者踪迹甚疏，呼应不灵，故难于选钞寄登。此请

馆安

弟恕顿首　七月初七日

顷菊村交到朔日尊复，敬悉一是。《颜氏学记》，敝箧中现无其书，当代转觅。此数语写在函面。

又致章、胡、童书[①]
(1897 年 8 月 8 日)

初七日奉上第二期拙文一首，想已入鉴。初期报想已出，念念！

乐清陈宗易茂才，蛰庐先生之胞侄也。自幼善谈名理，妙解词章，其文之佳者逼真东汉、魏晋。高洁不群，萧然物外，大有六代胜流风格。隔别七载，学识益新，顷获接谈，辄欲下拜。赴试如杭，弟劝其谒三公、聆伟论，乞引与纵谈！恐言语未能尽通，以笔代舌尤佳！

现值乡试，敝本家及郡中戚友赴省垣者，良莠不齐，难保无妄称鄙人嘱咐，假借情面向诸公乞钱或求馆等事。（并难保无假借在外索诈等事，）兹特预先声明：自今日始，以后若有敝处人叩馆请见，须分别两种，其不牵涉弟者，见不见由诸公自主。其牵涉弟者，无论系弟何人，若无弟亲笔书函先呈，务请坚拒不见，以防大弊。弟之亲笔，诸公想已认实，乞格外细察，以防伪信送呈。事关鄙人志节，切嘱切嘱！

致胡、童书[②]
(1897 年 10 月 4 日)

久别甚念！弟自七月十三日伤暑，身热头痛，日重一日，延医服药，费多效少，卧床不能起者五旬，粒米不入口者三旬，危险万分，几

---

① 录自《信存》，标题原有，下注："七月十一日。"称谓及落款均缺。
② 录自《信存》，标题原有，下注："重阳日写，十一交全盛局，痤字第一号。"

无生理。八月初旬服赵静涵先生药，甫有转机，而中旬忽又患泄，兼发痔疮，困顿更甚于前。直至本月初，泄始愈而痔仍未收，精神疲倦，步履艰难，从楼上至楼下尚须人扶，未能出寓门一步，未能端坐见客。此次之病与病后元气之损实为向来所无，今复能与朋友通书，已属意外之喜，可为弟贺者矣！

　　病中累接手书，非但不能作复，而不能展读。即家人亦皆终日涕泪，无心展读。惟记得有一次因舍表弟陈载甫赴试过访，适尊信来七月下旬，请渠开阅，始知海宁风波①一事，为之不解。后接渠杭来函，据言已将弟大病情形告知两公，但系函告，未曾面晤。乃后接手谕，有"枚公沪回"，言弟"勿药有喜"之语，又为之不解。枚叔于七月十四日早晨来访，其时弟已身热头痛，以枚公故，强病出谈。及十六日，枚公又来访，弟卧床呻吟，不能出见，伏枕草数字，谢不恭。嗣遂与枚公隔不相闻。但窃怪枚公与两公频通信，何以绝不提及弟病一句？其由沪回杭时，未曾见过，是时弟病依然，何以忽向两公作"勿药有喜"之戏语？且第二期五册，枚公何以至今未交敝处？此中所以然之故，百思不解。想枚公忠厚太过，或为仆人所愚弄，送信送报均不实到，而妄称病愈，或报已交收耶？至第一、三、四、五期则均已收到。第五期本月初四到，到时有数行交原局带上声明。即于付局收条内附数行，非专信。俟精神稍复，细覆一切，并乞补给第二期五册，想已入览。惠赠笔资八月分十二元应全璧真实不虚，俟有妥友不敢交局托其带璧。七月分前约分明，应受八元，余四元亦必璧上真实不虚。稍缓数日，略可用思，即当寄呈拙论。多作书，手尚颤，恕其疏漏！

　　苏云卿亦敝乡佳士，静坐二十年，于心学殊深，偶及之！徐寿老为试官中之景星庆云，今科颇以不得与试为憾！《闱墨》原刻祈代购一册，附第六期报寄敝处。珂乡知交想多杰作，温州八百考生，三场完毕者闻止一百人左右，余皆为病所误，可怜可怜！仲玙赴北场未回，附闻。此书到，请即惠回音。

　　草此，即请

馆安　枚公祈致意

　　　　　　　弟恕拜白　重九日，大病后初试作书

---

　　①　又见本卷《致饮冰子书》。

致郭梦华书①
(1897 年 10 月 5 日)

初八日得手谕，敬悉一是。弟日来食量稍进，而精神尚疲，步履尚甚艰难，心思尚不可用。坐不耐久，客未能接，诸事废搁，闷闷奚似！然前者几不免，今得痊，已堪自慰矣！知念敢闻。

姚颐仲先生为弟平日心折之一人，忽得尊报，惊痛莫名，岂惟珂里之不幸，私窃为两浙痛之惜之！即夕撰《挽语》一联，少伸微忱，惟未详姚宅在城中何处，不便制就局寄，兹将《挽联》写出呈正！费神饬纪就近代办，呢地白洋布粘条，墨书挽联：可否请贵友中善书者一书？并烦代封奠敬洋银三元，饬纪附《挽联》送交姚宅。缘前曾托信局寄英洋他处竟不达，故近来不敢交局寄洋，日来又无妥便可托，故请尊处先为代付，计奠洋三元及呢布价若干，统请于脩钱内提璧，以归简便。至嘱至嘱！琐渎之处，感谢不尽！

致张英甫书②
(1897 年 10 月 5 日)

久别甚念！惟起居无恙是颂！

弟自七月中旬伤暑发热，为药所误，日渐加重，绝粒几及一月。至八月中旬，身热始退而又患泄，兼发痔疮，不能起坐者又半月。至本月初泄始愈，而大病之后，精神疲倦异常，未能端坐见客，未能出门一步，未能稍用心思；步履艰难，从楼至底尚须人扶，稍稍多坐，足气便涨。此次之病实为向来所罕，知念敢闻。

崇正夏课，以大病故，至今未能开阅，大约须待冬间阅缴，乞曲恕之！兹先寄秋课题呈正，以前数日手颤，惮作字，故迟迟。今亦尚不耐多写，恕其疏忽为幸！

贵本家场作得意者必多。颐仲先生遽至此，可为痛哭！率此，即请台安

---

① 录自《信存》，标题原有，下注："九月初十写，十一交全盛局"称谓和落款均缺。
② 录自《信存》，标题原有，下注："附托梦华转交，初十写。"称谓及落款均缺。

致胡、童书①
(1897 年 10 月 12 日)

十一日有手书细述七月中旬大病以后情形，并辞八月份笔资及七月之溢数四圆。交全盛信局寄上，想已尘鉴。

弟日来饭量渐加，而精神去复原尚远，稍多坐便足气下坠，步履仍艰，痔疮未愈，未能出门访友，惟极熟客来时接谈耳。

见报知贵郡中式最多，想多积学之士。现闻鄂帅特命汤蛰公总理时务报馆事宜，蛰公已愿就贵馆，或可联络乎？现贵报销数若干？目前情形能支持否？

兹寄上拙论三篇，缘长篇未能运思，暂作短篇，然亦非率尔，乞诲正！补给第二期报四册已收到。惟日前检阅第三期报，怪其与第二期全卷雷同，细察乃知文系二期，而误签三期，下次祈补给三期一册。余续陈。十一日拙函作为痊字第一号，此函背填痊字第二号，以后请两公对号阅信，以防有伪。方今作伪者多，防之不嫌过密也。

上俞曲园师书②
(1898 年 6 月 15 日)

敬上者：

受业自客岁初秋感暑大病，奄奄床席，数月始解，元气剥损，至今未复。孤生憔悴，夙志萧条，惭负师期，惮陈贱状。

且频年阅世，巨乱已兆，触目伤心，绪乃千万，挥悲吐愤，积有论述。大要痛斥鞅、斯，兼排洛、蜀，申姚江之遗说，发邾娄之微旨。近者日本儒士创立阳明会，每月刊行《阳明学报》，故彼中能窥孟氏微旨者甚多。欲俟写定，质诸吾师，俗务牵延，缘旷笺候，寒暄常语，不敢烦听古之敬也。

兹闻阶青孙世兄高第之喜，谨先驰贺！吾师必有志喜之作，乞寄示一分，即当奉和。稍暇，清缮近著数首呈鉴，以少宣区区之郁。

肃此，敬问

---

① 录自《信存》，标题原有，下注："十七日，痊字第二号。"称谓和落款均缺。

② 录自《信存》，标题原有，上注："以后戊戌。"下注："四月二十七日写定，二十八早交局寄苏。贺笺附上。"

杖履康强　聆视聪察如昔

受业礼谨上

外舅孙止庵师近两年来目花不能看书矣，命笔述念并贺！

敬再上者：

同门余杭章枚叔炳麟，悱恻芬芳，正则流亚，才高丛忌，谤满区中。新应楚督之招，未及一月，绝交回里，识者目为季汉之正平，近时之容甫。今湘抚陈公，爱士甚，师可为一言乎？私切愿之！非所敢请也，非所敢不请也。

礼又上

又上俞师书[①]
(1898 年 7 月 13 日)

敬上者：

前月由信局寄上贺函，附陈近状，想已入鉴。

枚叔来自师门，杖履康强，询慰私祝！当此盛夏，荷竹满园，世间恶声，隔断万里，何必武陵，别有天地！

滞留沪滨，蚊睫是巢，炎暑郁蒸，欲避无所，栖神三玄，聊消永昼。眼中闻华，类多鄙俗，谈空说有，恨寡良俦。独枚叔及钱塘孙仲玙部曹宝瑄时相过从，一瓯苦茗，助发幽思，共作赵宋前语而已。

顷者，日本僧松林道通示《重建寒山寺募缘启》，其愿甚壮，敢代呈师阅。金、元以后，五印、禹域佛教俱衰，而扶桑分宗十四，论师辈出，依然萧、李时代。今列经大学，巍科悬招。日本今大学制有哲学科，分东哲学、西哲学。东哲学又分印度、支那，支那哲学治孔孟、老庄及汉前余子之书，印度哲学治佛书，学成赐学士，名尤高者赐博士。梵文精研，博士南条文雄广通西哲学，又曾入印度精研梵文，回国教授。古本广布，明治十三年开弘教书院，重印宋至道间高丽刻唐全藏本。宗风益畅，学报如林，佛学报有数十种。故其国民归基督教者数但千之一，视我国殆百之一，平一少九，虽曰政修，抑亦佛教之昌使然。且政修基于博爱，博爱基于感佛，今我国残忍成习，非先振慈悲之教，则修政无期。吾师其嘉松林氏之不忘禹域，而书赐片言以告海内士大夫乎？且礼闻松林氏之得见也夙，或可请乎？

---

①　录自《信存》，标题原作《又》，下注："五月廿四夜起意，廿五午前定稿，午后缮写，廿六午前交全盛局寄苏，附《寒山启》一分。"

专肃，敬问

安

受业礼谨上　五月廿五日

又上俞师书①
（1898 年 7 月 16 日）

敬上者：

前月寄上贺函，本月二十六日续上一函，想先后入鉴，炎暑杖履无恙！

白种横行，草芥我族，于是保种之说兴。基督末流，妄攻儒教，于是保教之说兴。然礼以为不欲保种、保教则已，苟欲保种、保教，非引扶桑而亲之不可。区区此见，久已决定。故甲午箕域更政议起，人皆主拒，礼独主从。虽亦有同声，而昭昭之寡不敌昏昏之众，孤怀先识，泪尽心灰。乙未后，士大夫始稍或结交东人，始稍或知其一切胜我万万而谋师之，虽然，晚矣！且执政方倚俄，尚何言哉！尚何言哉！

顷有东人河本矶平、山根虎臣、安藤虎男、牧卷次郎四君者，于沪滨开一小学校及月报馆。虽限于财力，规模尚隘，而志趣之高自是可敬！礼时过笔谈，询所未悉。堂悬孔像，举目见圣，异书名报，罗列案头，颇得展眼界之乐。昨于其馆遇一新来自东者曰上田骏一郎，则东京大学未卒业之生也。云即游苏，愿识师面，敢为白请。伏乞许仰德辉，诲以要道，俾不虚吴都行幸甚！

专肃，敬问

安

受业宋存礼谨上　五月二十八日

答章枚叔书②
（1898 年 7 月 30 日）

枚叔足下：

来书敬悉！仆交区三：曰论交，曰心交，曰迹交。论交以见，心交

---

① 录自《信存》，标题作《又》。

② 录自《信存》修改稿，清稿未见。标题原有，下注："六月十二日。"

以品，迹交以事。见离吾宗则绝论交，品离吾宗则绝心交，是仆外交之私律也。

君守节忤献忠①，可为品合吾宗之据，心交其终古乎！虽然，论交则有不敢不告绝者。夫献忠，兽也，君所斥诸人虽可斥乎，然皆人也。夫人也而君抑下之兽，此尊见之大离吾宗者一也。商鞅灭文学，禁仁孝，以便独夫，祸万世，此最仆所切齿痛恨，而君乃有取焉，此尊见之大离吾宗者又一也。

君高文博学，素讲仁孝，意前言岂戏耶？钝根疑上乘，庸耳惑咸池耶？暂绝论交②，勉卒心交，其可矣！

抑更有忠告者：仆壮志久灰，飘零江海，憔悴孤危，苟全性命，栖神净域，断梦神州；君著述等身，兼通百氏，实斋、容甫，把臂无惭，然涉今太浅，观势似昧。今何时也？白种诸雄，分据要害，利权任夺，民贼仰护，献忠之侪，纵横先驱，天方授白，黄种尽奴，坚冰共睹，非复履霜，而君犹比例莘、渭，庶几子、姬，不已愚乎！徒自苦耳！愿君速捐妄想，择术娱生③，若必难忘情，则慎闭乃口。深谈缄臆④，抑其次也。

已矣章子！以芳洁品，居险诈群，战战兢兢，且惧不免，矧乃脱略忌讳，不惮四坐，泰山鸿毛，轻重宜审，勤诵明远《行难》之篇，毋蹈次公往覆之辙，论交虽绝，心交依然！区区之忠，幸鉴不宣！

宋恕顿首

廖氏⑤书送仲玙阅过璧上。

又上俞师书⑥
（1898 年 9 月 14 日前数天）

两奉复谕，且赐诗卷，陋室生辉，悦感无量！惟五月下旬寄上之

---

① 献忠暗指张之洞。

② 上十五字原作："意菩萨之谊非钝根所解，咸池之音非庸耳所知，假我数十年或归于一；虽然，今则不敢不暂绝论交矣！"

③ 以下原有"训诂、词章、西文、东语、农、商、医、卜，必取一焉"等字，后删。

④ 该句原作："若必不能师庄、列，忘神州，其慎守乃口，焚乃笔，深谈密语，待人而发。"后改。

⑤ 廖氏当指廖平。

⑥ 录自《信存》，标题作《又》，现予改动，月日未注，现据 1899 年 1 月 21 日《又上俞师书》确定时间为"七月杪"。

笺，复谕不及，知必中失，原笺重录呈鉴！《志喜诗》[①] 受读，即日恭和一首，适抱贱恙，今始缮呈，乞恕其缓！

枚叔频见，师谕已先后袖示。此君持论颇有明于理而昧于势之病，然其志行之高，文章之雅，风尘物色，难得其伦。刻入昌言报馆，未卜能久居否？康工部尚留京，承询谨闻。

京邑洛、蜀交攻，各执一是，区区仰止乃在温公，苏、程之门不愿依附。今之温公乃在林野，则长者是矣。所以十年江海，俞楼之外未尝列籍弟子者也。

近有《束发篇——答枚叔〈幽人行〉之赠》，录呈钧鉴。长者阅之，鄙怀略可见。

凉飙渐动，伏惟珍摄，肃此，敬问

安

受业礼谨上

敬再上者：小女佩瑶，今年十五，曾粗涉《左》、《国》、《庄》、《史》、《通鉴辑览》及时务书，论古谈今，颇有条理。前读师诗，知孙世嫂许孺人素好吟咏，手写《咏古》十二篇，欲求孺人诲示，敢附呈侍者，求发交！

礼又上

致叶浩吾书[②]
（1898 年 12 月 13 日）

十月廿七夕，席间承面询陈介石孝廉与孙仲颂主事结讼情形，以口耳易忘、易误，嘱开奉节略。弟当时以为不必，继思口耳易忘、易误，难免无心之错传害事，用仍遵嘱分条开具节略奉阅，乞存备核，并求浩吾先生密藏！除穰卿先生及孙仲玙主政可与阅外，他友切祈勿被看见，以通政[③]可畏过虎也！

介石素行

介石孝弟廉洁，乡人共信。未中举前及中举后，除教读外实未尝随

---

①　《宋恕师友函札》中存《志喜诗》七律三首：《礼闱揭晓，孙儿陞云获售，口占一律》、《陞云以第三人登第，再赋一律》、《郋亭侍郎以诗贺陞云登第，即次其韵》，但宋恕和诗未见。

②　录自《信存》，标题原有，下注："十一月朔日。"称谓及落款均缺。

③　指黄体芳。

俗生事，谋得非分之钱一文。每年脩入多或四五百金，少或二三百金，除养亲外悉散与弟、侄、诸妹及诸贫亲友分用，故脩入在温郡举贡中为最多，而自奉之刻苦反为第一。因廉洁共信，从无向学生索谢、强借等事，故有钱之家多愿使其子弟从学。

仲容素行

仲容本是光明磊落者流，实远胜阴险之辈。其家每年农商入项约不过二千余金，待穷民甚有恩惠，不坠家风。惟涉世太浅，知人太不明，意气太不平，遂至始则常受小人之愚，轻率出面，继则将错就错，反于本来面目有伤耳。

黄通政素行

通政未通籍前素有无行之目。近年居乡，倚其亲家张南皮之势，横行纵索，无所不至，遇事生风，勒贿不遂其欲，立使破产或褫革囚禁，地方文武及四民之驯良者，畏之如虎，道路侧目，敢怒而莫敢言，前曾向仲容强借至四，仲容婉谢之，通政大怒，扬言谓："吾力岂不能破汝产耶。"仲容大恐，乃厚奉之以求免祸，通政乃大喜。

介石与仲容结怨缘由

仲容经学湛深，郡人莫不仰若山斗。独陈志三起，而以经济之说与之争雄，温州学子遂分二党，积不相能，日寻舌锋以相攻击，于是彼此丑诋，略似北宋之苏、程。仲容与介石本无嫌怨，因曾力劝介石绝交志三，而介石不听，反益与志三亲密，此为结怨之根。

及前岁瑞安开河议起，商家最信介石廉洁，强之董事。会富民中有吝出捐钱者，知仲容素憎介石，思借仲力以败河务而己得免捐，乃向仲前厚诬介石以激仲怒，仲遂出名呈控介石假公济私。介石为董事实不私一钱，闻之大怒，遂呈控仲容不留余地，频向地方官催传审。其时宗湘文为温道，虽素钦仲容经学，而于此案心直介石，恐传审时介石立于不败之地，仲容太下不去，乃搁置其案。而仲容旋亦察知介石之实无染指，颇悔为人所卖。然业已结大怨，无有能解释之者矣！[1]

介石与通政结怨缘由

通政素不学无文，外间酬应之作，其稍妥者皆他人代笔。[2] 瑞安近年略涉书史者颇多，少年流莫不意轻之，或口出笑侮之言腾于广坐。通

---

[1] 其后孙、陈复相过从。

[2] 温州博物馆藏品中有蔡庆恒所撰《陈彝九先生六旬寿序》一文，其下注明"代黄漱兰作"。

政疑此辈皆系志三、介石之门徒，因是憾志三、介石等刺骨。久思兴大狱以打尽之而未有机会，又通政曾向介石戚友处强借，而为介石所持，憾益甚！

本案缘由

介石妹夫黄姓文童①本年应府试时，挨、认均已画押。廪生彭姓向之强借不遂，乃指称其祖曾充县役，临场抢卷殴童。介石送考目睹，与之互殴，多人劝散，两无稍伤。而彭姓知介石与通政及仲容有憾，遂激怒仲容出面呈控介石，又妄称黄姓之钱极多以涎通政。黄姓开钱店，岁入极好年分不过千元而已。通政遣人连召黄姓之伯父至，授意献贿，而渠伯父不能领略微言，通政疑为介石所阻，则大怒，遂致函藩、学诸宪请革介石，介石之友及门人大愤，将动公呈力剖，即非其友及其门人亦多为介石不平，甚至通政之侄孙女婿章昧三孝廉亦右介石，而代为呈剖。通政且怒且恐不胜乡里之公愤，会八月大变，通政喜有美机可乘，乃挟"康党"二字以图置志三、介石于死地，且以禁制乡人之为志三、介石鸣冤。此案大略如此。

弟畏通政甚于虎狼，本不敢口出一声。今承高谊垂询，不敢不实对。黄姓气忿不过，欲投西教自保，介石、志三力阻之，今颇怨介石等阻其入教，身家难保。②

---

① 据陈黻宸《致王雪庐太守书》，此文童为黄泽中。

② 据《汪康年师友书札》（第二册，1474～1476 页，上海，上海古籍出版社，1986）孙诒让致汪书："至于本年夏秋间之新政，乃今上之圣明，于康何氏与？乃今之达官贵人主持旧学者，举一切良法美意，皆归之康氏……何其谬哉！至二陈之事，执事盖微有所闻，而未审其详，志三之心术、学术，弟前奉致之函，尝陈其略。（按指 1471 页中语：'如敝乡某孝廉者，其鄙俗诡险，早在洞鉴，前者以书干张中丞，即以南走胡、北走越为恫喝之计。'）其人在乡鄙恶狂谬，不可殚述，其假维新为职志，而肆其植党牟利，无所不至，介石愚而拙，被其牢笼，遂为之胥附先后，以致沈溺不返，深足慨也。弟于志三，十年前即痛斥为小人，而于介石则无恩无怨。然以志三稔恶，不知其非，是天下之大愚也。如知其非，而甘心助之为恶，则其谬亦甚矣。二者介石必居其一，是由喙三尺不能为之辩也。故弟平时持论，谓介石有爱憎无是非，即舍亲宋燕生亦复如是。（其力学合肥，痛议南皮可证。）而执事乃谓志三元而不能虑以下人，是殆犹未见其深，而为其所给乎？本年夏间，介石妹婿黄姓者祖父县役，例不得考，介石介志三为求温守王琛违例收考，众廪与阖邑童生阻之，介石率利济医院友直入考棚，拉廪生赵姓痛殴之几死……以是士论益不平，阖邑廪童同攻之，弟与执事焉。此乃介石自取，并非由康党而起。且其事在六月间，时康、梁方得志，岂有假以攻二陈之理？刻黄生已扣考，惟介石擅入考棚殴廪生案尚待鞫。志三为介石奥援，为之控诉，波及黄丈暨弟，则何、郑操戈，方兴未艾，而假康党以倾陷人，则弟向不肯为，亮执事亦鉴及之。""颍川事前已详陈，当可释然，渠抵掌谈时务，只为屠门大嚼计耳，岂有强中国、拯黄种之心哉？其所论绝浅陋，而南海不免为所给，宜其败也。"可以对照参看。

又上俞师书①
（1899 年 1 月 21 日）

季夏两奉手复，兼拜赐诗卷及《志喜》新篇，随于七月杪寄上贺诗一律，附笺略陈时局，想久入师鉴。

中冬中旬吊于宣氏②，见师手书挽句，作客谈及上旬师舟过沪，停帆数日。穷巷闭门，竟不知德辉咫尺，瞻仰缘悭，是大怅事。

受业频年多病，元气大伤，身世艰危，生意枯涸，颇思粗涉医术，稍辨药物，改途自活，寓志济人。但《灵》、《素》理既难窥，百家复不能弃，未卜两三年后可为庸工否耳？

枚叔孤怀高论，与世不谐，负累千金，无计偿补。近应东人之聘，笔削台北《官报》，闻府主意气颇投，与谋开大书藏以辟人荒。同门王浣生太史亦一时俊杰，八月之案，几如公冶，幸武林枢相力救得免。③合肥际龙战而能抱独中立，盖有得于老子之学。拉杂附闻。

曲园寒梅想将盛发，林履吟兴当复不浅。

敬问

安

受业礼谨上

敬再上者：受业于辛卯岁著有《卑议》四篇，妄谈治平之术，曾于癸巳岁呈阅，蒙赐题语。世虽专讲富强而未知贱著宗旨颇多索阅，客腊乃付活字肆排印二百分以应坚索者。京外所谓新旧党领袖多与受业水火，以此不得达九重，然亦以此免祸。今后不敢复谈治术，专师老子，恐数年后暮气逼人，伯玉故吾不可复见。爰将余存印本分存知己处以存故吾。兹呈存师处五分，他日侍侧，年虽未强，而奄奄生气，吾师或于架上偶触目，必深有感于今吾、故吾之判若两人，而叹受业之弃儒学老何太速矣！受业则将对曰："有是哉，幸矣！弟子今乃免为盖次公之续矣！"

礼又上

---

① 录自《信存》，标题作《又》，现予改动。下注："十二月初十日，《卑议》五本、瑶诗一本，附寄去。"
② 未详。
③ 指王修植在天津放走梁启超。枢相指王文韶。

敬再上者：小女佩瑶今年十五，颇曾涉猎子史词章，近学韵语。闻孙世嫂许孺人素工此艺，不揣冒昧，录呈近作十余首求其指谬，皆小女原草，不曾改润，乞师发交孙世嫂评阅，未知孙世嫂肯视同女弟子否也？

礼又上

致汪穰卿书①
（1899 年 2 月 9 日）

穰卿仁兄先生阁下：

顷尊使来，弟不在内，回读手示，敬悉。

枚函本当早呈，惟前则未知阁下已返自金陵，近则尚留仲玙处，故送阅迟迟。开正晤玙，即问取呈不误。

比来意兴毫无，兼病后元气未复，故人踪迹，遂皆疏阔。荀君言："存吾春。"② 今弟则非但不能存吾春，且不能存吾秋，枯木寒鸦，胸腹直全是冬气，良自怜也。想阁下不至此。枚公则秋气之中尚带夏气，大奇大奇。

匆匆作复，敬颂

岁祺

除夕　恕白

上曲园师书③
（1899 年 4 月 3 日）

敬上者：

客腊接奉复谕，知师旧恙适发，想著劳暂节，便当复恒，春来杖履康强，至以为祝！

受业愁病交攻，形神日损，初披《灵》、《素》，未了皮毛，百氏之爱仍不能割，得成粗工，犹难计岁，乃辱奖勉，期以医鸣，愧汗

---

①　录自《汪康年师友书札》（一），第 547 页。年份当在戊戌，理由是：1. 作者意兴和病后元气之谈见于此时书函；2. 己亥冬汪康年来往较密，而戊戌冬未见来往；3. 戊戌冬章炳麟在台湾，故有函托寄，己亥冬无此必要。

②　见荀悦《申鉴》。

③　录自《信存》，标题原有，下注："己亥二月廿二、三两日写完，廿五交局寄苏，是日清明。"

无地！

沪滨居民百有余万，枚叔一去，学者几绝。独钱塘孙仲玙部属宝瑄芳洁轶伦，闭户蠹古，时相过从，共作李唐上语。此外，不废孔孟、老庄之书者止有东人数辈。盖彼国自立大学以来，经史诸子各置专科，群经及《淮南》以上诸子列为支那哲学科正课书，史学别为一科，卒业考取者号文学士，又进一等号文学博士，为科名之巅。博士、学士虽分六号，曰：文、法、理、农、工、医，而文学出身最重于国人焉。士情鼓舞，遂有哲学会。讲孔、老诸子及佛学，以佛典亦列大学，称印度哲学书，别为一科，统于文，与支那哲学一体也。戴记学会等学会及《哲学杂报》、《经子学报》、《阳明学报》等学报之创，故顷学者之数远逾今之九域；戊戌一年，六学新著经文部许行者多至二万五千余种。西人震骇，失色夺气，儒佛合教兴邦之速大胜基督，于斯有据。嗟我神州，愚诬操议，以帖括为中学，以儿语为西学，今之所谓西学堂，不过教英国小儿语耳，尚不足称教西文，乃自称教西学，无耻！与教帖括者自称教中学一也！以购舰铸兵为绝顶经济，宜为彼中所深鄙矣！

小女妄学古诗，过蒙誉借，含蓄之诲，敬已命遵。孙世姊才高遇否，闻者咸悲。然某夫人悍虐夙彰，前媳亦非令终，媒妁匿情，遂增闺秀一重恨案。茫茫因果，主者为谁，万劫崎岖，岂胜太息！绣墨遗文，不堪卒读，小女谬题一绝，录呈侍者。

敝外舅止庵师年八十三矣，八十前灯下犹能作字，八十后目始迷，镇日持佛号而已。明岁重宴琼林，长者可赠一诗以光他年之瓯乘乎？此间龙门一席，辞避已久，求志史、掌两斋掌教，名虽尚存，然自甲午秋季以后，课题皆受业代命，首题为《姒、子遗闻辑粹》。课卷皆受业代阅，黄茅白苇，几绝幽兰，惟丙申以前，一章枚叔应课，云中白鹤，降立鸡群。

亭林云："十八房兴而廿一史废。"今之赫赫名人多不读史。夫史者经子之案，经子者史之断，舍案评断，万无是处。废史之罪，洛、闽实魁，南宋、元代，陋风已成，奚待十八房兴乎！受业窃悲之，思广实斋先生之意，著《史教篇》以讥切洛、闽，兼及蜀党而申温公，以正宋学之统，且于实斋微有所诤。境逆虑纷，未能速就，然拙稿稍定，便当就正。

肃此，敬问
安

受业礼谨上

致饮冰子书^①
（1899 年 9 月 23 日）

饮冰子侍史：

丁酉以后，频年卧病，踪迹遂疏，然精神之交反密于丁酉以前万倍，何也？

酉前虽与君周旋谈论，而心颇不满于君及君之师更生。酉后则于君及君之师更生日服一日，自愧弗如矣！如复生、易一则一向无分毫不满。其原因甚多，未暇细陈，今举其最大之原因以直告君：

前之不满于更生工部者，大因二：一为阻和东，一为强学会。《公车第一书》^②，更生以此得赫赫之名，而仆乃以此疑更生为媚世之徒，否则南宋毒种。强学会自是好事，但仆见更生引大民贼某帅及一书未读、荒淫横暴之黄绅为领袖^③，则益疑更生决非正人，故拂衣自绝。此不满更生之二大原因也。

前之不满于君者，大因亦二：一为《时务报》。《时务报》至要事也。然乙未冬，更生之局为某公^④所逼闭，易一、君勉之论为某公所痛抑，君续开报，仍力与某公讲和，仆私疑君背师媚贵，故曾面讽不留余地。一为逐余杭，余杭经学文章，今日江浙实无其敌，君于不通已极之岸贾^⑤，尚以大度登其大谬之《驳〈辟韩〉》，而不肯登余杭之作，仆时则益疑君非正人。此不满君之二大原因也。

后之日服一日者，其原因亦甚多，而最大者乃信君为正人。自君到湘后始，而戊戌五月后信益坚，入东后信益坚。其最大之起信物则《上右帅》一长书^⑥，最大之坚信物则《戊戌政变记》，是为二大。此不负君师友之据，若自便不著此《记》，则仆又疑君为非正人矣！

---

① 录自《信存》，标题原有，下注："八月十九写定。"此信疑付唐才常转交在日本之梁启超。
② 即 1895 年 5 月 2 日《上清帝第二书》。见汤志钧编：《康有为政论集》，114～136 页，北京，中华书局，1977。
③ 某帅指张之洞，黄绅指黄体芳。
④ 指张之洞。
⑤ 岸贾指屠寄（仁守）。
⑥ 胡思敬《戊戌履霜录》（南昌退庐本，1913）云："梁启超上书巡抚陈宝箴，请保境独立，如窦融河西故事。"

戊春见更生《孔子改制考》，始服更生之能师圣，始知更生能行污身救世之行，而前疑冰释。《新学伪经考》，仆不甚服。见《请开制度局、十二局、民政局》一长折①，则益信更生真刻不忘民，确为尼山嫡派，是为二大。此酉后于更生及君五体投地之最大四原因也，敢以直告。

《清议报》期期读、字字读，撰译皆胜《时务报》万倍，恨不能销于内地。《知新报》亦胜于前，此间《亚东报》仆不在该馆执笔，亦不在他报馆执笔。不及《知新》而贤于《万国公报》。五月以后，沪报稍佳，然愈佳愈难销，可为浩叹！

丁酉秋，同乡某君开一馆于浙，其取名大而不通，其条目及所登之文、所译之报可笑者居十之八九②，仆不过月寄文三首，余一概不与闻。甫寄数首而众谤沸腾，与馆主意见日离日远，遂绝不寄，而该报馆旋亦停闭。仆生平文字惟是年登数首于报纸，前后皆无只字，以自揣学派政论太与今支那人寡合，而又不肯曲说阿世，故不愿送登。不愿中虽含有大分不屑的长性质，亦合有几分不敢的短性质。庚寅、壬辰上某某两书③，《汉报》及《万国公报》自采登之，非仆送登，颇有数语点金成铁，县名亦误。

丁酉以后，此间最密者：寒松主人中禺及西狩④。然寒松、西狩所处之境与仆异，所从入之学派亦与仆异，谈论不能尽合。盖寒松从洛、闽入，西狩从许、郑入，而仆从三王入仲任、文中、阳明。今寒松虽早出洛、闽圈，然第七识中似尚有留滞之自发力；西狩虽早出许、郑圈，然第七识中自发力似尚可畏于寒松。要之，二子将来进境皆不可量，而寒松尤心虚力实，恐将轶西狩；惟文章决不能进及西狩耳。

许、郑虽钝，然于儒书毕竟功多罪少。古来儒书大魔的是伊川、紫阳，然未可因此二大魔而斥濂、关及大程，其他宋儒尤不可妄行概骂。仆昔曾著《儒教鸣冤录》力攻二魔⑤，他日呈教！

绳正主人⑥和平温厚，自是可交之士，但太不悦学，太不用思，又

---

① 即 1898 年 1 月 29 日《上清帝第六书》。见汤志钧编：《康有为政论集》，211～217 页。

② 指童亦韩、胡钟生在杭创办《经世报》。

③ 指上张之洞和李鸿章两信，见本书卷六。另见《汪康年师友书札》，1631～1632 页，高凤谦致汪书云："瑞安宋存礼有上南皮、合肥二书，刊于《万国公报》，亦有心人也。此君足下乡人，能知其厓略否？《卑议》一书，有无阅过，议论何如？"则未提及《汉报》。

④ 中禺指孙宝瑄，西狩指章炳麟。

⑤ 当指《六字课斋津谈》中斥程朱部分。

⑥ 绳正学堂或作诚正学堂，绳正主人指经元善。

生长租界，处境太顺，于朝野情形太隔痛痒，与谈事理，虽至浅者犹不能领受。承其爱我而竟无法益他智识，亦一恨事！

仆前数年主讲一小地方①，力唱《礼运》、《孟子》之宗旨，风气骤新，取怒伪党，于西岁被诬控，几遭祸。幸其时本管大吏②方日新，又有解护之者，得免。戊戌政变后，不肯改节负心，立辞此席不恋。

自八月六日闻变至今岁，终日悲愤，贱躯益弱，不能办稍辛劳事。惟代舍亲评阅之席，尚仍旧为糊口计耳。大约明岁当送敝眷回里，再作生计。此间米珠薪桂，虽极刻俭，决难久支矣！承询略闻。

拂尘信不愧复生之友，但得见尚希，其深未悉，其《内言》③ 数卷，则非有真性情、真见解者决不能有此真文章矣！走笔书此，语无纲纪，敬问

起居无恙

弟名心叩　中秋后三日

七言十章，《寄怀饮冰子》，录呈。④

拙诗可登《清议报》，但乞执事勿告中、东人——言是弟作，以处窄天地之中实无可奈何，不能不胆怯也。

然则何为通信寄诗？情不能已也！呜呼！若非情不能已，而视同族如犬豕，视圣主、忠臣客秋六士之忠，合于古谊之忠也。亦然，则如星海之《梁王功德碑》何难一夕而挥万言乎！⑤ 噫！朱舜水、张忠烈非不能为李光地、姚启圣也，情不能已也。鲁两生非不能为叔孙通也，情不能已也。柳柳州非不能为韩昌黎也，情不能已也。王叔文谋振唐室，为贼阉所诬害，昌黎乃附和阉党，反目王君为逆，宜其圣纣而欲诛文王矣！噫！

上俞师书⑥
（1900 年 5 月 2 日）

客岁上笺，未蒙复示，不审邮人有无中失？内附小女《题孙世姊遗稿》七绝一首。春来杖履康胜，至以为念！

---

① 指浙江海宁州崇正讲舍。
② 指浙抚廖寿丰。
③ 见《唐才常集》。
④ 此行被涂抹，约十七字，"录呈"以下模糊不清，末一字为"者"。
⑤ 原作"则如星海之剧美"，星海指梁鼎芬，剧美指剧秦美新。
⑥ 录自《信存》，标题原有，下注："四月初四日写定，初五交子渐带。"开首称谓缺。

受业比者愁病交攻，精神益弱。青苔穷巷，镇日闭门，独对百氏，聊遣幽怨，董常乏状，惭向河汾！

刻有陈者：日下馆森子渐，重野成斋先生之弟子也。中春来游申浦，与受业过从甚密。其人温雅朴厚，好学逾恒，经史词章，皆非门外；尤喜搜录遗书，表扬隐哲，性情绝似梨洲、谢山一流。久慕吾师为今禹域第一人，以未得见为大恨，特于此日买棹入吴都，求赐颜色。未学华语，求赐笔谈。倘吾师惮于坐接，求命仆召一门人代接笔谈，以慰其仰止之诚，幸甚幸甚！

此君又欲求吾师手墨而珍藏之。吾土兵火太烈，手墨极难久存。彼土足利学校闻尚有唐人《周易》写本，宋、明手墨现存尤多，吾师苟许此君之请，亦久留书法于宇宙间之一重功德也。

匆匆笺达，敬问

起居

受业宋恕再拜上笺

近作四首，录求师诲。五古四首。步枚叔原韵者。①

又上俞师书②
(1900 年 12 月 1 日)

客春上一笺，今夏又上一笺，皆未蒙复谕，虽未知有无中失，然颇疑高年厌阅。月之三日，忽得手书，兼惠新著，喜悦无量！

孙世兄安抵乡园，至慰至慰！外舅止庵师琼林一节，已办，闻获侍郎衔，但照会未到，官报亦阻；承念，敬先代谢！倘蒙赐诗以光尤感！

敝眷因出入不敷回里，受业现暂寓友人家③。俟时艰稍定，再谋行止，敢闻。

长者八十生日当以文寿，比心绪不佳，拟稍缓补献。和诗四章④先上，附呈近作四律四绝，均乞诲正！

春间介谒之日人馆森鸿，经史之学极有门径。三十未娶，专精撰述，

---

① 即《和章太炎感遇原韵》（1900 年 4 月底）。
② 录自《信存》，原标题作《又》，下注："十月初十日写定。"
③ 和章炳麟同居友人胡庸家。
④ 指《和俞曲园师辍笔、断荤、传家、祈死四律原韵》。

著有《亲灯余录》数册，考订殊详实。又著有《先贤传》百余首，文笔似尚在谢山右。此君进见时将呈所著乞正，以窥函丈似不胜坐谈之劳，遂匆匆辞出，然以得见为已幸甚云，偶及之。

　　肃此，敬问

杖履康胜　潭第均吉

受业宋恕拜上

　　其行箧中有日本近儒照井全部《论语解》写本，精博掩何、皇，读之五体投地，惜长者未之见也。

致孙仲容书①
（1901 年 6 月 20 日左右）

　　尊著开宗明义，已得骊珠，本末秩然，密切情理。视某大吏等杂聚败叶之论，不可同年语矣！②

　　但急就之书③，意词或复，所据时籍，颇有传讹，然此皮毛小疵，固无伤大体也。

　　束装往杭在即，未及逐篇细校，遵谕妄举数条④，别纸二页上察！驾未回瑞，恕不面别。敬请

著安不宣

上俞曲园师书⑤
（1902 年 8 月 13 日）

曲园先生夫子大人尊前：

　　敬上者：存礼于客正在沪上一笺后，以先外舅止庵先生奠期在即，

---

　　①　原稿缺人名及时日，均依内容考出。

　　②　"尊著"指《周礼政要》（该书原名《变法条议》），孙诒让作于辛丑夏，光绪壬寅由瑞安普通学堂刊行。《自序》作于壬寅四月。某大吏之论当指张之洞《劝学篇》。

　　③　孙氏应盛宣怀之请。历时半月，成此《政要》一书二卷四十篇。费念慈致胡调元函中亦云："《周官》一书，得仲颂先生定稿，可以古学挽狂澜矣。孝章之意在简括明白，人人可晓。奏御后方可望见诸施行，回銮后即欲写定、写呈，故势不能缓，稿本乞从速寄示，其事尽可遥领也。"略可窥见写作内情。

　　④　孙氏原函未见。

　　⑤　录自《孙止庵学行略述（附求墓志铭启）》草稿内，无标题，在"红蜡笺"下注："八月廿三日交仲、季。"

不待复谕，即行回瓯。其夏应求是书院之延往杭，虽承诸生谬重，而与院中同人新旧两党意见多相左，遂于孟冬慨然辞席，改应寿州励志学社之延，将于今正北往。而季冬患温于杭甚危，幸承日本今村女医针药兼治，六旬始起。又月余始勉可作字、步行，然尚未可讲学阅卷，因于孟夏暂先回瓯静养，知念敢闻。

兹有恳者：存礼于止庵先生，幼受荆璧随珠之誉，长蒙生死肉骨之恩，未报万一，甚深内疚！念先生在日，于近年海内书院大师独钦长者学行，今窀穸有期，子诒泽等欲得长者铭志之文以慰魂魄，礼亦同情，遂乃含泪执笔，略述学行，自信毫无虚饰，敢上以求，长者其鉴而许之欤？顷舍间有极拂郁事，心绪纷乱，不复他及。专此奉恳，敬问

杖履康胜　恭候复谕　祷切祷切

受业宋存礼再拜谨上　七月初十日

附呈《留别求是书院诸生诗》[1]，敬求海正！

受业宋存礼恭贺夫子大人重宴鹿鸣、蒙恩开复之喜，兼贺孙世兄阶青太史蒙恩简放四川试差之喜，敬请

道安　伏惟

崇鉴　红单

敬再上者：粘素条

此笺为七月初十所书，因其时有极拂郁事，故不亲书。本即发寄，以拙《述》[2]被一友携至山僻，八月杪始见还，则存礼已丁母艰月余，而第七内弟孙诒揆亦于七月半复故矣。以此笺附有贺笺，未便易书素纸，故仍原寄上，哀此奉闻！

受业棘人宋存礼谨再上　九月朔日（1902 年 10 月 2 日）

与陈介石书[3]
（1902 年 10 月 11 日）

贱子尝私以包安吴五品评书法[4]评今海内论说家，盖十余年来经吾

---

①　参见宋恕《留别杭州求是书院诸生诗》（1902 年 4 月 2 日）。

②　指《外舅孙止庵师学行略述》，见本书卷五。

③　录自《孙止庵学行略述》草稿册内，标题作《与介石》，开头缺称谓。

④　包世臣在《艺舟双楫》中《国朝书品》一文提出神品、妙品、能品、逸品、佳品的标准来评论书法。

目者数百千人，而入吾品者不过二三十人，而神品则惟列章余杭、蒋诸暨、梁新会，夏仁和四子，此专评论说之文，其他文则当别评。如传记之文则惟王湘潭可入神品，而新会尚不得入品。有韵之文则惟汪吴县可入神品矣！今读《新世界学报》，乃增足下而五矣！

诸暨之论说较新会有余味，其妙在于文外曲致，蔡山阴评亦如是，固非私于浙人也。足下之论说，文外曲致更胜诸暨，识者必有同评，固非私于瓯人也。然新会亦有特色，则"开门见山"四字是也。仁和亦有特色，则"分风擘流"四字是也。余杭亦有特色，则"深林独啸"四字是也。

汤、杜①诸青年之论说亦皆别具只眼，入情入理，脱尽现时学界、报界习气奴性，钦折莫名。敬焚香拜祝销路日广，销数日多，以光吾瓯，以光吾浙，以光吾禹域！先奉英洋两元定阅半年，乞察收，转知令弟②按期饬送。

制恕白　九月十日

致六六庐主人书③
（1903 年 10 月 5 日）

六六庐主人侍史：

得诵尊诗有年，昨始接末光，恨相见晚！初来语未通，而君又手不良于书，未得畅谈诗源流，是足大惜！

赠《百花栏九集》，此行不携拙著，未有以答雅意，歉甚！敬奉题拙诗、别奉赠侍史拙诗二章④，乞吟正！

西土近时诗派，苏、黄之弊达于极点，李唐风韵几无复存，乃闻东都亦渐趋宋调，仆为诗界悲之。

侍史《送上村君游燕长律》，博丽极矣！使赵瓯北执笔为之，无以复加，恐今之燕京诸诗家难得几人与侍史相伯仲也。虽然，吾愿侍史勿为西土八股变相之野诗家所惑，而轻视"不着一字，尽得风流"之唐诗也。其详他日再陈，专此申谢，敬问

---

① 指汤尔和、杜士珍，俱陈黻宸学生。
② 指陈侠（醉石）。
③ 录自孙绍祖《宋平子先生年谱》，原稿未见，六六庐主人指日本诗人野口式。
④ 指《访六六庐主人赋赠》（1903 年 10 月 4 日）、《答赠六六庐主人》（1903 年 10 月 4 日）。

起居无恙

恕白　八月十五日

致高田氏书①
（1903 年 10 月 20 日）

　　九月二十八日得识尊容，且承许观尊校之图书馆、讲堂等所，又辱赐绍介手纸于久所仰慕之哲学家有贺、三宅二氏②，感谢莫名！但惜新来贵国，解语尚少，未能畅聆道论耳。今敬上拙诗一首③以稍表非常钦向之忱，伏乞晒正！附奉赠敝同志所作《劝解妇女足缠》④之语体文一册，乃支那今人非常合于论理之作也。乞存！十月二十日。

　　再启者：凡一国一人种之盛衰、存亡，其原因皆甚复杂，决不能以单纯之评语判定。即如贵国之独能自拔于非白色人种之中，天气、地理、人事皆为其原因之一总目。如但归功于人事，而曰"惟神、儒、佛教之因"，则如周室之崇儒，元魏、李唐之崇佛，印度之崇神，而何以国亡种衰也？如但归功于天气、地理，而曰"惟寒暖之适身，惟海岸线之长、火山脉之旺"，则贵日本人种，以仆考之，于古代实此土之客种，而此土之古主种则所谓东夷人种者是也，今之残存之蝦夷乃古此土之主种之一族也。何以同此天气、同此地理，而东夷人种不能盛而且将亡，日本人种不但不亡而且日盛也？如谓贵国地理："西南海岸线长于东北，故日本人种能克东夷人种。"仆以为不然：古之熊袭，非称雄于九州者乎？而何以亦为日本人种所灭也？然当蒙古极强之时，支那、印度及天山南北之文明全被扫荡，而贵国独能不挫其锋，固由北条执权之人事，亦由蒙古人不习海战之地理也。然如今者立宪成就之易大异于欧洲之难，固由天气、地理，亦由王政复古为时甚暂，在上之人大都起于草茅之故耳。若以论理学评此重公案，虽贵明治天皇亦可谓起于草茅，何也？自源平相争以后，皇家久拥虚器。夫拥虚器，则与草茅何别乎？仆平生所闻支那人之论日本、西洋，及日本、西洋人之论支那，其不切中者皆居十之九而有奇，良由世界上人讲希腊论理学之三句法及印度论理学之宗因喻者太少也！

---

① 标题原有，高田氏指日本东京早稻田大学学监高田早苗法学博士。
② 《和有贺、三宅二氏笔谈录》见本书卷五。
③ 即《赠早稻田大学高田学监》（1903 年 9 月 28 日）。
④ 见本书卷五，全称是《遵旨婉切劝谕解放妇女脚缠白话》。

敢略陈鄙见，乞先生正之焉！

致南条文雄书[①]
（1903 年 10 月 23 日）

先日承面询今禹域基督教信徒多少若何？恕虽曾口对数语，而鄙旨尚未达，今敢笔达之：

恕自幼至今从不专信一宗一派之学说，于儒、墨、老、庄及佛氏、基督氏之学说皆有所甚服，亦皆有所不满。而禹域近代士大夫之理想非但无进步，而且较之唐、宋以前大形退步。所谓儒教中人、佛教中人者，虽间有不凡之人，而立本尊、拒异己之人盖居十之八九。

基督教来禹域，士大夫憎之甚，鲜肯虚心阅其语录。而信之者大约不出两种人：其一种为官所虐而求宣教师保护之人；其一种欲假宣教师势力以鱼肉良懦之人。其一种所谓可怜人，其一种所谓可恨人。庚子之变实为第二种人所激成，而第一种人兼被其祸。庚子以后，官畏西人愈甚，因之畏基督教信徒亦愈甚，因之入基督教者日多。一入基督教则可以免于无厌之赋税、非法之刑戮。彼入者固亦大半属于可怜者矣，然其属于可恨者亦居少半焉。然不问可怜与可恨，要之，皆不得认为真基督教之信徒。盖真信基督教理者未知有几人也，惟咸丰年间浙江李壬叔先生为基督教出色之信徒，其人为近代禹域之大数学家，且甚博通经史，著书数种，今此宗教中未见有其比者。

顷来江户，见幸田秋水氏所著《二十世纪之怪物——帝国主义及社会主义》等，持论殊高，颇合鄙见。闻其人属基督信徒，然则求之今禹域殆无幸田氏之比矣。

虽然，恕之见以为：儒教及基督教最为相近，而其理想皆不如佛教之高。佛教虽高，而易入于空而不实、泛而不切之境，故必须融为一冶，而后此世界能放大异彩，人类之幸福能进。且非但儒、基、佛也，凡东西洋古今哲学家之说皆宜融而合之。故尝谓：世界宗教、哲学须结织一大协会以共谋去其短所、集其长所，斯诚人类所应尽之义务也。

虽然，理想之高、持论之通至华严、法相诸宗之书而极矣！禹域佛学久绝，幸得贵土名师相续至今，一线光明，今渐大放，上人及诸同志

---

① 清稿未见，此据草稿整理，原无标题。

之功真恕等所五体投地者矣！前田、村上二上人，恕亦渴思一识其面，以便回国之后时常通书求教，尚祈上人于会面时代达鄙忱，无任欣望！[1]

盖恕以为信徒者，信其教祖之主义之名词也。非但从其表面之仪式之名词也。今东西洋人指禹域人为儒教信徒，今英、独等人为基督教信徒，此于"信徒"二字之名词未能密合矣。以恕观之，今禹域人信孔孟之主义者万中且难得一，今英、独等人信基督之主义者虽较禹域之信孔孟主义者为多，然与不信基督之主义者相较则亦尚少甚矣。使信基督之主义者已居多数，则所谓社会主义者必已实行，何尚有贫富不平等、男女不平等之悲哉！夫禹域孔孟之主义本亦近于彼土所谓社会主义，使唐、宋时信孔孟之主义者居十之二三，则立宪共和之政治必早出于茫茫九州，何尚有女真、蒙古之祸之悲哉！至于今禹域则信孔孟之主义者较唐、宋时且如一与九十九比，其所以然之原因，上人为哲学名家，固不待恕之陈也。

今东西洋不学之人每咎儒教，以为误禹域，所谓盲论也。以恕观之：犹太之亡国由于信基督之主义者太少，印度之亡国由于信如来之主义者太少。而不学之政谈家以印度之亡咎如来、犹太之亡咎基督，推之以波斯之亡咎苏洛氏，以希腊之亡咎沙氏、坡氏、按理氏，其为盲论一也。故恕之鄙旨以为今禹域儒、佛信徒既落落如晨星矣，苟基督信徒如春水之骤涨，则亦可望其拯生民于涂炭。乃观所谓日多一日之基督信徒者，大都非恕之所谓基督信徒也。盖今禹域之入基督教籍者，其大多数不出二种：甲种为极可怜之人，乙种为极可恶之人。甲种良懦之人被逼于贪酷官吏，不得已而求保护其性命财产于西洋宣教师。乙种诈毒之人入籍之原因欲假西洋宣教师之势力以驱使官吏而鱼肉乡里。庚子义和团之变实由于乙种所激成，而甲种亦牵连而得惨祸。庚子以后，官吏之畏西洋人愈甚，而以偿外国费之故，剥削民生亦愈甚，因之甲种、乙种入籍之人皆有日多一日之现象。斯二种人，虽其原因为极可怜、极可恶之反对，而其不可认为基督之信徒则一也。而入籍者之中可认为基督之信徒者仍亦落落如晨星，故未可望其拯生民于涂炭矣。

至西洋东来之宣教师，虽非无可认为基督之信徒者，然不可认为基督之信徒者亦居多数。且其可认为基督之信徒者，又皆不稍通禹域文字，不稍涉禹域历史，不洞明今禹域各种人之内情，往往用心虽苦而收效甚微。如诸开港场之西教师所设之学校，概不能稍发学生之理想，稍

---

① 原稿至此改动较少，但有钩乙记号。

铸造学生博爱之德性。其实有大益于今禹域民生者，但置病院、施医术一事而已！敢达鄙旨如此，惟上人正之焉！①

十月二十三日拜候，辱承赐侍笔谈，殷殷指示一切，且惠介于前田、村上二大哲学家，欣感无量！惜恕家境太艰，旅费太少，未能久滞扶桑，受业门下；然或尚有数月之留，或可再聆面诲数度。归后必当时上寸笺，求开茅塞。今呈拙诗一首②以表区区钦仰之忱，伏乞鉴存！专此申谢，即颂

起居康胜不宣

禹域散人宋恕拜启

致汤蛰仙书③
（1905 年 2 月 2 日）

编书之命，再三寻揣，虽虞负委，亦喜参知。但吾庐积假，甚隘且器，二六时中，频触烦恼。兼乡土苦湿，蝇蚊极盛，内郁外侵，互为因果，撰述之业，最易蹉跎。交通机关复感不便，函稿往复尤患滞延。先生若能于此间文澜阁或他多书之处代僦一室，寄席半年，俾窥绛云④未见之珍，稍减袁豹难半之恨，静专从事，密迩质疑，至所愿矣！若不可得而回里为之，则不敢不预留蹉跎滞延之余地，以免失信于大君子之前。请以乙巳孟夏为邮稿之始期，终以季秋可乎？然仍恐所成之物不能脱昔人所讥"居不幽，思不至"者也。敢贡其忧，敬俟裁答！即颂
岁祺不庄

宋衡拜启　十二月二十八日⑤

复汤蛰仙书⑥
（1905 年 2 月 17 日）

连日嗽甚，侍谈难畅，敢声止悦来阁之驾。其《初等小学国文教科

---

① 原稿该部分多有删改，且与上部分有重复处。
② 参见宋恕《访南条文雄上人赋赠》（1903 年 10 月 23 日）。
③ 原草稿缺标题，经研究《宋恕师友函札》中汤寿潜函后确定。
④ 绛云楼，钱谦益藏书处，中多孤本。
⑤ 据汤氏复函，本函发信时日有所改动，为正月初三。
⑥ 据草稿整理，标题原缺。

书》一事，用期普及，所关极重，要点如误，罪浮焚坑。近年所谓新旧两派，交攻儒、佛，使俗益坏，祸烈洪猛。贱子以为苟志德育，谋端蒙养，宜尊《春秋》天变之说，兼采释氏地狱之图，尊见与鄙，此点亦异。违心下笔，必乏精神。且肺病未愈，眷属未归，深恐疲倦纷扰或至误限！先生拒辟谢征，希风和靖；一金一缣，来处不易，决不敢轻诺浪费，有所惭负，蹈民友、申叔前辙！专此声辞，敬颂
道安不宣

宋衡拜上 正月十四日

我国近年学生界中盛行尚武争强、自由独立等说，不得分毫之益，反增骨髓之疾。实由药不对症，先生倘亦有同慨与？

致贾佩卿书[①]
（1906 年 7 月 12 日）

佩卿道兄侍史：

旷谈为怅！前承赐鸿著《心灵学》、《定武学记》两种，再三披读，始知江东胜流谓今河朔"但出贵人，不出学人"之普通月旦为不审矣！

然归咎《论语》之尊说，衡未能表同见。宋后支那至于如此，固非《论语》之罪，乃朱注之罪耳。若用何、皇注疏取士，《论语》岂不足治天下耶？

浙西夏穗卿名曾佑，今支那哲学家之一也。其持论归咎孔子，侍史则尚尊孔子而但归咎《论语》，衡则尚尊《论语》而但归咎洛、闽，所见骤难强同，然到头将必同也。

拙著多以畏弹射而未敢刊行，惟《卑议》一种系光绪辛卯十七年所著以上李文忠者，曾印赠索阅诸君，亦不发售。其时年未及立，极有澄清天下之妄想，故拟改一切若是不惮烦。自经异常磨折，早成奄奄欲绝之身，视此几如隔世作矣！顷偶检得一册，敬以答赠，切望指谬！

专此，即候
起居无恙不宣

弟宋衡拜白 五月二十一日

---

① 据草稿录出，原无标题。

致陈介石书①
（1906 年 8 月 30 日）

介公如晤：

本月初三日，奉上一书石字七号，劝公以表章陈、叶遗书为己任，想又将入鉴矣！

昨接来书，知岭表之行已决，而热嘱弟以攻短，何处得此长者言？人有特别之长者，每亦有特别之短。但公之短所，昔年在瑞、在沪、在杭时攻已透矣，今何必再赘！且公近年在京言行之详，弟未得知，无从逐条细规。要之，他日若有所欲言，决不敢隐而不发，以负盛意耳。

台驾到广后，晤味三、星垣两君，均乞致区区！罗浮为宇内大名山，如览得其胜，比雁荡何如？乞示尊评！

浙学堂正总理，公出京后续举谁？乞示及！计学馆代公为教习者谁？亦乞示及！岭南一切情形，乞缕细赐知，以研究社会学之天性仍未稍淡也。

观云近年学识大进，吾辈年齿相若者几莫之能先，公以为然否？岭南人物尽入对山之门，对山门外之士大夫则率皆腐陋不可思议。不知荒江茅屋中有不讲对山之学而足以自立于学界者乎？未敢武断其必无，愿公物色之！夏穗卿贬孔，武断！对山尊孔，亦武断！要之，孔乃述古，而酷慕官天下之一大志士也。

今赋拙诗绝句二章②，奉送荣行。即乞

哂正

弟衡顿首 七月十一日

答陈子言书③
（1906 年 10 月 27 日）

沈君④春至，拜惠书、诗，缓报为歉！申江秋老，清兴奚如？

---

① 题下原注："石字八号。"其余各号均未见。
② 指《送陈介石户部赴调岭南》七绝二首（1906 年 8 月 30 日）。
③ 标题原有，陈诗（子言）来函未见。
④ 指沈幼沂。

泗州下士贵民，好学勤政，自是建牙之杰，所惜掣肘者多。衡愁病余生，意气非昔，空蝗粱黍，未答涓埃，避席让贤，早萌斯志。徒以湖山信美，气候复佳，恋此胜区，淹我归棹。握手之期，要当不远！昨因登眺，忽忆故人，得诗二章①，先寄吟坫。敬颂
著安不宣

弟宋衡原名恕拜启　重阳后一日

九月廿七日写，廿八日发，时报馆：四马路门牌辰字五百八十三号。

复贾佩卿书②
（1906 年 11 月 19 日）

昨接手复，谦抑太过。至所申尊说二条，衡不敢不再陈鄙见以质，论学固当不惮往复，以求同归于真是也。惟衡于客秋以故人之急招，匆匆从旅中来此，本不作淹留计，故一肩行李之外，所藏海内外图书之属概无所携。至平生论学之拙著多种，如《周末诸子平议》、《汉学平议》、《宋学平议》、《当代诸子平议》等书③，皆以其中甚多反对当代贵人之论，畏弹射而不敢出版。写本深藏尘箧，此来亦不携一种。叶氏《习学记言》、日刻《东壁遗书》亦皆在乡箧，他日有便，自可呈校阅也。故呈质拙著既不能不待他日，而答质鄙见亦因敝寓无书供查核原文之故，不能条分缕析，详达区区，只得先将大意答质左右，俟南旋后再行录出旧拙著数种寄求道海，幸且恕其略而察其大焉！

执事认象山以修己为主点，以救民为余事；衡则认象山以救民为主点，以修己为救民学之基础。此论理学上所谓主点观之相违也。

象山提倡先立其大，正是孟子嫡传之据。《集》中杂文、语录论及民瘼均极痛切，远殊新安之肤泛。而其语录中"孟子自取"一条，尤与昌黎、伊川所标"臣罪"、"王圣"之义大反对④，此实为元、明以来陆学被摈之最大原因。新安初亦崇拜象山，后因无极、太极之争被其折倒，怒而攻之。二氏往复诸书今尚具存二集，学者若肯细心对读一过，孰为平实而优胜？孰为虚愍而劣败？固不待高明如执事而始

---

① 参见《寄怀陈子言》（1906 年 11 月 13 日）。
② 原件旧见今佚，从卅年前抄稿中录出，标题原有。
③ 诸《平议》均未见，疑指有关读书笔记、评语及《津谈》相应各章之异名。
④ "大反对"初作"不两立"。

能裁判矣！乾嘉鸿儒之争无极、太极也，多与象山暗合，然不惟不曾尊象山，且多斥象山为虚憍者，实由未读《象山别集》，而以轻伊川、新安之故，波轻视于一切宋儒，率尔作想当然之妄评耳。衡以为学者苟不尊孟子则已，苟尊孟而不尊陆，犹誉尧、舜而薄华盛顿，颂汤、武而贬苻坚也。

　　至衡谓南宋时陈、叶名在朱上，及元灭宋而始定尊朱之局；而执事据朱氏门徒多于陈、叶数倍，以断当时陈、叶名在朱下，则尤与鄙见相违矣。夫名之盛不盛本不足以断其学之深不深，而门徒多不多已不足以断其名之高不高。南宋时不党之通人①每轻新安而重永嘉，水心尤见重，脱数字目。其徒所以少于朱者，以永嘉之学实而难治，非若新安之学虚而易袭。避难就易，常人之情，故朱氏门徒虽多于陈、叶数倍而无一列籍也。

　　执事又据伪学之禁不及陈、叶，以断当时陈、叶名在朱下。衡按伪学之禁虽施行于韩平原，而未必非采当时之公论②，其不及陈、叶，未必非由于公论所推重也。

　　夫平原之妄战误国，与前之张魏公同。然其败军失地未若魏公之甚也，亦不至若魏公之闻数十万军溃、流血千里而漠然无哀容之丧心也。且魏公曾冤害曲平甫，与秦桧之冤害岳鹏举，同为公论所不容，而平原亦尚无是也！然而元、明以来士大夫脑影中几莫不含有"韩是小人，张是君子"八个字者，徒以自幼习闻闽党颠倒是非之私评，而罕有余力以检寻南宋之公论耳。魏公为闽党所依附，故扬之登天，平原为闽党所怨恨，故抑之入地。且新安不但违公论而曲扬魏公也，又曾违公论而称秦相好理学，斥鹏举为太横矣！读宋季高士周公谨所记新安提刑浙东时事，其妒贤诬劾、严刑逼招在当时实亦为公论所不容③！而他氏所记新安守郡扰民之事亦不一端，且请禁程学之陈公辅固以学问气节名于当时者也，然则安知平原之禁伪学在当时不大协于公论乎？但既牵连多人，则其中自未必无失人耳。

---

　　①　"不党"初作"无关于讲学诸家"，"通人"下原多"笔记所及，多不满紫阳也"等字。

　　②　"未必"以下原作："未必非当时朴学家之公论不满朱氏所激成。陈公辅直节昭然，固非小人，然请禁程学一疏，深恶痛绝至于如此，可见一时公论所在。"后改。

　　③　"所记"以下原作："所记新安为提刑时事，至以争名相妬，而诬唐仲友以莫须有之罪，且刑逼官妓某，令其诬引，而某官妓誓死不肯诬引，义声震于一时，朝廷因改命岳珂为提刑，平反此冤狱。是当时公论且共认新安为小人矣。然则安知平原之禁非出于公乎？"后删。

执事又据《纲目》非朱作之说以断朱之史学不粗疏。夫《纲目》果否非朱作，原无定论；即果出于门徒，其书法亦必折衷师说。且即置《纲目》不论，而专就《朱集》中杂文、语录之有关于史学者观之，其为多自相矛盾与否？其为粗疏与否？固亦不待高明如执事而始能裁判矣！胡邦衡，南宋大人物也，曾疏荐当时诗人五十余，而新安居其一。盖当时新安未见轻于公论之时，其名亦只如是而已。其实欲求新安之长处尚是词章，词章外毫无长处也！①

要之，鄙论非匆匆数十百行所能竟，必须待他日将旧拙著《宋学平议》全稿呈阅后再行指谬，现暂两搁可也。

草此略答，即请

著安②

致狄楚卿书③
（1907 年 7 月 14 日）

楚卿仁兄有道侍史：

仲春过沪，得见故人，又承赠唐碑数种，慰甚感甚！然忽忆往事，不觉黯然！

顷闻尊馆④告灾，且喜胜流无恙！台中近得三灵一史，大足壮色。而沈阳提刑吴君⑤请定行政、司法权限一疏，尤为数百年希有之作，然亦空传几篇文章而已。

西林慨请立宪，良抱盛愿，其如善化犹不见容！泗州问疾勤民，吐哺下士，自是第一流开府。然属官多阳奉阴违，终难睹一日千里之进步，特持比他行省为有彰彰之效耳！

手此，敬颂

---

① 原稿下云："嗟乎！衡不敢竟厥语矣！自学堂章程定行以来，八股虽废，而经说仍用洛、闽（朱、蔡），虽以《诗传》之奇谬，《书传》之荒陋，而仍得列于功令。今日固犹是洛、闽专制学界之时代也，吾曹但当缄口！以执事河朔奇士，有不可一世之概，故敢妄吐一二耳。"后删。

② 原稿末注："十月初三接佩卿第一复信，初四草此稿就，初五写清送去。此信共写五页八行。"

③ 标题原缺。

④ 指上海时报馆。

⑤ 指吴钫。

著安不宣

弟宋衡拜白　六月初五日

　　陈子言如尚在沪，乞致区区！有拙诗一纸乞面交或转寄，费神罪甚！

　　新会《存亡一大问题》中，"立宪阻力：汉人大于满人"一语，弟最表同情！二百余年何尝是满人主政？即今亦何尝是庆邸①主政？谓满人主政者，肉眼非法眼也，新会殆见及此乎！偶又及。

致陈子言书②
(1907 年 7 月 14 日)

　　别来未通音问，不知执事仍客沪否？兹以哀令弟拙诗一律③，托狄楚公面上或转寄。尊收到后，乞赐知！

　　陈介石主政深以勿获亲炙为怅，敬转达！此君文史之学殆为章实斋后一人，而德行之高尤不可及！执事大可时与通音问也。

　　弟过沪时患嗽、疲倦，又匆匆赴济，古薇师处竟不及往候，执事如晤，乞致歉忱！

　　草此，即颂

子言仁兄有道著安

弟宋衡拜白　六月五日

济南府城鹊华桥东学务公所专门课（右拙栖所）

致陈介石书④
(1907 年 7 月下旬)

介石先生侍史：

　　得本月四日广州来书，承转托徐侍御代办长沙公⑤挽事，费神之处，感甚感甚！

---

①　指庆亲王奕劻。
②　标题原缺。
③　见宋恕《哀陈子修都司于勤》(1907 年 7 月 14 日)。
④　据红十行笺草稿录出，标题及落款原缺。
⑤　徐侍御指徐定超，长沙公指张百熙。

又承盛意欲荐诸西林开府。西林，一时伟人，衡固早识其面，但善化既以援西林而蹶，京外有气力者多相排挤，不知能久任广帅否？果有久任之可望，则飘然逾岭，与故人饱啖荔枝，纵谈今古，诚为乐事！然西林未曾见衡论著，不审鄙见与渠能有几分相投？拟先将衡旧著之《卑议》托执事代呈，请其正是。倘渠不以为谬，极有相招之意，则须由渠咨东抚调取，盖衡现既系东抚札委供差，照例须咨调也。

致沈幼沂书^①
(1907 年 8 月 12 日)

幼沂道兄大人侍史：

昨走候不晤为怅！公所太卑湿，饮食料及便所尤不洁，甚不耐居。徒以天气尚热，惮出觅屋，故移住稍有待，而竟因之受病，伏枕旬余。幸粗知方药，近渐向瘥，而腹泄仍间作。闻侍史将有扶桑之役，本应躬饯，以未敢陪酌，敬俟接风，恕恕！

前承慨诺托购日文书报数种，感甚！兹又有请者：日文新译西洋小说颇多杰构，而弟此来忘携日肆目录，鲜能举其书名，敢乞侍史于入肆之便，再代为询购最风行者二三种，于驾回时带掷、缴价，费神之处，益切心谢！

手此，即请

行安不宣

弟宋衡顿首　七月四日

所欲购者：政治小说，侦探为政治之子目，尤所喜阅。专要日文本，汉文及西文本皆不要。

子言致侍史书附上，乞察收！

致陈子言书^②
(1907 年 8 月 16 日)

六月二十日手复读悉！致沈书敬已转交矣。

---

① 据红十行笺草稿录出，标题原缺。
② 据红十行笺草稿录出，标题原缺。

顷阅贵报，登有海州胡普芳一事，不胜悲愤，赋此三绝句①，录呈左右，并乞代呈狄楚公一阅，可否登入《平等阁诗话》以求海内诗人起和！冀藉同声歌哭，力挽此惨俗于万一，何如？

《神州日报》登有《神交社启》，殊佳，未知谁作？便乞示及！

此请

子言仁兄有道著安

弟宋衡顿首　七月八日（初九发）

楚公均此。

附：《寄怀金邃斋先生晦》、《送介石》一绝，及《明湖杂咏》之一绝②，录呈子言。

致蒋观云书③
（1907 年 8 月 18 日）

别来甚念！

飘泊南北，病疏故人，不审尊寓，无从寄书。但每于《丛报》④中获尊著一篇，辄不厌百回读而已！松岛等三绝境曾往游否？夏泗州、蔡民友频通问否？新会迹尚密否？

兹在岱阴，因沈幼沂别驾奉委调查实业之便，草此数行，附《寄怀》⑤拙诗二章，托询尊寓代致。尊收到后，祈即赐答数行，仍托幼沂转下，以慰驰念！

临纸匆匆，敬颂

著安不宣

观云仁兄有道侍史

弟宋衡顿首　七月十日

---

① 指《哀海州胡普芳烈女仿兰三绝句》（1907 年 8 月 16 日）。胡普芳因欲入两江女子师范学堂求学，被舅姑逼死，临死，交轿夫带去别兄嫂手书一通，石印传世；江苏道台宋康复报告惨死事于教育总会，淮徐海留沪学界公举李墉调查得实，各地天足会为开追悼会。

② 《送介石》全称是《送陈介石户部赴调岭南》，见前注。《明湖杂咏》指《大明湖杂咏》（1905 年 10 月上旬）。

③ 据竹笺纸草稿录出，标题原作《右致观云》，下注："七月初十夜稿，十一写就，送托沈，函面填七月十日。"沈指沈幼沂，将赴日本考察，蒋智由时在日本。

④ 指《新民丛报》。

⑤ 指《寄怀蒋观云》（1907 年 8 月 19 日）。

杨莲帅问疾勤民，吐哺下士，洞明政理，特重公权。一时开府，除西林外无能及者。惜此间司道之志识，除前提学连仲甫外皆去之甚远，无能相助为理。然如学务、警务、河盐、农林等政，其办法及成效固多非他省及前任之所能几矣！惟莲帅有不及西林处一大端，则"怕结怨"三字耳！

衡又及

致徐班侯书^①
(1907 年 8 月 18 日)

云泥殊分，不敢通音。遐仰德辉，无因迩接。新拜欣闻，竟阙笺贺。

永嘉僻左，隔绝时趋。雁荡岩岩，纯石无土。士风峭岸，终古不移。自入皇朝，未出台谏。间气所发，有待于今。伏惟长者：久居郎署，郁郁襟期，既被豸衣^②，桑梓拭目。朝廷更制。首善萃英。近日台中，人物尤盛：三灵一史，天骨开张。沈阳提刑，洞明政理。更企长者，亦上高言。传之九州，光我瓯骆。长孺宿望，兼恃州里。妄贡其悃，幸垂聪焉！

长沙文达，一代伟人。曾质拙著^③，过蒙奖借。忽焉捐馆，岂胜怅然！作挽一联，聊抒悲愤。以未知其寓所，邮托陈介石户部代为办致。顷得复书，知承转恳长者代致，费神之处，感甚感甚！

专此声谢，补申贺忱！并贺世兄荣任邮传部^④之喜！敬候

兴居不庄

班侯先生老伯乡大人执事

愚侄宋衡谨上 七月十日

致沈幼沂书^⑤
(1907 年 8 月 19 日)

观云昔年与弟甚密，近则四五年未通问，以彼此不详住所之故。前

---

① 据竹笺纸草稿录出，标题作《右致徐班侯》。
② 徐定超（班侯）时任京畿道监察御史。
③ 指《六斋卑议》。
④ 徐定超子徐象先（又名翰青），时任邮传部主事。
⑤ 本函系 1907 年 8 月 18 日《致蒋观云书》的附条。

承面允询致拙书，喜慰无量。兹将拙书送上，乞察收！费神之处，感不可言。书中毫无忌讳，执事如欲开阅，尽可开阅。

台旌何日东指？乞示知以便走送！

专此，敬请

行安

七月十一日

又致沈书[①]
（1907 年 8 月 22 日）

昨辱驾临话别，住室既极狭隘，仆人又极拙野，诸多失敬，歉仄奚似！腹泄未全愈，不敢陪酌，恕不设饯，敬奉肥桃四瓶，彩蛋三十个，薄供舟中食料之万一。菲之又菲，伏乞哂收！

到济以来，所见识时务之俊杰，除抚帅不入此评圈外，司道以至绅士皆入此评圈。未有出执事之右者，且未有能等于执事者，故衡独以昔贤许伏龙、凤雏者许执事。执事外，则连提学之虚怀嗜学，宋京卿之博雅率真，李伯超之德量见闻，贾佩卿之文章气骨，最为衡所崇拜。而最不相投者则为敝公所中最老最熟之文案某君[②]，此衡去年以来所以屡萌去志之大原因也。偶以相闻。

台从过沪，如遇俞恪士、叶浩吾、张菊生、汪颂谷、高梦旦、狄楚青诸君，均费神致候为祷！子言处，明后日另有拙书恳致！

手此，即请

行安不宣

弟宋衡顿首　七月十四日

又致沈书[③]
（1907 年 8 月 23 日）

顷大驾光临，因小仆出街未回，无人买开水，又适开箱检书，坐椅只有两把，皆填满本子，主客皆无坐地，只得挡驾，歉甚亦怅甚！

---

① 据竹笺纸草稿录出，标题原有，下注："七月十四日。"
② 指周拱藻（仲龙）。
③ 标题原有，下注："十五日。"

仲秋以后，若不他往，定必租屋别住，不至如此之气闷矣！

专此声谢，并问荣行确期，以便走送！东京尊寓地址，切祈开示！

即请

刻安不宣

弟宋衡顿首

拙著多不曾带来，顷偶检得旧诗一册①，诗虽不佳，然生平学宗略具于是，特以呈正！又及。

致陈伯严书②
（1907 年 8 月 23 日）

伯严先生侍史：

客冬自历下假归过沪，闻侍史适在，偕陈子言走候，而归帆已命，不遇为怅！兹上拙诗一篇③，聊以代书。

敬问

起居无恙不宣

宋衡拜白　七月十五日

致陈子言书④
（1907 年 8 月 25 日）

子言道兄侍史：

本月初九日，由邮局寄上拙书一函，想已入鉴！

兹有致陈伯严吏部拙书，露托未封，阅正后，恳妥为转致，费神之处，感谢莫名！伯严金陵寓所未详，不能径寄也。

专此拜托，敬请

著安

弟宋衡顿首　七月十七日

---

① 指《留别杭州求是书院诸生诗》木刻本。
② 标题原有，下注："七月十七日。"
③ 指《致陈伯严》（1907 年 8 月 25 日）。
④ 本函系 1907 年 8 月 23 日《致陈伯严书》的附条。

致吴君遂书①
（1907 年 8 月 28 日）

君遂先生有道侍史：

昔人谓"三日不见叔度，则鄙吝复萌"，今不见先生者五年矣。每于往来沪上时从子言询起居，知诗隐长如故。惠寄新篇一二，俾沐浴庄诵百回，以稍消塞胸之鄙吝，幸甚！

衡自扶桑归后，草游记数万言②，抉发彼国所以遽能立宪之原因，颇多异于时流之论，以畏弹射，不敢出版，未获呈正！

乙巳季秋，应泗州中丞之招入齐，蒙委充学务议员；及改分六课，复蒙委充专门课员。渔洋所谓"济南山水天下无，剩水残山亦自殊"者，幸得亲睹之。明末大兵曾屠济南，故渔洋云尔。今九域名区何处非残山剩水，济南之残剩优于秣陵，虽劣于临安，而殊则诚殊矣！"天下无"之评虽稍近私，则不认可也。

泗州接属之勤，待士之谦，爱民之笃，一时开府除西林尚书外恐乏其比。然于事理太透过来，不敢放手兴革，且相助为理之司道，除前臬连公甲外，德量志识未有能及其十一者，有堂无司，尤为恨事！

衡在此落落寡合，郁郁不乐。客冬禀院辞差，蒙温慰坚留，而吴筠孙、朱益藩、方燕年三提学，气味皆不相投。公所中最老之文案改充总务课长，把持一切。周直刺拱藻尤相憎嫉，如谚所谓"眼中钉"，不得已取法昔人"万事不理看湖水"矣！知念略闻！

昨登历山，忽忆故人，吟成一律③，即录以上。敬颂
著安不宣

宋衡拜白 七月二十日

叔雅先生现在何处？频通问否？便乞致候！

上方学使第一笺④
（1907 年 9 月 4 日）

鹤宪钧鉴：

---

① 录自竹笺纸草稿，标题原缺。
② 疑指家书和有关书函。
③ 指《寄怀吴君遂》（1907 年 8 月 27 日）。
④ 录自红十行笺草稿，无标题。原稿凌乱难辨，勉强成篇。

海岱为先圣桑梓，汉唐名儒十九出此。金元以后，学风虽逊江表，而较之秦、赵、韩、魏、燕、宋等处尚自远胜。近又幸得项城、建德及泗州中丞相续开新，学务上大觉有声有色，除畿辅外盖莫与伦。若特设学报局，多拨经费，由院委一通人总理其事，精选分融国粹、欧化于一冶，发明文宣大同主义及西洋最新之进化学说、社会学说，以力挽民族主义之狂澜，拔去排满、排外诸逆说、谬说之根株，使逆党、谬党心折反正，则出版之报岂但压倒各省，且将震耀五洲。

按民族主义为排满心理之源，日本此主义虽盛，犹未若德国之甚。今朝议欲多派官费生至德，犹畏火而加薪也。欲破排满逆说，非先破民族主义不可！欲破民族主义，非先立大同主义不可！惜哉！此二年中孔、连、吴、朱诸公皆处五日京兆之境而未遑谋及此也。连滦州极有文明气象，实为一时提学中最出色之员，惜任期太短！今宪台接印二旬，即命办报，勇矣！命无科第、无职衔之世界第一拙者宋衡承办，洵异于日本所谓"明盲"者矣！

然衡前呈之《办法纲要》十条，除第六条非必须蒙准外，余条则皆必须蒙准而后敢承办。今既闻多条不蒙准，若勉强承办，草草无聊，月出一册枯窘无味之报，则显负中丞破格之恩遇，幽惭青兖山川之英灵，外被诮于胜流，内抱恨于方寸，后悔何及！不若先辞，所有编辑一差，敬请改委，或即遵部章着总务课例办尤便。倘将来中丞有特设报局物色总理之举，宪台如效郑内史之推彀，固不敢辞劳也。

伏惟孔公曾出洋考察一切，为我国受过文明新空气之一人，又属寿州阁老[1]至戚，师友渊源更必殊众，故衡不敢以寻常腐败司道相待。

欲言即尽，专达，恭请

崇安　恕不端楷

衡谨笺　二十八日

按：古人卑贱上尊贵书曰"笺"，近世曰"禀"，大不通！六书之谊：禀即受也。

衡又白　七月廿七稿

衡于当代阔人往往不能学其长处万分之一，而但能学其短处。如于张中堂则不能学其中探花、做总督，而但能学其一两月懒剃须发，于梁星海则不能学其入翰林、做臬台，而但能学其与上司信不作楷书，良自

---

[1]　指孙家鼐。

笑也！

衡又白

上方学使第二笺^①
（1907 年 9 月 14 日）

鹤宪钧鉴：

　　上月二十九日在公所豫白宪台："俟恭送泗州升帅起节后，即行上禀辞差回南。"业承豫允"据详新帅候批"。其次日即三十日午前十一时谒贺升帅，面陈豫白宪台之语，蒙升帅温谕慰留，不许辞回，并谕知即委优级师范学堂兼差，且以抚院文案荐诸新帅，北洋局定尚当延聘等因，其时同谒十七人，沈倅兆祎亦在内，共闻斯谕。当以升帅盛意栽培，不敢坚执初志，声遵谢退。敬略以闻！

　　惟念衡自乙巳季秋到学务处议员兼文案差以来，每欲办一事，辄为局中最老文案周直牧拱藻所阴掣：上则掣之于总理及提学，中则掣之于本局诸同人及别局诸公，下则掣之于书吏仆役。衡贱不胜贵、直不胜曲、生不胜熟，窘状莫名。虽云分课后各归各课，然该直牧父子蟠踞多年，实隐握公所最高之权。该直牧之子钧榜现充实业课书记，乃自二月至今，时逾半载，未尝一日在山东，真可谓怪现象矣！且近以深得吴、朱两提学之欢，升充总务课长，潜势力益大，外间有第二学台之目，衡益无所措手足！似此情形，纵使新帅于衡暂不改升帅恩遇之厚，罗宪于衡亦不改宪台礼待之优，而公所供差终难报答。再四思量，不能不仍践上月二十九日豫白之语，除恭缮辞差红白禀^②一件，面呈宪台，请据详新帅候批外，敢以私笺表明苦衷，庶宪台鉴衡原非故作不情之举，并恳于衡去后便中转达历下士大夫，俾共知衡所以决然辞去者，徒以窘于周拱藻之把持妒掣。敬告诸公：诸公位分若尊于彼者，慎勿为其所误！若等于彼、若卑于彼者，苟与同局，尤须刻刻严防其含沙之射也。公所旅见时不便显指该直牧之妒掣，前呈卑拟之《办报纲要》特注重总务课之关系，盖八分以该直牧之故，而副长胡令际云居其二分。胡令亦非端人，然不至如该直牧之险毒。客春办报之图竟成画饼者，实由该直牧阴掣，而孔

---

　　① 据红十行笺清稿录出，标题作《上方学使第二笺稿》，下注："八月初九日随辞差禀面呈。宋平子手录存。"

　　② 见本书卷五《辞差呈禀》。

总理堕其计中也。连滦州异常文明，已陈于第一卑笺，不再论及。孔公心地学识皆胜吴、朱两公，吴、朱两公官气虽重，然心地皆尚胜于该直牧，惜除连公外皆为该直牧所误，致公所现象渐趋腐败耳。盖老文案之关系有重于学台者，犹六部老胥之关系有重于书侍者欤！

专此笺白，恭请

钧安

属宋衡谨笺　八月七日

致贾佩卿书
（1907 年 10 月 25 日）

佩卿仁兄有道侍史：

衡自送泗州起节后，即上禀院司辞差，未得请而忽患中风，不省人事者两日。苏后左半身全不能动，在公所益困。不得已电嘱敝眷火速来济，以便别居调治。贱恙现虽已退十之四五，而非复原不能远行，至少非再经两三月不能复原，势须暂留，然去志仍不改也。敢略以闻。

昨闻命驾在即，不胜怅然！病畏动，又忌口，格不得钱饮及远送，尤以为恨！敬赋拙诗一首①聊以记别，即录呈正！

贵胄学堂地址切祈开示，以便通书！作字腕尚战，不能不率之又率。手此，即请

行安不宣

弟宋衡顿首　九月十九日

致吴君遂书
（1908 年 6 月 27 日）

君遂先生有道侍史：

久不问起居，得书敬承盛意，衡于客秋忽患中风颇危，幸得日医铃木卫君诊治渐痊。惟左足至今尚有少分麻木未退，而元气尤难骤复，在假既久，而病中又曾因公与前署学方氏大冲突，早已连禀辞差，而吴前署院待以从优，直至将解印时始批行司酌核。吴去袁来，罗提学始批准销差。②

① 指《送贾佩卿入都》（1907 年 10 月 25 日）。

② 方指方燕年，吴署院指吴廷斌，袁指袁树勋。（袁大化仅一月即去）罗提学则为罗正钧。

　　顷因答子言隔岁书，偶述近状，不图子言及先生乃惓惓于衡若此也！燕市杯酒，甚愿与大君子过从话心，兼思访识京津间新人物。惟念泗州制府在济上时极赐颜色，临行又宠以殷殷之面谕，而衡竟以病不曾上一贺笺，又不曾禀陈与方氏冲突之一重公案，抱歉殊深。今若遽携敝眷往依，似太冒昧！且舍间有积压须理须商之俗事数端，而贱躯亦尚须稍稍静摄，当俟送眷回南后再定行止矣！

　　先此奉复，并贡谢忱！敬问
起居无恙不宣

　　　　　　　　　　　　宋衡拜复　五月二十九日

　　泗州制府节下，敬乞代白歉衷！

　　小女昭附呈《拟创历下女学会启》一分求诲，且求俯赐题句。又及。

致陈鹤柴书①
（1908 年 8 月 6 日）

鹤柴词长有道侍史：

　　连接两书，敬悉一是！承贶《诗话》，拜登诗，谢如左。

　　闻桂伯华精通佛学，久恨未得见，不知其又能诗！

　　并世骊珠，大都入握，稍惜吴中汪衮甫民参、越中蒋观云居士之作，偶尔不得登昭明之楼耳！汪律诗深入玉溪室，蒋古诗极得东坡趣②，其生平诗卷甚富，虽晚作颇多伤率，而少壮之作不乏雅音，似亦必宜采取数章。

　　李文忠不以能诗闻，亦罕自执笔，文忠任直督时，应酬题咏多出今礼侍于公式枚所代。然衡曾得见其手作律诗数首，亦殊雅健可存。前曾录入敝箧，惜骤难觅得，他日觅得，当呈备补采。文忠毕竟是有益于社会上一大人物，非一姓私人，太炎一派丑攻之，非知其深者也。然文忠天分则不甚高，可敬者反在心术耳。

　　近代谈诗耆宿虽各有独到处，而多落偏拘，如渔洋、石洲、北江、随园等皆然，惟纪河间之论最持平无弊。其所评《瀛奎律髓》及《苏

---

　　①　据红十行纸草稿录出，无标题，据称谓拟目。
　　②　其下原多"太炎最折汪，饮冰最折蒋，未为无理，私愿平等阁补入《续话》"，后删。

集》，真可谓极通！衡自少颇好河间之学说，而于其论诗尤表同情，故于近人之尊玉溪或山谷太过者，不敢附和。然时贤大抵取法玉溪、山谷，谓"上等诗人"，若寻常诗人则皆随园后辈耳。至玉溪同时之樊川，山谷同时之半山，则法之者少矣！

戊戌四章京，学识及文章均以浏阳为最，而诗亦然。尊《话》录及裴村、暾谷而遗浏阳，想必选编时偶失其底录耳。明夷诗不录，自缘避忌不得已。然明夷五言古诗，雄迈之气实冠一时，似亦可署别号以录入一二篇。如太炎五古，则典重高寒，如出汉魏人手，或亦可以别号录入乎？

今开府中文学以冯梦花中丞为最，而德行亦优。其生平亦以长于长短句称，当亦可有采。皖中王六潭太守咏霓，为浙东老名士，二十年前即知行政、司法之必宜分职。近浮沈宦海，自外于新旧政党而隐于诗，然其诗亦不甚显于世，要之有可存之作，执事恐未之见，可惜也！

拉杂书此，敬问

起居不宣

弟宋衡再拜　孟秋十日

《颜氏学记》乃子高氏在金陵书局时所手校刊，非他人代刊。此潘中翰误记。其书校刊极精，戴卒后，沈文肃督两江，不悦博学之士，书局总办洪汝奎饬局员不得复印此书，故世罕得睹。衡游历下，首上书泗州中丞请表章先哲晦著，首举唐氏《潜书》，次及此书，泗州允咨江督索原板印发，顾卒未成，而《潜书》则蒙饬学司购发各属矣！

十三日又发一信

陈鹤柴寄赠狄楚青所著《平等阁诗话》，匆匆过目，遽作答书，误有"遗谭之惜"，发书后复取细读，见录有《题画鹰》绝句一首，赋此自更正，即寄上鹤公。①

致刘次饶书②
（1909年2月8日）

新正两承枉谈，恨敝庐狭隘异常，无寸地可设榻宿宾，不得留驾小

---

① 此段为宋恕在信稿末补注。
② 以下致刘次饶书六封，均录自《厚庄师友函札》。

住数日一罄积感耳！

　　兹专启者：舍侄达，字子通，幼名佩璁，为舍三弟春如之遗子。亡弟德行、经学皆远胜贱子，徒以无计能脱网罗，郁郁成气涨病而早逝，时衡早于光绪丁亥年为门内战败，财权全失，空手避难，不敢回里。虽壬辰以前屡接告急蜡丸，而先外舅不肯相援，局遂不可救药。衡亦遂不作归计，负痛莫状！佩璁幸得其母舅余氏保护成人，衡于客岁始识其面，悲从中来，不可断绝！顷奉其母命，将重依门墙。据云戊申上学期已入府中学，于执事管理之得法、延教员之得人，均所悦服。惟编入己班，所授英文、算术皆系在平已习之课，惜空费光阴，故下半年不到。今欲求执事将渠改升入丁班，以便受未入之课。其向学之意极为真切，不揣冒昧，代达台端，伏乞执事考验酌升，佩璁之幸，亡弟有灵，当感泣九泉！专此，即请

诲安不宣

弟宋衡拜语　正月十八日

又致次饶书
（1909 年 4 月 15 日）

　　二月初接尊复，知佩璁承培植厚意，感激莫名！其时适患风邪颇重。不食几十日，未能笺谢。痊后又患咳嗽，月余未愈，兼之济回以后，末疾停医，至今未有退象，元气内伤，江河有日下之势，非常疲困，未可稍稍治事，且未可以就舟车。经营失败，心绪抑郁，故虽以郡城之近、小轮之便，亦以兴味索然，今春未曾一上，致旷聆道海，怅甚怅甚。

　　孙籀顾先生为衡最心折之一人。其人若在孔门，于德行恐可升堂，于文学恐可入室；惟于言语、政事则非所长。就文学论，则皖南派而兼浙东派，盖太仆、学士兄弟之文学本以皖北派而兼浙东派，籀公之异于父、叔者在皖北与皖南之别，而其兼浙东派则同。然皖北、皖南皆〔不〕反对近代政法，方望溪建议改八股取士制及官制，皆被格。故改制之议非但籀公主持，太仆、学士亦皆早表同情。太仆昔日与沈文肃、李文忠反对，世之不学者遂以为憎西法，不知所憎者专讲轮船、枪炮之西法耳。及政法之说东来日盛，则深服矣。马江一战，重以甲午，沈、李所经营者前功尽弃，太仆之言验，而政法之说大起，太仆不及见，而学士则大表同情于岭表，临终前数日犹命所亲读某报，其激昂不减籀公。然

孙氏三先生，就政事论以太仆为长，然毕竟是立法、司法二部的高才，于行政部仍属中才。若学士与籀公，于行政上且未得为中才矣！立法尤重在学，司法尤重在德行，孔门所谓"政事"乃专指行政，故三先生皆为德行兼文学，而非政事科中人。衡所见如此，曾私著有三先生学行述略各一篇[①]，他日当呈正！

至关于应付上头一节，籀公诸子皆幼，外界事全由仲恺大令作主。大令于吾郡士大夫心目中只有项申甫会长一人，一切奉命，不敢稍拂。衡往年见其题学士木主云"字薆田，号止庵"，曾力与争云："薆田是号非字，明明字韶甫，奈何削不著？而以号为字，使后人加逝者以不辨字号之诮乎！"大令坚执不从，后遂不敢稍参末议，诚以拙文拙见万不足当堂堂进士兼会长之绳墨，不如藏拙为愈也。大令之子公权尤重视科第仕宦，势利之态溢于眉宇，甚至昌言"郭小梅一贡生决不能论进士短长"。噫！三先生流风扫地殆尽矣！

至季芇茂才虽因被欺于会长公太过，激而入公议，然亦非衡所敢引为同志者也。季芇于文学上尚稍有浙东气味，远胜大令父子；然于德行上则非衡之所知矣。学士派下子辈现只有三人，以德行比较，忱叔库使确居第一。盖论德行则须调查其实际，不能专看表面。忱叔表面好博，而公然吸烟，似乎人格在恺、芇之下，岂知实际乃相反。甚矣洛、闽观人之法误世无量，以其专看表面也！姑质高明。不及籀顾事，敢略以闻！

孟聪、宗易皆盛称执事主持郡校井井有条。二君非轻许可者，衡是以心敬执事！来札所云，谦光太过，若必深论个中利弊，则功罪自在定章程及宗旨之学部大臣，非一校之长所可如何者矣！

拙著《留别杭生诗》[②]一册遵上乞正！辛卯拙著《卑议》，丁酉后未续付印，存本甚少，俟便中检尘箧觅寄，乞先转达！

吾邑年来学务非常进步，闻以王、黄、姜[③]三君之功为大。又闻王君出尊门下，然则执事之造吾平幸福也多矣，曷胜钦佩！

手此奉复，余容续陈，敬请

诲安不宣

邑小弟宋衡顿首　闰二月二十五日

---

① 孙锵鸣学行述略见《外舅孙止庵师学行略述》；孙诒让学行述略见《籀顾居士行年六十生日寿诗序》，孙衣言学行述略前此未见，见后《盗发孙太仆墓，公恳浙抚宪从严办理禀》。

② 指《留别杭州求是书院诸生诗》。

③ 黄、姜未详，王指王理孚。

又致次饶书
（1909 年 4 月 26 日）

径启者：

本月初有拙答书一封，内二长纸，托苏便带上，系闰二月二十八日所封，未知已入尊鉴否？专此奉询，伏乞赐知。同日又有致陈孟聪君一封，内亦二纸，已未收到？并恳便中代为一询。又拙诗一册亦月初附书上，有无收到？亦请示及！

二十年前，吾邑文风视瑞邑有天壤之隔①，闻今则学生数于全浙等在二，一跃而超瑞远甚，此真梦想不到之事！然其功皆在城南人。弟等城北人则毫无功于吾邑，真可耻也！城北人物现专恃陈载甫，然亦聪明有余，坚忍不足。闻次则马君，惜弟未识其人，无从评论希望耳。

手此，即颂

诲安不宣

弟宋衡顿首 三月初七日

又致次饶书
（1909 年 5 月 8 日）

本月十一日拜读惠答，谦光太过！而藻借贱子，徒增疚悚！

衡自光绪丁亥春，在先父丧七七内，即因门内大起干戈，财权及用人权尽失。而亲戚之有大力者，以昧于事理之故，竟被得重贿之亲戚所愚，不肯稍相助，其时真有如谚所云"上天无路，入地无门"，将服药欲自毕者屡矣。适皆有天幸，得苟延性命，又得脱走江海，于是欲削发入空门者亦屡矣。又有天幸，于意外受人恩，忽有生计，此念遂停。

而当甲午、乙未之际，以极端主张联日拒俄，共谋立宪，几不容于

---

① 据胡珠生编《清代温州科名录》，从顺治至宣统十朝，温州有科名者，计永嘉 104 名、瑞安 101 名、乐清 21 名、平阳 15 名、泰顺 6 名、玉环 3 名、未明县份 2 名，共 252 名。其中，光绪一朝，永嘉 17 名，瑞安 30 名，乐清 8 名，平阳 4 名，泰顺 2 名，玉环 1 名，未明县份 1 名，共 63 名。可见瑞安文风之盛。

世。及南海、新会出现时代，衡之志气已向灰冷，而尚有议论兴。弱冠以前，虽见与南海派离合参半；弱冠以后，极端主张惟物论，与彼派主张惟心论吾乡孙籀颐先生之哲学亦属惟心论。益不能合。而当道乃以"彼党"二字见坐，戊戌、庚子间几不免者屡矣！谭氏《仁学》，惟心派之哲学也，故其大处与衡不合，昔曾与面争屡矣。谭颇能虚心，惜天不假之年也！亦皆有天幸得脱。辛丑以后，则一言不发，视泉下人但多一口气耳。自问对于吾温、吾平实无毫末之功罪可言，以自丁亥至今实未与吾温、吾平大小地方官一通书问，于瑞邑亦然，包在"吾温"二字内。亦未与吾温、吾平绅士函参办事之末议，安有功罪之可言！丁亥至今，吾温官长惟童观察曾先下顾一见，别后亦不敢通笺。至宗湘文观察本系尘埃中知己之一，然其临吾温之数年，衡亦以避嫌，不敢通笺，闻宗公颇以为太自疏，然衡有不得已之衷，根于特别之境遇而未易宜宣布者也。执事乃据金、陈两先生奖借之言以归功于毫无功之贱子，令贱子汗流浃背矣！

金遯斋先生于衡为父执行，年长于衡亦远甚，于籀颐、蛰庐两先生为夷行，非衡所敢友视，其学派与衡亦不同源。金先生之哲学亦属惟心派，颇似南海。丁亥后，纵迹亦极疏阔，惟因其故里在瑞安十七都之林垟，于衡故里甚近，故当丁亥后数年之间，于舍间事略有所闻，独发公愤语。然终以与舍间无戚谊，不能调查内容之详，惟较之瑞、平两城及贵乡等处之士大夫之对于敝乡情形十分隔绝者则大异矣！

陈介石先生以年岁论，于衡为夷行；以德行论，则衡未足供其执鞭之役，故以不敢友视；以学派论，与金先生亦不同源，而于衡亦稍离合。以衡妄评之：于北宋人物，金似荆公，所谓似者，专指学派，不论地位、建树。而陈似温公；于南宋人物，金似同甫而陈似水心；于近世人物，金似西河而陈似实斋。要之，皆非贱子所敢望。若其奖借贱子之语，则出于鼓舞之盛心而未必据为定论也。

孟聪君自幼非常通达，壬寅年曾著一论，驳日本学者三宗六期之说，极合论理。数十年来，我国通人真能战胜彼国通人之学说者只有此一篇耳[①]。执事见未？

手此，敬请

---

① 指壬寅九期《新世界学报》（41～67 页）所刊载的陈怀《学术思想史之评论》一文。略云："近人因有分先秦诸子学派为四期，第一期为两派，第二期为三宗，第三期为六家，第四期为分裂混合，然耶？否耶？辩矣！……虽然，我窃犹以为未足焉。试为一一辨其得失，以破古今论学派之障蔽。"函中"六期"应为"六家"之误。

诲安不宣

弟宋衡顿首　三月二十日

又致次饶书
（1909 年 8 月 27 日）

月之六日，大驾光临时，适出北城散步，失迓罪甚！亦怅甚！午后走询孟聪先生，方知是执事，则河轮已开，不及走送矣。

弟末疾仍无退境，时重时轻，闷极！

王志特不赴试，可惜！然以孙季芃之文字，竟不能与三十余人争四名之一；陈宗易、朱味温、高性朴诸胜流亦皆落第，墨子非命，殆不然与！

陈介石先生得议员，吾温之幸福。闻其述执事与群贤争遯斋先生短长一重公案，法眼热心，益令我辈五体投地！贵门下王君①得议员，吾平之光，恳转达贺忱！

杨文敬忽逝，悲不可言！此木户、伊藤一流人物也，奈何遽尔耶？

手此，敬贡歉忱，即颂

台安不宣

弟宋衡顿首　七月十二日

致刘、黄两监督书
（1910 年 1 月 17 日左右）

次饶
仲荃 两监督先生大人、暨诸位教授、管理两部先生大人钧签：

径启者：瑞安孙太仆之为廉吏，江皖官吏久有定论。至其为鸿儒，则海内外通人益早共知。而温、台、处三郡近年发扬国粹、吸收欧化之功，尤公推为第一。今惨遭夥盗发墓，窃料三郡必当认为先哲遭惨问题，不误认为故绅遭惨问题而公愤勃发。盗以为曾作藩司，必有厚殓，故起此意，而岂知其殓物尚不得比于瑞安之所谓上户，何论府城、省城！彼盗亦当大悔矣！不揣冒昧，妄拟《三郡士大夫公恳浙抚饬司从严办禀》②稿，俟

---

① 指王理孚被选为浙江省谘议局议员。
② 见本书卷五《盗发孙太仆墓，公恳浙抚宪从严办禀》。

付刷印就呈正，先此奉闻！

想两先生与故学谘先生至好，此举必肯慨列台衔。至贵同事共有几位愿列台衔，并祈先行开知！明知人微言轻，然此事或当蒙诸先生公评乎？

专此请示，敬请

育安不庄

弟宋衡顿首　季冬

卷八

日记

编者按：宋恕早年勤于治学，每日以"心、身、古、今、缘、嗜"六字自课，向来就有记日记的习惯。但戊戌政变后，顽固派对维新人士大肆镇压，主张维新者日日惮祸，以致宋恕不得不于"己亥十二月二十、廿一两日夜及廿二大半日"检理一番全部日记和笔记，"当存者裁存，当摘者摘记，除裁存、摘记者外，原本悉于廿二下半日送付丙丁矣"。当日烧掉的就有丁酉、戊戌、己亥等年日记及其他簿册十九本。此后，作者除游记等较详外，一般仅录日常生活提要，写作形式也很不正规，如辛丑、甲辰二年及壬寅末四个月的日记就写在零星单页或文章篇末，可见自戊戌以后作者思想上是顾虑重重的。由于接触了大量的社会名流，宋恕本身又是上海维新派的核心人物，书函往还、诗词赠答极为频繁，因此，就是这样简要的零星的日记，对于了解作者的生平、思想、家庭环境及其社会交往，从一个侧面来看清末士大夫的思想演变过程，都是极珍贵的资料。

庚寅日记摘要[①]
（光绪十六年，公元 1890 年）

正月，在杭城七宝寺。初八日（1 月 28 日），有一西藏僧来，略通汉语而不识字。

三月初八日（4 月 26 日），始见荫甫师于孤山。廿三日（5 月 11 日），又见于右台仙馆，呈所作文[②]。

四月初一日（5 月 19 日），又见于俞楼，即日作鄂信[③]。初五日，又见，呈帖拜门。十一日，访宗湘文[④]，约见，大倾倒。十三日，访晤许益斋。十六日，送旧文数首呈宗公，宗即复一信。十八日，宗又来一信，并赠我两诗[⑤]。廿八日，如上海，小轮带。廿九日，到。

五月十二日（6 月 28 日），如汉口。十五日，到九江。十六日，到汉口，即病。廿四日，病痊。廿五日，往武昌，即访晤仲修、濂卿两先生。

六月初一日（7 月 17 日），送俞书及自书[⑥]交督署巡捕，不见，云："有信须交号房。"号房云："待大人回来。"初七，送信交号房，号房止收俞信；欲访巡捕，门者阻不许。初八，往询巡捕，巡捕云："大人不收，俞信交还。"廿二日（8 月 7 日），访王子常，未晤。

---

① 录自《记字簿》。扉页云："不存而去之者（其要者已摘录）志十六号、志十七号、志廿二号、志四号、志五号、志六号、志七号、志八号、志十三号、志三十一号、志三十三号，丁酉、戊戌日记一本无字号者，又戊戌己亥日记一本无字号者，志三十二号，丁酉戊戌间用账一本无字号者，戊戌用账一本无字号者，志二号（杨宅闹考之年日记也）、志三号。右十九本于己亥十二月二十、廿一两日夜及廿二大半日检理一番，当存者裁存，当摘者摘记，除裁存、摘记者外，原本悉于廿二下半日送付丙丁矣。"此簿所录包括庚寅至己亥的历年日记摘记和庚子日记。簿末所记《晴雨略》，包括丙申、丁酉、戊戌、己亥四年上海每月晴天日数、庚子年正月上海阴（三日）雨（四日）晴（廿一日）日数，及《癸巳回南乡试费单摘要》等均从略。闹考为丙戌年。

② 宋呈《夷隶掌与鸟言、貉隶掌与兽言赋》，俞樾批："题奇赋更奇，议论纵横，意义周币。"并赞许"此赋实能发挥尽物性赞化育之理"。

③ 宋谒鄂督张之洞，俞樾替他写荐书。

④ 宗当时署杭嘉湖分道巡道。

⑤ 宗信云："大著略展，能无惊叹！《六字课言》首重心身今古，皆今日人材对症之药，此等识解殆由天授。"次信云："……真绝世才也。自言其所学不依汉宋、不落周秦。欲著书而恐犯千年、百年、数十年之讳，甚或见其嫉于鬼神。"赠诗为《答宗观察》（1890 年 6 月上旬）。

⑥ 指《上张香帅书》，见本书卷六。

七月初一日（8月16日），子常来回候，始晤。初七日，子常送一信来。二十日，又送一信来，请明日酌。廿一日，赴子常招，始闻张少华来。廿三日，子常来，索文，与数首阅，将俞书并自书俱带去。①

八月初五日（9月18日），见鄂帅，年方五十四云。初六日，访晤子常。初七日，访晤仲修，云："前月廿九始从杭到此。"初九日，路遇汪穰卿，闻持李若农书来，未得见。十四日，子常为我电荐李伯行随东。十五日，子常招赏中秋月，并言鄂帅已为电荐出洋。十八日，李回电不成。② 二十日，子常信，知许③电允调。廿一日，辞行。廿三日，子常来送行。廿六日，如上海。廿九日，到。

九月初四日（10月17日），上舟赴温，久亭同舟。初六日到温。初七日到瑞。

十一月廿七日（1891年1月7日），子常专差送信并许公札文④来。

辛卯日记摘要
（光绪十七年，公元1891年）

四月十五日（5月22日），闻六弟被逼自尽之惨报。十六日，往鲍垟。十七日，回瑞，另有要记存。

八月十一日（9月13日），归省母亲。廿五日，回瑞，另有要记存。

十一月，以家事万无一法，只得出门，遂如上海过冬。

附录一　四月回瑞要记

十五日（1891年5月22日），阴，早未起，江木、江银叩门报六弟凶信云："昨日忽患痧遽亡。"闻之大骇！江木问："赶去否？"本欲赶去一恸，既思遇怨人难顶⑤，遂向西门说："回报江木，不去。"江木遂

---

① 王咏霓致宋恕书云："《上制府书》挑灯细读，尚有一二可商者，如中述自况有'米珠薪桂'等语，似可不必；献诗恐落俗套；且阁下来已数月，篇中语气亦应改换，谨璧台端，乞于第五叶以下改写，并换一封面（书可露中，不必缄封），转交敝寓，得间即为代呈也。"宋曾接受，并予修改。

② 该日王咏霓致宋恕书云："大作《黄鹤楼》诗，奇气横溢，捶碎昔人矣！昨得合肥回电，知事不谐。"

③ 指出使俄德奥荷四国钦差大臣许景澄。

④ 指委充随员的文书。

⑤ "怨人"指恶弟宋存法，"难顶"为温州土语，意为"难受"。

去，江银赶郡城叫五弟。傍晚，三舅父来谈，不问余赶归与否，盖知怕见怨人也。夜饭后，五弟来，与江银过此，随讨夜三板过江①，复呼河船到鲍垾。子时大殡，恰尚赶及。

是日，一日心头不可言说作恶，一夜眠不着。明早起来，被贼偷去女衫两件、男衣裤各一件。夜，月无光。夜饭后，陈立庵来访，却不会，无心也。

十六日，晴多阴少。午前过江，见初早来访，却不见——无心见也。是日天气甚热，大蚊子甚多。阿福送至此岸渡头。昨宵五弟赶去时，余与舅父俱出大门外，舅父不问余赶去与否，知余怕见怨人也。余以怕见怨人，故硬着心肠不去赶六弟殡，心甚难过。遂将白苎衫先交五弟带去，明日拟独去一看母亲。既渡，讨河船到鲍垾。将到，有轻雷。既到，闻母亲、弟妹等纷纷述六弟死状，乃知因吃生烟自尽，而治之者误以为痧，误投热汤、一服痧药，遂至不到一日而死，可怜已极！是夜与五弟同床，一夜无眠。天将明，遂起，母亲始悄悄将怨人毒打，六弟受不起苦逼情形，短见自尽意思说起来，愤极悲极！昔父亲初亡时，存礼即欲服药自尽，以意见不定旋止，偷生至今日，不谓余幸脱虎口而六弟竟遭其逼死也。人人敢怒而不敢言，无人敢向渠索命，虽母亲之尊，亦止含悲饮泣，不敢公出一语。呜呼！苟非六弟有灵，谁能为雪此冤哉？

是日，甫见母亲，母亲即云"可无须来"，知余之怕怨人也。既而，余即欲趁原船归，怕见怨人也。而母亲留不遣去，云："明早送汝回，今日已晚，将有隐微之言相语也。"余解母亲意，念虽怕怨人，今日不可不勉为母亲一留。乃避之三弟楼上，与三弟谈别话，怕在母亲处遇怨人也。三弟不敢谈及此事也，母亲天早说出隐情，复云："昨五弟来时，怨人恐我有话对他说，处处跟定。今幸怨人卧内，故为汝略说之，使汝略知六弟之苦而已矣。"自初到至明日早回瑞，幸值怨人因事卧内不相见面。昨日闻六弟死，万万料不到吃烟自尽，今日闻六弟死状，追原何以寻死？母亲语带含糊，始疑及怨人矣。不料五更早闻母亲附耳之言，真是怨人逼死，痛哉痛哉！三弟、五弟皆畏怨人如狼虎，七弟今年止八岁，七弟谓母亲云："安得留大哥一个月在此哉！"悲矣！尤为怨人所毒打，今日面尚青肿也。余则惊弓之鸟，怕之尤甚于别人，安有人为汝伸冤哉！

①　"三板"即舢板船。

然吾辈顾自己而忍不理弟死之惨，心头疚何时已乎！六弟今年止十四岁，亦幸有今日一来，不然如梦未觉，以为真病死也。

是日复闻二妹述大妹死状，倍加悽惨。大妹去冬十月十二日与余相见，自知不能愈矣，两相执手歔欷。十三日别去，知不能再见矣，泣失声。盖余去秋九月初七日到瑞，盖虽在外，急欲回见母亲并与诸弟妹畅叙，以怕怨人不去。岳丈孙止叟不解人有苦况，时常催余归省，若以余为有憾于母也者，岔极悲极！直至十月十二日，晓得怨人必定上郡应试，故宁弃科试不与，而趁此时一归省母。盖怨人若在旁，不啻坐针毡而伴人熊，故怕归也。……①

附录二　八月省母要记

初十日（1891 年 9 月 12 日），晴，是日穿洋布短衫。中午，在河窗间，不热，始有秋意矣。午下，如孙二房，仲恺患疟身热，未晤，晤二、三岳母。旋如显佑庙，后登亭小坐，有数客来，不相识，又有一僧来，相询。该庙后亭最高爽，可以静观退坐，为城中胜境。夜，月晴，是晚寄一信与五弟。

十一日，晴，上半天，归鲍垟省母。夜，月明，与榜老司谈颇久。

十二日，晴，母遣请心权叔。是日在三弟楼上检自分田契札，全借三弟寻检。夜，月明，与榜老司又谈颇久。

十三日，晴，下半天晤鲁卿及其母舅子和。夜，月晴多于阴，与榜兄、三弟在新屋河窗久谈。……②

附录三　三个月要记③

九月十二日（1891 年 10 月 14 日），上半天阴，中午时，乃孙过此，留吃午饭，尚恐狼知，再三劝吃始敢。吁！威焰之于人甚矣哉！言初十已自郡回，因天太早，未过此，今日系阿涵密差来送信④，因草复数字。……

十三日……介石遣人来言："苏云卿来。"随去，云卿已如沈宅。……下半天，仍往介石处待云卿。少顷，云卿来谈，甚畅。夜饭后，志公来，新自乐清回。少顷，立庵亦来，伍人共谈至夜分，云卿越谈越有精采，志、立二人四更去，余与云、介直谈至天明。⑤

---

① 下删 1400 余字。
② 以下叙至八月廿五，凡 800 余字，从略。
③ 录自《家书集》末尾，系有意保存粘贴的，惟次序错乱，现予恢复。
④ 乃孙为宋家长年雇工，狼指恶弟存法，阿涵为三弟寿涵。
⑤ 五人指陈介石、苏云卿、陈志三（虬）、陈葆善（立庵）并宋恕。

十四日，阴，在介石处吃过午饭，乃与云卿同来我处吃碗菜。我以《夷隶》长赋、《书〈刍言〉后》及《己丑试作》①、《许使札文》与阅。又以唐雨苍与渠辨道书——去年忘交者与之。坐少顷去，今日即欲过平阳也。……

十五日，阴中有片时晴，上半天，晴波来此，言平令心亦不喜该狼，但畏之，内幕亦不喜，但门口有钱交接。留吃午饭。下半天，同晴波如节孝祠晤鲍韵笙、苏梧峰。鲍，城内人；苏，营前地方人。鲍言：瑞协下有五六百兵，止为一营；协台每年出息三千俸，养廉已二千余，连马干为三千；都司每年出息一千，瑞营止一都司；温镇统有九营，每年出息有万余。鲍今年在瑞都司衙内教读，故颇知武营之详。又言林星樵先生在嘉善每年出息三千，故不愿中进士。嘉善入学陋规：学官得岁换认保，业师、门斗俱沿学官例，故入学为大破财运。又言刑、钱二席：刑席专管命案，钱席掌批杂呈，故刑席责重修厚而事反闲，钱席责较轻、修较薄而事甚忙，外利亦较多；门口与接帖须互通取钱，门口在外，接帖在内。又言瑞红封惟开征首日许诸大家分些，米则一律须交折色，惟吃粮人可用营移将饷抵粮，一两抵一两，然必待十一月，收胥往往于上半天先频出差催促，令其不及待，故真兵之弱者或多不得抵，而有力有诈者反多飞寄焉。晴言：今年正月自处一洋买柴可二千斤，发宁波每洋止二三百斤，出息甚好矣。梧言：今年茶叶五百本可得五百利除销净得此数。薄暮归，晴留祠内，其弟今年在祠从鲍君读也。是晚，还去年许落保病之自诵《心经》千遍，内人诵《释迦元母咒》万遍、《普门品》二百遍、《三官经》百零八遍诸愿。

十六日，晴，上半天旭林来，谈及狼大有怒发冲冠之意并缕述前事，如林波桥案下周垛头抢戏事皆非人所为。林波桥案内人萧上佐、胡显荣、徐明朗为提五都第三堡义谷，原额二万二千斤，实三万余，诸地皆已提齐，惟林波桥已归众用计三千谷而狼必欲提来禀折本利七千余，遂将其地稍有产业之懦民皆以地棍禀县。及县觉其奸，又将明朗已偿之票洋七八十元粘禀请追，县益知其奸，不准。现惟此三千及上陈三千未提来，余皆饱其私囊矣。又尝硬以纠众抢官米禀长桥地方殴实监生陈子容相，致其家方尝新而差突至，欲投河自尽。又去年为倪钟风事阴害芝岑

① 指《夷隶掌与鸟言，貉隶掌与兽言赋》、《书张经甫〈救时刍言〉后》、《己丑集》中《虎林怀古》诗（1890 年 1 月）。

丈，令其审时受辱。又去年为买米事阴害雨泉，令其破财数百洋。又陈明朗欠谷百四十斤，已许交送来，而犹呈控差追，诬为三四百斤。……是日始决意与狼战矣，忍之十余年，发之今日。是夜旭林宿此。夜，月阴，间有毛雨，下半天，大沙巷来言，蔚文早到，即往蒲门矣旭林说……

十七日，阴晴不定。旭林吃过早粥去，如节孝祠看晴波，得晤，兼晤梧峰、韵笙。……

十八日，上半天阴，下半天晴。午前光银送密信来，言昨日我田已有租送来，诸工人等皆不敢收，令自为计。草作一信带交三弟，又作一信催心叔去鲍垟，即交光银送去。是日草《禀瑞令》①稿。下半天，舅父如林垟。傍晚，志公过，窗外夜月阴。

十九日，阴中有晴，是日抄《禀》费一日工夫，将近二更，送竹友处，竹随与志三同来劝止。余执欲递，竹不肯出名片，乃令余自附名片，差阿干送去，门口已睡，留在那边。杨令君②明年交印，未知该门口肯代递否也。午下……窗外立庵报知永嘉中二名、瑞安中二名新报到：陈颐伯、樊廷英、胡容村、郭梅笛。夜，月明。

二十日，阴，上半天阿周来言昨事：志公以语介公，介公早唤渠去，令渠潜行抽《禀》，渠不敢。余闻之，大怒，立写一信止志三，立往介石处，适遇志、介，因面斥之。下半天，稚莲来谈，言今日闻一房说我昨递一禀，有渠名，因来问，故念昨《禀》与听，上半天已念与载甫听。夜无月。

廿一日，阴，黄昏有雨。上半天如载甫处，交代草致少木信。下半天送片胡、郭处道喜，并还郭《文章正宗》。遇仲龙。夜饭后，陈芝丈来，谈及斗门事，言沙塘斗门用费七百，两县合出一百，自赔六百，只盛夏雇二千工便不少矣。瑞十四都瓜埠斗用费一千，捐来七百光景，已与谢湘翁合赔三百光景。平七都永丰漱却不甚费钱，亦不至赔钱。因谈及陈金甫事，意欲为调处，但有几件难处。斗门事，渠意欲为久远之计，余劝其请七都绅衿为递公禀，余允出首名，写凭据付之。③又劝其刊石立碑，允为作记。

———————————

① 即《上瑞安县禀》，见本书卷四。
② 指瑞安知县杨文斌（稚虹）。
③ 公禀即本书卷四《请奖水利公呈》，亦即下文《请奖陈芝丈公呈》，陈芝丈即《公呈》中陈体强。

廿二日，阴中细雨不绝，镇日路湿。下半天，县里前禀发出不收。黄昏后，芝丈差人持信来取昨咨，云未详备，改写送上，因取付之。上半天与载甫谈，遇彭晓峰。

廿三日，上半天阴，下半天雨，晴波、韵笙、梧峰来谈。晴言《致德利相》已交到。三舅父傍晚来，谈有顷，言谷已肯收，劝余勿讼。

廿四日，阴雨。下半天明生来谈，带来谢小泉复信。易堂、徐梅友俱来谈。是日三舅父来谈四五次，又往孙宅请止丈①劝余勿讼，不知是前途惶恐耶？抑陈自惶恐耶？傍晚，往陈介石处，谈至天黑归。

廿五日，阴中有细雨。上半天蔚文来、心兰叔来，送杨令动身过此，在载处吃午饭，下半天去。是日三舅父如林垟。

廿六日，晴，杨令动身。上半天如孙二房看蔚文，遇仲闿，知有热客在内，却退。午下，复往候，晤蔚文、伯龙，谈有顷。阿福来言：榜老司来，余遂急回，接三弟信并《讨法檄》，知十七、十八两日交榜老司及光银带回之信均已接到，因作一信复之，并取袍套。下半天，增郎来谈颇久。傍晚，如介石处商议此事，天黑回。是日下半天，内人如孙宅。傍晚，阿林送"此事现允"四字来。

廿七日，阴晴不定，傍晚雨。连日天气甚暖，竟止可穿一件洋布衣，可谓奇极。内人下半天回来。上半天在载处晤李涵龙，言前曾静坐六年而不得力，后遇可灵师指点，又坐两年乃大得力。是日内人在孙宅请人算命，言余本冬利出门而管家大不利。此人算命颇准，闻之甚为踌躇云。

十月初六日（1891 年 11 月 7 日），晴。上半天差阿福送《公禀》稿并拜平令帖于前金堂公局交桂卿相。至，则桂已出外，交其仆人。下半天接叔容信②，并批阅宗易文一本，如介石处谈少顷。是日午下始检书，夜又洗前疹一次。夜月阴。

初七日，雨，续检书。上半天，桂卿相送来回字，复写一信令其持示大众。下半天，检藏八月归省记录之要簿三本，契札四包，及三弟密信③一包于一小箱内。傍晚，介石来谈少顷。是夜录《请奖陈芝丈公

---

① 止丈指孙锵鸣。

② 黄绍第《致宋燕生书》，现存，略云："足下洞达政要，久所钦企，航海之行，有志竟成。将来辑睦邦交，挽回时局，一孔之见又何从测其所至耶？绍第行能驾下，谬玷清华，名实之难，抚心滋疚；仰企大才，固不可同年语矣！""温郡楠溪一带，土匪充斥，人心思乱，颇怀杞忧。《书院募捐叙文》为邑侯代拟，本无足观，再当呈教！《公祭祈生文》系蓉村执笔。贵恙平复，日来当可见客，再走谈也。"

③ 现存一厚册。

呈》稿及上半年《致陈介石信》两封①，未毕而天明矣，夜无月。

初八日，阴中有雨，上半天毕录《与陈信》，下半天陈志三、介石来谈少顷，旋与介石同出看立庵恙。又独如蔚文处，见岳《致楚信》②。本拟是夜动身，以行装未束不能动身。蔚、仲、曾今晚上郡③，志、介与大凷人迪斋廪生来谈。志以《治平通议》已抄就者二本见示，多不刊之论，文章尤雄深雅健，直逼西汉，真天下奇才也。夜月不明。

初九日，晴，是日天气凉得多，比昨差得远。下半天，仲龙、介石、伯龙陆续来送行。载甫傍晚同见初至。仲谈及金甫事，言蓉村为梧轩所侮。介璧我《南北朝文钞》。伯看见宗易骈文，见初不见已四五月。是夜本欲动身，复以有几封信要写，不果。夜至载处，与见初谈甚久。夜月甚明。

初十日，晴。上半天忽勃然大怒，写两封信：一封与明生相，一纸不封者与舅父，请其即日来。立刻差门头粗人阿森送林洋。下半天回来，接明生回信，三舅父说明后日来，付工人六十钱，工人不肯，定要百四十文，遂照付之。五更，五弟、墨缘、宗易自郡回打门，余闻，呼贤母叫阿福开门，始知航船到已多时，夜又如此长矣！进来良久，乃傍见五弟近课数篇，有进境可喜。上半天，宗易、仲麟、嗽霞、志公陆续来谈。见志公为梅翁拟首艺硃卷一篇，观仲麟拟次艺一篇，皆甚佳。下半天与五弟同到显佑庙后亭上坐谈，至薄暮始回。傍晚伯龙来，夜月甚好。连日怒气冲冲殆不可遏，仅于内人身上发泄，究亦不是。是日本拟动身，因闻嗽霞说："轮船今夜子后即开。"又闻仲麟说："轮船今日里即开，上郡来不及矣。"且行李亦未检妥，决意待下次轮船矣。

十一日，晴，上半天写一信交五弟带与三弟，并璧宣公、庾子山两集。下半天五弟同鲍垟，自送至江头，等渡甚久，遂与登城眺望，久之乃呼渡去，阿福送至南岸。傍晚，在载处接其父④信，勃然大怒，欲与之拼命。随如介石处，介伤风未晤，又如志公处，晤宗易，指斥太邱甚厉。夜月明。

---

① 均见本书卷六。
② 指岳父孙锵鸣《致张楚宝书》，要求张替宋恕谒见李鸿章事予以安排。
③ 蔚指张蔚文，仲指张妻孙仲蔚，曾未详。
④ 陈载甫父名康强，为宋恕三舅父，即下文"太邱"。

　　十二日，上半天阴，下半天阴晴不定。午下仲舫丈来，谈甚久，言近晤陈悟中，真得南宗之秘传者也。夜月阴。

　　十三日，晴，送还《金华阐幽》一本于陈仲丈处。夜月亦晴。

　　十四日，阴多于晴，夜月亦阴多晴。是夜无从汤洗。上半天宗易来谈，下半天见初来谈，夜饭后陈兆麟涤斋、胡芝山来谈，易堂同来，志三续来，谈至四更乃去。涤斋治古文，好曾文正，人有奇气，居五十一都大岙地方。胡芝山居五十都周村地方，现居瑞城，迁来却已多年，涤斋亦欲迁城，于是出其诗文以示涤斋，涤甚服。芝山好算学而恶时文，亦佳士也。涤、芝言九都山水最好，去城百八十里，五十都去城已百四十里，溯江上七十里水清矣。

　　十五日，阴晴不定。是日写一信与芝丈，甚长，嘱其呈沈令①阅。接回信，言《公呈》已作，禀递未批出。内人附口信叫太邱清还粮户契札，太邱回字言已不管。……

　　十六日，阴，上半天，涤斋来谈，吃午饭。……下半天介石来谈，有顷各去。夜月阴。是日阿水来，阿涵有密信与他带来，言堂上已稍痊，嘱不必延医，并嘱兄切勿遣人来问以免决裂。回信言："事势难讼，只好作罢论，将远游学剑矣。"下半天旭林来过此。

　　十七日，阴。上半天宗易来谈，言蒋屏侯作藩，廪生文学甚好，……是日又差阿福如林洋，送岳丈《与太邱信》，请其理清粮户契札。又写一信与芝丈，问已批出未。回字言："闻人说已批，未查确。"下半天，拟《求志史学、掌故题》送孙宅。夜，如介石处，与屏侯遇，谈甚久。夜月晴。

　　十八日，晴。陈芝丈来，吃午饭，言《公禀》未批，拟递瑞，因为酌易数字。……

　　十九日，晴。是日睡至未申间始起，为一年起最迟之日。以胡稚威《余映录时文》还介石，与介同到医院②，少顷志公来，又少顷易堂来，遂在医院吃夜饭，四人谈至三更回。夜月晴。

　　二十日，阴多于晴。午下同介石如东门外滴水岩，坐谈甚久，归时有细雨。夜，阅介处借来《江南墨》③一本，主考金保泰、李盛铎取得甚好。夜无月。

---

①　指平阳县令沈懋嘉。
②　指陈虬、陈黻宸创办的利济医院。
③　指江南乡试闱墨。其下《浙墨》指浙江乡试闱墨。

廿一日，晴。上半天蔡沛溪来谈。孙二房送来愚初、经甫信，下半天，如仲颂处谈至暮。仲是日生□，仲言：与大房分田，每人得七百余亩，额租十八万，伯岳自提三百亩，祠堂尚有七八万谷，当中去年出息止得四百，每房得二百，每年用费千六七百元，每日内外众口四十余人，每年吃谷须三四万，每日计须费洋二元——柴米油盐菜蔬等也。完粮不交银，惟用红封①比常价便宜。瑞安南数十主红封，乐清红封甚多。夜，阅沛处借来《浙墨》毕。

廿二日，晴，下半天如许竹翁处谈颇久，以芝事《公禀》稿示之。

廿三日，阴，下半天邱子祥来谈，戴桂卿来，出平《批》并芝信。《批》②不准通详，但许求府宪赐衔列匾。又出金邈翁信一封。夜，写《复邈书》并改前《公禀》作递府式，请芝自商定递府。芝信言瑞已递，不知已达令君否？傍晚志公来谈，取介石处《江南墨》去，以愚初《致介石信》见示。

廿四日，阴。是日天气甚冷。五弟来言，堂上已全愈，接三弟信一封③。黄昏，五弟上郡，是夜如许竹翁处吃夜饭，定亲酒也。同席叔容、博卿、升卿、叔林、翰青徐班侯先生之子。

廿五日，晴，是日始检衣服带出门者。……

廿六日，晴，上半天光银自郡回，付带昨写之信与三弟。如志公处，晤，又晤仲麟。下半天，洪幼园来，以骈文见示，甚好。夜，仲麟来谈。

廿七日，阴，上半天同仲麟如仲容处谈颇久。中午如仲龙处赴席，同席容村、式卿、叔容、翰青、伯仲龙。夜，见初来谈甚久，中午批幼园骈文，写一信送去，下半天博卿来，余未回。

廿八日，阴中有细雨，是日光银、光昌载食谷来。上半天博卿来谈甚久，下半天送《栋园读书小照》来求题。④

廿九日，阴雨，上半天送《博卿小照》还，附一信题一诗，如孙二房辞行，忱叔新到。如大房晤仲容，伯岳在内未晤。如志公处，晤。下半天博卿来谈，莱仙续来谈。夜，志公来，接涤斋信一封。

---

① "红封"和"柜完"相对，一般农户交纳钱粮按普通柜完价完纳，官绅地主则享受特殊利益，以低于普通柜完价完纳，前者叫"柜完"，后者叫"红封"。（乐清叫"喜封"。）

② 指平阳县令对《请奖水利公呈》的批文。

③ 据《三弟密信目录》中摘要，该信言"狼法已知我通密信于兄，写信大骂，将不堪其毒，兄有何计免弟之累？堂上却已愈"。

④ 宋恕所题诗为《题洪博卿〈读书图〉》（1891年11月30日）。

十一月初一日（1891 年 12 月 1 日），阴中有霁意。是日趁日船如郡趁轮船。至，则轮船已于今早开矣。即回，一日夜无饭吃，费千钱。

初二日，阴晴不定。黄昏，载甫有信来，甚生气。

初三日，雨。如载处，谈颇久，上半天志有信来，颇有疑意。与同往志处，不遇。夜在志处谈甚久，易堂亦在，大风。

初四日，晴。

初五日，晴。

初六日，阴晴不定，芝岑丈来，因不快不会。仲彤夫人①入祠，因无衣冠不去。

初七日，雨。下半天阴中有晴。芝丈、介石、博卿陆续来。黄昏为载甫题图②，是日闻《公禀》为瑞门口所阻，大怒，然无可如何。

初八日，阴，梅友来谈，是日如郡。

壬辰日记摘要
（光绪十八年，公元 1892 年）

正月二日（1 月 31 日），在颂南处及客栈草《卑议》及《上李中堂书》③。

二月五日（3 月 3 日），移寓宝善街大丰栈。十一日，陈浚卿始来访④。江雪舫谈我相云："三十一至三十四，本身到处有人照应，家内则风波极多。三十五至四十好得多，四十一至四十四又不好，但胜于现四年。四十五以后则大好。六亲无靠，专靠朋友，科名实官皆不能得。"始见冈鹿门《观光纪游》。

三月，钞《卑议》。

四月廿八日（5 月 24 日），赴津门。

五月初四日（5 月 29 日），到津，寓佛照楼栈。午下，往寓蔚文处。初七日，见楚宝丈，不以易服、议院为然。初十日，楚丈传谕："入城一谈。"十一日，见楚丈，楚丈言："阅《卑议》，与我意见不

---

① 仲彤夫人指孙诒绩妻。孙亡后，夫人亦以身殉（孙妻为张士珩女）。

② 指《载甫表弟妙悟超伦，尤工月旦，作〈坐花醉月图〉，殆有深意，属题赋此》七古一首（1891 年 12 月 17 日）。

③ 《卑议》见本书卷一，《上李中堂书》见本书卷六。

④ 本书卷六有《致陈浚卿书》。

合，本不能阅终卷，徒以文好阅终卷耳。已代呈中堂，可将书亦交我代呈，明日请见可也。"十二日，见中堂，书亦适由楚丈送上，阅过即传独见，甚见许可，谈至未刻始出。十四日，楚丈请入谈，告以"今早入见，中堂于君甚赏识，已荐武备学堂差使得允矣"。余曰："愿就水师学堂之席。"楚丈云："连日接谈，知君西学之深实罕伦比，将来必能办大事。"

闰六月初三日（7月26日），接水师学堂汉文教习之札。初八，入谢中堂①，独见，谈两点钟。

十月初六日（11月24日），内人、瑶女到津东局外。十三日，由蔚文处移自寓。廿四日夜，全家中煤毒，幸得平安。

十二月十五日（1893年2月1日），始教瑶女认《十三经集字》，并授《唐诗三百首》。

计壬辰冬搬眷，由瑞至津，共用八十七元余。买书及他物五十五元余，共一百四十三元有零。

癸巳日记摘要
（光绪十九年，公元 1893 年）

四月初三日（5月18日），移至卫上新寓。不成，遂移居张瑞卿屋。

六月初五日（7月17日），寄《卑议》稿呈正俞荫师。②

七月初八日（8月19日），趁丰顺赴上海南闱应试。③

十月二十日（11月27日），回至津寓。

---

① 宋作《谢李使相委充水师学堂教习笺》见本书卷二《六字课斋津谈》《仰止类》第四章。

② 原函见本书卷六。六月十六日（7月28日）俞樾复函云："承示《卑议》一册，议论卓然，文气尤极朴茂，可与《昌言》、《潜夫论》抗衡，非王氏《黄书》、黄氏《明夷》所能比也。属为弁言，兄非元晏先生，不足为《三都》生色，窃书数语于后，然未必有当尊意，不必存神！"但俞氏认为"《变通篇》宜缓出之"，并另著《书后》和《嫁娶说》同时寄宋，对宋在《婚嫁章》论男女订婚年龄不能小于十六岁，主张严禁蓄童养媳，深表异议，题署"与尊说别，或云：各存其说"。俞主早婚，并提倡童养媳有六利，宋恕没有接受。

③ 上注俞樾同一复函下云："又示知拟赴北闱，自较南闱为便，然以足下排山倒海之才，绝后空前之识，在南中已难必有赏音；北闱寻行数墨，久成痼疾，况今岁又新有厘正文体之命，恐更无人相赏于牝牡骊黄之外，似仍以南闱为宜！"结果没有考取。

甲午日记摘要
（光绪二十年，公元 1894 年）

三月初七日（4 月 12 日），鹤笙来访，初次见面也。二十日，见中堂，上海军条陈①。

七月十五日（8 月 15 日），得外舅以本年求志卷与阅之音。

九月十七日（10 月 15 日），宣琴山②信来，并寄到癸巳冬卷，且请本年秋季题，此为求志代阅之始。十八日，出求志秋季题，此为代出题之始。二十日，王浣生来拜，初次见面也。廿八日，沅生派水师学堂会办。

十一月初四日（11 月 30 日），辞差南回。初八，同家眷趁公义轮舟如沪。十二日，到。十七日，眷回温州。计天津薪银，壬辰闰六月起至甲午十一月止：计甲午冬搬费由津至沪一百廿三元，又失珠珥一枚，约八元，赠阿高木板等件约二十六元，余杂费约三元，共一百六十元也。计甲午求志脩金：改洋二百六十七元七角。十八日始兑来。二十日，移名利栈至东来升栈。

乙未日记摘要
（光绪二十一年，公元 1895 年）

正月（1 月 26 日—2 月 24 日），钞《津谈》两册，甲午十二月在东来升栈中所著成者。十三日，杨凌霄来访，初见面也。二十八日，家眷出来，寓荣华栈。

二月初一日（2 月 25 日），看定仁智里房子③，初四进屋。廿二日（3 月 18 日），始识一六④及任父于客寓。是月始识仲巽及姚颐仲于蛰寓⑤。

三月初一日（3 月 26 日），瑶女始续读《左传》。

---

① 应是本书卷四《条陈水师学堂事宜禀》。
② 宣琴山为上海求志书院监院。
③ 仁智里在上海白渡桥附近，里额尚存。
④ 一六指康有为，因：一、出处和梁启超（任父）并提；二、《日记》所述一六在沪两次停留时间和康氏《年谱》所述首次和梁等上京考试过沪、二次到沪宁筹设上海强学分会吻合；三、《日记》所述首次会晤和次日《致杨定夫书》中"岭南康长素，顷晤谈半日"契合。
⑤ 蛰指陈虬（蛰庐），因姚和陈系己丑乡试同年。

四月十六日（5月10日），高白叔来。十七日，晤毅伯于梅溪院。二十日，始识王永年于汪寓。廿五日，始识念劬于胡寓。廿九日，赴经莲三复新园之集，始识郑陶斋。是月，汪来访甚密。

五月初一日（5月24日），赴莲三经正书塾之约，见积之与经长信，始知有积之。初十日，始识慕韩于钱念劬寓。次日慕韩即来访，又次日复偕其弟仲玙来访。十四日，始识仲玙。

闰五月十四日（7月6日），始识高子衡于汪寓。十六日，访识容纯甫。十八日，一家眷十九人谈集。二十二日，始识李提摩太。廿五日，唐雨苍来，廿七日往台。①

六月初二日（7月23日），恪士同子衡来访，未晤。初四日始识恪士。十一日，始识王儒龄，见任父与汪信。十六日，始识叶伯高。

七月初四日（8月23日），晤穗卿于恪士席上，别多年矣！

八月廿五日（10月13日），任父寄《强学会启》及信于经父及我。廿七日，始识陈容民。是月拟《雅集章程》②。

九月初二日（10月19日），始闻穗卿谈及吴铁桥③通佛、章枚叔通《左氏》。初四日，始识孺博。十二日，闻余姚④欲来访。十三日，始识陈伯严于恪士席上。十四日，连聪肃及其弟来访。

十月十五日（12月1日），晤一六，廿一日，又晤。十九日，瑶女《左传》读毕。是月，始识吴小村及其子铁桥。

十一月初三（12月18日），晤一六，谈不合，遂不复来往。在一六处晤黄公度，初识面者也。初九日，始识刘淞芙。廿四日，始识陈杏孙、汤蛰仙于仲玙席上。廿八日（1896年1月12日），上海始出《强学会报》。

十二月初八日（1月22日），访识林乐知⑤。初九日，始识三水何易一。初十日，蓉村约至普济访江夏父子⑥，俱晤。二十日，叶浩吾

---

① 指唐赴台湾参刘永福幕。
② 指《申江雅集章程》，原稿旧存今佚。大致是：七日一聚，清茶一盏，交换政治、学术意见。
③ 吴、宋以后曾碰面多次，但关系不好。据《汪康年师友书札》吴致汪书云："宋燕生辈自负天下无双，与经甫等七日一聚，所谈皆无心得，吾弗取也。"（原书"燕"误为"艺"）（461页）；吴致汪、梁书云："宋燕生蠢物，何足与争，致伤脑气。"（494页）可以参看。
④ 指章炳麟。《余杭文史资料》第二辑有《章太炎为何自称'余姚人'？》一文。
⑤ 宋恕在《中东战纪本末》摘语下注云："（丙申）四月十一日，从林乐知处借来细阅一过，廿一日阅竟送还。"
⑥ 指黄体芳及其子绍箕。普济为沪温航线轮船名。

来。廿一日，以《寿外舅八十》①屏幅托怡春栈胡湘舟寄瑞。

丙申日记摘要
（光绪二十二年，公元 1896 年）

正月，始应崇正讲舍之聘，阅时务卷。

二月初一日（3 月 14 日），应钟君公济同乐塾之聘，半月辞馆。②十一日，见李中堂于天后宫侧行馆。廿四日，始识浏阳③于格致书院。廿七日，晤孙蔼人。廿八日，寄《和外舅八十述怀》七古于瑞。三十日，始识徐仲虎。

三月初四日（4 月 16 日），晤华若汀。二十日，瑶女读完《史记菁华录》。廿一日，始教瑶女读《国语》。

四月初一日（5 月 13 日），毅伯、任父同来访。初五日，始识丸桥女医生。二十日，始识朱勉斋。廿一日，始识朱古微。廿二日，始识曾重伯。

五月初八日（6 月 18 日），晤黄公度于汪、梁席上。十八日，任父又同毅伯来谈。廿四日，与任父争论于时务报馆④，此后遂疏。廿五日，见明太祖像于任父处。廿九日，何眉生来访。

六月初三日（7 月 13 日），慕韩招往津育才馆教习汉文，辞不往。⑤初八日，赴盛杏孙会议《学堂章程》之招，始识杏孙。⑥

七月初四日（8 月 12 日），始识田合通。初八日，见沈学之书⑦。十五日，薛次申来访未晤。

八月初九日（9 月 25 日），浏阳来访。十五日，浏阳招饮，同席有吴雁舟，始识者也。十六日，晤浏、吴于胡⑧处，畅谈。十七日，招

---

① 见本书卷四《外舅夫子瑞安孙止庵先生八十寿诗序》。

② 钟鹤笙请宋任教，宋"先就半馆，领半脩"，后即辞馆。

③ 指谭嗣同。

④ 详参本书卷七《致饮冰子书》。

⑤ 宋恕推荐陈黻宸担习，其后蒋智由应聘前往。

⑥ 现存会议邀请书云："明日十一点钟，杏翁观察属请文从惠临宝源祥，并约静函、敬夫诸公共商学堂事宜也。专此奉达，拱候玉趾！祗颂燕生仁兄大人著安！弟何嗣焜顿首。初七夜。"

⑦ 指《盛世元音》，原以英文写成，名《天下公字》（Universal System），当时以译文发表于《申报》上。

⑧ 指胡庸（仲巽），当时宋、胡住屋相邻。

浏、吴饮，畅谈，席散，同至博物院一览。十八日，浏、吴来谈。十九日，浏约照相光绘楼，共七人①。复与浏、吴至格致书室买书。

九月初九日（10月15日），在愚园遇叔颂。十二日，任父转送来浏阳赠诗两首，书于折扇。②十三日，始教瑶女读《庄子》，《国语》及《国策选本》已读完也。十四日，任父赠《目表》、《读法》③两种。廿一日，以《致王六潭信》④及诗两首、食品四瓶，托蛰仙带皖。是日，瑶女如大马路落斜出之牙，甚可怕，回来面肿，半月始平，此后遂罢读书之课。

十月十八日，瑶女始自阅《通鉴辑览》。

十一月

十二月初七日（1897年1月9日），任父来访。十七日，始识枚叔于时务报馆，又始识马通伯建良。瑶女阅完《通鉴辑览》。

丁酉日记摘要
（光绪二十三年，公元 1897 年）

正月二十日（2月21日），始识石芝，辞仲巽教读馆之荐。

二月初二日（3月4日），始见《黄书》、《噩梦》。初五日，以《致六潭信》及瓯绸被面一托蛰仙带致六潭，前有复信及近诗一卷来也。⑤是月晤亦韩。初八日，亦韩来访。初九日，次申来，始识面。初十日，亦韩同钟生来访。请余为报馆主笔。廿六日，亦韩、钟生送关约⑥来。

---

① 七人为谭嗣同、宋恕、吴嘉瑞、汪康年、胡庸、孙宝瑄和梁启超。
② 折扇照相版见《谭嗣同全集》及《中国哲学》第四辑，421 页。
③ 指《西学书目表》四卷附《读西学书法》一卷，见翦伯赞等编《戊戌变法》（一）。《西学书目表》列入宋恕《卑议》，注明"未刊"。
④ 信见本书卷六。
⑤ 王咏霓复信原文是："燕生仁兄大人阁下：别逾七载，时系寸思。比蛰老来舒州，得读手教，并惠嘉珍，发函拜领，欢喜无量！以阁下之硕才伟画，不得乘时建树，奔走江海，坐视神州，此在当国，未知何意！弟英锐之气已不如前，客岁权摄濠州，毫无展布，浚沱受睚，利在三省，为人所尼，功败垂成。闭户经年，畏闻外事，顾瞻四方，蹙蹙靡骋。此间近事，蛰老过申，谅能详述，无俟赘陈。向亦惟望示我周行，曷任翘企！拙作数首，不足览观，知己嗜痂，率书求正，云山在望，良用忱然！道远天寒，珍摄眠食不宣！丙申腊月六日（1897年1月8日）弟咏霓顿首。"
⑥ 关约见本书卷四《应〈自强报〉主笔之招条约》。

三月初二日（4月3日），浏阳来，枚叔是日始来访。初四日，在中玛处见姚稷塍文悼信，言滇士三万余无一文理明通者。初五日，浏阳晤于胡寓，言欲开民听报馆于汉口，有三宗十目之说。三宗者：名、形、法也；十目者：名宗下分纪、志、论说、子注，形宗下分图、表、谱，法宗下分序列、章程、计，极精！初六日，候晤浏阳。十五日，枚叔辞时务报。二十日，始因丸桥介识松林孝纯①。

四月初十日（5月11日），始识狄楚卿于胡寓。见李仲仙长信于恪士寓。

五月初二日（6月1日），以臭虫扰眠太甚，改悬帐，此患遂断。初八日，见日人桑名箕《天香阁印谱》。借松林上人《八宗纲要》及亲鸾师《教行信证》一阅。

六月初一日（6月30日），至苏报馆，识生驹悦②。初三日，至本愿寺，见日本《全藏佛经》一部，吴铁桥托买者。此本乃明治十三年至十八年彼中名僧合办弘教书院，以宋至道年间高丽刻本校宋、元、明藏本，用铅字印万部以分藏诸寺者也。初五日，孙荔轩来访。十七日，索《待访录》不得，不知谁取去？③ 廿五日，积之来访。是日，始识蒋伯斧、龙研仙。是月，千顷堂代印《卑议》事以钞手太延中止。

七月初三日（7月31日），王干臣来，不晤。十三日，发热。是月始应安澜聘。

八月初旬，热始渐退，而头痛未愈。及中旬，连大泄，兼用湿布法，头痛及热全愈，而痔疮大痛。十七日，乃吸洋烟以求止痛。至廿六日始停吸，用和尚菜汁连日滴治，渐不痛，可行坐。计痔患自十五日至廿六日十不可起坐，遂因之不可食饭，于身热之后加一重大损。

九月初一日（9月26日），始出至外间。是月，稍多坐尚有脚气之患。初十日，寄挽姚颐仲。

十月初一日（10月26日），始赶阅积压之课卷。初三日，见薇君论一首④，浏阳来。十五日，在佛前焚疏求佛，内人加寿，发愿每年抽提进款四十分之一作善举，自今年为始。二十日，接宗湘公之讣。

---

① 本愿寺日僧，不久宋恕有《赠松林上人》五古一首（1897年6月7日）。
② 为《苏报》主持者胡璋之妻，日侨，代表该报对外。
③ 原拟检出交经世报馆付印。
④ 当指康同薇著《女学利弊说》稿本。该文刊于次年闰三月廿一日《知新报》第五十二册（见《中国近代史资料丛刊·戊戌变法》三，173～177页）。

十一月二十日（12月13日），恪士同萍乡喻庶三来访。廿一日，恪士席晤曾重伯。廿三日，恪士、庶三又来访谈。

十二月十四日（1898年1月6日）夜，十弄失火。十九日，浚卿来，别有年矣。是月，瑶女学作古诗十余首，进境殊速。是月《卑议》印成①。

戊戌日记摘要
（光绪二十四年，公元1898年）

二月廿一日（3月13日），始识李承侯，其父即莼客也。廿三日，晤吴亮公，别多年矣。

三月廿三日（4月13日），始见《改制考》②。

闰三月十五日（5月5日），松林偕森井国雄来访。十九日，森井偕小田桐勇辅来。

四月十一日（5月30日），山根立庵介安藤阳州来访，阳州亦今春始见者。十二日，访晤立庵、阳州，又识牧放浪、河本默堂。始见《禅宗报》及《阳明学报》。河本言欲开《亚东时报》。廿二日，喻庶三来。

五月初六日（6月24日），始见《哲学杂志》于立庵处。是月，借松林伦氏《教育学》及唐窥基注《因明论》③一阅。是月，甬人与法人在上海闹事。

六月初十日（7月28日），与枚叔争商鞅及鄂帅不合，大辩攻④。廿六日，浏阳来谈，将入都。是月，借松林处《明治新史》一阅。廿七日，送浏阳行⑤。廿九日，杨定夫来。

七月初六日（8月22日），张英甫同南浔两君来，欲请余明年主讲南浔。初八日，恪士来，闻京中训政事于昌言报馆。十八日，发热。二十日夜，痰厥一次。廿一日夜，又痰厥一次。

九月初四日（10月18日），始下楼。十七日，阳州介访森槐南，晤，借其《鸥梦新志》一阅，数日后还之。廿五日，晤张幼宾，面辞崇

---

① 据1899年1月21日《又上俞曲园师书》，可知仅印200本。其内容已在初稿基础上作过较大修改。详见本书卷三。

② 指康有为《孔子改制考》，读后"始服更生之能师圣"。

③ 指唐窥基撰《因明入正理论疏》六卷。

④ 详见本书卷七《答章枚叔书》（1898年7月30日）及《章氏丛书·检论》九《商鞅》。

⑤ 详见宋恕《致孙仲恺书》。

正、安澜明年之席①。是月，宣琴山卒。

十月廿二日（12月5日），见一六乞拯文②。

十一月初二日（12月14日），以《陈事节略》交浩吾。③

十二月廿二日（1899年2月2日），曲园师复信许瑶女诗为古雅绝伦，寄其孙女诗稿一册来，并提及印本《卑议》已收到。

附：戊戌六月日记残笺

廿五日（8月12日），晴。接阅崇春余卷十本，共五十七本，评定，午填甲乙竟。是课题录左是日邮局复交到《甬报》：

"海宁商业盛衰论

经济特科赋以"须得王景略、陆敬舆典试"为韵。

问：海外经济家有自由、进步两党，其持论孰长？"

同日，连夜复评定崇正夏课卷三十本。是日送汪公馆礼。

廿六日（8月13日），晴。是日评定崇夏卷四十六本，共七十六本，评竟，夜填甲乙竟。是课题录左：

"恭读《废八股试策论圣诏》敬颂

农学校赋以"日本设农学士科名"为韵

问：日本今有阳明学会，每月印行《阳明学报》以讲姚江之学。夫姚江何地？阳明何乡先觉？乃其遗书之表章、微学之扶振逖恃绝域志士，斯非乡人之巨耻欤！夫良知之说上接邾娄，下启梨洲，内圣外王之道尽焉，东墨西欧之治摄焉。故吾乡人不欲自强则已，苟欲自强，则必以继起彼都创阳明学会、学报为开宗明义第一章，诸君子岂有意乎？"

崇春取超十、特十八超一璧九。安三卷取超十、特二十、一等五十四。

"问：日本学制以《诗》、《书》、《易》、《春秋》诸经及孟、荀、老、庄诸子列大学，而其中学校修身一课则用《孝经》、《论语》，小学校修身一课则用浅语编书以教孝弟忠信。今我神州学校之议渐兴，窃谓无论创开何种学校，皆宜师日本制，冠以修身一课，专置修身学教授，斯振儒学之要务也！诸君子以为然乎？

茶市赋以"逐年茶业江河日下"为韵

书陈乡举虬等《请开保浙公会公呈》后。"

---

① 因"力唱《礼运》、《孟子》之宗旨，风气骤新，取怒伪党"，遭"诬控"造成"海宁风波"，故辞席不恋。详见有关信函。

② 疑指《戊戌与李提摩太书》，见翦伯赞等编《戊戌变法》（一），第414页。

③ 详见本书卷七《致叶浩吾书》。

安四卷取超十、特十五、一等十二。

"问：日本明治元年置三职八局，征天下贤士列参与职兼判诸局事，与亲王、公卿、诸侯同执议政、行政之权，故积弊能骤革，新利能骤兴。今我皇上求治孔殷，可取法于彼欤？

恭读《京师设农工商总局上谕》敬颂

书湘抚陈侍郎《课吏馆章程》后。"

安五卷取超十、特十五、一等三十九。

铁路原始

电灯原始

中医西医优劣论

己亥日记摘要
（光绪二十五年，公元 1899 年）

正月十五日（2 月 24 日），贺陈杏孙太夫人寿。[1]

二月初二日（3 月 13 日），内人、瑶女游女公学。十一日，瑶女始自学画。廿五日，寄瑶女《题俞女史诗稿》一绝句[2]于苏州俞寓，交宝顺信坊。

三月十六日（4 月 25 日），同内人、瑶女游龙华寺。廿二日，蒋新皆来。廿四日，瑶女访陈女史淑真于鼎升栈[3]。廿六日，雪汀来，始闻三弟之丧，心绪益无可解理。

四月十四日（5 月 23 日），始识佛尘于亚东馆[4]。二十日，瑶女同陈女史至耀华照相。

五月初一日（6 月 8 日），如高昌庙候问静涵先生被盗刃伤之状，始见张伯莼《上岘帅书》稿于鹤公处[5]。十一日，莱仙自江西来，索《卑议》。十三日，候晤莱仙、叔林。十六日，殷监院来拜，未晤。十七日，始识润涛和尚于宝记[6]。廿二日，始识廿乡[7]于一品香，始识井手

---

① 即宋恕诗作《寿陈母黄太宜人》（1899 年 1 月 28 日）。

② 原诗未见，情况见本书卷七《上曲园师书》（1899 年 4 月 3 日）。

③ 温州博物馆藏宋昭和陈淑真此后往来信函数件。

④ 亚东馆及下文东馆均为亚东时报馆简称。

⑤ 岘帅指两江总督刘坤一，鹤公指钟鹤笙。

⑥ 宝记为欧阳柱所设照相馆名。

⑦ 指文廷式。

三郎。廿四日，送阳州如津门。廿八日，毅伯同三原孙武沅炳麟来访，以伯高学使之言也。

六月初八日（7月15日），邱监院①来拜，未晤。即日入城回拜殷、邱两监院，晤邱。初九日，赵仲宣同唐、狄②来访，不晤。十八日，候晤王浣生。二十日，沈学来访，以《折齿记》见示。廿四日，唐、狄招聚丰园夜饮，同席有中西重太郎、林安繁、井手三郎、佐原笃介及芝栋、公恪、伯纯、荔轩等，始与芝栋接谈。廿八日，候晤井手，并识松本龟太郎。即晚，候松本于东和洋行。松本，归依禅宗者。

七月十一日（8月16日），丸桥同铃木信太郎来访。此后因事停日记。

八月，是月穗卿由津南来，与浣生同来访。枚叔由日本同念劬回来，与穗卿同回杭。是月，与内人、瑶女至日本小学看体操。

九月初旬（10月5日—10月14日），贺仲巽祖母及母寿，其兄馨吾新自海外回来。公恪下旬续娶，枚叔又应山根之招来沪。

十月，晤湖南自东回田、李诸君③。是月患嗽。下旬，晤穗卿、恪士、蛰仙，畅谈数日。

十一月初五日（12月7日），发热，咳嗽加甚，服燕氏补丸、通大便而愈。足酸、颈挫、牙痛，在内二旬始出门。静涵、楚卿、仲巽、石芝、仲玙、积之皆来问疾，公恪、枚叔亦来问。下旬，往东馆，始知枚叔与立庵相争一事。是月下旬，汪穰卿送《正气会章程》来，我不敢入会。下旬，访晤日本诗人本田种竹于常盘寓。下旬。胡小玉姻丈自四川回过此，值连日雨多晴少，且有数日雪，止访晤一次于名利栈。廿九，接仲恺丁生母艰之信。

十二月初二日（1900年1月2日），送胡馨吾出洋之行，晤萧敬甫、徐次舟。枚叔已移寓胡处就胡氏明年之馆。是日，闻枚叔谈及强甫，重诬渠并及我之事，为之惊惧。而枚叔犹与次舟力争经谊，大犯忌讳，于是怕渠甚，而不敢多与往来矣。

初三日以后，连日雨雪，闭门著《驳邪说》一书，赶至初八，誊清完④。初九日，候穰卿，劝勿开正气会以免风波。同日，候石芝，石芝

---

① 指邱赞恩。
② 唐指唐才常，狄指狄葆贤。
③ 田指田邦璿，李指李炳寰。
④ 当为《驳赫胥黎此诣》。

所见与我同。访丁书雅①，次日丁来访，均未晤。初十日，候谢静涵丈于法租界医寓中。晤胡虞臣，来招饮，不及赴。十一日，候蓉村、虞臣，俱晤，以致仲恺、忱叔信及《天演论》两部、《沈太史折》②托带至瑞，交雪汀转交。十二日，候谢公恪、芝栋、积之，晤恪、栋。十四日，至梅院遇亦槎。十六日，鹤笙席上闻一古今奇骇之事，不知究如何③？十七日，送穗卿行。④至邵寓，候晤学南。十八下半日，十三弄火颇大。初旬，恪士寄信及诗三首来。中旬，始识孙镜湖。

庚子日记
（光绪二十六年，公元 1900 年）

正月初四日（2 月 3 日），始得客腊发电事消息于《同文沪报》。⑤廿一、廿二日，始识蜀人刘见初、湘人杨叔枚。廿三日，绳正学堂大会，始识丁叔雅。

辛丑日记
（光绪二十七年，公元 1901 年）

辛丑二月初六日（3 月 25 日）到郡城。初七日到瑞城。初十补奠。⑥

三月廿五日（5 月 13 日），百日满，移灵。……⑦右月界内，只做完选外舅文五十首一事，余事概未做。

---

① 由此可见丁惠康、汪康年等筹备正气会的内情。田野桔次在《哥老会巨魁唐才常》文中《正气会者何也》一则云："由革新派来者即周某、汪某、欧某、丁某、叶某等也。"其中汪为汪康年，欧为欧阳柱，丁为丁惠康，叶为叶瀚。

② 指沈鹏奏参荣禄、刚毅及李莲英折。

③ 指慈禧欲废光绪。

④ 《送夏穗卿宰祁门》赠别诗（1900 年 1 月 17 日）。

⑤ 指上海电报局总办经元善为首暨寓沪绅商士民叶瀚等 1 231 人要求光绪复政的谏阻废立电报。

⑥ 指祭悼岳父孙镪鸣。

⑦ 以下记祭奠期间往来亲友，宋恕先往、亲友后来者有杨子林、洪博卿、黄愚初和二妹，亲友先来，宋恕已回候者有胡小玉、胡雪汀、周仲龙、胡蓉村、孙中颂、陈枝麟、周瑞，亲友先来，宋恕未及回候者有黄端卿、项渭臣、陈宗易、蔡逸仲、王子祥、项莲溪、陈载甫、陈东侯、陈舅氏、黄穰卿、洪莱仙、郭奇元、孙叔蕴、林仲开、殷叔详、孙莘农、宗溥生、宗榜兄、陈立庵、张文伯、夏耀西、叶星石、叶棋汀、七弟。此外未往还者有项葱畦、许竹友。

四月初二日（5月19日）夜记。三月初，海日楼日开笔；四月初二，海日楼夜开笔。初三日，老大房两新人来。同日，胡宅请上梁酒，不赴。

壬寅日记①
（光绪二十八年，公元 1902 年）

二月十九日（3月28日），晴。午下同翰香、介石游西湖巢居阁及竹素园，是为病后第一次游西湖。夜雷。二十日，上半日有雨，下半日阴，夜雨颇大。廿一日，上半日阴，下半日晴，夜又雨。是日写一信与今川②，约明日往访。送去而今川他出，不在内。是日将送今川之件用红纸粘标记。廿二日，上半日有雨，下半日阴。是日始起《外舅行述》③草。是日写信询介石刻字店优劣。是日发壬字第四号安函交正和信局寄瑞。自移寓贵宅以来，是日天气为最冷，不穿袜觉冷焉。廿三日，阴，傍晚雷雨，夜雨。是日午前翁鸿昌持介石复字作荐，来议刻《留别诗》，断定每字一文六。介石傍晚来，在此夜饭。廿四日，上半日有雨，下半日晴。是日清写《留别诗》④竟，共一千八百七十字。廿五日，上半日晴，候多吉三，晤谈有顷。下半日阴，与翰香母子及廖典史出钱塘门至松木场一游。右足十九日新伤，因行路稍多而作痛，往时至钱塘门已发，返途则强忍十分矣。翰香云："往返大约八里光景。"是日所见弥陀寺摩岩《小阿弥陀经》——桐乡沈善登书，昭庆寺万寿戒坛楹联——俞书、陶心云书，皆甚佳。弥陀寺尚未曾到，门前满眼桑林，流水两道，亦大是清境。松木场则进香船之泊所，云通拱宸桥水路；又一水路通西溪，陆路亦通，云足有廿里。是日上半日，翁鸿昌来，付以诗稿及《文要》⑤一本，断定三月初五日交板，印价每本八文，不成议，先付洋一元。廿六日，阴雨。廿七日，阴晴不定。下半天始至中学堂回候伯纲、介石，俱晤；并晤仲恕、叔通、叔明。借叔通《新民丛报》第一册来阅，见泮鸿诗甚佳。夜雷雨。廿八日，阴晴不定。是日清明，翰香游云林寺回，言新造夏园甚佳。介石夜饭后来谈。夜雨。

---

① 录自《将之皖，留别杭州求是书院门人律句八章》稿册后日记内。
② 感谢日本医生今川治愈疾病。
③ 见本书卷五。
④ 即《留别杭州求是书院诸生诗》。
⑤ 《文要》未详，疑指《国朝先辈文话举是》，见本书卷四。

廿九日，阴晴不定。字还叔通第一册《新民丛报》，再借第二册来阅。翁鸿昌送宋楷来校阅，共误写十一字。是日接壬字第三号复函，系二十日发者。

三月初一日（4月8日），晴，天气甚暖。下半日，始回候仲恕，不晤，留片。复至大学堂今年亦始至晤吴、王、许、黄四温人①，又晤许、李、施、戴、程、沈六人于吴房，皆见我而来者。厉亦同来。② 复上楼晤郑、汪两人，询知孙懋今年不在堂而时有来，遂以去冬向其借来之《谈苑醍醐》两册托施、许：待其来时转交。据戴云：其宅在长庆街仙林桥左近林司后地方，存记待访。是日始穿夹袍，出门回来则汗湿两腋之里层布。夜，大雷雨雹，床漏被湿，窗纸半破焉。是日由大学堂回时过中学堂小坐，晤介石、叔通，还《新民》第二册，复手借第三册来焉。初二日，天气又凉，夜有雨。下半天，介石、仲恕来。初三日，阴。是日发壬字第五号安函，交正和局寄瑞。初四日，晴。上半天候经锡侯，晤谈有顷，复候徐抚九，忘其处，遂如介石处，留午饭，并晤叔明、叔通、聪肃、赵望杏、邵伯绸。饭后同介往候抚九，云于正月回台，大约半年乃来。徐在育英书院，该院在皮市巷中之西巷，名大塔儿巷。徐既不在，乃复与介如佑圣观巷候潘凤洲，因病不能见客，乃复与介如长庆街古瓯学舍，晤黄旭初等，傍晚乃归。是日还《新民》第三册，借来《支那文明史论》一册，阅。初五日，晴少阴多。上半天候今川，先一日约定。晤谈有顷，面交赠物：竹织何绍基五言联一副，清、汉合体书自制赠联一副，锡小香炉一件，内分八小件——一盖、三台、一香盛、一香取、二香平，白茶菊花四瓶；又助日文学堂经费银廿四元，托今川转交伊藤③收。回途晤吴璧华，同张教习步行，是日始晤张，即温州人体操教习也。午下候高梦旦，不晤，便候祝凤楼，晤谈有顷。复过仲恕晤谈，而凤楼适亦来。有顷，学生许、李、沈、施、郑五人将至旗营访我，适路过陈门，遇阿喜，询知我在内，遂入，共谈有顷。回途过介处约明日游西湖，还《支那文明史论》一册，在介处晤来雨生、汪万峰。初六日，大晴。上半天介来，与同步出涌金门外，雇小舟至茅家埠约七里，上岸步行至云林寺约四里，在客店午饭毕，游周氏

---

① 四温人指吴钟镕、王萧卿、许櫐、黄群，后均留学日本。
② 七人皆求是书院（大学堂）学生，即许寿裳、李炳章、施霖、戴克敦、沈祖绵、厉家福，惟程氏未详。后均留学日本。
③ 疑即伊藤贤道（见《蔡元培全集》卷一，127页注，北京，中华书局，1984）。

三锡堂一过。入寺，从韬光径上山，游松秀山庄即夏园。少顷，翰香母子来，先有约也。而介之弟子杜士珍、马叙伦及龚、王①二生亦来，坐久乃出，杜等四人先去。余与翰母子、介四人同步行至岳坟，约五里登舟亦特雇小舟至涌金门上岸，约五里步行入城，至面馆共食面毕，入营门，回至寓，天未黑。是日之游天气极好，湖光山色令人神采飞舞。所游之夏园在云林之西，东长而西短，大门在东，不开，从西侧门进，高低曲折，廊亭连续，天然既佳，人工亦至，陈设精丽，联语富有，是一胜绝之园林也。其中水亭尤胜，惜未有水。小亭六，以高峙者及折扇形者为胜，主人号颂徕。是日步行虽仍觉右足痛，然比廿五日则好得多。翁鸿昌初五不送来刻板，失信可恶！今早遣阿喜往问，云待初八方有。是日闻岳坟侧有唐园新创，以恐天晚，未及往游，待改日焉。是日在冷泉亭又晤张子勤，并晤求是西文教习陆君，尚有同行三人，介云一即理化师、一即舆地师，皆新与养正合订者，其一未详。初七日，阴中有雨，上半天催翁鸿昌。是日因昨日步行太多，足痛一日焉。初八日，阴中有雨，上半天复遣催翁鸿昌。下半天始送板来，而未印样本。令其印来，又有脱讹；令改补，订明日送来。初九日，阴雨，渐有霁意，夜又雨。是日翁送补改毕之板来，即托翰香代交纸店印一百本。是日送信一本及《卑议》一本于高梦旦，有回片。自二月廿二日起，《外舅学行述》②稿至是日始完定。初十日，大雨。旬来虽颇多雨，大抵昼小夜大、昼少夜多，而昼雨之大莫如是日。卧床漏湿，惟初一夜及是日昼耳。是日，字假伯绚处《无邪堂答问》来，穷一日之力阅之，计共五本，光绪十八年所自编定，有《自序》。

　　十一日，阴中有雨，是日接壬字第四号复函，系初二日发者。《留别诗》一百部印就送来，是日首赠翰香十部，随字赠介石、伯绚各一部。迎升来，赠一部。晚，介石字来，又索一部去。十二日，大晴。上半天字赠求是书院诸生许、沈、施、郑、李、戴、汪、程、孙、张、史③、吴、厉十三人《留别诗》各一部，随接沈手写回条。下半日，许、沈、施、郑、李、戴、汪、厉八人来谢，谈有顷。是日，又字赠一部于仲恕，并赠竹丝联一副，仲恕有回信。是日剃发留新。十三日，大晴。上半天，字赠佑圣观巷泮仪甫《留别诗》，下半天送来回信并诗一

---

① 　指龚寿康、王凯成。
② 　即二月份提及的《外舅行述》。
③ 　除见上释外，孙未详，张指张德骧，史指史久光。

首，而余适游西湖，回来始接。是日午下与翰香母子游西湖，步出涌金门，而介石先约在藕香居坐候，遂同泛舟，先至雷峰侧之协德堂，复至漪园，园中有月下老人祠。其东接曾忠襄祠，有望江南楼。复在游漪园前至三潭印月，步过曲桥，游彭祠，退省庵、迎翠轩、观濮亭等处，退省庵中有闲放台、净凉轩。复如高庄，介石先去，余与翰母子复如蚕学馆晤沈蔼如，该馆去涌金门约六七里。舟回至埠则暮矣，喜有月色照人行路。是日之游，协德堂、蚕学馆为向所未到，堂入径多竹，馆入径多桑，往绝。介石代中学师范生索《留别诗》，诺之。是夜复有雨。昨日仲玙有信自京寄翰香，补记。是晚回来，失去新买之仿古京庄一支及旧笔大小两支，想为孩子所取去耶。十四日，阴中有微雨。是日字赠诗六部于养正师范生汤、杜、马、周、龚、叶六人[1]，托介石转发，又字赠诗一部于黄旭初，并以三部托其一存古瓯学舍，二致王、许两人。是日上半天介送《政学报》第三册来，中有殖公《驳蔡书》及《衮父有感》八律[2]；下半天字还之，并托代还朱氏《无邪堂答问》五本于伯绚。是日又字赠诗一部于李照澄，有回字。旭初得诗后来谈有顷，复索《卑议》，诺之。[3] 夜有雨。十五日，申前晴，申后风忽起，雷雨作，余适往至养正访介石途遇沈蔼如，谈少顷，即为雨阻，遂留一夜。是夜适该堂请新师酒，伯绚留同席，所请新师为舆地师湖北人陈慎先名曾德，又理化师上海徐紫峰，分居首二位。中学师陈介石、体操师张梓卿分居三四位，我居上独位。伯绚及杨见心分居下位为主人，共七人。席散，伯绚复至介石楼上谈颇久，始闻林獬[4]几被弹事。是日在介处晤杨雪渔。是日送信于孙懋，不得投，带回。又送赠《卑议》一册于旭初，旭初适亦晤于介处。十六日，上半天有细雨，旋阴。下半日有霁意，夜又雨。上半天在介处借胡承诺石庄《绎志》一阅，石庄，明季举人。入国朝曾谒选，旋以老辞归，此本李兆洛所表章付刊、浙江书局重刻者。胡，竟陵人也，其书平正通达，如驳封建、井田、肉刑之不宜复，又论正统之不必争，虽尊程朱而不中其毒者也。然无卓绝之识议，不能与王船山比也。午前自介处穿洋鞋归寓，午下字向旭初借《新民丛报》第四册阅之，内有康同璧同薇之妹《至印度省亲诗》两七

---

① 指汤槱、杜士珍、马叙伦、周继善、龚寿康和叶诚然。
② 殖公未详，衮父疑指吴县汪衮甫。
③ 黄群《敬乡楼丛书》本《六斋卑议》及附录，《留别诗》来源于此。
④ 有二林獬，此为白话道人，闽侯人，非陈虬学生、著《中星图略》的瑞安人林獬。

绝，见《饮冰室诗话》。十五日上半日发壬字第六号安函交邮政局寄五马街正和信局转瑞。十七日，阴中有雨。上半天又送信于孙懋处，得投，带来孙峻回片，殆即其兄孙康侯欤！十八日，昼后大雷雨，夜又大雷雨，床俱被漏，乃以雨伞抵之。是日买竹书笼。十九日，上半日大雷雨，夜又大雨，俱恃伞。二十日，午前有雨，午下阴，夜又有雨。午下，旭初、璧华来，璧华言："诗已收到。"旭初言："已代交王、许二君诗。"璧华代汪万峰、来雨生索诗，取二册托代致。璧华索《卑议》，诺之。连日为雨及蚤所困，闷甚！细阅《颜氏学记》一过。十九日，接壬字第五号复函，系十三日发者，补记。《论衡》、《潜夫论》、《理学宗传》皆于数日前面还翰香。是日面见翰香收入书箱内。是日介送《新民》第五册来。

廿一日，上半日有细雨，下半日候李照澄于林木司巷，晤谈有顷。路泥湿，穿洋鞋，还《新民》第五册，送《卑议》两册赠吴、王两人，夜又雨。廿二日，上半日阴，下半日大晴，久雨初晴，人意甚快。如大学堂候高梦旦，不遇；候来雨生，晤谈有顷；汪万峰亦来雨生处谈少顷，许、李、施、戴、沈五生亦同来雨生共谈，及回，过访仲恕、介石皆不晤。至寓则高梦旦来候，留片。燕雁差池，为之怅然！明后日当先以字往，约定而后躬去矣，不然恐难遇也。是日出门仍穿洋鞋，路有全干者，有半干者，有尚全湿而须穿钉靴者。但钉靴以足肿未消穿不进，只得穿洋鞋也。廿三日，上半天阴而有雨意，下半天雨，夜又雨。下半天，高梦旦、陈仲恕、汪万峰同来，仲恕赠手画山水扇一柄。谈有顷，介石亦来，介在此夜饭后去。廿四日，上半天阴，下半天亦阴，夜又大雨。上半天送信及答诗①一首于潘处。下半日，潘及介石，叔通同来，余正欲往访韩静涵，出门甫数步，遇于途，遂邀回寓纵谈，至将晚乃去，潘录旧诗一首带来。高梦旦函来②，送岁计表，又索诗，盖因仲恕

---

① 原信未见，答诗即《答潘仪父》（1902年4月20日）。

② 高凤谦原函现存，略云："燕生先生足下，昨聆高论，甚惬鄙怀，足下剖析事理至精至悉，如画几何，无一点一线之不密。……所谈诗画各节，凤谦向未考究，不敢强不知为知；后闻陈仲翁言足下案上有诗一章，系赠凤谦之作，昨日何以未经见示？岂因弟之不能诗，遂靳而不与耶？诗之神味声律素所不解，若言事之作，用意较显者，则亦生平所喜诵。即如大著《留别》八章，实为学问门径，虽浅学如我，亦颇知其佳，未审所以惠教鄙人者果复如何？愿即赐示，幸勿以为俗人而终靳之也。旧编岁计表二纸检奉就正！……凤谦白三月廿四午。"

误认误传之故，是夜遂作赠之诗焉。廿五日，大晴，上半天写《赠高诗》二首及信①，送大学堂高处。随至介处，介约余及翰下午同游西湖。余在介处午饭后同至翰处，而翰约在学堂待，途遇吉三，告而邀之。余、介先至学待，有顷吉来，遂四人同去。步出钱塘门，经断桥、玉带桥，至孤山最东之平湖秋月亭，茶谈少顷，此亭极宜于月夜。稍西，则陆宣公祠新建，又西则照胆台，又西诂经精舍，又西圣因寺，又西文澜阁，入观少顷。又西行宫，又西朱文公祠，又西蒋果敏祠，由其西浚湖局门入内，坐柏堂有顷。蒋祠之西有数峰阁，竹木森幽。石径曲折，即在柏堂之后，最有意趣。又西则楼外楼，入内食面。又西广化寺，又西俞楼，入内坐有顷。又西至西泠桥，玩赏有顷而回。西泠桥上望北山枫林苍郁，桥畔桑树成荫，风景极佳。已，由行宫前呼船乘至涌金门上岸，入城至寓，天未黑也。柏堂之西有竹阁，亦在蒋祠西侧门内。廿六日，大晴，是日下半日上街买物。自三元坊而南至文锦、保佑、清和坊、大井巷口，复东至望仙桥而转北，经新宫桥至三圣桥，过而西此三桥直丰乐桥，复北，西过柳翠桥，出大街而回此桥直炭桥、直丰乐。其未往至，新宫桥也。先向北至盐桥东七宝寺巷，复至长庆街古瓯学舍访旭初，不晤。长庆街为盐桥街后第二条街，连盐桥街数之为第三条。复由学舍西过仙林桥在两桥中、北桥，出大街，而上半日亦至清河坊之大井巷口焉。午下，途遇许、施、郑三生，云将来访。途遇李照澄，云来过不遇乃折回。是日暮回寓时，介石来，谈有顷去；叔通字来，并送潘《读〈春秋〉文》②一篇，回寓时收到。是日剃沐。廿七日，上半天阴晴不定，下半日有雷雨。是日上半日作《步潘五古韵》一首③，下半日拟写就，而以笔不佳，写得生气，未可用。昨日行路太多，今日足亦稍觉痛，但比日前好耳。廿八日，大晴，上半日至三元坊买物，路尚甚湿，穿洋鞋尚有未相宜处。午前买来好笔，将诗写就。午下，照澄来谈少顷。照澄出时，许、施、郑、汪四生适来相遇。施云："孙已遣人取书及诗去。"已而，沈生亦来，共谈至日将暮乃去。是夜始将油灯台移至花厅，记洋钱账，病后夜写字自此夜始。是日上半日发壬字第七号安函交邮局寄瑞。廿九日，晴阴不定，是日立夏也。上半日访韩静涵，晤谈；访高梦旦，不在内；访仲恕，门者云未起。如中学，闻叔通有恙，与介入卧室访

---

① 见宋恕诗作《赠高梦旦》（1902年5月2日），但信未见。
② 据宋恕诗注，应为《〈春秋〉说》。
③ 即《惠子篇答潘仪父中书，步其〈同谭复堂伏魔寺感怀〉原韵》（1902年5月4日）。

之。午前如介处，晤介及伯絅、张梓琴、诸祥久，留介处午饭。饭后与介出涌金门至望云居茶楼茶谈，午后高梦旦来，不晤。并食藕粉，付小洋一角。是日西湖游人如蚁。三十日，阴晴不定。早起闻介与翰谈声，讶之。翰来告："介已与杨决裂辞绝。"大骇![1] 静涵上半日来谈，并以所著《救劫传》求题，少顷去，而祝凤楼来，翰留之午饭。是日，介之生徒呈控伯絅，而师范生被斥除。是日接壬字第六号之复函，有季芃信。

四月初一日（5 月 8 日），阴晴不定。下半日，候潘凤洲，还《读〈春秋〉》，并交《书后诗》五古一首，潘不在内。遂候梦旦，畅谈颇久，于其室晤许、李二生及劳总理[2]、徐清甫。初二日，阴中有片刻细雨，介请仲恕来谈有顷。初三日，上半日阴晴不定。候凤洲，晤谈有顷。凤留，同出至荐桥街德馨馆楼上小酌后，复谈有顷而别。已，复候静涵，交还《救劫传》并题诗一首。坐少顷而大雨作，静遣轿送回，代付轿钱二小角，借静《新民报》第六册阅。回寓，见汪叔明来访介不遇留字，约初五日再来。初四日，上半日阴，下半日大晴。午前叔通、聪叔[3]来看介，晤谈，翰留午饭。聪叔言介确有叫先生云云，介与叔通语意甚决裂。午下，仲恕送代我刻图书来，谈甚久。许、沈、施、郑、汪五生亦适来，共谈。下半日，送还韩《新民报》第六册。初五日，大晴，是日出外买物。午下汪叔明来，与介谈颇久。介之弟子徐宗达来告介，言介边有胜象，委员欲承上司意，请劳玉初转请杨再留介，并复收出去之学生云。翰如仲恕处约共调停，恕一一诺之。傍晚，锡侯来访，送借阅《清报》[4] 第一百册。是日有迎升入见杨之事[5]。初六日，上半天阴。仲恕字复翰以雪[6]处为迎升事不便进言。下半天，伯絅信致翰香有提及我，且告翰云："刻在中学堂，待翰去议调停。"于是余同翰去，晤伯絅及叔通、祥九三人。余劝絅至翰处与介晤谈，又请通来。絅、介、通三合同，通计大露。谈有顷，雨至，絅先呼轿乘归。通云："我再稍留。"又顷之乃去。是夜雨颇大。初七日，上半天阴，下半天有霁色。徐宗达持

---

① 贵林著有《中权居士杭州府中学堂八日大事记》，现存。

② 指劳乃宣。

③ 指连聪肃。贵林《八日大事记》作"魏聪肃"。

④ 指《清议报》。

⑤ 迎升在《辛亥杭州驻防失守记》中云："骁骑校迎升，贵林门生也，亦曾师事陈黻宸。"

⑥ 指杨雪渔，为杨见心父。

条子来知学生，言方委约初七午后集中学堂。已而，知昨晚雪为通、明、聪、朴、杏五人所迫，立迫方委不问完案禀复，作罢论矣，而介又叫徐将实情告委员。夜饭后，徐来回话，言方云："雪言：'君若到堂，学生必寻死，或全逃，有性命之忧云。'"方委嘱密告众学生密约齐集。介与翰及诸弟子商，遂以定明日早十点钟，告徐转告方。时行期已定明日，于是又展一日。是夜付翰代垫洋十元，其零三百八十八文待明日还清。下半日，遣送还《清报》于锡侯，得片。是夜收迎升程洋一元。初八日，阴晴不定。下半日，汪叔明来，为叔通向介解而攻纲，并云："现余代纲事，纲不在堂矣。"翰又途遇文数，告以"通之作伪"，数亦颇不平云。学生十点钟备待问，而委员为杭府所制不能到堂，作字通知徐，遂又作罢论。是日上半日，求是学生许、施、沈、李、汪、厉来送行。是夜，面交如子帖于翰，转呈其母，并面交贴食及早点洋拾伍元，还其烛一匣及莲子一匣、白糖一匣，收翰托买光明精琦水三瓶及万应膏共洋一元。初九日，早朝雷雨，旋晴。动身，同介、旭、马①、尧往沪。高梦旦来送行，随送至淳佑桥，翰香送至兴嘉舟。翰香同啜茗食桑枣于拱宸桥茶馆。初十日，晴，四点钟到上海。

十一日，雨，浩吾午招饮，晤谈。十二日，阴多晴少，鹤卿招朝饮于九华楼，介、旭、蒋②、胡钟生同席。十三日，阴多晴少是日颇风，介等动身。下半天，候宝记石芝，晤谈，并晤孙少侯，以《别诸生诗》赠石，留夜饭，谈至十二点，借《新民报》七期一册及《李鸿章》③阅。蒋本早来，谈及孙与王小随名季同之学，而即日得遇孙，亦大奇。十四日，阴，亦颇风。午下洗浴，夜赴胡钟生九华楼之招，同席有钟生之侄某及蔡鹤卿，以《别杭生诗》赠钟生及鹤卿。午下遣阿喜送信候经甫，经甫旋来，余在外不晤。十五日，大晴，始换贴身衣，盖病后未曾换也。上半天剃头，沈仲辉来，不晤。午下吴君遂来，谈有顷，以《别求是生诗》赠之。已而，沈又来，张经甫继来，马彝初继来，共谈颇久，钟生复索一本诗，与之。十六日，晴。上半天如选报馆候新皆，晤，赠《别求是诗》；并候赵彝初祖德、马彝初，皆晤。随如新马路候君遂于华安里，晤；并晤皖人严伯平、湘人饶智元石顽。又请吴招陈诗来，吴又字招王小随季同来，谈颇畅，留午饭。湘人张伯纯郎中、鄂人

---

① 旭指黄群，马指马叙伦，尧疑指林祝尧。
② 蒋指蒋智由（新皆）。
③ 一名《中国四十年来大事记》，梁启超著。

贺良朴履之适来，共谈，吴邀至四马路雅叙园夜酌，同席蒋、贺、我、张、严、陈、吴，共主客七人。是日与吴等出新马路时途遇蒯若木，光典之侄也。是日见《教育会章程》。赠子言、小随以《别求是诗》十七日，晴。午前陈诗来访，留午饭。饭后陈邀同游张园，晤穰卿及孙少侯、孙荫亭、徐翰青，共谈有顷。回途候蔡鹤卿，不晤。是日午前候张伯纯，晤谈有顷，赠以《别求是诗》，云已从吴处见始知谭弟[①]尚存。午下伯纯来，不晤；石顽来，亦不晤；屠煦来，亦不晤。石芝昨日午下来访，亦不晤。十八日，阴晴不定。陈诗午前又来，以录吴《劾荣、李疏》见赠，谈少顷去。下半天，项骧来，王星垣来。王索《别求是诗》，云已从蔡处见，赠之；复索《卑议》，许以检行箧中如有则赠之。荐王子祥于星垣，星垣云："定海或欲延，当写信询之。"夜有雨。十九日，阴，间有细雨。下半天，如谦吉东里候孙荔轩、荫亭、少侯，俱晤，谈颇久，每人各赠一册《别求是诗》。孙居两进，凡十楼十底，月租九十六元云。旋候积之，晤，并晤其叔及广西人赵君。积留夜饭，谈少顷，与赵同步行至大马路而分途。午下，章一山来，不晤。午，赵祖德招饮，片辞谢。夜，章一山招饮，不在内。积言："陶拙存去岁在广东频见，陶署惟陕西举人陈涛伯澜最好，其署每日只用食洋一元。"赠龙一册《别求是诗》，龙复为其叔求一册，与之。是日赠出伍册，以前赠出十册。二十日，阴中间有细雨。午饭后如徐家汇南洋公学候蔡、王二君，俱晤。郭奇元来，入座共谈。蔡、王留夜饭。夜，与郭共榻谈，竟夕不眠。郭言语毫无避忌，固快人也。是日以《卑议》赠王，以诗一册赠郭。郭云："句句不通！"是日以《楞严经》交郭。下半日，赵祖德来，不晤。

廿一日，阴，夜有小雨。早起，张东山、余东屏来访于郭房。少顷，四人同出散步，复至中院东山处谈少顷而回。回来食午饭后便睡，睡至晚而起，夜饭后复睡，至次日朝始足。是日以诗二册赠东山、东屏。下午，孙氏兄弟来，龙积之、赵兰生天择来，汪穰卿来，马彝初来，张东山来，俱以睡托出外不晤。夜饭后，马又来，托带两信。廿二日，阴中有小雨。入夜雨渐大，更深甚大。上半天候伯纯，晤，赠《卑议》；候饶石顽，晤，赠诗一册。石顽言其侄女绮云有学，配得人，王壬秋之女所适大非人，至于大归，可哀！旋如虹口澄衷蒙学堂候一山，晤，留午饭，

---

① 指谭嗣同弟。

赠诗一册。已而，如群仙茶园左近候浩吾于启秀编译局，晤谈有顷。复如中外日报馆候汪氏弟兄，穰晤，颂①病不见。而穰先有字来招"夜集万年春"，赴之。于同席晤易怀远。此外，汪姓一人，常州一人，湖南一人。是日于中外馆晤陶心存，以诗一册赠汪穰卿。傍晚，陈子言来访，复索《卑议》一册，与之。是日询知刘淞芙尚在——于伯纯。二十一至廿二又赠出诗六册。廿三日，阴雨。上半日上普济船，早遣《赠诗》一册于赵彝初，应其前日之索也。是日既上船后，复上岸买东洋参及笔、鱼肝油、万应元珍膏等物，恃有洋鞋不畏路湿也。午下向石芝借一元，三点前归船，金君及阿喜同舟。廿四日，晴。大约天早四点开船，傍晚泊宁波。廿五日，晴。大约亦早四点开船，入夜十点余伯温州口门外。甬江狭而深，不须待潮，瓯江阔而浅须待潮云。此次风浪极静。廿六日，阴。早晨到温州，与金同如黄正兴号候旭初，不晤，晤其父，交马信，留早饭后入城，至章永茂栈侧，则阿喜已雇定船矣。过陈笛斋。于是复上街看看，遇王玉初，立谈少顷。遇载甫，同至曾园小坐。金老约王子祥来共谈，午饭、夜饭皆在载甫处。午饭后同子祥往黄寓及道署候愚初，皆不遇。已而，愚初来访于王门人之寓，王子迪亦来，共谈至晚。余转至载甫处，陈宗易同乐清多人来访，谈至二炮后始上船。金不同船，王子祥同船。廿七日，晴。早晨到瑞，公侠、公权在门外待迎。廿八日，午下仲容来，谈及中学事，未诺。是晚，六、七内妹，九内弟媳来相见。

五月初二日（6月7日），候仲容，晤谈，并晤杨子林，以《因明论》赠仲容。初三日夜，雪汀来。初八日，谒大房伯庶外姑，并至延畇处一坐。初九日，如胡宅，鲍垟老仆来，询知要略。

六月初二日（7月6日），公侠作字骂王稼、许壬、陈恺、杨口②四人。初四日，始上楼补记四月廿三日以后之日记。端午前曾一上楼拜外舅像，并候晤林小竹君。以后未曾一上也。四月回里以后未曾动笔，今日为始，取日子适为开日，又心意已定之故也。

六月初四日以前至四月廿七日界内大要事。来客孙二房不列内算：仲容、博卿、宗易、洲髓、妙秋、端卿、延畇、子祥、屏侯、梓琴、雪汀、幼三。往访：仲容、延畇、洲髓、雪汀、梓琴、博卿、子祥。五月初九日始，公侠发动解缠义举。十一日，全宅动力充足。十二日，始分

① 穰指汪康年（穰卿），颂指汪诒年（颂囊）。
② 原件在人名号旁空一格，此人应为杨小村，名世环。

知单，廿二日付刻，六月初一日刻就。五月初九日以前，晴多而暖，初十日以后雨甚多而凉。十二日至廿二日，日日雨。至六月初三日，早晚尚须穿夹衣焉。初七日，始换纱裤。初十，始换纱短裤。初十日又始穿纱长衫即接衫也。

六月初四日夜，公侠说明任觉①所托之一大事而允许之。初五日，《解缠公文》付印。初六日夕，芰汀自湖北回来，公侠闻报即往。初七日晚，晤芰汀。是夜芰汀来放烟火毕，谈甚久。初十日，上半天屏侯偕石君来。是日候晤蔚文。初八日，公侠为唱词人两人说缠禁。初九日，又为乞妇两人说缠禁。

九月②初十日（10月11日）出观音院居丧室后所复阅札录③摘语，七七丁艰以前已阅过一遍者，二十日摘毕。

十三日，拟出门谢吊，阻小雨。

十四日，出门谢吊，调和孙、陈，先陈后孙，皆允。十五日，再走白陈，订乐清④来面和。十八日浴。

十九日，公侠、公权如各寺庙演说解缠，叶芰汀亦同去，而本日接俞曲园先生函⑤，附记于此。

十月⑥初四日（11月3日），晤谢大房伯、庶外姑。初七、初八两日送代席礼。初十日，送代席素礼一处。居丧一重事且结。

九月廿四日至十月初二日止，共八日中无晦日，作《解缠白话》，连誊毕，约万字上下。

十一月⑦廿五日（12月24日），胡宅开祭。廿六日，三舅氏来。廿七，在籀庼处午饭，嘱拟此⑧。廿八日拟定。廿九日，亦陶来，过午

---

①　任觉即宋昭别名，公侠所云托事未详。现录陈淑真《致任觉书》于下："任觉如妹侍史：一别四载，渴念殊深。忽焉叠接华翰，不胜欣喜！……妹诸子百家之书无所不读，今日之时务无所不讲，见识日广，智慧日增，将中国之女子不出于吾妹之上矣！老伯大人近游扶桑，深悉东京风俗之良，文学之盛，实吾国所不能及也。嗟乎！廿年前之东京何如耶？吾中国何不人人悲愤如此耶？家君在山东来谕教舍弟：读书要有进步，必须天未明时每日静坐一个时辰……吾妹曾题家父所著《红衣小儿记》，甚是！……余容续具，专此谨复，即请　文安！　姊淑真"

②　本月各项录自《容斋五笔》摘语末尾。

③　指洪迈《容斋五笔》。

④　孙指孙诒让，陈指陈黻宸，乐清指陈虬。

⑤　俞函为本书卷七《上俞曲园师书》（1902年8月13日）的复函。

⑥　本月下二段录自《外舅孙止庵师学行略述》稿册末。

⑦　录自《代拟瑞安演说会章程》稿中间空白处（十二月同）。

⑧　指《瑞安演说会章程》，见本书卷五。

饭。三十日，小文来，过午饭。

十二月初一日（12月30日），午下，竹仙又来谈。遂至初二日方写毕送交籀顾焉。初一日瑶始贴出《女学广告》①。

甲辰日记②
（光绪三十年，公元1904年）

三月初四日（4月19日），卧床。初八日，延医。是月共延八次，计取来草药三把，膏药三十余张。十三日，送灯。十四日，梅来。十五日，始坐写《致孟聪信》③一纸。廿六日，又写《致孟聪信》一纸。是日又致一信于彩臣，交其仆带去。廿九日，写一信致阿七，送托恺附寄去。是月口口三十日，初八得介信及七信，廿九又得介信及七信④。廿七日，付医生英洋一元。十六日，床始置蓆，二十日，始洗面。

四月初一日（5月15日），作复信一纸致籀顾。是日请殷叔详入卧室便饭，与谈所询之姻事甚畅。初六日，佛韦如头陀寺。初七日，彩臣来，入卧室谈。是日见曙寄来照相，又接阿七信，知又患足疾未全愈。又见曙信，言黄旭初亦到东⑤。昨日周宅三姨来，数日前陈母舅来，亦入卧室，谈及章味三得署缺事。初八日，疽疮口始全平复。初十日，始洗脚。十二日，面付医生英洋四元，从其字索之数也。十三日，始剃头，洗浴，更衣裤。夜始出室门，至岳母处一坐。计自三月初四日起至四月十三日止，共费四旬光阴于此番病中矣。

内人于四月十二日感小客，十五日始延医诊，十八日始显出，十九日遽回，二十日夜重出，廿三日后渐回，廿六日始觉精神稍转。旋因其夜为瑶所惊，次日复口苦身不安。廿七日，移卧二间，始食少许饭。三十日，停药。……计自十五至廿九，诊十五次。瑶于四月廿二日始服小客药，廿六日始显出，是日及廿七日大烦燥不安，廿八日后渐回，廿八日早即清楚，服药至三十日而停，计诊九次。……

五月初一日（6月14日），接阿七照片及信。……初八，午前孟聪

---

① 据《浙江潮》第四期《温州瑞安城内教育区所表》中表述，"建设中之学校及会社"第三项为"飞云女学校：建议者宋任觉女史"。故《女学广告》即飞云女学校招生广告。

② 原件温州花笺纸一页，正反二面密记。其生活细节略去不录。

③ 致陈怀原信未见。

④ 七指七弟宋德煦，介信指陈介石催宋赴山西任教习。

⑤ 孙延曙（公权）和黄群（旭初）均于该年赴日游学。

来，致朱侍郎①两件咨文。……十七日，卖出旧谷英十元。……二十日，大谈家事竟日。……

六月……初七日（7月19日），午后，颂同详、珠②来。谈至薄暮。介石又来，与颂等晤谈，又有顷，颂等先去，介至天黑去。……初十日，午前如介石处谈至午，借其章书③一本及《史学讲义》二本来阅，介于当晚动身赴京云。是日，芃处转借《新大陆游记》来。十一日，接季玉信。是日阅《大陆记》，至十二日午后送还。……二十日午下，叔详、珠浦来，邀入内与穆、瑶见面，谈有顷，仲恺亦在坐。先是十四日，颂函询日期，订以此日也。廿一、廿二、廿三三日心谋此事甚难决。廿四日始决计与议婚。……下旬，见碎宝与颂之长信。

七月初一日（8月11日），瑶中票彩，得小洋三角又五十五文。午下，详、浦又来，始知浦决计东游。载甫亦来，然不与详、浦相晤。穆、瑶始阅书。……初三日，浦来，入内谈有顷。初五日午下，详来谈甚久。其晚，详、浦及刘次饶之弟来谈。初六日，送议约于容处，字请转交，随得复字。初八日，浦回信一封附复议。初九日，容女佣来问信，答以作罢论。初八日，金乡余女士午下来，初九午下去。十三日，杭电来，容处附字转交。是夜容上郡，又留一字于十四送来，嘱有信寄德昌转交。午下作复信，并拟回电，寄德昌转交容代电复。十二日，王子迪、陈子望来谈半日，送来香鱼十七条。二十日，候晤容庶母，托转寺捐。是早得催瑶杭再电——容处转来。廿一日，如殷处谈一日，谢绝婚议。廿三日，候晤容，坐晤王小牧，交殷复托转。……

八月初四日（9月13日），马玛处诺。初五日与定钱。初六日定。……初七日，瑶检衣箱。十三日，兑洋二元，小洋二十角又九十文。十九日，又兑二元，小洋二十角又七十文。老鸭一支小洋七角，栗八斤半小洋五角贴廿五文。……十五日，接翰香复信。……十八日，余始检书。二十日，以生字、丽字两号书箱寄存芃楼。……十一日以后，芃晒书约四五日，连检整十余日。

---

① 朱侍郎指朱祖谋。
② 颂指孙诒让（仲容），详指殷叔详，珠指殷珠浦。
③ 指章炳麟《訄书》，有摘记。"十六日手摘其要，八月七日摘竟。"

丙午日记①
（光绪三十二年，公元 1906 年）

二月初一日（2 月 23 日），奉李传孔谕：委编《学务杂志》。初二日，作禀请指派专胥三名或二名。初三日送孔处。初四日，孔派袁宝常、张衍绪二人。初五日，袁来见。初四，送禀连处。初五，李传连谕：令拟《凡例》。初六日，于处面连、孔请示。连言："何妨开展办之。"初九日，发交指派二胥《凡例》稿令缮，张来见，言袁回去须半月后方来后袁于三月初六始回此。十二日，张缮呈二份，即一送孔一送连。同日另送院一份，段缮。十四日，于处晤孔请示，答俟院批。十五日，连批："请派胥，禀回。"十六日，夜，宋号房送来孔饬送《直隶教育杂志》首册。十七日，于处面桌，请《凡例》示，答俟院批。传院谕："月出二册。"十九日，李传孔谕：院不批。余即托李先代达所改拟之《凡例》及《办法》。廿三日午下，连来，孔告以院言："《凡例》不行，不批。"廿四日，会所，院面谕："照直办。"廿六日，至孔寓辞总编辑之名职，荐吴、贾、王、吴②分任，吴敬为管理；孔意允敬而不可贾。语未了，王二梅、刘玉峰来共谈。廿七日，连来，复在连、孔前荐吴。十一日至孔寓，陈袁、张不相宜，请改派岳顺及段，孔面允派岳而再商段。十四日，于处遇孔，请示岳事。孔言：本早下条云云，随荐詹馥代岳，孔允酌补。旋据张号房及詹二人来谢，言孔已面允补岳缺。十八日，储升言："刘玉峰不允詹补，桌台又调岳去写字。"后詹得为阅报分所司事。十三日午下，候阊不晤。十五日，候沛于桌署，又候王振尧于师范堂，均不晤。十六日，阊、振同来，亦不晤。二十日，阊来，李遣储升来寓知照，即至处延谈，示以《凡例》稿。廿三日午前，候贾于其寓，晤，索查四处稿阅一过。

二月中旬，阅报室正午前后皆不开。十九日午下，上台遇洪绰三，均以不得其门而入为恨，洪亦曾来六七回不得入云。是日洪谈游太山事。少顷玉峰来，亦无语。二十日，李舒带赵③上，始得入阅，闻将以该室处赵云。

昭④于正月廿四日往参观女校，于二月十八日往李寓谢介绍，并往

---

① 原件为花笺纸，一页，单面写，末有"六斋居士"印章。
② 上四人指吴阊、贾沛、王振尧、吴敬。
③ 赵指赵亦堂。
④ 昭指女儿宋昭（佩瑶）。

刘寓候金女士晤谈。问李借《五十名人手札》即《和松庵存札》。十九日午下，李送来寓，二十日展阅，廿一日午前送还。是日午下李夫人来寓。是日为学院老太太之生日也。始脱裘服棉衣，论天气，二月半即可脱矣。廿四日午下，刘夫人来寓。廿五日，内回候李、刘，晤①，并候晤高；李不晤刘。是夕，李请内、昭看戏，两女仆皆随往。廿六日，始换棉鞋袜。

连，二月十五日生日，是日往贺不见。天有微雨，二月只此一日有微雨。三月全月惟十五日小霄杂小雨，亦不过少顷。廿一日夜、廿三、廿七日两午前皆有小雨或微雨。廿九日午后雨稍大，始雷电。

贾、王、吴并及蒋②，连言"贾不愿"，又言"王必不愿"云。管理员亦提及，但因敬在坐，未指出敬。是日同在坐者有李、洪、潘、吴敬、曹、周龙六人③，在台上坐谈。是日连未来时，已至敬室告荐敬之事。高、邱在坐闻之。敬言：孔已于今日知照他。廿九日，李持孔派名单与余阅，余即取笔自改"编纂"为"文牍、采辑"。少顷连来，余在连、孔前力辞编纂，愿任文牍、采辑，连、孔未有断语。余复为詹馥求孔派事，孔面允。三十日午下，吴闿来，谈大忤。在李室，李闻之，举吴、贾、王、吴分任，不立总事，即于今午下告闿而大忤。廿六日已告仲山，后又与舒、仲山、敬、伯④四人畅论之，又曾与张松坪说。

陈守愚廿七日来，廿八日为介于贾至同升店回候之，与谈甚久。廿九日午下，守又来。三十日午下，守又来。沈小沂续来，与守晤，共谈，始闻君遂为德律风总办，及伯莼为金陵学务处参议，季廉为江西铁路驻沪总办之事。带来子言一书。沂去，守在余室，闻余与闿争声，但未告以详情。

三月初一日（3月25日），午下至同兴店回候小沂，不晤留片。初二日，午前往候守，晤。知沂移寓此而未接昨片，并知沂家属四人皆留学日本。是日接介石复书。初四日，午前候守、沂，同谈甚久。贾沛约初五午下访守，字知李。守于四月十一日南回。孔于三月廿五日在处当连面询我以守，廿八日至孔寓畅答守事，四月十五日在李房又对孔说守之不胜任。二月下旬始闻李传孔谕：稍复会阅公文制。而刘玉峰亦提及阅

---

① 内指妻子孙季穆，李指李伯超夫人，刘指刘玉峰夫人金女士。
② 指贾沛、王振尧、吴闿、蒋楷。
③ 指李伯超、洪绰三、吴敬、周仲龙，潘、曹未详。
④ 舒指周舒荄，敬指吴敬，伯指李伯超。

报室不开事，云闻阊说，自后报室遂开。连言局水恶，命换，孔乃命换。廿七日，孔复于连前命换水。三月初三、初四两日午下，连皆来，皆命换水。初四日，卞①始销假到局。初五日午下至北极庙。初二至初五五日演剧，游人甚多。储升二月廿九夜因父忧去，三月初二日午下回来，中间由其雇杜升代。初五日午下，孔遣人邀至寓，再提编纂事，不得已，允试办。又嘱代作序，亦允之。王二梅、赵亦堂亦闻之。是日发《复介石信》及改翰香五联信及昭致莲第二信并知莲欲寄挽崑事②。初六日午下，敬告：孔已知彼商办法，余一味允之，伯同听见。初六午下始晤王振尧于伯室，共谈少顷，询知直隶去年官私留日学生共有七百余人，而官费有三百人之谱。沈幼沂说：江西去年官私东渡生尚只六七十人，而官生不过十人云。三月初六日始换穿夹袍。

四月十一日（5月4日），伏承提刑使者连公招同李伯超太守等十余人泛舟游历下亭，时学务处长前荆襄督学阜孔公亦同游，敬赋拙诗四章③，均步杜少陵《陪李北海宴历下亭》原韵，恭求两公钧海。学务处议员宋衡谨呈。其日同游有李伯超、赵易堂、王镕才、吴仲山、王二梅、周仲龙、梁芷园、张松坪等。《湖船联》即于其日午下封送臬署，甫送去而连公来，即于历下亭当面禀明，又面呈《惠兴节略》④一份。

十二日作此诗⑤，十三日庄缮毕待呈。是日立夏，昭于午下往朱、周两寓，带付周媳京叁仟文。是日午前周借去库平拾两，昭带送《惠兴事略》一份与朱媳。是日为礼拜日。守愚初八事定，初九将搬入本处，而得家中母病信，遂于十一早动身回杭云。

十三日（5月6日）⑥，昭往朱寓、周寓，朱媳、周媳皆于是月初来过也。三月十二日，昭侍母泛舟，游湖半日。十三日晚，请李氏一母三女及刘氏夫人至闻善茶园看戏，刘于薄暮来寓，并请其妾不到，其二幼女亦后始至坐。三月廿八日，呈代作《序文》⑦于孔。十六日，上《公

① 指卞锴孙。
② 录自《陪连、孔二公游历下亭，用杜少陵陪李北海原韵》稿上下文。
③ 指《呈连提刑》（1906年4月21日）、《陪连、孔二公游历下亭用杜少陵陪李北海原韵》（1906年5月5日）。
④ 《节略》及《事略》均指满人惠兴女士创办惠兴女子学校（在今杭州惠兴路）及以后被迫吞金自杀的过程纪要。贵林时任该校总理。
⑤ 即指上文"拙诗四章"。
⑥ 原件接前丙午二月、三月日记。
⑦ 参见本书卷五《代拟〈学务杂志〉序》。

园禀》① 于院。廿七日，见连三月三日律诗。三十日，写就和作②，四月二日面呈，孔同见之。四月初八日，连命作《湖船联》，作就四对并二额语于十一日封呈。是日，连招同游历下亭孔亦同往，面呈《惠氏节略》，步韵作四首五古于十六日面呈连、孔二人。连言《惠氏节略》失落，询尚有否？乃于十八日至署面呈拟送八旗学堂之一份前由昭带送朱女校长一份矣。即请连阅后发交。是日同见十六人。是日上院，以太晚，不能上手本。顺拜方会办③，不晤。《湖船联》已于十六日面询，连云："都甚好！"

《杂志》事，四月十五日孔在李提调房说及尚办不起，余答以不知，时赵亦堂、王二梅亦在坐。十七日午前，给师范凭照事甫毕，孔请至其寓，改三月初五之谕，命余独办，余诺之，但以多派书手为请，且请会商连公，明下手谕，指定月日，如何开始，以便遵办。孔诺。余又荐仲山同办，孔答语含糊。二十日，研究会期也，王贡南晤。询杂志事，余以未接到采辑员料件告之。王云：须自声明延搁非由我也。是日王问及《诗界八贤歌》④，又说及同治五六年间黄崖张积中冤案⑤，李提调亦于十六日问及饮冰子之《评诗》。廿一日，连、孔得提学信，午后往孔寓贺。廿二日午前往连署贺，均不晤。是日见提学全单，顺路候竹仙，晤谈，竹甚不满孔，云为山东学界阻力。又顺拜陈公穆、王亚东、蒋则先，均不晤。此纸记事止于四月廿二日，以是为学务处一大界限也。

四月廿二日以前，惟十三日午后有数点微雨，十六日午后有一阵小雨，十八日午下有小雨，其夜雨颇有声。

四月初旬，发石字⑥第三号信寄京复其三月廿五到之复信也。接到仲

---

① 指本书卷五《采西制办公园议》。

② 见《和提刑连公三月三日登阁公祠后楼望湖即景》（1906 年 3 月 27 日）。

③ 指方燕年。

④ 《诗界八贤歌》及以下《评诗》均指梁启超《广诗中八贤歌》，首蒋智由（原咏夏曾佑）、次宋恕、次章炳麟、次陈三立、次严复、次曾广钧、次丁惠康、次吴保初。见《饮冰室文集》卷 78。

⑤ 张积中于道光年间拜周太谷为师，传太谷学派，合儒释道三家为一，被清吏斥为"妖教"，太谷死于狱中。咸丰六年，张迁居于济南附近黄崖山中，讲学授徒。时山中逃兵祸群众达八千家，张命弟子筑寨购械以防溃兵骚扰；并命入山者以其财物半数归公，在外地设商号，以所赚归山寨。清吏以为图谋不轨，山东巡抚阎敬铭竟派万余大军围攻。同治五年，山寨攻破，部众全部死难。

⑥ "石字"信专指寄陈介石的书信。

玛来复三月初寄去信一封。十七日，发安字第四号信寄瑞三月寄去第三号，现尚未得覆。又发内人寄《挽崑女联》①，托贵转。又发《致冰阳信》。四月廿二午下，内、昭均出门，详于后幅。

附：另纸日记②

三月初六日（3月30日），袁宝常始回来，二月初九日去也。三月初五日，寄介石及翰香改五联信，昭寄莲弟二信。孔乞我作序，我荐沈。我由西城至北阁。初六日，始穿夹袍，字告沈，嘱见孔。沈口复"明日"。初七日，沈见孔，候我，不晤出，由东至北极阁也。初八日，芃寄虚字书到。是日研究期，守来，在外听。候沈晤谈，并晤守，守送至我寓门口，与直谈，谢绝不能为先容云。初九日，见学台，二梅、竹仙同见，蒋母讣到。初十日，寄仲玛信，回候赵于其寓，至东门外花园。守告绝信来。十一日，连命上《公园条陈》。午下，晤孔并连，闻连作诗代玉峰云。梁来，十二日午下，内、昭带一男仆、两女仆游湖。十三日午下，游南圩外，遇守。夜，内、昭请李、刘看戏——北阁初二、三、四、五、六五日戏。午下，连来处，并往历亭，不晤。十三日，清明，游南门外，入慈云禅院，晤梁于舒。玉峰罢，孔同听见。

丁未日记③
（光绪三十三年，公元 1907 年）

三月初九日（4月21日），午前进城，是日礼拜。初十日，上院，是日午、十一日午下，两谒学台均不见，然舒荄于十一往得见；十三日午前始见于公所。十一日，拜王亚东、吴辟疆，均不晤。拜叶，晤，即来回拜。初十日，候吴护学，不晤；候伯超，晤。十四日，午前取行李于西悦来。青岛初十发，十二晚到济南。仲威知照具领补领公所腊、正、二、三月薪三月廿五日收到执照，照上注廿六日——次日。四月初一日往官银号取英洋讫。

四月初四日（5月15日），上院。初五日，历下亭公宴学台。初七日，交幼沂《序文》④。初九日，始有公事来，请盖图章。十八日，舒

---

① 崑女疑为惠兴女士别称，贵指贵林，冰阳未详。
② "后幅"未见。本件录自《采西制办公园议》草稿末尾。
③ 以下除个别注明者外，均从济南杂记本中整理出来。
④ 见本书卷五《沈编〈日本地方自治制度述略〉序》。

荄奉批加薪。五月初九日上院。四月廿四日阅毕《水浒》译本上册，廿五日接阅下册，五月二十日下册阅毕。三十日午前，曾东公交来试卷，即日阅竟，于五月初一午前送交王贡南转呈。计学监养成所毕业学员试卷正副各九本，取优等四名：卢秉厚、张子敏、王维言、张杰；师范传习所毕业生试卷正副各十本，取优等三名：张荣绅、孙寿祺、赵鋆。

五月初三日（6月13日），高等学堂监试，晤陈、宋两监督、董韵笙庶务长、格致教习王泽甫山东人、化学教习张肇端山东人、监学陈实甫皖人、检察岳检翁山西人。午席宋、王、张、岳四人陪。是日闻王言，该学堂有一望远镜值三千余元。张言理化仪器尚不及西士所开广文学堂之多。广文现开于潍县，昔开于登州，称文会馆，张、王皆出此学堂。宋言大明湖近百年内三分少一，近十年内又四分少一，将来必无此湖矣。

六月初一日（7月10日），始阅《记新林》。初二，午下八旗会馆见演圣公。初七日，开复赵启霖。十四日，鹿传霖协办，张之洞补大学士。十七日，朱学台充补大学堂总监督。十八日，罗正钧着以道员用、署理山东提学使。十九薄暮始卧床。二十日夜出外大便，腹泄，冒雨回室，后甚难过……①自十九日晚饭停起至廿三日晚始食，药用利大便之丸。廿三日请假五日。廿七日始出回候赓虞、拙轩，登楼阅报。廿七日，莲帅生日。廿九日午，朱学台手书请代作《江氏御书教忠励节额赞》及《冯母大兴冯恕母俞太恭人七十寿诗》②，即日作就。三十日送去。

七月初四日（8月12日），岑西林开缺，补张人骏。初八日，付云南赈捐英二元。

八月初六日（9月13日），莲帅起节。初五日，公饯抚台，题壁堂晤陈庆和。初七日，吴帅接印。张之洞此次入京八月初向陆军统制张彪取银六十万两，官钱局总办高松如取银一百万两，尚短二三十万两。赵次帅③去奉时，财政局交代余存六百七十余万。廿一日，早起闷倒得病。廿二日，抚台传见，午下四点钟强去。廿三日，向学台请假。

九月初一日（10月7日）夜，添差院札到④。初二日，向院上请假。廿九日，始洗面、洗足，始去席。初七日，始用醋洗足。初九日，始安排暖帽，藏凉帽，始用厚棉被。初八日早，始捕蝨。初十日夜，阿

---

① 删病况共八十字。

② 赞及寿诗均未见。

③ 赵次帅指赵尔巽。

④ 指兼任代办编译局坐办兼编审。

句到公所报眷口均已到城外。十一日，内人等进新屋。十二日，余进新屋。十三日，取悦来行李来。十四日，糊间。十五日，上院手板，不得上，至方①馆太早。十六日，上院上手板而不得见，至方馆得见。到编译局拜局内局外同人。十八日，午后候晤赵宗抃，又到新公所一览，是日迁公所也。二十日，又请病假一天，打发潘棍，留阿句，又雇定刘玉。廿一日，就日本医士诊治。午下遣阿句押潘棍行李至悦来，令附廿二早车至青岛，一路回瑞去。廿二日，伤风牙痛，次日渐痊。是月半始服补丸。廿五日夜，女得捕大蟊吉梦。廿六日夜内得送碗及称部郎吉梦。廿九日夜，女又得外姑谓菩萨灵座甚安吉梦。是旬，林妈亦得芫屋起火光吉梦。

十月初二日（11月7日），安菩萨灵座及祖先灵座。初三日夜内又得清矣不须更通大便吉梦，女又得迁大屋吉梦。初四日夜女又得杨帅调用及阿句眷出吉梦。初六日，二次就日医诊。十四日夜女又得罗回信及人呼刘定吉梦。是日送禀新学②未得上。晚牌卜得谈甚吉。廿三日，买广济公司电气箱。是夜女又得捕狡蟊吉梦。廿四日，三次就日医试电气箱，以此箱不良，即日又托其向日本买一良的。廿五日，电箱坏，送店修，廿六日午下修毕送来，廿七日夜自得机转车吉梦。之洞入都，李少东送一百十二万，张彪一百二十万，官钱局总高松如一百万，牙厘局总齐耀三四十万，纺纱局总韦新之四十万，膏捐大臣柯二十万，奏补巡警道冯启钧数甚巨，未查确，闻交代亏一千六百万云。③ 初五日，文乾来拜。初七日下半日罗学台进署。初八日上半日向罗学台请病假。初九日午时罗接印。是日始围棋。十二日，罗传见公所员司，上第一禀④。十四、十五日均送不上。十六日午后下嘱送去，遂由刘玉送收，然日子仍"十四"二字不改。十七日，刘玉说贡南被撤，又说陈宪镕被控。十五日，黄蕴谷来传沈幼沂嘱。廿八日上第二禀。

十一月初三日（12月7日），上第三禀。初五日，札裁编译局，辰封夜到。初八日，上第四禀。十三日，上第五禀。二十七日，禀知销编译局差。廿八日，上第六禀⑤。十一月二十八日，恺、忱合信报倒骗函到。廿八日夜，女得增祺升允梦。十一月初一日夜，内得拾二针吉梦，女得侍郎保荐余吉梦。初二日夜，余得芫致"迟来汝寠"四字信于上海

① 方指方燕年。
② "新学"指新学台罗正钧。
③ 杂记多事后补记，故多倒叙，为使眉目清楚，此处改为注文。
④ 实即本书卷五《第二次辞差呈禀》（对罗为第一禀）。
⑤ 第二至第六禀均未见。

寓所梦。初五日夜，女得送外姑寿幛梦。先数日，女又有拒寿屋木料吉梦，又有自书小姑贺仪吉梦。初八日夜，女又得百花齐发吉梦。初九日夜，女又得棋子落去将失而仍拾得及见余洗足吉梦。廿二日夜，女又得打蛇死吉梦。是日初见罗学台。

第六禀批稿，十二月初二日（1908年1月5日）马录来阅，初七日夜奉到。初六日夜，林妈得二行老①盛粪及抱小儿吉梦。初十日取来日本电气箱。十八、十九、二十、廿一日，停四日使用。廿七、廿八、廿九日，停三日过年。十二月廿三日夜，女又得弟已六岁。为妾所生、妾氏非张即郑吉梦。

附：另处日记一②

三月初九（4月21日），上半日进城，借杜升京一千文暂用，于十四日晚交荣玉还他。初九日礼拜。初十日上院。初十、十一日，两候学使均不见初十日午时，十一日午后，然十一日舒往得见，十三日上半日在公所初见。十一日，候王亚东及李监督，均不晤。候吴闿生于院上，亦不晤，惟晤叶观察及幼沂。叶即日来回拜，幼沂十三便衣来。十二上半日，带潘往西悦来，问行李未到。下半日买凉帽缨一副，京八百文；又仆人凉帽连缨一顶，京五百文，以本日咸换戴，明日必须用也。十三下半日，遣潘至西悦来再问行李，则于十二日晚到矣；青岛单注初十发。十四上半日，遣潘往取行李，付西悦来英三元又小六角正，小车京三百八十文。是日安顿行李，挂帐子。此番出门事始完毕。下半日发济字一号安信于瑞，双挂号。初十日，候吴护学销假，不晤。十二日，李公祠公请知单不曾送来，余遂不到。李伯超公馆亦初十往晤。十四以前用铜元京六千文，又付院号房票京二千文。十三日早，有微雨。午即晴。廿一日夜，雷电大雨。廿二日，雷电大雨。廿六日夜，雷电。廿七日，仲威知照具领，即日送去。廿八日，交李谷似洋三元。

四月朔日（5月12日），午下收三月廿六日所发库平四百两执照，于初二日午前往官银号换取英洋伍百八十元又京一千二百八十四文，每英一元作济平七钱，本日钱价每济平一两，京三千二百一十文。初九日，朱始不至会阅公事房，而来时径入自坐之房。有公文两件送来盖图

章。十四日，送来三件。

附：另处日记二①

四月廿六日（6月6日），杜升决裂。廿八日，付帚一把，大十文。贡院南有一屋，内院朝南四间，朝东两所各二间，外院两所各二间，厨房一间，共十三间。内院有二株海棠，东西交荫，甚高大；有井，其水可饮云。

五月廿二日（7月2日），上半日往阅，租讨月京五十千。廿七日，佩卿请酒，心领谢。同日，仲龙自京回到。解伯光自直隶回后来候。

六月初二日（7月11日），洗砚。初五日，候佩卿，手赠《别求是诗》。初七日，学台接印。三十日，历下亭公请朱、方两学台②。

七月初二日（8月10日），禀见朱、方两学台。初四日，方学台接印。初五日午前，方学台初到公所。十七日，至朱公馆送行。十八日，朱学台动身。

八月廿四日（10月1日），换暖帽。

九月初八日（10月14日），吴太夫人奠期。

十月初三日（11月8日），李太太来拜。初四日，内人回拜。十三日，刘太太来。十九日，昭女往刘宅、李宅，在刘宅午食。十七日，王贡南禀知奉提学面谕销差。警局人来开丁口：年四十一③，一妻、一女、二男仆、一女仆、一婢女，共七人。廿三日，吴中丞④生辰。

十一月十四日（12月18日），吴中丞回省。十五日，荫侍郎⑤到济。廿二日，初见罗学台，呈销折两分，局存器、书折各一分，共四扣于学台。廿四日，交余存款目于张芝云。廿六日，点交局器、局书。吴中丞迁入抚署。二十八日，朱太夫人贺氏八十生日。三十日始，书间

---

① 录自《杂记》另处。

② 《杂记》中记该日"公宴朱方两学台"账单如下："共六十一份，月薪三十两以上者每份派京六千〇廿二文，以下者派三千〇十文。鱼翅全席二桌京八十千文，鱼翅便饭六桌一百三十二千文，海参两大件二桌十二千文，点心四十五分九千文，大啤酒半打四千文，绍酒二坛八千四百文，烧酒二斤六百四十文，船四只十千文，照像二分八千文，镜框二分二千一百文，两学台轿饭钱各八千八百文，赁历下亭座钱十千文，行人茶炉饭六千文，家人饭钱九千六百文，号勇护勇饭钱八百文，茶叶一斤九百六十文，烛二斤四百八十文，牙签纸片等项六百十八文，官盒手本等项五百四十四文，赁彩绸钱四百文，计共用京三百一十三千一百五十二文。"

③ 该年宋恕实为四十六岁。

④ 吴中丞指吴廷斌。

⑤ 荫侍郎指陆军部右侍郎荫昌。

无盖之砚水，早起久冻。

十二月初一日（1908 年 1 月 4 日）始日常穿皮袍。初三日，女买皮背心，句手。初九日，刘太太请内人及女看戏五里沟咏仙茶园。十九日薄暮，阿六打马玥。二十夜，与昭女共说明积善坊及济南之行两边误会误记缘由①，及现因身弱未可纳妾缘由。十九日夜至二十三日夜，专排明年事务，如置田、嫁女、就医、游学诸件，皆详切商量，大略已定。廿一夜，内人中冷痧。廿七日午前，沈幼沂来，晤谈少顷。是日午后剃发过年，将四十日矣。廿六日，买油、肉等过年物。廿七日，熬冻。廿八日，洗足过年。进此屋后只九月中旬曾洗一次。

附：函电收发②

二月廿六日（1907 年 4 月 8 日），发安电一件，由沪至瑞，廿七日接到。计十九字费二元七角一分七。

三月初十日（4 月 22 日），发安电一件，由济至瑞，十一日接到，六十九字，费三元三角四分四。十四日，发济字第一号，双挂号，廿八日到。十九日，发济字二号，四月初九日到。廿七日，济字三号，双，速来，四月初九日到。

四月初二日（5 月 13 日），济字四号，双，《俞挽》附，廿一日到。初三日，济字五号，《汤母挽》③ 附，廿一日到。十四日，济字六号，五月初一日到。十八日，济字七号，复未能往东国，五月初一日到。廿二日，是日日曜日也，济字八号，双，重价六分，改约八九月；五月初一日到。此号寄廿一日杨中樾经手所发之五百元汇票十张。初二日，介字一号，双，《冶挽》托寄，补录去年赠诗④，十七日到。初七日，收瑞来信一件，三月廿三日发，报收两电。初七日，收瑞来信一件，双，本月初九发，复济二、济三号。廿七日，济字九号，印《留别求是诸生诗》⑤ 三百部，五月十三日前到。廿九日，收瑞来信一件，双，复济四、五号，本月廿一发。

五月初七日（6 月 17 日），济字十号，缓宣布潘不适用。初十日，济字十一号，报初九日抚院“优级国文”⑥ 谕已到。十二日，收瑞来信

---

① 当时妻女留在杭州积善坊巷，误会情况未详。
② 录自《杂记》，稍加整理。
③ 挽汤寿潜太夫人联语，未见。
④ 指《送陈介石户部赴调岭南》。
⑤ 此为该诗第二次印刷。
⑥ 未详，疑为优级国文学堂事。

一件，本月初一发，复济六、七、八号。十二日，济字十二号，报买开水，夜登台，服鸡卵，已到。十四日，收介石来信一封，本月初四发，覆托寄《冶挽》。十六日，济字十三号，总述公所闷处原因及登台夜坐之快，已到。十七日，介字二号，拟寄《卑议》①，询徐、孙、章②住址。廿一日，送贾佩卿信一封，赠《卑议》。廿三日，收瑞来信一件，本月十三发，复济九号。廿三日，济字十四号，嘱带《卑议》，七月廿日，八月初恐太热，嘱改八月半后，附致芄，已到。

六月初一日（7月10日），寄翰香信一封，已到。初五日，寄楚卿信一封③，双，附《哀陈子修于勤诗》④，登六月廿一日《时报》。初九日到。初八日，寄载甫信一封，已到。初九日，收瑞来信一封，五月廿九日发，复济十一、十二、十三号。十一日，济字十五号，双，重六分，查济十号，带蓝格《日语录》⑤，廿七日到。此号寄初十日杨中樾经手所发之五百元汇票十张。十八日，收载甫回信一封，本月十二发。二十日，收翰香回信一封，本月十五发，甚长。十六日，济字十六号，双，附致芄，劝常服⑥。廿五日，收瑞来信一件，本月十七日发，复济十三、十四号。廿五日，收陈子言回信一封，本月二十发，附致幼沂函托转。十五日，送沈幼沂信一封，托买书。

七月初三日（8月11日），济字十七号，双，寄《仲颂寿诗》⑦，另信四页，致芄另一页，十五日到。初四日，送沈幼沂信一封，托买书，附交子言信⑧。初六日，收瑞来信一件，六月廿六日发，芄信也。初七日，济字十八号，豫备万一办法，及宣布荣短，一大张，又八行一张。初九日，寄子言信⑨，附《哀胡普芳》三绝句，又《送介》、《怀金》、《明湖》共四绝⑩。诗登廿一日《时报》。十一日，送沈幼沂信一封，托带与蒋信。附托《致观云信》⑪二纸，注初十日。十四日，寄徐班侯信⑫一封，

---

① 指寄《六斋卑议》给岑春煊。
② 指徐定超、孙宝瑄和章樑。
③ 见本书卷七《致狄楚卿书》。
④ 见前注。
⑤ 现存宋恕《日语录》笔记有数本，但未见蓝格的。
⑥ 孙诒械日本归来后穿西服，去辫子。
⑦ 见《籀顾居士行年六十生日寿诗序》。
⑧ 见本书卷七《致沈幼沂书》（1907年8月12日）。
⑨ 见本书卷七《致陈子言书》（1907年8月16日）
⑩ 均见前注。
⑪ 见本书卷七《致蒋观云书》（1907年8月18日）。
⑫ 见本书卷七《致徐班侯书》（1907年8月18日）。

双。十四日，送沈幼沂信①一封，送路菜。十五日，送沈幼沂信②一封，谢挡驾，赠《求是》。廿一日，寄吴君遂信一件，附诗③，双，到。廿二日，收介石复信一封，本月初十日发。廿二日，收瑞来信一件，报收济十五、十六号，本月十一日发。廿二日，济字十九号。廿五日，济字念号，附致芃信三页，指领恺处。

八月初二日（9月9日），寄季芃信一封，双，作为济廿一号，报局变④事。十三日到。七月十七日封，初三日托幼沂带，寄子言一封，内附致伯严信一封⑤。初二日午下二点发电一件，有济至瑞，计十九字，费三元三角四分四："我将归。"初三日晚七点，接瑞电一件："准八月半动身。"初四日午下四点，又接瑞回电一件："电悉，因何事归？电覆。"初四日午前九点发回电一件，由济至瑞，计十九字，费三元三角四分四："局变莫动，覆。"初八日，收吴君遂来信一封，天津初四发。初八日，收翰香来信两封，皆关孙案；数日后又收一封，皆述讼事⑥。初九日，收瑞来信一件，报收济十七、十八号，七月廿五发。十八日，收瑞来信一件，报收济十九、二十两号信及本月初二、初四两往电，八月初六日发。十三日午前十点，发电一件，由济到瑞，十四日晨到，计十七字，费英三元二分二，"姊速来"。十八日午下二点发电一件，由济至瑞，计廿一字，费英三元七角三分六："姊速来，速速电复！"十九日，午下七点接瑞回电一件："准八月廿二日动身，复！"十九日，寄翰香信一件。廿三日，收瑞来信一件，报收济廿一信及十三往电；本月十四发。

九月初二日（10月8日），寄内人信一件，寄青岛，初九日夜到。又复拙轩信一件，来信荐其犹子也。初五日，午下四五点时收上海来电

---

① 见本书卷七《又致沈书》（1907 年 8 月 22 日）。
② 见本书卷七《又致沈书》（1907 年 8 月 23 日）。
③ 信见本书卷七《致吴君遂书》，诗见《寄怀吴君遂》。
④ 指山东巡抚杨士骧升署直隶总督离开山东事。
⑤ 见本书卷七《又致沈书》（1907 年 8 月 23 日）、《致陈伯严书》、《致陈子言书》。
⑥ 孙案指孙诒让支持陈梦熊《新山歌》案受到牵连。陶成章在《浙案纪略·新山歌案》云："平湖敖嘉熊（字梦姜）尝游历温州，闻乐清陈梦熊（字乃新）名，因往谒焉，嘉熊旋嘉兴后，创立一温台处会馆，以谋安居客籍民之不相能者，招梦熊及冯豹前往襄理。乙巳（1905年），梦熊旋里，与其友胡铸因等倡立一女学校，名曰明强，梦熊为监督。乐清知县何士循……心甚恨之。本地劣绅胡倬章比窥悉何令意旨，指梦熊为哥老会匪，……在明强女学校演说革命，以新山歌为证。……何令具禀控之温州知府锡纶……潘司宝芬欲刑讯梦熊，且因之以兴大狱，巡抚张曾敭不可。……温州著绅孙诒让等为梦熊力保……张抚因垄胡倬章以诬告之罪，革去职员，何令亦撤任，此案遂结。"时在丁未年，孙诒让因黄绍箕、张之洞的关系得以免祸。

一件，报乘船："今晚乘德筏船行，昭。"初八日，寄内人信一件，寄青岛。初九日，午下收青岛来电一件，"已到悦来，昭。"初九日，收翰香回信一件；寄内人信一件，申前二信意，报得电，寄青岛。初三日，答方学台信①一件，答八月廿五日来信。九月十三日，女书发，寄瑞平字一号信。九月十七日，复赵德卿信一封，来信系九月十六日午后。九月十九日，送贾佩卿信②一封，附《送别诗》一首；即日得复。内子带到石芝信③一封。十五日，收子言信④一件，告将往天津。十六日，收翰香信一封，附其夫人《讣文》；送伯超信两件：十一日，取木器；十五日，拟分屋。十三日，送柱臣信一件，亦询木器；十四日得复。十八九日，送柱臣信一件；又送少云、拙轩信一件，均托荐仆事。二十日，柱臣复交刘玉自带来。廿一日，送仲龙信一件，询木器。廿二日，送舒荄信一件，交吴宅奠礼京四千也。

十月初三日（11月8日）午前送方学台信⑤一件。初九日，午后又送方学台信一件。初三日书，初四日交局，寄孙宅平二号信共四张：荣，句补寿年月日事均及。初七日，复翰香信一件，报中风，吊鼓盆。十二日，送孔、傅信一件，送傅行恕到。是日公宴演圣公。十三日，送李伯超信一件，报辞差，送行恕到。十三日，收沈幼沂信一件。是日常五来，报裁局⑥消息。十五日，送卞铁生信一件，谢前问病，告有禀⑦，乞收转。十六日，收瑞来信两封，一恺一芃，均本月初四日发，报蔚文故，九月二十日也。十六日，送柱臣信一件，询上禀情形，取得回信。十七日，送复解伯光、高仲威信一件，复报销事。十七日，寄孙宅平三号信，专托恺以蔚处送礼事，再托芃通知句宅诸要语。十九日，送卞铁生信一件，询收禀是否本公所仍不限日？十九日，收卞铁生回信一封，交刘玉带至，报我禀已于十六日午后面呈。廿一日，送王贡南信一件，谢前问病、问销差事。廿一日，收贡南回信一封，交刘玉带至，答销差事。廿一日，复李润之信一封，句送去；十八日李有函来。廿二日，送周仲屏信一纸，刘玉手；廿一日晚周来挡驾。廿七日，周处交来接陈载甫信一封，九月初

---

① 本书卷七有《上方学使第一笺》（1907 年 9 月 4 日）、《上方学使第二笺》（1907 年 9 月 14 日），但未见该信（1907 年 10 月 9 日）。

② 见本书卷七《致贾佩卿书》（1907 年 10 月 25 日）

③ 《宋恕师友函札》中有欧阳柱此时来信一封。

④ 《宋恕师友函札》中有陈诗此信。述及"尊什已径交伯严吏部矣"，"月内拟作津门行"。

⑤ 未见稿底。

⑥ 指裁员。下文李伯超言"裁员殆去十之八"，即此。

⑦ 指辞禀。

四日作信，报舅氏终也，十月初三日开吊。廿七日，接张蔚文《讣文》一件，本月初十日发，十月廿七日开吊，即本日。廿七日，交常五袖致赵德卿信一件，内附复禀稿，外学台原札。廿九日，接赵德卿回信一件。

十一月初一日（12月5日），致解、高二人信一封，附去更正常五十、十一两月领字一张，又十一月房租、清书、工食各一张。并询十月房、清两项可否补领？初六日，收季芄信一封，十月廿五日发，报平二、平三信皆已到。初十日，收季芄信一封，十一月初一日发，报反对拒款。是日，句宅信一封亦到。十一日，收胡家笺信一封；十四日复之，又接其复字。廿一日，收季芄信一封，十一月初八日发，选诗，代仲筠借典屋价。廿二日，午前候高仲威，不唔留片。廿三日，午下封致高信二件，托转请课长代禀辞季冬津贴。廿四日，午前又一信商将存款交彼收事；是夜接其回信云："存款未敢私相授受，余当转达。"廿四日，面交一封致张芝云信，内开交出款数，误以十月余存为冬月余存之数。封面三件亦皆同此错点。廿五日，午前又送一封，声明此误，而又误记多封入铜元一百三十文京钱之数；即日午后得其回信，询此条，以原封适合京一千〇三十文之数。廿六，午前又送一封，声明此小错；已收回片。廿四日，午下候芝云，晤谈有顷，面交局余库平银票一百六十一两，京钱票一百一十一千文，铜元五十枚，又制钱五枚，合为京钱一千〇三十文。廿六日，午下芝云来回候，挡驾。不受季冬津贴一事，已于廿四日面托芝云转禀。廿七日，午后又致张芝云一片。廿五日，午前致李乐泉信一件，订其来局点收器书；二十日，以名片差询李以十三禀批事①；廿一日，李先录稿送来；廿二日，禀见后遂拜晤李；廿四日将晚，字来询点收器书期，遂致此信，订其廿六日来收。其禀批于廿三日晚始到，而交图书课收之说则先闻之于张芝云。廿六日，午后致高仲威信又一件，述误填封面事，并及房租、工食等情。廿五日，收上海四马路惠福里国粹馆信②一件，外纸一束。廿八日，午前致李乐泉信一件，

---

① 指该年11月13日所上辞差第五禀批语事。

② 该信现存，文云："平子先生大人座右：凤闻广誉，仰止高山，下士瞻依，久铭心腑。敝同人才力浅薄，不揣愚昧。于乙巳发起国学保存会及设藏书楼，发行《国粹学报》，俛焉孜孜，于今三年，差幸成立。但际滋横流，风雨如晦，同人等皆后生小子，人微言轻，嘤嘤之鸣，听者终寡；非得二三老前辈大人君子引导扶掖，终恐未成一篑，废于半途，当为矜惜。明年正月，敝会《国粹学报》举行第三周年大祝典，欲征海内耆宿赐以赠言及生平著述，刊作纪念之册。先生硕学宏词，为学界泰斗，登高一呼，万山皆响，今谨呈短笺一纸，万望贶以嘉辞，宏其述作，无论长篇短言，诗词图绘，以备镂铜影印，增光简端；原幅并俾得装池悬之敝会藏书楼，长留纪念；若更寄以生平大著，使敝会得以刊行，藉资光宠，尤为欣幸！则国学日昌，惟大君子是赐矣！曷胜殷盼，悬企之至！嵩此肃束，敬请　大安不宣！上海国学保存会同人同顿首　干事名附正肃。"

愿赔两书，附陈拱藻结怨事；即日得回信。廿八日，收恺、忱合信一件，报倒骗；十一月十八日发。廿九日，发平四号，寄恺、忱复信一封，共二张，附一张与芄，复筠借事。廿九日，又致李乐泉信一条，告禀学台辞津贴，漏开局器——地板二间及桌一张事。三十日，致王幼杭信一条，还《最新科学读书法》一本。

十二月初三日（1908年1月4日），致高仲威信一条，告禀辞本月津贴，防冒领。初四日，致赵常五信一条，托还李润之《生理卫生教科书》。初七日，交常五《致仲威信》又一条，代询常五本月薪水。初十日，寄孙季芄平五号安信一封二张，句宅付五元，《寿序》①补年月日。十一日，致仲威信又一条，通知本月员司薪水不过手。十三日，致赵德卿信一封，刘手，告十一月廿二日见罗代乞缓索二百两事。十七日，寄孙季芄平六号安信一封，答渔洋志行出处四适四不适。②十七日，致沈幼沂信一封，刘手。十六日，沈来拜，挡驾。廿四日，致李伯超信一封，又致赵德卿一条，得回字。此行致李、沈信，均声挡年驾。廿五日，又致沈幼沂信一封，刘手，询二六新闻价，送璧《府县制释义》、《日本地方自治制度述略》共五本。廿七日，致周舒荛信一封，谢送联，报蔚文事，挡年驾。致梁赓虞、孔少云各信一片，挡年驾，均廿八日。

附：时事录要

赵启霖革职，江春霖、赵炳麟上折力争。

要政列表逐年刊布赵启霖《奏请折》

制定预算决算表赵炳麟《奏请折》

严定行政、司法区别吴钫《奏请折》

协办大学士、外务部尚书、军机大臣瞿鸿禨以恽毓鼎参，开缺回籍，并交孙家鼐、铁良查复。同被参之法部左参议余肇康革职。五月初七日

沭阳胡象九之妹嫁徐沛恩，生有子女，以好学及解足缠被翁姑以毒药逼死。五月五日《时报》

西林奏拟豫备立宪阶级，请饬议施行。折中大要：速设资政院，以都察院考核督抚；设省城谘议局以监督州县；行去年编制大臣所拟外官第一办法，痛驳经费不足、人材不足、水旱盗贼、民情不安之谬说；地

---

① 此《寿序》未见。

② 此函未见。

方设议事会。原折登五月初七日《京报》

陆军部奏陈核议官制并酌拟办法折三十三年四月二十七日

沈正卿奏陈调查日本裁判监狱情形折三十三年四月□一日

署顺天府尹孙宝琦奏请折罚枷号并除去苛刑三十二年十一月初三日交议

现审案件，平均计算收系人犯每月必在二三百名上下。丁未三月初七日大理院折中语

现宗室共八千余人。

孙仲容《学务本议》四条，又《枝议》十条。①

皖抚恩铭于临考巡警学堂时，被该堂会办、候补道徐锡麟浙山阴副贡云枪击物故。五月廿七日闻吴仲山述，廿八日登《简报》

山阴鉴湖女侠秋瑾发起女子体育会，曾有诗句云："祖国河山频入梦，中原义士孰挥戈？"又云："抟沙有愿兴亡楚，博浪无椎击暴秦。"丁未六月初六日以徐案被株连，杀于绍兴。其生平善演说，能舞剑放枪，力唱男女革命云。时山阴令李祝龂以不肯用刑讯，被知府贵②禀撤其任。

湖北人宋观察康复江苏道台报告胡仿兰惨死事于教育总会，由总会请江督查办，复由沈仲礼观察上禀请办。于是淮、徐、海留沪学界公举李壎调查得实，并得到该女士临死交轿夫带去《别兄嫂手书》一通，石印传世因欲入两江女子师范学堂被逼死。宋观察又建议请旌及各地天足会开追悼会。

之洞③专人入都见庆邸④告密，言西林招康梁来沪共谋反，并授意给事中陈庆桂严参。见《神洲日报》。之洞又参冯煦不严拿徐党。肃王⑤力阻夷徐九族之议，朝廷已允，张之洞坚请严办其亲族。之洞又参驳徐世昌官制。

---

① 原注：本议四条："一、停杂试。二、改经学教授法。三、教育官吏。四、带征学费。"枝议十条："一、小学增簿记，重手工。二、设补习学校。三、译书统一名词。四、优异下户学生之父兄。五、官、勋、儒、富商子弟不入学，重罚其父兄。六、优奖久任教之员。七、全裁教职提学田。八、设女博士、学士科名。九、教草书代简字。十、除迷信，兴科学。"（均为宋氏摘要）

② 指绍兴知府贵福。

③ 之洞，即张之洞。

④ 指庆亲王奕劻。

⑤ 指肃亲王善耆。

戊申日记①
（光绪三十四年，公元 1908 年）

正月初七（2 月 8 日），刘玉动身回东昌。正月十一日午十二点钟时，朱少奶来回拜。李、刘两夫人均于初六午下来拜年，差池不遇。昭女于十四日午下又一人坐人力洋车至刘宅，句从。十五日夜，内、女同到瑞林祥楼上看灯，二炮后回，回后下雪。林、香俱跟，句从。高仲威于十二日午下在本巷遇，延入谈少顷。十六日，李太太又来拜年。十七日，内人往回拜，句从。廿一日，李太太请母女于廿二晚闻善听戏。廿二日晚，因雪后冷，内人不往，女往；至十一点余回寓。林、香②俱跟，句从。廿二日夜，阿坤来，呼入令坐，谈少顷，并赏钱一千文。刘太太廿三夜饭后来告知：廿六日开女学。管得泉十七日午下衣冠来投片。廿三日为星期一，开首期会议，早一日送知单来，谢不到。廿六日午下，阿句押阿六回瑞，刘玉即于是日午下回到此，途遇句等于五里沟云。廿八日，周玉帅夫人讣到。廿六日，女学堂开学，内、女皆因雨不往观。廿五日，始闻阿句述阿坤告："黄仲殁于去冬十二月廿三日故。"三十日，圆通庵晤宣讲员阎某，说司报生杨廷诰皖人全不开报室事。廿九吉日，始服鱼肝油。

二月初一日（3 月 3 日），始在鞭子巷阅《时报》。定印《女学会启》③，济南日报馆账房张姓初七日午前送印就样纸来，校对一过，付带去；初十日印就送来，价共库平二两九钱七分。二月初二日始运电④，去冬十二月廿七日停起。二月初二日始围棋，缮辞禀，始脱棉滚身及棉套裤及夹袜睡。二月初八日，上抚台、学台辞禀⑤。十四日晚，学台批到。十五日晚，抚台批到。二月初六日，连方伯之父讣到；赵德卿来拜。十一日午前，沈幼沂因续得信催复前信，随即自来，并谈及其眷属亦已来此；又言《简报》登女学会事，索阅章程，遂以《会启》一张付带去。十二日午后，沈太太来访昭。十三日午后，昭往李宅送《会

---

① 据原《杂记》重行编次。
② 指林妈、来香。
③ 《女学会启》未见。
④ 指使用日本制造的电气箱治疗中风后遗症。
⑤ 该辞禀未见。

启》一张，并托致仓宅一张；又回候沈太太。未回寓时，刘太太遣车来迎，及昭回至门口告之，转往渠处晤王、周、刘及其义子之尊长二人；晚酌留饮，共六客两主；将九下钟回来。在刘处以《会启》二张赠王、周二人。是日昭在刘处晤刘厚伯。十四日午前，沈幼沂携子世庄来，谈有顷。昭始出见幼沂，并昭世庄；随往女学堂，时十二下钟也。晤刘、朱，送《会启》一张与朱，并以三张托转交衷、李、朱三教习，旋阅体操毕，与刘①同往博物院晤怀师母西人而回。十五日午前，致幼沂信，力辞拜门一事十四日面说。十六日午后，幼沂仍率子来送帖并火腿五斤余拜门，曾以院批示幼沂，随遣刘玉送还火腿。仍不收。十七上半日，自往璧帖并火腿，留午饭回。十八日，送孔公馆《会启》一张。十九日，又送傅拙轩《会启》一张。二十日，刘太太陪王太太张筠如来。廿一、二两日，大检书箱书架一过。廿一日始以《东语正规》教昭。廿六日，内人回拜沈、王两处。廿七日，寻着舜庙。廿八日，观农林。

　　三月初五日（4月5日），至工艺传习所，又从新街至广智院，见院旁有古燕刘寄庐甚高明壮丽，英领事亦在近。是日坐洋车至工艺局，系出西门，既复步行转入南门，过正觉寺、华林寺、清真寺、教养总局等处而入也。初六日，出岱安门散步。初七日，沈公馆请初八酉刻酒。初八日，内人如沈公馆赴席。初八日，内人如李公馆。初十日，李太太来回拜。初九日伤风，初十至十四日共五日不起不食，服补丸渐愈。十五日，起食。十六日，午前同阿举至西门外中和春花园看花，买海棠、牡丹各一盆来。旋至趵突泉、文昌阁上一览，又至五龙潭一览。有重修潭西精舍，极佳，今为山东医院，内有新建养病院，又有秦叔宝故宅碑；精舍极流水之胜，有水心亭，亭中有老柳。是日出城时入华林、正觉两寺一览。正觉稍胜，有老柏二株对立，殊佳；华林亦有一老柏。十八日午后，自出西门访长春观，由馥香楼粉店转向南，由东兴鸡鸭店转向西，由泰成药店又转向南，进朝东后门。其南有小槐树为记，大门则朝南不开，内有洞，云有水，少而不清，不可饮；有老柏三株，其一尤胜，又有大槐二株；现为官立初等小学堂之一。既一览，复由西门外循城北行，沿泺水出西郭门，一览郊原风景。西郭门俗名小北门，有水门出泺水，门内新造三大木桥，标曰第一、第二、第三虹桥，水极清，又多树，路亦平铺石板，洵为好地。已而，回至西门外，复循城入南门而回寓。五龙潭路以出西门向西，至泰香茶干店即折向北，便可直到，最为便捷。十九日午后，自出南门，循城向东，过三皇庙，直至东响闸，过桥上岭，由大青龙街进东门。大青龙街南接太平街，三皇庙在此街南口。进东门后，循东城根直南至关帝庙转西，由道府前直至西门内转北，由太平寺街循城过北极阁、汇波桥，由学院街司家码头斜转向西南，由曲水亭归寓。三皇庙外风景甚佳，响闸亦胜。廿一日午后，自出齐川门，北折出海晏门，循城而西，过汇波门、济安门，转南过永镇门，此门外为商埠，在泺源门西北。复南过永绥门，门外有捍石桥，在泺源门西南。由永镇至永绥，途渐狭，两旁临沟及圃，盖坝也，颇不便于散步。复由此门循城向岱安门，途渐多石粒，一旁临深沟，一旁为菜圃，尤狭，余不敢行其上，从菜圃畦土上踏过殊费力，卒因遇低处须下坡而不敢下，折回从永绥门入泺源门回寓。由永镇至永绥之菜圃较之，途甚低，如沟；由永绥至岱安之菜圃，则附于城而平于途，虽途尤狭，然有圃可退身，尚不至如彼处之险。济安门外卫闸桥颇好。廿三日午后，自往铜元局西东流水巷一阅，果然荷塘、菜圃相错如画。廿七日午后，女往李公馆，至夜十一点余回。是日午时，芙蓉街南首失火，为今年初回云。廿八日午后，自往齐川门外，东出永靖门至先农坛一阅，步至悦来公司后。此处去农林学堂约三四里，柳色殊好，询往华山若干程？云十二里，小车可到山下，回来入城不晚。此处途甚平坦，步行甚快，浅草柔沙，亦极有悦目之妙。入永靖门后，沿外城内之城侧向南行，一路断陇连冈，坟墓与乞者屋满目，亦有极狭之途，间见洋楼数处。从青龙街、三皇庙下坡沿内城外之城侧入历山门。

四月初一日（4月30日），午后自出岱安门，步往登历山，绿阴芳草，大快心目，北对华、鹊、药等山。询山轿夫以开元寺，云从此往到开元寺，转到南圩子门，约二十里，索轿钱一千六百文，以带钱不敷，未往。下历山入城，日尚甚早，日长如小年，正是游览好时节也。初三夜，内、女请女客至闻善茶园看戏，到者李氏一母三女及刘外老太。……①十一日午前，客籍学生徐仁锦，字云甫，原江苏宜兴，

---

① 删"打发刘玉"、"说定搭棚"、"付马玛拾元"等琐事91字。

寄顺天宛平人；向廷赞，字君模，湖北沔阳州人；周大绪，字孝阮，浙江会稽人，来访，谈颇久。十二日午下，袁新院①到，寓李公祠。十三日午，袁新院接印。是日大检恺来旧札，分别去留，去者烧之。十六日，吴中丞回籍。十八日，游龙洞、佛峪两寺，十九日，回。龙洞寺即寿圣院，在禹登山，今与龙祠同一地。龙祠，宋封此地龙神为顺应侯，敕牒碑尚在。《志》云：有龙潭三。寺僧定幻号明山者云：有西、北二潭，有三秀峰、独秀峰、锦屏岩、诚应岩、仙人桥、报恩塔、东西龙洞等。十八日午前八点光景动身，到龙洞约午后一点光景，路过边柳庄、姚家庄、孟家庄、龙洞庄。孟家庄东南路渐狭险，轿夫于孟家庄雇一人挑行李至龙洞寺，云有十二里，而龙洞庄去寺有四里云。在洞寺午食后，上西洞一览，过涧而登，殊不易步行。入洞，不敢深入，遽出。西洞之门向东，少入，又有窗向东，又有向西之上门。其向南之暗门即入暗之路，昔已塞，张勤果以京钱五十千雇人开之使通云。三秀亭在三秀峰间，已圮，东岩四十八丈云。僧指东岩之南端峰为双秀峰，然检《志》无之。三秀在西，独秀在北而偏西。已，复至佛峪寺，本名般若寺，隋时所创，在灵台山，今名东佛峪，尚有西佛峪也，去龙洞五里，在其东，长廊窗外，纵目极佳。有石桥、涧水，寺庭有松二株，黄杨数株，殊高，大岩覆寺，殊可爱玩。回至龙洞寺宿，寺庭有白果数株，甚古，又有高槐、高梧等，寺外以枫为最多，石壁顶天生者，柏为多。十九日回至寓，恰午十二点时。龙洞之石壁，天下奇观也。以寺中论之：佛峪有长廊，临窗俯谷，此胜为龙洞所无，龙洞无楼，极可惜！龙洞石壁上有仙人造七十余塔之传说，僧云：今尚有三十余，盖天成似塔之小宕也。有雪簑所作之《菩提传》，勒碑亦尚在庭，世以雪簑为仙云。龙洞寺只一僧、一七岁小徒、四俗工人，佛峪亦止三僧。次日，轿夫亦雇人从山上挑行李，至永靖门外乃遣去。此行去从南门出永固门，来从永靖门入东门，永固门俗名东南圩子门，永靖门俗名东圩子门，此游大快心目！佛峪寺高于龙洞寺，龙洞石壁上有二石瓮尤为古物。孟家庄至永靖门十五里，或云实有十七八里，洞寺东岩下涧亦间有小水，惜无大观，佛峪之涧水亦不大。廿一日，停生燋子，始买开水。廿四日，院上秋审。午后沈太太来，以外出挡驾；廿三、四、五日，内、女至张公祠看戏。廿七日，午前八九时间，出齐川门，东出永靖门，坐小车至华山

---

① 指新任山东巡抚袁树勋。

云十二里，经黄台石桥及新造之板桥，至黄台山下车，步行过之；复坐，直至华麓。华之东有卧牛山，华麓今离小清水口约四五里，有太山行宫、四季殿、玉皇宫、观音堂。行宫为道姑所住，余皆僧住云。《志》有金牛洞，亦曰华阳洞，未见。有井数口，未详孰为华泉？山近顶有文昌阁，未上；闻绝顶有北极庙，今圮云。大清河流经山之北，山孤峰拔起，石间翠柏森然，其麓多槐、柳、杏等树，风景殊佳。回至永靖门外下车，步回寓则午后二三时之间也。廿八日，午前得悦来公司廿六夜芄、汀合信，是夜八点余，阿句迎两君到愚。午后李夫人来。是日又上辞禀①于学使。廿九日，昭午下往趵突泉及沈公馆，交沈所书两折扇。昭未出门时，刘夫人来，昭即日往送行，不晤，晤其母。三十日，芄、汀游趵突泉。

五月初一日（5月30日），芄、芰游大明湖。初二，芄、汀游千佛山。初三日，芄、汀游农林学堂。是夜仲龙来回候芄、汀，去后，差阿坤叫阿句往，告以“断发，西装可危！”事。初四日，芄戴辫易服。是夜，芄与汀同往候龙，询明情形，始知有何姓被查及“宁海州乱”之说。初四日，禀知销差，以初三日夜接司准批也。初六日早五点，句送汀动身上火车，是日，遣孙升片请傅代管桌椅钥匙。十七日夜，伤暑；十八至廿四日共七日粒米不入口。幸天气仍凉，卧床可穿袷衣，不至热闷，惟坐即欲呕耳。廿三、四日，始稍食无油鸡蛋花汤及绿豆粉。廿五日早，始饮粥；舌黛老黄未退。是晚，始食饭。廿七日，张天布棚于北屋前以避夏日。廿八日夜，女得石室吉梦。

六月初三日（7月1日），始穿纱衣，换夏布帐，去窗旧纸而空其上半不糊，又换籐席。是日，芄游卧云洞，句跟。初四，独往五龙潭，将寻竹居所拜之石门者所阻不得入。一观天镜泉、江家池而回。舒芰于初二日午下来谈，兼晤芄，谈及劳山之佳。初六日午前，旧火药局失慎。初七日上半天，与芄步出历山门，沿濠东行，至三皇庙侧见白石泉沚新开一茶室殊清雅。复步至东响闸，由大青龙街入齐川门而归未午。初八日上半天，与芄步出泺源门，由造币局之南侧向西，度大于家桥观荷，叶甚盛而作白花，花尚少。东南行，由纸坊东口出，其地名东流水巷，在第一、第二虹桥之间，观荷胜境也。已，复入孝感寺，遇一僧导观孝感泉。又绕明湖一周，经铁祠、张祠，均入

---

① 最后一次辞禀，未见。

观池荷，皆已开，其花皆红色。张祠不及铁祠之盛，其池小于铁祠也。回至寓，则已放过午炮，钟鸣十二下矣，然未午饭。十五日上半日，出南门访黑虎泉，遇青田金姓人导观，以泉侧建屋藏军装，例禁闲人入观，而金姓为看守人，故可以导观。金年六十矣，来此已四十余年，本在张勤果所统之嵩武军中云。现此泉为洋人浴池，南有二穴，泉自喷出，其一穴又分中、左、右三穴喷出，胜境也。十六上半日，访南珍珠泉，泉在黑虎西，有四口，其一口供饮，池中苔石可数，亦有水草，上有一石几及石凳二张。又观琵琶泉，泉在珍珠东、黑虎西，有三口，其一口供饮。此诸泉之间颇多高树，不觉当暑际也。十八日午下，如汇泉寺，登其侧文昌阁观荷，不见花。又如李公祠，登潜亭，观觉沤亭侧红荷花甚盛。寺、祠皆在湖南，寺偏东而祠偏西。是日始向寺仆询得寺中尚有赏荷之亭未曾入。廿三、廿四日，伤食。不食，卧两日。廿七日午后，独往于家桥观荷，遇一荷人，言北园之荷远胜于此。今日见于桥荷花多于初八日所见。由于桥西北行，见水出城之口，折出东，向北出济安门，步至卫闸而回。廿八日午后，与芄至汇泉寺，将入亭小坐，以有宴客者租借去，不得入。遂雇一花船至北极阁，见茶客甚盛，复如历下亭登楼饮茶。有顷，复如李公祠，上潜亭坐有顷，见觉沤亭之荷花比十八日减大半矣。由鹊华桥登岸步归，芄往来皆坐小车，匀往坐、来步。廿九日早，与芄坐小车出海晏门至北绮园庄观荷，归路由永靖门入。

　　七月初一日（7月28日），下半日与芄至汇泉寺礤垣别墅上茗坐甚久。初三日午下，与芄、穆、昭带屿、香坐赵云屏花船游湖。先至李公祠停云话雨楼茗坐，观觉沤亭荷花红白相间尚盛，其周围短篱有紫薇花映荷倍佳。至铁公祠，茗坐净香堂，荷花亦尚多。至北极阁，茗坐西阁。至汇泉寺，茗坐仙舫。最后至历下亭，茗坐东楼。是日之茗以铁祠为最，北阁次之，泉寺又次之，历亭又次之，李祠最劣，既无盖碗，又非新茶。是日之船计不自添坐椅已可坐十八人，缘船中备有一榻可坐四人，四椅六凳可坐十人，两槛可坐四人，若添坐具则可坐廿八人或三十人。船中有黑油方桌一、黑油半圆桌二，榻有二红枕，窗有红、绿、花、白四色玻璃，四方、八角、圆三式窗格，极美观。十二日，始认得马跑泉，即在趵突泉后门之东者是。或云现时城内外之泉以此泉为最清洁。十四日午后，往司家码头近湖花园茗坐有顷，为新建茶亭，面南，在阁祠之东，东、南、西三面绕以蓝色木栏，上列小磁盆花，桌黑面红足，白板长凳。茶分三价：银针双窨六十文，提庄双窨八十文，龙井生叶一百廿文，皆京钱数也。余用银针来供一宜兴壶与一盏，味甚香浓。此茶亭每日连夜至子炮时止得钱京二十余千云。已而至会波楼侧观夕照，楼闭不得上，至北极阁登览，而从原东路向西南回寓。是日始于门口查得要收买旧器具人，约其八月初来。十五日午后，往李公祠观荷，觉沤亭之花比初三为少，而路侧湖中之花则比那日为多。既，复向西往南，过晏公祠。又西南过放生池，至吕祖祠而湖尽，此处纯荷，不可通舟，似莫愁湖矣。又至鹊华桥西明湖茶居茗坐。此茶室东、北两面临流水，一带秫篱，其西北湖面荷花甚盛，即贡院东也。桌凳皆旧，柱亦未加工之木料，然殊清凉萧远。北栏干外有老柳二株颇好，惜非垂者。觉沤亭六面，桥五曲，惜西面高树未足遮西照。李祠立石共四堆，一在堂前，一在堂西池中，一在觉沤亭东池中，一在堂西小亭内。其假山小而太平直，东边水门进口，其北侧即为便所，大为缺点。十七日午下，往访杜康泉，在趵突西。至五龙潭，入见冶云石，象三峰，有二孔及二凹处。回寓则芃已回。十九日早，乘马车将往泰安，行五十里至黄山店尖，饭约九点，停约两点余，复行五十里至张乡，途中感暑，是晚不食。二十日，乘月开车折回，行至黄山店约八点，停约两点余，复行至起凤桥下车回寓，时正三点，是日仍一日未食。去省城十余里即入长清县境，计一百八十里，长清居一百三四十里云。廿五日午下，与芃至曲水亭茗坐观棋。廿六日上半日，与芃至升阳观一带观荷，荷作花甚盛，过于七月半。观前亦稍有红荷花，路经放生池，上有湖山一览亭，面西，在校士馆内，不得入登。后至观音院平台上观湖荷作花亦盛，台亦面西。已，后入李祠内潜亭小坐，见觉沤亭荷花更盛。经旧肆，买得《太山道里记》一部而回，芃买得《太山志》一部。廿七日，去籐席，换纱裤，始有戴帽思想。《东语正规》教华。三十日，午下与芃至近湖花园茗谈甚久，茶甚好，又至汇泉寺之文昌阁登览，又至张祠，游人甚多。是夜，句跟芃观湖灯。

八月初一（8月27日），午下芃至趵突泉照相，余往观。照毕，与茗坐观澜亭许久。初二日，偕内、女游开元寺，三乘轿去，十点钟余动身，薄暮回寓，屿、香俱不跟，句亦不跟。坐静庐亭，临秋棠池，又坐西轩，登西楼，上清心洞，观清馨泉。卧云洞在其西南，大佛头在其东南，景殊幽远。初三日午下，买李辉南照景片——尺二的五张，八寸的三张：锦屏岩、佛峪、南天门、洗鹤湾、历下亭以上尺二，开元寺、铁公祠、孔子墓以上八寸。尺二每一千八百文，八寸每一千二百文，共十二千六百文。与芃游李祠，见荷花已疏，又至明湖居茗谈，茶亦好。初四日，午前买耀华景片——尺二的五张：抚署花园、铁祠、阁祠、历下亭、北极阁，八寸的一张：觉沤亭，价同李辉南，共十千〇二百文。午下与芃游铁祠、北极阁、张祠、曾祠、晏祠，一路荷叶贯晒甚多。初五日，午下内、女往沈、刘、李宅辞行，旋至觉沤亭，三人同照相，温太芳照。初七日，买来温太芳景片十张：趵突泉、铁祠、珍珠泉、龙洞、灵岩，均尺二；张祠、汇泉寺、白石泉、千佛山、独秀峰，均六寸。尺二每一千九百，六寸每四百文，共付十一千五百文。沈送礼来。初八，始检行李，沈夫人来送内、女行。初九日，始将银票兑取英洋，又入捐局查捐例，如知现以九厘收捐，遂定捐计。是日到师范堂候晤李伯超，并晤彭玉泉。李言裁员殆去十之八云。初十日，始将库平十两八钱由增捐贡①，又将三十二两四钱由贡捐翰林院待诏衔，共四十三两二钱。原贡例银一百廿两，原衔例银三百六十两。十一日，始检箱、夹箱。午下取来捐照三张及太芳觉沤亭同照一张。十三日，李夫人来送内、女行。十五日，午前与芃步至汇泉寺，登文昌阁，旋在寺外趁舟至张祠，转过历下亭回鹊华桥上岸，费三铜元耳。一路红蓼花甚盛，惟娘娘庙侧池中尚有红荷两朵。十七日，午前如幼沂处话别，午下与芃访伯超，不晤，复同往师范堂访晤，订芃往观古玩。是日午下先偕芃候仲龙于公所。不晤而晤于途。十八日，游药山、泺口、标山。药山离城十二里，在泺口西南二三里，有蜘蛛石、虾蟆石、阳起石，僧二人住三皇庙，正门向南，其西有延清楼，开西窗、南窗，西另有门望匡山，东侧开北门，东望华不注，东北望黄河、鹊山，东又见小清河，有九峰小九华；北望河自西南来，有仙人桥、奇石、老柏之胜，为生平所未见。泺口缘隄柳极多，直至标山，一路绿阴，始尝黄河水。标山有二：西标有玉皇殿，庙峙于山顶，如八角亭式，有一道士云：夏间凉过千佛山。标山亦有飞来桥，风景殊佳。十九日，午下偕内、女、芃游湖，茗坐小沧浪亭、北极阁，经张公祠观会波桥、会波楼，复茗坐历下亭楼，往返皆由鹊华桥。李祠紫薇尚盛，红蓼满湖作花。二十日，早，偕芃出西门，登吕祠前楼观泉，又登其东平台观南山；寻赵松雪诗碑不得，得王阳明诗碑，嵌壁上；又访白雪楼，不得登。廿一

①　以后宋衡自称"职贡生"来源于此。

日，由济南西更道本寓动身至西悦来宿，褚升送行亦留宿。廿二日，由西公司动身赴青岛。开车时约七点钟，天久明，到时天已暗，寓悦来。廿八日，由青岛动身坐德生赴上海。

九月初一（9月25日），午下约一点到怡和码头，计程四十三钟，寓泰安栈楼上廿八九号。二十日，午下动身坐丰顺赴温州。廿一日，早三点半开，午下四点半到甬。廿二日，早三点半开往温州，风颇大而尚顺，夜十点到瓯江口旗头山停。廿三日，午前十一点开进口，午下约一点半到埠。由沪至甬约十三点，由甬至温约廿一点，寓同元栈。廿六日，由同元栈坐河轮赴瑞，午前十点开行，约晚八点到，船共三只，一由虞池上岸，余与内、女三人所坐，其二由义学上岸，阿旬坐其一，马玛、来香坐其一。到时，义学适有戏。季芃一路同行，惟到郡后于廿三日先回。通共自济寓动身至虞上岸，为日三十有五，人与行李均平安，良为可喜。

十月初六日（10月30日），阿义之母来提陈宅媒事。初六日以后始有孙宅送租。闻南岸稻熟最早，本垟次之，下墩一带最晚；最早者最劣、最晚者最优云。阿喜说：孙宅每年食谷，四房约六千斤，五房约二千四百，九房约五千；张宅约四千；四房众谷约八千斤，新养贤谷约三千，本年轮九房，明年轮十房；培学堂谷约万余斤，明年轮九房。恺说：永、乐、玉皆交燥谷租。阿喜说：小麦须晒极热时入仓，槐豆须收晒凉后入仓。十四日午，飞云阁招饮，同席恺、忱、芃、葱畦、朱仲贤，主人项荫轩。十九日，出年月于陈宅，廿四日以合不对闻。十九日，七弟妇来，作寄旭初信。廿一日寄湖北。廿二日，忱叔灶上火事。廿四日，叶宅菊盛开约四十盆，甲于瑞城云。廿五日，同芃出小东门游览月井庙、隆山宫。同日，芰汀自郡回，说闻国丧报。廿八日，上半日同芃如郡城观菊，到叶宅时，王志特、冯特全两人先在；午饭后导游医院及双门底简巷即简讼坊杨园，晤杨青淡峰；回至中学堂晤次饶、乃新，夜饭后又来谈。廿九日，上半日叶叔矞同往师范校，又晤，兼晤小梅，独与芃冒雨登台。回叶宅后又来，直谈至过夜饭将十点乃去，廿七、八、九之三日适为停课期，故得畅谈。叶宅菊约四百盆、一百四十余种，杨宅菊约三百盆。陈小仙来，畅谈精菊事，亦知其余植物。大略云："今牡丹甚衰，虽河南只存二十余种，若吾温则只有两种，旧之一百余种多亡矣。"又精柑事，云："永、瑞间柑田约有四万余亩，每亩年出多则三千斤，中则二千斤左右。初种须空待三年，第四年则只出数百

斤，每亩现价约六七十千。"又云："上河乡田胜于下河乡，而近年溪上
山林利尤胜。"又盛称青田九都山之美。志特说："夏魁之母热心女
学①，永人。蔡笑秋新应章味三之招往广东任教员。女学，平最发达；
男学，乐最发达；师范校生高才生，乐最，瑞次，永又次，约得二十，
平学生以留日班为最多佳者。"三十日，同芃游九山第一寺，住持儒智
未晤，晤定西，名文固。该寺建于唐，近重建甫八年，后楼望见江心
塔，在三角门内稍北。同日游西隐寺，在九山寺北，殿后有西憩亭，殊
雅洁，客房亦好。住持庆慧，处州人，兼瑞城落马寺住持。访西隐过，
登应道观，有楼尚洁。

十一月朔日（11月24日），与公权同访晤申甫。初四日，申甫回
候。叶仲萧说："山水——胡子绥，花卉——李月溪，皆不及汪如渊
香泉。汪，处州拔贡，向居永嘉，现在外地。"初五日，交阿举带去
《叶宅赏菊寿词》②及信。同日，举调查所长。郑寿金说："平邑赋
价：银每两二千八百文下忙须加二百文，米每石四千四百文下忙不加；
每亩约完英洋二角左右；大量即对子，租称即官教，另有租对子，轻
于官教而重于大量，计大量一百十五斤当官教一百斤，而租对子一百
斤当官教九十一斤。"孟聪说："本月初六日，公权与王谷农力争瑞成
中学存停一事，甚为众论所非，以其去年从颂主停而今年忽从申力主
存也。"③

十二月初八日（12月30日），雪汀说："山货行三十余间以隆记为
最大，岁生意或至八九万；鱼行亦三十余间，以生记为最大，岁生意约
四万；钱庄以项为最大，李次之，孙又次之；闽盐由平境私入，岁约二
百万斤。"初十日，苏伯球来卿之子为陈少文来订女教员。中学存停会议
知草到。晚，阿七席上晤王竹君、王星垣。十一日，买尽黄宅田，是日
终见官契纸。袁开缺回籍④。蔡说："瑞安钱粮三万六千两额，约只收
二万四千两光景。"廿二日，当宋、黄、谢三人田，恺舅被笞。廿五日，
子林、松舫来开名字送调查所。廿六日，郑衡嗽斋，斗门头人，郑光油
相之子，同陈阿旺来赎回其丈人宋步鳌之田民数十三亩，收洋三十二
元，付还当字借票、回收付知各一纸。廿七日，介石来。廿八日，阿义

---

① 指在郡城禅街办大同女学。
② 见《叶园观菊，赠叶羲士——调寄〈满庭芳〉》（1908年11月25日）。
③ 颂指孙诒让，申指项崧（申甫）。
④ 袁指原山东巡抚袁树勋。

之母来说姻事。夜，黄旭初来，云吴钟熔——四川成都督练公所兵备处总办。

　　附：函电收发①

　　正月二十日（2月21日），致仲恺信一封，交句带，代付句七十元。二十三日，致雪汀信一封，交句带，告中风情形，托查阿来姻事。致顾柱臣信一纸，廿三薄暮句送，言廿五可到；已付刘玉工杂念伍千文，告知；询刘玉逾期未回，随得回信。二十四日，致季芃信一封，平七号；各处送礼及信共几封皆在此信内；廿六日交句带，述阿六事及句工七十元，恺若无请忧付事。二十四日，内致二姊②信一封，共三张，交句带，认错二百典价，嘱直向忧商划。廿八作，三十日交局，寄孙季芃平八号信一封，双挂号，共四页，专述阿六事，分八条：一、当主人前持械辱骂女仆，且扬言必要其命。二、扬言要莱香之命。三、小窃不满欲谋大窃，大窃谋不成变硬勒。四、又勒令阿句同去。五、吞买配③钱十之六七。六、故意浪费燃料及食品，并故意毁坏用器。七、任意嬉游。八、又外窃。又一小页代马玛求，嘱其子勿为阿六所欺。三十日，致舒荄一封；报收《致兰④信》，惜江夏。

　　二月初四日（3月6日），致沈幼沂一封，询二六新闻价，索复禀。初六日，致拙轩一封。初八日，致卞铁笙一封，述及与龙十分不合。初九日，收孙季芃征字一号信一封，瑞安正月廿三日发，报收平四、五、六号信，述病状。十一日午前，又致沈幼沂一封，询初四信有到否？十五日，又致幼沂一封，辞拜门。十八日，致少云一封，送《女学会启》一张。十九日，致拙轩一纸，询初六信，复公送连处礼；送《女学会启》一张。廿一日，致幼沂又一封，《答问》⑤一首二张。廿三日，收柱臣一封，为刘玉说加工金。廿四日，复柱臣一片，二月廿一日起算起，加一千，转谕别择主。廿三日，收季芃信一封，初九日发，报句到，附叶信。廿四日，致幼沂又一封，询廿一信有到未。廿五午下，世庄来，言廿一、廿四信皆到。廿六日，收少云复一封。廿七日，收幼沂定期往农学一信。

────────────

　　①　录自《杂记》，稍加整理。
　　②　指孙仲筠。
　　③　即买菜蔬副食品。
　　④　指周季兰。
　　⑤　内容未详。

　　三月初三日（4月3日），夜，句带到，收恺、芘、筠、雪复信各一封。初四日，致蒋爱山信一封，附《女学会启》一张。初七日，寄孙季芘平九信一封，托送《黄挽》，附《复恺》一纸。初七日，李来一信①，附来此《卷》②，并交张竹居《济上鸿泥稿本》。初八日，送李伯超复信一封，二张，附还《姜艺圃卷》，句手。廿二日，寄贵翰香信一封，双挂号，补寄奠洋陆元邮票。

　　四月初十日（5月9日），寄孙仲恺平十信一封，询芘往东未。及忱恙痊未？及《挽黄》代送未？并告停薪事。接翰香回信一封，初二日发。十七日，寄胡雪汀信一封，告停差事，托查芘动身未。托致载甫——寄信勿寄周处。廿五日，寄介石一封，双挂号，报去年病事及方燕年事，及已辞差将回南事。附《女学会启》一张，去太露处，删改十之三四云。又寄翰香一封，阴囊外皮痒，告已辞差，问张相③。廿六日，寄子言一封，双挂号，附《女会启》，求题句；病辞差，与方、周、王冲突，人去政亡；沈虽故人，然方之门客，故不数数见；《历下杂事诗》、禹登山奇观、隋墨迹，寄楚青转交。

　　五月初一日（5月30日），收仲恺四月廿二日发信一封，代作《鲜庵挽》，报容病，诸书《黄挽》，报芘、汀过齐。收金弢甫书一本，附信一张，四月廿四发。初二日，寄仲恺平十一信一封，寄代作《黄挽联》④；报芘、汀到及辞差，问容病。初五日，交汀带《又致恺信》一封不列号，声已付汀借款廿四元，再请付廿六元，共合五十元；报留芘、

---

　　① 李伯超此信现存，文云："平子先生执事：不晤日久，时切调饥，屡欲趋教，辄闻精神尚未康复，不耐酬应，为之欲往又止者屡矣。辰维吉占勿药，餐卫咸宜为慰！昨由朱燮臣兄交到《济上鸿泥》一册，谓周荶之观察自沪带来，乃张楚宝观察求公赐和章者，想先生病起无聊，大可藉吟咏为消遣计，遣价奉上，即祈察存为幸。又同前在京师购得蓬心太守为莱阳姜君艺圃所绘《琴鹤归舟图》，题咏皆乾隆初名人，惜同浅见寡闻，仅知其中大名鼎鼎如归愚、梦楼、茶山、东山、西庄、拙修、古农、顾（诒禄）张（书勋）张（若淮）彭（启丰）诸公，至沙（维桥）张（冈）沈（大成）汪圻尹（嘉铨）不过略知梗概，其余竟在五柳先生之列。先生博闻强记，度于诸公生平必尝涉猎及之，特将此卷附呈，千祈挥示一二，不胜拜祷！尤愿玉体复元，许我晋谒，畅叙积愫，更为盼切！祇请　颐安，不尽欲言。小弟豫同顿首　初七日。"宋恕虽曾题《琴鹤归舟图》七绝一首，但未见题过《济上鸿泥》，据孙诒械《题张弢楼丈（士珩）〈济上鸿泥图卷〉》七绝十二首标题："华峰挹爽"、"鹊桥踏雪"、"明湖泛月"、"趵突观澜"、"铁祠赏荷"、"千佛披云"、"潭西拜石"、"会波观稼"、"龙洞延秋"、"开元寻碑"、"长春访道"、"潜亭独钓"，略可窥见该图卷大致内容。
　　② 指姜艺圃的《琴鹤归舟图》。
　　③ 指军机大臣张之洞。
　　④ 未见。

汀过夏，芃诺，汀以即往厦不留。交汀带《又致宗易》一信片。同日，交汀《致刘次饶》① 一封，痛江夏，载甫才学百倍于我，力荐芰汀，报辞差，夸山东人才，请赞成为汀谋事。初六，接《浙江日报》，同日接时报馆四条。初九，接翰香复信：寄《女学报》，《浙报》求文，艾叶、银花藤洗。十二日，接陈子言复信一封，附来《时报》二张，初八发，朱任法政监督，吴在津幕②，《女会启》已登《时报》。十三日，寄仲恺平十二号信一纸，附芃函内，询代拟之联到未？忱、颂痊？芃已辫？廿二日，接介石复信一封，本月十四日发：王枚伯相违，孙事确，来杭未定。眉批：非拒日货，有调查孙案否？《历下杂事诗》廿四日，午前十点，接仲恺来电一件："籀廿二逝，代撰《哀启》，速寄勿却！泽。"廿五日，复仲恺信一封，平十三号；以病初起，辞代撰，寄挽联，又代挽。廿六日，又寄翰香一封；询佛英，往杭待酌，稍待作文寄《浙报》，潘③持正论，代候！又寄介石信一封，表章唐子④，报孙逝，询民友，伯高、蛰仙、路政公评、龙积之、牧卷次郎，翰香开《报》⑤ 有功，王俊卿、枚伯早不敢信，此后乡学界恃先生与遯斋，欢迎来浙，邓实表《伯牙琴》。廿七日，又寄仲恺平十四号信一封，更正"越"字误"浙"，四姊寄联，附《与芰汀信》一张。廿七日到，接吴君遂挂号信一封，廿三日发，劝挈眷往津，吴寓河北庙铁路仁寿里五号。廿九日，复吴君遂信一封，双挂号；当俟送眷回南后再定行止。附呈《女学会启》一分求题句，此信有存稿⑥。五月廿八日，接李伯超信一封⑦，为周绥之索《济上鸿泥》原册。廿九日，复伯超一封，还《鸿泥》，秋凉后动身。

六月初二（6 月 30 日），接仲恺信一封，又芰汀信一张，五月廿二发；报颂逝，代作《祭文》及《挽联》，《挽黄》已代送，《代挽黄》亦到，芰借款已付，芰托代作《寿洪》⑧、《挽孙》二联，又《祭孙》文。初五日，寄仲恺平十五号信一封，附《致芰汀信》一纸，代作《颂挽》，寄代作《祭颂文》⑨ 稿，再声改"越"字，询前月廿五、廿七日所发之

---

① 未见。

② 朱指朱祖谋，吴指吴保初。

③ 疑指潘鸿。

④ 指唐甄。

⑤ 即指上文《浙报》（《全浙公报》）。

⑥ 见本书卷七《致吴君遂书》（1908 年 6 月 27 日）。

⑦ 《宋恕师友函札》中有此信。

⑧ 《寿洪》（洪指洪炳文）未见。

⑨ 此文未见。

信到未？初七日，接子言信一封，双挂号，初二日发，转吴嘱，询颂年。初八日夜，接仲恺来电一件："申赴杭，余辞，《哀启》火速代撰，决不更一字，勿却，希电复。"初九日，寄仲恺平十六号信一封，附《致雪汀信》一封，仍辞作《哀启》。初十日，接仲恺信一封，五月晦日发，交学务分处历史，催《挽联》、《祭文》代作。又收仲恺寄来《黄宅挽联》一本，五月廿四发。十二日，复子言信一封，双挂号，送诗六首、叶送联一与阅，寄自送挽联二及内送联一，芫谢盛意①，已复吴仍求《女会启》题句，答颂年六十一，斥支提学《哀词》及旅沪学会《祭文》可笑可忿！十二日，寄孙大房《挽联》一件，双挂号，廿六日到。十四日，又寄子言信一封，呈《挽颂》"甲午"联稿，更正"墨"为"法"及"燕"为"平"，斥杭教育总会《公祭颂文》之肤俚。十五日，又接仲恺来电一件："吊期定，《启》速寄，恺。"二十日，又接仲恺信二封，一六月初四发，一六月初六发。廿二日，又接翰香信一封，双挂号；询五月廿六所发信到未。报收到第三期《女学报》，仲颂追悼演说切中，寄更正"皆"误"尚"，不必改，呈寄自《挽颂》联语二："周官"、"今说"，询莲君石板路王孚川事，不必改马路，汤办路好否。寄去《女会启》一张，观雪姓名。

　　七月初二日（7月29日），收芰汀信一封，六月十七日发，报收到信并代作《挽联》。收子言信一封②，六月廿四日发，报连接两信，《诗话》已印竣，余旧友朱来沪。初七日，收子言信一封，七月初三日发，《诗话》同来。初十日，寄子言一封，双挂号，附《谢赠〈诗话〉诗》二首③。十三日，又寄子言信一封，单挂号，《更正诗》一首④，"大盛"改"渐盛"，"明季"改"明代"。廿二日，接子言信一封⑤，十六日发；述北

---

　　① 未详。

　　② 该信现存，文云："平子先生执事：近日叠奉两示，均敬悉，台候咸宜，深以为慰。诗年甫逾四十，而衰病渐侵，近来文字之役较多，往往头目晕眩，疏略之愆，亦所恒有，至以为愧！《诗话》单行本已印竣，尊号未曾改易，因楚公亦字平子也，并以闻。积雨方歇，酷暑弥厉，惟起居慎卫，不一一。　陈诗顿首　六月廿四日（古薇先生近日避暑来沪，时过从聆绪论，甚乐。）"

　　③ 即《陈鹤柴寄赠狄楚青所著〈平等阁诗话〉，赋谢兼呈楚公》（1908年7月8日）。

　　④ 即《寄陈鹤柴更正评〈平等阁诗话〉"遗谭之惜"之误》（1908年8月9日）。

　　⑤ 该信现存，文云："平子先生执事：月初邮寄《诗话》单行本，计邀收览。十三日北山师因归省过沪（其太夫人年七十余矣，近病，遂急归。）十四日即附轮舶归里，曾谈及执事复书，已面呈泗州阅看，泗州极盼公来，随时可商榷一切。泗州尊贤下士，吐握不遑，有古大臣之风度，且清节雅量，俭于己而厚于人，亦今时诸侯中所仅见者。公如肯北行，幕府人才济济，不致独劳，政务清简，馆谷丰腴，亦与在东时无殊。所最为阙典者，则无历下之山水耳。愿即偕瀛眷北行。……陈诗顿首　七月十六日"。

山归省，谈及泗州美意，因力劝驾事。廿二日，接《籀颀讣文》一封。廿四日，又接子言信一封，十九日发，寄《时报》登《挽容》两联，未提初十、十三日所发之信。廿五日，接璁侄信一封，七月初九日发。二十九日，又连接子言信二封①，报收论诗两信，告吴，陈在津幕，询"许、郑"之许是许慎否。二十九日，致伯超信一封，告以八月动身；赠《求是诗》二册、翰香《演说录》三十本，以折扇求书，当便服走候作半日谈，衡旧名恕，早遣去跟仆。接翰香信一封，王损陈介名誉②。三十日，复陈子言一封：莲君寓北京骡马市四川营四川女学堂，太仆学士之历史、镇北、潘鸿、许慎，仲颂未服官。

八月初八日（9月3日），致翰香一封，八月《女学报》及八月十五日以后发邮之《浙江日报》③改寄孙忱叔转交，寄《佛英挽联》，净已嫁女不可入校。寄孙忱叔一封，寄"姬公"联求代写送。附致芨汀一信？嘱代校对《挽籀》三联，转达章联不可刊，刊必须改姓名④，吾乡如有误入政闻社者须速出社。孙仲容挽联闻共有三百余，兹摘其佳者之作者姓名于左，共四十六联，外双挽三联：项方蕃、陈国琳、余朝绅、杨晨、张謇、陈兆麟、姜会明、黄益谦、王锐、蔡鹏、梁朝缓、郑辅周东北初等小学堂、方兆容、陈寿煊、陈权东、周砥浙江两级师范瑞属学生、张之纲、游鸣銮、女后学郑素、潘鸿、陈寿宸、汤寿潜、沈守经、季复、留杭法政学生陈仪洛、叶维周、王薪传、林祝黄、王景羲、张枞、刘绍宽、庞世松手工教员、冯豹、王魁廷、刘项宣、李爽、郭凤诰、黄宰中、杭早立、林洋勤业公学、黄绍第、吴钟镕、黄冲、郭弼、郑德馨、池志澂"前尘怕忆秣陵游"句结者。双挽黄孙作者：王宗尧、黄式苏、吴之翰。

十月十九日（11月12日），作《致竹居信》，廿六日发，双挂号，声交甘弁朱勇带缴六十元，陈寿愚惯骗宜防。

---

① 二信现存，一署七月十九日，略云："前日上一书，请公决计携家作津门之游。今日《时报》已将尊联登出，特裁剪呈览！"一署七月廿五日，略云："兹有敬问者二事，尊作《赠北山先生诗》云：'流离依镇北，部曲出征南'，征南是羊叔子。镇北乃西晋谁氏耶？又尊挽孙仲容征君联有'许郑'并称语，许是汉时何人？阅者多不详，鄙意疑是许慎，又恐误会，敬以驰问，乞明示之幸甚！"

② 王指王舟瑶。

③ 原《杂记》眉注云："法部主事江绍铨《为创造通字，请都察院代奏颁行呈》，见戊申八月廿四、五两日《浙江日报》。此作极多确论。惟欲以京音强全国，为非门内人之见。"

④ 指章炳麟挽孙诒让联语，即下文"杭早立"。

十一月初二日（11 月 25 日），致志特、特全信。

十二月初五日（12 月 27 日），作《致翰香信》，初六日发，双挂号，订明年接买《浙江日报》及《女学报》，请调和陈、项①。作《致蛰仙信》，初六日附致贵信内请转致。《致汤信》中语："籀顾经子之学欲过德清先生，品行亦殊高洁，惜乏知人之明，听言太轻，忠厚有余，聪察不足。"初九日，马夷初书来②。

己酉日记
（宣统元年，公元 1909 年）

正月十四日（2 月 4 日），中学③存停会议。十五日，献十五条④。十六日，致子言信；十八日，子言信⑤来。十六日，季芃被举为会计员。十七日，采陈信来。玙、璁、兰⑥来。十八日，致小梅媒玙，璁归。二十日，引玙见介石，是日玙、兰归。雪汀来，托以玙事，时玙已归。廿一日，在介石处与栋园共午饭，以鸣芰汀冤信稿示栋及介，又以致次

---

① 陈指陈黻宸，项指项崧。

② 马叙伦原函云："平子先生阁下：丙午季冬，侍介石师自粤东返沪，曾一见杖履于逆旅之舍。叙伦卒卒归省，未得少驻，藉闻清论，怀歉至今，时用耿然，伏维兴居康胜为慰为慰！叙伦早岁失怙，家至贫瘁，虽有伯叔，不遑瞻顾，仗家慈苦节教养，始得成人。叙伦今虽奔走四方，略博微资以奉菽水，而教养罔极之恩未答万一，明年仲春为家慈五十诞庆之期，谨缀《行略》一篇，拟乞言于大雅君子为之寿！夫言虽为不朽之物，而非立德者之言，则不朽而亦朽。何则？言之所为不朽者：以言之一时，而天下后世诵于口，传于心，父兄诏其子弟，师友谕其徒人，曰：是某之言也，是某之言也，则其言贵如金石，重如鼎鬲；而得其所言之人亦因之以贵以重。虽然，是其立言之人必尧、舜、周、孔也，次之孟、荀、伏、郑也，次之周、张、程、朱也，次之天下尝闻其名者也。不然，其身尝污焉，其行尝辱焉，如刘歆、马融、陆机、范晔之徒，其言贵而不贵、重而不重，夫言至贵而不贵、重而不重，则不朽而亦朽矣！况又其人本无以立己之名，虽其有言著之竹帛，人以之覆瓿制膳，而又安能以贵重人哉！此乞言者必求诸立德者而后行事可借以不朽也。先生道高德立而负文章大名，叙伦又早获侍杖履，失而不求，其罪孰甚！夫以家慈之孝于姑、节于夫、恩于子、苦于身者，异于恒妇人，而得先生之一言，非特为寿于一时，将寿家慈于不朽矣！叙伦敢再拜叩首以固请，唯先生怜察而许之，幸甚幸甚！附上《节略》，即希览正草率布此，敬请冬安！乡后学生马叙伦顿首顿首再拜。"

③ 指瑞安中学。

④ 条议未见。

⑤ 现存，下署正月十三日，略云："诗今年暂仍居沪，兼席则去腊有更易矣。颇欲他去（北山先生去岁函招，今尚未能亟去也），惟一时尚未能亟见耳。元日作诗一章，录求清诲，并邮呈《范伯子诗》一部，（计四本，通州范无错明经著）即希察存为荷！范公诗中颇念执事，虽未识面，可云神交，是以特奉请阅。孙太常已抵京，仍司津浦铁路事，先生有北游意乎？……"

⑥ 宋家亲戚，未详。

饶商璁升丁班事信①示介，请助商；又以拟攻申电稿交介备用。棟去后，介同余散步至飞云阁，谈至将晚而回。仲恺交簿②。廿二日，报申电学部及广东攻介事于介，昨夜芄所告也；候恺不晤，晤春；候子祥不晤。中学费九千四百元，空六千元。廿三日，作《复子言信》两纸，一纸乞介介石于古师③，又作《致蛰仙信》一纸报申攻介事，两封均托介袖致。《致蛰信》中明斥崧、楚、廉、范、恺五人姓名。廿四日，马玙归；如顶荫轩处赴午席。两桌：首桌恺、余、朱仲贤、葱畦、幼夷、荫；次桌忱、胡合发、项小石、黄某、项肩、项条甫之次子。葱畦说："雁湖为葱畦之祖，属二房；几山为申甫之祖，属四房；荫轩之祖属三房；月洲之祖属大房。"廿五日，瑞兰出年月于郭。廿七日夜，交阿璁以《致次饶信④》十八作及《致陈日新号主人》信廿六作，当雪汀、阿全面。廿六日，送《致邃斋信》于南门内广丰和酱园托带。廿八日，如子祥宅晤谈，并晤王鹤友朝佐。夜，金晦之来谈。廿九日，子言信致季芄，询余十六日信片真伪，随作一信片托季芄附封声复；述及遗之、端卿、谷农、小梅、达夫、博卿、叔玉、云山皆为望族名士而皆主停，并瑞中学于府中学。

二月初三至初八共六日，患胸塞欲呕，卧不食。初六、七，请梅仙诊两回。初十日，始食饭，送梅仙肉二斤四、枣二斤余；延春母来；病中惟雪汀、阿七来两三次，有晤。芰汀初十日来，晤。季芄初八夜上郡；陈小文来过二次，均未能晤，送点心六色于其寓。十一日，始薙国制百日后发。是日午刻仲恺自郡回。十二日，季芄午刻自郡回，所述略记于眉⑤。十四日，托荫轩转达条甫守中立。十五日，夜饭后，少文

① 应即《致刘次饶书》（1909 年 2 月 8 日），见本书卷七。
② 疑指瑞安中学账册。
③ 指朱祖谋。
④ 即前注《致刘次饶书》。
⑤ 眉注如下："季芄述学案略记：府：吴学庄（博泉）。县：余筼（挺生）。申党出力人如左：洪锦熙（小仙）、恺、廉、泽、沈小仙、项愈愚、项子桢、陈复、杨小村、贾大王（燊）、竺大王（旦）、老鼠郁、陈璪、薛玉坡、条甫、协素、学生沈嵩。停边初八上郡人一船（王宅花船）十二人，只带二仆（阿高、阿升）一侦探（池所带）三铺盖。芄、端、玉、经、郭奇元、嗽霞、林养素、胡醉明、周小舲、鲍嗽泉，池云山、伍梅荃。沈小槎后自上，为十三人。攻申禀，周小舲出首名。郑辅周在瑞高等小学对县攻条甚烈。程石仙登坛驳陈璪甚简明。条党于初七开中学，县于初七、初八两日连往，劝搬出，抗不理，县怒，于初八夜上郡。条、恺、熙、泽四人求见，府只请泽，于大堂谕条等明日带代表学生入见（初九日事），四新司事先入见过。条等带学生代表延钊、延春、沈嵩三人入见，府牌试验，条等抗，指挥学生六十余人喊堂而散（初十日事）。十一日，府电禀请饬停及应否惩劣绅请示，闻府、县会电云。此次之六十余学生，闻真中学生只二十余人，余皆临时招集幼生冒充，故势无可应者云。"

自郡同侄来。十六日，至南门内林三庆客寓回候少文，晤；随与同往池云山处，晤谈颇久，并晤仲林。出，邀少文至自处过午饭别去，少文今年五十二云。少文于解足、女学皆肯提倡，固一乡之善士，亦属吾平可敬之一人也。是早日，候孟聪，途遇其仆，言已上郡。乃作信一纸、要件一纸，又《致志特》一纸，合为一封，午后交邮局寄中学陈孟聪；至要件则昨晚所作，系因见二月初七日《浙江日报》所登《瑞安中学真相》一篇而有所拟添、删改数处寄商也；《致志特信》力颂季芄见义勇为之气节，将来功德可望继声谘议，孟聪学识，吾辈之师云云。十九日早，孟聪十七日复信到，言十七日下午已接往信。二十日，致鹤柴第四信，声明本春已发过三信，亦知皆已达；此次告以瑞学案由：项崧私将学款数千金挟入运动会①长，得后益骄纵横行，包抗钱债；致四民切齿，学界尤积愤，群攻，然终不能追缴七千金，请查阅二月初六、七、八日《浙江日报》所登②及二月初七、八日《浙江日报》所登③，以颇详明云；于日本自送交邮局寄沪。晚，端卿言及孟聪才学识均优，及谷农之才不易，而以中学一案被排，甚为不平；又力称吴太守之明白精细，湖北学务公所中无此人才云。采陈说："平邑柜价：每两二千八百，每石三千九百，戊申下忙每洋作九百六十，向无红封名目；现平令每年净息不能满万金进款云。"廿九日，是夜牙痛，用盐水治，旋愈；孟聪带仲荃诗来。三十日，以《致仲荃信》一封及《留别杭生诗》二册—赠荃、一赠朱鹏、《复佩璁信》一纸面托聪带交。

闰二月初六日（3月27日），接鹤柴报北山④中风信，初六日，复

---

① 此会指浙江省教育会。

② 眉头原注："二月初七、八《浙江公报》所登《瑞安中学会议停办始末记》摘要（两日完登）：'学计馆储本一万〇四百元，空七千元；丙午初办，学生九十六人，丁未四十八人，戊申三十七人。己酉正月十四会议，发一百三十二票，主停一百〇八张，主存三张，项毓芳、项燨、陈璪，主改良二张，主两可一张，有十八张不缴。'十四日见此报，系芄从端处转借来。"

③ 眉头原注："又《浙江日报》登有《瑞安中学之真相》，亦二月初七、八两日，所登同文。张应煐，孟郁相之族人，诇事二项，有'猴子吹箫'之绰号；项燨即项魁，号叔仙，项廷珍即子桢，池云山住南门内带城巷。"

④ 近旁原注："吴北山，现寓天津河北新车站旁人和里第八号，己酉闰二月初一日陈鹤柴信来通知，初六日信到。"陈信现存，询问"所用电机何名？乃第几号者？及用何药饵？如何治法？"

鹤柴明信片，为本年第五信，告东医情形；询第四信到未。初七日，高等①门口遇陈经，云今日新移此，至初选举事务所候晤仲恺、子林、子桢及屏侯之弟某。胡小谷、张玉君、屏侯昨动身赴南京云。告子林、子桢以守中立，请转告条、申。十二日，王志特来，过午饭去。志特言："王志澄为次饶之门人，黄、张为王之密友，王、张表面现尚无劣迹，然使不逢时必为大讼师。黄则志在保守产业，少垞慈善过次饶，办学赔数千金，办事才亦过次饶；惟因不敢滥用人，致失学务上之权力而但保有商务上之权力耳；吴祁甫权力被王攻倒；周幼康与陈少文反对女学事；和卿、愚初、蔚文、载甫皆无政权，蔚、载二人亦由钱太少而不能养望之故。"十四日，宗易来谈。十七日，孟聪来，示介《答申信》稿，即日拟添数条及改一二句②，连原稿送还。十八日作贺仲荃信③，托孟聪带致，中以劝将介《答申信》多印数十分送人为重要，亦及二许、二王及遯斋。是日晤养素于其座，昨则晤云山于其座；又晤唐诚之、林尧民、陈叔度三人。十九日，访晤宗易畅谈，并晤池仲麟；托宗易带《卑议》一本与朱味温。十六日夜起，粪门痛；十七日痊。廿三日，得仲荃复贺信。廿四日，寄仲荃信，询第一回信达否。附《复味温书》，询《卑议》到未。并寄丁未《寄蒋》五古④二首及丙午《百草原门三过》二五古⑤与味阅。廿五日，芁因盐擦盖碗事逐华表。廿六日，薄暮，栋园处赴席，池仲麟同席。廿八日，少文来。廿九日，与少文如事务所；接荃回信。

---

① 瑞安高等小学。

② 《答申信》未见，但陈黻宸对项崧态度以及对宋恕所提意见之态度略见此时《致醉石弟书》："细思此事，外边总以兴学为今日要政，废学实犯不趋，故虽为官场所准，而转为社会所不喜。昨云珊禀措辞实未得当。余谓此后措辞当先将此层驳起……惟自中学开办，非但一无成效，而留一极无规则之学堂，开费浩大，小学因以废而不举，停一无用之中学，始可以推广小学，为教育普及之基，故言停中学者即以兴学，言存中学者其设心实不可问。瑞安中学非一邑之中学，乃项氏之中学，所用人皆项氏之私人，所用款为项氏所把持，瑞安可无中学，项氏不可无中学，为项氏爪牙奔走者更不可无中学，故地方公愤因以积不能平。此种议论，必须发挥到十分地步，令人阅之自解。……项崧在杭不动声色，留学生不能窥其底蕴；此人阴险万分，手段可谓高强之极，幸勿轻易视之！《始末记》不可不作，智哉平子，其为他日解难题计者深矣！慎之慎之！"按《始末记》即月前《浙江公报》刊登之《瑞安中学会议停办始末记》。

③ 黄式苏接任温州师范学堂监督。

④ 见宋恕诗作《寄怀蒋观云》。

⑤ 未见。

　　三月初一日（4月20日），少文去，以石联①赠少文。初二日，接子言信，告北山病已渐痊及己将往津。②初三日早，阿韦上郡，以《致次饶信》一封，内二纸，又诗一本③，《致孟聪信》一封，内二纸，致志特诗一本托带，信面均填闰二月廿八日。初四日夜，牙痛。初五日，交阿高《上楚公》一函，面填正月二十六日，又子言赠彼诗一本转致，又《致平书信》一封。初七日，托阿高带《致次饶》一信片，询前书及诗到未。十四日，交孟聪带印《女学论》④；十七日接其回信，言已印寄瑞，询收到未。面填十六日，但所印尚未到。十八日，午前协兴信局送到印就《女学论》一包，计一篇分三张，每张各印六十二张，合一百八十六张；函面题十六日发。廿一日，发交《致金锡侯》信并及莲君，十八日信，为十四日所写；复寄孟聪信一封，内附《复次饶信》一长纸，自交协兴信局寄郡；往本寂寺一带游览；致端卿信，请留县驾救五十二都。廿二日，游楝园，同芘听权谈南雁；由西门外步至北门外，转至东门外白岩桥而回。廿六日，少文送来茶叶廿四斤。廿六日，末底信⑤来。廿八日，发翰香信并《女学论》一分、诗一首，双挂号。

　　四月初一（5月19日），午下中痧腹痛，叫马玙来摘，手转暖，痧愈而复因夹食痛，至夜始痊；初三日，午下始起，是夜始食粥。初八日，翰香询《女学论》信到。初九日，始至巡警局晤张复庵。十五日，投票期；十八日，开票期⑥。十四日，夜与忱说晫继鸿事及忱说恺事。十八日，阿璁来；二十日午下，阿璁上郡，赠《女学论》一分。二十日，夜饭后少文来；晤宗易，共阅《胡公堕泪碑记》⑦及昭草书扇面。

---

　　①　见本书卷五《题南雁会文书院》。
　　②　现存信二封，一署闰二月十二日，陈诗因宋恕"有志撰述名贤名臣事略"，就所知略述吴长庆"生平、讲学之事"，云："吴武壮之先德名廷香，字兰轩，家贫好学，与桐城戴存庄、马命之为友，以学术气节相高，以优贡生举咸丰元年孝廉方正。""吴武壮固儒士（屡试未入泮），以云骑尉世职起家。""治戎之暇，劬学不懈，每日五鼓即起，雒诵《大学》一遍，天方明乃治事，最喜谈易，生平于易学颇有得，其理学则得之其先人，又尝师事曾文正，而得其流风遗韵，持躬接物咸秉一诚，轻财爱士，则又遵其先德之逸轨也。终身不问家计，不置妾媵，淮军将帅能以清德名世者吴武壮外无二人。"一署闰二月廿六日，述及："近得北山师二函，述臂痛已愈。""北山师深感我公荐医之惠，属为先道谢。诗拟下月初十内外暂作天津行。"
　　③　信见本书卷七《又致次饶书》（1909年4月15日），诗即《留别杭州求是书院诸生诗》。
　　④　见本书卷五《论女子教育之贤母良妻主义与男女平等平权主义不相反而相成》。
　　⑤　章炳麟日本来书，原文见《中国哲学》第九辑，459～460页。
　　⑥　瑞安县选举谘议局议员。
　　⑦　见本书卷五。

廿一日，至恺处晤少文，同留午饭；午后赠以《女学论》一分，瑞安再选；《竹居录存》到。廿四日，再开票。廿七日，楚宝回信①及洋百元到。廿八日，将信自交恺、忱、曙、芃、汀阅过。收来《籍挽录》② 一分。廿九日，翰香处回报收到。三十日夜，章氏③出张宅，阿琪送至平城。

五月初六日（6月23日），阿玛同小鲁来，即日回去。初七日，还恺票。十五日，寄所拟《公祭籍顾文》④ 稿于次饶、孟聪，并字请孟聪转示次饶、仲荃及子丹、志特、宗易、味温、云山。廿一日，胡宅午饭。廿二日，籍顾周忌。廿三日，发仲玛双挂号信。接翰香复四月廿八日往信。十八日，闻泗州警报；廿一日，阅报见孙得东抚⑤。廿三日，见丁叔雅卒于京师之报，阿高病故信至，闻观云病故于去年沪寓。二十日，录毕《新词林》。致蛰仙信荐宗易，又致翰香申明刘次饶，寄《女学论》于《全浙公报》，及请统寄《中权主义》稿⑥，均于廿七日作，于六月初一日面托宗易带。

六月初一（7月17日）、初二日，复选投票开票。初三日，介石回瑞。初四日，晤介石。初六日，作致叔通、蛰仙、翰香为季芃介绍书各一封，交芃自带。初七日，下午季芃动身赴试。十四日，寄北山双挂号信一封，寄《泗州挽联》一副，托北山转送，亦双挂号。十六日，陈诗痛杨、丁信到。十六日起伤暑。十八日愈。廿一日，午下介石出门，托介石带《复陈诗信》⑦ 一封，录《挽杨联》与阅，贺狄。廿五日，拔贡信⑧到。廿六日，不奔丧谋革命联语出，恺报壬所为。三十日，午下孟聪述玛《复介信》，转达慕请余往东⑨。

七月初二日（8月17日），申甫身故。初三日，久干得大雨，叔玉

---

① 张士珩上海来信现存，略云："去岁介友人乞题《济上鸿泥》，已蒙布诺，纂纪余闲，或一践之耶？尊恙痰湿为患，宜讲卫生，药饵喜服何品性？初拟略致沪上土产，少助摄卫，恐未达不尝；兹寄上番蚨百翼，聊佐医调，幸不标之！此间人多于鲒，而来者于于，辄呼负而去。"其时张任江南制造局总办。

② 全名是《孙籍顾先生哀挽录》。

③ 章氏指张蔚姜，因私通孙诒椷以致两家纠纷不已。

④ 见本书卷五《孙籍顾先生周忌纪念学界公祭文》。

⑤ 指孙宝琦任山东巡抚。

⑥ 内容未详。

⑦ 未见底稿。

⑧ 前在山东捐纳，此时方得批文。

⑨ 往山东孙宝琦幕府任职。

来访，胡宅请尝新不赴，洪宅搬夌。初六日，次饶来，不晤。初七日，子特来，过午饭去。初十日，吴北山处回执二件到，尝新。作《介石寿文》①，初十日起稿，十一日清缮，十二日缮完，送交孟聪收。十三日，候晤孟聪，托带一信与次饶，且示以《孙学士学行述》②。十六日，穆患食伤，腹大痛；宗易说："介石上海轮赴广。"十九日，候端卿。二十日，候叔玉。接翰香全份《惠兴报》及汤复信。

八月初二日（9月15日），寄季芃信，附介绍潘鸿一信片。忱叔动身出门。见报，沈③得假议长，介、通得假副议长。初七日，孟聪来，示介嘱拟草信。初八日，复醉、聪信："碍难拟，议长不宜，资政院议员宜，富春复未到。"送醉收。十五日，送要信与孟聪，七条：一、介勿露信衡语意，二、亲口亲笔，三、勿误举旧名告人，四、勿以富春中丞兄弟往来事告人，五、请询玙五月二十三日往信一事，六、请询诗六月二十日往信一事，七、代买贺议员联笺；送去后曾取有回片。十六日早，走访孟聪不遇，以《法游记》交阿中。十七日。接孙莘农京来信。二十日，王志特由平上郡，午下来，过夜饭去，示以《国粹论》④、《介石寿文》、《止庵行述》。据云：《籀顾寿文》⑤则已于上半年由我示渠矣。廿一日，项宅吊祭，莱仙同谈。廿二日，于恺处遇叶仲甫，又始遇陈阿耀。廿四日，与恺、权、芙⑥同登飞云阁，食菱，看安《止庵师阁联》；出，过幼贻处，游其园，桐、焦、桂、柏可观，桐最高；出，复同至望仙桥宫观新筑而回；季芃回至郡，始于恺处识陈复。廿五日，芃回至瑞。廿六日，以信一纸托叔度寄介石，托查寄孙带交陈两信；收张竹居、贵中权件，张件——六安茶攀针一盒、饼干两盒、香烟两盒、蜜炙四盒，贵件——纨扇二柄、手工活三色、照相一张、《主义》稿一本，有信，系八月初四日发。廿七日，寄陈子言信一封，双挂号，询六月十九信到否？复录示《挽杨》联语，查吴北山近踪。三十日，得报知张之洞确于本月二十一日出缺，谥文襄。

九月初二日（10月15日），季芃掘花坞。初六日，籀顾入西乡祠。

---

① 见本书卷五《陈介石五十寿诗序》。
② 见本书卷五《外舅孙止庵师学行略述》。
③ 指沈钧儒。
④ 见本书卷五。
⑤ 见本书卷五《籀顾居士行年六十生日寿诗序》。
⑥ 指孙延第。

初十日，王小牧来。十一日，刘菊仙寿母；上半日与季芃回候杨晸，不晤；访何翰臣，晤谈有顷；下半日自访叔玉，晤谈，并晤奇元，奇元询"鲁山"二字。上半日幼园遇于刘宅，亦询及，并及"平叔"二字。十二日，致贺信菊仙，附《致幼园信》托其转交。十三日，上半日与芃、汀候延畇延、立庵，均晤提调停事，立认可，复至汀处看菊；下半日，与汀同候菊仙，晤谈有顷。初八日，又贴续撰《飞云阁》[①] 二联。十二日，季芃处始有晚租送来。十四日，王宅送照会于芃。十五日，瑞令冒雨来拜芃，同日送统计照会于芃。十七日，回候少木，晤谈，并晤谷农；是日以《寿文》[②] 稿示醉石、仲麟。十九日，芃雇跟仆。廿一日，统计处开始。廿二日，夜，内人气痛，吸鸦片烟，是夜骤冷，"比昨早降十二度"，公权云。二十日，晤陈仲贤于唐宅。是日示唐以《陈寿文》。廿六日，接陈诗本月十九日信，报北山之母本月初九日逝；见介石得教育会董之报。廿九日，同仲恺访菊于张、张、项、林四宅，与林晴霞谈鲁山及王少博两重事余力驳奇元误解，晴霞询及也。三十日，遇王少木于叶宅，寄双挂号信于上海陈诗，呈《挽丁》、《挽吴母王氏》、《和金陵游》[③] 诗四律稿，附赠《女学论》一分。

十月初一日（11 月 13 日），于唐宅见写就贺联，改用"山县"二字[④]。初二日，以《叶园赏菊》[⑤] 词面呈寿丈，晤项子桢于恺处，共谈有顷，与忱叔、公权复访张松如是日始晤松如及项、林之菊，又晤晴霞及其父雅琴，少文送柚来。初五日，运动会。初四日，致少木信及词二首[⑥]，又送王星垣词二首及原书。初四日，邮寄庐江吴公祠挽联[⑦]白绫一横幅，六尺长，双挂号。初七日，于恺处晤洪叔林，忱叔始至统

---

① 见本书卷五《又题飞云阁》。

② 指《陈介石五十寿诗序》。

③ 见宋恕《挽丁叔雅户部》、《挽吴北山法部母夫人王氏》、《和〈金陵览古〉原韵寄陈鹤柴兼呈朱彊村师》，陈诗九月十九日（1909 年 11 月 1 日）来信云："诗尝与瘿师谈及我公欲为杨文敬公作传，瘿师叹曰：'当今能文章而又知文敬事实、能历久不渝而风义若古人者，舍我公其谁？'诗归沪，又读手示，具悉一一。叔雅没后，旅榇萧然，闻送挽联亦无挂处，公作挽诗甚善，如荷录示，当为登报，令海内人士共睹，俾知执事之笃于故旧，不以生死异交情也。《杨公传》稿如撰就，亦乞录示为叩。"瘿师指吴保初。

④ 贺联未见，改字不详。

⑤ 见《叶园赏菊——调寄〈龙山会〉》，填于十月初一，初二面呈。

⑥ 致王岳崧信未见，赠王词为《题王氏〈老松图〉——调寄〈瑞鹤仙〉》，所云二首应包括《题王星垣〈淡庐卷〉——调寄〈长寿乐〉》，下同。

⑦ 挽联未见。

计处。初八日，调查及我①，少木回信及《赏菊词》来，又叶宅夜唱北调赏菊，晤许方孙。初九日，以《挽徐母联》②托宗易带郡。十三日，访芙士，晤，并晤赵醉墨，以《叔苣行述》③稿交芙士收。十四日，午前内、女因至老屋便至叶宅看菊。十七日，午下与公权分叶宅菊派，寄子言信回执到。十八日，晤条甫于恺处，恺不在，权在，张玉君在坐。十九日，候条甫，谈有顷，有王竹君在坐。廿三日，季芃移叶宅菊来。廿四日，寄挽联于德昌，交信局。廿五日，送孟冲赠联。廿七日，项宅送殡，与恺同到，时尚早，晤李小菊、阿彪、葱畦、荫轩、陈味三等；出送路中晤池仲麟、张毅夫、项子贞、许乃孙、项纫秋、胡雪汀等，叶星石、孙忱叔亦晤，项宅跟轿后。廿八日，与恺同到南门外三港庙，时亦尚早，晤陈棣生、幼园、洪寿林、管仲林等；出庙外晤胡雪汀等；入城晤何翰臣、叶仲甫、陈小庄等。是日阴，棣生午来，小庄薄暮来。到项宅时，晤葱畦、王竹君年少者，五司事之一，又因恺识竺雅周。廿九日，项宅起宴，午席，公权同去，晤王竹君年老者、胡雪汀，同席叶星石。是日于恺处又晤雅周及长桥项君。三十日，接子言复信，告余氏新居余伯陶公馆新迁上海跑马厅旁安康里北弄第二衖，寄《挽丁》诗印纸④。

十一月朔日（12月13日），禁烟分所开始。初二日，接吴公祠回执。初三日，午前条甫来谈，季芃编纂统计。初八日，陈棣生专信来，随复一信，陈连日末疾状，附还联稿一纸，又致载甫一长信及名片一张，合为一封，交来人阿发午饭后带去。十二日，又作一短信与载甫，询初八日长信到未。并代拟《挽徐母》一联交阿璁带去，托送平城。十四日，接载甫复十二日信云："初八日长信竟不曾接到。"骇讶异常。不料棣生如此作怪阻隔，人情至此，不胜浩叹！即作一信托阿宣再送交载甫。致太邱⑤信，询八月十五日所作之七条信已达否；告知驻议及养怡⑥之宜严防，季芃办事之进步，再献因唐联贾及献联陈、邵而以不稍拂汤为度之策共八条，交冲转寄⑦。十三日，翰臣、叔林同来谈。十六

---

① 禁吸鸦片的调查。
② 宋恕挽徐母联未见。
③ 见本书卷五《孙诒燕行述》。
④ 陈诗信未见，"印纸"指刊有《挽丁叔雅户部》诗的报纸。
⑤ 指陈介石。
⑥ 驻议未详，养怡为许轼。
⑦ 从唐至冲六人指唐黼墀、贾燊、陈时夏、邵章、汤寿潜和陈怀。

日，致徐唁信。附《女学论》，交季芃带。廿二日，载甫第二信来。廿五日，寄叔容信寄黄信内有贺鉴秋及扬菊仙语，附《女学论》一首，又寄还翰香书一本，均双挂号。廿六日，为唐衡作介绍书于翰香，又寄鉴秋贺信托恺转。廿四日，与恺同候叔林，谈有顷，并晤莱仙。廿九日，收徐班公复信①。十一月廿九日，孙太仆墓被发，山主报知。

十二月初二日（1910 年 1 月 21 日），县勘。初三日，以复谢徐赠药方信面托宗易带呈。初七日，接竹居赠钩联十分；初五日寄竹居双挂号信一封，内新诗两首、旧作诗三首、词一首、语一联《李祠》二首、《趵突泉》一首、《悼籀》一调，《挽杨》② 一联也。新诗“四海张公子”起句及“门生作使相”起句也③，又《女学论》一首，初四日缮，初五日交邮；致子言信一片，录《感伤太仆墓发》五律及《赠志雅》④ 七古二首与阅。十二日，大雪，擒枢。十三日，《危言报》登太仆事，有“陪葬金玉被掠一空”两语。十六日，《公禀》⑤ 稿及广告始印就。十七日，托宗易《致徐信》一封、《禀》稿一分徐班侯枫林宅转寄处：郡城双门徐宏大行；又致次饶、仲荃及诸同人公阅《禀》稿一分。十九日，寄定夫信件：信一片、广告十分、《禀》稿五分，双挂号。廿二日，托孟冲寄处郡广告十分、《禀》稿五分；托孟冲致余、钱、吕、刘⑥、陈经夫、刘凤仙各信一件，各附《禀》稿一分（余、钱函、二刘、吕、陈信片，粘连《禀》

---

① 徐定超复函现存，文曰：“平子仁兄学长大人阁下：前以家继慈之丧，辱承厚礼，近复赐函慰唁，勤拳无已，感何可言！秋间孙慕韩中丞聘修《齐鲁省志》，未荷惠来，仰望甚切！贵足疾因风而起，现已愈十之七，惟足趺时麻时痛，可用外治薰洗法以疗之，方附后，乞察核施治！（如足愈欲赴齐鲁，即致书弟处也可。）《女学论》一篇，明通平正，毫无流弊，与今之言平权者迥异，妻之言齐，谊本古训，曩在浙学堂曾作《平等说》以晓诸生，亦与尊见相合。五伦皆有平等，此论义理，不论名分。惟夫妇、兄弟本系平等，但有长幼内外之分耳。复谢，敬请　著安　愚弟定超顿首（药方略）。”

② 诗词指《趵突泉》（1905 年 10 月上旬）、《访孙籀庼之子延钊感悼籀庼——调寄〈高山流水〉》（1909 年上半年）。

③ 赠张士珩新诗二首未见底稿。

④ 潘志雅为瑞安著名种花技工；五律及七古均未见。

⑤ 见本书卷五《盗发孙太仆墓，公恳浙抚宪从严办理禀》。

⑥ 上四人指余朝绅、钱熊壎、吕渭英和刘秉彝。吕复函云：“一别二十年矣，想望音尘，时殷洄溯，何期高贤，猥承垂教，发函电纸，欢若平生！承示盗发孙太仆墓圹，聆之怵心，保护维持，后死之责，分应署名公牍，严请缉追，以安乡先达幽灵于地下也。”另有一缺署名之复函云：“承示大著，雄浑朴茂，直逼东京，椽笔鸿文，有光志乘，敬佩敬佩！名儒先哲，手泽所留，爱树思人，犹当护惜，矧乃生未赐谥，死遭暴骨，邦人君子。必有凄怆伤恨者，岂诗礼发塚，儒独任其过欤？将毋樵采之禁不严，长吏实尸其责耶！阁下此举，谊同昭雪，鄙人于太仆亦忝弟子之列，联合具禀，义无可辞！”（疑为刘秉彝函）

稿）。廿三日，寄章楷、谭献①各一封，广、稿每一封各一分，另有信一片，双挂号；寄叔颂、二林各一封，各信一片、稿一分，双挂号。廿五日，莘农回里。廿六日，早，访莘，值又已上郡，未晤，晤经畬，交《禀》稿一分。请恺写贺陈联语。晚，介石至瑞。廿七日，早，访晤介石，晤，呈《禀》稿，介自愿领衔；送交贺联；访晤延钊、延锴，询知《禀》稿已收到。是日，晤端卿、玉侯于介处；宗易来，告知徐已认可，并交来其公子所开名衔一纸②，单内有台、处人；宗易来时，俄晤；介石来，共谈有顷。廿八日，介石二次来，谈谘议局事，又稍及宅事，短存中及其兄，云其兄尤不好，此来晤云山，并晤端卿。莘农来，谈有顷。廿九日，午前小梅来谈，以知单头稿面交莘农，并嘱其于初五前将单开毕，于初六分送；又将其昨交来之永邑绅士单转交之，嘱询明衔名，此事在回候晤莘于其宅时；午下，发墓贼有人出首，第二次候晤介，知莘已于本早候晤。

---

① 章楷复函云："刻承手教，五中摧裂，以先太仆师之清约而有发邱、摸金者，颓风尚可问哉！然盗情恐不止此，近东西洋人有好鬻古器之风，吾邑香炉、花瓶等物被窃者不可胜计。先师父子以好古名，庸讵知非觊觎古玩之奸民所发掘耶？此亦当为庐告者也。又师开藩金陵时，沈文肃为节帅，政务严肃，僚属皆承望风旨，惟师务持大体，未尝依阿；文肃奏请内用，师归未逾年，而讵误杀人之案迭出矣。（台州董生自言能造轮舟，以水银易炱炭，文肃令拨库银二千两试办，师廉得董状，拒之，卒不效。一杀人案未破，洪方伯、傅参将傅会某寺僧，备受酷刑而死；后凶犯来自首，乃盗夥也，一士人新婚为盗所杀，狱官疑新妇有私，新妇不胜酷刑，遂自诬伏其父，翁知妇冤，正凶仍于上海访得，论者谓师在任必无此冤。）可否并入宦迹，伏祈裁审？"谭献复函云："顷奉手示及大著禀稿。拜读一过，钦佩无已，敬悉孙太仆墓遭盗发，曷胜悲愤，愿附贱名以伸公义！"

② 徐象先所开名衔现存，见本书卷五该禀文末注。

宋恕年谱简编

同治元年 （1862），一岁

三月十二日（4月10日），宋恕出生于浙江平阳县万全乡鲍垟，乳名寿钱，学名存礼，小字燕生，又字元徵。父宾家，邑廪生，与瑞安名士孙衣言、孙锵鸣兄弟有交往，母陈氏。家有祖业田二千亩，其家族常参与地方慈善事业。

同治七年 （1868），七岁

宋恕父宾家赴温州，途遇陈黻宸，深为器重，遣宋恕前往订交。陈黻宸后在《宋征君墓表》中忆称："先生生有淑质，七岁出语即惊其长上，读书举目成诵。"

光绪三年 （1877），十六岁

中秀才，"为邑诸生"。

光绪四年 （1878），十七岁

识瑞安金晦，始知有颜元、顾炎武之学。

光绪五年 （1879），十八岁

取侍读学士孙锵鸣季女孙思训为妻，姻从兄孙诒让因"昭庆寺新刊《内典》甚富"，托宋恕"觅佛书三四种"。

光绪六年 （1880），十九岁

跟从岳父孙锵鸣、伯岳父孙衣言学。兼治百家，不专宗颜学，然尊"颜习斋为国初通儒"。

光绪八年 （1882），二十一岁

陈虬、金晦、许启畴、陈黻宸等布衣学者在瑞安建立求志社，宋恕虽未列名社友，然从诸学者游学。

撰有《买石记》、《修永丰湫记》、《听兰书室记》。

是年，长女佩瑶生，后改名昭，其后曾名宋任觉，字幼芷。

光绪九年（1883），二十二岁

宋恕游南雁荡，宿陈承绂家。陈承绂等人在南雁荡东洞重建宋代陈贵一的会文书院，宋恕撰《重建会文书院序》，孙衣言赞赏此序气清笔健。在孙锵鸣、孙衣言兄弟指导下撰写《孟子道性善》等时文多篇。

光绪十年（1884），二十三岁

春，南雁荡会文书院建成，应陈承绂之邀，孙衣言指导，宋恕改撰《重建会文书院记》。

本年撰有《酌、桓、赍、般解》、《文翁出行县，从学官诸生使传教令，出入闾阎赋》、《老子、韩非同传论》等，崇儒抑法思想开始孕育。

这一年，中法战争爆发。

光绪十一年（1885），二十四岁

宋恕每日必与陈虬、陈黻宸、金晦、许启畴等讲求经世之学。

撰《重游南雁记》。

光绪十二年（1886），二十五岁

宋恕撰《力说示春如弟》，自述"厕身著述之门"。

冬十二月，其父宋宾家卒，二弟存法为霸占家产，幽囚宋恕，任意殴打。宋恕将历年困苦情形，据实撰成《告诸亲友檄》，诀别岳父。孙锵鸣得讯，商之宋氏母舅，将宋恕一家移居瑞安。

光绪十三年（1887），二十六岁

夏四月，孙锵鸣掌教上海龙门书院，宋恕随行至沪。

秋七月，孙锵鸣兼任金陵钟山书院掌教，宋恕随至南京襄校课卷。课余遍游金陵名胜古迹，写有大量诗篇。《杂感》七律八首，悲洋务新政，颂明治维新，叹中法之战战胜求和局。遂着意寻求日本史书，考究明治维新经验，他在《赠葛子源》、《挽外舅诗》等诗篇中均表达这一志向。

此间，宋恕与梅溪书院教习张焕纶、唐天燮交好，并初识李鸿章外甥张士珩。为张焕纶《救时刍言》写《书张经甫〈救时刍言〉后》，提出"欲兴兵、农、礼、乐之学必自废时文始，欲化文、武、旗、汉之域必自改官制始，欲通君、臣、官、民之气必自开议院始"的主张。

光绪十四年（1888），二十七岁

宋恕著《高议》，与汉后议论大忤，有不满虞夏、深薄殷周之意，为此后所著《津谈》之渊源。又撰《莫非师也斋六字课言》，其后自署

"六斋"，即源于此。

这一年，宋恕撰有《咏七古》一首、《秋兴》七律四首、《古意》七律四首等诗篇和《述而不作，信而好古》、《论道与权及学与思》等文。

光绪十五年（1889），二十八岁

七月，宋恕到杭州参加己丑恩科浙江乡试，落第，他遂在"榜后以闱作质曲园师（即俞樾），承师极赏"。其后，宋恕滞居七宝寺僧舍，参读《大方广佛华严经合论》和《大宝积经》等佛书，撰《印欧学证》二卷，取佛经之说与欧洲新说相证，并自称"常惺子"。期间，初识夏曾佑，与贵林、王谨微相交，作《援溺说赠毕噜翰香》、《大公说赠王谨微》，作《燕都篇》为中举入京的陈虹送行。

十月，致书张士珩，请代为推荐入两广总督李瀚章幕，或挂名洋务局，任书院讲席。

光绪十六年（1890），二十九岁

三月初八日，宋恕见俞樾于孤山。四月初五日，宋恕呈帖俞樾，始拜为师。持俞樾所书离杭赴鄂，五月抵武昌，欲谒见湖广总督张之洞，撰《上张香帅书》，被拒，愤而登黄鹤楼赋诗见志，见赏于前辈学者王咏霓。八月，得王咏霓引荐，始得谒见张之洞。九月，宋恕回到瑞安，即得王咏霓差人送来钦差出使四国大臣许景澄聘请宋恕为出使随员的札文，因病请假。

光绪十七年（1891），三十岁

九月，得读陈虹《治平通议》抄本，多不刊之论，以为天下奇才。

十一月抵沪，宿出使英国随员赵元益公馆，欲随许景澄出使，却接许景澄九月批文，"该生即免其出洋，从容调养可也"，至此，随使外国事已绝望，遂留沪过年，准备春后赴津谒见直隶总督李鸿章。

这一年，康有为刊布《新学伪经考》。

光绪十八年（1892），三十一岁

宋恕正月、二月均在上海撰写《六斋卑议》和《上李中堂书》。《六斋卑议》初稿十万言，三月删改清缮为三万字，凡四篇六十四章，家中的不幸遭遇和由此发现的社会黑暗、民生疾苦，在书中得到充分反映。其《自叙》述生平、贬宋学。《上李中堂书》署名宋存礼，强调"更官制，设议院，改试令，必自易西服始"。

春，两晤张謇，知拟撰《子通》，并初识陈浚卿。

五月初四日到天津，经张士珩代递书、信，十二日得李鸿章单独传

见，赞为"海内奇才"。

闰六月初三日，派充天津水师学堂教习委员，月薪银廿四两。水师学堂总办吕朝周赞宋恕诗文有"如虹之气，近时定庵、默深诸老差可颉颃"。

十月，妻女均到天津，宋恕广泛研习子书，在《致外舅书》中谈及"朝议深忌更张"。

光绪十九年（1893），三十二岁

六月初五日，宋恕寄《文斋卑议》稿呈正俞樾，并请作序。他拟参加北闱秋试，俞樾建议他仍以参加南闱秋试为宜。

七月赴沪，转杭州应试，仍落第。

是年冬，天津水师学堂总办吕朝周调任，宋恕感治事掣肘。

是年，宋恕撰有《六斋论诗》等重要文章。

光绪二十年（1894），三十三岁

正月，宋恕作《浪淘沙》词，送连襟周珑随使出洋。

二月，起草《条陈水师学堂事宜禀》。

三月，上《海军条陈》（《条陈水师学堂事宜禀》）。

五月，致书张謇，谈及著《子通》，并开始撰写《津谈》。

七月，书斥王韬刊载于《申报》上的《书〈卑议〉后》谬加扬抑。

九月，开始代其岳父孙锵鸣阅上海求志书院癸巳冬卷，并代出本年秋季史、掌二斋课题，共收得求志书院年金二百六十七元七角，为他此后寓居上海提供了条件。

九月二十日，新任天津水师学堂会办王修植来访，阅《六斋卑议》。

是年秋，宋恕撰《国朝先辈文话举是》，录及三十五家。

十月，撰《筹边三策》，"极论海军弊……画更张"。

十一月，辞差南归，抵沪，终日闭门整理《六字课斋津谈》。

十一月廿五日，外伯舅孙衣言去世，唁外伯兄孙诒让致哀。

甲午战争爆发后，张謇等人先后折参李鸿章，辞连张士珩，十二月十一日，宋恕致函张謇，为天津军械局总办张士珩申辩，张士珩对此深为感激。

光绪二十一年（1895），三十四岁

谱主频年来欲以"恕"道为人、为学、为文，故乙未后改名恕，字平子。正月，宋恕钞《津谈》两册，系"删次日记"而成，是他戊子年《高议》、己丑年《高言》、辛卯冬《六字课行斋谈录》及《卑议或问》、

癸巳年《先哲鸣冤录》等多年积稿的整理结集，出入经史子集，欲赓续《论衡》精神，对文化遗产进行系统批判总结，托孔子和儒家之古，为《六斋卑议》的变法维新纲领提供理论基础，是宋恕思想体系形成的重要标志。

是年，宋恕与维新名士、各界名流多有交往。正月，结识后来要求在通州海门兴议院的杨凌霄，二月与康有为、梁启超接触，四月结识撰著《盛世危言》的郑观应、撰写《中国自强策》的汪康年、上海电报局总办经元善，闰五月接触容闳，十一月接触黄遵宪。此外，宋恕还与胡庸、钱恂、孙宝琦、孙宝瑄、姚寿祺、俞明震、王万怀、叶尔恺、麦孟华、陈三立、连聪肃、吴德潇、吴樵、刘淞芙、陈昌绅、汤寿潜、何廷光、叶瀚、黄体芳、黄绍箕等各地在沪名流，以及李提摩太、林乐知等传教士颇多交往。宋恕还应孙宝琦、孙宝瑄之请，撰《拟光绪皇帝罪己诏》，"力劝合肥坚请更法"。梁启超将《六斋卑议》列入《西学书目表》。

是年，宋恕与夏曾佑讨论托古改制的理论问题，认为夏未能实事求是。宋恕与康有为接触过四次，分歧极大，遂不复往来。十月，上海强学会成立，宋恕因不满张之洞及其亲家黄体芳列名会首，故拒绝入会。

光绪二十二年（1896），三十五岁

正月，宋恕应海宁崇正讲舍、安澜书院之聘，讲时务专课、阅时务卷。

二月，作《和外舅八十述怀》七古，表明自己的学术取向。

六月初八日，宋恕赴盛宣怀会议天津北洋西学学堂章程之邀，该学堂不久改名天津大学堂，后改名北洋大学堂，盛宣怀担任首任督办。

八月，应陈昌绅之请，撰《代陈侍御请广学校折》，提出"仿行敌国成法，以作人材而挽时局"的主张，主张仿行日本学校章程，推广全国。

是年，宋恕社会交往极其频繁。二月结识谭嗣同、徐建寅，三月结识华蘅芳，四月结识朱祖谋、曾广钧，五月结识何嗣焜，六月孙宝琦招宋恕往天津育才馆教习汉文，宋恕推荐新结识的蒋观云（蒋智由）应招，七月结识田合通，八月结识吴嘉瑞，十二月结识章炳麟、马建良等人。其中，宋恕与谭嗣同最为相契，谭嗣同对宋恕评价极高。宋恕与谭嗣同、梁启超、孙宝琦等七人摄影于光绘楼，称之为《竹林图》，自比"竹林七贤"。维新派在上海办《时务报》，梁启超任主笔，汪康年任经理，宋恕与梁启超曾争论于时务报馆，此后二人关系遂疏。

本年，宋恕的崇儒抑法思想体系日趋成熟，他在《与冈鹿门书》中首次提出"阳儒阴法之学"，在《步曲园先生丙申七十六岁重游泮水原韵》中，宋恕进一步斥责明朝专制主义统治"愚氓心曲等秦始"、"专崇闽学便孙谋"，是我国近代最早提出"阳儒阴法"概念的启蒙思想家。

光绪二十三年（1897），三十六岁

正月，宋恕作《赠别陈杏孙太史入都试使》七律为翰林院编修陈昌绅赴京任御史送别，并将旧拟《天津育才馆赤县文字第一级正课书目》寄呈孙宝琦。

二月，宋恕被新昌童学琦和绍兴胡道南聘请为杭州《经世报》主笔（该报初拟名《兴庶报》，继拟名《自强报》，正式出版时名《经世报》），此报筹备虽早，但正式创立则与章炳麟被排挤出《时务报》有关，八月正式创刊。宋恕曾为该报撰拟《〈兴庶报〉小引》、《〈自强报〉序》、《〈自强报〉公启》和《应〈自强报〉主笔之招条约》。此后，宋恕在《经世报》第一、二、八、九、十一、十四等册撰写发表了《记应经世报馆撰著论之聘缘始》、《〈经世报〉叙》、《〈辟中原人荒议〉自叙》、《医讽》、《书宗室伯福君（寿富）〈知耻学会叙〉后》、《墨白辨》、《西蜀拯饥刍言》和《〈朝鲜大事记〉自叙》等八文。后因《经世报》所刊一些文章，"阅者亦有微词"，以致销路不畅，仅出十六册，至十二月底停刊。

六月，宋恕撰《书不缠足会后》，主张对汉族妇女缠足成俗之由，正本清源。至本年六月，向宋恕索阅《六斋卑议》的士人日增，传教士傅兰雅也派人索此书一观，并表示有意代为刊刻行世，诸友人也建议宋恕将此书刊刻，宋恕遂将该书大加删改，崇儒抑法的思想较前鲜明，人道主义的呼声较前更为激昂，变法维新的政治纲领较前充实，理论水平显著提高，十二月由上海千顷堂印成活字本，书名正式定为《六斋卑议》，这一印本成为宋恕政治思想的代表作。对照《六斋卑议》初稿本和《六斋卑议》印本，可见宋恕在这七年间思想变化之大。

七月，宋恕应安澜书院之聘，不久即患病，迁延数月始愈。病中接胡道南、童亦韩的信函，告知"海宁风波"。宋恕当初在海宁崇正讲舍所出课题，如《孔子删定书篇始唐虞终秦论》、《华盛顿论》、《科场积弊论》、《营务积弊论》、《厘务积弊论》、《盐务积弊论》和《人赋》等，提倡改革弊政，反对华夷之别，主张民贵君轻、男女平等，遭顽固守旧者诬控。幸得本管大吏较为开明，又有人解护，方得平息。

本年，宋恕新结识一批维新名士和各界名流，有欧阳柱、薛华培、狄葆贤、孙多鑫、龙泽厚、蒋黼、龙研仙、王仁俊、俞兆蕃等。三月，结识日本僧人松林孝纯，陆续借读《八宗纲要》、《教行信证》、《佛说大观》，并到本愿寺观日本全藏佛经。不久，宋恕改写本《六斋卑议》中纳入佛学术语，并作《佛教起信篇稿》，足见佛学对他的思想影响。

这一年中，宋恕与李瀚章的女婿孙宝瑄交往频繁，据孙宝瑄《忘山庐日记》记载，宋恕曾批驳康有为《新学伪经考》之误，并谈及《儒法辨》、《儒兵辨》、《儒道辨》、《儒侠辨》等，对孙宝瑄等人思想影响很大。

光绪二十四年（1898），三十七岁

四月，宋恕得睹康有为《孔子改制考》一书，前疑冰释，改变了原来对康有为的坏印象，服膺康有为能"师圣"，能行"污身救世之行"。后又见康有为《请开制度局、十二局、民政局折》，大为赞赏，称"自中日战后，能转移天下之人心风俗者，赖有长素焉"。

六月，与章炳麟就商鞅的评价，对儒、法、道、兵家及游侠的评价，对张之洞、梁鼎芬等的评价等，均有极大分歧，故宋恕在《答章枚叔书》中，称与章"暂绝论交，勉卒心交"。

六月，谭嗣同应召入京参政前，曾赴沪向宋恕等友朋辞行，并谋天下事。宋恕劝以时局之难、不如早归，谭嗣同则认为"素能打破生死关头，慨然见上纵论时弊"。戊戌政变后，八月十三日，六君子死难，宋恕作《哭六烈士》七律四首，首哭谭嗣同，高度赞扬其英雄行为。其实，宋恕与谭嗣同在哲学观点上颇存分歧。

八九月间，因患病，更因顽固守旧者对宋恕大加攻击，他向张幼宾面辞崇正书院、安澜书院讲席。

本年，宋恕与日本政学界多有来往。闰三月十五日，日本高僧松林孝纯偕森井国雄来访。十九日，森井国雄偕小田桐勇辅来访。四月十一日，日本诗人山根虎臣介绍安藤虎男来访。次日，宋恕又结识牧卷次郎、河本矶平。九月十七日，安藤虎男介绍宋恕去拜访森泰二郎。宋恕出于了解、学习日本明治维新经验的迫切愿望，主动和日本各界人士交往，强调中日文化交流。他向这些日本人士借阅了《松阴幽室文稿》、《禅宗报》、《阳明学报》、《哲学杂志》、《教育学》、《唐窥基注因明论》、《明治新史》、《鸥梦新志》等书，并介绍河本矶平、山根虎臣、安藤虎男、牧卷次郎等前去晋谒自己的老师俞樾。

光绪二十五年（1899），三十八岁

开春前后，宋恕致书章炳麟，自言潜心禅学。

二月下旬，著《史教篇》，"以正宋学之统"，并致书俞樾，谈及此旨。

四月十四日，在亚东时报馆结识唐才常，时相往还。

九月，宋恕赋《致饮冰子书》、《寄怀梁卓如》等，回顾戊戌变法、盛赞谭嗣同《仁学》、梁启超《自由书》，并赞唐才常《内言》为有真性情、真见解者之真文章。

十一月下旬，汪康年送来《正气会章程》，邀宋恕入会，婉拒。十二月初九日，与汪康年谈，劝汪勿开正气会，以免风波。宋恕在《与孙仲恺书》中详述其事。他参与经元善等 1 231 人联名发电谏阻"废帝建储"。

这一年，宋恕与日本人井手三郎、中西重太郎、林安繁、佐原笃介、松本龟太郎、铃木信太郎和著名诗人本田种竹等交往密切，并携妻女前往日本小学观看体操。

光绪二十六年（1900），三十九岁

正月廿三日，宋恕参加绳正学堂大会，结识参与创立正气会并撰写《会序》的丁惠康。四月，丁惠康离沪，赋诗别宋恕及诸同志，宋恕亦赋诗送行。七月初一日，沪上名流齐聚愚园南新厅，召开中国国会，宋恕亦到会。七月初四日，章炳麟提出"严拒满蒙人入国会"之议未被接受。七月初九日，章炳麟断发易服，以明"不臣满洲之志"，并引孙中山为同志。宋恕则作诗赠章炳麟，劝说章炳麟不要昌言反清。十一月中旬至十二月中旬，宋恕与章炳麟同居一月，再次劝说章氏不要公开反清。

三月，日本冈鹿门弟子馆森鸿来沪，经章炳麟介绍，结识宋恕。馆森鸿携来日本先儒所著书多种，宋恕阅后，分别为照井蟹斋《论语解》、《聱牙子存稿》，鹏斋《大学私衡》，公干《仁说三书》，仁斋《论语古义》、《语孟字义》写有跋文。读川口长孺《台湾郑氏纪事》，读日本《今人诗录》，以及馆森鸿《亲灯余录》、《名士传》，均赋诗。四月，宋恕修书介绍馆森鸿到苏州谒见俞樾。闰八月，读朝鲜诗人金召棠《文稿》和《怀人诗录》，赋诗唱和；读物徂徕《辨名》，并做摘记。十二月十二日，日本著名学者冈本监辅来沪，宋恕与之畅叙，并写《〈冈本子〉跋》。

十二月十三日，宋恕岳父孙锵鸣去世。

光绪二十七年（1901），四十岁

正月初，宋恕移居新鼎升客舍，与孙宝瑄纵谈日本明治维新的经验，他论及日本维新分为两个阶段：第一阶段为攘夷尊皇，吉田松阴诸人开之；第二阶段为共和立宪，大隈重信诸人开之。宋恕又述及袁世凯为甲午之战祸首，论变政必先安顿仰赖旧政为生之人。宋恕的日本友人馆森鸿再次来上海，临别，宋恕赠与他"珍籍数种，又袖出送行诗以赠别"，馆森鸿作《赠宋平子诗序》以记其事。

二月，宋恕回瑞安奔岳父之丧。

五月十一日，宋恕回到上海，知求志书院掌教一席已被人夺去。在沪期间，宋恕与孙宝瑄纵谈道德和政法。

五月十八日，宋恕到杭州，出任求是书院汉文总教习，教授的学生中有许寿裳、李炳章、施霖、戴克敦、沈祖绵、张德骧、史久光等十三名高材生。著有《戒高空》，对学生中盛行的"自由、独立、民主、平权"等高论，确定"此时此方教育宜引诸生由卑实适高适，不宜引诸生由高空适高实"。宋恕在求是书院任教"为时仅四月"，但据许寿裳等学生回忆，"获益之大，受知之深，毕生不能忘也"。

九月，求是书院因"罪辫案"发生风潮，劳乃宣继任总理，宋恕因宗旨不合而辞职，诸生皆慰留，终辞馆。

十一月廿二日，蔡元培和黄世振在杭州结婚，宋恕代表来宾演说，建议男女双方应以学行相较。新郎蔡元培答词：学行虽有先后之分，就人格言总是平等。

光绪二十八年（1902），四十一岁

宋恕自上年十二月卧病杭州寓所，凡六旬日不能起床。正月间，在日本医师今川的悉心治疗，以及贵林每日前来问诊之下，得以痊愈。

求是诸生频来问疾，宋恕深感厚意，以病痊，将离杭州，作诗八章留别，约素旨，申忠告，诗序自署"不党山人东瓯宋恕平子"，二月廿四日清写毕，三月刻板，印一百本，除赠学生、友好外，沪杭名流陆续索取，影响颇为深远。其论清代思想家，则盛赞黄宗羲、顾炎武、颜元、王夫之、唐甄、包世臣、冯桂芬和郭嵩焘，论浙江思想家则盛赞王充、宋代永嘉学派和永康学派巨子、明清以来浙东学派诸子。

三月初九日，宋恕写定《外舅孙止庵师学行略述》，对孙氏学行无意虚饰、实事求是，对当时士大夫普遍愚昧无知、令人骇异的状况，揭露得淋漓尽致。此外本年陆续将《外舅孙止庵师挽诗》三十三首，续成三十七首，合为七绝组诗七十首，回顾个人往事及受岳父影响各事，并对孙锵鸣家族及其本人一生作出认真评价，感情真挚，音节自然，是宋恕诗中的力作。就在宋恕忙于挽悼岳父之际，他的好友章炳麟在日本召开"支那亡国纪念会"。

四月初九日，宋恕与黄群、马叙伦等离杭，初十日抵达上海，在沪逗留十余天，曾得见江苏教育会的《教育会章程》，四月廿三日离沪，廿七日回到瑞安。

五六月间，在宋恕和孙诒让支持下，孙诒械、孙延曙和林文潜发起成立瑞安演说会，以宋恕旧作《书不缠足会后》为思想基础，主张妇女不缠足，并在宋恕岳母的支持下，先从孙氏家族全宅妇女率先解缠足开始。

七月初七日，宋恕母亲陈氏病逝，他守孝三月。

九月初七日，行祭奠礼，撰作《祭先母陈孺人文》，极尽悲痛。居母丧期间，复改名衡，欲效王充《论衡》精神以论人、论学、论文。

九月十四日，宋恕出门谢吊，趁此时机，调和陈虬、陈黻宸和孙诒让之间长期存在的矛盾。

十月初二日，宋恕撰就《遵旨婉切劝谕解放妇女脚缠白话》，用孙任名义印行，宋恕自许该文最合于论理。

十一月廿七日，孙诒让委托宋恕代拟《瑞安演说会章程》，十二月初二日写毕，分学术和时事两部分演说。

这一年，宋恕大量阅读书报，在沪杭期间，他借阅过《新民丛报》第二至七册，《清议报》第一百册，日益认同梁启超的思想。

本年，宋恕在杭州与陈黻宸、陈汉第、陈叔通、汪希、潘鸿、高凤谦，及求是书院、养正学塾高才生多人相往还，并资助日文学堂。在其《日记》中述"养正学生风潮"及陈黻宸偕学生马叙伦等出走的经过。在上海期间，宋恕与蔡元培、吴保初、赵祖德、马叙伦、蒋智由、欧阳柱、陈诗、王季同、张通典、叶瀚、汪康年、张焕纶、饶智元、蒯寿枢等交往密切。在瑞安期间，宋恕曾赠孙诒让《因明论》，在沪杭期间，宋恕曾分赠友朋及学生《六斋卑议》印本和《留别杭州求是书院诸生诗》刊本多份。

光绪二十九年（1903），四十二岁

春，宋恕接受温州公益学校聘约，担任该校总教席。

三月十四日，宋恕接到广东章献猷来函转告广东督学使朱祖谋将他保送经济特科的消息。宋恕则以"方在服内，未可赴试"为由，终未赴试。

四月，因公益学校姚广福等违约，宋恕无法到校任教，决定东游日本。

五月初五日，宋恕抵达上海，准备由沪赴日，其间得知上海"新党风波大作"，江苏巡抚"指拿蔡鹤顷、吴稚晖、乌目山僧、龙积之、冯镜如、陈梦坡六人"。

五月廿六日宋恕乘弘济轮抵达日本长崎，廿八日到马关，廿九日到神户，闰五月初二日到横滨，早在本年正月赴日游学的内弟孙诒棫偕同乡来迎，同乘汽车入东京。

闰五月初六日，"苏报案"发，章炳麟入狱，宋恕将此事告诉孙诒棫等留日学生。宋恕对此次东游印象深刻，他在《致孙季穆书》中说："但觉一切文明事业浩如烟海，述不胜述，梦不胜梦"。

闰五月十九日，由日本诗人结城琢发起，长冈护美子爵、岸田吟香、永阪周二、永开见节、森泰二郎、本田幸之助（种竹）等参加，共同设宴于东京柳桥临江楼招宴宋恕，宋恕则由孙诒棫陪同赴宴。这是中日两国诗人、学者在东京畅叙的盛会。宋恕和森槐南（即森泰二郎）等均有诗文唱和。日本诗人野口式，字宁斋，自署六六庐主人，主编《百花栏》，曾在《百花栏九集》中选录宋恕诗文，特赠以宋恕该书，中秋节前一日，宋恕在孙诒棫陪同下，前往拜访，互有诗文唱和，宋恕并有《致六六庐主人书》以记其事。不久，宋恕又拜访早稻田大学学监高田早苗，赠以《劝解妇女缠足》语体文一册，并曾论及日本兴起之原因。高田早苗博士则代为引介日本哲学家有贺、三宅二氏，宋恕随即前往拜访，但宾主在反清问题上意见有分歧，宋恕认为"明代不可复兴"，反对反清，而有贺、三宅则认为"爱清氏不可复振"，支持孙诒棫等六学生的反清活动，笔谈迅即结束。随后，宋恕又会晤了真宗大学学监南条文雄，请教日本佛教各宗派的发展情况和现状、日本语言特点、因明学和梵语学的一些问题，并赠诗鸣谢。在日本期间，宋恕先后阅读祢津恂悛堂的《悛堂文集》、江户林长孺的《鹤梁文钞》、尾张鹭津宣光的《毅堂诗文集》、东奥安积信思顺的《艮斋文略》、村山伟和北条铉的《大清三朝事略》、中井积德的《通语》、傅云龙的《日本艺文志》等书，作了摘记，写过跋诗和跋文。

十一月间，旅费告罄，宋恕偕孙诒棫离日返国，并带回一大箱日本新书。

本年，宋恕好友陈虬病卒。

光绪三十年（1904），四十三岁

二月，陈黻宸致书宋恕，促其三月到京"转赴山西作教习"，寻因宋恕病危，卧床四十余日而罢。

六月初十日，宋恕从陈黻宸处借来章炳麟《訄书》，摘录多条，并阅读陈黻宸《史学讲义》和梁启超《新大陆游记》。

八月十五日，接杭防协领贵林复信，有积善坊巷女校教习之聘，九月初五日动身赴杭。

光绪三十一年（1905），四十四岁

年初，宋恕就积善坊巷女校教席，不久，又接受贞文女校聘书。

五月，汤寿潜曾邀请宋恕修订《初等小学国文教科书》，宋恕以观点不同，致书婉辞。

宋恕好友贵林主持协和讲堂演说会，论及医国之方，宋恕应邀演说，并撰《中权居士协和讲堂〈演说初录〉叙》。

八月廿五日，应山东学务处总理张士珩敦请，到济南出任山东学务处议员兼文案，在自己的履历表上，宋恕正式改名宋衡。

九月初二日，宋恕抵达济南，次日（九月初三日）张士珩调离山东，但山东巡抚杨士骧礼待甚殷，身兼数职，薪俸优厚。他在山东期间，代杨士骧拟《请复州郡中正及掾属佐理折》，并撰《拟阅报总分所章程》、《学务处分课办事纲要》、《拟学务处阅报室简明章程》，推荐学界名流汤寿潜、蔡元培、孙诒让、陈黻宸、孙宝瑄、吴保初、丁惠康、陈三立、严复、俞明震、王咏霓、钱恂等十四人充国文学堂监督之选。八月，清廷废科举，推广学堂。宋恕曾上书山东巡抚，请奏创粹化学堂和农务总局，他所撰《上东抚请奏创粹化学堂议》和《粹化学堂办法》是中国近代教育史上的重要文献。在奉命审查三十八种教科书时，发现三种历史教科书均有直书清太祖庙讳之情，禀请禁购。

光绪三十二年（1906），四十五岁

春，宋恕奉委派编辑山东《学务杂志》，撰《〈学务杂志〉凡例及叙》，回顾山东学务处的三个阶段和成绩。

三月中旬，提出《采西制办公园议》，建议先办明湖公园，内建图书馆、博物馆、美术馆、水族居、音乐会所、竞马场、竞走场、舞剑场等，作为其"间接教育"论的实践，其后又提出《创设宣讲传习所议》。本年，宋恕与学务处总理提刑使连甲、提调李豫同等交往密切。

六月，送连甲赴日本调查教育制度，赋诗二首，盛赞日本教育制度的发展。

六月十九日，山东学务处分六课，宋恕以学务处议员兼任专门课员，在填写履历时，对于专长一项，宋恕填写的是："最精古今中外哲学、古今中外史学、古今中外政治学、古今中外法律学、周汉唐宋词章学、古音学，次则演说学、教育学、理财学、日本文学、地理学，粗涉物理学、博物学、几何学，此外未学。"

十一月间，因病上禀辞差，山东巡抚杨士骧热情慰留，给假回籍调治。遂于十二月廿五日回瑞安休养。途经上海，与陈三立、陈黻宸、王舟瑶、高谊等相会。

光绪三十三年（1907），四十六岁

二月十九日，离瑞安赴上海，在沪期间，与欧阳柱、陈诗、狄葆贤等友好相晤。

三月初八日，到济南。

四月初，沈幼沂撰著《日本地方自治制度述略》，邀宋恕作序。宋恕在为该书所作序中指出，中国受列强极重之压力数十年，忽欲区画地方，经营自治，不动声色，从容立宪，甚至期以十年超越日本，非实事求是之举。

六月，宋恕姻兄、著名学者孙诒让六十大寿，宋恕撰《籀庼居士行年六十生日寿诗序》，高度评价孙氏学术成就，并述其早年理想。

这期间，因学务处原文案周拱藻嫉妒阻挠，工作无法开展，宋恕心情惆怅，七月间连赋《寄怀金遯斋先生晦》、《寄怀蒋观云》、《寄怀吴君遂》等多首诗作，以抒发怀抱。《平等阁诗话》评其诗作"随意所述，皆婉而有章，固知漱以天倪，乃得标兹胜概"。

八月，杨士骧升任直隶总督，宋恕赋诗送行，肯定杨氏抚山东政绩。宋恕再次辞差，恰于八月廿一日中风，经日本医师治疗和家属的护理，病情好转。继任山东巡抚吴廷斌不仅不允许宋恕辞去专门课员，反而加以重用，委托宋恕筹办山东编译局，并任命宋恕为该局代理坐办兼编审。

九月，宋恕带领武锡珏、刘彤儒、胡家篯、孙大鹏等编译员，编译中小学教科书并编辑《山东学报》，历时三月，共完成《学务编年纪要》

正月至二月三册、三月至八月八卷，以及《经济学教科书》、《伦理学教科书》、《地文学教科书》、《古诗歌读本》各一册，《修身教科书》四卷、《教育学》和《地理教科书》各一卷，对山东学务的发展和教科书的出版，起到了较大的推动作用。

也在此期间，因病体未痊，又与学使方燕年意见不合，宋恕连续五次请辞编译局差事，十一月廿七日终销去此差。在其十月十一日起草的《第二次辞差呈禀》，道出自己早年的政治抱负和中年以后复杂的思想状况。

该年底，上海国学保存会邓实等人，致函宋恕，誉"先生宿学宏词，为学林泰斗，登高一呼，万山皆响"，备述敬仰之忱，恳请宋恕在《国粹学报》发刊三周年之际惠寄生平大作以宏纪念，可见宋恕在当时学术界声望之隆。

光绪三十四年（1908），四十七岁

正月二十日，《国粹学报》戊申年第一期出版，章炳麟为撰《祝辞》，宋恕则没有回应邓实等人的惠稿邀请。

二月初一日，宋恕开始订阅《国粹时报》，并考虑创办女学会，定印《女学会启》，并接续在《简报》登载女学会事。

二月初八日，宋恕呈禀山东巡抚和学政，请辞学务处差事，院批坚决挽留。

二月十三日以后，宋恕向山东学务处所属官员女眷散发《女学会启》，响应者颇众，不过，宋恕也时常遇到婉言谢绝者。

四月十二日，新任山东巡抚袁树勋到任后，对宋恕不以礼遇，宋恕遂坚决销差。

四月廿八日，他再上辞呈于学使，请求开去学务处议员及专门课员之职，五月初三日获批销差。

五月廿六日，宋恕见邓实《伯牙琴》，遂撰写《书宋季邓文行先生〈伯牙琴〉后》，反映出宋恕的主张从共和民主退到世及立宪，再退到专制改进，从激进蜕变为保守的思想历程。宋恕对自己思想历程的描述，为后世学者将他称为"中国式的无政府主义派"代表，提供了依据。

六月初二日，一代经学大师孙诒让去世，宋恕作为姻亲，一面仍留游济南，一面替自己的内眷、戚友撰写挽孙诒让的联语、祭文。

八月初八日，宋恕致函叶芰汀，嘱其转达孙诒泽等人，不可刊出章炳麟挽孙诒让联语，或者必须更改姓名才能刊出。

八月初十日，在离开济南前，宋恕由增生捐贡生，又由贡生捐翰林院待诏衔。

回到瑞安后，第一次见到三弟遗孤佩璁，欲嗣为己子。

宋恕自东游日本归国后，一直在思考利用日本字母改革汉字，这年十二月廿四日，宋恕初步写出《宋平子新字》。

宣统元年（1909），四十八岁

正月初，瑞安中学因亏空酿成风潮，对此处置的方法有保存学堂和停办学堂两派。主保存者以浙江教育会项崧为首，孙诒泽等助之；主停办者以广东方言学堂监督陈黻宸为主，其侄陈怀等助之。宋恕在瑞安中学存停会议上献议十五条。

三月，撰《女学论》，后寄《全浙公报》发表。并在致刘绍宽函中论及自身为学倾向为"极端主张惟物论"，与孙诒让、康有为、谭嗣同"惟心论盖不能合"。

五月，撰温州学界公祭孙诒让祭文。

六月，收到山东寄来的拔贡通知单。

七月初十日，为知己陈黻宸撰《陈介石五十寿诗序》，盛许陈氏百行无疵，坚持自己"政为教之本"观点，不赞同外界流行的"教为政之母"的提法。廿九日，录存近著《国粹论》，建议恢复和保持国粹。

八月，陈黻宸当选浙江谘议局议长，宋恕撰联语以赠。

十一月廿九日，故太仆寺卿孙衣言墓被盗发，宋恕于十二月初七日草拟《盗发孙太仆墓，公恳浙抚宪从严办理禀》，得到温、台各处名流士绅的支持。

本年，山东巡抚孙宝琦聘请宋恕修纂《齐鲁省志》，宋恕因山东情况不明，又因病体难痊，未应。

宣统二年（1910），四十九岁

正月初七日，与陈黻宸同饮于唐黼墀家，次日即病。病笃之际，嘱家人、亲戚以身后事托付陈黻宸，并令女宋昭检藏箧，以文稿付请陈黻宸整理付刊。

正月廿五日戌时卒，享年四十八周岁。

中国近代思想家文库

图书在版编目（CIP）数据

中国近代思想家文库. 宋恕卷/邱涛编. —北京：中国人民大学出版社，2014.2
ISBN 978-7-300-18715-0

Ⅰ.①中… Ⅱ.①邱… Ⅲ.①思想史-研究-中国-近代 ②宋恕（1862～1910）-思想评论 Ⅳ.①B250.5

中国版本图书馆 CIP 数据核字（2014）第 008760 号

中国近代思想家文库

宋恕卷

邱 涛 编

Songshu Juan

出版发行	中国人民大学出版社				
社　址	北京中关村大街 31 号		**邮政编码**	100080	
电　话	010 - 62511242（总编室）		010 - 62511770（质管部）		
	010 - 82501766（邮购部）		010 - 62514148（门市部）		
	010 - 62515195（发行公司）		010 - 62515275（盗版举报）		
网　址	http://www.crup.com.cn				
经　销	新华书店				
印　刷	涿州市星河印刷有限公司				
开　本	720 mm×1000 mm　1/16		**版　次**	2014 年 6 月第 1 版	
印　张	36.75　插页 1		**印　次**	2024 年 7 月第 3 次印刷	
字　数	582 000		**定　价**	119.00 元	